Bernd Vennefrond
1.1a.1995

Peter Hablützel / Theo Haldemann / Kuno Schedler / Karl Schwaar
(Herausgeber)

Umbruch in Politik und Verwaltung

Peter Hablützel
Theo Haldemann
Kuno Schedler
Karl Schwaar
(Herausgeber)

Umbruch in Politik und Verwaltung

Ansichten und Erfahrungen zum New Public Management in der Schweiz

Verlag Paul Haupt Bern · Stuttgart · Wien

Die Deutsche Bibliothek – CIP-Einheitsaufnahme

Umbruch in Politik und Verwaltung :
Ansichten und Erfahrungen zum New Public Management in der Schweiz /
Peter Hablützel ... (Hrsg.). –
Bern ; Stuttgart ; Wien : Haupt, 1995
ISBN 3-258-05255-7
NE: Hablützel, Peter (Hrsg.)

Alle Rechte vorbehalten
Copyright © 1995 by Paul Haupt Berne
Jede Art der Vervielfältigung ohne Genehmigung des Verlages ist unzulässig
Umschlaggestaltung: Nicholas Mühlberg, Basel
Dieses Papier ist umweltverträglich, weil chlorfrei hergestellt
Printed in Switzerland

INHALTSVERZEICHNIS

Einleitung und Übersicht
Peter Hablützel, Theo Haldemann, Kuno Schedler, Karl Schwaar 1

TEIL 1 - NEW PUBLIC MANAGEMENT: EIN MODERNES REFORMMODELL

Das Modell der Wirkungsorientierten Verwaltungsführung
Kuno Schedler 15

Internationale Entwicklungen im Bereich des New Public Management und der wirkungsorientierten Verwaltungsführung - Übersicht und Vergleich
Theo Haldemann 31

Von Max Weber zum "New Public Management" - Verwaltungsmanagement im 20. Jahrhundert
Christoph Reichard 57

Verwaltungsmodernisierung in der Schweiz
Raimund E. Germann 81

TEIL 2 - NEW PUBLIC MANAGEMENT: ERSTE UMSETZUNG IN DER SCHWEIZ

New Public Management-Reformen in der Schweiz - Aktuelle Projektübersicht und erster Vergleich
Theo Haldemann und Kuno Schedler 99

Warm-up für New Public Management - Vier Jahre Personal- und Organisationsentwicklung in der schweizerischen Bundesverwaltung
Dieter Jegge und Karl Schwaar 129

Die Rolle des Leistungskäufers am Beispiel des Generalstabschef der Schweizer Armee
Arthur Liener 147

Instrumente der neuen Verwaltungssteuerung im Projekt Wirkungsorientierte Verwaltung (WOV) des Kantons Luzern
Hans-Peter Egli und Urs Käch 165

Administration 2000: Start in die Reform über eine Leistungsanalyse
Albert E. Hofmeister 185

Vom Amt zum Unternehmen - Ein kultureller Veränderungsprozess am Beispiel der Bedag Informatik
Kurt Baumann 205

Das Projekt "Neue Stadtverwaltung Bern": Vorgehen und Bedeutung der "weichen Faktoren"
Bruno Müller und Peter Tschanz 223

Auf dem Weg zu einer ergebnisorientierten Verwaltungsführung: Vorgehen und Erfahrungen in der Stadt Luzern
Esther Müller 243

Probleme und Chancen des New Public Management (NPM) in kleineren und mittleren Gemeinden des Kantons Bern
Ulrich Seewer 263

TEIL 3 - NEW PUBLIC MANAGEMENT: NORMEN UND INSTRUMENTE

Organisationsrecht und New Public Management - Ein Beitrag aus kommunaler Sicht
Daniel Arn 283

Die Gleichstellung des Beamten mit dem Staatsbürger als Problem des Rechtsschutzes?
Paul Richli 297

Vom FDK-Rechnungsmodell zu einer Betriebsbuchhaltung für die Verwaltung
Kurt Stalder 311

Modell für einen Internen Markt in der Verwaltung
Felix Wolffers 323

NPM: Kundinnen- und Bürgerorientierung von Verwaltungen
Ruth Köppel 339

Der Leistungsauftrag - ein Begriff mit vielen Inhalten
Willy Oggier 357

Wirkungsorientierte Verwaltung, NPM und Evaluationen
Werner Bussmann 367

New Public Management: Was uns fehlt, sind die Manager - Plädoyer für eine managementorientierte Ausbildung in der öffentlichen Verwaltung
Robert Hasenböhler 379

Teil 4 - New Public Management: Politische und kulturelle Herausforderung

New Public Management aus Sicht der Politik
Iwan Rickenbacher 401

"Auswirkungen" des New Public Managements auf den Föderalismus
Ulrich Klöti 411

New Public Management und Finanzausgleich
René L. Frey 425

New Public Management und neue staatliche Handlungsformen
Jean-Daniel Delley 439

New Public Management: Vorprogrammierte Enttäuschungen oder politische Flurschäden - eine Kritik aus der Sicht der Politikanalyse
Peter Knoepfel 453

Auswirkungen des New Public Management auf die Beschäftigten
Hans-Jakob Mosimann 471

Die Verwaltung als Agentur des Wandels bei der Entwicklung neuer öffentlicher Leistungen
Elisabeth Michael-Alder 481

New Public Management als Modernisierungschance - Thesen zur Entbürokratisierungsdiskussion
Peter Hablützel 499

Autorenverzeichnis 509

UMBRUCH IN POLITIK UND VERWALTUNG - ANSICHTEN UND ERFAHRUNGEN ZUM NEW PUBLIC MANAGEMENT IN DER SCHWEIZ

EINLEITUNG UND ÜBERSICHT[1]

Peter Hablützel, Theo Haldemann, Kuno Schedler, Karl Schwaar

1. NPM: EINE NEUE VERWALTUNG FÜR EINE NEUE POLITIK

Weniger Regeln, mehr Leistung - so simpel die Leitidee von New Public Management (NPM), so ehrgeizig sein Ziel. Denn anders als frühere Verwaltungsreformkonzepte blickt NPM weit über die enge Binnenwelt administrativen Handelns hinaus und nimmt Bezug auf die fundamentalen wirtschaftlichen und gesellschaftlichen Veränderungen der letzten Jahrzehnte. Veränderungen, die eine eigentliche "Entzauberung des Staates" bewirkt haben und die von der staatlichen Verwaltung ein radikales Umdenken und Umlernen erfordern.

Entzaubert worden ist zunächst die Vorstellung staatlicher Souveränität nach aussen. Unter den Staaten herrscht Wettbewerb um Standortvorteile. Wird der öffentliche Bereich für die Wirtschaft zum Hemmschuh, dann wandert sie aus. Auch im Innern steht der Staat unter Konkurrenzdruck. Die Bürgerinnen und Bürger wollen sich heute als Kunden behandelt wissen. Die öffentliche Verwaltung ist für sie ein Dienstleistungsunternehmen wie jedes andere auch. Kriegen sie für ihr Geld nicht die erwartete Leistung, rufen sie nach Privatisierung. Ebenfalls hinfällig geworden ist die Idee von der Einheit des Staates. Die gewachsenen Ansprüche zwingen ihn zu einer fortwährenden Ausdifferenzierung und Anpassung der Instrumente und institutionellen Arrangements. Neben dem hoheitlichen Verwaltungsakt treten vermehrt Verträge und Absprachen. Ausgehandelt werden sie in dynamischen, oft weitverzweigten Netzwerken, in denen die staatlichen Akteure nicht nur als Schiedsrichter, sondern zugleich auch als Mitspieler agieren. Fehlt es ihnen an der dazu nötigen Kompetenz, wird die Suche nach einem Konsens zur unendlichen Geschichte.

---

[1] Für die Bearbeitung und Gestaltung dieser umfassenden Publikation sind wir Frau Karin Stäger-Signer zu grossem Dank verpflichtet.

Damit wird deutlich: Der Staat ist bloss noch ein Ordnungssystem neben anderen. Dennoch erwartet man vom ihm, dass er die auseinanderstrebenden gesellschaftlichen Kräfte zusammenhält. Schafft er dies nicht, so ist, wie uns heute täglich bewusst wird, die Vertrauens- und Legitimationskrise perfekt. Und damit sinkt gleichzeitig auch die Akzeptanz für einzelne staatliche Massnahmen und Angebote.

NPM will die Voraussetzungen schaffen, um aus diesem Teufelskreis herauszufinden. Zwei Ideen sind dabei grundlegend: Erstens eine radikale Dezentralisierung des Verwaltungsapparats kombiniert mit einer umfassenden Verantwortungsdelegation an kleine, teilautonome, marktnah operierende und intensiv vernetzte Einheiten ("agencies") und zweitens Märkte und Wettbewerb als neue Rahmenbedingungen und Steuerungsprinzipien. Davon verspricht man sich zunächst eine Stärkung der strategischen Führung auf der politischen Ebene. Entlastet von operativen Detailfragen, die den Blick auf das Ganze häufig verstellen, sollen Politikerinnen und Politiker wieder vorausschauend planen, gestalten und steuern können und nicht bloss krisenhaften Entwicklungen hinterherrudern müssen. Sodann erhofft man sich eine Erhöhung der Selbstorganisationskraft der Verwaltung. Frei von bürokratischen Fesseln, die oft demotivierend wirken, kostenbewusstes Handeln erschweren und situationsbezogenen Lösungen im Wege stehen, soll die Verwaltung die Möglichkeit erhalten, ihre Position am Markt der gesellschaftlichen Akzeptanz zu stärken und im Wettbewerb mit anderen öffentlichen und privaten Anbietern zu bestehen.

NPM verlangt auf allen Führungsebenen des Staates eine Verlagerung der Steuerung von den Mitteln (Input) zu den Leistungen (Output) und Wirkungen (Outcome). Daraus sollen nicht nur Effizienzsteigerungen resultieren, sondern zugleich auch eine Öffnung des politisch-administrativen Systems gegenüber der Gesellschaft. Politik und Verwaltung sind heute derart in gegenseitigen Misstrauens- und Ohnmachtsgefühlen gefangen, dass die Abschottungs- und Kontrollrituale einen immer breiteren Raum einnehmen. Die Politik ist damit auf dem besten Weg, sich selbst zu entmachten. Vor diesem Hintergrund gewinnt denn auch die oft missverstandene Forderung nach einer klareren Unterscheidung zwischen politischem und administrativem Geschäft an Plausibilität. Nicht messerscharfe Trennung dieser beiden Bereiche ist das Ziel - sie wäre auch gar nicht möglich! -, sondern Rückbesinnung von Politik und Verwaltung auf ihre je eigenen Funktionen. Auf diese Weise können sie möglicherweise zu einem entkrampfteren Verhältnis finden und Energien freisetzen für politische Lösungen gesellschaftlicher Probleme.

NPM ist mithin eine grosse Chance für die längst fällige Modernisierung der Staatsfunktion. Es bildet zwar kein Patentrezept, aber es zeit einen Weg auf, der den öffentlichen Sektor aus seiner bürokratischen Verkrustung zu neuer gesellschaftlicher Relevanz führen kann. Das Wichtigste am NPM-Modell ist, dass es eine politische Diskussion provoziert und auf den entscheidenden Punkt bringt: die Diskussion um die Wirksamkeit staatlichen Handelns und um die Lernfähigkeit des politisch-administrativen Systems an der sensiblen Schnittstelle von demokratischer Willensbildung und administrativem Vollzug.

Auch dieses Buch bietet keine Patentrezepte an. Wie sein Untertitel sagt, will es vielmehr Ansichten und Erfahrungen zum NPM in der Schweiz dokumentieren und damit Ergänzungen und Vertiefungen liefern zu der kürzlich von einem der Herausgeber publizierten Einzeldarstellung.[2] NPM-Reformen stecken hierzulande erst im Anfangsstadium. Und sie werden nur dann Erfolg haben, wenn es gelingt, die wissenschaftliche und politische Auseinandersetzung über wirkungsorientierte Formen der Verwaltungsführung auf eine möglichst breite Basis zu stellen. Aus diesem Bedürfnis heraus entstand der vorliegende Sammelband. Rund 30 Autorinnen und Autoren sind unserer Einladung gefolgt und haben ihre Ansichten und Erfahrungen zu einem von uns gestellten Thema zu Papier gebracht. Ihre engagiert geschriebenen Beiträge beweisen: NPM provoziert und regt an.

2. NPM: EIN MODERNES REFORMMODELL

Der erste Teil des Buches bringt konzeptionelle Klärungen zum Modell NPM sowie Rückblicke auf seine Entstehungsgeschichte. Dabei wird insbesondere deutlich, dass NPM kein theoretisches Konstrukt ist, sondern, ähnlich wie das Bürokratiemodell von Max Weber, eher eine generalisierende Beschreibung von neuen Führungssystemen, -strukturen und -instrumenten, die sich in den vergangenen zehn Jahren in einer ganzen Reihe von Industriestaaten vor dem Hintergrund drückender Finanzprobleme sowie einer wachsenden Staats- und Verwaltungsverdrossenheit herausgebildet haben. Als gemeinsames Credo steht hinter den entsprechenden Reformen die Überzeugung, dass Marktbeziehungen hierarchischen Beziehungen oft überlegen sind, dass Wettbewerb kostensenkend

---

[2] Schedler Kuno, Ansätze einer wirkungsorientierten Verwaltungsführung, Von der Idee des New Public Management (NPM) zum konkreten Gestaltungsmodell, Fallbeispiel Schweiz, Bern/Stuttgart/Wien: Paul Haupt, 1995

und qualitätsfördernd wirkt und dass folglich zwischen dem Management in der Privatwirtschaft und dem im öffentlichen Bereich nur graduelle Unterschiede bestehen. Klar wird aber schon aus diesem Teil des Buches: Den Königsweg zum NPM gibt es nicht. Das Modell NPM bildet einen Orientierungsrahmen, innerhalb dessen jedes Land und jede Verwaltung ihre eigene Reformstrategie entwickeln müssen.

Knapp geschildert wird das Modell NPM von *Kuno Schedler*, der in seinem Artikel auch schon erste Thesen zur Implementationsfrage entwickelt und darauf hinweist, dass in der Schweiz vor allem bezüglich der Erfassung und systematischen Aufbereitung von Leistungs- und Wirkungsdaten, der integrierten Leistungsdefinition und der strategischen Führungsinstrumente ein grosser Nachholbedarf besteht. Zugleich warnt Schedler aber vor einer einseitig instrumentell-strukturellen Sichtweise und betont, dass NPM wirkungslos bliebe, löste es nicht auch eine grundlegende kulturelle Veränderung aus. Er spricht damit ein Thema an, das sich wie ein roter Faden durch unser Buch zieht.

Einen Überblick über die internationalen Entwicklungen, der die vielfältigen nationalen Ausprägungen des Reformmodells NPM deutlich hervortreten lässt, gibt *Theo Haldemann*. Im Hinblick auf Verwaltungsreformen in der Schweiz kommt er zum Schluss, dass sich bei einem weiteren Andauern der öffentlichen Finanzkrise die Realisierungschancen für NPM-Reformen rasch erhöhen dürften. Zugleich macht er darauf aufmerksam, dass die Reform der öffentlichen Verwaltung in der Regel eine lange Vorlaufzeit benötigt. Haldemann plädiert deshalb für ein pragmatisches, schrittweises Vorgehen und eine Kombination von top-down- und bottom-up-Reformen, wobei er den Kantonen aufgrund ihrer Scharnierfunktion zwischen Bund und Gemeinden eine Schlüsselstellung zuschreibt. Gleichzeitig verweist er jedoch auch auf die Notwendigkeit einer von oben gelenkten Erneuerung des Föderalismus.

Verwaltungsreformen in Deutschland, die auf die Schweiz stets einen nachhaltigen Einfluss ausgeübt haben, stehen im Zentrum des Artikels von *Christoph Reichard*. Er zeigt auf, dass bei der Modernisierung des öffentlichen Dienstes bürokratische Organisationsvorstellungen bis in die jüngste Zeit wegleitend waren, und stellt vor diesem Hintergrund die These auf, dass Reformen vom Typ NPM, wie sie mittlerweile in rund 30 Prozent der deutschen Kommunen erprobt werden, einem Paradigmenwechsel im öffentlichen Bereich gleichkommen. Offen bleibt für Reichard, ob ein solcher für die gesamte öffentliche Verwaltung oder nur für den

Teil der öffentlichen Dienstleistungsaufgaben zu erwarten ist und welches die gesellschaftspolitischen und staatstheoretischen Konsequenzen von NPM sind. Gleichwohl besteht für ihn "Anlass zu Optimismus". Er führt dafür nicht nur den Staatsreformen günstig gesinnten "Zeitgeist" an, sondern auch die "Gnade der späten Geburt", welche die Möglichkeit bietet, von den Fehlern anderer Staaten zu lernen. Für die Schweiz wäre in diesem Zusammenhang wohl auf die "Gnade der helvetischen Verspätung" hinzuweisen.

Raimund E. Germann warnt in seiner facettenreichen Skizze der Verwaltungs- und Politiklandschaft Schweiz allerdings vor voreiligem Optimismus. Er räumt zwar ein, dass die Rückständigkeit des politisch-administrativen Systems zunehmend modern anmute und dass etwa die Bundesverwaltung in gewissen Bereichen wahre Spitzenleistungen in Lean Management vollbringe. Auch ortet er, insbesondere in den Kantonen und Städten, eine ganze Anzahl von durchaus erfolgreichen Reformsequenzen, die heute immer deutlicher in Richtung NPM führen. Germann zweifelt aber an der Realisierbarkeit einer Trennung von Politik und Verwaltung, da sich bei reinen Kollegialregierungen jeder Minister in erster Linie als Chef eines Departementes und mithin als Verwaltungsobmann verstehe: "Schweizerische Minister ziehen es typischerweise vor, zu rudern und nicht zu steuern." Ausserdem erinnert Germann daran, dass die Verwirklichung von NPM ein ganzes Paket von Gesetzesanpassungen erfordert, die unter der Bedingung direkt-demokratischer Bürgerbeteiligung zu vollziehen sind, was erfahrungsgemäss ein erhebliches Risiko des Scheiterns bedeutet.

3. NPM: ERSTE UMSETZUNGEN IN DER SCHWEIZ

Den zweiten Teil leiten wir ein mit einer aktuellen Übersicht und einem ersten Vergleich der schweizerischen Verwaltungsreformprojekte auf Bundes-, Kantons- sowie Stadt- und Gemeindeebene. Dabei unterscheiden *Theo Haldemann* und *Kuno Schedler* zwischen Reformprojekten, die sowohl die Philosophie (oder Vision) des NPM als auch die Instrumente der wirkungsorientierten Verwaltungsführung möglichst weitgehend umzusetzen versuchen, und Reformprojekten mit Teilelementen, meist einzelnen Instrumenten wie z.B. Leistungsaufträge und Globalbudgets im Spitalbereich.

Auf der Bundesebene halfen die Massnahmen zur Personal- und Organisationsentwicklung zwischen 1991 und 1995 mit, den Modernisierungsprozess in der Bundesverwaltung in Gang zu setzen und in Richtung NPM zu leiten. Wie *Dieter Jegge* und *Karl Schwaar* in ihrem Beitrag zeigen, können und sollen sich diese beiden Modernisierungsprogramme (POE und NPM) künftig gegenseitig verstärken, insbesondere bei der Agency-Bildung von ausgewählten Verwaltungsabteilungen, die (intern und extern) marktfähige Leistungen erbringen. Anfänge dazu sind die Umwandlung des Bundesamtes für geistiges Eigentum in ein rechtlich selbständiges Institut oder die Schaffung des Profit-Centers 'MeteoSchweiz' in der Schweizerischen Meteorologischen Anstalt.

Der Beitrag von *Arthur Liener* zeigt, welche Reformen das Eidg. Militärdepartement mit den Projekten 'Armee 95' und 'EMD 95' bereits erfolgreich umgesetzt hat. Im Rahmen der Verwaltungsrestrukturierung ist die markt- und wettbewerbsorientierte, organisatorische Rollentrennung von Leistungsbesteller, Leistungskäufer, Leistungsvermittler, Leistungserbringer und Leistungsempfänger besonders hervorzuheben. Mit einem Personalabbau von über 20 Prozent wird das Eidg. Militärdepartement zudem nicht nur anpassungs- und leistungsfähiger, sondern auch deutlich schlanker.

Anhand des Organisationsentwicklungs-Prozesses im Kanton Luzern skizzieren *Hans-Peter Egli* und *Urs Käch* die wesentlichen Steuerungsinstrumente von NPM, nämlich:

1) Leistungsaufträge und -Vereinbarungen samt Globalbudgets auf der Grundlage von Produkt- und Produktgruppenbudgets sowie von Kosten-Leistungs-Rechnungen, und
2) Berichtwesen und Finanz-, Leistungs- und Personalcontrolling.

Ersichtlich wird aus diesem Beitrag insbesondere auch die stufengerechte Ausgestaltung der Vereinbarungen (Politischer Auftrag, Departementsauftrag, Kontrakt) und der Berichte (Verwaltungsbericht, Departementsbericht, Kontraktbericht).

Albert E. Hofmeister schildert, wie der Kanton Wallis mit seinem Reformprojekt 'Administration 2000' versucht, die kurzfristig erzielbaren Sanierungswirkungen einer traditionellen Gemeinkosten-Wert-Analyse (GWA) und den mittel- bis langfristigen Kulturwandel der Personal- und Organisationsentwicklung miteinander zu verbinden. Die Ergebnisse der ersten Projektphase, der sog. Leistungsanalyse, sind hier bereits dokumentiert, die Ergebnisse der weiteren Projektphasen stehen noch aus.

Anhand der Bedag Informatik Bern zeichnet *Kurt Baumann* den kulturellen Wandel nach, den eine Informatikorganisation erlebt, wenn sie sich von der traditionellen Verwaltungsinstitution zum marktorientierten Dienstleistungsunternehmen zu entwickeln beginnt. Der Autor kommt zum Schluss, dass es durch die organisatorische Ausgliederung gelungen ist, sowohl attraktive und konkurrenzfähige Arbeitsplätze im Informatikbereich zu schaffen als auch die öffentliche Kontrolle der Rechts- und Ordnungsmässigkeit durch Verwaltungsrat, Regierung und Parlament zu erhalten.

Für das Projekt der 'Neuen Stadtverwaltung Bern' (NSB) stellen *Bruno Müller* und *Peter Tschanz* den Einstieg und das Anlaufen eines komplexen Reform- und Organisationsentwicklungs-Prozesses dar und verweisen insbesondere auf die Wichtigkeit der nötigen Vorarbeiten und die ersten Lernprozesse in Parlament, Regierung und Verwaltung. Die Autoren legen ausserdem dar, dass Städte und Gemeinden bei der Realisierung von NPM-Elementen in der Regel nicht bei Null beginnen müssen, sondern auf einen breite Erfahrung mit vorangegangen Reformprojekten zurückgreifen können.

Auf die nötigen Vorarbeiten der wirkungsorientierten Verwaltungsführung geht auch *Esther Müller* in ihrem Beitrag über die Weiterentwicklung des Berichts- und Rechnungswesens in der Stadt Luzern ein, insbesondere im Zusammenhang mit der Einführung von Controllinginstrumenten und Kosten-Leistungs-Rechnungen. Sie hebt insbesondere hervor, wie wichtig es ist, den Politiker/innen und den Verwaltungsmitarbeiter/innen benutzer/innen-gerechte Entscheidungsgrundlagen und Führungsinformationen zur Verfügung zu stellen.

Ulrich Seewer zeigt anhand der ersten Erfahrungen mit dem Projekt 'Berner Gemeinden als neuzeitliche Dienstleistungsunternehmen' auf, wie sich New Public Management-Massnahmen auch in kleineren und mittleren Gemeinden sinnvollerweise umsetzen lassen, wenn an der Organisationsstruktur, den Produktebudgets und Leistungsaufträgen, der Qualitätssicherung und -kontrolle sowie der Kostenrechnung und dem Controlling die nötigen Anpassungen vorgenommen werden. Dank den Fachkommissionen, welche den Gemeinderat (Exekutive) unterstützend beraten, und dank der Aufgabendelegation an andere Gemeinden, Zweckverbände oder Private besitzen die kleineren und mittleren Gemeinden bereits heute ideale Voraussetzungen für die Einführung von Elementen des NPM.

4. NPM: NORMEN UND INSTRUMENTE

Auch der dritte Teil unseres Buches macht deutlich, dass sich NPM in der Schweiz noch im Anfangsstadium befindet. Wie die neuen Normen und Instrumente im einzelnen auszugestalten sind, zeichnet sich erst in Umrissen ab. Allen verwaltungswissenschaftlichen Disziplinen und den Verwaltungen selbst steht damit eine spannende Zeit des gemeinsamen, interdisziplinären Entwickelns und Erprobens bevor. Mit den hier versammelten Beiträgen, die teils bekannte Ansätze vertiefen und teils auch neue Ideen aufwerfen, wird dafür eine richtungweisende Grundlage gelegt.

Fest steht, dass NPM nicht ohne Reformen des öffentlichen Rechts auskommt. Dies verlangt von den Juristen, wie *Daniel Arn* hervorhebt, dass sie vermehrt neues Recht gestalten und weniger anhand von altem Recht verhindern. Die Finalsteuerung dürfte namentlich zu einer Abnahme detaillierter Vorgehensvorschriften führen, die sich vorwiegend im Organisations-, im Personal- und im Finanzhaushaltsrecht finden lassen.

Gerade das Beamtenrecht gerät immer wieder unter Beschuss, was nach Auffassung von *Paul Richli* allerdings nicht in allen Fällen gerechtfertigt ist. NPM darf, so seine These, jedenfalls nicht dazu führen, dass öffentliche Bedienstete rechtlich schlechter gestellt werden als Arbeitnehmerinnen und Arbeitnehmer, die dem privaten Arbeitsrecht unterstehen. Richli rät vielmehr zu einer besseren Ausschöpfung heute schon bestehender Ermessensspielräume.

Der finanzmässige Rahmen des NPM - ein ausgebautes Rechnungswesen mit Kosten- und Leistungsrechnung - ist in der Schweiz durch das Rechnungsmodell der Kantone und Gemeinden bereits vorgezeichnet. Damit wurde, wie *Kurt Stalder* betont, in den achtziger Jahren ein wichtiger Schritt weg von der Kameralistik und hin zu kaufmännischer Buchführung, Harmonisierung und Transparenz unternommen. Die Forderungen des NPM zur Einführung der Globalbudgetierung sollten jedoch zum Anlass genommen werden, das Rechnungsmodell grundsätzlich zu überdenken. Insbesondere im Bund gilt es, einen modernen Ansatz zu wählen, der eine Kombination von zentraler, konsolidierter Finanzrechnung und dezentraler, branchenabhängiger Betriebsrechnung zulässt und gleichzeitig die Zahlungsströme transparent macht.

Die Forderung des NPM nach mehr Markt kann über verschiedene Instrumente erreicht werden. Eine originelle Idee vertritt *Felix Wolffers*, der ein Modell für einen internen Markt entwirft und damit den Wettbewerbsgedanken auf die inneradministrative Zusammenarbeit überträgt. Sein Vorschlag erlaubt nicht nur eine bessere Nutzung verhandener Ressourcen, sondern schafft zugleich Möglichkeiten eine Jobenrichments.

Die Verwaltung steht auch gegen aussen zunehmend in Wettbewerbssituationen und tut daher gut daran, ihre Marketingstrategie zu überdenken oder - falls nicht vorhanden - zu formulieren. *Ruth Köppel* zeigt einen möglichen Weg auf, wie sich die Verwaltung im Markt positionieren, den geeigneten Marketingmix zusammenstellen und den Kontakt mit ihren Ansprechpartnern pflegen kann.

Ein wichtiges Steuerungsinstrument des NPM ist die Leistungsvereinbarung oder der Leistungsauftrag. Seine Ausgestaltungs- und Anwendungsmöglichkeiten sind äusserst vielfältig. *Willy Oggier* unternimmt einen ersten Versuch, die verschiedenen Varianten zu ordnen und Kriterien für gute Leistungsvereinbarungen zu entwerfen. Sein Beitrag untermauert die oft gehörte Ansicht, dass es im Grunde noch keinen Konsens darüber gibt, wie ein Leistungsauftrag auszugestalten sei, welchen rechtlichen Status er habe und insbesondere welche Durchsetzungsmöglichkeiten bestehen.

Reformen zu initiieren, ihre Wirksamkeit zu prüfen und Lernprozesse auszulösen, ist unter anderem das Ziel der Evaluation. Sie steht, wie *Werner Bussmann* schreibt, in einem natürlichen Zusammenhang mit NPM, das bekanntlich auch als 'Wirkungsorientierte Verwaltungsführung' übersetzt werden kann. Über Wirkungen kann jedoch nur steuern, wer die Zusammenhänge zwischen Input, Output, Outcome und Impact kennt. Aussagekräftige Informationsinstrumente bilden daher einen wichtigen Bestandteil von NPM und werden noch an Bedeutung gewinnen.

"Was uns fehlt, sind die Manager" - dieser Schluss von *Robert Hasenböhler* weist auf den enormen Ausbildungs- und Entwicklungsbedarf in der öffentlichen Verwaltung hin, der sich mit der Einführung des NPM eröffnet. Anhand unterschiedlicher Organisationsvarianten zeigt er auf, welche Ausbildungsbedürfnisse sich heute im einzelnen abzeichnen. Die Tatsache, dass Ausbildung in den laufenden Projekten einen grossen Stellenwert geniesst, beweist im übrigen, dass sie als Mittel der Organisationsentwicklung erkannt und ernstgenommen wird. Auch dies dürfte ein neues Phänomen in der öffentlichen Verwaltung sein: Ausbildung als zielorientiertes Entwicklungsinstrument wurde bis anhin eher vernachlässigt.

5. NPM: POLITISCHE UND KULTURELLE HERAUSFORDERUNGEN

Der letzte Teil unseres Buches befasst sich mit Implementationsproblemen, insbesondere auch mit den spezifisch schweizerischen Voraussetzungen und Rahmenbedingungen für eine Modernisierung des öffentlichen Sektors, und zeigt, dass NPM - gerade auch in der Schweiz - einer Kulturrevolution nicht nur in der Verwaltung, sondern im ganzen politischen System gleichkommt. Daraus ergeben sich aber auch Chancen, institutionelle Verkrustungen aufzubrechen und dem politischen Horizont zukunftsträchtige Dimensionen zu eröffnen.

Iwan Rickenbacher zeichnet ein kritisches Bild unserer schweizerischen Politlandschaft und ortet erheblichen Veränderungsbedarf gerade auch der politischen Kultur, wenn NPM nicht der geistige Überbau einer höchst bescheidenen Verwaltungsreform bleiben will. Trotz quasi programmierter Widersprüche infolge korporatistischer Verfilzung und institutioneller Schwäche namentlich des Parlaments sieht er reelle Chancen für eine Verwirklichung von NPM in der Schweiz, wenn es gelingt, durch eine breite Diskussion und erfolgreiche Pilotprojekte dem Bürger und der Bürgerin die Philosophie des NPM näherzubringen und ihnen auch den Zugang zum politischen System neu zu erschliessen.

Mit dem föderalistischen Aufbau unseres Staates befasst sich *Ulrich Klöti*. Er kommt zum Schluss, dass Föderalismus und NPM durchaus kompatible politische Konzepte darstellen. Beide setzen auf dezentralisierte Entscheidfindung im Sinne grösserer Kundennähe und effizienteren Vollzugs. Zweifel äussert Klöti vor dem Erfahrungshintergrund des Föderalismus zu einer klaren Trennung von politischer Zielsetzung und operativer Verantwortung; um der Gefahr der Entdemokratisierung zu begegnen, müssten daher auf die einzelnen Politikbereiche abgestimmte Managementformen entwickelt werden.

René L. Frey beschreibt die Reformbemühungen des Finanzausgleichs im Bundesstaat und deckt dabei eine weitgehend ähnliche Grundphilosophie auf wie beim NPM. Beide Reformkonzepte sind output- und kundenorientiert und bemühen sich über eine effektivere und effizientere Erfüllung öffentlicher Aufgaben um die Verbesserung des Wirtschaftsstandortes. In Anbetracht der knappen Ressourcen ist eine Neuabgrenzung und zielorientierte Modernisierung des öffentlichen Sektors ein Gebot der Stunde. Frey zieht den Schluss, dass sich NPM und Neuer Finanzausgleich in ihren positiven Wirkungen gegenseitig stärken könnten.

Nach solch wohlwollenden Annäherungen aus politologischer und wirtschaftswissenschaftlicher Sicht erstaunt die harsche Kritik an NPM aus spitzer Feder eines Gurus einheimischer Policy-Analyse, die sich in ihrer verdienstvollen Bearbeitung outputorientierter Fragestellung durch den finalen Approach der Managementlehre offenbar konkurrenziert fühlt. *Peter Knoepfel* ist sicher zuzustimmen, wenn er von den Gefahren eines seichten Ökonomismus oder Konsumerismus warnt, der den Staatsbürger nur noch als Konsumenten versteht, und wenn er bezweifelt, ob - zumal unter hiesigen Bedingungen - eine Trennung von Politik und Verwaltung im Sinne der strategischen und operativen Ebene überhaupt machbar oder wünschbar sei. Seine Bedenken hingegen, die Relativierung der Inputsteuerung durch die Aufwertung der Managementsgesichtspunkte im Vollzug bedrohe den Rechtsstaat, scheinen uns doch etwas übertrieben. Knoepfels Argumentation wirft die Frage auf, ob die einst mit kritischem Gestus angestrebte Policy-Analyse nicht in fataler Objektnähe zur ideologischen Verbrämung der ihr liebgewordenen Schrebergärtchen der Politiklandschaft zu verkommen droht.

Ganz anders argumentiert *Jean-Daniel Delley*, der die neuen Reflexions- und Handlungsformen des Anreizstaates als Vorboten einer neuen historischen Wende deutet, in der sich der Staat zur Durchsetzung politischer Ziele in realistischer Einschätzung seiner eigenen schwindenden Kräfte vermehrt auf die sanfte Steuerung der gesellschaftlichen Dynamik besinnt. Diese Kooperation erfordert eine radikale Umgestaltung in der internen Organisation des Staates und in den Beziehungen, die er mit der Gesellschaft und ihren Akteuren unterhält.

Dass man auch auf gewerkschaftlicher Seite nicht abgeneigt ist, staatliche Ressourcen möglichst wirkungsvoll einzusetzen und zu diesem Zweck nach neuen Organisationsmodellen zu suchen, zeigt der Artikel von *Hans-Jakob Mosimann*. Falls NPM nicht zur neuen Spielart alter Privatisierungsmaximen verkommt, so Mosimanns Urteil, kann es einen wichtigen Lernprozess im öffentlichen Bereich auslösen; diese Prozessorientierung verlangt aber eine breite Abstützung durch die Beschäftigten und ihre gewerkschaftlichen Organisationen.

Um die anstehenden Lernprozesse geht es auch in der engagierten Bürokratieanalyse von *Elisabeth Michel-Alder*. Sie setzt ganz auf den bewussten Kulturwandel als selbstgesteuertes, strategisches Lernkonzept und sieht NPM als Anlass, um die gleichzeitig notwendigen strukturellen Veränderungen vorzunehmen.

Die abschliessenden Thesen von *Peter Hablützel* greifen diesen Gedanken auf und zeigen die Schwierigkeiten, aber auch die Chancen für Entbürokratisierung des öffentlichen Sektors. NPM etabliere in Politik und Verwaltung jene finale Grundhaltung der Ökonomie, die gegenüber der konditionalen Denkweise juristischer Tradition unbedingt mehr Gewicht erhalten muss, wenn unter den heutigen Knappheitsbedingungen eine Leistungsoptimierung und damit die längst fällige Modernisierung der Staatsfunktion gelingen soll.

Alles in allem hoffen wir, mit der vorliegenden Publikation einen sinnvollen Beitrag zur laufenden NPM-Debatte in der Schweiz zu leisten; diese soll möglichst alle mit dem Staat befassten Disziplinen einbeziehen. Die Chancen stehen gut, dass die bisweilen allzu stark abgeschotteten Spezialgebiete über ihren Schatten springen und gemeinsam nach neuen Wegen suchen können.

TEIL 1

NEW PUBLIC MANAGEMENT:

EIN MODERNES REFORMMODELL

DAS MODELL DER WIRKUNGSORIENTIERTEN VERWALTUNGSFÜHRUNG

Kuno Schedler[1]

1. EINFÜHRUNG

Wow! Was für aufregende Zeiten für innovationsfreudige Mitarbeiterinnen und Mitarbeiter der öffentlichen Verwaltung, Politikerinnen und Politiker, Forscherinnen und Forscher! Die geistige Verkrustung jahrzehntealter, formell und informell vererbter, sich gegen alle wahrscheinliche und unwahrscheinliche Unbill absichernder Strukturen in der bürokratischen Verwaltung scheint sich mit zunehmendem Tempo zu lösen. Neue Ansätze der Verwaltungsführung werden in Bund, Kantonen und Gemeinden diskutiert und ausprobiert mit dem Ziel, die politisch-administrativen Systeme effizienter und effektiver, wirtschaftlicher und wirksamer zu machen.

Information wird zum veröffentlichten Gut, Transparenz zu einer leitenden Maxime. Vieldimensionales Controlling ersetzt eindimensionale Kontrolle, Vereinbarung ersetzt Anordnung, Vertrauen ersetzt Misstrauen. Führung wird durch unterstützende Systeme verbessert. Die scharfen Trennlinien zwischen Staat und Privatwirtschaft verwischen zunehmend. Die beiden Systeme, in der Schweiz ohnehin verhältnismässig offen, werden noch durchlässiger und erlauben den Transfer von Wissen und Fähigkeiten in wachsendem Ausmass. Die oft irrationalen, von partikularinteressen-maximierenden Akteuren geprägten politischen Prozesse werden immer weniger als *fait accompli* akzeptiert, deren "Qualität" unverrückbar sei, und denen eine demokratische Legitimation ermöglicht, sich ökonomischer Rationalität ganz oder teilweise zu verschliessen.

Es bleibt unwidersprochen: der Staat ist keine gewinnmaximierende Unternehmung. Die Bürger sind nicht Aktionäre, die Regierung ist nicht nur Konzernleitung, sondern demokratisch legitimierte, politisch agierende Exekutive. Dies befreit die Verwaltung und ihre politischen Führungsinstanzen jedoch nicht von der Pflicht, ihre Aufgaben mit grösstmöglicher ökonomischer Effizienz und politischer Effektivität zu erfüllen. Die Zielkonflikte, die aus dieser Forderung mit direktdemokratischen Grundsät-

---

[1] Einzelne Textpassagen dieses Beitrags sind dem Grundlagenkapitel in Schedler (1995) entnommen.

zen entstehen, sind offensichtlich.[2] Es kann daher nicht das übergeordnete Ziel einer wirkungsorientierten Verwaltungsführung sein, Effizienz als neue Maxime der politischen Welt zu propagieren und dabei die traditionellen Ordnungsprinzipien Rechtsstaatlichkeit, Demokratieprinzip und Sozialstaatlichkeit[3] ausser Kraft zu setzen. Auch die Betriebswirtschaft fordert kein Entweder-oder, sondern die Stärke erfolgreicher Systeme liegt im Sowohl-als-auch,[4] in der Integration unterschiedlicher Ansätze.

2. NOTWENDIGKEIT FÜR EINE WIRKUNGSORIENTIERTE VERWALTUNGSFÜHRUNG

Ausgangspunkt jeder Reform ist eine bestehende *unbefriedigende Situation*. Dies gilt auch für die aktuelle Verwaltungsreformdebatte. Typische Vorhaltungen, die dem heutigen System gemacht werden, sind etwa:[5]

- *Übersteuerung* (d.h. zu hohe Regelungsdichte) durch die höchste Ebene im operativen Bereich bei gleichzeitiger Untersteuerung (mangelnde Steuerungsmöglichkeiten) im strategischen Bereich;
- Festgefahrene *Entscheidungswege* und *-strukturen*, was die Beweglichkeit der Verwaltung erheblich einschränkt;
- Mangel an betriebswirtschaftlichem *Führungsverständnis* als Folge einer *Überreglementierung* im Verwaltungsalltag;
- *Misstrauenskultur* und Misserfolgsvermeidung anstatt Vertrauenskultur und Erfolgssuche;
- Mangel an *Kongruenz* von Ausführungs-, Resultat- und Ressourcenkompetenzen und -verantwortung;
- Mangel an *Flexibilität* der Organisation aufgrund der hohen Arbeitsteilung, Hierarchisierung und Zentralisierung;
- Mangel an *Wirksamkeit* bestehender staatlicher Institutionen.

Die Kombination dieser Elemente führt zu *bürokratischem Zentralismus, organisierter Unverantwortlichkeit*,[6] *Büropathologien*[7] oder einem "*Auswuchs moderner Verwaltungsbürokratie*".[8] Die daraus resultierende mangelnde Ko-

---

[2] Möckli 1994, S. 8
[3] Brunner 1979, S. 166 ff.
[4] Hilb 1995, VI
[5] vgl. Mäder 1995, S. 43 f.
[6] Banner 1991, S. 6 ff.
[7] Caiden 1991, S. 5
[8] Fleiner-Gerster 1993, S. 53

sten- und Leistungsorientierung der Verwaltung hat zu einer Vernachlässigung der Effizienz und Effektivität im täglichen Handeln geführt.

3. WIRKUNGSORIENTIERTE VERWALTUNGSFÜHRUNG ALS MANAGEMENTMODELL

Modelle werden entworfen, um ein - in der Regel komplexes - Objekt so abzubilden, dass eine *zweckgerichtete* Betrachtung desselben ermöglicht wird. Daraus folgt, dass Modelle in der Regel stark vereinfachend und zweckgerichtet sind. *Managementmodellen* liegt damit folgerichtig die Absicht zugrunde, die Erfüllung von Gestaltungs- und Lenkungsaufgaben in sozialen Systemen der Praxis zu erleichtern. Dies gilt auch für das Modell der wirkungsorientierten Verwaltungsführung. Es steht nicht nur in der Tradition ausländischer Vorbilder,[9] sondern seine gedanklichen Wurzeln lassen sich auch in der *St. Galler Management-Schule* finden, die die öffentliche Hand als zweckorientiertes, soziales System erfasst.[10] Damit wird das politisch-administrative System nicht mechanistisch (Grundmodell: Maschine), sondern systemisch (Grundmodell: Organismus) erfasst.[11]

Die wirkungsorientierte Verwaltungsführung[12] kann als umfassender Managementansatz verstanden werden, der die leistungs- und motivationshemmenden Elemente des politisch-administrativen Systems durch moderne Führungssysteme, -strukturen und -instrumente ersetzt. Grundelement ist eine Verlagerung der Steuerung von den Mitteln (Input) zu den Leistungen (Output) und Wirkungen (Outcome, Impact). Damit werden verbesserte *Grundlagen* für Entscheide der politischen und administrativen Führung geschaffen; die *Inhalte* dieser Entscheide kann ein Managementmodell nicht vorgeben.[13] Sie zu finden muss schon deshalb, weil auf eine dynamische Umwelt nicht angemessen durch vorgefertigte Lösungen reagiert werden kann, den politischen und administrativen Führungsinstanzen überlassen werden.

---

[9] vgl. Haldemann 1995, S. 1 ff.
[10] Ulrich/Sidler 1977, S. 14 ff.
[11] vgl. dazu Malik 1993, S. 26 ff.
[12] Zu Begriff und Inhalt vgl. Buschor 1993; Schedler 1995; Mäder 1995
[13] Damit ist die Antwort auf die Frage vorweggenommen, ob denn die wirkungsorientierte Verwaltungsführung für einen Leistungsab- oder -aufbau eintrete. Sie kann beides und tut dennoch weder das eine noch das andere - als *Modell* ist sie *neutral* gegenüber diesen politischen Entscheiden.

Im allgemeinen werden sechs Themenkomplexe der Anwendung des wirkungsorientierten Modells unterschieden (*Abb. 1*):

- *Kunden- und mitarbeiterorientierte Verwaltung:* Eine vermehrte Kundenorientierung soll dazu führen, dass die Verwaltung bewusster ihre Produkte definiert und alle ihre Aktivitäten auf diese Produkte und deren Qualität ausrichtet. Letztere wird nicht mehr nur von der Verwaltung selbst, sondern von den Kunden bestimmt. Gleichzeitig wird eine grössere Mitarbeiterorientierung angestrebt.
- *Schlanke, qualitätsorientierte Verwaltung:* Was nicht direkt zur Wertvermehrung des Endproduktes beiträgt, wird nicht mehr ausgeführt. Durch *Contracting Out* oder *Outsourcing* sollen die eigenen Energien auf die wirklichen Stärken der Verwaltung konzentriert werden. Verbesserte Qualitätsmanagement-Systeme führen die Prozesse und Produkte der Verwaltung näher an die Bedürfnisse der Abnehmer von Leistungen heran.

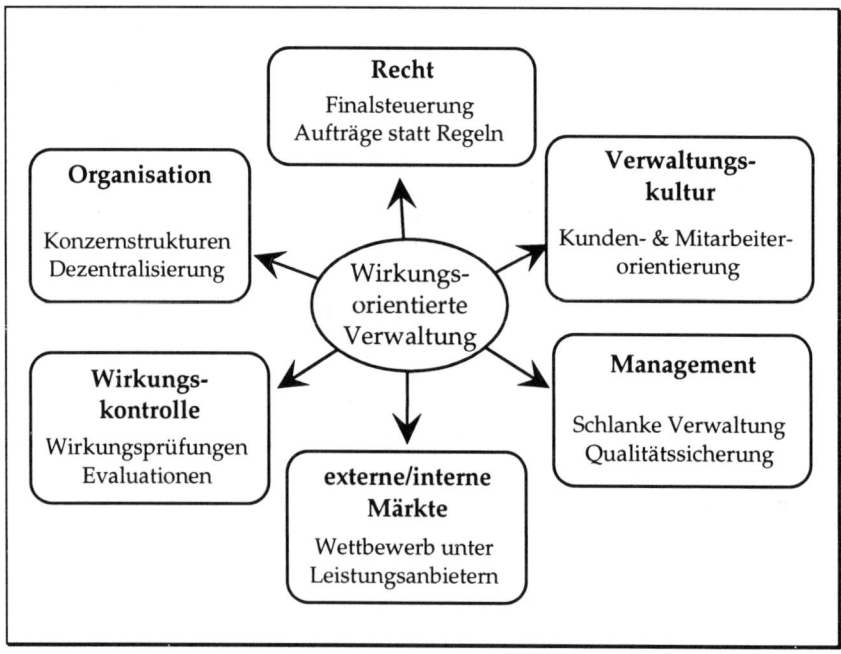

Abb. 1: *Grundlagen der wirkungsorientierten Verwaltungsführung*[14]

---

[14] in Anlehnung an Buschor 1994, S. 25

- *Wettbewerb:* Durch die Schaffung von externen und internen Märkten wird versucht, für jeden Teilbereich der Verwaltung Konkurrenz und Wettbewerb zu schaffen, die für vermehrte Effizienz und Effektivität sorgen sollen. Wo dies *per se* nicht möglich ist, sollen Instrumente wie *Benchmarking, Competitive Testing* oder *Ausschreibungen* den Wettbewerb simulieren. Eine Aufteilung der Rollen von Leistungsfinanzier, Leistungskäufer und Leistungserbringer, die organisatorisch jeweils über Leistungsvereinbarungen und Globalbudgets verbunden werden, soll die persönliche Resultatverantwortlichkeit der jeweils Beteiligten vergrössern.
- *Wirkungskontrolle:* Die Kontrollmechanismen der öffentlichen Verwaltung sind vorwiegend auf finanzielle und personelle Mittel ausgerichtet. Im Bereich der Revision bewegt sich der Trend weg von der reinen Finanzprüfung zu einem umfassenden Wirkungsprüfungsansatz. Die Programmevaluation gewinnt weltweit an Bedeutung, und für beschränkte Fragestellungen werden vermehrt umfassende Leistungsevaluationen eingesetzt.
- *Organisation:* Die zentralisierte Verwaltung der Gegenwart ist zu gross und zu träge, um noch effizient und effektiv produzieren zu können, die Entscheidungswege sind zu lang (Mitberichtsverfahren, Stellungnahmen). Daher wird versucht, durch Bildung von Konzernstrukturen mit dezentralen, autonomen Verwaltungseinheiten vermehrte Eigenständigkeit und Verantwortlichkeit "an die Front" zu delegieren. Dezentralisierung heisst aber immer auch ein Verlust an operativen Steuerungs- und Einflussmöglichkeiten bei der Zentrale. Dadurch wird die Bedeutung des strategischen Managements verstärkt, die Führungsaufgaben werden wichtiger.
- *Finalsteuerung:* Die Führungsinstrumente werden so verändert, dass weniger Regulierung, dafür vermehrt Ziele für das Verhalten der Verwaltungseinheiten und deren Mitarbeiter massgebend sind. Die Vorgaben beschränken sich weitgehend auf das *Was*; die Verwaltungseinheit ist frei, *wie* sie die vereinbarten Produkte erstellen oder die gesetzten Ziele erreichen will.

Heutiges Bürokratiemodell	Modell der wirkungsorientierten Verwaltungsführung
• Arbeitsteilung	• Teamwork
• Amtshierarchie	• Flache Organisation
• Sachbearbeiterprinzip	• Projektmanagement
• Fachqualifikation	• Fachgeneralist
• Aktenmässigkeit	• EDV-Netzwerke
• Regelsteuerung	• Zielvorgaben
• Unpersönlichkeit	• Normative Führung
• Versorgungsprinzip	• Leistungslohn

Abb. 2: Merkmale der Verwaltungsmodelle nach Buschor[15]

Die Methoden der wirkungsorientierten Verwaltungsführung unterscheiden sich damit wesentlich von herkömmlichen Formen der Reorganisation und/oder Effizienzsteigerung, aber auch vom traditionellen Bürokratiemodell (vgl. Abb. 2). Sie sind umfassend zu verstehen und betreffen nicht nur einzelne Bereiche der Verwaltung, sondern ihre Stärke ist ihre Ganzheitlichkeit.

3.1. Ziele der wirkungsorientierten Verwaltungsführung

Der Staat und alles, was mit ihm in Zusammenhang gebracht wird, verliert in der Bevölkerung immer mehr an Akzeptanz. Die in der Schweiz oft beklagte Politikverdrossenheit findet ihre Entsprechung in der negativen Haltung gegenüber der Verwaltung und ihren Mitarbeitern. Geklagt wird über mangelnde Bürgernähe, zu lange Fristen in der Behandlung von Eingaben, zu hohe Gebühren; vor allem aber beherrschen Stereotypen und Vorurteile den allgemeinen Eindruck, den der durchschnittliche Einwohner von der Verwaltung hat. Untersuchungen in Deutschland und der Schweiz zeigen, dass eine erhebliche Abweichung zwischen dem allgemeinen Bild der Verwaltung und persönlich gemachten Erfahrungen von befragten Bürgern besteht. Wer mit Vertretern der Verwaltung näher in Kontakt kommt, stellt fest, dass ein ausgesprochener *Leistungswille,* eine *Motivation,* etwas zu verändern, und der Glaube, *etwas Gutes für die Gesellschaft zu tun,* der Motor für viele Beamte ist, sich in der Verwaltung zu engagieren. Leider ist es so, dass einige echte und viele hochgespielte schlechte Beispiele dem Ruf der Verwaltung nachhaltig schaden; dies umso mehr, als sich vereinzelt auch Politiker nicht gerade lobend über die Verwaltung äussern. Dabei ist es oft nicht der Mensch in der Ver-

---

[15] Buschor 1995, S. 275

Das Modell der wirkungsorientierten Verwaltungsführung

waltung, der nicht leisten *will*, sondern das System bzw. die eingespielten Mechanismen, die ausserordentliche Leistungen tendenziell verhindern oder gar bestrafen. Der amerikanische Vizepräsident Al Gore, Leiter des ambitiösen *National Performance Review* Programms, spricht immer wieder von *"good people trapped in bad systems"*. Das heisst konsequenterweise, dass Reformen grundsätzlicher Art bei den *Systemen* ansetzen sollten.

Durch die Einführung der Prinzipen der wirkungsorientierten Verwaltungsführung sollen die folgenden Resultate erreicht werden:

- Stärkung der *strategischen Führung* auf politischer Ebene und umfassende Delegation der operativen Aufgabenerfüllung auf die Stufe Verwaltung. Daraus resultiert ein Abbau der Übersteuerung im operativen und der Untersteuerung im strategischen Bereich.
- Umwandlung der Verwaltung von einem staatlichen Vollzugsapparat in ein *kunden- und leistungsorientiertes Dienstleistungsunternehmen*.
- Förderung der *Aufgaben-, Ressourcen- und Ergebnisverantwortung* auf Stufe Direktion und Amt. Daraus resultiert ein Abbau an Bürokratie, eine Vereinfachung der Entscheidungsabläufe, eine Verbesserung der Transparenz im Leistungsbereich und eine bessere Motivation der Führungskräfte. Für die Mitarbeiter sollte eine vermehrte Zuteilung ganzheitlicher Aufgaben angestrebt werden.
- Steigerung der *Effektivität* in der Verwaltung, des gezielten Mitteleinsatzes nach klaren Prioritäten und Konzentration auf die wesentlichen Aufgaben unter Einbezug *marktwirtschaftlicher Lösungen* und bewusster Suche nach mehr *Marktnähe*.
- Steigerung der *Effizienz*, indem die gegebenen Aufgaben und Qualitätsstandards möglichst kostengünstig erfüllt werden.
- Änderung der *Verwaltungskultur* zu mehr Leistungsorientierung, Risikobereitschaft und Entscheidungsfreudigkeit. Die Mitarbeiterinnen und Mitarbeiter der Verwaltung sollen ihre Aufgaben mit hoher *Motivation* und *Leistungsbereitschaft* möglichst selbständig erfüllen können.
- Entwicklung der *Selbstorganisationskraft* der Verwaltung und damit ihrer Fähigkeit, im Wettbewerb mit anderen öffentlichen und privaten Anbietern erfolgreich zu bestehen.

Die Wirkungsorientierte Verwaltungsführung hat ihre Wurzeln in verschiedenen, bereits bestehenden Ansätzen der Verwaltungswissenschaften. Viele Ideen sind bekannt, und viele Forderungen wurden bereits vor Jahren aufgestellt. Neu ist jedoch ihre Integration in ein Gesamtkonzept, das sowohl das politische als auch das administrative System umfasst.

3.2. Voraussetzungen für eine wirkungsorientierte Verwaltungsführung

Um das Modell der wirkungsorientierten Verwaltungsführung in der Praxis umsetzen zu können, sind Voraussetzungen zu schaffen, die als notwendig aber nicht hinreichend zu verstehen sind. Sie beziehen sich vor allem auf Führungsinstrumente, die bis anhin eher vernachlässigt wurden.

- *Qualität der Informationen:* Informationen dienen sowohl als Grundlage der prospektiven Planung als auch der retrospektiven (bzw. idealerweise mitschreitenden) Kontrolle des Verwaltungsgeschehens. Je besser die Information, desto besser die Ergebnisse der Planung und der Kontrolle. Leistungs- und wirkungsorientierte Steuerung bedingt daher eine entsprechend ausgestaltete produktbezogene Informationsbasis, d.h. die Erfassung und systematische Aufbereitung von Leistungs- und Wirkungsdaten.[16]

- *Integrierte Leistungsdefinition:* Aus den Erfordernissen der Führung ergibt sich, dass Leistungen (Produkte) nicht isoliert aufgezählt werden, sondern stets in Beziehung zu gesellschaftlichen Bedürfnissen und politischen Zielen zu bringen sind. Ihre Definition erfolgt sowohl qualitativ als auch quantitativ, da "vom Umfang der erforderlichen Leistungen die Dimensionierung des staatlichen Apparates"[17] abhängt.

- *Strategische Führungsinstrumente:* In den meisten Organisationen ist die Priorität operativer Führung gegenüber der strategischen und auf Grundsätzliches zielenden Führung beinahe allgegenwärtig.[18] Dementsprechend sind operative Führungsinstrumente weit besser ausgebildet als strategische. Das Augenmerk muss daher vermehrt auf die Schaffung leistungsfähiger strategischer Führungsinstrumente gelegt werden.[19]

---

[16] In diesem Zusammenhang werden *Controllingsysteme* gefordert, die sich gleichzeitig auf finanzielle, personelle und leistungsbezogene Aspekte der Verwaltungstätigkeit beziehen sollen. Die Grundlage bilden Kosten-, Leistungs- und Wirkungsrechnungen sowie fallweise Erhebungen bei Mitarbeitern, Kunden, Einwohnern und Auftraggebern.

[17] Ulrich/Sidler 1977, S. 31

[18] vgl. Malik 1993, S. 144

[19] *Strategische Führungsinstrumente* wären etwa eine *integrierte* Leistungs- und Finanzplanung, Instrumente der periodischen Aufgabenkritik (sowohl Ziel- als auch Verfahrenskritik), Instrumente zur Erfassung des Zustands der Verwaltung (Stärken- und Schwächenanalyse), Analyseinstrumente zur Umweltentwicklung, Leitbilder zur Kommunikation von Wertvorstellungen (vgl. etwa Ulrich 1990, 18 ff.), aber auch Indikatoren über die allgemeine Entwicklung der Verwaltungstätigkeit im Rahmen eines strategischen Controllings.

Grundlegende Voraussetzung ist nicht nur der Aufbau, sondern vor allem die systematische *Anwendung* der oben beschriebenen Instrumente; das Vorhandensein allein garantiert keinen Erfolg des neuen Managementmodells. Vielmehr ist eine vollständige Integration in die Führungsprozesse anzustreben.

4. VERÄNDERUNGEN DER VERWALTUNGSFÜHRUNG

Soll die Verwaltungsführung im oben beschriebenen Sinn verändert werden, so muss dies in mehreren Dimensionen gleichzeitig erfolgen. Kultur, Struktur und Prozesse sind gleichermassen zu beachten. Management gestaltet, lenkt, steuert und entwickelt die Verwaltung in ihrer ganzen Komplexität. Allerdings ist im Einzelfall oft nicht klar, wann welche Dimension Priorität erhalten soll.

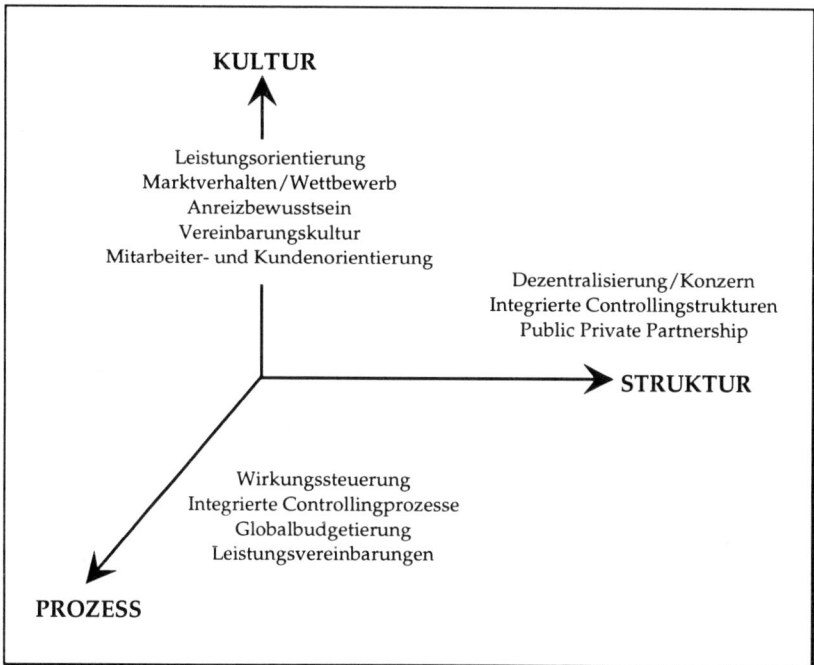

Abb. 3:   *Mehrdimensionale Veränderungen der Verwaltungssteuerung*

Es ist schier unvermeidlich, dass verschiedene Autoren und/oder Praktiker unterschiedliche Gewichtungen der Dimensionen propagieren werden, die zu eigentlichen Modetrends ausufern können. Ebenso ist zu erwarten, dass der Entwicklungsprozess an sich die Akzente des Fortschritts bisweilen verschieben wird, je nachdem, wo gerade Entwicklungsbedürfnisse mit gerissenen Lösungen zusammentreffen. Verwaltungsführung ist jedoch weder eindimensionale Kulturprägung, noch ist sie anderweitig auf einzelne Disziplinen (Finanzielle Führung, Marketing usw.) reduzierbar - Verwaltungsmanagement wird immer im Sinne Maliks[20] eine integrierende Aufgabe bleiben, die die Gestaltung, Lenkung und Entwicklung des sozialen Systems *Verwaltung* umfasst.

4.1. Verwaltungskultur

Die wirkungsorientierte Verwaltungsführung bliebe unwirksam, löste sie nicht eine *grundlegende kulturelle Veränderung* aus. Dezentralisierung und Vergrösserung der Kompetenzen der Leistungszentren, konsequente Anwendung des *Prinzips Verantwortung*[21] und die damit zusammenhängenden grösseren Freiheiten in der Ausführung liessen z.B. die Pilotprojekte in der Stadt Nürnberg zu einem grossen Erfolg werden: Die Mitarbeiter sind motiviert, die krankheitsbedingten Ausfälle gingen schlagartig um 50% zurück, und die Kultur veränderte sich vom bürokratischen Muff zu einer effizienten Bürgerorientierung.[22] Hierzulande, wo es häufig den Anschein macht, Beamte müssten die innere Kündigung vollzogen haben, um systemkonform zu arbeiten (so eine provokative These von Hablützel[23]), ist der Bedarf an einer grundlegenden kulturellen Veränderung für viele die Motivation, das Risiko von Versuchen mit neuen Verwaltungsformen einzugehen.

Obwohl die meisten Beiträge über die wirkungsorientierte Verwaltungsführung das Hauptaugenmerk auf die instrumentellen und strukturellen Aspekte legen, darf nicht vergessen werden, dass dabei letztlich eine *Kulturrevolution*[24] in der öffentlichen Verwaltung ausgelöst wird. Eine *zielgerichtete* Steuerung dieser Kulturentwicklung ist ausserordentlich schwierig. Die kulturelle Entwicklung ist eine Folge der Veränderung der Innenwelt der Verwaltung, die voraussehbar und - aufgrund der Erfahrungen im Ausland[25] - bekannt und gewollt ist.

---

[20] vgl. Malik 1990, S. 31 f.
[21] Banner 1993, S. 195
[22] vgl. Frey 1994, S. 38
[23] vgl. Hablützel 1992, S. 31 f.
[24] vgl. Koetz 1994, S. 125
[25] vgl. beispielsweise KGSt 1992, 145; Haldemann 1995, S. 1 ff.

Als eine der wichtigsten kulturellen Entwicklungen wird international die Schaffung einer *Qualitätskultur* betrachtet. Der bewusste Umgang mit Kunden, eine verstärkte Sensibilität für Kosten-Leistungs- bzw. Kosten-Nutzen-Relationen in der eigenen Arbeit und die Suche nach Zielen und übergeordneten Zwecken des Handelns in der öffentlichen Verwaltung führt zu einem neuen Selbstverständnis,[26] dem sich auch die Schweiz nicht wird entziehen können. Werden diese Elemente mit dem Gedanken des Wettbewerbs kombiniert und die interne Organisation entsprechend flexibilisiert, so lösen die neuen Ansätze einen *kulturellen Wandel* aus, der deutlich macht, dass bisherige Reformversuche nie so tief zu dringen vermochten, wie es die wirkungsorientierte Verwaltungsführung anstrebt.

Weitere wichtige Veränderungen der Verwaltungskultur ergeben sich aus der Leistungsorientierung, die mit vermehrtem Marktverhalten und Wettbewerb einher gehen kann. Dies und die bewusste Schaffung von Anreizen erlaubt es der Verwaltungsführung, die operative Kontrolle der Sparsamkeit und Wirtschaftlichkeit zu reduzieren; die Selbstorganisation der Verwaltungseinheiten als autonome Subsysteme führt dazu, dass ein erhebliches Potential für grössere Dynamik geschaffen wird.[27]

Nicht zuletzt wird die Einführung der *Vereinbarungsinstrumente* zu einem grundlegenden kulturellen Wandel beitragen, der jedoch in der Schweiz bereits begonnen hat: An die Stelle einer autoritären Führung tritt vermehrt der partnerschaftliche Umgang mit den Mitarbeitern, die auch als eine Anspruchsgruppe gegenüber der Verwaltung betrachtet werden.

4.2. *Verwaltungsstruktur*

Die vorherrschende Struktur in traditionellen öffentlichen Verwaltungen ist tendenziell zentralistisch, hierarchisch und in grossen arbeitsteiligen Organisationen ausgestaltet. Dies sichert eine gewisse Einheitlichkeit der Entscheide, indem wenige Instanzen an hoher Stelle über viele Details bestimmen. Als Nachteil erweisen sich jedoch die langen Verfahren und die fehlende Beweglichkeit im Einzelfall. Die Organisationsforschung der sechziger und siebziger Jahre zeigte, dass dezentralisierte Organisationsformen bei sich stark ändernden Marktbedingungen gegenüber zentralen erfolgreicher waren.[28] Daraus lässt sich folgern, dass auch die öffentliche

---

[26] vgl. Gray/Dumont du Voitel o.J., S. 33
[27] vgl. dazu auch Pümpin 1989, S. 204
[28] vgl. Klimecki/Probst/Gmür 1993, S. 51 f.

Verwaltung - angesichts steigender Komplexität der Geschäfte und schneller werdender Veränderungen der Umwelt - vermehrt dezentrale Strukturen schaffen muss, um die notwendige Flexibilität zu erzielen.

Um die Steuerbarkeit des so geschaffenen *Konzerns Verwaltung* sicherzustellen, werden neue Controllingstrukturen geschaffen, die ein integriertes Management über alle Führungsstufen ermöglichen. Als dritte strukturelle Neuerung ist schliesslich die Kritik an tradierten, selten hinterfragten Produktionsstrukturen zu nennen. Die bewusste Beschäftigung mit der Frage *make or buy* führt zu neuen Formen der Zusammenarbeit mit Anbietern aus dem privaten, dem staatlichen oder dem dritten Sektor (Non-Profit-Organisationen).[29] Dies bedingt ebenfalls neue (Vereinbarungs-)Strukturen.

4.3. Verwaltungsprozesse

Gleichzeitig mit den Kulturen und den Strukturen der Verwaltung und ihrer Einheiten verändern sich die Prozesse innerhalb und zwischen den einzelnen Organisationen. Die neue Steuerung über die Wirkungen bedingen integrierte Controllingprozesse, die noch zu entwickeln sind. Sie bilden eine wesentliche Grundlage für das Funktionieren der wirkungsorientierten Verwaltungsführung, und dies in zweifacher Hinsicht:

1) Controlling an sich ist in all seinen Elementen (*Steuerung, Planung, Kontrolle, Berichtswesen*) auszubauen, und
2) es ist sowohl vertikal (*Leistungserbringer, -käufer und -finanzierer*) als auch horizontal (*Finanzen, Leistungen, Personal*) als integriertes System zu vernetzen.

Diese neue Generation von Führungsinstrumenten in der öffentlichen Verwaltung erlaubt die Dezentralisierung vieler Prozesse, die technisch über Leistungsvereinbarungen und Globalbudgets gesteuert werden. Viele Entscheidungsprozesse verkürzen sich damit erheblich, denn sie enden innerhalb der Verwaltungseinheit. Nur Ausnahmefälle bedingen die ausserordentliche Konsultation des Departements oder der Gesamtregierung, die sich damit vermehrt den Steuerungsprozessen des *Konzerns Verwaltung* widmen könnte und sollte.

---

[29] Der dritte Sektor wird oft auch als *intermediärer Sektor* oder *Non-Profit-Sektor* bezeichnet, vgl. etwa Schuppert 1995, S. 139 ff.

Wenn Malik zu Recht schreibt, die Substitution von gutem Management durch Instrumente sei eine Gefahr,[30] so ist dem beizufügen, dass dies ohne Einschränkung auch für regulierte Verfahren und Prozesse in der öffentlichen Verwaltung gilt. Auch hier wird gutes Verwaltungsmanagement auf eine auf die konkrete Situation abgestimmte Balance zwischen den verschiedenen Dimensionen achten müssen; dazu bedarf es allerdings weitreichender Kompetenzen zur Selbstorganisation.

5. KONKLUSION

Das Modell der wirkungsorientierten Verwaltungsführung ist ein umfassendes Managementmodell, das den Rahmen für eine effizientere und effektivere Verwaltungsführung bilden soll. Es setzt voraus, dass sich nicht nur marginale Abläufe, sondern das politisch-administrative System als Ganzes verändern lässt; der Status Quo wird gesamthaft hinterfragt. Damit sind Politiker, Verwaltungspraktiker, Juristen, Staats- und Politikwissenschafter sowie Vertreter der Managementlehre gefordert, gemeinsam einen gangbaren Weg für die Schweiz zu finden. Es ist offensichtlich, dass das Zusammenprallen so vieler heterogener Interessen zu handfesten Konflikten führen wird, die der Ansicht Vorschub leisten könnten, das alte System sei doch im Grunde ganz in Ordnung. Es darf zudem nicht vergessen werden, dass viele Positionen im heutigen System bezogen und gesichert sind, und dass die entstehende Unruhe nicht nur als etwas Positives, sondern ganz generell auch als Gefahr gewertet wird.

Trotz allem zeigt das Modell der wirkungsorientierten Verwaltungsführung einen Weg aus der Sackgasse einer hochgradig reglementierten, finanziell unter Druck stehenden, durch Verbundwirtschaft und Kompetenzvermischung intransparenten Führung im öffentlichen Sektor, der auch für die zukünftige Entwicklung des Wirtschaftsstandortes und damit Arbeitsplatzes Schweiz von nicht unerheblicher Bedeutung sein könnte.

---

[30] vgl. Malik 1990, S. 36

Literatur

Banner Gerhard, Von der Behörde zum Dienstleistungsunternehmen, in: VOP 1/1991, S. 6-11, 1991

Banner Gerhard, Die internationale Entwicklung im kommunalen Management und ihre Rezeption in Deutschland, in: Banner/Reichard 1993, S. 185-196, 1993

Banner Gerhard/Reichard Christoph (Hrsg.), Kommunale Managementkonzepte in Europa, Köln: Kohlhammer, 1993

Brunner Georg, Vergleichende Regierungslehre, Band I, Paderborn u.a.: Schöningh (Uni-Taschenbücher; 956), 1979

Buschor Ernst, Wirkungsorientierte Verwaltungsführung, Referat an der Generalversammlung der Zürcher Handelskammer, Wirtschaftliche Publikationen der Zürcher Handelskammer, Heft 52, Zürich: ZHK, 1993

Buschor Ernst, Organisationsmodelle für ein wirksameres öffentliches Gesundheitswesen, hrsg. Direktionen des Gesundheitswesens und der Fürsorge des Kantons Zürich, 2. Aufl., Zürich, 1994

Buschor Ernst, Das Konzept des New Public Management, in: Schweizer Arbeitgeber, Nr. 6/1995, S. 272-276, 1995

Caiden Gerald E., Administrative Reform Comes of Age, Berlin u.a.: de Gruyter, 1991

Fleiner-Gerster Thomas, Von bürokratischer Verwaltung zum Verwaltungsmanagement, in: Bullinger, Martin (Hrsg.), Von der bürokratischen Verwaltung zum Verwaltungsmanagement, Baden-Baden: Nomos, S. 53-64, 1993

Frey Hans-Erich, Agonie des Bürokratiemodells? Wo fehlt der politische Wille, wo hemmen Vorschriften die Reform des öffentlichen (kommunalen) Sektors?, in: Steger, S. 23-47, 1994

Gray John/Dumont du Voitel Roland, Christchurch - Neuseeland, Fallbeispiel einer erfolgreichen Reform im öffentlichen Management, Heidelberg: Verlag DDV, ca. 1993

Harrington H. James, The new model for improvement - total improvement management, in: Business Process Re-engineering & Management Journal, Vol. 1, No. 1, p. 31-43, 1995

Hablützel Peter, Innere Kündigung aus der Sicht eines Personalverantwortlichen in der öffentlichen Verwaltung, in: Martin Hilb (Hrsg.), Innere Kündigung, Ursachen und Lösungsansätze, Zürich: Industrielle Organisation, S. 31-36, 1992

Haldemann Theo, New Public Management - Ein neues Konzept für die Verwaltungsführung des Bundes?, Schriftenreihe des Eidg. Personalamtes, Band 1, Bern: EDMZ, 1995

KGSt, Wege zum Dienstleistungsunternehmen Kommunalverwaltung, Fallstudie Tilburg, Bericht Nr. 19/1992, Köln: Kommunale Gemeinschaftsstelle für Verwaltungsvereinfachung, 1992

Klimecki Rüdiger G./Probst Gilbert J.B./Gmür Markus, Flexibilisierungsmanagement, Die Orientierung Nr. 102, Bern: Schweizerische Volksbank, 1993, 51f.

Koetz Axel G., Organisationsentwicklung in der Finanzkrise: Ansatzpunkte und Abläufe - Kulturrevolution für den bürokratischen Super-Perfektionismus, in: Steger, S. 123-143, 1994

Mäder Hans, New Public Management: Der Kunde ist König, Oder: die Verwaltung ist tot, es lebe die Verwaltung!, in: Der Schweizer Treuhänder 1-2/95, S. 43-50, 1995

Malik Fredmund, Die Unternehmungskultur als Problem von Managementlehre und Managementpraxis, in: Charles Lattmann (Hrsg.): Die Unternehmungskultur, Ihre Grundlagen und ihre Bedeutung für die Führung der Unternehmung, Heidelberg: Physica, S. 21-39, 1990

Malik Fredmund, Systemisches Management, Evolution, Selbstorganisation. Grundprobleme, Funktionsmechanismen und Lösungsansätze für komplexe Systeme, Bern/Stuttgart/Wien: Paul Haupt, 1993

Möckli Silvano, Die direkte Demokratie als Chance: Über den Umgang mit einer mühseligen Staatsform, Beiträge und Berichte Nr. 233/1994, hrsg. Institut für Politikwissenschaft an der Hochschule St. Gallen, 1994

Pümpin Cuno, Das Dynamik-Prinzip, Zukunftsorientierungen für Unternehmer und Manager, Düsseldorf/Wien/New York: ECON, 1989

Schedler Kuno, Ansätze einer wirkungsorientierten Verwaltungsführung. Von der Idee des New Public Management (NPM) zum konkreten Gestaltungsmodell, Fallbeispiel Schweiz, Bern/Stuttgart/Wien: Paul Haupt, 1995

Schuppert Gunnar Folke, Zur Anatomie und Analyse des Dritten Sektors, in: Die Verwaltung, 28. Band, Heft 2, S. 137-200, 1995

Steger Ulrich (Hrsg.), Lean Administration, Die Krise der öffentlichen Verwaltung als Chance, Frankfurt/New York: Campus, 1994

Ulrich Hans/Sidler Fredy, Ein Management-Modell für die öffentliche Hand, Bern/Stuttgart/Wien: Paul Haupt, 1977

Ulrich Hans, Unternehmungspolitik, 3. Aufl., Bern/Stuttgart/Wien: Paul Haupt, 1990

INTERNATIONALE ENTWICKLUNGEN IM BEREICH DES NEW PUBLIC MANAGEMENT UND DER WIRKUNGSORIENTIERTEN VERWALTUNGSFÜHRUNG - ÜBERSICHT UND VERGLEICH

Theo Haldemann[1]

1. EINLEITUNG

1.1. Internationale Managementrevolution

Seit Beginn der 90er Jahre hat sich - ausgehend von den Reformprozessen in Australien, Neuseeland, Nordamerika und Grossbritannien - eine *neue Managementphilosophie der öffentlichen Verwaltung* entwickelt, ja eine richtiggehende Managementrevolution der öffentlichen Verwaltung ereignet, welche Politik und Verwaltung stärker nach unternehmerischen und marktwirtschaftlichen Prinzipien ausgerichtet hat. Neben der formalen Rechtmässigkeit der Verwaltungsführung wurde hier der unternehmerische Erfolg bei der Produktion und beim Verkauf öffentlicher Güter und Dienstleistungen zu einem zweiten, wichtigen Bewertungskriterium.[2] Damit wurde auf die zunehmend schlechteren Rahmenbedingungen der öffentlichen Hand, insbesondere in Australien, Neuseeland, Nordamerika und Grossbritannien reagiert; der Kombination von schlechter Wirtschafts- und Finanzlage mit weiter wachsenden Ansprüchen an den Sozial- und Wohlfahrtsstaat konnte mit diesen neuen Verwaltungsführungsprinzipien äusserst wirksam begegnet werden.

Folgende *Glaubenssätze* stehen als eigentliches Credo hinter den New Public Management-Reformen:[3]

- *Marktbeziehungen* sind hierarchischen Beziehungen generell überlegen und deshalb prinzipiell vorzuziehen;
- Verwaltungsinterner und verwaltungsexterner *Wettbewerb* reduzieren - im Vergleich zum öffentlichen und privaten Monopolangebot -

---

[1] Dieser Beitrag stellt eine gekürzte und überarbeitete Fassung der Schulungsunterlage zum internationalen Stand der Verwaltungsforschung und der nationalen Verwaltungsreformen im Bereich des New Public Management dar, welche 1994 im Auftrag des Eidg. Personalamtes in Bern erstellt wurde (Haldemann 1995).
[2] Hill 1993, S. 167 ff.
[3] Flynn 1993, S. 3

Kosten und Preise der Güter und Dienstleistungen, erhöhen aber die Qualität der Leistungen;
- Alle Tätigkeiten der öffentlichen Verwaltung können als *Produkte*, d.h. als Güter und Dienstleistungen definiert und abgegrenzt werden, so dass sie eingekauft und/oder verkauft werden können;
- *Unterschiede zwischen dem Management* in der Privatwirtschaft und in der öffentlichen Verwaltung bestehen nicht aus fundamentalen Differenzen, sondern nur in graduellen Unterschieden;
- Die Politikerinnen und Politiker brauchen nur über das Budget (*Zielsetzungen und Ressourcenallokation*) der einzelnen Verwaltungsabteilungen zu entscheiden, den Rest, wie z.B. Organisationsreform und Personalausbildung, besorgen Manager und Markt - und das erst noch besser.

Zwei *Kernideen* erscheinen für das gesamte Konzept des New Public Management und der wirkungsorientierten Verwaltungsführung grundlegend zu sein:

- *Radikale Dezentralisierung und weitestgehende Verantwortungsdelegation* ('empowerment') für eine schlanke öffentliche Verwaltung mit "dezentralisierter Ressourcenverantwortung":[4] Kleine, teilautonome, marktnah operierende und intensiv vernetzte Einheiten ('agencies') sollen an die Stelle von grossen, streng hierarchisch aufgebauten Verwaltungen treten.[5]
- *Märkte und Wettbewerb* als neue Rahmenbedingungen und Steuerungsprinzipien auch im öffentlichen Sektor - statt Hierarchie und regelgeleitetes, formal korrektes Verwaltungshandeln: Interne Kostenermittlungen und Preisvergleiche interner und externer Anbieter sollen die Wirtschaftlichkeit, Effizienz und Effektivität der öffentlichen Aufgabenerfüllung drastisch, d.h. in einem bisher unvorstellbaren Ausmass, verbessern helfen.[6]

Für die Umsetzung dieser beiden Kernideen sind in den meisten Ländern zwei gänzlich unterschiedliche *Strategien der Organisationsreform* miteinander kombiniert und zeitlich aufeinander abgestimmt worden:[7]

---

[4] Klages 1992, S. 16
[5] Osterloh 1994, S. 13 f.
[6] Mellon 1993, S. 25
[7] Hood 1990, S. 210; Richards/Rodrigues 1993, S. 33 ff.

- *Zentral gesteuerte Planung der Verwaltungsreform* ('top-down-approach' als 'new taylorism'), d.h. zentrale Planungs-, Entscheidungs-, Anordnungs- und Kontrollkompetenzen der Regierung werden für eine radikale Dezentralisierung der Verwaltung und für eine weitestgehende Verantwortungsdelegation eingesetzt. Dafür braucht es eine intensive Zusammenarbeit von verwaltungsinternen und externen Fachleuten aus den Gebieten der Rechts- und Finanzwissenschaft, der ökonomischen, politologischen und soziologischen Personal-, Verwaltungs- und Organisationslehre sowie der Evaluations- und Kommunikationslehre.

- *Markt- und wettbewerbsinduzierte Verwaltungsreform* ('bottum-up-approach' als 'public choice'), d.h. kundenorientierte Kosten- und Leistungsoptimierung im öffentlichen Sektor aufgrund von Transparenz, Marktkonkurrenz und Wettbewerbskampf der beteiligten öffentlichen und privaten Anbieter, auch mittels Ausgliederung und Privatisierung von kommerziellen Funktionen der öffentlichen Verwaltung auf nationaler, regionaler und insbesondere lokaler Ebene. Für diesen Teil der Verwaltungsreform können und sollen auch Manager aus der Privatwirtschaft beigezogen werden.[8]

Bei diesen Organisationsreformen wurde die Rechtmässigkeit der Verwaltungstätigkeit nicht etwa aufgehoben oder teilweise ausser Kraft gesetzt, sondern das alleinige Beurteilungskriterium der formalen Rechtmässigkeit durch unternehmerische Erfolgskriterien wie z.B. Wirtschaftlichkeit, Effizienz, und Effektivität ergänzt. Damit konnte die öffentliche Verwaltung - insbesondere in Australien und Neuseeland - die Kosten und Leistungen sowie die Wirksamkeit ihrer Aktivitäten in Politik und Gesellschaft nachdrücklich, ja sprunghaft verbessern.

1.2. Managementphilosophie

Die anglo-amerikanische New Public Management-Philosophie wird von Osborne/Gaebler in ihrem Bestseller 'Reinventing Government'[9] in zehn Postulaten wie folgt zusammengefasst:

1. *Zukunftsorientierung 'Catalytic Government - Steering Rather Than Rowing'*: Starke Regierungen und Verwaltungen steuern neue gesellschaftliche Entwicklungen, schwache rudern ihnen bloss hinterher.

---

[8] Mellon 1993, S. 26 f.
[9] Osborne/Gaebler 1992, S. IX f.

2. *Bürgerorientierung 'Community-Owned Government - Empowering Rather Than Serving'*: Selbständige und selbstbewusste Bürgerinnen und Bürger sind die Zielgruppe der Regierungspolitik, nicht abhängige und unkritische Verwaltungskunden.
3. *Wettbewerbsorientierung 'Competitive Government - Injecting Competition into Service Delivery'*: Konkurrenz und kontrollierter Wettbewerb helfen mit, das Leistungsangebot der öffentlichen Hand zu verbessern.
4. *Zielorientierung 'Mission-Driven Government - Transforming Rule-Driven Organizations'*: Die Regierung braucht der Verwaltung nicht mehr zu sagen, wie sie etwas machen soll, sondern nur noch, was sie erreichen soll; d.h. die zielorientierte Verwaltung strebt primär nach materiellen Ergebnissen, der regelgeleiteten Verwaltung genügt die Einhaltung formaler Regeln.
5. *Ergebnisorientierung 'Result-Oriented Government - Funding Outcomes, Not Inputs'*: Der Verwaltung sollen nicht mehr Ressourceninputs ihrer Tätigkeit vorgegeben und kontrolliert werden, sondern zu erbringende Leistungsoutputs sind mit ihr zu vereinbaren, d.h. Output- statt Input-Steuerung.
6. *Kundenorientierung 'Customer-Driven Government - Meeting the Needs of the Customer, Not the Bureaucracy'*: Die kundenorientierte Regierung fragt direkt nach dem Kundennutzen, nicht nach den Verwaltungspräferenzen; d.h. Bürgerinnen und Bürger befragen statt bloss Verwaltungsfachleute und Expertengruppen konsultieren.
7. *Gewinnorientierung 'Enterprising Government - Earning Rather Than Spending'*: Regierung und Verwaltung brauchen nicht bloss finanzielle Anreize zum Sparen, sondern auch zum Geldverdienen; d.h. keine "Zwangsausgaben" am Jahresende ("Dezemberfieber" des heutigen Budgetsystems) und keine Einnahmenbeschränkung bei öffentlichen Leistungen mehr (angemessene Rendite statt blosse Kostendeckung).
8. *Voraussicht 'Anticipatory Government - Prevention Rather Than Cure'*: Prävention ist oft billiger und wirksamer als die nachträglichen Problemlösungsversuche.
9. *Managementorientierung 'Decentralized Government - From Hierarchy to Participation and Teamwork'*: Neue Führungsprinzipien und Informationstechnologien sowie komplexe und vernetzte Probleme erfordern heute kleine, dezentrale und flexible Arbeitsgruppen, nicht zentrale, streng hierarchische und extrem arbeitsteilige Apparate.
10. *Marktorientierung 'Marked-Oriented Government - Leveraging Change Through the Market'*: Staatliche Regelungen (Gebote, Verbote) sollen

durch eine staatliche Organisation von Angebot und Nachfrage sowie durch Marktinformationen abgelöst werden.

Gemäss New Public Management-Philosophie sollen die *Ansprüche der Bürgerinnen und Bürger* also generell besser befriedigt werden:[10]

- *Mehr Wahlfreiheit* beim öffentlichen Angebot, d.h. unterschiedliche Leistungspakete zur Auswahl stellen.
- *Mehr Demokratie*, d.h. mehr Beteiligung und Mitwirkung bei der Bewertung und Gestaltung des öffentlichen Angebots ermöglichen.
- *Höhere Qualität und mehr Serviceleistungen* beim öffentlichen Angebot erzielen (Qualitätswettbewerb).
- *Höhere Leistung und Wirksamkeit* öffentlicher Leistungen erreichen ('value-for-money').

Gemäss New Public Management-Philosophie gelten Wettbewerbsmärkte und konkurrierende Organisationen als wirksames Mittel zur Verbesserung der Kosten, Leistungen und Wirkungen öffentlich angebotener Güter und Dienstleistungen. Die Staatsleistungen sind neben dem bisherigen Allgemeinwohl vermehrt auf differenzierte Kundenwünsche sowie auf betriebs- und volkswirtschaftliche Effizienz- und Effektivitätskriterien auszurichten.[11]

1.3. Ideen, Konzepte und Instrumente

Folgende *Ideen* zeichnen sowohl die Philosophie des 'New Public Management' von Osborne/Gaebler[12] als auch das Konzept und die Instrumente der 'wirkungsorientierten Verwaltungsführung' von Buschor[13] aus:

- Trennung von politischen Zielsetzungen und Managementverantwortung;
- Dezentralisierung der Organisation (Holdingstrukturen, Agency-Bildung);
- Schlanke Verwaltung und flache Hierarchien;
- Neues Personalmanagement (Führungskonzepte, Anreizsysteme);
- Kostenbewusstsein (Kostenrechnung, Controlling);

---

[10] Gustafsson 1987, S. 180
[11] Metzen 1994, S. 96 ff.
[12] Osborne/Gaebler 1993
[13] Buschor 1993 und 1995

- Leistungs- und Wirkungsorientierung (Indikatoren, Messungen, Vergleiche);
- Kundenorientierung (Qualitätsmanagement);
- Marktorientierung (Wettbewerbsverhalten).

Diesen Ideen können folgende *Konzepte und Instrumente* des New Public Management bzw. der wirkungsorientierten Verwaltungsführung zugeordnet werden:

Ideen	Konzepte	Instrumente
Trennung von politischen Zielsetzungen und Managementverantwortung	Trennung von strategischen Entscheidungen und operativen Tätigkeiten	Trennung von Leistungsfinanzierer, Leistungskäufer, Leistungserbringer
Dezentralisation der Verwaltungsorganisation	Holdingstrukturen, Agency-Bildung	Kompetenzdelegation, Leistungsaufträge
Schlanke Verwaltung, flache Hierarchien	Lean Management	Partizipation, Teamwork, flexible Arbeitsgruppen
Neues Personalmanagement	Strategische Führung, Personalcontrolling	Personal- und Organisationsentwicklung, Anreizsysteme
Kostenbewusstsein	Finanzcontrolling	Kostenrechnung (Standard- oder Vollkosten)
Leistungs- und Wirkungsorientierung	3-E-Konzept: Wirtschaftlichkeit, Effizienz, Effektivität, Preis/Leistungsverhältnis ('value for money')	Geschäftsprüfungsberichte (Audit Reports), umfassende Wirksamkeitsprüfungen (Evaluationen)
Kundenorientierung, Qualitätsmanagement	Total Quality Management, Leistungscontrolling	Benchmarking, Quality Circles, Kundenbefragung
Marktorientierung, unternehmerisches Verhalten	interner und externer Wettbewerb, simulierter Markt	Ranking (Vergleiche), Competitive Testing (Simulation), Contracting in/out (interne/externe Vergabe)

Abb. 1: Ideen, Konzepte und Instrumente des New Public Management und der wirkungsorientierten Verwaltungsführung (Übersicht)

Daraus lassen sich nun die Beurteilungskriterien für die Besprechung der internationalen Reformbeispiele gewinnen.

2. INTERNATIONALE REFORMBEISPIELE

2.1. Beurteilungskriterien

Die *Kurzdarstellung der internationalen Reformbeispiele* erfolgt anhand von acht Beurteilungskriterien, wobei die ersten vier Kriterien eher visionäre Konzepte der neuen, öffentlichen Verwaltungskultur im Sinne der New Public Management-Philosophie und die letzten vier Kriterien eher konkrete Instrumente für die schrittweise Einführung des wirkungsorientierten Steuerungsmodells beinhalten:

1. Neue *Organisationsstrukturen*, d.h. neue Regierungs- und Verwaltungsstrukturen inklusive Agency-Bildung und Verantwortungsdelegation, Trennung von Leistungsbestellern ('funders') und Leistungsträgern ('providers') sowie internen und externen Wettbewerbsstrukturen;
2. Neue *Steuerungsinstrumente und -mechanismen*, d.h. neue Kosten-, Leistungs- und Wirkungsindikatoren, Auditing und Evaluation, Zielvereinbarungen und Leistungsaufträge ('service level agreements');
3. Neue *politische Führung und administrative Verantwortung*, d.h. klarere Trennung von normativen Vorgaben (Volk, Parlament), strategischen Entscheidungen (Regierung) und operativen Tätigkeiten (Verwaltung) durch neue Rollen und Kontrollmöglichkeiten;
4. Neue *Produkt- und Qualitätsorientierung*, d.h. individuellere Kundenorientierung und entsprechende Marketinginstrumente, Definition von Mindeststandards für die Produkte- und Servicequalität von Gütern und Dienstleistungen (Total Quality Management);
5. Neue *Personalführung*, d.h. moderne Führungskonzepte und Managementtechniken (Monitoring, Reporting) sowie neue Personal- und Lohnstrukturen (Vertragsrecht, Personalentwicklung, -ausbildung und -rekrutierung);
6. Neues *Finanzmanagement*, d.h. neue Budgetierungstechniken und Rechnungsführungsprinzipien, insbesondere dezentrale Kosten- und Leistungsrechnung ('cost accounting');
7. Neues *Leistungsmanagement*, d.h. Kosten, Leistungen und Wirkungen systematisch messen, vergleichen und verbessern (Benchmarking, Leistungscontrolling);
8. Neues *Prozessmanagement*, d.h. prozessorientierte Verfahren der Verwaltungsreform (Organisationsentwicklung).

Einleitend erfolgt jeweils eine kurze Gesamtcharakterisierung der nationalen, regionalen und lokalen Verwaltungsreformprojekte, soweit diese anhand der politikwissenschaftlichen Literatur identifiziert werden konnten. Das Schwergewicht der nachfolgenden Darstellung liegt auf der nationalen Ebene, regionale und lokale Reformentwicklungen werden jeweils summarisch angefügt.

2.2. Australien: New Public Management

In Australien diente die New Public Management-Reform ab 1982/83 vor allem der Verbesserung der äusserst ungünstigen wirtschaftlichen und finanziellen Rahmenbedingungen des Staates, welche durch 'cutbacks', d.h. durch die Senkung von Staatsquote und Personalbestand der öffentlichen Verwaltung in den sog. 'lean years' von 1976-1983 noch ungenügend zu beeinflussen waren.[14] Eine bemerkenswerte Aufholjagd des öffentlichen Sektors erfolgte mittels 'Private-Public-Partnership' und mittels Reform des industriellen Bereichs des Zentralstaates: Die Reformschwerpunkte liegen hier bei der Privatisierung, der Auslagerung und beim Fremdbezug industrieller Produkte sowie bei der Binnenmodernisierung einzelner Verwaltungsebenen.[15]

Auf der *nationalen Ebene* zeigten sich neue *Organisationsstrukturen* in der Kabinettsstruktur von 1987 und in der Zusammenfassung sämtlicher Dienstleistungsfunktionen der nationalen Verwaltung in einem einzigen, selbständigen 'Department of Administrative Services' (DAS), welches Bürobauten und -unterhalt, Wagenpark und EDV-Geräte usw. zu Marktkonditionen innerhalb und ausserhalb der öffentlichen Verwaltung betreut.[16] Neue *Steuerungsinstrumente und -mechanismen* ergaben sich 1984 durch die Ergänzung der Inputsteuerung übers Budget durch eine Outputsteuerung mittels 'specific values' und 'desired outcomes' (Financial Management Improvement Program FMIP). Ab 1986 mussten die Ministerien für die Allokation von Budgetmitteln explizite Zielsetzungen und Outputvorgaben aufgrund einer ausformulierten Programmhierarchie (analog einem Planning Programming Budgeting System PPBS) vorweisen, während die öffentlichen Unternehmungen ab 1987 eigene Leistungsindikatoren entwickeln mussten (Policy Guidelines for Statutory Authorities and Government Business Enterprises).[17] Die striktere Trennung der *politischen Führung und der administrativen Verantwortung*, insbe-

---

[14] Hood/Roberts/Chilvers 1990, S. 141
[15] Naschold 1994, S. 372 ff.
[16] Considine 1990, S. 176 f.; Mellors 1993, S. 23 ff.
[17] Considine 1990, S. 175 ff.

sondere auf der regionalen Ebene (States), führte zur umfassenden Übernahme von ökonomischem Effizienz- und Effektivitätsdenken sowie von privatwirtschaftlichen Managementmodellen in der öffentlichen Verwaltung (sog. Managerialism). Die neue *Produkt- und Qualitätsorientierung* erfolgte vor allem durch das systematische Messen der finanziellen Ergebnisse und der produzierten Leistungen (Financial Results Orientation, Performance Measurement and Performance Audit).

Ein neues *Personal- und Finanzmanagement* wurde auf *nationaler Ebene* ab 1984 mit der höheren Führungsverantwortung der Verwaltungsdirektoren bei Finanzen und Personal eingeführt (Management Improvement beim Senior Executive Service SES), analog zum US Civil Service Reform Act von 1978.[18] Ab 1987 ergaben sich durch einen reduzierten Zugang zum lebenslangen Beamtenstatus, durch weniger Einsprachemöglichkeiten gegen eine Nicht-Beförderung sowie durch einen geringeren Schutz vor Zurückstufung und Entlassung auch neue Personal- und Lohnstrukturen (Public Service Legislation Streamlining Act).[19] Neue Finanzierungsstrukturen, insbesondere neue Standards zur Rechnungsführung und Vermögensbewertung in der öffentlichen Verwaltung, entwickelten sich seit der Schaffung eines Government Accounting Standard Setting Board 1983.[20] Die Umstellung auf ein sog. 'accrual accounting and reporting', d.h. auf eine Aufwands- und Ertragsrechnung statt einer Ausgaben- und Einnahmenrechnung erfolgte hingegen erst im Rahmen des Financial Reporting 1992 der Federal Government Departments.[21]

Auf der *regionalen Ebene* haben australische Staaten - wie z.B. New South Wales, South Australia, Western Australia oder Victoria - bereits ab 1976, d.h. in der 'cutback era', vereinzelt Regierungs- und Organisationsreformen, neue Steuerungsinstrumente (PPBS, Submissionswesen) sowie Neuerungen beim Personal- und Prozessmanagement ('performance pay', 'scientific management') eingeführt.[22] Auf der *lokalen Ebene* machte insbesondere der (nationale) Local Government Amendment Act (No. 2) von 1989 einige Vorschläge zur Kosten- und Leistungsmessung sowie zur Zielsetzung und -erreichung in den verschiedenen lokalen Politikbereichen.[23]

---

[18] Considine 1990, S. 175; Hede 1991, S. 501; Keating/Holmes 1990, S. 173
[19] Considine 1990, S. 177
[20] Lüder 1992, S. 4
[21] OECD 1993d, S. 25 ff.
[22] Considine 1990, S. 174f.; Taggart 1992, S. 368; Yeatman 1987, S. 339ff.; Wood 1991, S. 26ff.
[23] OECD 1991, S. 10

2.3. Neuseeland: New Public Management

In Neuseeland erfolgte ab 1985 eine radikale und umfassende Reform des öffentlichen Sektors, bei welcher der Zentralstaat massive Kostensenkungen und weitgehenden Fremdbezug bei den öffentlichen Gütern und Dienstleistungen sowie eine breite Ausgliederung (Korporatisierung) und Privatisierung öffentlicher Produktions- und Handelsbetriebe von oben her durchsetzte.[24]

Auf *nationaler Ebene* ergaben sich nach 1985 neue *Organisationsstrukturen* durch die Ausgliederung kommerzieller Funktionen (z.B. Bank, Post) und die Privatisierung staatlicher Betriebe (z.B. Ölfelder, Kohleminen, Fluggesellschaft) im grossen Stil durch den State-Owned Enterprises (SOE) Act 1986, das Corporatisation Program 1986 sowie das Privatization Program 1988/89: Dies ermöglichte die finanzielle Trennung von Regierungsbudget und Company-Budgets, eine grössere Flexibilität und Verantwortung des Company-Managements sowie die Abgeltung gemeinwirtschaftlicher Leistungen von Unternehmen.[25] Neue *Steuerungsinstrumente und -mechanismen* finden sich im "New Public Management Manifesto" des New Zealand Treasury 1987 (Hauptprinzipien der Verwaltungsrevolution) und im State Sector Act 1988, nämlich Zielsetzungen, Planungssysteme, Performance Measurement und Input-Output-Effizienz-Modelle, um die Leistungsaufträge an die Verwaltungsdirektionen erteilen und kontrollieren zu können.[26] Die Trennung von *politischer Führung und administrativer Verantwortung* erfolgte generell so, dass die Minister für die Überwachung (Performance Monitoring), die Manager für die Leistungserbringung und Zielerreichung (Performance Targeting) verantwortlich zeichnen. Neben der neuen *Produkt- und Qualitätsorientierung* der heute korporatisierten und privatisierten, früher staatlichen Unternehmungen schlug sich die verstärkte Kundenorientierung auch in der Bildung von speziellen Ministerien für Frauenfragen, Jugendfragen, Belange der Pazifischen Inseln usw. (New Client-Oriented Ministeries) nieder.

Ein neues *Personalmanagement* geht seit dem State Sector Act 1988 auf nationaler Ebene von den einzelnen Verwaltungsdirektoren aus, welche die internen Führungskonzepte (Management Systems) nun selbst in Auftrag geben und ebenso die Anzahl und die Qualifikation ihrer Mitarbei-

---

[24] Douglas 1990, S. 218; Naschold 1994, S. 372 f.
[25] Considine 1990, S. 178; Lojkine 1992, S. 33 ff. ; Scott/Bushnell/Sallee 1990, S. 138 ff.; Taggart 1992, S. 369
[26] Considine 1990, S. 178; Hood 1990, S. 210; Scott/Bushnell/Sallee 1990, S. 153 ff.

ter/innen frei festlegen können. Mit der Einführung der vertraglichen Beschäftigung von Verwaltungsdirektoren (maximal 5 Jahre) wurden hier neue Möglichkeiten für Quereinsteiger aus der Privatwirtschaft geschaffen.[27] Ansätze zu einem neuen *Finanzmanagement*, insbesondere Vorschläge zur neuen Rechnungsführung (neues Rechnungsmodell) und Ansätze der Kosten- und Leistungsmessung finden sich im Statement of Public Sector Accounting Concepts (SPSAC) der New Zealand Society of Accountants (NZSA). Eine Verbindung von Budgetprozess und Performance-Monitoring wird im Public Finance Act von 1989 (Financial Management Reform in drei Schritten) aufgezeigt.[28] Und die Financial Statements der Regierung enthalten seit 1992 die vollständige Umstellung auf 'accrual accounting, budgeting and reporting'.[29]

Neuseeland kennt *keine regionale Staatsebene*, dafür sind die Reformbeispiele auf der *lokalen Ebene*, insbesondere die Städte Christchurch und Wellington, mit ihren New Public Management-Massnahmen umso bekannter geworden, weil sie die dezentrale Organisationsstruktur, die Kunden- und Qualitätsorientierung der öffentlichen Verwaltung sowie den Wettbewerb zwischen öffentlichen und privaten Anbietern nahezu in "Reinkultur" umgesetzt haben und den Reformprozess auch nach 10 Jahren weiterhin erfolgreich fortsetzen.[30]

2.4. *Vereinigte Staaten von Amerika: Reinventing Government*

In den USA finden sich "marktgesteuerte, öffentliche und bürgerorientierte Reformstrategien" hauptsächlich auf der kommunalen Ebene, nur vereinzelt auf Bundesebene.[31] In der Zentralverwaltung dominierten bisher Versuche mit der Programmplanung wie PPBS (Planning Programming Budgeting System) oder ZBB (Zero Based Budgeting) sowie föderalistische Entflechtungsstrategien.[32] Erst seit Beginn der Ära Clinton/Gore haben die New Public Management-Reformen auch auf der Bundesebene Einzug gehalten, insbesondere solche zur Leistungs- und Wirkungsmessung (National Performance Review) und zur Organisationsentwicklung (Reengineering). Nach dem republikanischen Wahlsieg in

---

[27] Considine 1990, S. 178; Scott/Bushnell/Sallee 1990, S. 153 ff.
[28] Gilling 1994, S. 205 ff.; Pallot 1994, S. 226 ff.; beide in Buschor/Schedler 1994
[29] OECD 1993d, S. 39 ff.
[30] Gray/Dumont du Voitel o.J., S. 4 ff.
[31] Naschold 1994, S. 372
[32] Schedler 1995, S. 16

beiden Parlamentskammern im Herbst 1994 (Contract with America) scheinen diese Reformen durch den parteipolitischen Schlagabtausch bereits wieder gebremst oder sogar gefährdet zu sein.

Auf der *nationalen Ebene* ergaben sich neue *Organisationsstrukturen* nach 1983 durch die schrittweise Abschaffung der föderalistischen Zusammenarbeit (Executive-Centered Intergovernmental Management) von Bund und Staaten.[33] Neue *Steuerungsinstrumente und -mechanismen* entstehen seit 1972 mit der stetigen Verbesserung - allerdings auch Komplizierung - der Auditing- und Evaluations-Standards bzw. -Verfahren durch das General Accounting Office (GAO) und seiner verschiedenen Boards. Seit 1993 existiert ein neues Konzept zur Kosten- und Leistungsmessung (Objectives of Federal Financial Reporting), um die Service-Performance besser und einfacher beurteilen zu können.[34] Eine Trennung von *politischer Führung und administrativer Verantwortung* ist noch nicht ersichtlich, da sich die politische Diskussion vor allem um die föderalistische Ausgestaltung der Bundesprogramme dreht, d.h. um die Frage, ob der Bund bloss subventionieren oder auch selbst vollziehen soll. Die neue *Produkt- und Qualitätsorientierung* sollte jetzt mit dem Programm der National Performance Review ("to create a government that works better and costs less") erreicht werden.

Ein neues *Personalmanagement* wurde auf der nationalen Ebene ab 1978 durch die grössere Führungsverantwortung der Direktionsvorsteher und durch die Einführung von Leistungslöhnen für das mittlere und obere Kader (Civil Service Reform Act) eingeführt. Das Performance Management and Recognition System (PMRS), welches 2-10 Prozent des Lohnes als individuellen Bonus für sehr gute Leistungen vorsieht (Civil Service Retirement Sponse Equity Act 1984) sowie die mögliche Ausdehnung des Pay-for-Performance-Systems auf den gesamten Civil Service (Federal Employee Pay Comparability Act 1990), führten auch zu neuen Lohnstrukturen in der öffentlichen Verwaltung.[35] Das neue *Finanzmanagement* beinhaltet neben den, seit 1984 laufenden Versuchen zur Vereinheitlichung der Rechnungsführung und Vermögensbewertung in der öffentlichen Verwaltung durch das Government Accounting Standards Setting Board, auch die Reform des Finanzmanagements für 'agencies' (Chief Financial Officers [CFO] Act 1990) sowie die Schaffung einer neuen Behörde zum Ausarbeiten der notwendigen Informationskonzepte und Statements für die wirkungsorientierte Verwaltungsführung durch

---

[33] Stever 1993, S. 71 ff.
[34] Rist 1989, S. 358; Van Daniker 1994, S. 64 f., in Buschor/Schedler 1994
[35] Considine 1990, S. 175; Ingraham 1991, S. 41 ff.; Klay 1993, S. 954 f.; Seidman 1992, S. 44

Agency-Manager, Regierung und Parlament - doch in den meisten 'agencies' fehlt noch heute eine Kostenrechnung.[36]

Auf *regionaler Ebene* haben einzelne amerikanische Bundesstaaten mit grossen Haushaltsdefiziten in den 90er Jahren die Programmbudgetierung sowie die Kosten- und Leistungsmessung eingeführt - allen voran ging Kalifornien mit der Proposition 13 von 1978, welches mit einem Cutback der (lokalen) Steuereinnahmen um 25% neue Ausgabenkontrollen und Budgetierungstechniken erzwang.[37] Auf *lokaler Ebene* führten auch einzelne Städte neue Budgetierungstechniken ein, so z.B. New York City N.Y. (Cutback Budgeting 1976), Visalia CA (Expenditure Control Budget 1980) oder Sunnyvale CA (Long-Term Budget 1985). Für eine umfassendere Umsetzung der New Public Management-Philosophie wurde insbesondere Phoenix AZ bekannt.

2.5. *Kanada: Special Operating Agencies and Public Service 2000*

In Kanada wurden auf Anregung der Zentralregierung vor allem neue Steuerungsinstrumente und -mechanismen, Führungskonzepte und Managementtechniken entwickelt und dafür spezialisierte Agencies gegründet.

Auf *nationaler Ebene* entwickelten sich nach 1990 neue *Organisationsstrukturen* durch die Gründung von fünf Special Operating Agencies (SOA's), so z.B. der Consulting and Audit Canada (CAC), welche der Regierung Management-Consulting-Leistungen in den Bereichen Kommunikation und Marketing, Informatik, Finanz- und Personalwirtschaft sowie Rechenschaftsberichte zu Marktpreisen anbietet.[38] Neue *Steuerungsinstrumente und -mechanismen* brachten die Initiative für Increased Ministerial Authority and Accountability (IMAA) 1986 (Zielsetzungen, Leistungs- und Wirkungsmessung von Programmen als Ergänzung der Budgetsteuerung) sowie die Studien zum Departmental Reporting to Parliament 1992 (höhere Relevanz, Verständlichkeit und Zuverlässigkeit des Reporting) mit sich.[39]

---

[36] Lüder 1992, S. 4; OECD 1993d, S. 58; Seidman 1992, S. 40
[37] Berne/Stiefel 1993, S. 665 ff.; Osborne/Gaebler 1992, S. 16 f.; Van Daniker 1994, S. 64 f., in Buschor/Schedler 1994
[38] Armstrong 1992, S. 5 ff.; OECD 1993a, S. 48 f.; Roth 1991, S. 7
[39] Aucoin 1988, S. 150 f.; Greenberg/Willey 1994, S. 91 ff., in Buschor/Schedler 1994; Roth 1991, S. 8

Ein neues *Personalmanagement* wurde nach der Gründung des Canadian Centre for Management Development (CCMD) 1988 und vor allem ab 1989 mit dem Projekt Public Service 2000 entwickelt; letzteres will mit dem Wechsel "from philosophy of control to philosophy of empowerment" eine grundsätzlich neue Verwaltungskultur mit gänzlich anderen Managementprinzipien etablieren. Durch die Flexibilisierung im Personalbereich öffentlicher Verwaltungen, z.B. bei der Lohnklassifizierung des obersten Kaders, ergaben sich hier auch neue Lohnstrukturen.[40] Ein neues *Finanzmanagement* entstand durch die Schaffung eines Government Accounting Standards Setting Board 1981 sowie später durch eine einheitliche Rechnungsführung und Vermögensbewertung in der öffentlichen Verwaltung.[41]

Auf der *regionalen Ebene* wurden regionale Ministerien des Ministry of State for Economic and Regional Development (Atlantic Canada Opportunities Agency, Western Canadian Diversification Office) als Teilelemente einer generellen Verwaltungsdezentralisierung und -verkleinerung in Kanada gegründet.[42] Auf der *lokalen Ebene* wurden hier keine Reformprojekte identifiziert.

2.6. Grossbritannien: Agency-Initiative und Next Steps

In Grossbritannien erfolgte in der Ära Thatcher eine umfassende Restrukturierung und Redimensionierung der öffentlichen Verwaltung auf nationaler und lokaler Ebene, insbesondere mit der Financial Management Initiative (FMI) 1982, der Next Steps Initiative (Agency Initiative) 1989 und dem Local Government Act 1992. Damit führte der Zentralstaat von oben her verschiedenste Markt- und Wettbewerbselemente zur Kostensenkung und Effizienzsteigerung in der öffentlichen Verwaltung ein, (re)privatisierte zahlreiche staatliche Betriebe - wie z.B. British Airways, British Leyland, British Telecom - und drängte zudem die Macht der lokalen Ebene stark zurück.[43]

Neue *Organisationsstrukturen* entstanden auf der *nationalen Ebene* ab 1988/89 mit der Agency Initiative, durch welche 3/4 der Regierung und Verwaltung zu New Executive Agencies umgestaltet werden sollen: 350'000 von 550'000 Mitarbeiter/innen der Zentralverwaltung (Ministe-

---

[40] Hede 1991, S. 493; Tellier 1990, S. 126 ff.
[41] Lüder 1992, S. 4
[42] Aucoin 1988, S. 155 f.
[43] Naschold 1994, S. 372 f.

ries, Ministery Boards, Executive Boards, Next Steps Agencies) waren 1993 bereits in solchen oder ähnlichen Organisationsformen beschäftigt.[44] Die grundlegende Reform des National Health Service (NHS) 1989-1991 führte zu internen Märkten und kontrolliertem Wettbewerb im Gesundheitswesen.[45] Neue *Steuerungsinstrumente und -mechanismen* ergaben sich durch die neue Kostenkontrolle, Leistungsorientierung und Resultatverantwortung der operativen Verwaltungsmanager (Financial Management Initiative 1982), die Steuerung der New Executive Agencies über Leistungs- und Lieferungsverträge (Agency Initiative 1989) sowie durch den Auftrag zur Entwicklung von Kosten- und Leistungsindikatoren für die verschiedenen lokalen Körperschaften (Counties, in Scotland Regions und Districts, in London Boroughs) bis 1995 (Local Government Act 1992).[46] Eine neue *politische Führung und administrative Verantwortung* entstand mit der Bildung von sog. 'Quangos' (Quasi-Autonomous Non-Governmental Organisations), welche auf regionaler Ebene neu gebildet wurden und über 'delegierte Budgets' zentral gesteuert werden. Eine neue *Produkt- und Qualitätsorientierung* der öffentlichen Verwaltung wurde bereits 1982 mit der Financial Management Initiative eingeleitet (Performance Auditing/Inspection).

Auf der nationalen Ebene entstand ein neues *Personalmanagement* durch die Einführung von Management-Informations-Systemen, Management Support and Training (Financial Management Initiative 1982), durch ökonomische Weiterbildungsveranstaltungen des Cabinet Office (OMCS) für Führungskräfte in der öffentlichen Verwaltung ab 1985 und das Top Management Programme am Civil Service College ab 1986 sowie durch Kurse zur neuen Managementphilosophie Managing the Cascade of Change ab 1992.[47] Neue *Personal- und Lohnstrukturen* wurden durch eine kontrollierte und wirksame Personalentwicklung und -schulung (Manual How to Go about Evaluating Training and Development 1990) begleitet, in der Zentralverwaltung wurden 1988/89 dafür 6% der gesamten Lohnsumme ausgegeben - fast wie in der Privatwirtschaft.[48] Ab 1991 wurde die Personalrekrutierungsstelle der Zentralverwaltung zur Agency umgestaltet und die Personalwirtschaft stark dezentralisiert; nur noch die

---

[44] Finer 1992, S. 24 ff.; Flynn/Grey/Jenkins 1990, S. 159 ff.; Hede 1991, S. 497 f.; Hood 1992, S. 25; Kemp 1990, S. 194; Mellon 1993, S. 25; Roth 1991, S. 8
[45] Ellwood 1994, S. 164 ff.; Hepworth 1994, S. 142 f.; beide in Buschor/Schedler 1994
[46] Blackman/Stephens 1993, S. 38; Carter 1991, S. 86; Eichhorn 1987, S. 338; Grey/Jenkins 1991, S. 47 ff.; Hepworth 1994, S. 145 ff. in Buschor/Schedler 1994; Stewart/Walsh 1992, S. 501 ff.
[47] Carter 1991, S. 86; Eichhorn 1987, S. 339; Grey/Jenkins 1991, S. 47 ff.; Hede 1991, S. 500 f.; OECD 1993a, S. 42 f.; Stewart 1992, S. 7 f.; Stewart/Walsh 1992, S. 501
[48] OECD 1993a, S. 42 f.

höchsten Gehaltsgruppen werden weiterhin zentral rekrutiert.[49] Das neue Finanzmanagement tut sich recht schwer in England, an Stelle einer generellen Aufwands-Ertrags-Rechnung ('acrual accounting') wurde erst ab 1993 eine Aufstellung (Capital Assets Registers) über die Abschreibungen und Zinskosten sämtlicher Anlagen nötig.[50] Für 1998 ist ein integrales 'accrual accounting' in der gesamten Zentralverwaltung geplant.

Auf der neuen *regionalen Ebene* wurden ab 1991 vor allem die Struktur der schottischen Regionalregierung und mögliche regionale Steuereinnahmen diskutiert.[51] Auf der *lokalen Ebene* wurden die Behörden bereits 1980 zum Compulsory Competitive Tendering (CCT) bei einzelnen öffentlichen Leistungen verpflichtet (Local Government Planning and Land Act), 1988 auch zum Contracting Out (Local Government Act).[52] 1991 verpflichtete die nationale Ebene die Städte und Gemeinden, ein Reporting zuhanden der Bevölkerung durchzuführen, welches über Quantität, Qualität, Auswahlmöglichkeiten, Standard und Wert ('value-for-money') der angebotenen Leistungen detailliert Auskunft gibt (Citizen's Charter - Raising the Standard). Hier wurden die Ansprüche der Konsument/innen detailliert festgelegt und garantiert, obwohl sie als Bürger/innen auf der lokalen Ebene immer weniger selbst darüber bestimmen konnten.[53] Die nationale Regierung versucht seit 1993 zudem, die verbleibende (kleine) Gemeindeautonomie auf der lokalen Ebene weiter zu beschränken, etwa durch die Limitierung der Property Tax oder durch deren - 1993 gescheiterten - Ersatz durch eine sog. Poll Tax. Vorgängig wurden sowohl zu kleine als auch zu grosse lokale Gebietskörperschaften umfangmässig vereinheitlicht, und zwar auf eine Grösse zwischen 20'000 und 100'000 Einwohner/innen (New Policy Guidelines to the Local Government Commission for England).[54] Eine ähnliche Stossrichtung verfolgte die Zentralregierung auch mit der Aufgaben- und Kompetenzverlagerung an die sog. 'Quangos' im Fürsorge-, Gesundheits- und Schulwesen.

---

[49] Johnson 1994, S. 198
[50] OECD 1993d, S. 51 ff.
[51] Alexander/Orr 1993, S. 33 ff.
[52] Blackman/Stephens 1993, S. 37; Rehfuss 1991, S. 466 f.; Stewart/Walsh 1992, S. 502
[53] Davies/Hinton 1993, S. 51; Doern 1983, S. 18; Hepworth 1994, S. 149 ff., in Buschor/Schedler 1994; Hill 1993, S. 174
[54] Leach 1994, S. 14; West 1994, S. 18 ff.

2.7. Niederlande: Kontraktmanagement

In den Niederlanden erfolgte die Verwaltungsreform durch eine pragmatische Binnenmodernisierung und eine weitgehende Konzertierung von Staat und Gemeinden für die einzelnen Reformschritte.[55]

Auf der *nationalen Ebene* ergaben sich ab 1983 neue *Organisationsstrukturen* durch die verwaltungsinterne Delegation von Kompetenzen und Verantwortung an niedrigere Hierarchiestufen (Self-Management im Rahmen des Improvement of Performance in Government Organizations) sowie durch vereinzelte Agency-Bildungen, vor allem ab 1990 im Bereich der Personalentwicklung.[56] Neue *Steuerungsinstrumente und -mechanismen* zur Ergänzung der input-orientierten Budgetkontrolle, konkret: Leistungsvorgaben und -kontrolle im Sinne eines Contract Management und einer Performance Control, sind bereits 1983 im Rahmen des Improvement of Performance in Government Organizations gefordert worden.[57]

Auf der *lokalen Ebene* sind vor allem die Städte Tilburg und Delft mit ihren neuen Management- und Steuerungsmodellen hervorzuheben, welche ein Kontraktmanagement aufgrund konzernähnlicher Verwaltungsstrukturen und Steuerungsinstrumenten, inklusive produktbezogener Zielvorgaben und umfassender Leistungsmessungen realisiert haben.[58]

2.8. Skandinavien: Free Communes and Counties in Schweden

In *Dänemark, Norwegen, Schweden und Finnland* zeichnet sich die Verwaltungsreform durch eine frühe regionale Harmonisierung des öffentlichen Rechnungswesens aus, d.h. durch einen einheitlichen skandinavischen Standard (Nordic Proposal 1969) mit länderspezifischen Abweichungen.[59]

Neue *Organisationsstrukturen* ergaben sich auf nationaler Ebene durch die verschiedenen Agency-Bildungen in den einzelnen Ländern, so z.B. in Dänemark für den Bau und Unterhalt der Verwaltungsliegenschaften und Paläste (Palaces and Property Agency 1990) oder das Beschaffungswesen im öffentlichen Sektor (National Procurement Denmark 1992) so-

---

[55] Naschold 1994, S. 372 f.
[56] Byrne 1993, S. 50; Mol 1989, S. 365 ff.
[57] Mol 1989, S. 365 ff.
[58] KGST 1992; Lantinga 1993 in Visura 1993; Reichard 1992, S. 9 ff.
[59] Monsen 1994, S. 296 ff., in Buschor/Schedler 1994

wie in Finnland für die EDV-, Finanz- und Personalberatung (Administrative Development Agency 1987).[60] Ein neues *Finanzmanagement* zeigte sich in Norwegen durch die Annäherung von öffentlicher und privater Rechnungsführung (New Accounting Recommendation 1988), welche eine direkte Ermittlung von Cash Flow Statements ermöglicht - und zwar ganz analog zur Methode des US Financial Accounting Standards Board (SFAS 95).[61]

In *Schweden* besteht ein genereller Reformplan zur Erneuerung bzw. zum Umbau des Wohlfahrtsstaates (Concerted Programme for the Renewal of the Public Sector 1985), welcher externe und interne Organisationsformen des Staates verändern will: Auf der Makroebene sollen geplante Märkte und öffentlicher Wettbewerb zu höheren Leistungen und besseren Wirkungen des staatlichen Angebots - insbesondere im öffentlichen Gesundheitswesen - führen. Auf der Mikroebene soll ein neuer Typ öffentlicher Institutionen - die sog. 'Public Firm' - den Mitarbeiter/innen und Kund/innen mehr Wahlfreiheiten bei der Arbeitszeitgestaltung bzw. Produktauswahl einräumen.[62] War 1985 bloss weniger staatliche Regulierung und Kontrolle der lokalen Körperschaften vorgesehen,[63] wurde das sog. 'Free Commune Principle' nach 1990 radikalisiert und auch auf die regionale Ebene ('Counties') ausgedehnt.

2.9. Vergleich

Die internationalen Verwaltungsreformen auf nationaler Ebene lassen sich anhand der vorgestellten acht Beurteilungskriterien und der wichtigsten Reformschritte wie folgt miteinander vergleichen:

- *Australien, Neuseeland und Grossbritannien* zeichnen sich durch umfassende Verwaltungsreformen aus, welche auf sämtlichen Controllingdimensionen (Personal, Finanzen und Leistungen) visionäre Konzepte und konkrete Instrumente beinhalten.
- Mit der aktuellen Verwaltungsreform in den *USA* wird versucht, die neuen Konzepte der Leistungs- und Wirkungsmessung mit konkreten Instrumenten zu ergänzen sowie mit dem Finanz- und Personalmanagement zu verbinden.

---

[60] Byrne 1993, S. 55 ff. ; OECD 1992a, S. 51
[61] Monsen 1994, S. 301, in Buschor/Schedler 1994
[62] Otter 1994, S. 256 ff.
[63] Gustafsson 1987, S. 180 ff.

- In *Kanada* geht die Verwaltungsreform vor allem von den neuen Führungskonzepten und Managementinstrumenten für den öffentlichen Dienst aus, die Controllingdimensionen Finanzen und Leistungen bleiben eher im Hintergrund.
- In den *Niederlanden* stehen die Verwaltungsreformen auf nationaler Ebene im Schatten der Erfolge auf kommunaler Ebene, insbesondere in den Städten Delft und Tilburg.
- In *Schweden* führte die Verwaltungsreform über neue Konzepte des öffentlichen Rechnungswesens und neue Instrumente des Finanzmanagements zu ganz eigenständigen Innovationen, nämlich zur 'Public Firm' im öffentlichen Sektor und zum 'Free Commune Principle' für Kommunen und Regionen.

Die folgende Tabelle versucht diesen internationalen Vergleich zusammenzufassen.

Beurteilungs- und Vergleichskriterium:	AUS	NZ	USA	CND	GB	NL	S
Organisation: Agency-Bildungen	*	*	*	*	*	*	*
Steuerung: Leistungs- und Wirkungsindikatoren	*	*	*	-	*	*	*
Politische Führung/Administrative Verantwortung: Trennung	*	*	-	-	*	*	*
Produktqualität: Kundenorientierung	*	*	-	*	*	*	*
Personalmanagement: Vertragslöhne	*	*	*	*	*	*	*
Finanzmanagement: Kostenrechnung	*	*	-	*	-	*	-
Leistungsmanagement: Benchmarking	*	*	-	*	*	*	-
Prozessmanagement: Organisationsentwicklung	-	-	*	*	-	-	-

Abb. 2: Vergleich der Verwaltungsreformen auf nationaler Ebene
Legende: *) vorhanden, -) nicht vorhanden

3. FAZIT FÜR DIE SCHWEIZ

Die internationalen Reformerfahrungen mit New Public Management und wirkungsorientierter Verwaltung lassen sich - im Hinblick auf die Verwaltungsreformen in der Schweiz - wie folgt zusammenfassen:

1. Der *Anstoss zu einer* raschen und weitreichenden *Verwaltungsreform* kam meist von aussen, etwa durch eine tiefe, langandauernde Wirtschaftskrise (im Falle Neuseelands), durch neugewählte Labor-Regierungen (Australien, Neuseeland) oder konservative Regierungen

(Grossbritannien). Wenn sich die konjunkturelle Lage der Wirtschaft und die strukturellen Budgetdefizite der öffentlichen Hand in kurzer Zeit nicht wesentlich verbessern, dürften sich die Realisierungschancen von New Public Management-Reformen auch in der Schweiz rasch erhöhen: Dies gilt insbesondere dann, wenn es wie im Ausland gelingt, die neuen Verwaltungsführungsmodelle mit einem breiten parteipolitischen Konsens - statt mit einem Links-Rechts-Schlagabtausch - anzugehen und umzusetzen.

2. Die Reform der öffentlichen Verwaltung benötigt in der Regel eine lange Vorlaufzeit, in welcher erste Vorschläge und Konzepte für die *Kosten-, Leistungs- und Wirkungsmessung* sowie für *neue Rechnungsmodelle und Budgetsysteme* erarbeitet werden. Diese Grundlagen wurden vor allem auf der nationalen Ebene entwickelt und dort auch zuerst umgesetzt. Dank dem neuen Rechnungsmodell der Kantone und Gemeinden entfällt der Nachholbedarf bei den neuen Rechnungsmodellen zwar teilweise, bei der Kosten-, Leistungs- und Wirkungsmessung ist er jedoch ausgewiesen. Mit der rasanten Entwicklung der Informationstechnologie und dem vermehrten EDV-Einsatz in der öffentlichen Verwaltung dürfte es auch in der Schweiz immer leichter fallen, diese Instrumente der wirkungsorientierten Verwaltungsführung zu schaffen.

3. Ähnliches gilt für die Entwicklung und Einführung *neuer Personalkonzepte*: Ausbildung, Entlöhnung, Führung und Rekrutierung können in öffentlichen Verwaltungen oft nur langsam und schrittweise verändert werden; die Reform des Beamtenrechts, z.B. die Abschaffung des Beamtenstatus von oben nach unten, gelingt meist eher schwer und spät. Dennoch bestimmen diese Neuerungen das Reformklima im Personalbereich und stellen eine wichtige Vorbedingung für weitergehende Reformen und eine neue Führungskultur in der öffentlichen Verwaltung dar.

4. Die *Federführung der Verwaltungsreform* liegt einerseits auf der nationalen Ebene für die Top-Down-Reformstrategie der Dezentralisierung und Verantwortungsdelegation, andererseits bei den grossen Städten auf der lokalen Ebene für die Bottom-Up-Reformstrategie der Markt- und Wettbewerbsorientierung. Die regionale Ebene der Provinzen ist dabei eher Mitläufer oder Nachläufer, ausser vielleicht im Fall des Staates Kalifornien/USA mit der Proposition 13. In der Schweiz ist aufgrund der starken Stellung der Kantone und ihrer zentralen Scharnierfunktion zwischen Bund und Städten bzw. Gemeinden - im Unterschied zu den internationalen Erfahrungen - eher eine Vorreiter- oder Bremserrolle der kantonalen Ebene zu erwarten resp. zu befürchten.

Die Umsetzung von New Public Management-Reformen braucht in der Schweiz somit eine gewisse *Anlaufs- und Vorlaufszeit*, in welcher Reformschritte in den Bereichen Organisationsstrukturen und Personalführungskonzepte, Globalbudgets und Leistungsaufträge, Kostenrechnungen sowie Leistungs- und Wirkungsmessungen in entsprechenden Pilotprojekten parallel erfolgen können.

Dieses pragmatische und schrittweise Vorgehen in der Schweiz würde einer Kombination der Reformprozessstile in Grossbritannien und in den Vereinigten Staaten von Amerika entsprechen:[64] Eine New Public Management-Reform "von oben" - wie in Grossbritannien - müsste also vom Bund ausgehen, wenn er hier die notwendige Vorreiterrolle einnehmen möchte; kombiniert mit einer Erneuerung des Föderalismus - wie in den USA - durch einen neuen Anlauf zur Reform der Aufgaben- und Finanzverteilung zwischen Bund und Kantonen. Erfolgreiche Versuche mit der wirkungsorientierten Verwaltungsführung in einzelnen Kantonen, Städten und Gemeinden könnten hier zusätzlichen Reformdruck "von unten" erzeugen und zudem helfen aufzuzeigen, wie sich New Public Management mit direkter Demokratie und Vollzugsföderalismus verträgt.

LITERATURVERZEICHNIS

Alexander Alan/Orr Kevin, The reform of Scotish local government, in: Public Money & Management, vol. 14/1994, no. 1, S. 33-38, 1994

Armstrong Jim, Special operating agencies (in Canada), evolution or revolution?, in: Optimum, vol. 22/1991-1992, no. 2, S. 5-12, 1991

Aucoin Peter, Administrative reform in public management, paradigms, principles, paradoxes and pendulums, in: Governance, vol. 3/1990, no. 2, S. 115-137, 1990

Aucoin Peter, Contraction, managerialism and decentralization in Canadian government, in: Governance, vol. 1/1988, no. 2, S. 144-161, 1988

Aucoin Peter, Assessing (UK) managerial reforms, in: Governance, vol. 3/1990, no. 2, S. 197-204, 1990a

Berne Robert/Stiefel Leanna, Cutback budgeting, the long-term consequences, in: Journal of policy analysis and management, vol. 12/1993, no. 4, S. 664 ff., 1993

Blackman Tim/Stephens Chris, The internal market in local government, an evaluation of the impact of customer care, in: Public Money & Management, vol. 13/1993, no. 4, S. 37-44, 1993

Buschor Ernst, Wirkungsorientierte Verwaltungsführung, Referat an der Generalversammlung der Zürcher Handelskammer vom 1. Juli 1993 (Wirt-

---

[64] Hesse/Benz 1990, S. 135 ff.

schaftliche Publikationen der Zürcher Handelskammer; 52) Zürich: Verlag der Zürcher Handelskammer, 1993

Buschor Ernst, Das Konzept des New Public Management, Der Ansatz zur wirkungsgeführten Verwaltung, in: Schweizer Arbeitgeber, Nr. 6/1995, S. 272-276, 1995

Buschor Ernst/Schedler Kuno (Eds.), Perspectives on performance measurement and public sector accounting, The 4th Biennial Conference on Comparative International Governmental Accounting Research (CIGAR) on 25-26 March 1993 in St. Gallen (Schriftenreihe Finanzwirtschaft und Finanzrecht, Band 71), Bern: Haupt, 1994

Buschor Ernst/Schedler Kuno/Stäger Luca, Finanz- und Lastenausgleich im Kanton Zürich, Gutachten zuhanden des Regierungsrates des Kantons Zürich, 2. Auflage (Schriftenreihe Finanzwirtschaft und Finanzrecht; 61), Bern: Haupt, 1993

Byrne Paul, Internal markets for the provision of goods and services for use by central administrations, Denmark, Ireland and United Kingdom, in: OECD Public Management Occasional Papers, Internal Markets (Market-Type Mechanisms Sereis; 6), Paris: OECD, 1993

Carter Neil, Learning to measure performance, the use of indicators in (UK) organizations, in: Public Administration, vol. 69/1991, no. 1, S. 85-101, 1991

Considine Mark, Managerialism strikes out, in: Australian Journal of Public Administration, vol. 49/1990, no. 2, S. 166-178, 1990

Considine Mark, Administrative reform "down-under", recent public-sector change in Australia and New Zealand, in: International Review of Administrative Sciences, vol. 56/1990, no. 1, S. 171-184, 1990a

(Version française: Réforme administrative "aux antipodes", changements récents survenus dans le secteur public en Australie et en Nouvelle-Zélande, in: Revue internationale des Sciences administratives, vol. 56/1990, no. 1, S. 197-212)

Davies Ken/Hinton Peter, Managing Quality in local government and the health service, in: Public Money & Management, vol. 13/1993, no. 1, S. 51-54, 1993

Doern G. Bruce, The UK Citizen's Charter, origins and implementation in three agencies, in: Policy and Politics, vol. 21/1993, no. 1, S. 17-29, 1993

Douglas Roger, State sector management and reform in New Zealand, in: Australian Journal of Public Administration, vol. 49/1990, no. 3, S. 216, 1990

Eichhorn Peter, Verwaltungsreformen in Grossbritannien - Die Britische Regierung strebt nach mehr Effizienz und Effektivität, in: Die öffentliche Verwaltung, 40. Jg./1987, Heft 8, S. 335-339, 1987

Finer Elliot, The Next Steps program, Executive Agencies in the United Kingdom, in: Optimum, vol. 22/1991-1992, no. 2, S. 23-30, 1992

Flynn Norman, Editorial, new management relationships in the public sector, in: Public Money & Management, vol. 13/1993, no. 3, S. 3, 1993

Flynn Andrew/Gray Andrew/Jenkins William I., Taking the next steps, the changing management of (the UK) government, in: Parliamentary Affairs, vol. 43/1990, no. 2, S. 159-178, 1990

Gray Andrew/Jenkins Bill et al, The management of change in Whitehall, the experience of the FMI (Financial Management Initiative), in: Public Administration, vol. 69/1991, no. 1, S. 41-59, 1991

Gray John/Dumont du Voitel Roland, Christchurch Neuseeland, Fallbeispiel einer erfolgreichen Reform im öffentlichen Management (Zuendel & Partner), Heidelberg: Verlag DDV, o.J

Gustafsson Lennart, Renewal of the public sector in Sweden, in: Public Administration, vol. 65/1987, no. 2, S. 179-191, 1987

Haldemann Theo, New Public Management, Ein neues Konzept für die Verwaltungsführung des Bundes? Schulungsunterlage zum internationalen Stand der Verwaltungsforschung und der Verwaltungsreform im bereich des New Public Management (Schriftenreihe des Eidg. Personalamtes, 1), Bern: Eidg. Drucksachen- und Materialzentrale, 1995

Hede Andrew, Trends in the higher civil services of Anglo-American systems, in: Governance, vol. 4/1991, no. 4, S. 489-510, 1991

Hesse Joachim Jens/Benz Arthur, Die Modernisierung der Staatsorganisation: Institutionenpolitik im internationalen Vergleich: USA, Grossbritannien, Frankreich, Bundesrepublik Deutschland, Baden-Baden, 1990

Hill Hermann, Strategische Erfolgsfaktoren in der öffentlichen Verwaltung, in: Die Verwaltung, 26. Jg./1993, Nr. 2, S. 167-181, 1993

Hood Christopher, De-Sir Humphreyfying the Westminster model of bureaucracy, a new style of governance?, in: Governance, vol. 3/1990, no. 2, S. 205-214, 1990

Hood Christopher, A public management for all seasons (in the UK)?, in: Public Administration, vol. 69/1991; no. 1, S. 3-19, 1991

Hood Christopher, Execution of administrative functions by statutory public corporations and statutory bodies, in: Stark Christian (Hrsg.) 1992, Erledigung von Verwaltungsaufgaben durch Personalkörperschaften und Anstalten des öffentlichen Rechts, Aufgaben, Organisation, Verfahren und Finanzierung, Landesbericht Grossbritannien, Baden-Baden: Nomos, S. 101-128, 1992

Hood Christopher/Roberts Paul/Chilvers Marilyn, Cutbacks and public bureaucracy, consequences in Australia, in: Journal of Public Policy, vol. 10/1990, no. 2, S. 133-163, 1990

Ingraham Patricia W., A summary of the experience with pay for performance in the United States, in: OECD Public Administration Occasional Papers, S. 41-64, 1991

Johnson Nevil, Der Civil Service in Grossbritannien, Tradition und Modernisierung, in: Die Öffentliche Verwaltung, 47. Jg./1994, Nr. 5, S. 196-200, 1994

Keating Michael/Holmes Macolm, Australia's budgetary and financial management reforms, in: Governance, vol. 3/1990, no. 2, S.168-185, 1990

Kemp Peter, Next steps for the British civil service, in: Governance, vol. 3/1990, no. 2, S. 186-196, 1990

KGST, Wege zum Dienstleistungsunternehmen Kommunalverwaltung, Fallstudie Tilburg, Köln: Kommunale Gemeinschaftsstelle für Verwaltungsvereinfachung, 1992

Klages Helmut, Modernisierungsperspektiven der öffentlichen Verwaltung, in: Verwaltungsmanagement (Teil B.1.2), Konzeptionen des Managements - Konzepte, Systeme, S. 1-26, 1992

Klay Wiliam Earle, The temporal, social, and responsiveness dilemmas of (US) public personnel administration, in: International Journal of Public Administration, vol 16/1993, no. 7, S. 945-967, 1993

Klöti Ulrich, Ökologische Steuerung mit "weniger Staat"?, in: Jahrbuch zur Staats- und Verwaltungswissenschaft, Nr. 4/1990, S. 13-38, 1990

Leach Steve, The local government review, a critical appraisal, in: Public Money & Management, vol. 14/1994, no. 1, S.11-16, 1994

Lojkine Susan M., State-owned enterprises - the New Zealand experience, in: Optimum, vol. 22/1991-1992, vol. 2, S. 31-39, 1992

Lüder Klaus, International analysis of governmental accounting (Speyerer Arbeitshefte; 98), Speyer: Hochschule für Verwaltungswissenschaften, S. 15, 1992

Mellon Elizabeth, Ececutive Agencies, leading change from the outside-in, in: Public Money & Management, vol. ?/1993, no. 2, S. 25-31, 1993

Mellors John, Internal markets for the provision of goods and services for use by central administrations: Australia, in: OECD Public Management Occasional Papers, Internal Markets (=Market-Type Mechanisms), Series 6, Paris, 1993

Metzen Heinz, Schlankheitskur für den Staat, Lean Management in der öffentlichen Verwaltung, Frankfurt a.M./New York: Campus, 1994

Mol Nico, Contract-based management control in government organizations, in: International Review of Administrative Sciences, vol. 55/1989, no. 3, S. 365-379, 1989
(Version française: Le contrôle de gestion contractuel dans les services administratifs, in: Revue internationale des Sciences administratives, vol. 55/1989, no. 3, S. 439-455)

Naschold Frieder, Produktivität öffentlicher Dienstleistungen, in: ders./Pröhl Marga (Hrsg.), Produktivität öffentlicher Dienstleistungen, Gütersloh: Bertelsmann Stiftung, S. 363-410, 1994

OECD, Flexible personnel management in the public service (Public management studies) = Flexibilité dans la gestion du personnel de l'administration publique (Etudes sur la gestion publique), Paris: Organization for Economiy Co-Operation and Development, S. 99, 1990

OECD, Aspects of managing the centre of government (Public Management Occasional Papers) Paris: Organization for Economic Co-Operation and Development, S. 56, 1990a

OECD, Value and vision, Management development in a climate of civil service change (Public Management Occasional Papers) Paris: Organization for Economic Co-Operation and Development, S. 55, 1992

OECD, Internal management consultancy in government (Public Management Occalional Papers) Paris: Organization for Economic Co-Operation and Development, S. 59, 1992a

OECD, Public management developments, Survey 1993, Paris: Organization for Economic Co-Operation and Development, S. 196, 1993

OECD, Public management, OECD country profiles, Paris: Organization for Economic Co-Operation and Development, S. 370, 1993a

OECD, Private pay for public work, performance-related pay for public sector managers (Public management studies), Paris: Organization for Economic Co-Operation and Development, S. 199, 1993b

OECD, Pay flexibility in the public sector (Public management studies), Paris: Organization for Economiy Co-Operation and Development, S. 234, 1993c

OECD, Accounting for what? The value of accrual accounting to the public sector (Public management studies), Paris: Organization for Economic Co-Operation and Development, S. 65, 1993d

Osborne David/Gaebler Ted, Reinventing government, How the entrepreneurial spirit is transforming the public sector, Reading MA: Addison-Wesley (Plume 1993), 1992

Osterloh Margit, Neue Arbeitsformen durch neue Technologien, in: unizürich (Magazin der Universität Zürich), Nr. 1/1994, S.13-14, 1994

Osterloh Margit, Tendenzen im Management der industriellen Produktion, Darstellung der wichtigsten Ansatzpunkte, in: Neue Zürcher Zeitung, Nr. 231/4. Oktober 1994, S. 65, 1994a

von Otter Casten, Reform strategies in the Swedish public sector, in: Naschold Frieder/Pröhl Marga (Hrsg.), Produktivität öffentlicher Dienstleistungen, Gütersloh: Bertelsmann Stiftung, S. 255-286, 1994

Rehfuss John, The competitive agency, thoughts from contracting out in Great Britain and the United States, in: International Review of Administrative Sciences, vol. 57/1991, no. 3, S. 465-482, 1991

(Version française: L'agence compétitive, réflexions sur la sous-traitance en Grande-Bretagne et aux Etats-Unis, in: Revue internationale des Sciences administratives, vol. 57/1991, no. 3, S. 527-548)

Reichard Christoph, Auf dem Weg zu einem neuen Verwaltungsmanagement, in: Verwaltungsmanagement (Teil B 1.1), Konzeptionen des Managements - Konzepte, Systeme, S. 1-27, 1992

Richards Sue/Rodrigues Jeff, Strategies for management in the Civil Service, change of direction, in: Public Money & Management, vol. 13/1993, no. 2, S. 33-38, 1993

Rist Ray C., Managing accountability, the signals sent by auditing and evaluation, in: Journal of Public Policy, vol. 9/1989, no. 3, S. 355-370, 1989

Roth David, Innovation in government management, the case of (Canadian) special operating agencies, in: Optimum, vol. 21/1990-1991, no. 3, S. 7-17, 1991

Schedler Kuno, Ansätze einer wirkungsorientierten Verwaltungsführung, Von der Idee des New Public Managements (NPM) zum konkreten Gestaltungsmodell, Fallstudie Schweiz, Bern/Stuttgart/Wien: Haupt, 1995

Scott Graham/Bushnell Peter/Sallee Nikitin, Reform of the core public sector, New Zealand experience, in: Governance, vol. 3/1990, no. 2, S. 138-167, 1990

Seidman Harold, Government corporations in the United States, in: Optimum, vol. 22/1991-1992, no. 2, S. 40-44, 1992

Special Operating Agencies, in: Optimum, vol 22/1991-1992, no. 2, S. 2-44, 1992

Stever James A., The growth and decline of executive-centered intergovernmental management (in the US), in: Publius, vol. 23/1993, no. 1, S. 71-84, 1993

Stewart John, The limitations of government by contract, in: Public Money & Management, vol. 13/1993, Nr. 3, S. 7-12, 1993

Stewart John/Walsh Kieron, Change in the management of (UK) public service, in: Public Administration, vol. 70/1992, no. 4, S. 499-518, 1992

Taggart Michael, The impact of corporatisation and privatisation on (New Zealand) administrative law, in: Australian Journal of Public Administration, vol. 51/1992, no. 3, S. 368-373, 1992

Tellier Paul M., Public service 2000, the renewal of the (Canadian) public service, in: Canadian Public Administration, vol. 33/1990, no. 2, S. 123-132, 1990

Visura, Gemeinde - am Ende oder im Aufbruch? (Visura Gemeinde-Tagung vom 19. Januar 1994 in Zürich), Aarau: mimeo, 1994

West Tom L., Implications of local Government Reorganization, in: Public Money & Management, vol. 14/1994, no. 1, S. 17-21, 1994

Wood Robert, Performance pay and related compensation practices in Australian State Public Sector Organisations, in: OECD Public Management Occasional Papers, S. 9-39, 1991

Wood Robert/Marshall Verena, Performance appraisal, practice, problems and issues, in: OECD Public Management Occasional Papers, S. 5-37, 1993

Yeatman Anna, The concept of public management and the Australian state in the 1980s, in: Australian Journal of Public Administration, vol. 46/1987, no. 4, S. 339-356, 1987

VON MAX WEBER ZUM "NEW PUBLIC MANAGEMENT"

VERWALTUNGSMANAGEMENT IM 20. JAHRHUNDERT[1]

Christoph Reichard

1. DAS BÜROKRATIEMODELL ALS LEITBILD TRADITIONELLEN VERWALTUNGSMANAGEMENTS

Die öffentliche Verwaltung ist - nicht nur in Deutschland - traditionell "bürokratisch" aufgebaut und gesteuert. Sie weist eine hierarchische, stark arbeitsteilige, auf Dienstweg, Befehl und Gehorsam abstellende Organisationsstruktur auf, wird durch ein engmaschiges Netz von Vorschriften sowie durch detaillierte Weisungen gesteuert und stützt sich auf einen hauptamtlichen, professionell ausgebildeten Beamtenapparat.

Max Weber lieferte zu Beginn dieses Jahrhunderts mit seinem Modell des "bürokratischen Verwaltungsstabes" die theoretische Erklärung und Begründung dieser Managementstrukturen. Max Weber formulierte seinerzeit aus einem primär herrschaftssoziologischen Interesse heraus den Idealtypus des Bürokratiemodells und kennzeichnete ihn mit den bekannten Merkmalen:[2]

- Arbeitsteilung und Spezialisierung
- Formalisierung durch schriftliche Regelungen
- Amtshierarchie mit Instanzenzug (einschl. Befehl und Gehorsam)
- Schriftlichkeit, Aktenkundigkeit
- Trennung von Amt und Person
- Trennung von laufendem Betrieb und Finanzbudget
- Rekrutierung aufgrund nachgewiesener Fachqualifikation
- lebenslängliche, hauptamtliche Anstellung und Aufstieg (Laufbahnprinzip)
- standesgemässe Geldentlohnung
- Disziplin und Berufsethos (u.a.: Pflichterfüllung, Amtsverschwiegenheit).

---

[1] Ein Rückblick unter besonderer Berücksichtigung der Entwicklung in der Bundesrepublik Deutschland
[2] Weber 1976

Max Weber kam zu der Einschätzung, dass dieses Bürokratiemodell als Instrument legaler Herrschaft den beiden anderen von ihm identifizierten Herrschaftsformen der traditionellen und der charismatischen Herrschaft überlegen ist und dass bürokratische Herrschaft ein höheres Rationalitätsniveau im Sinne von Berechenbarkeit und Kontrollierbarkeit aufweist.[3] Diese Einschätzung ist vor dem historischen Hintergrund eines Ende des 19. Jahrhunderts (z.B. in Preussen) schnell gewachsenen Verwaltungsapparates - aber auch eines bürgerlich-liberalen Wertesystems - zu sehen. Das Bürokratiemodell konnte seinerzeit als ein Organisationstypus angesehen werden, der rechtsgebundenes, demokratisch kontrollierbares, effizientes Verwaltungshandeln sicherzustellen schien.

Zeitlich parallel und mit ähnlicher, wenngleich enger auf betriebsinterne Effizienzsteigerung und weniger auf die Analyse gesellschaftlicher Wirkungen ausgerichteter Intention hat sich die anglo-amerikanische Managementlehre herausgebildet. Frederick W. Taylor als einer ihrer prominenten Vertreter sah sich im Bereich der industriellen Massenproduktion mit ähnlichen Problemen konfrontiert, wie sie in der öffentlichen Verwaltung bestanden.[4] Taylor entwickelte im Zuge seiner Bemühungen um ein *Scientific Management* Organisationsmodelle, die auf strikter Arbeitsteilung, Trennung von Entscheidung und Ausführung sowie auf detaillierten arbeitswissenschaftlichen Analysen basierten und die in ihrem mechanistischen Ansatz den Intentionen des Weberschen Bürokratiemodells entsprachen.[5]

Vor allem in der Organisationstheorie kommt es allerdings häufig zu einer Fehlinterpretation des von Max Weber vorgelegten Bürokratiemodells. Um es hier nur kurz anzudeuten: Weber hat dieses Modell nicht als praxisbezogene Handlungsempfehlung, sondern als analytische Kategorie ("Idealtypus") vorgelegt, um damit rationale Herrschaft zu begründen.[6] Daraus darf nicht abgeleitet werden, dass das Bürokratiemodell uneingeschränkt als effiziente Organisationsform zu gelten habe. Weber hat selber die Dysfunktionen von Bürokratie erkannt und in seinen politischen Schriften angeprangert. Max Weber hat uns im Grunde genommen eine generalisierende Beschreibung der sich Ende des 19. Jahrhunderts herausbildenden Strukturen öffentlicher (und auch privater) Organisationen geliefert und dazu eine den gesellschaftstheoretischen Hintergrund beleuchtende Begründung abgegeben.

---

[3] vgl. Derlien 1988, S. 324
[4] vgl. Taylor 1911
[5] vgl. auch Strunz 1993, S. 40 ff.
[6] vgl. i.e. Derlien 1988

Das mit dem Begriff "Bürokratie" beschriebene Organisationsmodell entsprach den gesellschaftspolitischen Herausforderungen zu Beginn des 20. Jahrhunderts. Es trug zum Abbau paternalistischer Herrschaft und subjektiver Willkür bei und versprach eine korrekte, gesetzestreue, unbestechliche, sachbezogene, berechenbare Erledigung von Bürgeranliegen. Das Bürokratiemodell ist damit eine Organisationsform, die für den seinerzeit bei weitem vorherrschenden Typus von Eingriffs- bzw. Ordnungsaufgaben - bei denen es in besonderem Masse auf Rechtmässigkeit und Kontrollierbarkeit ankommt - geeignet war und unter gewissen Voraussetzungen auch heute noch ist. Rechtsbindung und Kontrollierbarkeit des Verwaltungshandelns, wie sie im Rahmen bürokratischer Strukturen zu erwarten sind, stellen im übrigen nach wie vor unverzichtbare Bedingungen des demokratischen Verfassungsstaates dar.[7]

Die öffentliche Verwaltung Deutschlands entspricht - wie eingangs bereits festgestellt - in ihren grundlegenden Managementstrukturen auch heute noch weitgehend dem Leitbild des Bürokratiemodells. Belege dafür finden wir überall: Beispielsweise in den Vorgaben der "Gemeinsamen Geschäftsordnungen" (GGO) von Bund und Ländern, die einen zentralistisch-hierarchischen Verwaltungsaufbau und entsprechende Steuerungs- und Kontrollstrukturen vorgeben.[8] Oder im deutschen Beamtenrecht, das - aufbauend auf dem mechanistischen Menschenbild der grundgesetzlich garantierten "hergebrachten Grundsätze des Berufsbeamtentums" - auf "volle Hingabe", materielle Absicherung sowie Verhaltenssteuerung über Rechtsnormen abstellt und die Entwicklung der Humanressourcen weitgehend vernachlässigt. Sind die Rahmenbedingungen und gesellschaftspolitischen Herausforderungen, auf die seinerzeit die Verwaltungsstrukturen im Sinne des Bürokratiemodells zugeschnitten wurden, heute eigentlich noch in gleichem Masse gegeben? Diese Frage muss wohl ziemlich eindeutig verneint werden. Die folgenden Aspekte beleuchten stichwortartig den Wandel, dem die Verwaltung und ihr Umfeld in den letzten Jahrzehnten, speziell in der jüngeren Zeit, ausgesetzt waren:

- Aufgabenwandel von der Ordnungs- zur Leistungs- und Planungsverwaltung
  - gestiegene Komplexität politisch-administrativer Problemstellungen
  - sich verschärfender nationaler und internationaler Standortwettbewerb (Verwaltungsleistung als "weicher" Standortfaktor)
- Wandel der Werte und Einstellungen von Bürgern und Verwaltungsmitarbeitern (postmaterielle Orientierungen)

---

[7] vgl. Frey 1994, S. 23
[8] vgl. z.B. Reinermann 1992

- gestiegene Ansprüche und Erwartungen der Bürger gegenüber den Verwaltungsleistungen (einschl. Partizipation)
- zunehmende Politik- und Staatsverdrossenheit weiter Bevölkerungskreise
- dauerhaft krisenhafte Finanzlage des Staates
- abnehmende Attraktivität des öffentlichen Dienstes als Beschäftigungssystem.

Fazit: Die Organisations- und Managementkonzepte, die dem Leitbild des Bürokratiemodells entsprechen, haben zum seinerzeit vorherrschenden Typus der Hoheits- und Ordnungsaufgaben und zu den damals bestehenden gesellschaftspolitischen Werten und Anforderungen gut gepasst. Mittlerweile haben sich aber sowohl Verwaltungsaufgaben wie Anforderungen/Werte gründlich gewandelt, ohne dass sich das praktizierte Verwaltungsmanagement bisher entsprechend angepasst hätte.[9] Die einstmalige Stärke der bürokratischen Organisation, das mechanistische "Funktionieren", ist mittlerweile zu ihrer "Achillesferse" geworden.[10] Diese Organisationsform gilt nunmehr für den Grossteil der öffentlichen Verwaltung als zu langsam, zu segmentiert, zu starr und auch als zu teuer.

2. MANAGEMENTRELEVANTE VERWALTUNGSREFORMEN NACH DEM 2. WELTKRIEG

Reformen des Verwaltungsmanagements waren und sind eine Daueraufgabe. Auch in den ersten Jahrzehnten dieses Jahrhunderts gab es stete Bemühungen um Verbesserung und Vereinfachung des Verwaltungshandelns. Letztlich ging es damals ebenso wie in jüngerer Zeit tendenziell stets um Perfektionierung und Verfeinerung der bürokratischen Organisationsform. Reformen der Organisationsstrukturen hatten überwiegend eine fortschreitende Differenzierung und Spezialisierung der Organisationseinheiten bei zunehmendem Einsatz hierarchischer und regelungsbezogener Steuerungsformen zum Ziel. Horizontal wurde die *Arbeitsteilung* immer weiter vorangetrieben, vertikal kam es durch Schaffung zusätzlicher Leitungsebenen zum Ausbau der *Leitungspyramide*. Entscheidung und Ausführung, Fach- und Ressourcenverantwortung wurden immer stärker voneinander getrennt.

Ein typischer Fall solch neotayloristischer Arbeitszerlegung war die Schaffung zentraler Schreibdienste, wie sie in den 70er und 80er Jahren in

---
[9] vgl. auch Reinermann 1994, S. 6 ff.
[10] Frey 1993, S. 25

den Grossbehörden der Bundesrepublik gang und gäbe war und auch heute noch verbreitet ist. Die im Verwaltungsbetrieb (z.B. Ministerium) anfallenden Schreibarbeiten wurden in einem zentralen Schreibdienst zusammengefasst: der Sachbearbeiter diktierte seine Vermerke und Bescheide, eine ihm unbekannte, meist wenig motivierte Schreibkraft erstellte vom (Phono-)Diktat die Reinschrift, die dann - oft nach mehreren Korrekturgängen - an den Empfänger herausging. Dies erwies sich als extrem langsam, kostspielig und von begrenzter Qualität. Ähnliche Zerlegungseffekte finden sich in der Verwaltung an vielen Stellen. Selbst harmlose Tätigkeiten wie die Stillegung eines Kraftfahrzeuges durch das Ordnungsamt einer Kommune sind durch eine Prozesskette mit 15-20 Stufen und mit zahlreichen Beteiligten geprägt. "Der öffentliche Sektor mit seinen segmentierten Funktionen, hochspezialisierten Arbeitsaufgaben und abgehackten Prozessketten ist in der Regel noch viel tayloristischer ausgerichtet als der Privatsektor."[11]

Dieser Ausdifferenzierungsprozess findet seine Entsprechung im Personalsystem. Das traditionelle Beamtenleitbild wurde - wie erwähnt - nach Gründung der BRD wiederbelebt (Art. 33, Abs. 3 u. 4 Grundgesetz) und strahlte auch stark auf den Tarifbereich (Arbeiter und Angestellte) aus. Ein fein ausziseliertes Beamten- und Arbeitsrecht regelt alle Details des Personalsystems und fördert eine "Dienst-nach-Vorschrift-Mentalität". Der Bundes-Angestellten-Tarif (BAT) weist bspw. zahlreiche "parkinsonistische" Elemente auf, wie bspw. die Bezahlung von Führungskräften nach der Anzahl der ihnen unterstellten Mitarbeiter. Die Bemessung des Arbeitspensums von Verwaltungsbediensteten erfolgt in den meisten Behörden nach einem pseudo-arbeitswissenschaftlichen Verfahren (analytische Personalbemessung), bei dem in einer statischen und mechanistischen Weise Fallzahlen (z.B. Akten) und Durchschnittsbearbeitungszeiten ermittelt werden. Dem Leitbild des rechtsanwendenden Verwaltungshandelns entspricht auch die eindeutig (justiz-)juristisch ausgerichtete Ausbildung des Beamtennachwuchses (unlängst hat dies der Deutsche Städtetag als Heranzüchtung von "Schmalspurjuristen" bezeichnet, die immer weniger gebraucht würden).

Dieser "mainstream" bürokratieverfeinernder Reformen wird in der Bundesrepublik Deutschland gegen Ende der 60er und in den 70er Jahren durch eine Reihe anspruchsvoller Reformversuche ergänzt, die zwar auf den Abbau pathologischer Bürokratieeffekte abstellen, sich aber im Kern

---

[11] Naschold 1995, S. 18

im Rahmen der tradierten Organisationsmodelle bewegen. Beispielhaft sei auf folgende Reformansätze hingewiesen:[12]

- integrierte Planungs- und Entscheidungskonzepte wie das Planning-Programming-Budgeting-System (PPBS), die Nutzen-Kosten-Untersuchungen und verwandte Ansätze, die aus den USA auch nach Deutschland herüberschwappten und hier vor allem im Zuge eines Bemühens um "aktive Politik" teilweise erprobt wurden.
- Ansätze zur Erprobung von Managementkonzepten, die aus dem Privatsektor bekannt waren (u.a.: Konzepte der Entschlussdezentralisation (z.B.: "Harzburger Modell"), Management by Objectives [MbO]).
- Bemühungen um ein professionelles, leistungsbezogenes Personalmanagement im deutschen öffentlichen Dienst, vor allem ausgelöst durch die umfangreichen Arbeiten der von der Bundesregierung eingesetzten Studienkommission zur Reform des öffentlichen Dienstrechts (1973).
- Versuche zur Steigerung der "Bürgernähe" von Verwaltungsbehörden und ihrer Bediensteten, u.a. durch umfassende Schulungsmassnahmen sowie durch Reorganisationsansätze (Beispiel: Bürgerämter als *one-stop-agencies*).

Obwohl von den geschilderten Reformaktivitäten zweifellos wichtige Impulse ausgingen und sich einige Effekte auch über die Zeit gehalten bzw. sogar ausgeweitet haben, muss man per Saldo sagen, dass diese Reformen allenfalls als begrenzt erfolgreich bezeichnet werden können. Die Versuche um Implementation wirksamer Planungs- und Managementkonzepte sind relativ rasch wieder eingeschlafen. Die Anregungen der Dienstrechts-Studienkommission sind weitgehend Papier geblieben. Die Welle der Bürgernähe-Bemühungen ist nach wenigen Jahren ebenfalls wieder abgeebbt. Über die Ursachen der gescheiterten Reformversuche in den 60er/70er-Jahren ist kontrovers diskutiert worden. Rückblickend kann man u.a. wohl feststellen,

- dass die Konzepte der Verwaltung von aussen (z.B. von der Wissenschaft oder von einzelnen politischen Akteuren) aufgedrängt und schon deshalb kaum akzeptiert worden sind,
- dass die Konzepte überwiegend unangepasst auf die Verwaltung übertragen worden sind (z.B. MbO) und es völlig unangemessene Implementierungsstrategien gab (z.B. Personalreform),

---

[12] vgl. dazu i.e. z.B. Reichard 1973 und 1987

- dass bei den massgeblichen Akteuren (Parlament, Regierung, Verbände) kein echter Reformwille vorhanden war, möglicherweise auch deshalb, weil es am erforderlichen Druck leerer Kassen mangelte.

Die öffentliche Verwaltung der BRD war bis Ende der 80er Jahre stets auf Wachstum programmiert. Dadurch konnten eine Reihe der sich auftuenden Strukturdefizite immer wieder zugekittet werden. Engpässe im Beförderungssystem konnten durch Schaffung zusätzlicher Stellen überwunden, Verteilungskämpfe zwischen Ressorts durch Budgetanhebungen gemildert werden. Später als dies in anderen westlichen Industriestaaten der Fall war, nämlich erst zu Beginn der 90er Jahre, wurden die strukturbedingten Verwaltungsdefizite unübersehbar, und es musste auch in der Bundesrepublik zu tiefgreifenden Reformmassmahmen gegriffen werden. Obwohl die Reformdebatten zumindest auf der Kommunalebene bereits Ende der 80er Jahre einsetzten, waren die deutsche Einigung und die daraus resultierenden staatlichen Finanzprobleme zweifellos ein wesentlicher Auslöser. Nun musste verstärkt gespart und "rückgebaut" werden und dabei zeigte sich, dass dies mit den traditionellen Managementinstrumenten kaum gelingen konnte, die auf Wachstum, aber nicht auf Schrumpfung hin konzipiert worden waren. Die jahrzehntelang funktionierenden Politikformulierungs-, Konfliktregelungs- und Steuerungsformen griffen nun nicht mehr, "Draufsatteln" war nicht mehr drin. Der Ruf nach einem neuen Verwaltungsmanagement, insbesondere nach einem "Neuen Steuerungsmodell" wurde laut...

3. "NPM"-ORIENTIERTE REFORMANSÄTZE IN DER BUNDESREPUBLIK DEUTSCHLAND[13]

3.1. *Zur Grundphilosophie des "New Public Management" (NPM)*

Seit mehr als 10 Jahren bildet sich weltweit ein gemeinsames Verständnis von professionellem Verwaltungsmanagement heraus, das international

---

[13] Einen relativ guten aktuellen Überblick über die in der BRD laufende Reformdebatte gibt die Reihe "Modernisierung des öffentlichen Sektors" im Sigma-Verlag Berlin, in der bislang folgende Bände erschienen sind (Stand 6/95): *Band 1:* Naschold, Modernisierung des Staates, 3. Aufl. 1994; *Band 2:* Budäus, Public Management. 2. Aufl. 1994; *Band 3:* Reichard, Umdenken im Rathaus. 4. Aufl. 1995; *Band 5:* Kühnlein/Wohlfahrt, Zwischen Mobilität und Modernisierung, 1994; *Band 6:* Oppen: Oualitätsmanagement, 1995; *Band 7:* Tondorf, Leistungszulagen als Reforminstrument? 1995; *Sonderband 1:* Naschold, Ergebnissteuerung, Wettbewerb, Qualitätspolitik, 1995

als *New Public Management (NPM)* bezeichnet wird.[14] Im Vordergrund stehen dabei

- Stärkung der Marktorientierung sowie des Wettbewerbsdenkens,
- an Privatunternehmungen orientierte Managementkonzepte,
- Trennung von strategischer (Politik-) und operativer (Administrations-)Verantwortung,
- Konzepte der ziel- und ergebnisbezogenen Steuerung sowie
- dezentrale, teilautonome Strukturen.

Die Herausbildung von NPM ist zweifellos auf bestimmte einflussreiche politische und theoretische Grundströmungen - vor allem im angelsächsischen Raum - zurückzuführen: Die neo-konservative "New Right"-Politik eines Thatcherismus oder Reaganismus, die *Public Choice-Theorie* und der aus dem Privatsektor übergreifende *Managerialismus*. Inwieweit die Konzepte des NPM nur in einem bestimmten politisch-administrativen Kontext (z.B. im britischen oder US-amerikanischen Politik- und Verwaltungssystem) greifen oder inwieweit sie tatsächlich kulturübergreifend wirksam werden können, ist bislang strittig.[15] Obwohl umfassende empirische Analysen und überzeugende Typisierungen bislang noch ausstehen, kann bereits heute festgestellt werden, dass sich das Gesamtkonzept NPM in verschiedene regionale *Reformtypen* aufspaltet, die unterschiedliche inhaltliche und umsetzungsstrategische Schwerpunkte aufweisen.[16]

Im grossen und ganzen lässt sich beobachten, dass sich in NPM-orientierten Konzepten üblicherweise zwei Reformperspektiven ergänzen:[17]

a) die *Aussensicht:* Konzentration auf "Kernaufgaben", Neuzuschnitt/ Abbau des Leistungsprogramms, Wandel vom Dienstleistungsproduzenten zum -"Gewährleister", Stärkung der Markt- und Wettbewerbsorientierung, Verbesserung der Dienstleistungen an den Bürger (bzw.: "Kunden"-Orientierung).

b) die *Innensicht:* grundlegende Struktur- und Prozessreorganisation, Dezentralisierung, Verantwortungsstärkung, Ziel-/Ergebnisorientierung, verbessertes Personal- und Finanzmanagement usw.

---

[14] s. dazu auch den Beitrag von Haldemann in diesem Band, S. 31; vgl. ferner z.B. Budäus 1994; Hood 1991; Naschold/Pröhl 1994 u.1995; OECD 1993; Osborne/Gaebler 1992; Pollitt 1993; Reichard 1993 u.1994a; Stewart/Walsh 1992

[15] vgl. z.B. zum Fall der Niederlande kritisch: Kickert 1995

[16] vgl. bspw. Naschold 1995, S. 8; Reichard 1994a, S. 154

[17] vgl. auch Reinermann 1994, S. 2

Im Gegensatz zu den rationalistischen Planungskonzepten der 60er/70er Jahre, die auf eine Optimierung der Planungskapazitäten der staatlichen Akteure hinzielten, setzen die NPM-bezogenen Reformen breiter an, indem sie die Verbesserung staatlicher Managementmuster durch ökonomische (Stärkung von "Markt") und gesellschaftliche (Stärkung von "Selbstheilungskräften" und von "Drittem Sektor") Regulierungsformen zu ergänzen trachten.[18] Insofern ist es in der Tat nicht abwegig, von einem *Paradigmenwechsel* im öffentlichen Management zu sprechen, nämlich einem grundsätzlichen Wandel des Verständnisses von Verwaltung:[19] NPM als neue stärker auf ökonomisch-marktliche Rationalität abstellende Sichtweise von Verwaltung, die das bürokratische Verwaltungsverständnis mit der dabei vorherrschenden formalen Rationalität - zumindest teilweise - ablöst. Ob ein solcher Paradigmenwechsel indes für die gesamte öffentliche Verwaltung zu erwarten ist oder ob er nur für den - allerdings ständig grösser werdenden - Teil der öffentlichen Dienstleistungsaufgaben (nicht aber: Eingriffs- und Ordnungsaufgaben) zutrifft, erscheint diskussionsbedürftig.[20]

Häufig wird gefragt, was denn nun eigentlich "neu" am NPM sei. Ist nicht viel Rhetorik, Etikettenschwindel, "alter Wein in neuen Schläuchen" zu verzeichnen?[21] In der Tat ist - zumal in der populärwissenschaftlichen Debatte - viel Wortgeklingel wie "schlanke Verwaltung", "Konzern Stadt" oder "Dienstleistungsunternehmen" zu hören.[22] Manche Rezepte, die sich angeblich auf privatwirtschaftliche Erfahrungen stützen, sind von kaum zu überbietender Plattheit und Naivität; sie lassen sich auch meist nur unzulänglich in die administrative Wirklichkeit transferieren. Man muss zudem klarstellen, dass eine Reihe von - überwiegend betriebswirtschaftlichen - Instrumenten, die bei NPM-orientierten Reformen üblicherweise angewendet werden, als separate Elemente durchaus seit längerem bekannt, mithin nicht neu sind. Dazu zählen bspw:

- die Einrichtung teilautonomer Organisationseinheiten (Verantwortungs- oder Profit Center)
- Ansätze der Aufgabenkritik
- Einsatz von Leistungsindikatoren

---

[18] vgl. Naschold 1995, S. 10
[19] vgl. Reinermann 1993 und 1994
[20] vgl. zu einer solchen situativ-differenzierenden Sicht Röber 1995; vgl. ferner kritisch zur These vom Paradigmenwechsel: König 1995, S. 350 und 354 ff.
[21] vgl. bspw. Grunow 1995; König 1995; Laux 1994
[22] vgl. als Abschreckungsbeispiele die Bücher von Bösenberg/Hauser 1994 oder Metzen 1994

- ziel- und ergebnisbezogene Steuerungsmodelle (Management by Objectives, Management by Results)
- Ansätze zur Entschlussdezentralisation (Delegation von Verantwortung, "Harzburger Modell")
- Ansätze flexibler bzw. globalisierter Budgetierung ("Block Grants"), Kosten- und Leistungsrechnung, Controlling.

Dennoch ist dem Gesamtansatz von NPM "Neuartigkeit" zu bescheinigen. Das Neue ist vor allem in der neuartigen und stimmigen Kombination von Managementbausteinen zu sehen, die isoliert durchaus zuvor bekannt gewesen sein mögen. Das NPM-Konzept ist aber "richtig gemischt", die einzelnen Bestandteile passen zueinander und sind auf ein "neues" Gesamtziel ausgerichtet: Verwaltungsleistungen wirksam und bürgerorientiert in dezentralen Strukturen bei hoher Eigenverantwortung der einzelnen Einheiten im Wettbewerb mit anderen staatlichen wie nicht-staatlichen Leistungsanbietern zu erbringen. Etwas Neues dabei ist vor allem der *Wettbewerb*, der die öffentlichen Einrichtungen erst "unter Strom setzt". Hinzu kommt, dass im Gegensatz zu früheren Reformen diesmal ein relativ umfassender Implementierungsstil gepflegt wird, der auch die Politik soweit wie möglich einzubeziehen versucht. Ein weiteres Argument ist ferner, dass diesmal im Unterschied zur Vergangenheit die Anstösse zu (NPM-)Reformen weitgehend aus der Verwaltung selbst und nicht aus externen Zirkeln (etwa der Wissenschaft) kommen. Dies fördert zweifellos die Akzeptanz. Schliesslich sind in den meisten Staaten, in denen NPM-orientierte Reformen stattfinden, vergleichsweise günstige Voraussetzungen und Rahmenbedingungen zu beobachten (u.a.: Finanzdruck, "Zeitgeist" usw.). Fazit: NPM-Reformen finden heute in anderem Kontext und mit anderen Zielsetzungen statt als - gescheiterte - Reformen in den 60er/70er-Jahren. Oder: "Aus der fehlgeschlagenen Einführung des Kühlschranks am Nordpol kann man nicht a priori auf seine Unbrauchbarkeit am Äquator schliessen".[23]

3.2. Der bundesdeutsche Weg zum New Public Management

Die deutsche Verwaltung wurde über lange Zeit zur "Weltspitze" gerechnet. Strukturmerkmale wie Bundesstaatlichkeit oder kommunale Selbstverwaltung, "preussische" Beamtentugenden wie Unbestechlichkeit und Neutralität galten und gelten zu Recht als vorbildlich. Man muss anerkennen, dass Deutschland auf dem Weg zum NPM mit seiner föderalen

---

[23] Röber 1995

Struktur und mit seinem bewährten Konzept der kommunalen Selbstverwaltung bereits frühzeitig wichtige strukturelle Vorleistungen erbracht hat, die in zentralistischen Staaten erst seit kurzem im Zusammenhang mit der NPM-Debatte thematisiert werden. Heute lässt sich bilanzieren, dass die deutsche Verwaltung im Hinblick auf die Aspekte Rechtmässigkeit und Verlässlichkeit sicherlich nach wie vor "Spitze" ist, dass sie aber im Hinblick auf Kriterien wie

- Wirksamkeit des Handelns (in Bezug auf Adressaten)
- Wirtschaftlichkeit
- Bürger-/Kundennähe
- Innovationskraft
- Flexibilität und Anpassungsfähigkeit

zurückgefallen ist und im Vergleich zu anderen Industriestaaten lediglich "Mittelklasse" darstellt. Die deutsche Verwaltung wird von Kritikern zum einen als schlicht zu teuer eingestuft (man denke nur an die im Vergleich zur Schweiz relativ hohe Staatsquote), zum anderen als zu langsam (Beispiel: Genehmigungsverfahren) und zu unflexibel (Beispiel: Reaktion auf neue Anforderungen etwa in der Umweltpolitik) bezeichnet. Einige Vergleichsstudien und internationale Wettbewerbe belegen die Diagnose von der Mittelklasse.[24] Der Wettbewerb im Zusammenhang mit dem Carl-Bertelsmann-Preis 1993, der Hochleistungsverwaltungen im kommunalen Bereich aus zahlreichen Staaten vergleichend gegenüberstellte, liess bspw. einen deutlichen Rückstand des deutschen Bewerbers gegenüber den preisgekrönten Kommunen (Phoenix/Arizona und Christchurch/Neuseeland) erkennen.

Per Saldo muss man sagen, dass die deutsche Verwaltung bis vor kurzem in Sachen Verwaltungsmodernisierung "Stagnation auf hohem Niveau" aufwies,[25] dass aber - zumindest auf der kommunalen Ebene - seit wenigen Jahren etwas Bewegung aufgekommen ist. Im internationalen Vergleich ist die Bundesrepublik - folgt man einer Analyse von Naschold[26] - durch eine "Persistenz der Regelsteuerung gegenüber allen Varianten einer Ergebnissteuerung" gekennzeichnet. Sporadische Privatisierungsaktionen bei Staatsunternehmungen sowie gewisse Deregulierungstendenzen ergänzen das "typisch deutsche" Modernisierungsspektrum. Dabei dienen Privatisierung und Deregulierung vor allem der Entlastung des

---

[24] vgl. z.B. Bertelsmann Stiftung 1993; Naschold 1995
[25] Naschold 1995, S. 191
[26] Naschold 1995, S. 64 ff.

Kernstaates, sind aber kaum als offensive Strategien zur Wettbewerbsförderung anzusehen. Die Regelsteuerung kann sich in der BRD vor allem deshalb halten, weil sie auf einem relativ hohen juristisch dominierten Qualifikationsniveau der Verwaltungsbediensteten aufbauen kann. Über diese Grundrichtung scheint bislang ein breiter Konsens der politisch-administrativen Akteure in der BRD zu bestehen. Konsequenterweise haben sie sich eher auf status-quo-Fortschreibung verständigt und bislang nur wenig in Richtung genereller Managementreformen unternommen.

Seit etwa 1990 haben sich in Deutschland allerdings eine immer grösser werdende Zahl von Kommunen, einige Bundesländer, wenige "Vordenker" auf der Bundesebene - unterstützt durch einige Wissenschaftler - "auf den Weg" in Richtung NPM-orientierter Reformen gemacht. Auf Bundesebene herrscht allerdings noch weitgehend Funkstille, wenn man von einigen von aussen an den Bund herangetragenen Gutachten absieht.[27] Erwähnenswert sind noch die Bemühungen des Bundesinnenministeriums um Personalreformen, die u.a. auf stärkere Leistungsorientierung (auch der Bezahlung), auf verlängerte Probezeiten bei Führungskräften und auf flexibleren Personaleinsatz abstellen.

In einigen Bundesländern sind seit kurzem erste Innovationsprozesse festzustellen. Auf einige Ansätze sei beispielhaft hingewiesen:[28]

- Baden-Württemberg arbeitet im Rahmen einer breit angelegten Verwaltungsreform ("Verwaltung 2000") u.a. intensiv an einem Personalmanagementkonzept, an der Flexibilisierung des Finanzmanagements und an Steuerungsmodellen.
- Schleswig-Holstein führt ebenfalls ein umfassendes leitbildgestütztes Reformprogramm durch, das Organisations- und Steuerungsreformen in verschiedenen Pilotbereichen (u.a. Kliniken, Forst- und Hochbauverwaltung) vorsieht und sich auf die weitreichenden Empfehlungen einer Reformkommission stützt.[29]
- Die drei Stadtstaaten Berlin, Bremen und Hamburg befinden sich gegenwärtig jeweils in ziemlich heftigen Reformprozessen. In Berlin wird seit 1994 mit starkem Beratereinsatz ein umfassendes "Berliner Führungs- und Steuerungssystem" einzuführen versucht. In Bremen laufen vielfältige Reformmassnahmen im Zusammenhang mit Steuerungsmodellen, Verselbständigung von Einrichtungen und Personalmanagement. In Hamburg schliesslich sind derzeit verschiedene

---

[27] vgl. Eichhorn/Hegelau 1993; Jann 1994
[28] vgl. zum Überblick auch Reichard 1994c, S. 68 f.
[29] vgl. Enquetekommission 1994

Pilotversuche zum Steuerungsmodell im Gange; ferner gibt es bereits beachtliche Erfahrungen mit Verwaltungscontrolling.

Die weitreichendsten und interessantesten Reformprojekte finden sich in der Bundesrepublik derzeit jedoch ohne Zweifel auf der kommunalen Ebene. Hierauf wird nachstehend mit einigen Beispielen näher eingegangen.

3.3. Das "Neue Steuerungsmodell" als deutsche Variante von NPM-Reformen

Der oben beschriebene eher bedeckte Himmel der bundesdeutschen Modernisierungspraxis hat sich in den letzten 5 Jahren durch das *"Neue Steuerungsmodell"* (NSM) beträchtlich aufgehellt. Unter diesem Schlagwort hat die Kommunale Gemeinschaftsstelle (KGSt), eine Managemententwicklungs-Einrichtung der deutschen Kommunen, seit 1990 mit grossem missionarischem Eifer die deutsche Variante von NPM unter den Kommunen propagiert.[30] Das Konzept des NSM, das sich interessanterweise auf ein Modellvorbild der niederländischen Stadt Tilburg stützt, wurde mittlerweile in verschiedenen Variationen von zahlreichen Städten und Landkreisen der Bundesrepublik aufgegriffen, erprobt und teilweise auch bereits eingeführt.[31]

Unmittelbarer Auslöser der Reformüberlegungen in den Kommunen war sicherlich die nicht zuletzt auch im Zuge der deutschen Einigung schärfer werdende Finanzkrise, die tradierte Cutbackansätze zunehmend obsolet werden liess. Hinzu kamen aber verschiedene andere Defizite, die man unter dem Stichwort *"Modernisierungslücke der deutschen Verwaltung"* zusammenfassen kann.[32] Diese Lücke wird sowohl durch Legitimitätsverluste wie durch eklatante Managementdefizite, Motivationsmängel beim Personal und sinkende Attraktivität der öffentlichen Arbeitgeber bestimmt. Ein Problembereich hat die bundesdeutsche Reformdebatte dabei in besonderem Masse geprägt: die in den vergangenen Jahrzehnten zunehmende Zentralisierung von Service- resp. Querschnittsfunktionen in administrativen "Wasserköpfen", die zum Auseinanderfallen von Fach- und Ressourcenverantwortung geführt hat und die von Kritikern als

---

[30] vgl. folgende Berichte der KGSt: 12/1991, 5 und 6/1993
[31] vgl. dazu im einzelnen Reichard 1994c; vgl. ferner u.a. Banner 1991 und 1994; Blume 1993; Brinckmann 1994; Hill/Klages 1993; Meixner 1994
[32] vgl. auch Budäus 1994

"bürokratischer Zentralismus" oder auch als "System organisierter Unverantwortlichkeit" bezeichnet wird.[33]

Ausgehend von dieser Problemdiagnose haben sich eine Reihe deutscher Kommunalverwaltungen daran gemacht, diesen Zentralismus (wieder) abzubauen. Man erprobte "dezentrale Ressourcenverantwortung": Die Fachbereiche (Soziales, Bauwesen usw.) erhielten schrittweise zu ihrer Fachverantwortung auch die Verantwortung für den effizienten Ressourceneinsatz zugewiesen, sodass sie weitgehende *Ergebnisverantwortung* hatten. Dies bedeutete zugleich einen deutlichen Rollenwechsel für die bislang mächtigen Querschnittsämter (Kämmerei, Hauptamt usw.), die nunmehr von der Ressourcenzuteilung zu Service- und Beratungsfunktionen überzugehen hatten. Die skizzierte Dezentralisierung führte in den jeweiligen Kommunen zur Bildung teilautonomer "Verantwortungs- bzw. Ergebniszentren" und darüber hinaus gelegentlich zur "Verschlankung" von Hierarchie (Verzicht auf ein bis zwei Leitungsebenen). Parallel zur Dezentralisierung wurde damit begonnen, wirksame *zentrale Steuerungsdienste* mit entsprechenden Controllingfunktionen aufzubauen.

Ein zweiter Reformstrang, der angesichts drückender Finanzprobleme in der letzten Zeit an Bedeutung gewonnen hat, ist die *Budgetierung*: Zahlreiche Kommunen haben begonnen, "wider den kameralistischen Stachel zu löcken", d.h. die tradierten Budgetprinzipien wie z.B. die zeitliche bzw. sachliche Nichtübertragbarkeit von Mitteln zu lockern. Politik und Verwaltungsführung beschliessen einen Budgetrahmen ("Eckwerte"), der den einzelnen Fachbereichen vorgegeben wird und innerhalb dessen letztere relativ autonom handeln können (bspw. auch Mittel zwischen Ausgabegruppen transferieren oder ins nächste Jahr übertragen können). Diese Globalbudgetierung führt nach ersten Erfahrungen zu eigenverantwortlichem Handeln der Fachbereiche und erlaubt nebenbei beachtliche Einspareffekte. Einige Bundesländer haben das flexible Finanzmanagement der Kommunen dadurch erleichtert, dass sie die haushaltsrechtlichen Vorschriften durch sogenannte Experimentierklauseln gelockert haben.

Kommunen, die den einen oder anderen dieser beiden Zugänge zum "Neuen Steuerungsmodell" wählten, merkten rasch, dass sie mit dem jeweiligen Steuerungselement isoliert nicht sehr weit kamen. Budgetierung setzt entsprechende Ergebnisverantwortung der Fachbereiche voraus, dezentrale Ergebnisverantwortung verlangt alsbald auch budgetäre Konsequenzen. Ausserdem zeigt sich, dass beide Zugänge nur funktionieren

---

[33] vgl. Banner 1991 und 1994

können, wenn auch andere zentrale Elemente bzw. Instrumente des "Neuen Steuerungsmodells" etabliert werden:

- konkrete Ergebnis- bzw. Leistungsbeschreibungen ("Produkte"), die die von der Kommune an deren Abnehmer zu erbringenden Dienste in Output- (und möglichst auch Impact-) Kategorien nebst Qualitäts- und Kostenstandards angeben.
- Einführung oder Ausbau einer aussagefähigen Kosten- und Leistungsrechnung, mit deren Hilfe die Verrechnung der internen Leistungen, die Kalkulation der Produktkosten bzw. -preise sowie die Konkretisierung der erstellten Leistungen (Kennzahlensysteme usw.) vorgenommen werden kann.[34]
- Aufbau funktionierender Controllingstrukturen, die für ein aussagefähiges Berichtswesen und für wirksame Steuerungskreisläufe zwischen den Fachbereichen und Leitungsebenen sorgen.

Durch Vernetzung der verschiedenen Steuerungselemente entstanden in den letzten Jahren in immer mehr deutschen Kommunen moderne Managementstrukturen. Nach verschiedenen Schätzungen und ersten empirischen Umfragen sind mittlerweile etwa 30% aller Kommunen dabei, Managementkonzepte vom Typ "Neues Steuerungsmodell" einzuführen. Anfangs waren es vor allem Grossstädte, nunmehr beteiligen sich zunehmend auch mittlere und kleinere Kommunen sowie mehrere Landkreise an diesem Innovationsprozess. Manche Bundesländer fördern die Reformmassnahmen ihrer Kommunen durch finanzielle Zuwendungen und Beratung (z.B. die Länder Brandenburg und Schleswig-Holstein). In den neuen Bundesländern haben die Reformversuche in Richtung NSM allerdings erst spät und zögerlich begonnen, und es gibt bislang nur wenige konkrete Modernisierungsprojekte.[35]

Betrachtet man die aktuellen bundesdeutschen Modernisierungsmassnahmen vom Typ NSM, so fällt bei aller Vielfalt der Einzelansätze auf, dass die deutschen Reformen durch starke Zentrierung auf *Binnenstrukturen* geprägt sind. Man beschäftigt sich in erster Linie mit Organisationsstrukturen und mit einigen betriebswirtschaftlichen Instrumenten. Sowohl der Bürger bzw. "Kunde" wie auch das administrative Personal

---

[34] Die Anforderungen, die vom NSM an das öffentliche Rechnungswesen ausgehen, haben in der BRD (wieder einmal) zu einer verstärkten, teilweise glaubenskriegsartigen Auseinandersetzung um die Frage "Doppik versus Kameralistik" geführt, über die man in anderen Ländern längst hinaus ist. Immerhin sind eine Reihe von Kommunen derzeit dabei, ihr Rechnungssystem auf die kaufmännische Buchführung umzustellen (vgl. insgesamt zur deutschen Debatte Brede/Buschor 1993).

[35] vgl. zur dahinter stehenden Problematik auch Reichard/Röber 1993

bleiben bei der aktuellen Reformdebatte ein wenig aussen vor. Dieser *Binnenstruktur-Bias* wird vor allem im Vergleich zu den Konzepten verschiedener anderer Staaten (etwa: Skandinavien, Grossbritannien, Neuseeland) deutlich.

Das noch defizitäre Modernisierungsfeld *Leistungsprogramm und Marktstärkung* ist aus folgenden Gründen ein essentieller Bestandteil von NPM-Reformen:[36] Die Verwaltung wandelt sich nach NPM-Verständnis vom (teilweise monopolistischen) Produzenten öffentlicher Leistungen zum *Gewährleister dieser* Leistungen. Sie hat zwar die dauerhafte Erbringung bestimmter Dienste für ihre Abnehmer zu definierten Kosten- und Qualitätsstandards sicherzustellen, muss diese Dienste aber nicht unbedingt auch "eigenhändig" erstellen. Vielmehr kann sie im Sinne eines "Auftraggeber-/Auftragnehmerverhältnisses" diejenigen Anbieter mit der Leistungserstellung beauftragen, die dies am wirksamsten und effizientesten tun können. Das können die eigenen staatlichen Ämter, aber auch privat-kommerzielle resp. privat-gemeinnützige Einrichtungen sein. Bei einem derartigen Gewährleistungsverständnis wird *Wettbewerb* geschaffen resp. gefördert. Staatliche Dienste konkurrieren mit nicht-staatlichen Anbietern. Dieses Denken gilt nicht allein für geschlossene öffentliche Aufgaben, sondern ebenso auch für einzelne Stufen einer Leistungsprozesskette. Die "Make-or-Buy"-Entscheidung ist differenziert zu treffen; die *Leistungstiefe* von öffentlichen Produkten ist entsprechend zu optimieren.

Diese Stärkung von Marktelementen und von Wettbewerb ist in der bundesdeutschen Modernisierungsdebatte noch unterentwickelt. Wettbewerbsförderliche Praktiken, wie wir sie etwa aus Grossbritannien mit dem *compulsory competitive tendering* kennen, sind noch wenig bekannt und genutzt. Auch Versuche zur Stärkung der Konsumentensouveränität z.B. durch Ausgabe von *Vouchers* an nachfragende Bürger, mit denen diese die ihnen zustehenden öffentlichen Leistungen nach eigener Wahl bei verschiedenen Anbietern beanspruchen können - werden bislang kaum erprobt. Gewisse Erfahrungen gibt es demgegenüber mit *Wettbewerbssurrogaten* wie z.B. interkommunalen Leistungsvergleichen anhand von Kennzahlen. An letzteren arbeiten bspw. derzeit eine Reihe von Städten unter Förderung der Bertelsmann-Stiftung.

Das andere Modernisierungsfeld, das in Deutschland bislang etwas vernachlässigt wird, ist das *Personalmanagement*. Zwar beginnt sich langsam die Erkenntnis durchzusetzen, dass das NSM ohne qualifizierte und motivierte Mitarbeiter ein "Papiertiger" bleiben wird, jedoch fehlt es in vielen

---

[36] vgl. i.e. Reichard 1994c, S. 38 ff.

Kommunen noch an konkreten Reformmassnahmen. Das NSM erfordert ja aktive, eigenständig handelnde, verantwortungsfreudige Mitarbeiter, die die gewonnenen Autonomiespielräume auch nutzen und die mit dem Steuerungsinstrumentarium souverän umgehen können. Folgende personalbezogene Aktivitäten erscheinen von besonderer Bedeutung:[37]

- *Rekrutierung und Qualifizierung von Public Managers:* Für das NSM werden vermehrt Managementnachwuchskräfte und Betriebswirte gebraucht. Der traditionell ausgebildete Beamte erscheint dafür weniger gut geeignet. An einigen deutschen Fachhochschulen - unter anderem in Berlin - werden seit kurzem Nachwuchskräfte dieses Profils herangebildet.[38]
- *Tätigkeitsgestaltung:* das NSM darf nicht auf der Chefebene stehenbleiben, sondern muss sich auch motivierend auf die Sachbearbeiter auswirken, die nunmehr interessantere Tätigkeiten bei stärkerer Eigenverantwortung ausüben können. Daher sollte die Verantwortungsdezentralisierung bis "nach unten" durchschlagen.
- *Leistungsorientierte Bezahlung:* wenn von den Beschäftigten im Zuge der Reformen überdurchschnittliche Leistungen erwartet werden, muss dies auch angemessen honoriert werden. Konsequenterweise kommen nun langsam auch die Barrieren des öffentlichen Dienstrechts in dieser Hinsicht ins Wanken; verschiedene Kommunen experimentieren - mitunter noch ein wenig hilflos - mit Formen von Leistungszulagen.[39]

Gerade im Personalmanagement sind in Deutschland die Reformbarrieren durch ein zentral vom Bund geregeltes Beamtenrecht und durch analog zentrale Tarifstrukturen im Arbeiter/Angestelltenbereich relativ hoch. Die angekündigten Rechtsreformen von seiten der Bundesregierung sind mithin dringend geboten.

4. CHANCEN UND RISIKEN VON NPM IN DER DEUTSCHEN VERWALTUNG

Wie steht es um eine nachhaltige Verankerung von NPM-orientierten Verwaltungsreformen in der Bundesrepublik? Eine auch nur einigermassen treffsichere Vorhersage ist derzeit nicht zu machen, dafür sind die Er-

---

[37] vgl. i.e. Reichard 1994c, S. 65 f.
[38] vgl. dazu Reichard 1994b
[39] vgl. zusammenfassend dazu Tondorf 1995

fahrungen noch zu gering. Es gibt aber einigen "Anlass zu Optimismus":[40]

- Die Finanzkrise der öffentlichen Hände dürfte längere Zeit anhalten, was auch weiterhin für Druck sorgen wird.
- Der "Zeitgeist", die wachsende Staats- und Verwaltungsverdrossenheit, der an seinen Grenzen angelangte Wohlfahrtsstaat - all das sorgt für eine generelle gesellschaftliche Akzeptanz der Reformen.
- Die Forderung nach einer Stärkung von Markt und Wettbewerb auch im öffentlichen Sektor findet gegenwärtig in Gesellschaft und Politik sehr weite Zustimmung; damit ist eine wichtige Voraussetzung für NPM erfüllt.
- Von den NPM-Reformen geht ein mobilisierender Motivationsimpuls aus: "gesunder Menschenverstand" wird wiederbelebt (z.B. in der Budgetierung), den Beschäftigten wird Autonomie in kleinen, überschaubaren Organisationseinheiten geboten, Selbsthilfekräfte werden gestärkt (Reinermann[41] verweist hier auf die insofern ähnlich angelegten Stein-Hardenbergschen Reformen).
- Beschäftigte und Gewerkschaften machen mit, weil viele von ihnen erkennen, dass es hier um die Alternative "Modernisierung versus Privatisierung" geht und dass eine solche Modernisierung die Rettung von Arbeitsplätzen bedeuten kann (aus ähnlicher Motivlage führt in der BRD die Gewerkschaft ÖTV seit Jahren eine Kampagne "Zukunft durch Öffentliche Dienste" durch, die konkrete Modernisierungsprojekte fördert).
- Es gibt erste Anzeichen dafür, dass es "im Osten etwas Neues" gibt, d.h. dass die ostdeutschen Verwaltungen als verwaltungsreformerisches Experimentierfeld fungieren könnten, von dem später einmal Transferwirkungen von Ost nach West ausgehen könnten. Solche Anzeichen sind zum einen in einigen personalpolitischen Flexibilisierungen, zum anderen in neuen Wegen der Verselbständigung und Auslagerung von öffentlichen Einrichtungen zu sehen.[42]
- Die deutsche Verwaltung hat ja im Hinblick auf NPM "die Gnade der späten Geburt", d.h. in der BRD kann man aus den Fehlern anderer Staaten lernen und sich ein passendes Konzept zurechtschneidern. Ausserdem können wir mit einem Blick über die Grenzen relativ leicht sehen, dass einige Staaten, die seit etwa 10-12 Jahren in Richtung NPM arbeiten, mit ihren NPM-Reformen durchaus Erfolg haben.

---

[40] Reinermann 1994, S. 74
[41] Reinermann 1994, S. 75
[42] vgl. Kühnlein 1995

Man kann daher sagen, dass die Zeichen für NPM günstig stehen. Es spricht einiges dafür, dass NPM-orientierte Reformen in der BRD vor allem auf Bundes- und Landesebene deutlich an Dynamik gewinnen werden. Auf der anderen Seite dürfen einige *Problempunkte und Risiken bei NPM* nicht ganz übersehen werden. Vor allem die gesellschaftspolitischen und staatstheoretischen Konsequenzen von NPM sind noch weitgehend ungeklärt.[43] Wenn ökonomische Steuerung - zumindest teilweise - an die Stelle von rechtlicher und machtbezogener Steuerung tritt, führt das auch zur Verwischung der Grenzen zwischen Staat und Markt. Wo endet Staat und beginnt Markt, wenn sich eine öffentliche Einrichtung durch "Insourcing" nicht-öffentlicher Güter am Marktgeschehen beteiligt? Kommt es dadurch evtl. zu einer Monetarisierung der Politik? Wird möglicherweise der Gesellschaftsvertrag schnöde durch den Kaufvertrag ersetzt? Welche Konsequenzen ergeben sich für staatsprägende Merkmale wie Gewaltenteilung, staatliche Aufsicht, Finanzkontrolle durch Rechnungshöfe usw? Hier sind vor allem die Juristen und Politikwissenschaftler gefordert!

Auch der Rationalitätenwechsel kann problematisch sein. Das die ökonomische Rationalität besonders betonende NPM kann möglicherweise einen Verlust an *politischer Rationalität* nach sich ziehen. Werden die Politiker diesen Wechsel mitmachen, werden sie sich mit der ihnen zugedachten Rolle des strategischen Rahmengebers begnügen? Führt die damit verbundene strikte Trennung von Politik und Verwaltung eventuell zur Gefahr eines *Neo-Dezisionismus,* zur Vernachlässigung der Policy-Dimension?[44] Und steht zu erwarten, dass die deutschen Verwaltungsmitarbeiter mit ihren spezifischen verwaltungskulturellen Prägungen die mit NPM verknüpften Werte und Verhaltensweisen ohne weiteres übernehmen werden?

Auch die intendierten Dezentralisierungs- und Verselbständigungseffekte sind nicht ganz problemlos. Es fragt sich: Wird dezentrale Ressourcenverantwortung möglicherweise zur Verstärkung ohnehin vorhandener *Fragmentierungstendenzen* in der Verwaltung führen? Mindern die sich verselbständigenden öffentlichen Einrichtungen mit ihren Fluchtbewegungen eventuell die erforderliche Transparenz, Steuerbarkeit und politische Kontrollierbarkeit?

Ist das Markt- und Wettbewerbsmodell, so ist schliesslich zu fragen, im öffentlichen Sektor wirklich hinreichend tragfähig? Welche Lehren ziehen

---

[43] vgl. Röber 1995
[44] vgl. Röber 1995

wir eigentlich aus der bekannten Theorie des Marktversagens für die Betonung des Primats des Marktes durch NPM? Wie kann die Leistungserbringung privater Anbieter gesteuert und reguliert werden? Was geschieht, wenn ein privater Anbieter die Leistungen einstellt? Welche sozialpolitischen Folgen ergeben sich aus einem *competitive tendering*, wenn der staatliche Anbieter die Ausschreibung verliert und er seine Beschäftigten nicht mehr halten kann? Welche Rolle hat künftig der Bürger in diesem Modell? Wird er auf seine Funktion als (zahlender) "Kunde" zurechtgestutzt?[45]

Wie aus dieser Auflistung diskussionsbedürftiger offener Fragen zum NPM-Konzept hervorgeht, sind die Bedingungen und Folgen einer Einführung NPM-orientierter Reformansätze für die (deutsche wie die ausländische) Verwaltung teilweise noch ungeklärt. Hier besteht nicht zuletzt auch empirisch-wissenschaftlicher Analysebedarf. Ganz generell ist ferner auch zu fragen, wie sich die Konturen des öffentlichen Sektors bei Einführung von NPM-Elementen entwickeln werden. Eine mögliche Vision vom künftigen öffentlichen Sektor wäre es, dass sich dieser noch stärker als bisher ausdifferenzieren und zum Unternehmungs- wie zum "Dritten" Sektor hin deutlich "ausfransen" wird. Vermutlich werden sich die einzelnen Gebilde unter dem weiten Dach des Staates immer unähnlicher werden. Hoheitsverwaltungen werden wohl auch künftig noch gewisse Züge des Bürokratiemodells tragen. Leistungsverwaltungen werden sich eventuell immer stärker dem Unternehmungsbild annähern. Die Idee von der "Einheit der Verwaltung", die einige deutsche Staatsrechtler immer noch hochhalten, löst sich damit endgültig auf.

Die Zukunft von NPM-Reformen in der Bundesrepublik hängt allerdings nicht nur von ihrer inhaltlichen Konzeption, sondern auch von den künftigen Umsetzungsstrategien ab. Bislang finden in Deutschland eher ungeplante trial-and-error-Reformprozesse auf der kommunalen Ebene statt. An einem umfassenden Konzept (sieht man von den Anstössen der KGSt ab) und an einer kohärenten Reformpolitik fehlt es weitgehend. Wie Erfahrungen aus OECD-Vergleichsstudien erkennen lassen, hängt der nachhaltige Modernisierungserfolg vor allem von einer gelungenen *politischen Mobilisierung* ab.[46] Reformanstösse sind vor allem dann zu erwarten, wenn es gelingt, "Meinungsführer-Koalitionen" im politischen Lager zu konstituieren und eine schlagkräftige, strategisch denkende Steuerungsgruppe im Regierungsapparat zu etablieren. Fachverbände, Wissenschaftseinrichtungen und Beratungsfirmen können als "Vordenker"

---

[45] vgl. Bogumil/Kissler 1995
[46] vgl. Naschold 1995, S. 12 f.

eine wichtige flankierende Funktion haben. Nach Pilotversuchen mit relativ zügigen Anfangserfolgen sollte sodann schnell flächendeckend reformiert werden, um das Nebeneinander von altem und neuem System kurz zu halten. Allerdings darf man das Modernisierungstempo auch nicht überziehen, weil es bei Managementreformen stets darauf ankommt, die Mitarbeiter einzubeziehen und sie zu qualifizieren - und das erfordert bekanntlich Zeit.

LITERATUR

Banner Gerhard, Von der Behörde zum Dienstleistungsunternehmen, in: VOP, S. 6-11, 1991

Banner Gerhard, Neue Trends im kommunalen Management, in: VOP, S. 1 ff., 1994

Bertelsmann-Stiftung (Hrsg.), Carl-Bertelsmann Preis 1993, Demokratie und Effizienz in der Kommunalverwaltung, Gütersloh, 1993

Blume Michael, Zur Diskussion um ein neues Steuerungsmodell für Kommunalverwaltungen - Argumente und Einwände, in: Der Gemeindehaushalt, S. 1-9, 1993

Bösenberg Dirk/Renate Hauser, Der schlanke Staat, Lean-Management statt Staatsbürokratie, Düsseldorf usw., 1994

Bogumil Jörg/Leo Kissler, Der Bürger als Kunde? Zur Problematik von "Kundenorientierung" in kommunalen Gestaltungsvorhaben, in: Reichard C./Wollmann H. (Hrsg.), Kommunalverwaltung im Modernisierungsschub, Basel usw., 1995 (im Erscheinen)

Brede H./Buschor E. (Hrsg.), Das neue Öffentliche Rechnungswesen, Baden-Baden, 1993

Brinckmann H., Strategien für eine effektivere und effizientere Verwaltung, in: Naschold F./Pröhl M. (Hrsg.), Produktivität öffentlicher Dienstleistungen, Band 1, S. 167-242, Gütersloh, 1994

Budäus Dietrich, Public Management, Konzepte und Verfahren zur Modernisierung öffentlicher Verwaltungen, Berlin, 1994

Damkowski Wulf, Public Management, Stuttgart usw., 1995

Derlien Hans-Ulrich, Die selektive Interpretation der Weberschen Bürokratietheorie in der Organisations- und Verwaltungslehre, in: Verwaltungsarchiv, S. 319-329, 1988

Eichhorn P./Hegelau H.J., Zur zukünftigen Struktur von Bundesregierung und Bundesverwaltung, Gutachten für die Friedrich-Ebert-Stiftung, Bonn, 1993

Enquetekommission, Bericht zur Verbesserung der Effizienz der öffentlichen Verwaltung, Enquetekommission des Schleswig-Holsteinischen Landtags, Kiel: Drucksache 13/2270

Frey Hans-Erich, Agonie des Bürokratiemodells?, in: Steger U. (Hrsg.), Lean Administration - die Krise der öffentlichen Verwaltung als Chance, S. 23-47, Frankfurt/New York, 1994,

Grunow Dieter, Qualitätsanforderungen für die Verwaltungsmodernisierung: Anspruchsvolle Ziele oder leere Versprechungen? in: Reichard C./Wollmann H. (Hrsg.), Kommunalverwaltung im Modernisierungsschub, Basel usw., 1995 (im Erscheinen)

Hill H./Klages H. (Hrsg.), Qualitäts- und erfolgsorientiertes Verwaltungsmanagement, Berlin, 1993

Jann Werner, Moderner Staat und effiziente Verwaltung, Zur Reform des öffentlichen Sektors in Deutschland, Gutachten für die Friedrich-Ebert-Stiftung, Bonn, 1994

KGSt, Dezentrale Ressourcenverantwortung, Überlegungen zu einem neuen Steuerungsmodell, Bericht 12/1991, Köln, 1991

KGSt, Das Neue Steuerungsmodell - Begründung, Konturen, Umsetzung, Bericht 5/1993, Köln, 1993

KGSt, Budgetierung, Ein neues Verfahren für die Steuerung kommunaler Haushalte, Bericht 6/1993, Köln, 1993

Kickert Walter, Public Governance in the Netherlands, An Alternative to Anglo-American "Managerialism", MS. Rotterdam, 1995

König Klaus, "Neue" Verwaltung oder Verwaltungsmodernisierung: Verwaltungspolitik in den 90er Jahren, in: Die Öffentliche Verwaltung, S. 349-358, 1995

Kühnlein Gertrud, Modernisierung des öffentlichen Dienstes: Welche personalpolitischen Impulse gehen von den neuen Bundesländern aus?, in: Die Mitbestimmung, 1995

Laux Eberhard, Die Privatisierung des Öffentlichen, Brauchen wir eine neue Kommunalverwaltung?, Visionen und Realitäten neuer Steuerungsmodelle, in: Der Gemeindehaushalt, S. 169 ff., 1994

Meixner H., Neue Steuerungsmodelle für die öffentliche Verwaltung, Bonn, 1994

Metzen H., Schlankheitskur für den Staat - Lean Management in der öffentlichen Verwaltung, Frankfurt/New York, 1994

Mitschke J., Wirtschaftliches Staatsmanagement, Baden-Baden, 1991

Naschold Frieder, Ergebnissteuerung, Wettbewerb, Qualitätspolitik, Entwicklungspfade des öffentlichen Sektors in Europa, Berlin, 1995

Naschold F./Pröhl M. (Hrsg.), Produktivität öffentlicher Dienstleistungen, 2 Bände, Gütersloh, 1994 und 1995

OECD, Public Management Developments, Survey 1993, Paris, 1993

Osborne D./Gaebler T., Reinventing Government, Reading, 1992

Pollitt C., Managerialism and the Public Services, Cambridge, 2. Aufl., 1993

Reichard Christoph, Managementkonzeption des Öffentlichen Verwaltungsbetriebes, Berlin, 1973

Reichard Christoph, Betriebswirtschaftslehre der öffentlichen Verwaltung, 2. Aufl., Berlin/New York, 1987

Reichard Christoph, Internationale Entwicklungstrends im kommunalen Management, in: Banner G./Reichard C. (Hrsg.), Kommunale Managementkonzepte in Europa, S. 3-24, Köln, 1993

Reichard Christoph, Internationale Ansätze eines "New Public Management", in: Hofmann M./Al-Ani A. (Hrsg.), Neue Entwicklungen im Management, S. 135-164, Heidelberg 1994, [1994a]

Reichard Christoph, "Public Management" - ein neues Ausbildungskonzept für die deutsche Verwaltung, in: VOP, S. 178-184, 1994, [1994b]

Reichard Christoph, Umdenken im Rathaus, Neue Steuerungsmodelle in der deutschen Kommunalverwaltung, Berlin, 1994, [1994c]

Reichard Ch./Röber M., Was kommt nach der Einheit? Die öffentliche Verwaltung in der ehemaligen DDR zwischen Blaupause und Reform, in: Glaessner G.-J. (Hrsg.), Der lange Weg zur Einheit, S. 215-245, Berlin, 1993

Reinermann Heinrich, Verwaltungsorganisatorische Probleme und Lösungsansätze zur papierlosen Bearbeitung der Geschäftsvorfälle - die GGO I im Lichte elektronischer Bürosysteme, Bonn, 1992

Reinermann Heinrich, Ein neues Paradigma für die öffentliche Verwaltung - was Max Weber heute empfehlen dürfte, Speyerer Arbeitshefte 97, Speyer, 1993

Reinermann Heinrich, Die Krise als Chance, Wege innovativer Verwaltungen, Speyerer Forschungsberichte 139, Speyer, 1994

Röber Manfred, Über einige Missverständnisse in der verwaltungswissenschaftlichen Modernisierungsdebatte, ein Zwischenruf, in: Reichard C./Wollmann H. (Hrsg.), Kommunalverwaltung im Modernisierungsschub, Basel usw., 1995 (im Erscheinen)

Stewart J./Walsh K., Change in the Management of Public Services, In: Public Administration, S. 499-518, 1992

Strehl Franz (Hrsg.), Managementkonzepte für die öffentliche Verwaltung, Wien, 1993

Strunz Herbert, Verwaltung, Einführung in das Management von Organisationen, München/Wien, 1993

Taylor Frederick W., The Principles of Scientific Management, New York, 1911

Tondorf Karin, Leistungszulagen als Reforminstrument? Neue Lohnpolitik zwischen Sparzwang und Modernisierung, Berlin, 1995

Weber Max, Wirtschaft und Gesellschaft, 5. Aufl. Tübingen, 1976

VERWALTUNGSMODERNISIERUNG IN DER SCHWEIZ[1]

Raimund E. Germann

1. EIN HAUCH VON RÜCKSTÄNDIGKEIT

Die öffentliche Verwaltung in der Schweiz gilt als leistungsfähig, sparsam, pragmatisch und unbestechlich. Davon jedenfalls sind zahlreiche Bürger überzeugt und lassen es sich gern von ausländischen Beobachtern bestätigen. Bei letzteren mag allerdings der Eindruck entstehen, dass ein Hauch von Rückständigkeit über der helvetischen Verwaltungslandschaft liegt. Verschiedene Reformen, die in anderen Staaten verwirklicht wurden, sind in der Schweiz gescheitert oder nur zögerlich umgesetzt worden.

Eine Gebietsreform von signifikantem Ausmass ist unterblieben. Die Zahl der Gemeinden - rund 3000 - hat sich in über hundert Jahren kaum verändert. 45 Prozent der Gemeinden zählen weniger als 500 Einwohner. Bei einer Gesamtbevölkerung von 7 Millionen Einwohnern gibt es 26 "Gliedstaaten" oder Kantone, doch die Hälfte davon zählen weniger als 200'000 Einwohner. Durch die Schaffung des Kantons Jura (66'000 Einwohner) im Jahre 1978 wurde die Zahl der Kantone nochmals erhöht, eine Verringerung scheint ausgeschlossen.

Der schweizerische "Vollzugsföderalismus" ist durch eine äusserst komplizierte und unübersichtliche Verflechtung von Kompetenzen, Aufgaben und Finanzströmen gekennzeichnet. Das Projekt einer Neuverteilung der Aufgaben zwischen Bund und Kantonen nahm viel Zeit in Anspruch (1971-1991), führte aber zu keinen nennenswerten Ergebnissen.[2] Versuche in mehreren Kantonen, die Aufgabenverteilung zwischen Kanton und Gemeinden zu rationalisieren, brachten ebenfalls keine überzeugenden Resultate.[3]

Schweizerische Regierungen auf Bundes- und Kantonsebene sind reine Kollegialorgane, welche die Funktion des Regierungschefs nicht kennen. Dieses System leistet einem extremen Ressortpartikularismus Vorschub. Auf Bundesebene steht seit bald 30 Jahren eine Regierungsreform zur

---

[1] Dieser Aufsatz erscheint ebenfalls in: Wollmann/Reichard (Hrsg.) Kommunalverwaltung im Modernisierungsschub, Birkhäuser-Verlag, Basel/Berlin (in Vorbereitung).
[2] Germann 1986, S. 361-365; Bussmann 1991
[3] Müller 1984, S. 474-482

Debatte. Ein erster Reformschritt im Jahre 1978 weitete die Organisationskompetenz des Bundesrates aus, doch dieser machte vom neugewonnenen Handlungsspielraum, die Bundesverwaltung zu reorganisieren, einen äusserst zurückhaltenden Gebrauch. Zurzeit will das Parlament die Organisationsgewalt der Regierung nochmals ausweiten, doch steht zu befürchten, dass auch dies nicht viel ändern wird. Das Vorhaben, die sieben Bundesminister durch ein Korps von Staatssekretären zu entlasten, ist im Januar 1995 wegen Referendumsdrohungen zurückgestellt worden.

Eine der letzten Domänen, in denen die Kantone noch über weitgehend intakte Autonomie verfügen, ist der Personal- und Organisationsbereich. Sie leisten sich darin eine strukturelle Vielfalt, die der bundesstaatlichen Kooperation nicht eben förderlich ist.[4] Der Weg für Harmonisierungsbestrebungen ist lang und beschwerlich. Das in den siebziger Jahren von den kantonalen Finanzministern vorgeschlagene kaufmännische Rechnungsmodell benötigte für seine Verbreitung über zwanzig Jahre. Freiburg und St. Gallen werden es als letzte Kantone 1996, bzw. 1997, einführen, während Basel-Stadt und Aargau darauf verzichten. Auch in zahlreichen Gemeinden wurde es eingeführt, nicht aber beim Bund.[5]

Die Schweiz ist ein Rechtsstaat, aber die Rechtsstaatlichkeit erscheint als irgendwie unausgewogen. In mehreren raumrelevanten Gesetzen der letzten Jahrzehnte wurden die Rechtsmittel für betroffene Individuen, Organisationen und Gebietskörperschaften derart perfektioniert, dass es schwierig geworden ist, Grossprojekte zu verwirklichen. Beim Projekt "Bahn 2000" wurde am 21. Juni 1991 eigens ein Gesetz zur Vereinfachung des Plangenehmigungs- und Einspracheverfahrens erlassen, um den Bau von neuen Eisenbahnstrecken nicht zu gefährden.

Dem Perfektionismus auf der einen Seite stehen Lücken auf der anderen Seite gegenüber. Insbesondere kann das Bundesgericht die Verfassungsmässigkeit von Bundesgesetzen nicht überprüfen. Bis 1980 hatten 17 Kantone Verwaltungsgerichte geschaffen, 1991 bestanden 21 solcher Gerichte.[6] Wegen der Rechtsprechung der EMRK-Organe in Strassburg sind ab 1995 alle Kantone gehalten, Verwaltungsgerichte einzuführen. In Kleinstkantonen ist dies nicht unbedingt sinnvoll, weil nicht jene kritische Masse von Rekursen vorhanden ist, die für das normale Funktionieren eines Gerichtes erforderlich ist. Gerichte zu schaffen, die für mehrere Kantone zuständig wären, erscheint heute noch als unvorstellbar.

---

[4] Germann/Weis 1995
[5] Germann/Weis 1995, Tab. 7-6; Buschor 1993, S. 212-224
[6] Germann/Weis 1995, Tab. 9-5

2. DIE ZUNEHMENDE MODERNITÄT DES RÜCKSTÄNDIGEN

Der Staatsapparat erfuhr in der Schweiz seit dem Zweiten Weltkrieg eine beachtliche Ausweitung, ist aber bescheidener geblieben als in den meisten vergleichbaren Ländern. Der Anteil des öffentlichen Sektors (inkl. PTT und Bahn) an der erwerbstätigen Bevölkerung liegt bei 15%. Der Anteil des Bundes am öffentlichen Personal (inkl. PTT und Bahn) ist stetig zurückgegangen und macht heute weniger als 30% aus.

Dezentralisierung, Konzernstruktur, Abbau von Hierarchien, "lean management" sind heute Schlüsselworte der Verwaltungsmodernisierung.[7] In der Schweiz sind die dezentralen Strukturen sehr ausgeprägt, nicht nur wegen des Föderalismus, sondern auch wegen des dominanten Ressortpartikularismus. Die rund 70 Bundesämter, welche Fachbereiche betreuen, sind in nur sieben Ministerien zusammengefasst, die fast wie Holdings funktionieren. Die Bundesämter geniessen einen hohen Grad von Autonomie, während die Querschnittsbereiche für Personal, Organisation und Finanzen eher schwach ausgebildet sind. Seit 1967 ist beabsichtigt, Bundesämter in Gruppen zusammenzufassen und so zwischen dem Minister und den Fachbereichen eine zusätzliche Hierarchiestufe einzufügen. Weil dieses Vorhaben nur in Ansätzen verwirklicht wurde, behält die Ministerialbürokratie bis heute eine vorwiegend flache Struktur. In gewissen Bereichen vollbringt die Bundesverwaltung wahre Spitzenleistungen in "lean management". So betreut das *Bundesamt für Bildung und Wissenschaft* mit weniger als 50 Personen einen Bereich, wo im vergleichbaren Ausland ein eigenes Ministerium Hunderte von Beamten beschäftigt. Im *Bundesamt für Industrie, Gewerbe und Arbeit* sind rund 240 Personen in einem Bereich tätig, der im Ausland üblicherweise durch eine Mehrzahl von Ministerien abgedeckt wird.

Früher wurde die Modernität eines Staates am Grade seiner Ausdifferenzierung gegenüber der Zivilgesellschaft gemessen.[8] Die Schweiz hat bei diesem Kriterium immer nur sehr mässig abgeschnitten; die französischen Soziologen Badie und Birnbaum[9] vermochten in der Schweiz weder ein wirkliches Zentrum noch einen eigentlichen Staat auszumachen: "En Suisse (...), on ne trouve ni véritable centre, ni véritable Etat." Tatsächlich hat die Schweiz stets fliessende Übergänge zwischen dem öffentlichen und dem privaten Sektor zugelassen und eine breite hybride Zone parastaatlicher Verwaltung unterhalten, hauptsächlich um büro-

---

[7] Reichard 1994, S. 57-60
[8] Chevallier 1986, S. 128 ff.
[9] Badie/Birnbaum, 1982, S. 212

kratischen Formalismus zu vermeiden und die Verwaltungsführung flexibel zu gestalten.[10] Die Delegation von öffentlichen Aufgaben an Private hat eine lange Tradition, und für "Gewährleistungsverwaltung" und "enabling autorities"[11] bietet die Schweiz ein reiches Erfahrungsfeld. Der Agrarsektor ist ein Paradebeispiel für diese Verwaltungsmethode.[12] Es ist allerdings nicht leicht, parastaatliche Verwaltung zu kontrollieren oder darin Wettbewerb herzustellen. Auch ist sie nicht in jedem Fall kostengünstig: Die schweizerische Landwirtschaft ist die teuerste der Welt.

Für Max Weber war Professionalisierung ein Gradmesser der Modernität einer Verwaltung, und die Bundesrepublik Deutschland hat die "hergebrachten Grundsätze des Berufsbeamtentums" gar zur Verfassungsmaxime erhoben. Auch hier hat die Schweiz nur teilweise mitgehalten, weil sie in gewissem Umfang auf sogenannte "Milizverwaltung" abstellt und weil sie - von wenigen Ausnahmen abgesehen - keine Beamten auf Lebenszeit kennt.

Unter *Milizverwaltung* wird einerseits der Einsatz von nebenamtlichen Funktionären verstanden und andererseits die Übertragung von Aufgaben an gemischte (oder "ausserparlamentarische") Kommissionen, die aus Beamten und verwaltungsexternen Personen zusammengesetzt sind. Nebenamtlichkeit ist auf Gemeindeebene und in Kleinstkantonen verbreitet, gerät aber angesichts der zunehmenden Komplexität der Staatsaufgaben unter wachsenden Professionalisierungsdruck.[13] Die gemischten Kommissionen sind in der Schweiz auf allen Stufen zahlreich: über 350 beim Bund, wenigstens 2'000 in den Kantonen.[14] Das System der ausserparlamentarischen Kommissionen des Bundes hat verblüffende Ähnlichkeit mit der postmodernen "Komitologie" der Europäischen Union.[15]

In der Optik des *New Public Management (NPM)*, das professionelle Manager und die strikte Trennung zwischen Politik und Verwaltung voraussetzt,[16] erscheint Milizverwaltung nicht als salonfähig: Neben- und ehrenamtliche "Amateure" sind von NPM hoffnungslos überfordert, und in den gemischten Kommissionen leben Verwaltung und Politik in wüster Promiskuität zusammen. Oft ist indessen Milizverwaltung kostengünstiger und anpassungsfähiger als ein klassischer Verwaltungsapparat,

---

[10] Germann 1987
[11] Reichard 1994, S. 42
[12] Jörin/Rieder 1985
[13] Geser et al. 1987
[14] Germann/Weis 1995, Tab. 3-13 und 3-15
[15] Germann 1981; Germann et al. 1985; Grote 1990
[16] Reichard 1994, S. 64-66 und 84

der Ressourcen auf Dauer bindet. Auch die "Bürgernähe" ist gegeben: Die gemischten Kommissionen von Bund, Kantonen und Gemeinden eröffnen Tausenden von Bürgerinnen und Bürgern die Möglichkeit, bei öffentlichen Angelegenheiten mitzuwirken.

Das System des Laufbahnbeamten auf Lebenszeit ist für eine Managementorientierung der öffentlichen Verwaltung nicht gerade förderlich.[17] Die Schweiz hat hier einen erheblichen Vorteil, da Beamte typischerweise für eine bestimmte Funktion und auf eine begrenzte Amtsdauer von vier Jahren angestellt werden (sog. Ämtersystem); nur die Kantone Genf und Waadt ernennen Beamte auf Lebenszeit. Selbst die vierjährige Anstellungsgarantie für Staatsbedienstete wird heute vermehrt in Frage gestellt. Verschiedene Gemeinden und drei Kantone haben die "Amtsperiode" bereits abgeschafft, nämlich Graubünden im Jahre 1990, Zug und Bern ab 1995. In der Bundesverwaltung ist ebenfalls eine "Flexibilisierung" des Beamtenstatus geplant. Gemäss Vorschlag des Bundesrates vom 4. Oktober 1993 hätte zuerst die Amtsperiode bei den Chefbeamten abgeschafft werden sollen. Wegen Widerstands aus dem Parlament ist dieses Vorhaben vorerst gescheitert.[18]

Lange Zeit hatte in der Bundesverwaltung die "Wiederwahl" der Beamten nach Ablauf einer Amtsperiode praktisch automatischen Charakter. Dies hat sich in jüngster Zeit wegen Sparmassnahmen und Umstrukturierungen geändert, hauptsächlich im Militärdepartement. Die Abschaffung der Amtsperiode in Graubünden führte nicht zu signifikanten Änderungen; die Zahl der Entlassungen hat nur geringfügig zugenommen.

Ruhegehälter nach deutschem Muster, die aus dem laufenden Haushalt bezahlt werden und entsprechende Engpässe zu verursachen drohen, sind in der Schweiz nicht bekannt (ausser für die wenigen "Magistratspersonen"). Pensionen werden über Versicherungen finanziert, wobei die Bediensteten in der Regel einen Drittel der Prämien aufbringen und der öffentliche Arbeitgeber zwei Drittel. Ein kürzlich erlassenes Gesetz verbessert bei Stellenwechsel die Freizügigkeit zwischen Pensionskassen, seien sie nun öffentlich oder privat.

---

[17] Naschold 1994, S. 89-91
[18] Germann 1995, Kap. 4

3. DIE DIFFUSION VON NEUERUNGEN

Föderalismus kann als Laboratorium verstanden werden, in welchem einzelne Gebietskörperschaften Neuerungen ausprobieren; bewährt sich eine Neuerung in einer Gebietskörperschaft, so sind andere geneigt, sie zu übernehmen. In diesem Diffusionsmodell ist zwischen Pionieren, Nachahmern und Schlusslichtern zu unterscheiden. Während in der Bundesrepublik Deutschland offenbar der Modernisierungsschub von den Kommunen ausgeht, so scheint sich in der Schweiz die Reformdynamik eher auf der kantonalen Ebene zu konzentrieren.

Im Zeitraum von 1980 bis 1990 führten 17 Kantone (von 26) Reformprojekte durch, welche die gesamte Kantonsverwaltung betrafen. Von den 13 grössten Kantonen (mit zusammen 84% der Bevölkerung) weisen in diesem Zeitraum nur 3 keine umfassenden Reformprojekte auf; darunter befinden sich die beiden französischsprachigen Kantone Waadt und Genf.[19] Die Reformen der achtziger Jahre betrafen vorwiegend die Aufbauorganisation, oft im Zusammenhang mit der Informatisierung. Die akute Finanzkrise ab 1993 hat zu einer neuen Reformwelle geführt, jetzt auch in der Waadt und in Genf.

Die prekäre Finanzlage ist ein wichtiger Auslöser für Reformen. Der Kanton Tessin führte aus diesem Grund schon 1982 eine Gemeinkosten-Wertanalyse (GWA) durch.[20] Aber auch Skandale können den Reformeifer beflügeln. Bern, einst legendär wegen seiner gemächlichen Gangart, hat nach der Finanzaffäre von 1984 seinen Staatsapparat gründlich überholt und ist heute einer der modernsten Kantone.[21]

Grosskantone sind Pioniere der Spitalreform. Der Kanton Waadt ging voran mit der Einführung von Globalbudgets. Bern lancierte anfangs 1993 11 Pilotprojekte zum Testen von drei Modellen der Spitalfinanzierung.[22] Zürich plant seit 1994 die Einführung des "Buschor-Modells", das sich an angelsächsischen Vorbildern orientiert und eine Outputsteuerung über Fallpauschalen vorsieht.[23] Auch Genf hat sich neuestens darangemacht, sein Spitalwesen gründlich zu überdenken.

---

[19] Germann/Weis 1995, Tab. 8-5 und 8-6
[20] Tamo 1988
[21] Bichsel 1994
[22] Bern 1994
[23] Zürich 1994

Auf kommunaler Ebene sind die Reformbemühungen von Zürich, der grössten Stadt des Landes, am spektakulärsten. Die Beraterfirma Hayek führte 1983-85 eine "Globalanalyse" durch und entdeckte ein Sparpotential von 90 bis 140 Millionen Franken; die tatsächlich erzielten Einsparungen lagen bei bescheidenen 45 Millionen.[24] Schon 1994 unternahm die Stadt einen neuen Reformanlauf, der eine Neustrukturierung der Verwaltung, aber auch neue Arbeitsmethoden bringen soll. Neben Zürich haben in den achtziger Jahren nur die Städte Winterthur (1983-86) und Luzern (1986-87) umfassende Reformen in die Wege geleitet. Neuerdings will die Stadt Bern ins New Public Management einsteigen und lanciert 1995 drei Pilotprojekte.[25] Bei sieben weiteren bernischen Gemeinden laufen Versuche ähnlicher Art.[26]

Reformsequenzen wie in der Stadt Zürich sind auch in drei Kantonen nachweisbar. Der Kanton Luzern führte 1982 ein Projekt zur Effizienzsteigerung durch und engagiert sich seit 1994 mit drei Pilotversuchen für "wirkungsorientierte Verwaltung".[27] Im Tessin folgte auf die GWA von 1982 eine umfassende Reorganisation der Kantonsverwaltung im Jahre 1993. Der Kanton Wallis, der zu den finanzschwächsten zählt, reorganisierte 1985 mit Hilfe der Beraterfirma Battele seine Verwaltung und startete 1994 das Projekt "Administration 2000". Die neuesten Projekte in Luzern und im Wallis wollen nicht nur Sparübungen sein, sondern hegen NPM-Ambitionen.[28]

Es wäre voreilig, den Kantonen rundweg die Führungsrolle in der Verwaltungsmodernisierung zuzubilligen. Wichtige Impulse gehen auch von der Bundesverwaltung aus. Zwar haben die grossen, "flächendeckenden" Reformvorhaben des Bundes nur spärliche Resultate gezeigt, doch sind sektorielle Erfolge zu verzeichnen. Das Militärdepartement hat durchaus Chancen, eine Vorreiterrolle zu übernehmen. Schon 1984-85 führte es eine mustergültige Gemeinkosten-Wertanalyse bei den Waffenplätzen durch (Projekt GRAL). Die veränderte internationale Lage führte zur Reform "Armee 95", die den Mannschaftsbestand von 600'000 auf 400'000 reduzierte. Tiefgreifende Restrukturierungen in der Militärbürokratie und den Rüstungsbetrieben sind die Folge.[29] Daraus können sich durchaus "Spillover"-Effekte ergeben, die über den Militärbereich hinausgehen. Bei-

---

[24] Jans/Meili 1988, S. 64-85
[25] vgl. Müller/Tschanz in diesem Band, S. 223
[26] vgl. Seewer in diesem Band, S. 263
[27] vgl. Egli/Käch in diesem Band, S. 165
[28] vgl. Hofmeister in diesem Band, S. 185
[29] vgl. Liener in diesem Band, S. 147

spielsweise hat eine Untersuchung ergeben, dass eine Rationalisierung des Unterhaltsnetzes für die rund 80'000 zivilen und militärischen Strassenfahrzeuge des Bundes eine Einsparung von wenigstens 42 Millionen Franken im Jahr ergeben würde.[30] Würde man überdies die Politik der Fahrzeugbeschaffung rationalisieren und Verbundlösungen mit Kantonen und Gemeinden anstreben, so wären die Einsparungen noch erheblich höher.

Auch die Bereiche von Post und Telecom sind Herde der Modernisierung. Der technologische Wandel und die wachsende internationale Konkurrenz wirken dabei als Triebfedern. Die PTT proben derzeit die administrative Kulturrevolution und suchen die Kundennähe durch *Total Quality Management*; sie sind daran, zu dezentralisieren und ein System von *Result Centers* aufzubauen.[31]

Personalfortbildung wurde in der Schweiz lange vernachlässigt, hat aber heute wegen der allgemeinen Aufbruchstimmung einen recht hohen Stellenwert erhalten.[32] Die PTT-Betriebe hatten wegen ihrer "Monopolberufe" schon seit langem die hausinterne Aus- und Weiterbildung gepflegt und dafür grosszügig Mittel investiert. Heute setzen die PTT die Ausbildung gezielt für ihre Modernisierung ein. Für die Ministerialverwaltung des Bundes hat das Eidg. Personalamt 1992 eine "Ausbildungsoffensive" gestartet und übernimmt damit eine Schrittmacherfunktion, die über die Bundesverwaltung hinausgeht. Die eigentlichen Pioniere für die Ausbildung in der allgemeinen Verwaltung sind indessen Westschweizer Kantone. Mitte der siebziger Jahre schuf Genf ein grosszügig konzipiertes Schulungszentrum für die Kantonsverwaltung.[33] Und der Kanton Waadt gründete 1981 zusammen mit der Universität Lausanne und der Eidg. Technischen Hochschule das *Hochschulinstitut für öffentliche Verwaltung* (IDHEAP), das seit 1987 vom Bund unterstützt wird und überregionale Bedeutung erlangt hat.

Mit der Gründung der *Schweizerischen Gesellschaft für Verwaltungswissenschaften* im Jahre 1983 ist ein wichtiges Forum für die Verwaltungsmodernisierung im Föderalismus-Laboratorium entstanden. Trotzdem verlaufen die Lernprozesse nicht immer gradlinig. Die Erfahrungen des Nachbarn werden manchmal nur mit Verzögerung oder überhaupt nicht zur Kenntnis genommen. 1994/95 führten die Nachbarkantone Wallis

---

[30] Jakob 1995
[31] Rey/Finger 1994, S. 47 ff. und 96 ff.
[32] Germann/Graf 1988
[33] Burkhalter 1988

und Waadt umfassende Sparübungen durch, die auf der Logik der Gemeinkosten-Wertanalyse beruhten. Wallis bezog das nötige Know-How aus der Bundesverwaltung, die Waadt liess sich von französischen Experten beraten. Zwischen den beiden Kantonen fand in dieser Sache keinerlei Erfahrungsaustausch statt.

4. DIE SCHWIERIGE TRENNUNG VON POLITIK UND VERWALTUNG

Die stark angewachsenen Defizite der öffentlichen Haushalte haben einen massiven Druck für Veränderungen erzeugt. Vorerst wurde versucht, mit Rationierung der Ressourcen, linearen Kürzungen und Projekten zur Effizienzsteigerung, etwa vom Typ GWA, die Lage wieder in den Griff zu bekommen. Doch diese Methoden scheinen ihre Grenzen erreicht zu haben. Radikalere Reformen stehen zur Diskussion, und die New Public Management-Bewegung hat die Schweiz erreicht. Erstaunlicherweise ist die Debatte um das NPM nicht auf die deutschsprachige Schweiz und die bürgerlichen Parteien beschränkt. In der Westschweiz hat Jean-Daniel Delley,[34] Redaktor der sozialdemokratischen Wochenzeitung Domaine Public, ein Resumé des Bestsellers von Osborne und Gaebler[35] veröffentlicht und damit ein überraschendes Echo ausgelöst.

NPM ist in der Schweiz zurzeit vorwiegend ein Diskurs, der - von wenigen Pilotprojekten abgesehen - noch kaum in Wirklichkeit umgesetzt worden ist. Die Lage scheint also mit jener in Deutschland vergleichbar, das sich noch weitgehend "im Stadium der theoretischen Diskussion und erster experimenteller Erprobungen" befindet.[36]

Aus unseren Ausführungen in Abschnitt II liesse sich ableiten, dass die Schweiz eher günstigere Voraussetzungen für die Verbreitung von NPM besitzt als Deutschland. Dezentrale Strukturen, flache Hierarchien, flexibles öffentliches Dienstrecht, eine lange Tradition der Auslagerung von öffentlichen Aufgaben an Private und eine wenig formalistische Verwaltungskultur müssten dem NPM eigentlich förderlich sein. Trotzdem ist voreiliger Optimismus verfehlt.

---

[34] Jean-Daniel Delley, 1994
[35] Osborne/Gaebler, 1992
[36] Naschold 1994, S. 48

Eine wichtige Bedingung für NPM ist die Trennung des politischen Prozesses vom Managementprozess.[37] Diese Bedingung ist möglicherweise überhaupt illusorisch; in der Schweiz jedenfalls dürfte sie auf ganz besondere Schwierigkeiten stossen.

Beim schweizerischen System der reinen Kollegialregierung ohne Regierungschef versteht sich jeder Minister in erster Linie als Verwaltungsobmann, der die Anliegen des ihm unterstellten Departements interpretiert und nach aussen vertritt. Schweizerische Minister ziehen es typischerweise vor, zu rudern und nicht zu steuern. 1990 schlugen die Parlamentarier Rhinow und Petitpierre eine zweistufige Regierung vor, bei welcher der siebenköpfige Bundesrat in der oberen Etage sich mit Strategie befasst und 15 Fachminister auf der unteren Etage die operativen Belange betreuen. Der Vorschlag fand keine Gnade beim Bundesrat; er befürchtet, eine Beschränkung auf blosse Strategie würde ihn zum "Wolkenschieber" degradieren.[38]

Schweizerische Bundesräte haben, was ihren faktischen Status betrifft, verblüffende Ähnlichkeit mit Beamten: Sie können nach vierjähriger Amtszeit mit Sicherheit auf Wiederwahl rechnen und bestimmen selbst den Zeitpunkt ihres Ausscheidens aus dem Amt. Weil sowohl das Regierungskollegium wie die einzelnen Minister praktisch nicht absetzbar sind, hat sich ein Klima wachsenden Misstrauens zwischen Regierung und Parlament herausgebildet. Letzteres hat seine Kontrollmechanismen ausgebaut und ist nicht auf strikte Gewaltenteilung erpicht. Die sechsköpfige Finanzdelegation, ein Parlamentsausschuss, hat weitreichende Kompetenzen im Exekutivbereich und funktioniert teilweise wie eine Nebenregierung.

Seit 1974 besteht auf Bundesebene die "Personalplafonierung", durch welche das Parlament jährlich die Zahl der Etatstellen der Departemente und Ämter festlegt. Praktisch bedeutet dies ein Mitspracherecht des Parlaments beim Personalmanagement. 1992 schlug das Parlament der Regierung vor, auf die Stellenplafonierung unter der Bedingung zu verzichten, dass sich die Exekutive mit den nötigen Instrumenten für ein wirksames Personalmanagement ausstatte.[39] Bisher ist der Bundesrat auf den Vorschlag nicht eingegangen. Der Vorfall mag dartun, dass die Regierung nicht notwendigerweise an ungeteilter Managementverant-

---

[37] Naschold 1994, S. 51
[38] Bundesrat 1993, S. 33 f.; Germann 1994, S. 158-160
[39] Commission de gestion 1993, S. 22 f.

wortung interessiert ist; denn schliesslich ist geteilte Verantwortung leichter zu tragen.

Die Einführung von New Public Management setzt, wie Grossbritannien unter Frau Thatcher belegt, eine voluntaristische Regierung von hoher Kohäsion und Entschlossenheit voraus. Schweizerische Regierungen sind typischerweise Grosse Koalitionen, wo Konsens vielfach nur über die proportionale Verteilung der Ministersessel besteht. Daher haben umfassende Reformen hierzulande einen schweren Stand. Ein ambitiöses Projekt der Bundesverwaltung zur Effizienzsteigerung durch departementsübergreifende "Querschnittsmassnahmen" (EFFI-QM-BV), das 1986 gestartet wurde und 1995 zum Abschluss kommen dürfte, mag dies illustrieren. Es ist eines der wenigen Projekte der Verwaltungsrationalisierung, das einer Evaluation unterzogen wurde. Die neugeschaffene "Parlamentarische Verwaltungskontrollstelle" führte die Evaluation durch und stellte fest, dass mit EFFI-QM-BV deswegen nur bescheidene Resultate erzielt wurden, weil die Führungsleistung der Regierung ungenügend gewesen sei. Der Bericht kommt zum Schluss, dass Projekte dieser Art erst dann Erfolgsausichten haben, wenn vorgängig eine Regierungsreform verwirklicht werde.[40]

In einzelnen Kantonen ist die politische Konstellation von jener auf Bundesebene verschieden. Der Kanton Wallis besitzt seit jeher eine rein bürgerliche Regierung, und Genf wird seit 1993 von einer bürgerlichen Kleinen Koalition regiert. In beiden Kantonen sind forsche Reformen im Gange. In Zürich wurde Ernst Buschor Minister für Gesundheit und Fürsorgewesen. Er ist ein bedeutender Theoretiker des New Public Management und machte sich daran, im Spitalbereich die Theorie in die Praxis umzusetzen. NPM ist wirkungsorientiert und wird sich daher auch selbst einer Wirkungsanalyse unterziehen. In diesem Sinn darf Zürich als NPM-Laboratorium gelten. Hier ist anzumerken, dass Ernst Buschor bereits im Mai 1995 das Ministerium gewechselt hat und sich seither nicht mehr mit Spitälern, sondern mit dem Erziehungswesen befasst.

5. VERWALTUNGSMODERNISIERUNG UND DIE DIREKTE DEMOKRATIE

In der Schweiz sind die direktdemokratischen Institutionen weltweit am stärksten ausgebaut. Überdies ist die direkte Demokratie bei Gemeinden

---

[40] OPCA 1993; Commission de gestion 1993

und Kantonen stärker ausgeprägt als beim Bund. Auf Bundesebene gibt es weder ein Finanzreferendum noch ein obligatorisches Gesetzesreferendum. Letzteres existiert hingegen in 15 Kantonen. Das Finanzreferendum ist in allen Kantonen bekannt; in 18 Kantonen unterliegen Ausgabenbeschlüsse zwingend der Volksabstimmung, sofern bestimmte Beträge erreicht werden.[41] Referendumsmechanismen im Finanzbereich haben Vorauswirkungen und beeinflussen das Finanzgebaren einer Behörde. Ein apolitisches, an rein technischen Kriterien ausgerichtetes Finanzmanagement wird damit erschwert oder verunmöglicht. Bei Referenden über Projektkredite fällt die Kalkulation der Projektkosten vor der Abstimmung typischerweise tiefer aus als danach. Die stets mögliche Einmischung der Bürger in Finanzfragen ist natürlich nicht gerade NPM-freundlich. Eine häretische Hypothese dazu besagt, dass diese Einmischung hilfreicher sei für den sparsamen Umgang mit Steuergeldern als professionelles NPM.

Auf Bundesebene ist die direkte Demokratie im Prinzip auf Gesetzgebungsakte beschränkt: Nur generell-abstrakte Rechtsnormen können Gegenstand von Abstimmungen sein. Verschiedene Mechanismen, die hier nicht zu erörtern sind, haben allerdings dazu geführt, dass gelegentlich auch über grosse Bau- und Rüstungsvorhaben abgestimmt wird. Abstimmungen über konkrete Verwaltungsakte (sog. Verwaltungsreferendum) sind in 13 Kantonen bekannt.[42] Der Kanton Zürich hat sich erst am 12. März 1995 dazu durchgerungen, die Volkswahl der Lehrer abzuschaffen. Dafür war selbstverständlich eine Volksabstimmung nötig.

Die direkte Demokratie ist im allgemeinen dem Status quo verpflichtet und wirkt in der Regel bremsend auf Modernisierungsprozesse. Es gibt jedoch Innovationen im Verwaltungsbereich, die auf Volksinitiativen zurückgehen. Das Bundesamt für Organisation wurde 1954 unter dem Druck einer Volksinitiative geschaffen, die dann zurückgezogen wurde. 1989 hob der Bundesrat das Organisationsamt allerdings wieder auf, worauf das Parlament im folgenden Jahr das entsprechende Gesetz ebenfalls widerrief. In Bern führte 1989 eine Volksinitiative dazu, dass die Zahl der Minister und damit der Departemente von 9 auf 7 reduziert wurde. Dieser Volksentscheid verlieh dem Reformprozess, der durch die Finanzaffäre von 1984 ausgelöst worden war, neuen Elan.

Zahlreicher sind die Fälle, wo via Referendum Reformen verhindert oder verwässert wurden. Der Kanton Genf, ganz auf NPM-Linie, wollte sparen

---

[41] Germann/Weis 1995, Tab. 1-6 und 1-7
[42] Germann/Weis 1995, Tab. 1-6

und sich auf Kernaufgaben beschränken. Eine im Kanton Wallis gelegene Genfer Klinik, die urspünglich der Tuberkulose-Behandlung diente, sollte aufgehoben werden. Und die Motorfahrzeugkontrolle, mitsamt hoheitlichen Aufgaben wie Führerausweisentzug, sollten an ein privates Unternehmen delegiert werden. Beide Vorlagen wurden im Dezember 1994 vom Genfervolk verworfen.

Soll NPM nicht ein blosser Diskurs bleiben, so ist für seine Verwirklichung ein Paket von Gesetzesanpassungen nötig. Auf allen Stufen des Gemeinwesens müssten zahlreiche Erlasse über den Finanzhaushalt, das Dienstrecht, die Organisation und das Verwaltungsverfahren geändert werden. In der Schweiz wären diese Veränderungen unter den Bedingungen direktdemokratischer Bürgerbeteiligung zu vollziehen. Dies bedeutet ein erhebliches Risiko des Scheiterns, weil die Referendumsmechanismen die inhärente Tendenz haben, den Status quo zu begünstigen. Die referendumspolitische Werbung für das New Public Management dürfte einige Probleme aufwerfen, gerade wegen seiner Ausrichtung auf den Kunden. Ein Kunde kann Dienstleistungen konsumieren, bestenfalls zwischen Dienstleistungen auswählen, nicht aber über die Konstituierung des Anbieters befinden. Viel Marketing wird in der Schweiz also nötig sein, um zu erreichen, dass der Bürger abdankt, um zum Kunden zu werden.

LITERATURHINWEISE

Badie Bertrand/Birnbaum Pierre, Sociologie de l'Etat, Paris: Grasset, 1982
Bern 1994, Modellversuche Neue Finanzierungssysteme in öffentlichen Institutionen des Kantons Bern, Ergebnisse des ersten Versuchsjahres der Modellversuche Spitäler, Gesundheits- und Fürsorgedirektion des Kantons Bern, Juni 1994
Bichsel Thomas, Die strategische Führung der öffentlichen Verwaltung, Chur/Zürich: Rüegger, 1994
Bundesrat 1993, Botschaft zum Regierungs- und Verwaltungsorganisationsgesetz, vom 20. Oktober 1993
Burkhalter René, Le perfectionnement professionnel des fonctionnaires genevois, in: Germann/Graf 1988, S. 113-125, 1988
Buschor Ernst, 20 Jahre Haushaltsreform - Eine verwaltungswissenschaftliche Bilanz, in: Brede, H./Buschor, E. (Hrsg.), Das Öffentliche Rechnungswesen, Baden-Baden: Nomos, S. 199-269, 1993

Bussmann Werner, Lehren aus der Aufgabenneuverteilung zwischen Bund und Kantonen, Neue Zürcher Zeitung, 17.9.1991, S. 23

Chevallier Jacques, Science administrative, Thémis, Paris: Presses Universitaires de France, 1986

Commission de gestion du Conseil national, Evaluation EFFI-QM-BV, Mesures interdépartementales visant à accroître l'efficacité dans l'administration fédérale, Analyse par la CdG du Conseil national sur la base d'un examen par l'Organe parlementaire de contrôle de l'administration de la définition des tâches et de la mise en ouvre des mesures jusqu'en janvier 1991, du 15 novembre 1993

Delley Jean-Daniel, Quand l'esprit d'entreprise vient à l'Etat, Pour une réforme du service public, Tiré à part d'une série d'articles parue dans "Domaine public", Lausanne, 1994

Germann Raimund E., Ausserparlamentarische Kommissionen: Die Milizverwaltung des Bundes, Bern: Haupt, 1981

Germann Raimund E., Die Beziehungen zwischen Bund und Kantonen im Verwaltungsbereich, in: Germann R.E./Weibel E. (Hrsg.), Föderalismus, Handbuch Politisches System der Schweiz Bd. 3., Bern: Haupt, S. 343-369, 1986

Germann Raimund E., L'amalgame public-privé: l'administration para-étatique en Suisse, Revue Politique et Mangement Public 5/2, juin, S. 91-105, 1987

Germann Raimund E., Staatsreform, Der Übergang zur Konkurrenzdemokratie, Bern: Haupt, 1994

Germann Raimund E., Öffentliche Verwaltung in der Schweiz Bd. 1., Bern: Haupt, 1995 (im Erscheinen)

Germann Raimund E. et al., Experts et commissions de la Confédération, Lausanne: Presses Polytechniques Romandes, 1985

Germann Raimund E./Graf Hans Peter, Hrsg., Ausbildung im öffentlichen Dienst - Mieux former les fonctionnaires, Bern: Haupt, 1988

Germann Raimund E./Weis Katja, Die Kantonsverwaltungen im Vergleich, Bern: Haupt, 1995 (im Erscheinen)

Geser Hans et al., Gemeindepolitik zwischen Milizorganisation und Berufsverwaltung, Vergleichende Untersuchungen in 223 deutschschweizer Gemeinden, Bern: Haupt, 1987

Grote Rolf Jürgen, Steuerungsprobleme in transnationalen Beratungsgremien: Über soziale Kosten unkoordinierter Regulierung in der EG, Jahrbuch zur Staats- und Verwaltungswissenschaft Bd. 4.; Baden-Baden: Nomos, S. 227-254, 1990

Jakob Gerhard, Das Unterhaltsnetz für die Strassenfahrzeuge des Bundes (PTT, SBB und Armee), Ist-Zustand und Vorschläge für mögliche Einsparungen, Cahiers de l'IDHEAP, Lausanne, 1995

Jans Armin/Meili Robert, Rationalisierung der öffentlichen Verwaltung in der Schweiz, Zürich: Verlag Neue Zürcher Zeitung, 1988

Jeanrenaud C./Memminger L., éd., Les administrations publiques à la recherche de l'efficience, Institut de Recherches Economiques et Régionales, Université de Neuchâtel, 1988

Jörin Robert/Rieder Peter, Parastaatliche Organisationen im Agrarsektor, Bern: Haupt, 1985

Müller Georg, Aufgabenreform in der Schweiz, Eine Übersicht und Zwischenbilanz, Die Verwaltung - Zeitschrift für Verwaltungswissenschaft 17/4, S. 465-491, 1984

Naschold Frieder, Modernisierung des Staates, Zur Ordnungs- und Innovationspolitik des öffentlichen Sektors, 2. Aufl., Berlin: Sigma, 1994

OPCA (1993), EFFI-QM-BV Querschnittsmassnahmen zur Effizienzsteigerung in der Bundesverwaltung, Überprüfung der Aufgabenstellung und des Massnahmenvollzugs bis zum Januar 1991, Schlussbericht zuhanden der Geschäftsprüfungskommission des Nationalrates, Bern, 1.10.1993

Osborne David/Gaebler Ted, Reinventing Government, How the Entrepreneurial Spirit is Transforming the Public Sector form Schoolhouse to State House, City Hall to Pentagon, Reading/Mass.: Addison-Wesley, 1992

Reichard Christoph, Umdenken im Rathaus, Neue Steuerungsmodelle in der deutschen Kommunalverwaltung, Berlin: Sigma, 1994

Rey Jean-Noël/Finger Matthias, Les défis de la Poste LEP, Lausanne, 1994

Tamo Sandro, Analyse de la valeur administrative: expérience du Canton du Tessin, in: Jeanrenaud/Memminger 1988, S. 111-120, 1988,

Zürich 1994, Organisationsmodelle für ein wirksameres öffentliches Gesundheitswesen, Direktionen des Gesundheitswesens und der Fürsorge des Kantons Zürich, 4. Aufl., Juni 1994

Teil 2

New Public Management:

Erste Umsetzung in der Schweiz

NEW PUBLIC MANAGEMENT-REFORMEN IN DER SCHWEIZ
AKTUELLE PROJEKTÜBERSICHT UND ERSTER VERGLEICH

Theo Haldemann und Kuno Schedler[1]

1. AKTUELLE NPM-REFORMPROJEKTE

Anhand der Mitte Juli 1995 verfügbaren Informationen - insbesondere aufgrund von Telephongesprächen, Verwaltungsdokumenten und Zeitungsartikeln - konnten wir in der Schweiz folgende New Public Management-Reformprojekte identifizieren, die sich in Vorbereitung befinden oder bereits angelaufen sind. Traditionelle Sanierungsprogramme sowie Reformen der Aufgaben- und Finanzverteilung sind nicht in dieser Übersicht enthalten, selbst wenn sie einzelne NPM-Elemente aufweisen; letztere werden aber später separat aufgeführt.

1.1. New Public Management-Projekte auf Bundesebene

Auf Bundesebene sind im Zusammenhang mit der *wirkungsorientierten Verwaltungsführung* verschiedene Arbeitsgruppen intensiv daran, mögliche Wege einer Umsetzung zu entwerfen und zu debattieren. Dies gilt insbesondere auch für parlamentarische Aktivitäten. Als Beispiele tatsächlicher Umsetzung sind die eingeleitete Veränderung der finanz- und haushaltrechtlichen Rahmenbedingungen für zukünftige Agency-Bildungen sowie die angelaufene Restrukturierung des Eidg. Militärdepartements (EMD 95) hervorzuheben.

Bund allgemein	**Wirkungsorientierte Verwaltungsführung** im Bund (in Vorbereitung)
Eidgenössisches Militärdepartement	**Reform des Eidg. Militärdepartements (EMD 95)** (angelaufen)

Abb. 1: New Public Management-Projekte auf Bundesebene

Hinweis: Reformprojekte, welche nach dem 15. Juli 1995 noch von Regierung, Parlament oder Volk beschlossen werden sollen, wurden als 'in Vorbereitung' charakterisiert, unabhängig vom Stand der Vorbereitungsarbeit. Bereits 'angelaufene' Reformprojekte haben die nötigen Beschlüsse für die Versuchsphase mit Pilotprojekten erhalten (gilt für sämtliche Tabellen).

---

[1] Die Autoren danken den verschiedenen Projektleitern und Verwaltungsfachleuten, die uns mit Auskünften und Dokumenten weitergeholfen haben, ganz herzlich und bitten um Verständnis, dass wir hier nicht alle namentlich nennen können.

1.2. New Public Management-Projekte auf Kantonsebene

Auf Kantonsebene befinden sich verschiedene Reformprojekte in Vorbereitung, einzelne bereits in Realisierung, welche die bisherigen Reorganisationsbemühungen verstärkt nach New Public Management-Grundsätzen ausrichten wollen und teilweise mit den finanziellen Sanierungsvorgaben koordinieren müssen.

Kanton Aargau	*(NPM-Projekt in Vorbereitung)*
Kanton Bern	**'Neue Verwaltungsführung NEF 2000'** *(angelaufen)*
Kanton Genf	*(NPM-Projekt in Vorbereitung)*
Kanton Luzern	**'Wirkungsorientierte Verwaltung WOV'** *(in Vorbereitung)*
Kanton Schaffhausen	*(NPM-Projekt in Vorbereitung)*
Kanton Solothurn	**'Schlanker Staat'** *(angelaufen)*
Kanton Thurgau	*(NPM-Projekt in Vorbereitung)*
Kanton Wallis	**'Administration 2000'** *(angelaufen)*
Kanton Zürich	**'Neue Organisationsmodelle im Gesundheitswesen'** *(in Vorbereitung)* **'Wirkungsorientierte Führung der Verwaltung des Kantons Zürich WIF!'** *(in Vorbereitung)*

Abb. 2: New Public Management-Projekte auf Kantonsebene

1.3. New Public Management-Projekte auf Stadt- und Gemeindeebene

BE: Stadt Bern	**'Neue Stadtverwaltung Bern NSB'** *(angelaufen)*
BE: Stadt Thun	*(NPM-Projekt in Vorbereitung)*
BE: Gemeinde Köniz	**'Dienstleistungsunternehmen Köniz DUK 2000'** *(angelaufen)*
BE: Verband Bernischer Gemeinden (VBG), Kanton Bern und 7 Pilotgemeinden	**'Berner Gemeinden als neuzeitliche Dienstleistungsunternehmen'** *(angelaufen)*
BL: Gemeinde Reinach	*(NPM-Projekt in Vorbereitung)*
LU: Stadt Luzern	*(NPM-Projekt in Vorbereitung)*
ZG: Stadt Zug	*(NPM-Projekt in Vorbereitung)*
ZH: Stadt Zürich	**'Verwaltungsreform'** *(in Vorbereitung)*
ZH: Stadt Winterthur	**'Wirkungsorientierte Verwaltungsführung WOV'** *(angelaufen)*
ZH: Stadt Dübendorf	**'Verwaltungsreform 97'** *(in Vorbereitung)*
ZH: Stadt Uster	Behörden- und Verwaltungsreform 'Optimus' *(in Vorbereitung)*

Abb. 3: New Public Management-Projekte auf Stadt- und Gemeindeebene

Auf der Stadt- und Gemeindeebene finden sich vor allem in den Kantonen Bern und Zürich eine Vielzahl von Reformprojekten, welche die New Public Managementideen umfassend umsetzen wollen.

Nachfolgend werden lediglich jene *New Public Management-Reformprojekte* auf Bundes-, Kantons- und Stadt- bzw. Gemeindeebene näher vorgestellt, die bereits ausreichend konkretisiert und dokumentiert sind (in Tabellen **fett** gedruckt).

2. BEURTEILUNG UND VERGLEICH DER NPM-PROJEKTE

2.1. Beurteilungs- und Vergleichskriterien

Die *Beurteilung der schweizerischen New Public Management-Reformen* erfolgt anhand von acht Vergleichskriterien: Die ersten vier Beurteilungs- und Vergleichskriterien umfassen die visionären Konzepte der neuen, öffentlichen Verwaltungskultur im Sinne der New Public Management-Philosophie, während die zweiten vier Beurteilungs- und Vergleichskriterien die konkreten Instrumente für die schrittweise Einführung des wirkungsorientierten Steuerungsmodells beinhalten.

2.1.1. Visionäre Konzepte der Verwaltungsreform

Folgende Visionen zeichnen die New Public Management-Philosophie aus:[2]

1. *Neue Organisationsstrukturen*, d.h. neue Regierungs- und Verwaltungsstrukturen sollen die Agency-Bildung und Verantwortungsdelegation, die klare Trennung von Leistungsbestellern ('funders') und Leistungsträgern ('providers') sowie interne und externe Wettbewerbssituationen ermöglichen.

   • *Kriterium 1: Neue Organisationsstrukturen* mittels Agency-Bildungen.

2. *Neue Steuerungsmechanismen*, d.h. neue Kosten-, Leistungs- und Wirkungsindikatoren, Auditing und Evaluation sollen Zielvereinbarungen und Leistungsaufträge (Kontrakte) sowie Globalbudgets ermöglichen.

   • *Kriterium 2: Neue Steuerungsmechanismen* mittels Leistungsaufträgen und Globalbudgets.

---

[2] Für unseren Beurteilungsraster wurde zu jeder Vision ein typisches Kriterium definiert.

3. *Neue politische Führung und administrative Verantwortung*, d.h. klarere Trennung von normativen Vorgaben (Volk, Parlament), strategischen Entscheidungen (Regierung) und operativen Tätigkeiten (Verwaltung) soll neue Rollen und Kontrollmöglichkeiten in Politik und Administration ermöglichen.
   - *Kriterium 3: Neue Politische Führung und administrative Verantwortung* durch Rollentrennung und neue Kontrollmöglichkeiten.

4. *Neue Produkt- und Qualitätsorientierung*, d.h. individuelle Kundenbefragungen und entsprechende Marketinginstrumente der öffentlichen Verwaltung, Definition von Mindeststandards für die Produkte- und Servicequalität von öffentlichen Gütern und Dienstleistungen (Total Quality Management).
   - *Kriterium 4: Neue Produkt- und Qualitätsorientierung* durch systematische Kundenbefragung und Qualitätssicherung.

2.1.2. Konkrete Instrumente der Verwaltungsreform

Folgende Instrumente zeichnen das Modell der wirkungsorientierten Verwaltungsführung aus:

5. *Neue Personalführung*, d.h. moderne Führungskonzepte und Managementtechniken (Personal- und Organisationsentwicklung) sowie neue Lohnsysteme (Vertragslöhne, monetäre Leistungsanreize) zwecks verbesserter Personalrekrutierung, -ausbildung und -weiterbildung.
   - *Kriterium 5: Neue Personalführung* mittels moderner Führungskonzepte und Managementtechniken.

6. *Neues Finanzmanagement*, d.h. neue Budgetierungstechnik (Globalbudget, Produktbudget) und dezentrale Kosten- und Leistungsrechnung.
   - *Kriterium 6: Neues Finanzmanagement* mittels Produktbudget und Kostenrechnung.

7. *Neues Leistungsmanagement*, d.h. Kosten, Leistungen und Wirkungen durch Indikatorenbildung und Leistungscontrolling systematisch messen, vergleichen und verbessern.
   - *Kriterium 7: Neues Leistungsmanagement* mittels Leistungscontrolling.

8. *Neues Prozessmanagement*, d.h. prozessorientierte Verfahren der Verwaltungsreform (Re-Engineering).
   - *Kriterium 8: Neues Prozessmanagement* mittels systematischer Prozessgestaltungsinstrumente.

2.1.3. Kontextbedingungen der Verwaltungsreform

Folgende Kontextbedingungen werden zusätzlich unterschieden:

9. *Vorgabe eines Sanierungspotentials*, d.h. begleitende Sparmassnahmen.
   - *Kriterium 9: Sanierungspotential* mittels Verwaltungsreform realisieren.
10. *Bewilligte Pilotversuche*, d.h. keine weiteren Beschlüsse mehr nötig.
    - *Kriterium 10: Bewilligungen* für die Pilotprojekte liegen vollständig vor.

Während die Kontextbedingungen nur beim Vergleich der aktuellen Reformprojekte im letzten Kapitel berücksichtigt werden, erfolgt bereits bei der nachfolgenden, kurzen Charakterisierung der aktuellen Reformprojekte eine Beurteilung anhand der vier visionären und vier instrumentellen Kriterien von oben: Weitgehend erfüllte Kriterien stehen dabei in einem grauen, eher nicht erfüllte Kriterien in einem weissen Kästchen.

3. NPM-REFORMPROJEKTE NACH STAATSEBENEN

3.1. *New Public Management-Projekte auf Bundesebene*

3.1.1. Wirkungsorientierte Verwaltungsführung im Bund

Körperschaft:	Bund allgemein			
Projekt:	Wirkungsorientierte Verwaltungsführung im Bund			
Entscheidungsstand:	Änderung Finanzhaushaltsgesetz (FHG) und Stellenbewirtschaftungsgesetz (BG MVB) im Rahmen der Schlussbestimmungen des Regierungs- und Verwaltungsorganisationsgesetzes (RVOG)			
Problemstellung:	Zu detaillierte Vorschriften und zu eng normierte Verfahren der Verwaltungsführung			
Zielsetzung:	Flexibilisierung der Verwaltungsführung durch Lockerung von haushaltrechtlichen und personalwirtschaftlichen Bestimmungen bei Gewährleistung der notwendigen Steuerungs- und Kontrollmöglichkeiten durch Regierung und Parlament			
Massnahmen:	Verschiedene Verwaltungsbereiche mit ausgebautem betrieblichem Rechnungswesen sollen unterschiedliche rechtliche Autonomiegrade erhalten und dann von den Grundsätzen der Rechnungsführung sowie von der Stellenplafonierung des Bundes abweichen können			
Visionen:	Agency-Bildung	Leistungsauftrag Globalbudget	Rollentrennung Politik-Admin.	Befragungen, Qualität
Instrumente:	Personal-Führung	Finanz-Management	Leistungs-Management	Prozess-Management

Im Interesse einer wirtschaftlichen Verwaltungsführung möchte der Bund einzelnen Verwaltungsabteilungen mit einem ausgebauten betrieblichen Rechnungswesen eine erhöhte Autonomie einräumen bis hin zur rechtlichen Verselbständigung. Damit die nötigen Erkenntnisse der Verwaltungsführung mittels Leistungsaufträgen und Globalbudgets gewonnen werden können, hat der Bundesrat dem Parlament beantragt, die entsprechenden *Rahmenbedingungen für die Haushalts- und Rechnungsführung* mit einem sog. 'Experimentierartikel' für solche Zwecke (Art. 38a FHG) zu lockern. Mit der Zeit sollen sich sämtliche Bundesämter mit (intern und extern) produktfähigen Dienstleistungen und ausgebauter betrieblicher Kosten-Leistungsrechnung zu 'agencies' innerhalb von neuen, konzernähnlichen Strukturen des Bundes wandeln können.

Im Sinne eines Pilotversuchs mit einer finanzrechtlichen Übergangsregelung hat die *Schweizerische Meteorologische Anstalt* (SMA) sodann per 1. 1. 1995 begonnen, unter dem Namen *MeteoSchweiz* eine marktorientierte Dienstleistungseinheit, d.h. einen finanziell und organisatorisch autonomen Teilbereich neben dem Bundesamt zu betreiben. Am weitesten fortgeschritten ist das *Bundesamt für Geistiges Eigentum* (BAGE), welches ab 1. 1. 1996 als *Institut für Geistiges Eigentum* (IGE) den Status einer rechtlich selbständigen Anstalt innehat. Mit dieser Lösung bleiben die hoheitlichen und gemeinwirtschaftlichen Aufgaben sowie die freien (privaten) Dienstleistungen weiterhin unter einem Dach vereint. Weitere Verwaltungsabteilungen haben bereits erste *Abklärungen zur möglichen Agency-Bildung* eingeleitet, so z.B. das Amt für Bundesbauten, das Bundesarchiv, das Bundesamt für Kommunikation (BAKOM), das Bundesamt für Kultur (Schweizerische Landesbibliothek, Schweizerisches Landesmuseum), das Bundesamt für Messwesen, das Bundesamt für Statistik, die Eidgenössische Drucksachen- und Materialzentrale (EDMZ), die Eidgenössische Materialprüfungs- und Forschungsanstalt (EMPA), die Landwirtschaftlichen Forschungsanstalten, die Schweizerische Heilmittelkontrolle, das Schweizerische Institut für Berufspädagogik, das Schweizerische Institut für Immunprophylaxe, die Schweizerische Landestopographie oder die Schweizerische Sportschule Magglingen (SSM).

3.1.2. Reform des Eidgenössischen Militärdepartements

Körperschaft:	Eidgenössisches Militärdepartement			
Projekt:	**Reform des Eidg. Militärdepartements (EMD 95)**			
Entscheidungsstand:	Laufende Entscheidungen des Lenkungsausschusses, neue Organisationsstrukturen und -prozesse treten auf 1. 1. 1996 in Kraft			
Problemstellung:	Veränderte Bedrohungslage nach 1989, massive Budgetreduktionen und Armeereform 95 erfordern eine reformierte Militärverwaltung			
Zielsetzung:	Wirkungsorientierte Verwaltung für das Eidg. Militärdepartement			
Massnahmen:	Prozessorientierte Umstrukturierung der Verwaltung			
Visionen:	Agency-Bildung	Leistungsauftrag Globalbudget	Rollentrennung Politik-Admin.	Befragungen, Qualität
Instrumente:	Personal-Führung	Finanz-Management	Leistungs-Management	Prozess-Management

Mit den Reformprojekten Armee 95 und EMD 95 wurden tiefgreifende Veränderungen und umfassende Restrukturierungen in Truppe und Verwaltung vorgenommen. Das neue "Teilstreitkräfte-Modell" der Schweizer Armee beinhaltet folgende Merkmale des New Public Management und der wirkungsorientierten Verwaltung:

a) Die *flache Organisationsstruktur* erfordert selbst auf der obersten Stufe der Armee- und Verwaltungsführung Teamarbeit, nämlich zwischen dem Generalstabschef, dem Chef Heer, dem Kommandant Luftwaffe und dem Chef Gruppe für Rüstung (Beschaffung von Armeematerial inkl. F&E, Produktion, Unterhalt).

b) Die *Leistungsaufträge bzw. -vereinbarungen* für die von der Armee zu erbringenden Leistungen umfassen nicht nur eine der neuen Bedrohungslage angepasste Produktepalette, sondern auch eine weitgehende Trennung der Funktionen des Leistungsfinanzierers (Steuerzahler/innen oder Parlament), des Leistungsbestellers (Parlament, Bundesrat oder Geschäftsleitung EMD), des Leistungskäufers (Geschäftsleitung EMD oder Generalstabschef), des Leistungsvermittlers (Generalstab), des Leistungserbringers (Rüstungsbetriebe, Privatindustrie) sowie des Leistungsempfängers (Heer, Luftwaffe bzw. Bevölkerung).

c) Eine umfassende *Kosten-/Leistungsrechnung* (Kostenarten-, Kostenstellen- und Kostenträgerrechnung) samt *Leistungscontrolling* befindet sich im Auf- und Ausbau.[3]

---

[3] vgl. auch Liener in diesem Band, S. 147

3.2. New Public Management-Projekte auf Kantonsebene

3.2.1. Neue Verwaltungsführung im Kanton Bern

Körperschaft:	Kanton Bern			
Projekt:	Neue Verwaltungsführung 'NEF 2000'			
Entscheidungsstand:	RRB Nr. 1610 vom 11. Mai 1994 betr. Wirkungsorientierter Verwaltungsführung und RRB Nr. 2868 vom 7. September 1994 betr. Auswahl von Pilotprojekten; Finanzhaushaltsgesetz revidiert, Personalgesetz und Organisationsgesetz neu erlassen			
Problemstellung:	Aufgaben der öffentlichen Hand werden immer vielfältiger, aber Finanzen knapper und Vorschriften/Kontrollen zahlreicher			
Zielsetzung:	Neue Formen der kosten-, leistungs- und wirkungsorientierten Verwaltungsführung ausgestalten und erproben (inklusive Ausgliederungen im Rahmen des öffentlichen und privaten Rechts)			
Massnahmen:	1) 7 Pilotprojekte 1996-1999 2) Ergänzend Reform der Aufgabenverteilung Kanton-Gemeinden 3) Ergänzend Anschlussprogramm ASP Aufgabenüberprüfung (inkl. Staatsbeiträge und Einnahmen/Erträge) und Benchmarking			
Visionen:	Agency-Bildung	Leistungsauftrag Globalbudget	Rollentrennung Politik-Admin.	Befragungen, Qualität
Instrumente:	Personal-Führung	Finanz-Management	Leistungs-Management	Prozess-Management

Mit dieser qualitativen Reform der Regierungs- und Verwaltungstätigkeit möchte der Kanton Bern die Ende der 80er-Jahre eingeleiteten Reformprozesse weiterführen und insbesondere die aus dem Projekt 'EFFISTA' resultierenden Leitsätze zur Verwaltungsführung und -organisation in die Praxis umsetzen. Mit der Neuen Verwaltungsführung 'NEF 2000' sollen die Gestaltungsspielräume und Handlungsfreiheiten von Parlament, Regierung und Verwaltung verstärkt werden, und zwar durch die Trennung von eigentlicher Parlaments- bzw. Regierungstätigkeit (normative bzw. strategische Führung) und Tagesgeschäften der Verwaltung (operative Führung). Das staatliche Handeln soll generell auf Qualität und Wirkungen ausgerichtet werden, indem die Leistungen bürgernah erbracht, die politisch gewollten Wirkungen auch erzielt und die verursachten Kosten transparent dargestellt werden. Die rechtlichen Rahmenbedingungen im Leistungs-, Finanzierungs-, Personal- und Organisationsbereich werden flexibler gestaltet, damit in den Pilotprojekten neue Leistungsvorgaben, Budgetprinzipien, Vertragsformen und organisatorische Ausgliederungen ausgestaltet und erprobt werden können.

Folgende sieben Organisationseinheiten sollen 1996 mit der Neuen Verwaltungsführung 'NEF 2000' versuchsweise starten:

- *Volkswirtschaftsdirektion:* Kreisforstamt 5 Thun, Molkereischule Rütti/Zollikofen
- *Gesundheits- und Fürsorgedirektion:* Psychiatrische Klinik Münsingen, Universitäre Psychiatrische Dienste
- *Polizei- und Militärdirektion:* Strassenverkehrs- und Schiffahrtsamt
- *Bau-, Verkehrs- und Energiedirektion:* Tiefbauamt sowie Wasser- und Energiewirtschaftsamt

3.2.2. Wirkungsorientierte Verwaltung im Kanton Luzern

Körperschaft:	Kanton Luzern			
Projekt:	Wirkungsorientierte Verwaltung WOV			
Entscheidungsstand:	RRB vom 25. März 1994 betr. Projektorganisation WOV und RRB vom 10. Januar 1995 betr. Bestimmung der Versuchspiloten; Vernehmlassung bei Parteien und Verbänden mit positivem Echo; die versuchsweise Einführung des Modells WOV benötigt noch die Zustimmung des Grossen Rates			
Problemstellung:	Rationalisierungspotential der Verwaltung praktisch ausgeschöpft, kurzfristige Sanierungsmassnahmen bringen nichts mehr			
Zielsetzung:	Dienstleistungsunternehmen Kanton Luzern aufbauen, d.h. Kundenorientierung, Bürger/innen-Nähe, Mitarbeiter/innen-Motivation, Effizienz und Effektivität der Verwaltung sollen verbessert werden,			
Massnahmen:	1) 3 Modell- und 6 Versuchspiloten 1996-1999 2) Weitere Versuchspiloten ab 1997/98 möglich			
Visionen:	Agency-Bildung	Leistungsauftrag Globalbudget	Rollentrennung Politik-Admin.	Befragungen, Qualität
Instrumente:	Personal-Führung	Finanz-Management	Leistungs-Management	Prozess-Management

Mit dem nachfolgendem Reformprojekt sollen in Luzern die Voraussetzungen für das unternehmerische Denken und Handeln der kantonalen Verwaltung neu geschaffen und auch getestet werden; dabei sollen Leistungsanreize, Gestaltungsspielräume, Handlungsfreiheiten und Verantwortungen auf allen Ebenen des politisch-administrativen Systems durch folgende Neuerungen verstärkt und verwesentlicht werden:[4]

a) Konzernähnliche, dezentrale Führungs- und Organisationsstrukturen (inklusive 'schlankes' Verwaltungscontrolling),

b) Leistungsaufträge und Globalbudgets,

c) Ergebnis- und Wirkungsorientierung sowie umfassendes Qualitätsmanagement,

---

[4] vgl. auch Egli/Käch in diesem Band, S. 165

d) Organisationsentwicklung, d.h. Erarbeitung eines 'Luzerner Modells' mit neuer Führungsphilosophie und Unternehmenskultur. Dieses Reformprojekt verzichtet bewusst auf die Nennung von Sparpotentialen, doch wird erwartet, dass bereits die Versuchsphase kostenneutral ausfallen wird.

Folgende neun Dienststellen sollen 1996 mit dem WOV-Versuch starten können:

- *Erziehungsdepartement:* Kantonsschule Sursee, Naturmuseum Luzern, Sonderschulen Hohenrain
- *Militär-, Polizei und Umweltdepartement:* Amt für Umweltschutz, Strassenverkehrsamt
- *Finanzdepartement:* Organisations- und Informatikdienste, Amt für Statistik
- *Baudepartement:* Liegenschaftsverwaltung
- *Volkswirtschaftsdepartement:* Landwirtschafts- und Bäuerinnenschule Schüpfheim

3.2.3. Schlanker Staat im Kanton Solothurn

Körperschaft:	Kanton Solothurn			
Projekt:	**Schlanker Staat**			
Entscheidungsstand:	Kantonsratsbeschluss vom 28. Juni 1995 betr. 'Projekt 'Schlanker Staat': Massnahmenvorschläge zur strukturellen Sanierung des Staatshaushaltes' sowie Regierungsratsbeschluss vom 7. Juli 1995 betr. Projekt 'Schlanker Staat': Pilotprojekte mit Globalbudgets'			
Problemstellung:	Dramatische Verschlechterung der Finanzlage, Sparmassnahmen und Einnahmenerhöhungen haben zuwenig Sanierungspotential			
Zielsetzung:	Wiederherstellung eines gesunden Finanzhaushaltes (Ausgleich der laufenden Rechnung bis 1999) sowie schlanke, effiziente und bürgernahe Verwaltung (tiefgreifender struktureller Wandel)			
Massnahmen:	1) Umfassende Aufgabenkritik ('Leistungsauftrag 1998'), kombiniert mit unterschiedlichen Führungs-Modellen je Aufgabengebiet 2) Sofort zu realisierende Expressprojekte als Ergänzung 3) Strukturelle Besoldungsrevision 'BERESO' (Leistungslohnanteile)			
Visionen:	Agency-Bildung	Leistungsauftrag Globalbudget	Rollentrennung Politik-Admin.	Befragungen, Qualität
Instrumente:	Personal-Führung	Finanz-Management	Leistungs-Management	Prozess-Management

Der Kanton Solothurn rechnet mittelfristig mit strukturellen Defiziten von über 150 Mio. Franken pro Jahr - trotz bereits ergriffenem Gegensteuer mittels 'Massnahmenplan Haushaltsgleichgewicht' 1992 und 'Sparprogramm' 1993, welche 50 bzw. 27 Mio. Einsparungen erbracht haben. Da der Spielraum für traditionelle Sparmassnahmen und mögliche Einnahmenerhöhungen als zu eng erachtet wird, wurden neben einer umfassenden Aufgabenkritik auch New Public Management-Massnahmen ins Auge gefasst. Dabei wurden zwei grundsätzliche Fragen gestellt, nämlich ob der Kanton alle bisherigen Aufgaben ('Leistungsfelder') weiterhin erfüllen sollte und in welcher Form er diese bestmöglich erledigen könnte. Für sämtliche 'Leistungsfelder' wurde von der Regierung ein zu erreichendes Sparziel (Reduktion um 10-30%) sowie ein zu prüfendes 'Führungsmodell' für die zukünftige Leistungserbringung als folgendem Katalog vorgegeben:

a) Kernaufgaben der (hoheitlichen) Verwaltung,
b) Leistungsaufträge und Globalbudgets der eigenen oder ausgegliederten (Leistungs-)Verwaltung,
c) Aufgaben- und Kompetenzdelegationen an öffentliche oder private Partner (Outsourcing) oder
d) effektiver Aufgabenverzicht (Privatisierung).

Bei 228 zu realisierenden Massnahmen wird ein Sanierungspotential von total 105 Mio. Franken (1996: 50 Mio., 1997: 70 Mio.) ausgewiesen, davon liegen 155 Massnahmen in der Kompetenz des Regierungsrates. Zusätzlich werden sog. 'Expressprojekte' ausgearbeitet, wie z.B. die Reduktion der Departemente (5 statt 12), die Defizitbremse im Finanzhaushalt, die Kürzung von Staatsbeiträgen, die Personalreduktion (vorzeitige Pensionierungen, Stellenbörse für internen Wechsel) oder die Vermögensverwertung (Bauten, Grundstücke).

Folgende Organisationseinheiten sollen die Einführung der Globalbudgetierung per 1. 1. 1996 vorbereiten:

- *Erziehungs-Departement:* HTL Oensingen, HWV Olten
- *Volkswirtschafts-Departement:* Amt für Umweltschutz, Amt für Wirtschaft und Arbeit, insbesondere Beschäftigungswerkstätten und regionale Arbeitsvermittlungszentren
- *Bau-Departement:* Amt für Wasserwirtschaft
- *Departement des Innern:* sämtliche Spitäler, Schulen für Spitalberufe, Lebensmittelkontrolle, Strafanstalt Oberschöngrün, Therapiezentrum "Im Schache", Motorfahrzeugkontrolle
- *Finanz-Departement:* Amtsschreiberei Olten-Gösgen, Amt für Informatik und Organisation
- *Staatskanzlei:* Drucksachen- und Lehrmittelverwaltung

Zudem ist vorgesehen, eine weitere Serie von Pilotprojekten mit Globalbudgets per 1.1.1997 zu starten.

3.2.4. Administration 2000 im Kanton Wallis

Körperschaft:	Kanton Wallis			
Projekt:	Administration 2000			
Entscheidungsstand:	Staatsratsbeschlüsse (SRB) vom 12. Januar 1994 betr. Grundkonzeption "Administration 2000" und SRB vom 3. Mai 1995 betr. Auswahl der Pilotprojekte			
Problemstellung:	Angespannte Finanz- und Wirtschaftslage erfordern umfassende Reorganisationen, traditionelle Sanierungsmassnahmen genügen nicht mehr			
Zielsetzung:	Zukunftsorientierte, leistungsfähige und schlanke Verwaltung mit einem modernen Verwaltungsmanagement			
Massnahmen:	1) 4 Teilprojekte 1994-ca. 1997 (Leistungsanalyse, Leistungsmassstäbe, Kosten- und Leistungsrechnung, Organisations- und Personalentwicklung) 2) 6 Pilotprojekte (ab 1. 1. 1996) 3) Ergänzende Projekte ('Education 2000', 'Législatif 2000', 'Justice 2000')			
Visionen:	Agency-Bildung	Leistungsauftrag Globalbudget	Rollentrennung Politik-Admin.	Befragungen, Qualität
Instrumente:	Personal-Führung	Finanz-Management	Leistungs-Management	Prozess-Management

Mit einem umfassenden Reformprojekt[5] versucht der Kanton Wallis, den Führungs- und Handlungsspielraum der Verwaltung für neue Aufgaben, interne Umverteilungen und einen Abbau des Personalbestandes ohne Entlassungen zurückzugewinnen. Das Projekt 'Administration 2000' umfasst sowohl einen Sanierungs- als auch einen Verwaltungsreformteil: Das Teilprojekt 'Leistungsanalyse' umfasst die Erstellung eines transparenten Leistungskatalogs für sämtliche Verwaltungsabteilungen, die Erarbeitung von Sparvorschlägen anhand einer sog. 'Denkhürde' (Aufwandsreduktion um 40%, d.h. Abbau von Gemeinkosten ohne Beeinträchtigung der Erfüllung von Kernaufgaben) sowie die Bewertung und Umsetzung der entsprechenden Massnahmen. Während dieses erste Teilprojekt einen Aufgabenverzicht und eine Kostenreduktion in der gesamten Kantonsverwaltung vorsieht, betreffen die anderen drei Teilprojekte den Aufbau eines modernen Verwaltungsmanagements für die ausgewählten Pilotprojekte, d.h. eine konsequente Leistungs- und Wirkungsorientierung der öffentlichen Verwaltung mit neuen Steuerungsinstrumenten für die sog.

---

[5] vgl. auch Hofmeister in diesem Band, S. 185

'Outputsteuerung'. Dazu sollen im Teilprojekt 'Leistungsmassstäbe' Umfang und Qualität der Leistungen festgelegt, im Teilprojekt 'Kosten- und Leistungsrechnung' die Anpassungen im Rechnungswesen für die künftigen internen Verrechnungen vorgenommen und im Teilprojekt 'Organisations- und Personalentwicklung' die Grundlagen für eine neue Verwaltungskultur gelegt werden. Ergänzende Projekte im Erziehungswesen und für die subventionierten Institutionen sowie für Parlament und Gerichte sind ebenfalls geplant oder bereits angelaufen.

Folgende sechs Dienststellen sollen ab 1.1.1996 den Pilotbetrieb aufnehmen:

- *Volkswirtschaftsdepartenment und Gesundheitsdepartement:* Dienststelle für Bodenverbesserung, Dienststelle für Gesundheitswesen
- *Erziehungsdepartement und Sozialdienstdepartement:* Lehranstalt für Höhere Berufsbildung
- *Justiz-, Polizei- und Militärdepartement:* Dienststelle für Feuerwesen und Zivilschutz
- *Baudepartement und Umwelt- und Raumplanungsepartement:* Dienststelle für Strassen und Flussbau, Dienststelle für Hochbau

3.2.5. Neue Organisationsmodelle im Zürcher Gesundheitswesen

Körperschaft:	Kanton Zürich			
Projekt:	**Neue Organisationsmodelle im Gesundheitswesen**			
Entscheidungsstand:	RRB Nr. 337/1994 betr. Freigabe des Vernehmlassungsverfahrens 'Organisationsmodelle für ein wirksames öffentliches Gesundheitswesen'			
Problemstellung:	Kaum mehr tragbare Gesundheitskosten und Krankenkassenprämien Vernetzung von Spitälern, Heimen und Spitex noch ungenügend			
Zielsetzung:	Kompetenzen und Anreize für eine wirksame und kostengünstige Versorgung mit einem hohen Qualitätsstandard im Gesundheits- und Sozialwesen schaffen			
Massnahmen:	1) Leistungsorientierte Krankenhaussteuerung (1995-1996 ohne, ab 1997 mit Kostenträgerrechnung in 10 Pilotspitälern) 2) Integrierte regionale Leistungssteuerung im Gesundheits- und Sozialwesen (noch keine Angaben) 3) ergänzend Sparprogramme Effort I und Effort II			
Visionen:	Agency-Bildung	Leistungsauftrag Globalbudget	Rollentrennung Politik-Admin.	Befragungen, Qualität
Instrumente:	Personal-Führung	Finanz-Management	Leistungs-Management	Prozess-Management

Mit den neuen Organisationsmodellen sollen im Kanton Zürich das Überangebot an Ärzten und Krankenhausbetten sowie die Überschneidungen zwischen Gesundheits- und Sozialwesen wirksam bekämpft werden, und zwar durch die Schaffung von Sparanreizen bzw. den Abbau von Doppelspurigkeiten. Mit der leistungsorientierten Krankenhaussteuerung über Fallpauschalen (Standardkosten) und prospektive Outputvorgaben (Globalbudget) sollen in einem ersten Schritt verschiedene New Public Management-Elemente kurzfristig ausgetestet werden, insbesondere

a) Lean Management für die systematische Qualitätsförderung und Kostensenkung,

b) Konzernstrukturen für eine klare Trennung zwischen strategischen Aufgaben des Kantons und operativen Kompetenzen der Krankenhäuser, ebenso zwischen Finanzierung und Leistungserbringung sowie

c) Wettbewerb und ständiger Vergleich (Benchmarking) zur Förderung von Rationalisierungsmassnahmen. Folgende Pilotspitäler führten mit dem Budget 1995 versuchsweise Fallpauschalen ein: Kantonsspital Winterthur, Stadtspital Triemli/Zürich (*Zentrumsspitäler*); Bülach, Uster, Stadtspital Waid/Zürich, Wetzikon (*Schwerpunktspitäler*); Affoltern a.A., Rüti (*Regionalspitäler*) sowie Stiftung Sanitas/Kilchberg und Thalwil (*Belegarztspitäler*).

Mit einem weiteren Schritt sollen dann die Versorgungsstrukturen in allen Bereichen des Gesundheits- und Sozialwesens langfristig miteinander verschmolzen und regional zu einheitlichen Versorgungsgebieten integriert werden können. Durch diese neuen Modelle werden im Kanton Zürich Einsparungen im Umfang von 15-25% der gesamten Kosten im Gesundheitswesen bzw. im Gesundheits- und Sozialwesen angestrebt.

3.2.6. Wirkungsorientierte Verwaltungsführung im Kanton Zürich

Körperschaft:	Kanton Zürich			
Projekt:	Wirkungsorientierte Führung der Verwaltung des Kantons Zürich WIF!			
Entscheidungsstand:	Medienkonferenz des Regierungsrates vom 11. Juli 1995			
Problemstellung:	(keine Angaben)			
Zielsetzung:	Umbau des Staates zum schlanken Dienstleistungsunternehmen und wesentlicher Beitrag zum Haushaltsausgleich des Kantons			
Massnahmen:	1) Anpassung des Haushalts- und Personalrechts bis Ende 1995 samt Experimentierartikel für die Zürcher Städte und Gemeinden 2) Schrittweise Umstellung aller Direktionen, Ämter und Betriebe in der Legislatur 1995-1999, Abschluss spätestens 2002 2) ergänzend Benchmarking (Pilotprojekte in den Bereichen Krankenpflegeschulen, Kaufmännische Berufsschulen, Mittelschulen, Bezirksgefängnisse und Steueramt) 3) ergänzend Sparprogramme Effort I und Effort II			
Visionen:	Agency-Bildung	Leistungsauftrag Globalbudget	Rollentrennung Politik-Admin.	Befragungen, Qualität
Instrumente:	Personal-Führung	Finanz-Management	Leistungs-Management	Prozess-Management

Bei der *Reform der gesamten kantonalen Verwaltung* schlägt der Zürcher Regierungsrat ein pragmatisches Vorgehen ein, welches bewusst auf eine Versuchsphase mit Pilotprojekten verzichtet; der Führungs- und Kulturwandel soll also in der Politik und in sämtlichen Verwaltungsbereichen gleichzeitig gestartet und geordnet vollzogen werden. Folgende New Public Managementelemente bzw. Grundsätze der wirkungsorientierten Verwaltungsführung sollen dabei umgesetzt werden:

a) Dezentralisierung der Aufgabenerfüllung und Kompetenzen,

b) schlanke Verwaltung und flache Hierarchien,

c) Kosten-Leistungs-orientierte Steuerung mittels Leistungsaufträgen bzw. -verträgen samt Globalbudgets sowie mittels Finanz- und Leistungscontrolling (Kennzahlensysteme, Berichtswesen).

Damit sollen im Kanton Zürich folgende *Zielsetzungen* erreicht werden:

1) Höhere (politische) Steuerungsfähigkeit des Staates und stärkere Zielorientierung der kantonalen Verwaltung,

2) verbesserte Wirtschaftlichkeit durch transparente Kosten und Leistungen sowie durch systematischen Kostensenkungs- und Effizienzdruck,

3) schlanke, bürgernahe Verwaltung und

4) wesentlicher Beitrag zur Haushaltsanierung.

Bei ihrer Umsetzung stehen folgende Massnahmen im Vordergrund:

1) Verschlankung der Verwaltungsstrukturen und -verfahren durch Aufhebung der Doppeldirektionen und Neugliederung in Departemente;
2) Überprüfung des staatlichen Leistungsangebots, der Aufgabenteilung zwischen Staat und Privaten sowie zwischen Kanton und Städten bzw. Gemeinden;
3) Ausschöpfen des Rationalisierungspotentials, in der 1. Phase ohne und in der 2. Phase mit Abbau bzw. Reduktion von Kernleistungen.

3.3. New Public Management-Projekte auf Stadt- und Gemeindeebene

3.3.1. Neue Stadtverwaltung in der Stadt Bern

Körperschaft:	Stadt Bern/BE			
Projekt:	**Neue Stadtverwaltung Bern (NSB)**			
Entscheidungsstand:	Stadtratsbeschluss (Legislative) vom November 1994 betr. Durchführung von drei Pilotprojekten im Rahmen des Projektes "Neue Stadtverwaltung Bern"			
Problemstellung:	Anhaltende Finanzkrise in der Stadt Bern			
Zielsetzung:	Neue Methoden der Verwaltungsführung austesten, damit die Stadt ihre Aufgaben in Zukunft effizienter, wirkungsvoller und bürgernäher erfüllen kann			
Massnahmen:	3 Pilotprojekte (1995 Vorbereitung auf Produktebudget 1996, 1996-1998 Sammlung von ersten Erfahrungen damit)			
Visionen:	Agency-Bildung	Leistungsauftrag Globalbudget	Rollentrennung Politik-Admin.	Befragungen, Qualität
Instrumente:	Personal-Führung	Finanz-Management	Leistungs-Management	Prozess-Management

Mit einer umfassenden Verwaltungsreform will die Stadt Bern die bürokratische Verwaltung zu einem bürgernahen Dienstleistungsunternehmen umbauen und damit auch einen wichtigen Beitrag zur mittelfristigen Gesundung der Stadtfinanzen leisten. In den drei Pilotprojekten Feuerwehr, Jugendamt und Strasseninspektorat sollen mit folgenden Elementen des New Public Management und der wirkungsorientierten Verwaltungsführung erste Erfahrungen gesammelt werden können:[6]

a) Stärkere strategische Führung durch Stadtrat (Legislative) und Gemeinderat (Exekutive) sowie dezentrale operative Verantwortung der

---

[6] vgl. auch Müller/Tschanz in diesem Band, S. 223

Verwaltung dank Konzernstruktur mit Profitcentern bzw. Agenturen, Globalbudgets und Leistungsaufträgen;
b) Output- statt Inputsteuerung, d.h. Leistungen und Wirkungen, nicht Ressourcen werden vorgegeben;
c) grössere Marktnähe durch internen und externen Wettbewerb, Auswärtsvergabe;
d) neue Instrumente der Leistungsmessung ('performance measurement'), des Verwaltungscontrolling ('Monitoring', 'Reporting') und der Revision ('Auditing') sowie
e) höhere Leistungsbereitschaft und Motivation der Mitarbeiter/innen.

3.3.2. Dienstleistungsunternehmen Gemeinde Köniz

Körperschaft:	Gemeinde Köniz			
Projekt:	**Dienstleistungsunternehmen Köniz DUK 2000**			
Entscheidungsstand:	Beschlüsse des Gemeinderates (Exekutive) vom 25. Mai 1994 betr. neues Führungsmodell und vom 1. Februar 1995 betr. Pilotprojekt der Direktion Soziales, Gesundheit und Schule (SGS) und vom 22. März 1995 betr. Pilotprojekt der Liegenschaftsverwaltung (Präsidial- und Finanzdirektion)			
Problemstellung:	Weiterführen des Entwicklungskonzepts Köniz K 2000			
Zielsetzung:	Umsetzung der wirkungsorientierten Verwaltungsführung und der Vision von mehr zufriedenen Bürger/innen und Mitarbeiter/innen sowie einer offeneren und glaubwürdigeren Politik			
Massnahmen:	1) Neues Führungsmodell 2) 3 Pilotprojekte 3) ergänzend neues Personalreglement per 1. 1. 1996, revidierte Besoldungsordnung per 1. 1. 1997 sowie Delegationsrecht (Revision von Gemeindeordnung und Organisationsreglement)			
Visionen:	Agency-Bildung	Leistungsauftrag Globalbudget	Rollentrennung Politik-Admin.	Befragungen, Qualität
Instrumente:	Personal-Führung	Finanz-Management	Leistungs-Management	Prozess-Management

Der Gemeinderat (Exekutive) von Köniz erarbeit als Kollegium mit Hilfe der Chefbeamt/innen seit 1994 selbst ein einheitliches, neues Führungsmodell. Mit der Weiterführung dieses Organisations-Entwicklungsprozesses soll nun das Modell der wirkungsorterten Verwaltungsführung in der Praxis getestet werden, und zwar anhand von drei Pilotprojekten in den Bereichen Sozialberatung inkl. Amtsvormundschaft, Kindertagesstätte (Direktion Soziales, Gesundheit und Schule) sowie Liegenschaftsverwaltung (Präsidial- und Finanzdirektion). Die Entwicklung vom

Hoheitsstaat zum Dienstleistungsunternehmen soll durch folgende New Public Management-Elemente eingeleitet werden:

a) Wechsel von der Input- zur Outputsteuerung,
b) Leistungsauftrag des Gemeinderates und Globalbudget (Produktebudget) für die Verwaltungsabteilungen,
c) Trennung von strategischer und operativer Ebene in Politik und Verwaltung,
d) Leistungscontrolling und Wirkungsprüfung.

3.3.3. Berner Gemeinden als neuzeitliche Dienstleistungsunternehmen

Körperschaften:	Gemeinsames Projekt des Verbandes Bernischer Gemeinden (VBG), des Kantons Bern sowie der beteiligten Gemeinden Aarberg, Dürrenroth, Langnau, Saanen, Sigriswil, Wohlen und Worb			
Projekt:	**Berner Gemeinden als neuzeitliche Dienstleistungsunternehmen** (7 Berner Pilotgemeinden)			
Entscheidungsstand:	Medienkonferenz vom 27. Juni 1994 und Zwischenbericht per 22. Juni 1995			
Problemstellung:	(Keine Angaben)			
Zielsetzung:	Ideen und Konzepte der wirkungsorientierten Verwaltungsführung umsetzen und mögliche Ausdehnung auf alle Berner Gemeinden abklären			
Massnahmen:	1) Neues Führungsmodell für die Berner Gemeinden 2) Verschiedene Pilotprojekte in den einzelnen Pilotgemeinden 1995-1996 mit gemeinsamem Projekt Gemeindestrassen (Benchmarking) 2) Ergänzend Reform der Aufgabenverteilung Kanton-Gemeinden			
Visionen:	Agency-Bildung	Leistungsauftrag Globalbudget	Rollentrennung Politik-Admin.	Befragungen, Qualität
Instrumente:	Personal-Führung	Finanz-Management	Leistungs-Management	Prozess-Management

Anhand von konkreten Pilotprojekten in verschiedenen Berner Gemeinden, die sich hinsichtlich Grösse, Regionszugehörigkeit und Finanzkraft deutlich unterscheiden, soll in diesem Gemeinschaftsprojekt versucht werden, mehr unternehmerische Handlungsspielräume auf der kommunalen Ebene zu gewinnen - und zwar kurzfristig im Rahmen der bestehenden rechtlichen Möglichkeiten, langfristig aber durch eine Anpassung allzu enger gesetzlicher Vorschriften. Dabei sollen folgende New Public

Management-Elemente ausgetestet und auf ihre Eignung für sämtliche Berner Gemeinden geprüft werden:[7]

a) Trennung von strategischen und operativen Fragen, d.h. Politik soll sich aus dem "Alltagsgeschäft" der Verwaltung zurückziehen;
b) verstärkte Bürgerorientierung durch Definition von Produkten und Einrichtung von (internen und externen) Märkten;
c) dezentrale Organisationsstrukturen und modernes Verwaltungsmanagement sowie
d) neue Instrumente der Output-Steuerung.

3.3.4. Verwaltungsreform in der Stadt Zürich

Körperschaft:	Stadt Zürich/ZH			
Projekt:	**Verwaltungsreform 1996-1999**			
Entscheidungsstand:	Stadtratsbeschluss vom 11. Februar 1995 betr. Verwaltungsreform			
Problemstellung:	(keine Angaben)			
Zielsetzung:	Grundsätze, Ideen und Prinzipien des New Public Management (NPM) und der wirkungsorientierten Verwaltungsführung (WOV)			
Massnahmen:	1) Pilotphase 1996-1998 mit 14 Projekten (mind. 1 pro Abteilung), individuelles Vorgehen mit unterschiedlichen Schwerpunkten 2) Vorbereitung der definitiven Einführung 1999			
Visionen:	Agency-Bildung	Leistungsauftrag Globalbudget	Rollentrennung Politik-Admin.	Befragungen, Qualität
Instrumente:	Personal-Führung	Finanz-Management	Leistungs-Management	Prozess-Management

Der Zürcher Stadtrat (Exekutive) möchte nach einer (kleineren) Verwaltungsreorganisation eine umfassendere Verwaltungsreform starten und mit Hilfe von Pilotprojekten austesten, wie die Zusammenarbeit von Legislative, Exekutive und Verwaltung unter New Public Management und wirkungsorientierter Verwaltungsführung funktionieren könnte. Folgende Ziele der Verwaltungsreform wurden dabei genannt:

a) Abbau der Bürokratie zugunsten von mehr Transparenz und Bürgernähe,
b) Erhöhung der Flexibilität, Effizienz und Effektivität der Verwaltung und damit
c) qualitativ bessere Dienstleistungen zu niedrigeren und besser planbaren Kosten,

---

[7] vgl. auch Seewer in diesem Band, S. 263

d) verstärkte Trennung von "Was" (Politik) und "Wie" (Verwaltung) sowie
e) verbesserte Information über das, was die Stadt für das Steuergeld leistet.

Aufgrund verschiedenster Auswahlkriterien bestimmte der Stadtrat (Exekutive) 14 *Verwaltungsabteilungen für die Pilotphase 1996-1998*:

- *Präsidialabteilung:* Museum Rietberg, Kulturförderung
- *Finanzamt:* Steueramt
- *Polizeiamt:* Polizeirichteramt
- *Gesundheits- und Wirtschaftsamt:* Stadtspital Triemli, Stadtspital Waid
- *Bauamt I:* Vermessungsamt, Stadtforstamt
- *Bauamt II:* Amt für Technische Gebäudeausrüstung, Amt für baulichen Zivilschutz
- *Industrielle Betriebe:* Elektrizitätswerk EWZ
- *Schulamt:* Werkjahr, Sportamt
- *Sozialamt:* Ergänzende Arbeitsmarkt-Programme (Arbeitsamt, Jugendamt), Zentralsekretariat

Die Stadt Zürich geht davon aus, dass sie die kantonale Einwilligung für die Abweichungen vom Finanzhaushaltsgesetz und vom Gemeindegesetz während der Pilotphase erhalten wird.

3.3.5. Wirkungsorientierte Verwaltungsführung in der Stadt Winterthur

Körperschaft:	Stadt Winterthur/ZH			
Projekt:	**Wirkungsorientierte Verwaltungsführung WOV**			
Entscheidungsstand:	Stadtratsbeschluss vom 24. August 1994 betr. Projektorganisation WOV			
Problemstellung:	(keine Angaben)			
Zielsetzung:	Verwaltungseinheiten mit erweitertem Handlungsspielraum und erhöhter Eigenverantwortung bilden zwecks kostengünstigerer Leistungserbringung			
Massnahmen:	1) 8 Pilotprojekte 1996-1997			
	2) ergänzend Pilotprojekte 'Kundenorientierte Stadtverwaltung'			
Visionen:	Agency-Bildung	Leistungsauftrag Globalbudget	Rollentrennung Politik-Admin.	Befragungen, Qualität
Instrumente:	Personal-Führung	Finanz-Management	Leistungs-Management	Prozess-Management

In diesem Verwaltungsreformprojekt sollen bis Ende 1995 für sämtliche acht Pilotprojekte Leistungsaufträge und Globalbudgets erarbeitet werden, um einen zweijährigen Versuchsbetrieb mit der wirkungsorientierten Verwaltungsführung in folgenden Dienststellen durchzuführen:

- *Departement Kulturelles und Dienste*: Bibliotheken, Büro für Quartierkultur und Freizeitaktionen
- *Departement Finanzen:* Informatik,
- *Departement Bau:* Strasseninspektorat (inkl. Abfallsammeldienst), Vermessungsamt
- *Departement Schule und Sport:* Hauptabteilung Bäder, Kunsteisbahnen
- *Departement Soziales:* Krankenheim Oberwinterthur, Asylkoordination

Das Reformprojekt soll möglichst mit den bestehenden finanziellen Mitteln und personellen Kapazitäten verwirklicht werden, lediglich im Fall von Kompetenzdefiziten sollen externe Berater/innen gezielt beigezogen werden können. Neben der Bewilligung durch den Grossen Gemeinderat (Legislative) bedarf es auch noch der formellen Stellungnahme des Kantons, idealerweise in Form eines Experimentierartikels im Finanzhaushalts- und Gemeindegesetz.

3.3.6. Verwaltungsreform in der Stadt Dübendorf

Körperschaft:	Stadt Dübendorf/ZH			
Projekt:	**Verwaltungsreform 97**			
Entscheidungsstand:	Stadtratsbeschluss (SRB) vom 15. Dezember 1994 betr. Schaffung eines Einwohneramtes und SRB vom 16. März 1995 betr. Überprüfung der Verwaltungsorganisation (Verwaltungsreform 97)			
Problemstellung:	Überprüfung der Verwaltungsorganisation			
Zielsetzung:	Reorganisation der Stadtverwaltung nach den Grundsätzen des New Public Management (NPM) und der wirkungsorientierten Verwaltungsführung (WOV)			
Massnahmen:	1) 4 Pilotabteilungen 1996-1997 2) Einführung von NPM/WOV mit Stadthausbezug Herbst 1997 3) Schaffung des Einwohneramtes ebenfalls auf Herbst 1997			
Visionen:	Agency-Bildung	Leistungsauftrag Globalbudget	Rollentrennung Politik-Admin.	Befragungen, Qualität
Instrumente:	Personal-Führung	Finanz-Management	Leistungs-Management	Prozess-Management

In Dübendorf wurde im Zusammenhang mit dem geplanten Neubau des Stadthauses auch die Verwaltungsorganisation überprüft: Im Sinne verbesserter Bürger/innen-Nähe und Kund/innen-Orientierung soll die bisherige Einwohnerkontrolle in ein Dienstleistungszentrum ('Einwohneramt') umgewandelt werden - allerdings nicht als umfassende Produkt- und Qualitätsorientierung (Kundenbefragungen, Qualitätssicherung).

Weiter wurde eine Reorganisation der Stadtverwaltung nach den Grundsätzen des New Public Management und der wirkungsorientierten Verwaltungsführung vorgeschlagen. Dafür wurde vorerst eine möglichst breit abgestützte und gut legitimierte Projektorganisation gebildet, bestehend aus je drei Mitgliedern des Stadtrates (Exekutive) und des Gemeinderates (Legislative) sowie aus Mitarbeitern der Stadtverwaltung, insbesondere aus den vier Versuchsabteilungen Alterszentrum, Städtische Werke, Finanzverwaltung, Polizeiabteilung (ohne Stadtpolizei und Einwohnerkontrolle).

In einer Versuchsphase sollen bis 1997 erste Erfahrungen mit folgenden Modellelementen des New Public Management gewonnen werden:

a) Globalbudgets und Leistungsaufträge,
b) Verlagerung von Entscheidungskompetenzen und Controllingfunktionen in Sinne einer Trennung von strategischen und operativen Tätigkeiten,
c) Berichtswesen,
d) Motivation der Mitarbeiter/innen durch interessantere Verwaltungstätigkeit sowie
e) Öffentlichkeitsarbeit zwecks Nachvollziehbarkeit und Transparenz der ablaufenden Reformprozesse.

4. WEITERE PROJEKTE MIT NPM-ELEMENTEN

4.1. Weitere Projekte auf Bundesebene

Während mit der *Teilrevision des Beamtengesetzes* eine Flexibilisierung des besoldungspolitischen Instrumentariums verabschiedet wurde, soll mit der *Totalrevision des Beamtengesetzes* die rechtliche Ausgestaltung der Dienstverhältnisse so verändert werden, dass die Arbeitsplatzgarantie dank Stabilität (Amtsdauer) zu einer Beschäftigungssicherheit dank Mobilität (Wechsel) umgestaltet werden kann. Damit sollen die Anstrengungen zur Flexibilisierung der Verwaltungsorganisation und zur Verstärkung der Verwaltungsführung (*Personal- und Organisationsentwicklung*) noch verstärkt werden. Nach der *Teilrevision des Finanzkontrollgesetzes* soll die Eidg. Finanzkontrolle der Bundesversammlung (Legislative) und des Bundesrates (Exekutive) das Schwergewicht von der reinen Buchprüfung, d.h. der Kontrolle von Ordnungsmässigkeit und Rechtmässigkeit, neu vermehrt eine Wirkungsprüfung staatlichen Handelns verlegen dürfen. Damit sich die Eidg. Finanzkontrolle vermehrt in Richtung externe

Revision entwickeln kann, ist sie zunächst von den internen Revisionsaufgaben durch entsprechende Stellen in den Departementen (Inspektorate) zu entlasten. Mit dem *Projekt 'Controlling in der Bundesverwaltung'* kann die controllingbasierte Amtsführung, das Kostenbewusstsein sowie die Leistungs- und Wirkungsorientierung der Verwaltung hingegen nur dort verstärkt werden, wo diese interne Dienstleistung und Projektkoordination des Eidg. Finanzdepartements auch gewünscht wird.

Zudem werden bei den Hochschulen und den Regiebetrieben des Bundes ganz ähnliche Reformzielsetzungen verfolgt: Im Rahmen der Neugestaltung der parlamentarischen Mitwirkung und (Finanz-)Aufsicht im ETH-Bereich dürfte ebenfalls ein Wechsel von der Input-Steuerung zur Output-Steuerung mittels Leistungsauftrag und Globalbudget vorbereitet werden. Mit der geplanten *Revision des PTT-Organisationsgesetzes* soll eventuell eine PTT-Holding (als öffentlich-rechtliche Anstalt) geschaffen werden, wobei die beiden Geschäftsbereiche Post (als öffentlich-rechtliche Anstalt) und Telecom AG (als spezial-gesetzliche Aktiengesellschaft des öffentlichen Rechts oder als teilprivatisierte Aktiengesellschaft) organisatorisch ausgegliedert und betrieblich getrennt werden könnten. Mit der geplanten *Bahn- und Unternehmensreform* möchten die Schweizerischen Bundesbahnen (SBB) sowohl ein neues Management im Regionalverkehrsbereich (mit 6 Leistungsregionen Westschweiz, Mittelland/Jura, Zentralschweiz, Zürich, Ostschweiz und Tessin) als auch eine organisatorische Trennung zwischen Verkehrsleistungs- und Infrastrukturbereich im Rahmen einer neuen Holdingstruktur aufbauen.

Bund allgemein	**Personal- und Organisationsentwicklung**
	(Leitbild 1990 und Legislaturplanung 1991-1995)
Bund allgemein	**Teilrevision des Beamtengesetzes** (*beschlossen*) **und Totalrevision des Beamtengesetzes** (*in Vorbereitung*)
Bund allgemein	**Teilrevision des Finanzkontrollgesetzes**
	(1994 erfolgt)
Bund allgemein	**'Controlling in der Bundesverwaltung'** (*läuft*)
Eidgenössische Technische Hochschulen (ETH)	Neugestaltung der parlamentarischen Mitwirkung und Aufsicht im ETH-Bereich (*in Vorbereitung*)
Post-, Telephon- und Telegrafenbetriebe (PTT)	Holdingorganisation der PTT-Gruppe mit den Geschäftsbereichen Post und Telecom (*in Vorbereitung*)
Schweizerische Bundesbahnen (SBB)	Bahnreform und Unternehmensreform (*in Vorbereitung*)

Abb. 4:   *Weitere Projekte mit NPM-Elementen auf Bundesebene (Auswahl)*

4.2. Weitere Projekte auf Kantonsebene

Neben einzelnen organisatorischen Ausgliederungen in selbständige oder unselbständige, öffentlich-rechtliche Anstalten sowie in privatrechtliche Aktiengesellschaften im Besitz der öffentlichen Hand zeichnen sich in den letzten Jahren auf Kantonsebene zwei deutliche Entwicklungen in Richtung New Public Management ab: Mit den *Reformen kantonaler Finanzhaushaltsgesetze* wurden auch die rechtlichen Grundlagen und betrieblichen Anforderungen der Steuerung über Leistungsaufträge und Globalbudgets neu geschaffen, insbesondere für die Kreditübertragung von Jahr zu Jahr, für die Abschreibungen und Bewertungen in der Kostenrechnung oder für die Aufgaben und Kompetenzen der Finanzkontrolle. Und zwecks *Bekämpfung der Kostenexplosion im Gesundheitswesen* wurden bereits vielerorts Netto-Budgetierung und Fallkosten-Pauschalen eingeführt; diese New Public Management-Elemente werden jetzt weiter zum umfassenden Kosten-, Leistungs- und Qualitätsmanagement im Spitalbereich ausgebaut. Ähnliche Entwicklungen zeichnen sich auch beim öffentlichen (Regional-)Verkehr ab.

Kanton Appenzell-Ausserrhoden	Globalbudget/Leistungsauftrag für Spitäler (*läuft*) Neues Finanzhaushaltsgesetz (*beschlossen*)
Kanton Basel-Landschaft	Neues Finanzhaushaltsgesetz (*in Vorbereitung*)
Kanton Basel-Stadt	'Redimensionierung der Kantonsaufgaben im Kanton Basel-Stadt' (REKABAS) (*seit 1994*)
Kanton Bern	Ausgliederung der Informatik-Dienstleistungen an die BEDAG (seit 1990); Ausgliederung der Versicherungsleistungen für das Verwaltungspersonal des Kantons Bern in die Bernische Pensionskasse (seit 1994); 'Neue Finanzierungssysteme im Gesundheitswesen' (Modellversuche in 13 Spitälern) (seit 1993)
Kanton Graubünden	Leistungsauftrag/Globalbudget f. Spitäler (*in Vorbereitung*)
Kanton Luzern	'Leistungsorientierte Spitäler' (ab 1996)
Kanton St. Gallen	Globalbudgets im Spitalbereich (3 Pilotspitäler) (*angelaufen*); Kundenorientierung (Reorganisation im Amt für Umweltschutz) (*abgeschlossen*)
Kanton Thurgau	'Integrierte Budgetierung in den Krankenanstalten' (Leistungsaufträge und Globalbudgets) (*seit 1993*) Qualitätsmanagementsystem im Tiefbauamt (*in Arbeit*)
Kantone Waadt und Wallis	Ausgliederung der Abfallverbrennung von 54 Gemeinden in die SATOM SA, Monthey/VS (*seit 1972*)

Abb. 5: Weitere Projekte mit NPM-Elementen auf Kantonsebene (Auswahl)

4.3. Weitere Projekte auf Stadt- und Gemeindeebene

Die Vielfalt der kommunalen Reformprojekte haben eine neue, einheitliche Ausrichtung erhalten: Aufgabenüberprüfungen und Verwaltungsreorganisationen (insbesondere organisatorische Ausgliederungen), Leistungsaufträge und Globalbudgets sowie Controlling- und Kostenrechnungsprojekte der Städte und Gemeinden in der Schweiz scheinen sich vermehrt nach den Visionen des New Public Management und den Instrumenten der wirkungsorientierten Verwaltungsführung auszurichten. Dabei kommt meist ein pragmatisches, schrittweises Vorgehen zur Anwendung, welches bloss mit einzelnen, zentralen Reformelementen beginnt, aber modular ausbaufähig bleibt.

AG: Stadt Baden	'Verwaltungsüberprüfung' (Controlling, Führungsrichtlinien, Reorganisation) (*seit 1990*) und Besoldungsreform (Abschaffung Beamtenstatus, Einführung Leistungslöhne) (*seit 1994*)
AG: Stadt Wettingen	'Leistungsorientierte Verwaltungsanalyse' (*angelaufen*)
BE: Stadt Burgdorf	NPM für das Stadtbauamt (Produktdefinition, Globalbudget, Kostenrechnung) (*in Vorbereitung*)
BE: Gemeinde Lyss	'Überprüfung Gemeindeorganisation Lyss' (*angelaufen*)
BE: Gemeinde Muri	'Ausgliederung der Gemeindebetriebe' (Gas- und Wasserversorgung sowie Gemeinschaftsantenne) als unselbständige öff.-rechtl. Anstalt mit eigenem Rechnungskreis (*in Vorbereitung*)
GR: Gemeinde St. Moritz	'Selbstdiagnose' (Effizienzstudie zur Verwaltungsreorganisation) (*abgeschlossen*), Outsourcing der Bad- und Sportanlagen (*in Arbeit*)
LU: Stadt Luzern	Aufbau einer Kosten-Leistungsrechnung inkl. Controlling und Berichtswesen (*seit 1994*), Globalbudgets für 4 Pilotversuche (*in Vorbereitung*)
SO: Stadt Solothurn	Ausgliederung der Städtischen Werke zu einer selbständigen, öffentlich-rechtlichen Anstalt (*seit 1994*)
SG: Stadt St. Gallen	'Weiterentwicklung bestehender Ansätze', verstärkte Ausrichtung auf NPM (Leistungsindikatoren, Zielvorgaben, Dezentralisierung) (*in Vorbereitung*), z.B. Ausgliederung der Informatik-Dienstleistungen zu einer Verwaltungsrechenzentrum AG (*seit 1973*)
ZH: Gemeinde Küsnacht	'Umfassende Strukturrevision nach NPM-Grundsätzen' (Revision der Gemeindeordnung) (*in Vorbereitung*)
ZH: Gemeinde Wetzikon	Controllingprojekt (*angelaufen*) nach abgeschlossener Überprüfung des Leistungsangebots (Outsourcing von Friedhof, Gärtnerei, Liegenschaftsverwaltung) (*seit 1993*)

Abb. 6:   Weitere Projekte mit NPM-Elementen auf Stadt- und Gemeindeebene (Auswahl)

5. REFORM DER AUFGABEN- UND FINANZVERTEILUNG

Auf der Bundesebene scheinen sich die Projekte der wirkungsorientierten Verwaltungsführung und der Reform des Finanz- und Lastenausgleichs zwischen Bund und Kantonen mehr und mehr ergänzen zu können.[8] Ähnliches gilt für die kantonale Ebene, am ausgeprägtesten für den Kanton Zürich, wo der von Buschor/Schedler/Stäger[9] vorgeschlagene Normlastenausgleich (Ausgleich der Normaufwendungen bzw. der Normkosten) als 'Rohform' oder 'Vorläufer' eines Leistungsauftrages an diejenigen Zürcher Gemeinden begriffen werden kann, welche sich im kantonalen Steuerfussausgleich befinden.

Eidg. Finanz-departement	Reform des Finanz- und Lastenausgleichs zwischen Bund und Kantonen (*in Vorbereitung*)
Kanton Bern	Reform der Aufgabenverteilung Kanton-Gemeinden (*angelaufen*)
Kanton Luzern	'Luzerner Gemeinden mit Zukunft' (*in Vorbereitung*)
Kanton Solothurn	Reform der Aufgabenverteilung' (*angelaufen*) Reform des Finanzausgleichs (*in Vorbereitung*)
Kanton Zürich	Reform des Finanz- und Lastenausgleichs (Normlastenausgleich) (*in Vorbereitung*)

Abb. 7: Reformen der Aufgaben- und Finanzverteilung

6. VERGLEICH DER ERGEBNISSE

Die beiden *Reformprojekte auf Bundesebene*, also die wirkungsorientierte Verwaltungsführung in den zukünftigen Agencies sowie die Restrukturierung im Eidg. Militärdepartement (EMD 95) beinhalten (fast) sämtliche Visionen und Instrumente des New Public Management; bei beiden Projekten fehlt bloss die Vision der Produkt- und Qualitätsorientierung (Kundenbefragung, Qualitätssicherung), bei der wirkungsorientierten Verwaltungsführung zudem das Instrument des Prozessmanagement (systematische Prozessgestaltung).

---

[8] siehe Beitrag Frey in diesem Band, S. 425
[9] Buschor Ernst/Schedler Kuno/Stäger Luca 1993

Projektname	Visionen				Instrumente				Kontext	
	1	2	3	4	1	2	3	4	1	2
Wirkungsorientierte Verwaltungsführung	X	X	X	-	X	X	X	-	-	-
Reform des Eidg. Militärdepartements	X	X	X	-	X	X	X	X	X	X

Abb. 8: Projektvergleich auf Bundesebene
Legende: X = (eher) Ja, - = (eher) Nein; Visionen: 1) Agency-Bildung, 2) Leistungsauftrag und Globalbudget, 3) verstärkte Rollentrennung von Politik und Administration, 4) Kundenbefragungen und Qualitätssicherung; Instrumente: 1) neue Personalführung, 2) neues Finanzmanagement, 3) neues Leistungs-Management, 4) neues Prozessmanagement; Kontext: 1) Vorgabe eines Sanierungspotentials, 2) nötige Bewilligungen liegen vor.

Die verschiedenen *Reformprojekte auf Kantonsebene* unterscheiden sich vor allem hinsichtlich der Gewichtung der beiden Zielsetzungen 'kultureller Wandel in der Verwaltung' und 'finanzielle Sanierung des Staatshaushaltes': Liegt das Schwergewicht der Projektzielsetzungen eher bei der Verwaltungskultur wie z.B. in den Kantonen Bern, Luzern und Wallis oder im Zürcher Gesundheitswesen, werden tendenziell mehr Visionen und Instrumente des New Public Management herangezogen; liegt das Schwergewicht eher bei der Haushaltssanierung wie z.B. im Kanton Zürich, werden tendenziell weniger Visionen und Instrumente eingesetzt. Lediglich der Kanton Solothurn kombiniert den kulturellen Wandel in der Verwaltung gleichgewichtig mit der finanziellen Sanierung des Staatshaushaltes.

Kanton und Projektname	Visionen				Instrumente				Kontext	
	1	2	3	4	1	2	3	4	1	2
BE: Neue Verwaltungsführung NEF 2000	X	X	X	X	X	X	X	-	-	X
LU: Wirkungsorientierte Verwaltung WOV	-	X	X	X	X	X	X	-	-	-
SO: Schlanker Staat	X	X	X	-	X	X	X	-	X	X
VS: Administration 2000	X	X	X	-	-	X	X	X	X	X
ZH: Wirkungsorientierte Führung WIF!	-	X	X	-	-	X	X	-	X	-
ZH: Organisationsmodelle Gesundheitswesen	X	X	X	-	X	X	X	-	X	-

Abb. 9: Projektvergleich auf Kantonsebene
Legende: X = (eher) Ja, - = (eher) Nein;
Visionen, Instrumente, Kontext siehe oben

Sämtliche *Reformprojekte auf Stadt- und Gemeindeebene* beinhalten die Visionen Leistungsauftrag und Globalbudget, verstärkte Rollentrennung von Politik und Verwaltung, Produkt- und Qualitäts-Orientierung (ausgenommen Städte Zürich und Dübendorf) sowie das Instrument eines neuen Finanzmanagement. Die Vision der Agency-Bildung (organisatorische Ausgliederung) kennt lediglich das Projekt der 7 Berner Pilotgemeinden. Die anderen Instrumente, nämlich neue Personalführung, neues Leistungsmanagement bzw. neues Prozessmanagement, werden nur von der Gemeinde Köniz vollumfänglich berücksichtigt; das neue Leistungsmanagement (Indikatorbildung, Leistungscontrolling) findet zudem in den Städten Bern und Zürich sowie in den siebern Berner Pilotgemeinden Anwendung.

Kanton: Projektname/ Körperschaft	Visionen 1	2	3	4	Instrumente 1	2	3	4	Kontext 1	2
BE: Neue Stadtverwaltung Bern NSB	-	X	X	X	-	X	X	-	-	X
BE: Dienstleistungsunternehmen Köniz DUK	-	X	X	X	X	X	X	X	-	-
BE: 7 Berner Pilotgemeinden	X	X	X	X	X	X	X	-	-	X
ZH: Verwaltungsreform Stadt Zürich	-	X	X	-	X	X	X	-	-	-
ZH: WOV Stadt Winterthur	-	X	X	X	-	X	-	-	-	X
ZH: Verwaltungsreform 97 Stadt Dübendorf	-	X	X	-	-	X	-	-	-	X

Abb. 10: *Projektvergleich auf Stadt- und Gemeindeebene*
Legende: X = (eher) Ja, - = (eher) Nein;
Visionen, Instrumente, Kontext siehe oben

Während die beiden Reformprojekte auf *Bundesebene* (fast) alle New Public Managementelemente enthalten, scheinen den kantonalen und kommunalen Reformprojekten gewisse Visionen und Instrumente systematisch zu fehlen: Auf *Kantonsebene* fehlen oft die Visionen der Agency-Bildung (organisatorische Ausgliederung) und der Kundenorientierung (Kundenbefragung und Qualitätssicherung) sowie die Instrumente der Personalführung (Führungskonzepte, Managementtechniken) und des Prozessmanagement (Re-Engineering). Und auf der *Stadt- und Gemeindeebene* fehlen meistens die Vision der Agency-Bildung und die Instrumente der neuen Personalführung, des neuen Leistungsmanagement (Indikatorenbildung, Leistungscontrolling) und des Prozessmanagement.

Dieser erste Überblick über die aktuellen New Public Management-Reformprojekte zeigt auf, dass heute eine *breite Reformwelle in der Schweiz* festgestellt werden kann. Zudem leisten alle drei Staatsebenen des föderalistischen Systems ihren *spezifischen Innovationsbeitrag* zur Verwaltungsreform: Der Bund mit seinem umfassenden Ansatz zur neuen Verwaltungskultur, die Kantone mit ihrer breiten Ausschöpfung des Sanierungspotentials sowie die Städte und Gemeinden mit ihren frühzeitigen und punktuellen Reformen, die durch New Public Management eine nachdrückliche Verstärkung und einheitliche Ausrichtung erfahren haben.

Jetzt gilt es, diese Reformerfahrungen systematisch zu sammeln und auszuwerten, damit sie später - über alle drei Staatsebenen hinweg - sinnvoll miteinander verbunden werden können. Erste Ansätze dazu sind in den aktuellen Reformvorschlägen zur Aufgabenneuverteilung sowie zum Finanz- und Lastenausgleich bereits vorhanden. Deshalb können und sollen die Reformbestrebungen des New Public Management mit denjenigen der föderalistischen Aufgaben- und Finanzreformen verstärkt aufeinander abgestimmt werden, und zwar sowohl bei der Konzeption als auch bei der Umsetzung.

LITERATUR

Buschor Ernst/Schedler Kuno/Stäger Luca, Finanz- und Lastenausgleich im Kanton Zürich, Gutachten zuhanden des Regierungsrates des Kantons Zürich (Schriftenreihe des Instituts für Finanzwirtschaft und Finanzrecht: 61), Bern/Stuttgart/Wien: Haupt (2. Auflage), 1993

WARM-UP FÜR NEW PUBLIC MANAGEMENT

VIER JAHRE PERSONAL- UND ORGANISATIONSENTWICKLUNG IN DER SCHWEIZERISCHEN BUNDESVERWALTUNG

Dieter Jegge und Karl Schwaar

1. VERWALTUNGSREFORM UND PERSONALMANAGEMENT

Modischer Spuk oder Beginn einer neuen Verwaltungsära? Der Fall scheint klar: Die Ideen des New Public Management (NPM) setzen sich trotz gelegentlicher Polemiken[1] unaufhaltsam durch. So zählt seit jüngstem etwa auch Helmut Klages zu den Verfechtern von NPM. Der deutsche Soziologe und Verwaltungswissenschafter ist überzeugt, dass dem gegenwärtigen Aufbruch in den Verwaltungen "sowohl von seinen Anlässen, wie auch von seiner Richtung her gesehen mit grosser Klarheit ein *Orientierungspfeil* eingezeichnet ist, der in die Zukunft weist".[2]

Zugleich aber macht Klages deutlich, dass eine nachhaltige Umgestaltung des öffentlichen Dienstes einen eigentlichen *Kultur- und Mentalitätswandel* beim Personal erfordert. Dazu müsse man die Kunst der Organisationsentwicklung beherrschen und benötige zusätzlich ein modernes Personalmanagement - und in diesem Rahmen vor allem eine moderne Personalentwicklung. Der ersten Welle der Verwaltungsmodernisierung (Neues Steuerungsmodell) habe deshalb eine zweite Welle (Personal- und Organisationsentwicklung) zu folgen. Und beide Wellen seien eng miteinander zu verkoppeln.

In der schweizerischen Bundesverwaltung verläuft der Modernisierungsprozess genau in umgekehrter Abfolge. Noch bevor der europäische Kontinent vom Wellenschlag des New Public Management erreicht war und als Ergänzung und Erweiterung von zu technokratischen und nicht zuletzt deshalb ins Stocken geratenen Rationalisierungs- und Effizienzsteigerungsprogrammen verabschiedete der Bundesrat im Juni 1990 ein Leitbild zur *Personal- und Organisationsentwicklung (POE) in der allgemeinen Bundesverwaltung*. Das Eidg. Personalamt erhielt zugleich den Auftrag, dieses zusammen mit den Personaldiensten der Departemente jeweils im Rahmen der Legislaturplanung zu aktualisieren und zu kon-

---

[1] Vgl. etwa Laux 1994
[2] Klages 1995, S. 1

kretisieren. Ein erstes Mal geschah dies für die Legislaturperiode 1991-1995.[3]

Ausgangspunkt des POE-Leitbilds ist die Erkenntnis, dass die öffentliche Verwaltung mit den tradierten bürokratischen Mentalitäten, Regeln und Verfahren der Dynamik und Komplexität des in ihren Systemumwelten ablaufenden Wandels nicht mehr gerecht wird. Um mit dem Rhythmus von Wirtschaft und Gesellschaft Schritt halten zu können, muss sie selber ein entwicklungsfähiges System sein und namentlich lernen,

- mit knapperen Mitteln mehr zu leisten,
- auf sie zukommende Probleme frühzeitig zu erkennen,
- eine Mitverantwortung zu übernehmen im Prozess der politischen Konsensfindung,
- zivile Akteure vernünftig einzubeziehen in die Formulierung und den Vollzug ihrer Politiken,
- Arbeitszusammenhänge elastischer zu organisieren,
- mit neuartigen Ansprüchen des Personals umzugehen.

Obwohl längst nicht abgeschlossen, macht diese Aufzählung deutlich, dass die öffentliche Verwaltung höchst widersprüchlichen Anforderungen genügen sollte. Freiburghaus verwendet dafür das drastische Bild der Henne, der man ein mit Fuchspelz überzogenes, piepsendes Ei unterlegt und die darob entweder hysterisch wird oder sich tot stellt.[4] Personal- und Organisationsentwicklung soll dazu beitragen, dass die Verwaltung weder das eine noch das andere tut.

2. POE-LEITBILD UND POE-UMSETZUNG

Leitbilder sollen zukünftiges Handeln anleiten und daher so einfach wie möglich sein (aber nicht einfacher!). Das POE-Leitbild des Bundesrates ist deshalb bewusst knapp gehalten und beschränkt sich auf drei Punkte:

- Qualifizierung des Personals (Ansatzpunkt Menschen);
- Flexibilisierung der Organisationsformen und Rechtsnormen (Ansatzpunkt Strukturen);
- Verstärkung der Führung (Ansatzpunkt Prozesse).

---

[3] Vgl. Bericht über die Legislaturplanung 1991-1995 vom 25. März 1992, S. 130-139
[4] Freiburghaus 1989, S. 12 f.

Im folgenden Beitrag soll zunächst dargestellt werden, mit welchen Programmen und Massnahmen das Leitbild seit 1991 schrittweise umgesetzt wird. Dabei gehen wir von der theoretischen Erkenntnis aus, dass komplexe (selbstreferentielle) Sozialsysteme nur über wenige Stellen und Druckpunkte verfügen, über die sie Impulse für die Veränderung ihrer eigenen Zustände, Strukturen und Verfahrensweisen aufnehmen können.[5] In einem überreglementierten und überorganisierten System, wie es die öffentliche Verwaltung ist, sind diese Druckpunkte unserer Auffassung nach vor allem im Bereich des *Rechts* und der *hierarchischen Koordination* zu finden. Hier haben wir den Hebel angesetzt mit dem Ziel, durch den Entzug von Normen und Strukturen Freiräume für situative (Führungs-)Entscheide zu öffnen und den Linienvorgesetzten mehr Verantwortung anzuvertrauen. Flankierend dazu galt es, entsprechende Ausbildungs-, Beratungs- und Unterstützungsangebote aufzubauen.

Unsere Umsetzungsstrategie kann als eine *Politik der "Nadelstiche"* bezeichnet werden, die bewusst auf kleine, aber kontrollierte Lernschritte nach dem Prinzip von "trial and error" setzt, gelenkt allerdings von der Vision einer flexiblen und lernfähigen Verwaltung mit qualifizierten und motivierten Mitarbeiterinnen und Mitarbeitern. Dabei halten wir es für wichtig, den eingeleiteten Veränderungsprozess nicht zu früh durch enge Detailnormierungen abzuwürgen, zumal neue Standards und Strukturen auch erst aus der Bewegung heraus entstehen können. Unabdingbar ist in dieser Phase sodann die Kommunikation und die Legitimationsbeschaffung: Werden aus den Betroffenen nicht auch Beteiligte und trägt das übergeordnete politische System die Vision nicht mit, bestehen für ihre Umsetzung nur geringe Erfolgsaussichten. Die lange Geschichte gescheiterter Verwaltungsreformvorhaben, die von aussen aufoktroyiert und intern zu wenig breit abgestützt waren, illustriert dies zur Genüge. Das ist freilich kein Plädoyer für ein sozialtechnokratisches "Kulturengineering". Ein kultureller Veränderungsprozess braucht Zeit und lässt sich nicht von oben verordnen, schon gar nicht mit schön verpackten corporate identity-Kampagnen und gutgemeinten Verhaltensappellen. So werden aus vorsichtigen Beamten keine zielstrebigen Intrapreneure.[6]

Selbstverständlich geht das Konzept NPM wesentlich weiter als das Leitbild POE. Personal- und Organisationsentwicklung sind aber unverzichtbare Elemente von New Public Management. Zudem ist unsere Umsetzungsstrategie zugleich als ein *mentales Warm-up* konzipiert, das die

---

5   Vgl. Willke 1992
6   Zur Frage der Entbürokratisierung von Bürokratien siehe den Beitrag von Hablützel in diesem Band, S. 499

Bundesverwaltung und ihre Bediensteten fit machen soll für die zweite Reformwelle: für die allmähliche Umwandlung des Konzerns "Staat" in eine Holding, für die Bildung von (teil)autonomen Agencies, für den Einsatz von Leistungsaufträgen, Kostenrechnungen und neuen Methoden der Leistungsmessung, für die Einführung von Markt- und Wettbewerbselementen. Im letzten Teil dieses Artikels werden wir darlegen, dass in der Bundesverwaltung auch diese zweite Welle bereits zu rollen begonnen hat.

3. EINE ZWISCHENBILANZ

3.1. *Modernisierung des Personalrechts*

Eigentlicher Angelpunkt zur Modernisierung des Personalmanagements in der Bundesverwaltung bildet die Reform des Dienstrechts. Unser aus dem Jahr 1927 (!) datierender personalrechtlicher Grunderlass, das Beamtengesetz, ist gewissermassen ein Relikt aus quasi-feudalistischen Zeiten: Beamte werden durch einseitige Verfügung angestellt und unterstehen einem *"besonderen Gewaltverhältnis"*. Ihre Leistungsmotivation beziehen sie aus einem auf der Treuepflicht aufbauenden Dienstethos, das mit standesgemässer Besoldung ("Alimentationsprinzip") und - de facto - lebenslanger Anstellung abgegolten wird. Ausserdem können sie gegenüber ihrem Arbeitgeber grundsätzlich dieselben, aus dem Legalitätsprinzip abgeleiteten Rechtssicherheits- und Verfahrensansprüche geltend machen wie die Bürger/innen gegenüber dem Staat.[7] Die Folge ist, dass Personalpolitik und Personalführung im wesentlichen aus dem Erlass und Vollzug von stets justiziablen und deshalb besonders feinmaschigen Vorschriften bestehen, die den Spielraum für eine situationsgerechte Personalpolitik und organisatorische Veränderungen empfindlich einengen und per saldo zu einer *"organisierten Unverantwortlichkeit"* führen.

Leitidee der Revision unseres Personalrechts ist die Ablösung der auf Stabilität (Amtsdauer!) beruhenden Arbeitsplatzgarantie durch eine an die Bedingung der Mobilität geknüpfte Beschäftigungssicherheit. Konkreter: Wir wollen die Dienstverhältnisse beim Bund auch in Zukunft nach dem öffentlichen Recht regeln, das sachlich nicht gerechtfertigte Kündigungen im Unterschied zum privaten Arbeitsrecht ausschliesst. Das Bundespersonal soll sich nicht fürchten müssen, zum Spielball tagespolitischer Launen zu werden, denn Eigenschaften wie Risikobereitschaft,

---

[7] Vgl. zu dieser Problematik den Beitrag von Richli in diesem Band, S. 297

Zivilcourage und Mut zu unkonventionellen Ideen gedeihen nur in einem Klima des gegenseitigen Vertrauens. Und die Öffentlichkeit soll von der Bundesverwaltung weiterhin Berechenbarkeit und Unabhängigkeit erwarten dürfen. Gleichzeitig müssen wir aber auch den gewandelten Verhältnissen und neuartigen Ansprüchen Rechnung tragen: Die vorgesetzten Behörden sowie die Steuerzahler/innen einerseits fordern mit Recht eine schnellere, beweglichere und kostengünstigere Verwaltungstätigkeit. Die Beamtinnen und Beamten müssen daher beruflich, geografisch und geistig mobiler werden. Das Personal andererseits sucht nach Entfaltungsmöglichkeiten, Sinn und Förderung.

Eine erste Etappe in der Revision des Beamtengesetzes haben wir bereits hinter uns gebracht. Dabei stand ursprünglich die *Flexibilisierung der Kaderdienstverhältnisse* im Vordergrund. Die Abschaffung der Amtsdauer für die rund 500 obersten Bundesbeamtinnen und Bundesbeamten wurde von den eidg. Räten entgegen einer Parlamentarischen Initiative, die genau dies verlangt hatte, jedoch aus der Vorlage gekippt. Der Druck, im Rahmen der Totalrevision des Beamtengesetzes ein Konzept für eine umfassende Flexibilisierung der Dienstverhältnisse zu präsentieren, ist damit jedoch nur gestiegen. Verstärkt wird er noch durch die europäisch konzertierte Liberalisierung des Post- und Telekommunikationsbereichs, welche die PTT einem wachsenden internationalen Konkurrenzdruck aussetzt und sie zu einer umfassenden Unternehmensreform zwingt. Unter anderem muss sie die Möglichkeit erhalten, eine eigenständige, den Entwicklungen am Markt angepasste Personalpolitik zu betreiben. Als öffentliche Unternehmen mit einem politisch definierten Versorgungsauftrag sollen Telecom und Post jedoch weiterhin einem für die gesamte Verwaltung geltenden personalrechtlichen Dach unterstehen. Das neue Bundespersonalgesetz muss sich deshalb darauf beschränken, einen von unnötigen Detailregelungen entlasteten Rahmen zu setzen, innerhalb dessen die verschiedenen Verwaltungen und Betriebe weitreichende Kompetenzen erhalten, die bis hin zum Abschluss von Gesamtarbeitsverträgen gehen.

Wichtigste Errungenschaft der auf den 1. Januar 1996 in Kraft tretenden Teilrevision bleibt die *Flexibilisierung des besoldungspolitischen Instrumentariums*: Die Festlegung des Teuerungsausgleichs geht in die alleinige Kompetenz des Bundesrats über. Anfangsbesoldungen und Besoldungserhöhungen sind im Gesetz nicht mehr genau beziffert, sondern können durch den Bundesrat jährlich neu festgelegt werden. Schliesslich wird eine positive Leistungslohnkomponente im Umfang von maximal 0,5 Lohnprozenten geschaffen.

Die neuen Bestimmungen erleichtern zum einen die Anpassung an die konjunkturelle Lage und die Situation am Arbeitsmarkt und stärken den Bundesrat als Verhandlungspartner der Personalverbände, da es künftig möglich sein wird, die verschiedenen Lohnelemente im Sinne von kommunizierenden Röhren aufeinander abzustimmen und in eine vernünftige Balance zu bringen. Zum anderen gestatten sie es, gewisse Gehaltsautomatismen zu lockern und die Lohnpolitik zumindest graduell zu individualisieren und als Führungsinstrument aufzuwerten. Damit ist nicht nur die Leistungslohnkomponente angesprochen, die als nichtversicherte, einmalige Prämie an einzelne Personen oder ganze Arbeitsteams ausbezahlt werden soll, sondern namentlich auch die ordentliche Besoldungserhöhung. Bis heute war sie ausschliesslich an die Erfahrung - sprich: Dienstalter - gekoppelt, in Zukunft sollen die Vorgesetzten hier ebenfalls eine leistungsbezogene Differenzierung vornehmen können.

Das für den öffentlichen Bereich geltende Willkürverbot macht die Einführung von Leistungslohnelementen zwar zu einer schwierigen Gratwanderung zwischen Justiziabilität und Praktikabilität, zugleich erweist es sich aber auch als Chance: Es erfordert nämlich eine sorgfältige Personalbeurteilung, und die wiederum muss sinnvollerweise auf vorgängig festgelegten Leistungsstandards und Leistungszielen beruhen. Leistungslohnelemente verlangen von den Linienvorgesetzten daher, stärker über Ziele zu führen und sich mehr Zeit zu nehmen für Mitarbeitergespräche. Verschiedene Bundesämter haben bereits damit begonnen, ihre Beurteilungssysteme und ihre Beurteilungspraxis kritisch zu überprüfen. Im Finanzdepartement werden gegenwärtig zudem zwischen den verschiedenen Amtsleitungen und den Mitarbeitenden je eigene *"Grundsätze der Führung und Zusammenarbeit"* ausgehandelt. Das amtsweise Vorgehen soll sicherstellen, dass den Grundsätzen nicht dasselbe Schicksal widerfährt wie den 1974 vom Bundesrat erlassenen "Richtlinien für die Verwaltungsführung im Bunde", die weitgehend Deklamation geblieben sind. Die Hoffnung scheint durchaus berechtigt, dass der "Nadelstich" sitzt, und die Lockerung des Besoldungsrechts dazu beiträgt, die Führungsprozesse in der Bundesverwaltung zu stärken, womit zugleich die Voraussetzungen geschaffen würden, die leistungsabhängigen Besoldungselemente dereinst noch auszubauen.

3.2. *Individualisierung der Arbeitszeit*

Materielle Anreize wirken allerdings längst nicht mehr so stark wie gerade von seiten der Politik immer wieder angenommen wird. Es besteht im

Gegenteil die Gefahr, dass sie zu einer allgemeinen Anhebung des Anspruchsniveaus führen und - da dieses mit den finanziellen Möglichkeiten nicht immer in Einklang zu bringen sein wird - bereits den Keim der Demotivierung in sich tragen.[8] Nicht zu unterschätzen ist ferner auch die Problematik der Mess- und Vergleichbarkeit der in einer Verwaltung zu erbringenden Leistungen. In einem modernen Personalmanagement müssen deshalb *nicht-monetäre Anreize* ein mindestens ebenso hohes Gewicht erhalten. Als zentrales Element betrachten wir dabei eine flexible, den gesellschaftlichen Individualisierungstendenzen angepasste Arbeitszeitpolitik. Sie trägt nicht nur bei zur Verbesserung von Betriebsklima und Attraktivität eines Unternehmens, sondern führt auch zu Produktivitätssteigerungen und hilft, Arbeitsplätze zu sichern.[9]

Bereits 20 Prozent der Mitarbeitenden arbeiten heute in der Bundesverwaltung teilzeit, in wachsendem Mass auch Männer und Vorgesetzte. Derzeit werden ausserdem erste Erfahrungen mit Jobsharing-Versuchen im Kaderbereich gesammelt. Zur Verlangsamung des horrenden Personalabbaus, dem zwischen 1992 und 1997 rund 15 Prozent der Bundesstellen zum Opfer fallen dürften, ist sodann die wöchentliche Arbeitszeit 1995 auf 41 Stunden reduziert worden, wobei sich das Personal im Sinne einer Solidaritätsaktion rund zur Hälfte an den anfallenden Kosten beteiligt. Um die Beschäftigungswirksamkeit der Arbeitszeitverkürzung zu erhöhen, erhält das Personal in der Regel zusätzliche Freitage. Schliesslich schuf der Bundesrat im vergangenen Jahr auch eine Rechtsgrundlage für die definitive Einführung der flexiblen Arbeitszeitmodelle, die in zahlreichen Bundesämtern bereits seit 1992 erprobt werden.

Am häufigsten angewandt wird das *Bandbreitenmodell*, das insgesamt zwölf Wahlmöglichkeiten mit unterschiedlichen Optionen bezüglich wöchentlicher Arbeitszeit, Lohnhöhe und Freitagen bietet.[10] Sechs von zehn Personen entschieden sich in den Pilotversuchen für einen neuen Arbeitszeit-Lohn-Mix. Als grosse Renner erwiesen sich insbesondere die Arbeitszeitmenüs mit einer längeren zusammenhängenden Freizeit: Fast jede zweite Person erhöhte ihre wöchentliche Arbeitszeit um eine bzw. zwei Stunden und kompensierte die Mehrarbeit in Form von fünf bzw. zehn Freitagen; weitere neun Prozent wählten ein Menü mit zusätzlichen Freitagen und weniger Lohn. Sofern sich Vorgesetzte und Mitarbeitende

---

[8] Vgl. Sprenger 1992, siehe dazu auch Schedler 1993 und den Kommentar von Hablützel in Hilb 1995
[9] Vgl. McKinsey 1994
[10] Eingehend dargestellt sind unsere Erfahrungen mit den flexiblen Arbeitszeiten in Hablützel et al. 1995

darauf einigen können, besteht auch die Möglichkeit, die Freitage über die Jahre hinweg anzusparen und sie für Weiterbildungsurlaube oder andere Personalentwicklungsmassnahmen einzusetzen.

Flexible Arbeitszeiten dürfen allerdings nicht zu neuen Rigiditäten führen. Es besteht deshalb weder ein Zwang für die Bundesämter, flexible Arbeitszeiten anzubieten, noch ein individuelles Recht, die Arbeitszeitmenüs frei zu wählen. Wir haben bloss einen flexiblen Arbeitszeitrahmen geschaffen, innerhalb dessen zwischen den Dienststellen und dem Personal individuelle Arbeitszeitregelungen ausgehandelt werden können. Methodischer Ansatz hierfür ist ein dialogisches *"Konsensus-Management"* unter den Betroffenen, an dem das Eidg. Personalamt nur bei Bedarf als Moderator teilnimmt. Flexible Arbeitszeiten steigern damit nicht nur die Arbeitsplatzattraktivität, sondern erhöhen zugleich auch die Anforderungen an die Vorgesetzten und bereichern die Arbeit im Team, wie eine Evaluation der Pilotversuche ergeben hat. Die Abstimmung der individuellen Arbeitszeitwünsche mit den dienstlichen Notwendigkeiten erfordert eine deutliche *Intensivierung der Führungsgespräche*, und die häufigeren Abwesenheiten lassen sich nur dann verantworten, wenn die Stellvertretungen klar geregelt sind und die Mitarbeitenden möglichst polyvalent eingesetzt werden können, was oft ein *Jobenlargement* oder *Jobenrichment* erfordert. Insofern zielt auch dieser Deregulierungsschritt primär auf die Verstärkung der Führung und die Qualifizierung des Personals.

3.3. *Neue Führungsschulung und Frauenförderung*

Im Zentrum der Personalentwicklung steht seit 1991 die Aus- und Weiterbildung, für die wir heute rund doppelt so viel Geld aufwenden wie noch vor fünf Jahren.[11] Wir konnten damit in den neuen Ausbildungserlassen mit einigermassen gutem Gewissen ein Recht auf Förderung festschreiben, kombiniert allerdings mit der Verpflichtung, sich den individuellen Fähigkeiten und Anforderungen entsprechend weiterzubilden. Bei gleicher Gelegenheit wurden die Entscheidkompetenzen in Ausbildungsfragen weitgehend an die Linienvorgesetzten delegiert. Sie haben nun bei externen Ausbildungen gemeinsam mit den Betroffenen zwischen persönlichem Bedürfnis und dienstlichem Bedarf abzuwägen.

---

[11] 1994 betrugen die Ausbildungskosten (exkl. Personalkosten) in der allgem. Bundesverwaltung rund 22 Millionen Franken. Das entspricht knapp einem halben Prozent der gesamten Personalausgaben oder rund 500 Franken pro besetzte Stelle. Verglichen mit anderen grossen Dienstleistungsunternehmen investiert damit der Bund immer noch recht wenig in die Aus- und Weiterbildung seines Personals.

Ebenso liegt es in ihrem Ermessen, festzulegen, zu welchen Teilen sich der Arbeitgeber an den Kosten beteiligt.

Unser Hauptaugenmerk gilt jedoch der qualitativen Verbesserung unserer eigenen Ausbildungsangebote. Wir wollen sie möglichst praxisnah gestalten und legen grosses Gewicht auf den *Lerntransfer*, der in der Bildungsforschung zunehmend als Problem erkannt wird, zumal bei Seminarien, die der Unterstützung persönlicher und organisatorischer Veränderungen dienen sollen.

Wichtigstes Zielpublikum waren zunächst die Führungskräfte. Die 1993 lancierte, vollständig überarbeitete Führungsausbildung geht davon aus, dass Vorgesetzte neben ausreichendem Fachwissen insbesondere ein hohes Mass an sozialen, kommunikativen und strategischen Kompetenzen benötigen, um den immer komplexeren und sich stets schneller verändernden Anforderungen genügen zu können. Rückgrat der Führungsausbildung sind drei aufeinander aufbauende Stufenseminare von insgesamt je zehn Tagen Dauer, aufgeteilt in mehrere Blöcke und gefolgt von fünf eintägigen Praxisberatungen, an denen die Teilnehmenden Probleme aus ihrem persönlichen Führungsalltag zur Sprache bringen können. Die Stufenseminare sind damit als ein *mehrstufiger Lernzyklus* konzipiert, der immer wieder die Möglichkeit gibt zu periodischen Standortbestimmungen und zu einer allmählichen Weiterentwicklung des persönlichen Führungsverhaltens. Ergänzt werden die Stufenseminare durch ein weitgefächertes Angebot an Einzelmodulen, die nach dem Baukastenprinzip belegt werden können.

Eine wissenschaftliche Evaluation durch das Institut für Arbeits- und Organisationspsychologie an der Universität Bern[12] zeigt, dass wir mit unserer neuen Führungsausbildung auf dem richtigen Weg sind. Kursinhalte und Kursverlauf werden ausgesprochen positiv beurteilt, und - was uns noch wichtiger ist - rund drei Viertel der befragten Seminarteilnehmer/innen geben an, dass sie Inhalte aus dem Führungskurs in den Arbeitsalltag transferiert haben, wobei dazu die Praxisberatungen offenbar einen besonders grossen Beitrag leisten. Die Befragten haben namentlich den Eindruck, dass sie ihre Mitarbeiter/innen besser motivieren und unterstützen, und dass sie sich persönlich leichter auf neue Situationen und Herausforderungen einstellen können. Diese Transfererfolge werden von den Mitarbeiter/innen weitgehend bestätigt. Ein Schwachpunkt

---

[12] Vgl. Evaluation der Führungsausbildung des Eidg. Personalamtes. Schlussbericht (Kurzfassung), hrsg. v. der Universität Bern, Institut für Psychologie, Abt. Arbeits- und Organisationspsychologie, 1994

unserer Führungsausbildung scheint darin zu liegen, dass die führungstechnische Kompetenzerweiterung ("Aufgabenorientierung") gegenüber der allgemeinen Persönlichkeitsentwicklung eher zu kurz kommt.

Welche Schlüsse sind aus dieser Evaluation zu ziehen? Wir sind zunächst überzeugt, dass die Mitarbeitenden sich gegenüber ihren Vorgesetzten in Zukunft noch anspruchsvoller und noch kritischer verhalten werden. Wir wollen deshalb in unseren Führungsseminaren an den *persönlichkeitsbildenden Elementen* festhalten. Vorgesetzte ohne persönliches Format, ohne einen weiten geistigen Horizont, Vorgesetzte, die vor Widersprüchen und Konflikten kapitulieren, werden je länger je mehr unter die Räder kommen. Gleichzeitig aber gilt es, die *aufgabenbezogenen Aspekte* auszubauen. Dazu gehören - gerade auch vor dem Hintergrund der gegenwärtigen Finanzkrise - die Vermittlung betriebswirtschaftlicher Kenntnisse und die Schulung zu Fragen des Policy-making. Wir wollen zweitens die Grenzen zwischen Ausbildung und Beratung noch stärker auflösen. Ansatzweise tun wir dies zwar schon heute, indem wir verschiedene Seminare direkt in einzelnen Organisationseinheiten durchführen und sie teils auch mit Massnahmen zur Organisationsentwicklung verbinden. Wir müssen die Vorteile des Lernens *"on"* und *"near the job"* in Zukunft aber noch viel konsequenter nutzen und die an konkreten Problemen orientierte, massgeschneiderte Ausbildung zum zweiten Standbein unseres Führungsausbildungskonzepts machen.

Ein weiterer Schwerpunkt unseres Ausbildungsangebots sind die Kurse für Frauen, die auf eine ausserordentlich grosse Nachfrage stossen und bei denen Themen wie Kommunikation, Konfliktbewältigung oder Laufbahnplanung im Vordergrund stehen. Sie wurden jüngst zusammen mit den "Frauenkursen" der Stadt und des Kantons Zürich ebenfalls einer Wirkungsüberprüfung unterzogen.[13] Und auch hier ist das Ergebnis ermutigend: Die Teilnehmerinnen, von der Sekretärin bis zur Kaderfrau, erleben sich nach den Kursen als selbstbewusster und durchsetzungsfähiger, sie berichten von klareren Berufsvorstellungen und mehr Erfolg am Arbeitsplatz.

Am besten fällt das Ergebnis für die Bundesverwaltung aus, was Stalder im wesentlichen auf die personalpolitischen Rahmenbedingungen zurückführt. Massgeblich geprägt werden sie durch die 1992 in Kraft getretenen *"Weisungen des Bundesrates über die Verbesserung der Vertretung und der beruflichen Stellung des weiblichen Personals in der allgemeinen Bundesver-*

---

[13] Vgl. Stalder 1995

waltung". Diese verpflichten die Bundesämter, bei Anstellungen und Beförderungen Frauen mit gleichwertiger Qualifikation gegenüber männlichen Bewerbern solange den Vorrang zu geben, bis innerhalb der betreffenden Verwaltungseinheit Parität erreicht ist. Ausserdem schreiben sie vor, dass sämtliche Bundesämter eigene Förderungsprogramme erlassen und umsetzen. Der Frauenanteil in der Bundesverwaltung nimmt seither stetig zu und liegt heute bei knapp zwanzig Prozent, im Kaderbereich bei rund fünf Prozent. Allein schon diese Zahlen machen es allerdings unumgänglich, die Frauenförderung noch besser in die Personal- und Organisationsentwicklung zu integrieren und insbesondere künftige Kaderfrauen gezielt zu fördern. Ein entsprechendes, Schulungs- und Beratungsmassnahmen verbindendes *Laufbahnentwicklungsprogramm* ist bereits angelaufen. Es sieht vor, dass sich Nachwuchskräfte, während der Pilotphase ausschliesslich Frauen, mit ihren Vorgesetzten zu einem Lerntandem zusammenschliessen und in einem begleiteten, einjährigen Entwicklungs- und Lernprozess auf die Übernahme neuer Aufgaben vorbereiten.

Ausbildung trägt nicht nur bei zur Förderung der beruflichen Fähigkeiten und der persönlichen Entwicklung der Mitarbeitenden bei, sondern sie entfaltet in Unternehmen, die sich entsprechend der wachsenden Komplexität ihrer Aussenbeziehungen zu weiteren Ausdifferenzierungen ihrer internen Führungs-, Organisations- und Handlungsformen gezwungen sehen, eine wichtige *Klammerwirkung*. Schon heute ist sie eines der wenigen Mittel, über die Unternehmensleitungen noch verfügen, um einen gemeinsamen Orientierungshorizont zu erhalten.[14] Aus- und Weiterbildung werden in der Bundesverwaltung deshalb auch in den kommenden Jahren zu den Schwerpunkten der Personalentwicklung zählen. So laufen derzeit Pilotseminarien für Personalverantwortliche und Linienvorgesetzte zu speziellen Fragen des Personalmanagements. Ferner profitieren unsere Lehrlinge und ihre Ausbildnerinnen und Ausbildner von einem erweiterten und verbesserten Förderungs- und Unterstützungsangebot. Schliesslich bereiten wir ein Schulungs- und Entwicklungsprogramm für das Sekretariatspersonal vor, dessen Aufgaben sich durch die Informatisierung der Arbeitsplätze tiefgreifend verändert haben. Es zeichnet sich ab, dass die Sekretariate und Kanzleien immer mehr zu Kommunikations-Drehscheiben werden. Das setzt freilich voraus, dass sich die Sekretärinnen und Sekretäre die entsprechenden Qualifikationen aneignen können.

---

[14] Kühl 1995, S. 69

3.4. Neue Organisationsformen

Mit der notwendigen Ausdifferenzierung der internen Führungs-, Organisations- und Handlungsformen stossen wir zunehmend auch an die Grenze der traditionellen hierarchischen Verwaltungskoordination. Eine Alternative dazu ist der Einsatz von Projektorganisationen, die freilich nicht bloss als eine zusätzliche "management by-Technik" verstanden werden dürfen. Das vor nunmehr drei Jahren lancierte *Impulsprogramm zur Förderung des Projektmanagements* in der Bundesverwaltung zielt deshalb, ausgehend vom Antagonismus zwischen Projektmanagement und den gewachsenen bürokratischen Strukturen, in erster Linie auf die Entwicklung eines neuen Organisationsbewusstseins. Projektmanagement erweist sich in dieser Optik als folgenreicher Eingriff in bestehende Sozialsysteme. Es verlangt von allen Beteiligten die Entwicklung entsprechender Fähigkeiten und Kompetenzen. Konsequenterweise lag der Akzent deshalb von Beginn weg auf einer Kombination von Informations-, Schulungs- und Beratungsaktivitäten.

Mittlerweile hat das intendierte Organisationsbewusstsein in einer grösseren Zahl von Dienststellen - insbesondere auf der operativen Ebene sowie im mittleren Führungsbereich - einen starken Entwicklungsschub erfahren. Komplexe Aufgabenstellungen werden heute zunehmend an Projektorganisationen übertragen, was unter anderem auch daran liegt, dass wir nicht nur Projektleiter/innen und Projektmitarbeiter/innen ausbilden, sondern auch Mitglieder von Amtsleitungen im Führen mit Projektmanagement schulen. Als nach wie vor problematisch erweist sich allerdings die Bewältigung departementsübergreifender Aufgabenstellungen. Auf diesen Bereich wird in der nächsten Phase des Programms das Schwergewicht zu liegen kommen.

Der Überwindung herkömmlicher bürokratischer Organisationsvorstellungen dient sodann auch unser Beratungs- und Unterstützungsangebot zum Thema *"Strategische Amtsführung"*, das sich im wesentlichen an einem aufgabenkritischen Ansatz orientiert. Ausgangspunkt ist die Erfahrung, dass vielerorts in der Bundesverwaltung nach wie vor die Haltung vorherrscht, die Aufgaben und Ziele seien durch Gesetz und Verordnungen ausreichend umschrieben. Die Erfüllung des gesetzlichen Auftrages erfordert nach diesem Denkansatz in erster Linie die Bildung möglichst klar abgegrenzter Teilaufgabenbereiche, welche als Grundlage für die Verwaltungsorganisation dienen. Charakteristisch dafür ist die grosse Bedeutung, die aufbau-organisatorischen Aspekten und einer möglichst stringenten Regelung administrativer Abläufe zugemessen wird.

Dem steht die Auffassung gegenüber, der gesetzliche Auftrag bedürfe aufgrund von Veränderungen im politischen, wirtschaftlichen und gesellschaftlichen Umfeld in vielen Fällen einer regelmässigen Interpretation. Die zentrale Aufgabe der Führung bestehe demzufolge darin, rechtzeitig zukünftige Herausforderungen zu erkennen, die längerfristigen Prioritäten des eigenen Aufgabenbereiches zu klären und diese in konkrete Zielvorgaben umzusetzen. Das Programm "Strategische Amtsführung" vermittelt interessierten Dienststellen das Rüstzeug zur Erarbeitung von Entwicklungsszenarien, zur Analyse des eigenen Stärke-/Schwächeprofils und zur Gestaltung von Bereichsstrategien unter Einbezug der vorhandenen Ressourcen. In einigen Pilotprojekten ist es gelungen, Entwicklungen in Richtung einer *proaktiven Ausrichtung der Führungstätigkeit* einzuleiten. An seine Grenzen stösst der Ansatz allerdings da, wo auf hierarchisch übergeordneter Ebene klare politische Zielvorstellungen fehlen.

4. ANSÄTZE EINES NEW PUBLIC MANAGEMENT

4.1. Spezialstatute

Die beiden letztgenannten Programme - "Förderung des Projektmanagements" und "Strategische Amtsführung" - vermögen zwar wichtige Impulse in Richtung einer wirkungsorientierten Verwaltung zu vermitteln und Voraussetzungen für weitergehende Reformen zu schaffen. Sie stellen jedoch das traditionelle System der Verwaltungsführung selbst nicht in Frage.

Radikaler im Ansatz und konsequenter in der Umsetzung ist hingegen die von den eidg. Räten im Frühjahr 1995 gutgeheissene *Umwandlung des Bundesamtes für geistiges Eigentum in ein rechtlich selbständiges Institut (IGE)*.[15] Der besondere nachfrageorientierte Charakter der Leistungspalette dieser Dienststelle, die zunehmende internationale Verflechtung der Verwaltungstätigkeit auf dem Gebiet des Patentwesens sowie die Forderung nach einem substantiellen Ausbau der Technologiediffusion liessen sich mit den Führungs- und Organisationsstrukturen eines traditionellen Bundesamtes nicht länger in Einklang bringen. Mit dem neuen Organisationsstatut soll ermöglicht werden, das Institut über einen Leistungsauftrag auf die genannten Zielsetzungen hin auszurichten und ihm im Gegenzug den erforderlichen Freiheitsgrad in der betriebli-

---

[15] Vgl. Grossenbacher 1993

chen Führung einzuräumen. Die Umsetzungsarbeiten sind gegenwärtig voll im Gang. Dabei geht es neben der Entwicklung der erforderlichen Führungsinstrumente namentlich auch darum, einen Modus für die Abgeltung der vom Institut erbrachten gemeinwirtschaftlichen Leistungen zu finden und ein spezielles Personalstatut zu erarbeiten.

Wesentliche Elemente des New Public Management, namentlich eine organisatorische Entflechtung von Leistungsbestellung, -finanzierung und -erbringung, enthält ferner die *Reform des Eidg. Militärdepartements*.[16] Einen Schritt in Richtung Ausgliederung und agency-Bildung unternahm sodann die *Meteorologische Anstalt (SMA)*, die 1995, ausgehend von der zunehmenden Kommerzialisierung des Wettergeschäfts und gestützt auf einen Businessplan, das Profit-Center "Meteo Schweiz" geschaffen hat. Zu diesem Zweck wurden ihr im Sinne einer Übergangsregelung gewisse finanzrechtliche und personalwirtschaftliche Ausnahmen gewährt. Dieses Arrangement ermöglicht es der SMA, Infrastruktur und Datenmaterial besser zu nutzen und dem Bund aus den kommerziellen Aktivitäten einen (minimalen) Einnahmenüberschuss abzuliefern.

Wenngleich die rechtliche Verselbständigung von Bundesämtern - namentlich wenn sie staatliche Kernaufgaben erfüllen - die Ausnahme bleiben soll, hatte die Schaffung des IGE sowohl verwaltungsintern als auch in der Öffentlichkeit eine eigentliche Signalwirkung. Grundanliegen des Modells der wirkungsorientierten Verwaltungsführung wie die klarere Unterscheidung zwischen politischer und betrieblicher Führung und Verantwortung, aber auch die Frage nach neuen Steuerungsinstrumenten waren in der Bundesverwaltung zuvor noch nie so konkret thematisiert worden. Wegleitend für weitere Reformvorhaben könnte überdies sein, dass im IGE einkommengenerierende Tätigkeiten mit inhaltlich korrespondierenden gemeinwirtschaftlichen Aufgaben im Unterschied zu gewissen ausländischen Modellen auch inskünftig organisatorisch vereint bleiben. Dieser pragmatische Ansatz spart Transaktionskosten und soll bei der weiteren Ausgliederungen von Bundesämtern wenn immer möglich richtungsweisend bleiben.

Aufgenommen wurden die Impulse der IGE-Reform von einer Gruppe von Amtsdirektoren, die unter dem Stichwort *"Erweiterung des Handlungsspielraumes"* nach Wegen für eine stärkere Dezentralisierung von Entscheidungskompetenzen zu suchen begannen. Unter Leitung des Eidg. Personalamtes pflegen sie heute einen regelmässigen Erfahrungsaustausch über methodische Fragen solcher Flexibilisierungsprojekte. Im

---

[16] Siehe dazu den Beitrag von Liener in diesem Band, S. 147

Vordergrund steht die Absicht, die Möglichkeiten und Grenzen eines bottom-up-Ansatzes auszuleuchten und Initiativen für weitere Pilotversuche zu stimulieren. Aus der in Form offener Workshops organisierten Arbeit schälten sich bald zwei Schlüsselerkenntnisse heraus:

- Eine leistungsorientierte Ausrichtung der Verwaltungstätigkeit bedingt *tiefgreifende Veränderungen der amtsinternen Führungs- und Steuerungsverfahren*. Dies ist gleichbedeutend mit langfristigen Überzeugungs- und Lernprozessen. Erfahrungen aus anderen Verwaltungszweigen vermögen zwar Anregungen zu vermitteln; die konkrete Ausgestaltung muss jedoch für jeden Aufgabenbereich neu erarbeitet werden. Dazu ist vielfach Unterstützung in inhaltlicher wie vorgehensmässiger Hinsicht erforderlich.
- Als eigentliche Hürden auf dem Weg zu Reformen im angesprochenen Sinne erweisen sich zentrale Bestimmungen des *Haushalts-, Personal- und Organisationsrechtes*. Soll nicht für jedes Vorhaben ein spezialgesetzlicher Erlass erforderlich sein, müssen die Rahmengesetze entsprechend modifiziert werden.

Zum einen führte diese Diagnose zur Inangriffnahme verschiedener Pilotprojekte. Ihnen ist das Bestreben gemeinsam, die Verwaltungstätigkeit als Grundlage für zukünftige Leistungsaufträge nach Produkten und Kunden zu gliedern (Produkt-/Marktmatrix) und dazu passende betriebswirtschaftliche Steuerungsinstrumente, insbesondere ein betriebliches Rechnungswesen, aufzubauen. Zum anderen liessen sich über das Forum der Workshops gemeinsame Anliegen hinsichtlich der Neugestaltung der rechtlichen Rahmenbedingungen in die verwaltungsinterne Diskussion einbringen. Dies trug zweifellos dazu bei, dass der Bundesrat dem Parlament im Rahmen des neuen Regierungs- und Verwaltungsorganisationsgesetz (RVOG) beantragt hat, Gruppen und Ämter über Leistungsaufträge führen zu können.

4.2. Neue rechtliche Rahmenbedingungen

Das bundesrätliche Anliegen, ganze Verwaltungseinheiten mittels *Leistungsauftrag* zu führen und ihnen den dafür erforderlichen Autonomiegrad einräumen zu können, ging in den eidg. Räten schlank über die Bühne. Der Bundesrat erhielt im Rahmen der Differenzbereinigung zudem die Möglichkeit, in den Schlussbestimmungen des RVOG einen Vorschlag zur Revision des *Finanzhaushaltgesetzes* und des *Stellenbewirtschaftungsgesetzes* zu unterbreiten. Für Verwaltungsbereiche mit Leistungsauftrag besteht damit die Aussicht, zu einer globalisierten, nach Produkten gegliederten Budgetierung überzugehen und sowohl von gewissen Rechnungsprinzipien (Spezifikation, Bruttodarstellung, Jährlichkeit) als auch von der Stellenplafonierung, die einen zielgerichteten und wirtschaftlichen Mitteleinsatz oft erschweren, abzuweichen. Mit dem ergänzten RVOG, über dem allerdings noch das Damoklesschwert einer Volksabstimmung hängt, sind alle rechtlichen Voraussetzungen gegeben, die zwei Kernideen von New Public Management schrittweise in die Tat umzusetzen, nämlich:

- die Dezentralisierung und Verantwortungsdelegation im Rahmen einer holding-ähnlichen Verwaltungsorganisation,
- die Schaffung von Leistungstransparenz und Wettbewerbsanreizen mittels internen Kostenermittlungen, Preis- und Leistungsvergleichen.

Aus dieser Chance ergibt sich die Verpflichtung, die Entwicklung eines konzeptionellen Gerüsts für die benötigten Führungsinstrumente (Leistungsauftrag, betriebliches Rechnungswesen, Leistungsindikatoren, Monitoring, Controlling usw.) weiter voranzutreiben, sie im Rahmen von Pilotprojekten sorgfältig zu erproben und aus den Umsetzungsarbeiten heraus die Leitvorstellungen für die Bundesverwaltung der Zukunft zu konkretisieren. Kurzfristig steht dabei die (Teil-)Autonomisierung von Bundesämtern im Vordergrund, die interne oder externe Dienstleistungen (Produkte) erbringen, welche an einen klar definierbaren Abnehmerkreis gehen und sich hinreichend operationalisieren lassen. Längerfristig ist aber auch eine neue Politik zu definieren gegenüber privatrechtlichen Aufgabenträgern ("Parastaat"), bei denen heute klare Steuerungsdefizite zu verzeichnen sind.

5. Fazit: POE und NPM!

Man mag sich die Frage stellen, ob mit dieser neuesten Entwicklung das POE-Leitbild bereits auf den Misthaufen der Verwaltungsreformgeschichte geworfen werden kann, wie da und dort befürchtet wird. Sie darf ruhigen Gewissens verneint werden. Die darin formulierte *Vision* ist noch längst nicht verwirklicht und die Aufgabe, die Bundesverwaltung in *Bewegung* zu setzen und für weitergehende Schritte fit zu machen, noch längst nicht erfüllt. Wo die Voraussetzungen aber gegeben sind, kann nun, gewissermassen als dritter Entbürokratisierungs- oder Modernisierungsschritt, dazu übergegangen werden, die alten *Normen* und *Struktu-*

ren durch neue zu ersetzen. Das schliesst namentlich auch die Aufgabe ein, für die Bundesverwaltung auf der Grundlage des Konzeptes NPM ein neues *Gesamtsteuerungsmodell* zu entwerfen.

Wie rasch im politischen System der nötige Konsens für solch tiefgreifende Veränderungen hergestellt werden kann, hängt stark vom Verlauf der eingeleiteten Verwaltungsreformen auf den unteren staatlichen Ebenen ab. In unserer politischen Kultur der direkten Demokratie und des Föderalismus fungieren die Gemeinden und Kantone seit je als *Laboratorien für politische Innovationen*. Meist müssen solche im Rahmen von aufwendigen und für die Beteiligten manchmal schmerzhaften Such- und Lernprozessen regelrecht erdauert werden. Das gilt gerade auch für die Reform der Verwaltung. Sie ist eine Daueraufgabe und hat bisweilen Sisyphus-Charakter. Auf die Frage "POE oder NPM?" kann es deshalb nur eine Antwort geben: "POE *und* NPM!"

LITERATURVERZEICHNIS

Freiburghaus Dieter, Die Modernisierung der Verwaltung, in: Von der Vollzugsbürokratie zum politischen Management, Schriftenreihe der Schweizerischen Gesellschaft für Verwaltungswissenschaften, Band 11, S. 9-26, 1989

Grossenbacher Roland, Das Projekt "Bundesgesetz über Statut und Aufgaben des Bundesamtes für geistiges Eigentum", in: Regierungs- und Verwaltungsreform, Unterlagen zu Bildungsveranstaltungen des Eidg. Personalamtes, Kolloquium Montreux 1992, S. 109-117, EDMZ, 1993

Hablützel Peter/Schwaar Karl/Kuhn Thomas, Flexibilisierung und Individualisierung der Arbeitszeit in der schweizerischen Bundesverwaltung, in: Wunderer Rolf/Kuhn Thomas (Hg.), Innovatives Personalmanagement, Theorie und Praxis unternehmerischer Personalarbeit, Berlin, S. 287-305, 1995

Haldemann Theo, New Public Management: Ein neues Konzept für die Verwaltungsführung des Bundes, Schriftenreihe des Eidg. Personalamtes, Band 1, EDMZ, 1995

Hilb Martin (Hrsg.), Personalmanagement auf dem Prüfstand, Praktiker kommentieren neueste Forschungsergebnisse, Zürich, 1995

Kommunale Gemeinschaftsstelle für Verwaltungsvereinfachung (Hrsg.), Das Neue Steuerungsmodell, Begründung - Konturen - Umsetzung, Bericht Nr. 5/1993

Klages Helmut, Wie sieht die Verwaltung der Zukunft aus?, in: Verwaltungsrundschau 1/1995, S. 1-7, 1995

Kühl Stefan, Wenn die Affen den Zoo regieren, Die Tücken der flachen Hierarchien, 2. Aufl., Frankfurt/M., 1995

Laux Eberhard, Die Privatisierung des Öffentlichen: Brauchen wir eine neue Kommunalverwaltung?, in: der gemeindehaushalt 8/1994, S. 169-174, 1994

McKinsey & Company, Teilen und Gewinnen, Das Potential der flexiblen Arbeitszeitverkürzung, München, 1994

Schedler Kuno, Anreizsysteme in der öffentlichen Verwaltung, Bern u.a., 1993

Sprenger Reinhard K., Mythos Motivation, Wege aus einer Sackgasse, 3. Aufl., Frankfurt/M., 1992

Stalder Béatrice, Frauenspezifische Weiterbildung im Betrieb, Zürich, 1995

Willke Helmut, Beobachtung, Beratung und Steuerung von Organisationen in systemtheoretischer Sicht, in: Wimmer Rudolf (Hrsg.), Organisationsberatung, Neue Wege und Konzepte, Wiesbaden, S. 17-42, 1992

DIE ROLLE DES LEISTUNGSKÄUFERS AM BEISPIEL DES GENERALSTABSCHEF DER SCHWEIZER ARMEE

Arthur Liener

1. EINLEITUNG

Der Generalstabschef steht bis zur Wahl eines Oberbefehlshabers militärisch an der Spitze der Armee. In seiner Verwaltungsfunktion führt er den Generalstab. Seine Aufträge erhält er vom Bundesrat. Es sind dies politische Vorgaben, die in militärische Vorgaben und Aufträge umgesetzt werden müssen. In seiner Auftragserfüllung ist der Generalstabschef an Gesetze gebunden, die seine Handlungsfreiheit begrenzen. Insbesondere werden im Personal- und Finanzwesen Einschränkungen gemacht, die verhindern, dass der Generalstab und das ganze Militärdepartement im Alleingang zu einem wirtschaftlich orientierten Verwaltungsmodell übergehen können.

Ferner ist der Einfluss der Kantone auf das eidgenössische Wehrwesen mit den in der Bundesverfassung verankerten Rechten und Pflichten sehr gross. Die politischen Vorgaben orientieren sich demnach nicht nur an gesamtschweizerischen Bedürfnissen, sondern müssen ebenso kantonale und regionale Aspekte berücksichtigen.

Die Realisierung neuer Verwaltungsmodelle für die Grössenordnung des Militärdepartementes kann sich wegen der Komplexität nicht nach dem Modell einer Stadtverwaltung richten. Dennoch gelten die wesentlichsten Grundsätze für eine wirkungsorientierte Verwaltung auch für das Militärdepartement. Mit den Reformprojekten Armee 95 und EMD 95 (Reform des eidg. Militärdepartementes) sind im Bereich der Armee und ihrer Verwaltung tiefgreifende Veränderungen vorgenommen worden, die im Sinne der prozessorientierten Umstrukturierung bereits heute wesentliche Merkmale des New Public Managements aufweisen.

Der Generalstabschef ist nicht ausschliesslich Leistungskäufer. Seine Verwaltungsfunktion schliesst auch die Rolle des Leistungserbringers zugunsten der Truppe ein. Im vorliegenden Beitrag wird allerdings schwergewichtig seine Rolle als Leistungskäufer im EMD 95 dargestellt. Zum Verständnis dieser Funktion ist es notwendig, dass neben der eigentlichen Rolle das gesamte Umfeld beleuchtet wird.

Das Projekt EMD 95 steht am momentanen Ende einer logischen Entwicklung:

geänderte Bedrohung ➔ Armee 95 ➔ EMD 95.

2. ANFORDERUNGEN AN DIE REFORM DES EIDGENÖSSISCHEN MILITÄRDEPARTEMENTES

2.1. Bedrohung

Die massgebende Steuerungsgrösse für eine Armee und damit auch für deren Verwaltung ist die Bedrohung. Sie ist vergleichbar mit dem Markt für die Wirtschaft und beeinflusst das Verlangen nach Sicherheit. Die Armee leistet mit ihrer Bereitschaft einen wesentlichen Beitrag an die Sicherheit.

Die Bedrohung hat sich mit dem Zerfall des Warschaupaktes sehr stark verändert. An die Stelle der im weitesten Sinne berechenbaren bipolaren Bedrohung zwischen Ost und West sind diffuse, schwer fassbare Risiken getreten. Mit dem Bericht 90 des Bundesrates zur Sicherheitspolitik wurde diesem Wandel Rechnung getragen. Die Armee erhielt ein wesentlich erweitertes Aufgabenspektrum.

Im übrigen zeigt die Geschichte zur Genüge, dass eine Armee, insbesondere eine Milizarmee, nicht nach Belieben hoch- oder runtergefahren werden kann; Ausbildung, materielle Ausrüstung usw. beweisen dies.

2.2. Armee 95

Mit dem Projekt Armee 95 wurde die Armee für die Erfüllung des neuen Aufgabenspektrums umstrukturiert. Sie musste wegen des Rückgangs des wehrpflichtigen Bevölkerungsanteils auch verkleinert werden.

Führung und Verwaltung der neuen, kleineren Armee erfordern neue Strukturen im Militärdepartement.

Mit dem Reformvorhaben Armee 95 sammelte das EMD wichtige Erfahrungen, die sich für die folgende Departementsreform als sehr nützlich erwiesen. Neben den Erfahrungen im Bereich des Projektmanagements gehören die Erfahrungen im Einbezug der Politik zu den wertvollsten.

2.3. Finanzen

Die massiven Budgetkürzungen im Bereich der militärischen Landesverteidigung führen zu einem neuen Kostenbewusstsein. Die Ressourcenverteilung muss optimiert werden. Sie darf sich nicht darauf ausrichten, Bestehendes zu erhalten, sondern muss die Voraussetzungen schaffen, dass Notwendiges ermöglicht wird.

2.4. Politischer Einfluss

Das Militärdepartement ist vielfältigen politischen Einflüssen ausgesetzt. Einerseits wird die Notwendigkeit einer militärischen Landesverteidigung in Frage gestellt, andererseits wird um die Arbeitsplätze, die im Zusammenhang mit der militärischen Landesverteidigung stehen, gerungen. Immerhin unterhält das EMD viele qualifizierte Arbeitsplätze in Regionen, in denen sich die Industrie kaum angesiedeln würde.

Ganz intensiv wachen die kantonalen Behörden über die Reformvorhaben des Militärdepartements. Die Kantone nehmen Einfluss auf Bildung und Aufhebung von Truppenkörpern. Sie kämpfen auch für EMD-Arbeitsplätze auf ihrem Gebiet.

2.5. Soziale Verantwortung

Das EMD gehört mit SBB und PTT zu den drei grössten Arbeitgebern des Bundes. Entsprechend gross ist die soziale Verantwortung. Bundesstellen gelten als sichere Arbeitsplätze und sind deshalb insbesondere in wirtschaftlich schwierigen Zeiten sehr attraktiv. Den Nimbus der sicheren Bundesstelle zu zerstören käme dem Verrat gegenüber dem treuen Beamten gleich. Damit würde nicht nur die Attraktivität der EMD-Stellen, sondern diejenige aller Bundesstellen wesentlich beeinflusst.

Die Arbeitsplätze des EMD sind über die ganze Schweiz verteilt. Restrukturierungen mit Personalabbau können folglich nicht lokal eingegrenzt werden, sondern betreffen die ganze Schweiz. Insbesondere für Randregionen kann der Abbau von Arbeitsplätzen tiefgreifende Auswirkungen zeitigen.

3. DAS MODELL EMD 95

3.1. Rahmenbedingungen

Die Armee als polyvalent einsetzbares Sicherheitsinstrument ist eng mit anderen Sicherheitsinstrumenten von Bund und Kantonen vernetzt. Diese Vernetzung schafft zahlreiche Schnittstellen, die im Reformvorhaben EMD 95 berücksichtigt und mit den Partnern abgesprochen werden müssen.

Die Armee ist aber nicht nur Teil eines sicherheitspolitischen, sondern auch eines sozialen und wirtschaftlichen Netzwerkes.

Reformen im System der militärischen Landesverteidigung haben weitreichendere Auswirkungen als die Umstrukturierung von lokalen Verwaltungen. Die durch diese Vernetzung gesetzten Rahmenbedingungen müssen bei der Umstrukturierung berücksichtigt werden.

3.2. Modellbeschrieb

Die neue Struktur des EMD wurde aus 4 Modellen ausgewählt:

3.2.1. Modell 1

Das Modell 1 basierte im Prinzip auf den bestehenden Strukturen, mit Ausnahme der Gruppe "Rüstung". Im Bereich der Ausbildung wurde eine andere Philosophie angestrebt. Es war dadurch charakterisiert, dass alle Elemente der Ausbildung beim Stab "Gruppe für Ausbildung" vereint worden wären.

3.2.2. Modell 2

Beim Modell 2 fand sich ein anderer Ansatzpunkt: Der Umstand, dass die Verantwortung für Einsatz und Ausbildung für die Stufen Armeekorps und tiefer in einer Hand liegen und miteinander eng verknüpft sind, liess eine Trennung ausschliesslich auf der obersten Stufe Armee nicht sinnvoll erscheinen. Deshalb wurde alles, was heute im Bereich des Ausbildungschefs und im Bereich des Generalstabschefs ist, zu einer "Gruppe Armee" zusammengefasst. Als Gegengewicht wollte man einen Armeeinspektor ernennen. In diesem Modell wäre der Chef der "Gruppe Armee" die starke militärische Persönlichkeit mit gewichtigen Entscheidungskompetenzen gewesen.

3.2.3. Modell 3

Das gewählte Modell weist als Hauptcharakteristikum die Organisationseinheiten "Heer" (mit den Armeekorps) und "Luftwaffe" auf. Diese sind in gewisser Hinsicht bezüglich Einsatz (nur Luftwaffe), Ausbildung und zugehörige Logistik autonom. Deshalb wird dieses Modell auch als "helvetisiertes Teilstreitkräfte-Modell" bezeichnet. Heer und Luftwaffe werden zu Vollzugsorganen für den täglichen Betrieb.

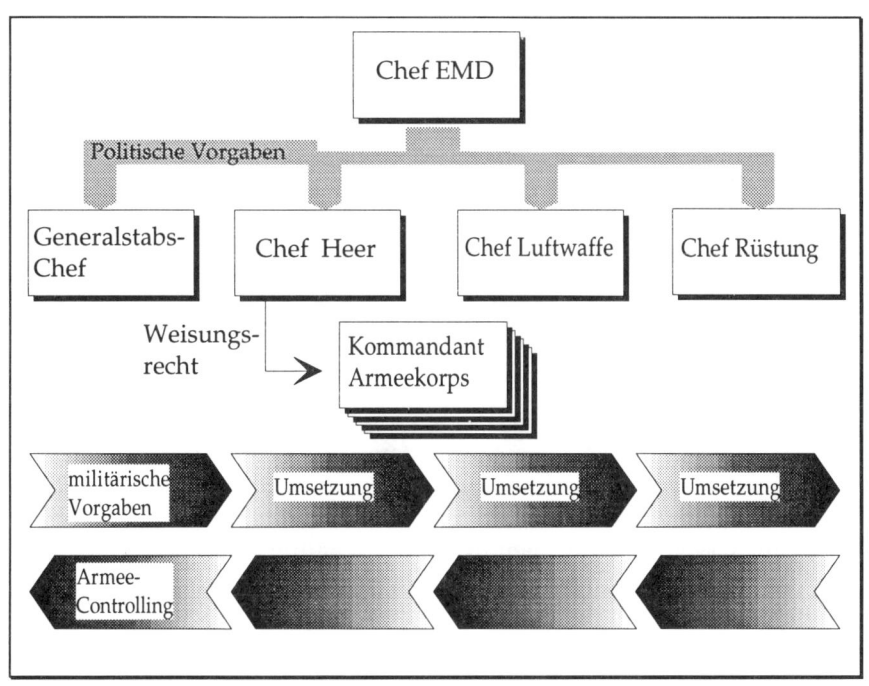

Abb. 1:   *Das helvetisierte Teilstreitkräfte-Modell*

- Bundesrat und Chef EMD definieren die politischen Vorgaben und kontrollieren deren Einhaltung durch die Armeeführung.
- Der Chef EMD wird in der Departementsführung durch Stab und Dienste, das politische Controlling und ein Instrument für Sicherheits- und Militärpolitik unterstützt.

- Der Generalstab ist zuständig für die militärische Gesamtplanung. Er setzt die politischen in militärische Vorgaben um und legt die operative Doktrin fest. Er steuert und koordiniert zwischen den einzelnen Systemeinheiten (Heer/Armeekorps, Luft, Rüstung) und überprüft die Umsetzung (Armee-Controlling). Er leitet allfällige Armee-Einsätze bis zur Wahl des Oberbefehlshabers.
- Der Bereich Heer vollzieht, zusammen mit den Armeekorps, die Vorgaben der Gruppe Generalstab und legt die Ausbildungs-, Einsatz- und Kampfverfahren der verschiedenen Truppengattungen (mit Ausnahme des Bereichs Luft) fest. Der Chef Heer trägt, zusammen mit den Kommandanten der Armeekorps, die Verantwortung für die Ausbildung in Schulen und Kursen.
- Der Bereich Luft übernimmt für die Flieger- und Fliegerabwehrtruppen die Aufgaben der Gruppe Heer und der Armeekorps.
- Zu den wichtigsten Bereichen der Rüstung gehören die Beschaffung von Armeematerial, die Systemführung für dieses und die Sicherstellung von betriebswirtschaftlichen Abläufen über den gesamten Lebensweg (Entwicklung, Beschaffung, Nutzung, Liquidation), die Forschung, Entwicklung und Produktion von Armeematerial in ausgewählten Bereichen sowie der industrielle Unterhalt.

3.2.4. Modell 4

Im Prinzip handelte es sich bei diesem Modell um den Ist-Zustand. Dabei sollten die Gruppen im heutigen Zustand belassen werden. Die einzige Neuerung bildete die Gruppe "Rüstung". Innerhalb dieses Modells hätten in der Folge lediglich die übergreifenden Projekte mit offensichtlichem Straffungspotential (wie Planung, Bewirtschaftung der Armeeangehörigen, Bauwesen usw.) zum Tragen gebracht werden sollen.

3.3. *Bewertung und politische Akzeptanz*

Das gewählte Modell ist unter Berücksichtigung der beschriebenen Anforderungen und Einflussgrössen eine optimale Lösung. Mit der Bevorzugung eines Entscheidgremiums gegenüber einer monokratischen Armeespitze wird dafür gesorgt, dass keine militärische Sachfrage der politischen Führung entgeht.

Die Führungsverantwortung ist im Hinblick auf einen möglichen Armee-Einsatz festgelegt und kann im Eintretensfall an den dannzumal gewählten Oberbefehlshaber weitergegeben werden.

Die Strukturen sind darauf ausgelegt, dass sie sich als Basis für weitere Entwicklungsschritte der Armee oder auch der Verwaltung, die in verschiedene Richtungen gehen könnten, eignen.

Wer in der EMD-Reform nach hierarchisch geordneten Organisationskästchen sucht, wird enttäuscht. Vor dem Bezeichnen von Organisationseinheiten und der Festlegung von Unterstellungsverhältnissen stand die prozessorientierte Analyse der Verwaltungs- und Führungstätigkeit. Erst nach dem Abgleich mit den politischen Rahmenbedingungen durfte an die Erstellung von Organigrammen gedacht werden.

3.4. *Abweichungen zum Modellfall des New Public Managements*

Das Projekt EMD 95 unterscheidet sich primär in seiner Grössenordnung und Tragweite von den bislang bekannten New Public Management Projekten. Zudem kann ein einzelnes Departement nicht alle Grössen beeinflussen, die für eine konsequente Umsetzung des New Public Management Konzeptes massgebend sind. Immerhin lässt sich die Departementsreform an den Merkmalen des New Public Management[1] messen:

Merkmal	Umsetzung
Teamwork	Die Tätigkeiten von Generalstab, Heer, Luftwaffe und der Rüstung stehen in einer direkten Abhängigkeit. Sie müssen sehr genau aufeinander abgestimmt sein. Die enge Zusammenarbeit ist folglich eine absolute Bedingung für die Umsetzung der Departementsreform.
flache Organisation	Im Bekenntnis zum Führungsgremium und somit der Ablehnung einer monokratischen Führung findet sich auf oberster Stufe ein bedeutendes Anzeichen für eine flache Organisation. Die Zusammenführung von Bundesämtern führt auf der operativen Stufe zu einer Konzentration auf die Prozesse und wendet sich von Amtshierarchien ab. (Im Projekt EMD 95 sehr ausgeprägt: Generalstab).

---

[1] Buschor 1995, S. 274

Merkmal	Umsetzung
Projekt-management	Komplexe Vorhaben wie Rüstungsbeschaffungen sind im EMD gute Lehrmeister für die Arbeit in Projektorganisationen. Losgelöst von EMD 95 wird in departementsübergreifenden Projektorganisationen gearbeitet. Projektmanagement kann im EMD somit nicht als Folge von NPM oder EMD 95 angesehen werden, sondern wird eine Notwendigkeit für die Abwicklung komplexer Geschäfte bleiben und ff wurde schon seit langem erfolgreich angewendet.
Fach-generalist	Die neue Struktur führt in einigen Bereichen auch zu neuen Stellenprofilen. Insbesondere im Generalstab steigt der Bedarf an Fachgeneralisten. Der Personalbereich wird aber vom Beamtengesetz dominiert, das rasche Lösungen oft verunmöglicht.
EDV-Netzwerke	Der Aufbau der notwendigen Netzwerke wird in Abstimmung mit den bestehenden Netzwerken bereits in der Planungsphase miteinbezogen.
Zielvorgaben	Das Projekt EMD 95 enthält in seiner Struktur das Lenkungsprinzip. Vorgaben, die vom Generalstab gemacht werden, stellen die Ziele dar, die von Heer, Luftwaffe und der Rüstung erreicht werden müssen.
Normative Führung	Als normative Ebene wird die politische Führung betrachtet. Die politischen, respektive die normativen Vorgaben fliessen über den Departementschef zum Generalstabschef. Das Primat der Politik bleibt unangetastet. Die Schnittstellen sind klar geregelt.
Leistungs-lohn	Die Besoldung ist eng mit dem Beamtengesetz verknüpft und kann nicht durch ein einzelnes Departement geändert werden.

Abb. 2: EMD 95 und New Public Management

3.5. Vom 3E- zum 4E-Modell

Die resultatorientierte Steuerung im öffentlichen Sektor[2] wird wegen der Komplexität der EMD Reform vom 3E Modell[3] (economy, efficiency, effectiveness) zum 4E Modell[4] erweitert.

---

[2] Buschor 1993a, 1993b
[3] Price Waterhouse 1990, Hailstones 1993
[4] Wanner 1995 in Anlehnung an Schedler 1993, S. 46 ff.

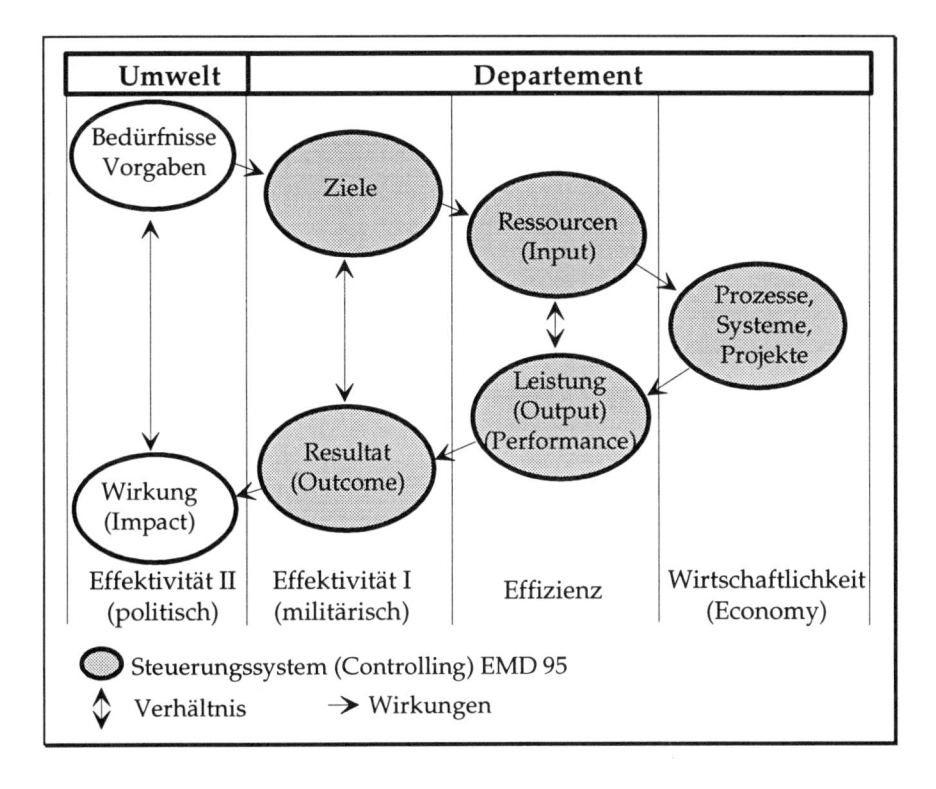

Abb. 3: Das 4E-Modell im Projekt EMD 95

Die Effektivität II wird als Verhältnis zwischen Bedürfnissen und empfundener Wirkung beschrieben. Damit wird dem Aspekt der vernetzten politischen Situation im Wehrbereich (Einflüsse von Bund und Kantonen) Rechnung getragen.

4. DIE ROLLE DES GENERALSTABES

Die leistungsbezogenen Funktionen nach dem New Public Management Konzept lassen sich in einer komplexen Verwaltung wie dem EMD nicht immer eindeutig zuweisen.

NPM Funktion	Produktbezogene Funktion	Mittel
Leistungs-finanzierer (funder)	Steuerzahler Parlament	Wahlen/Abstimmungen Budget, Politik
Leistungs-besteller	Parlament Bundesrat Geschäftsleitung EMD	Bericht 90 Militärgesetz
Leistungskäufer (purchaser)	Geschäftsleitung EMD Generalstabschef	Bereitschaft, Führung; Leistungsvereinbarung/ Leistungsauftrag an Generalstab
Leistungs-vermittler	Generalstab	Vorgaben; Kontrakte mit • Heer • Flugwaffe • Rüstung • operativen Verwaltungseinheiten (Bsp: Territorialdienst, AC-Schutzdienst, usw.)
Leistungs-erbringer (provider)	• Armee • Betriebe • Industrie • operative Elemente des Generalstabes (Bsp: Territorialdienst, AC-Schutzdienst, usw.)	Mittelbeschrieb in den Kontrakten (= Agenturen)
	Heer und Luftwaffe sind einerseits Leistungserbringer (zugunsten der Truppe), andererseits aber auch Leistungsempfänger der Rüstung und des Generalstabes. Die Armeekorps und die Brigaden der Luftwaffe werden im Gesamtsystem als Leistungserbringer dargestellt (sie erfüllen letztlich die Aufträge zugunsten der Bevölkerung), treten aber in dieser Funktion auch als Leistungsempfänger von Heer, Luftwaffe und indirekt Rüstung auf.	
Leistungs-empfänger (user)	Bevölkerung in der Schweiz im Sinne einer wesentlichen Komponente zur gesamtschweizerischen Sicherheitspolitik	

Abb. 4: NPM-Funktionen im EMD 95

Die Rolle des Leistungskäufers am Beispiel des Generalstabschefs

Der Prozess der Leistungsvereinbarung lässt sich folgendermassen darstellen:

normative Ebene	Steuerzahler	*Leistungsfinanzierer (funder)*
	Parlament	
	Parlament	*Leistungsbesteller*
	Bundesrat	
	Geschäftsleitung	
strategische Ebene / Politische Vorgaben	Generalstabschef	*Leistungskäufer (purchaser)*
	Leistungsauftrag	
	Generalstab	*Leistungsvermittler*
	Kontrakte	
operative Ebene / militärische Vorgaben	Gruppe für Rüstung	*Leistungserbringer für Heer, Luftwaffe und Armeekorps (provider)*
	Industrie, Betriebe	
	Betriebe — Betriebe	
	Heer — Luftwaffe	
	Armeekorps — Brigaden der Luftwaffe	*Leistungsempfänger von Heer, Luftwaffe und Rüstung*
		Leistungserbringer für Bevölkerung
	Bevölkerung	*Leistungsempfänger (user)*

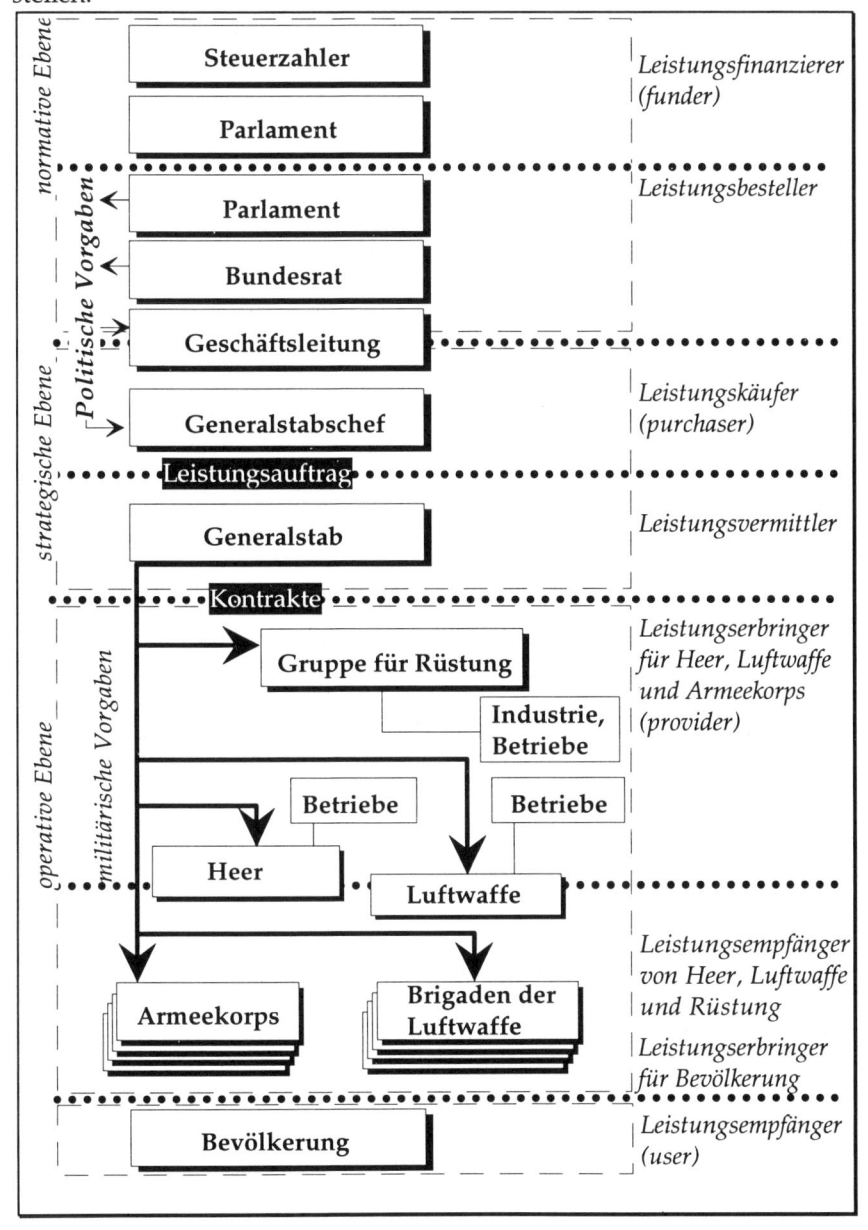

Abb. 5: Der Prozess der Leistungsvereinbarung im EMD 95

Der dargestellte Prozess der Leistungsvereinbarung zeigt nicht die hierarchische Gliederung des Departementes und dessen Kommandowege auf, sondern die Zuordnung der Leistungsfunktionen. Die Verbände der Armee werden nach wie vor mit Befehlen bzw. Weisungen, die auf dem hierarchischen Weg entstehen, geführt.

4.1. Kostenarten, Kostenträger, Kostenstellen

Der Prozess der Leistungsvereinbarung stellt eine globale Sichtweise dar. Tatsächlich finden sich innerhalb dieses Prozesses verschiedene Subsysteme. So steht die Armee als Leistungsempfänger im Zentrum eines wesentlichen Subsystems. Alle Bemühungen der Verwaltung (und damit des Militärdepartementes) sind darauf ausgerichtet, der Armee die Auftragserfüllung zu ermöglichen. Politische Vorgaben werden in machbare militärische Aufträge umgesetzt. Die Armee wird zur hauptsächlichen Kostenstelle. Die Kostenarten lassen sich in 3 Hauptgruppen aufteilen:

Verwaltungskosten	neben den Löhnen fallen in diese Kategorie alle Administrationskosten für Armee und Verwaltung.
Bereitschaftskosten	für den Erhalt der Einsatzbereitschaft in materieller und personeller Hinsicht.
Investitionen	darunter fallen insbesondere die Beschaffung von Rüstungsgütern und die Kampfwertsteigerung von eingesetztem Material.

Abb. 5: *Kostenarten des EMD 95*

Die Kostenträger finden sich in den Organisationseinheiten. Sie erhalten ihre Budgets mit der Ressourcenzuteilung.

4.2. Der Generalstab als Vorgabengenerator

Aus dem Prozess der Leistungsvereinbarung geht die zentrale Rolle des Generalstabes hervor. Die politischen Vorgaben werden in militärische, operationelle Vorgaben für Bereitschaft und Einsatzführung (operational capability) aufgeschlüsselt. Die "Vorgabe" enthält die Elemente

- Ziel
- Ressourcen (zum Beispiel Finanzrahmen)
- Parameter (zum Beispiel Zeitrahmen)

Die Vorgaben für Bereitschaft und Einsatzführung werden in die folgenden Teilgebiete aufgeschlüsselt:

Vorgaben für	Vermittlungsart (Beispiele)	Empfänger
Führung (C^{3}I Readiness)	Weisungen (Reglemente)	Armee
Einsatzbereitschaft (operational readiness)	Zielsetzungen	Heer, Luftwaffe, Rüstung
Ausrüstungsbereitschaft (equipment readiness)	Unterhaltskonzepte	Heer, Luftwaffe, Rüstung
Bereitschaft der Versorgungsgüter (logistical readiness)	Bevorratungskonzepte	Heer, Rüstung
Ausbildungsmässige Bereitschaft (Training readiness)	Einsatzkonzepte	Heer, Luftwaffe

Abb. 6: Bereitschaftsarten

4.3. Controlling

Das Controlling der normativen Ebene (EMD-Controlling) steuert die Effektivitäten I und II, die Effizienz und die Wirtschaftlichkeit (vgl. das 4E-Modell).

Der Generalstab steuert die operationelle Bereitschaft (operational capability). Die Vielschichtigkeit der Bereitschaft verlangt nach Controllinginstrumenten in allen beteiligten Bereichen. Neben der personellen Komponente kommt den Steuerungsinstrumenten und Informationssystemen eine besondere Bedeutung zu. Ein effizientes Controlling auf manueller Basis ist in diesem Komplexitätsgrad nicht machbar.

4.4. Budgetierungsprozesse

Das Budget für die militärische Landesverteidigung lässt sich vereinfacht in drei Teile gliedern:

Verwaltungskosten	Bereitschaftskosten	Investitionen
Diese werden im wesentlichen durch Personal- und Raumkosten bestimmt. Beeinflusst wird dieser Anteil durch die Anzahl der Beschäftigten.	Diese umfassen die Aufwendungen für die materielle und die personelle Bereitschaft. Sie werden durch verschiedene Faktoren bestimmt: • Vorrats- und Reseveerhaltung • Nutzungsmodell für das Armeematerial • Ausbildungskosten	Unter Investitionen ist die Beschaffung von neuen Rüstungsgütern und die Kampfwertsteigerung von vorhandenen Rüstungsgütern zu verstehen. Zu den Investitionen zählen auch Bauten sowie Forschung und Entwicklung.

Abb. 7: Gliederung des Budgets für militärische Landesverteidigung

Zwischen Bereitschafts- und Investitionskosten besteht ein enger Zusammenhang. Unter bestimmten Vorzeichen ist es nämlich effektiver, ein neues Rüstungsgut zu beschaffen, als ein veraltetes einsatzbereit zu erhalten. Diese Budgets müssen auch der jeweiligen Bedrohungssituation gerecht werden und müssen zukünftigen Entwicklungen Rechnung tragen. Beschaffung und Einführung eines komplexen Waffensystems benötigen in einer Milizarmee Jahre. Dem Budgetierungsprozess muss folglich eine langfristige Planung zugrunde liegen.

Die unternehmerische Verantwortung, die der Generalstabschef als Leistungskäufer erhält, setzt die Budgetierungskompetenzen im Bereich Bereitschafts- und Investitionsbudgets voraus.

Der Budgetierungsprozess auf der operativen Ebene erfährt gleichfalls grundlegende Veränderungen. Nicht mehr die Fortschreibung des Ist-Zustandes (empirische Budgetierung) sondern die Ressourcenzuteilung zum Erreichen der Zielvorgaben (prozessorientierte Budgetierung) werden mit EMD 95 verlangt.

Der Generalstabschef als Leistungskäufer teilt die Ressourcen zu (diese stellen den Kaufpreis für Leistungen dar und sind Bestandteil der Leistungsvereinbarung). Damit bestimmt er die Schwergewichte. Er legt im Rahmen der zur Verfügung stehenden Mittel fest, wieviel für Investition und Bereitschaft ausgegeben wird.

5. LEISTUNGSVEREINBARUNG

Die politischen Vorgaben bilden die Grundlage für die durch die Armee zu erbringenden Leistungen. Wird die Bedrohung eingangs als Markt für die Sicherheitspolitik des Bundes dargestellt, weisen die politischen Vorgaben die Marktsegmente zu, für die die Armee verantwortlich ist.

Die Geschäftsleitung (Departementsvorsteher, Generalstabschef, Chefs des Heeres, der Luftwaffe sowie der Rüstung und Kommandanten der Armeekorps) erstellt innerhalb dieser Marktsegmente die Produktepalette. Als Produkte werden verstanden:

- Einsatzverfahren
- Rüstungsbeschaffungen
- Anforderungen an die Bereitschaft
- Bestandesplanungen
- usw.

Massgebliche Grösse für die Zusammenstellung der Produktepalette ist die Bedrohung.

Der Generalstabschef erteilt aufgrund der Produktepalette den Untergruppen die entsprechenden Leistungsaufträge. Er garantiert aber auch die Abnahme der erbrachten Leistung.

Leistungsaufträge an den Generalstab haben verschiedene Ausprägungen. Neben den Bereichen, in denen die Finanzen eine wesentliche Rolle spielen (Logistik, Rüstungsbeschaffung) liegen die Schwergewichte im Bereich des Personellen der Armee eher bei der Kundennähe. Für die Entwicklung von neuen Einsatzverfahren und die Beschaffung und Auswertung von Nachrichten sind wiederum andere Parameter massgebend.

Der Leistungsvereinbarung und damit auch der Lenkung kommt somit ein besonderer Stellenwert zu. Es liegt in der Natur der Sache, dass viele Leistungen nicht quantifiziert und folglich nicht mit anderen Leistungen verglichen werden können. Insbesondere ist die Gesamtheit der zu erbringenden Leistungen nicht quantifizierbar. Das Produkt "Sicherheit", das von der Armee erbracht wird, wird an den dafür getätigten Ausgaben, nicht aber an seinem tatsächlichen Wert gemessen. Dieser Wert ist eben nicht quantifizierbar und wird subjektiv am Sicherheitsempfinden gemessen.

Die Vorgaben, die für die Teilbereiche Heer, Rüstung und Luftwaffe aus den Leistungsaufträgen erwachsen, werden in "Kontrakten" vereinbart. Zusätzlich zum Leistungsauftrag auf oberer Stufe wird der Kontrakt eine messbare Zielvorgabe mit den zugeteilten Ressourcen beinhalten. Der Kontrakt unterscheidet sich eindimensionalen Weisung, in dem die Vorgabe (Forderung) mit der Leistungsfähigkeit des Kontraktpartners abgeglichen wird und wenn nötig zusätzliche Ressourcen zugeteilt werden. "Kontrakt" steht als Sammelbegriff für die Vielzahl von unterschiedlichen Vereinbarungen, die getroffen werden müssen.

Die Kontraktpartner erfüllen ihre Aufgaben weitgehend selbständig. In einem gewissen Rahmen werden sie entscheiden, ob sie Leistungen selber erbringen oder einkaufen wollen. Ganz besonders die Rüstung, als derjenige Teilbereich, der die grössten Parallelen zu einem privatwirtschaftlichen Betrieb aufweist, wird diese unternehmerischen Freiheiten nutzen können.

6. WEITERENTWICKLUNGEN

Die Reform EMD 95 ist die Anpassung der Verwaltungsstruktur an die momentanen Bedürfnisse der Armee. Sie berücksichtigt weitere Entwicklungsmöglichkeiten. Damit wird ein neues, wirkungsorientiertes Verwaltungsmodell realisiert. Ändern sich die bestimmenden Einflussgrössen wie Bedrohung (und damit die Armee), die übergeordneten Verwaltungsstrukturen, die Gesetze und die politischen Einflüsse, muss sich auch das EMD wieder anpassen. Die Stärken des neuen EMD liegen in seiner Dynamik und Entwicklungsfähigkeit.

Mit dem Personalabbau von über 20% macht das EMD den Schritt zur schlanken Verwaltung. Die Strukturen sind so ausgelegt, dass sie Platz für die Entfaltung unternehmerischer Fähigkeiten bieten. Dazu sind Änderungen übergeordneter Gesetze notwendig. Das Produkt EMD 95 und die dafür benötigte kurze Realisierungszeit dokumentieren, dass zwischen Bundesverwaltung und Privatwirtschaft keine Kluft in der Leistungsfähigkeit besteht. Es geht nur darum, die Voraussetzungen für die Nutzung dieser Leistungsfähigkeit zu schaffen. Dazu ist neben einem neuen Verwaltungsmodell auch ein neues politisches Führungsverständnis notwendig.

Der Truppenkommandant wird nicht in die Reform der Verwaltung einbezogen. Als Milizoffizier darf er nicht mit unternehmerischer Verantwortung, die auch einen administrativen Aufwand mit sich bringt, belastet werden. Er soll als Leistungsempfänger von der wirkungsorientierten Verwaltung profitieren, damit er als Leistungserbringer zugunsten der Bevölkerung möglichst optimale Voraussetzungen erhält.

LITERATURVERZEICHNIS

Buschor Ernst, Zwanzig Jahre Haushaltsreform - Eine verwaltungswissenschaftliche Bilanz, in: Helmut Brede/Ernst Buschor (Hrsg.), Das neue öffentliche Rechnungswesen, Nomos, Baden-Baden, S. 199-269, 1993a

Buschor Ernst, Methoden der Messung staatlichen Handelns, Schriftenreihe SGVW, Band 23, 1993b

Buschor Ernst, Das Konzept des New Public Managements, in: Schweizer Arbeitgeber Nr. 6/95, S. 272-276, 1995

Hailstones Frank, Value for Money - some practical Experiences, Schriftenreihe SGVW, Band 23, 1993

Schedler Kuno, Anreizsysteme in der öffentlichen Verwaltung, Paul Haupt, Bern/Stuttgart/Wien, 1993

Wanner Herbert, "Grundlagen für den Aufbau und Ausbau des Steuerungssystems (Controlling) im EMD 95" vom 20.3.95 (nicht veröffentlicht).

INSTRUMENTE DER NEUEN VERWALTUNGSSTEUERUNG IM PROJEKT WIRKUNGSORIENTIERTE VERWALTUNG (WOV) DES KANTONS LUZERN

Hans-Peter Egli und Urs Käch

1. DAS PROJEKT WIRKUNGSORIENTIERTE VERWALTUNG (WOV) LUZERN

Die Ideen des New Public Management wurden in der Verwaltung des Kantons Luzern schon früh aufgenommen, ohne dass dabei ein bestimmter äusserer Druck (z.B. aufgrund einer kritischen Finanzlage) bestanden hätte. Grundlagenstudien zeigten bald, dass die neue Verwaltungsführung auch einen erfolgversprechenden Ansatz für den Kanton Luzern darstellen kann. Offiziell wurde das "Projekt Wirkungsorientierte Verwaltung (WOV)" von der Regierung im Frühjahr 1994 gestartet.

Eine neue Art der Verwaltungsführung lässt sich einem bestehenden Verwaltungssystem nicht einfach überstülpen. Es galt also, ein eigenes Modell zu entwickeln. Das Projekt WOV wurde deshalb in verschiedene Phasen unterteilt:

- In einer Modellphase wurden die Grundlagen für das Luzerner WOV-Modell erarbeitet und (immer noch auf theoretischer Basis) in drei unterschiedlichen Dienststellen (Organisations- und Informatik-Dienste, Amt für Umweltschutz und Kantonsschule Sursee) ausgetestet.
- In der Versuchsphase sollen in einer grösseren Anzahl von Dienststellen der kantonalen Verwaltung (neben den drei genannten Modellpiloten: Naturmuseum, Sonderschulen Hohenrain, Strassenverkehrsamt, Amt für Statistik, Liegenschaftsverwaltung und Landwirtschafts- und Bauerinnenschule Schüpfheim) das Luzerner WOV-Modell in der Praxis erprobt und die in der Modellphase theoretisch bereitgestellten Instrumente überprüft und optimiert werden.
- Die Umsetzung der WOV-Idee erfolgt in einem Organisations-Entwicklungs-Prozess. Es ist denkbar, dass im Verlauf des mehrjährigen Versuches weitere Dienststellen oder auch ein ganzes Departement beteiligt werden.

Das Projekt WOV steht jetzt (Sommer 1995) an der Schwelle zwischen Modell- und Versuchsphase. Die Zustimmung des Grossen Rates zur

Durchführung des Versuchs - das Parlament muss gewisse Abweichungen vom geltenden Recht genehmigen - steht noch aus.

Die Steuerungsinstrumente für die Verwaltungsführung nach dem neuen Modell sind definiert. Für den Versuch massgebende Richtlinien über Leistungsvereinbarungen, Berichtswesen und Controlling, für den Abschluss von Kontrakten und deren Überwachung, zu den Finanzaspekten und bezüglich des Personalwesens liegen vor. Gegenwärtig sind die insgesamt neun Dienststellen, welche am Versuch teilnehmen sollen, daran, Produkte und Indikatoren zu definieren, und davon ausgehend Kontrakte auszuarbeiten. Gleichzeitig müssen sie ein betriebliches Rechnungswesen aufbauen und einführen. Die zuständigen Departemente sind in den Versuch integriert und bauen eine funktionsfähige Controllinginstanz auf.

Parallel zum Aufbau der neuen Steuerungsinstrumente läuft die Ausbildung der Mitarbeiterinnen und Mitarbeiter. Sie sollen zu Intrapreneuren in einer kundenorientierten Verwaltung werden.

Der aktuelle Projektstand erlaubt es, die Steuerungsinstrumente im Projekt WOV darzustellen, nicht aber schon praktische Beispiele für deren konkrete Umsetzung zu liefern.

2. AUSGANGSLAGE

Ziel der Wirkungsorientierten Verwaltung ist letztlich eine klare Trennung von normativen, strategischen und operativen Kompetenzen und Verantwortlichkeiten und eine Verwesentlichung der Tätigkeiten auf allen Ebenen des Systems. Parlament und Regierung sollen sich mit politischen Fragen und strategischen Zielsetzungen befassen, den Departementen und der Verwaltung sind die operativen Aufgaben und die entsprechenden Kompetenzen und Verantwortungen zu delegieren. Die heutige Input-Steuerung ist durch eine Output-Steuerung abzulösen.

Für einen derartigen Systemwandel müssen die geeigneten Instrumente - betriebliches Rechnungswesen, Leistungsvereinbarungen, Globalbudget, Controlling, Berichtswesen - bereitgestellt werden. Sie sind zum grossen Teil in der heutigen Verwaltungsführung noch nicht oder erst in Ansätzen vorhanden und müssen deshalb neu eingeführt werden.

Stark verkürzt lässt sich das heutige System der Verwaltungsführung mit dem Modell der Wirkungsorientierten Verwaltung wie folgt vergleichen:

heute	WOV
• (operative) Detailzielsetzung • detaillierte Ressourcenvorgabe • Budgetierung einzelner Vorfälle • Erfassung und Kontrolle von Input-Daten • konditionale Rechtsetzung	• (strategische) Zielsetzung • Leistungsvereinbarungen • Globalbudgetierung • Erfassung und Kontrolle von Leistungs- und Qualitätsdaten • finale Rechtsetzung

Abb. 1: Traditionelle und wirkungsorientierte Verwaltung

- Instrumente der Steuerung auf höchster Ebene sind heute Gesetze und Verordnungen, parlamentarische Vorstösse, Initiativen und Referenden des Volkes. Daran ändert mit WOV nichts grundlegend.
- Das sehr detaillierte jährlich vom Grossen Rat verabschiedete Budget dagegen und die auf Stufe der Dienststellen wirksamen starren Stellenpläne, für die wiederum das Parlament die Kredite spricht, sollen durch ein mit einem Leistungsauftrag verbundenes Globalbudget ersetzt werden.
- An die Stelle des alle zwei Jahre abgelieferten Staatsverwaltungsberichts, der keinen Bezug hat zum Budget oder zum Finanzplan, und des jährlichen Berichtes zur Rechnung tritt der jährliche Verwaltungsbericht, der den Zusammenhang herstellt zu Regierungsprogramm und Leistungszielen sowie zu Budget und Finanzplan. Dieser neue Verwaltungsbericht ist die oberste Stufe eines alle Ebenen umfassenden, standardisierten Berichtswesens. Ein vergleichbares Instrument existiert heute nicht.
- Regierungsprogramm und Finanzplan schliesslich haben heute keinen direkten Bezug zueinander und auch keinen verbindlichen Charakter, was ihre Funktion als übergeordnete Planungsinstrumente in Frage stellt.
- Es fehlt die Kostentransparenz, die es zulässt, jedem Produkt seinen Preis zuzuweisen.
- Ein Controlling im eigentlichen Sinn gibt es heute in der Verwaltung nur in Ansätzen auf der Ebene von einzelnen Projekten nicht aber in der ordentlichen Verwaltungstätigkeit.
- Die Überwachung erfolgt nur in finanzieller Hinsicht durch die Finanzkontrolle, welche eine Doppelfunktion als Revisionsstelle und Kontrollstelle im operativen Bereich (mitschreitende Kontrolle) ausübt. WOV bringt die klare Trennung von Controlling und Revision.

Hans-Peter Egli und Urs Käch

3. DIE AUSGESTALTUNG DER STEUERUNGSINSTRUMENTE IM PROJEKT WOV

3.1. Der Produktionsprozess

Planungsprozess	Leistungsprozess
Bedürfnisse/Werte • wer ist meine Kundschaft? • was will die Kundschaft (wie, wann, wie oft)? • welchen Nutzen erwartet die Kundschaft?	**Einwirkung** • Glaubt die Kundschaft, ihre Wünsche seien befriedigt worden? • Ist die Kundschaft überzeugt, den erwarteten Nutzen aus meinen Produkten zu ziehen?
Ziele • welche Ziele leiten wir aus den Bedürfnissen ab? • gesetzliche Ziele? • politische Ziele?	**Auswirkung** • Haben wir die Zielvorgaben erreicht?
Produkteplan • welche Produkte biete ich an? (A B C - Analyse) • Qualitätsniveau • Quantität (wie viel, wie oft?) • Preis der Produkte ? • welche Produkte bieten andere an? *(Beschränkung auf Kundenwunsch)*	**Ausstoss an Produkten** • wieviele Produkte konnte ich zu welchem Preis verkaufen • wieviele Produkte habe ich erstellt ?
Mittelplan • welches sind meine Lieferanten? • welche Produkte/Infos beziehe ich? • welche Vorgaben/Anforderungen habe ich? • welche Vollkosten veranschlage ich? • wieviele Personen arbeiten mit?	**Mittelverbrauch** • welche Produkte/Infos habe ich bezogen? • welche Mittel habe ich verbraucht? • Welche Voll- bzw. Teilkosten sind angefallen?

Verwaltungsinterne Produktion

Konzentration auf Kerngeschäfte
Nettokosten (= Vollkosten minus Preis)

Arbeitsorganisation:
was läuft "und", was "klemmt"?
Zufriedenheit der Mitarbeiter

Schlussfolgerungen aus:
• Bedürfnissen und Produkte-/Mittelplan
• Zielen und Arbeitsorganisation (Prozess)

Abb. 2: Der Produktionsprozess im politisch-administrativen System (nach Mäder/Schedler), ergänzt mit Fragestellungen.
In dieser Form dient er als Arbeitsinstrument für die WOV-Dienststellen bei der Definition ihrer Kunden, der Produkte und Indikatoren.

Das Modell der Wirkungsorientierten Verwaltung legt den Steuerungsinstrumenten den "Produktionsprozess im politisch-administrativen System" nach Mäder und Schedler von Institut für Finanzwirtschaft und Finanzrecht zugrunde.[1]

Im heutigen System der Verwaltungsführung spielen die eingesetzten Ressourcen bei der Steuerung die zentrale Rolle (Input-Steuerung). Die Leistungserfüllung wird wiederum fast ausschliesslich am Mittelverbrauch gemessen. Die Input-Steuerung kümmert sich mit dieser Konzentration auf Mitteleinsatz und Mittelverbrauch kaum um die tatsächlichen Bedürfnisse. Sie ist schwerfällig und kann kaum oder zumindest nicht rasch genug auf Veränderungen reagieren.

Die wirkungsorientierte Verwaltung macht den Schritt von der Input- zur Output-Steuerung, setzt im Planungsprozess bei den eigentlichen Bedürfnissen der Kunden an und verfolgt den Prozess bis zu den Einwirkungen bei diesen weiter. Angemessenheit, Effizienz und Effektivität der Massnahmen und Leistungen sind das Mass für den Erfolg der Verwaltung und steuern das System. Die Output-Steuerung orientiert sich damit an den tatsächlichen Bedürfnissen der Kunden, also der Bürgerinnen und Bürger, der Gemeinden, anderer Kantone, des Bundes, der Wirtschaft etc.

3.2. Leistungsvereinbarungen

Die von der Verwaltung zu erbringenden Leistungen und die dafür vergüteten Finanzmittel werden auf allen Ebenen in Vereinbarungen zwischen den betreffenden Instanzen geregelt. Die Vereinbarungen sind das Resultat eines fliessenden Prozesses. Jeder Vereinbarung geht eine Planung voraus, die von der Verwaltung vorbereitet und mit den politischen Instanzen abgestimmt wird.

Die Vereinbarung zwischen Parlament und Regierung, in der wissenschaftlichen Literatur häufig mit "Produktebudget" bezeichnet,[2] wird im Projekt WOV "Politischer Auftrag" genannt. Dieser Begriff bringt die übergeordnete Bedeutung dieser Vereinbarungsebene zum Ausdruck. "Departementsauftrag" nennt sich die Vereinbarung zwischen Regierungsrat und den Departementen als Verwaltungseinheiten. Für die unterste Vereinbarungsebene, jene zwischen den Departementen und den Leistungszentren - Dienststellen und verwaltungsexterne Leistungser-

---

[1] Mäder/Schedler 1995, S. 58 ff.
[2] vgl. Schedler 1995, S. 135 ff.

bringer gleichermassen - wurde der gängige Begriff des "Kontraktes" gewählt.

Die Vereinbarungen jeder Ebene haben im Berichtswesen ihre Entsprechung. Von unten nach oben sind die Berichte mit "Kontraktbericht", "Departementsbericht" und "Verwaltungsbericht" bezeichnet. Auf das Berichtswesen wird in Kapitel 3.3. eingegangen.

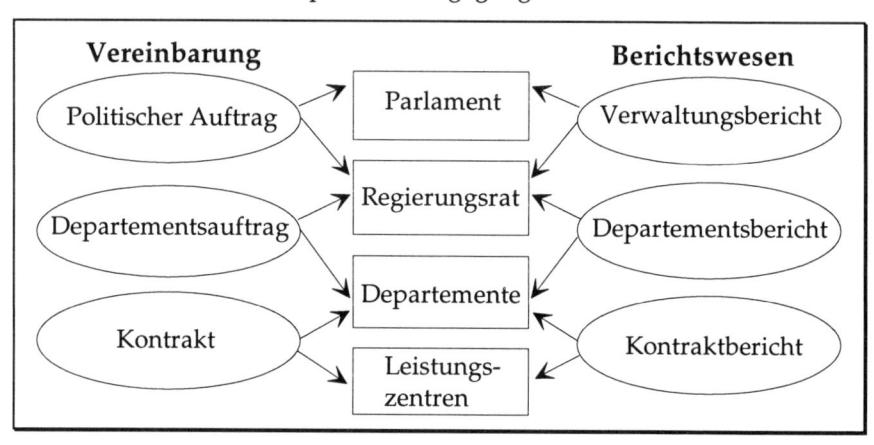

Abb. 3: *Die drei Vereinbarungsebenen im Luzerner Modell der Wirkungsorientierten Verwaltung und ihre Entsprechung im Berichtswesen.*

3.2.1. Übergeordnete Regelungen

Es ist sinnvoll, generelle oder für alle Vereinbarungsebenen geltende Regelungen in einem übergeordneten Erlass, in einer Verordnung, zusammenzufassen. Für den WOV-Versuch werden solche Regelungen in Richtlinien des Regierungsrates verbindlich festgelegt. Gegenstand dieser Richtlinien sind insbesondere:

- Inhalt und Anwendung der Steuerungsinstrumente Leistungsvereinbarung, Berichtswesen und Controlling sowie der Bereich der Revision
- Abschluss und Überwachung von Kontrakten
- Verwendung von Überschüssen, Behandlung von Verlusten und Sanktionen bei Nichterfüllung von Leistungsvereinbarungen
- Spezielle Regelungen zu den Finanzen und zum betrieblichen Rechnungswesen, insbesondere zu Abschreibungen, Investitionen, Budgetierung, Subventionen und internen Verrechnungen
- Spezielle Regelungen im Personalwesen und in der Personalarbeit.

3.2.2. Regierungsprogramm und Finanzplan

Das Regierungsprogramm zeigt die übergeordneten politischen Zielsetzungen für die Legislaturperiode und die daraus abgeleiteten Ziele der einzelnen Departemente auf. Der Finanzplan nach neuem Modell, als verbindliches Planungsinstrument, ist mit dem Regierungsprogramm gekoppelt. Es muss jederzeit möglich sein, Abweichungen offenzulegen.

3.2.3. Politischer Auftrag

Der "Politische Auftrag", die Vereinbarung zwischen Parlament und Regierungsrat, enthält in übersichtlicher Form all jene Informationen, die das Parlament braucht, um die strategische Steuerung vorzunehmen:

- aus dem Regierungsprogramm abgeleitete übergeordnete Jahresziele
- die wichtigsten Produktegruppen mit Wirkungsindikatoren, inklusive Leistungen der Verwaltung, die von Verfassung, Gesetz und Parlament vorgegeben sind
- Finanzierung (netto) der Produktegruppen
- Globalbudget

3.2.4. Departementsauftrag

Der Departementsauftrag nimmt Bezug auf das Regierungsprogramm und den daraus abgeleiteten Politischen Auftrag. Er nennt ferner die strategischen Ziele des Regierungsrates für den Departementsbereich. In der Darstellung ist der Departementsauftrag detaillierter:

- Departementsziele mit Indikatoren, Standards und allfällige Pendenzen aus dem Vorjahr
- Produktegruppen pro Dienststelle mit den entsprechenden Kontraktsummen
- Globalbudget (Departementssumme)
- Kompetenzvorbehalte des Regierungsrates

3.2.5. Kontrakt

Die Kontrakte, die unterste und damit detaillierteste Ebene der Vereinbarungen, werden sinnvollerweise aufgeteilt in einen über mehrere Jahre abgeschlossenen Rahmenkontrakt (in der Regel analog der Legislaturperiode über vier Jahre) und die Jahreskontrakte. Dies zum einen deshalb, weil die Produktegruppen eines Leistungszentrums und die wesentlichen Rahmenbedingungen ja kaum jedes Jahr ändern, zum anderen und vor allem, um den Leistungserbringern zu ermöglichen, über mehrere Jahre zu planen und ihnen, beispielsweise durch längerfristig zugesagte Investitionskredite, eine gewisse Sicherheit zu garantieren.

Um den Departementen und Versuchspiloten den Einstieg in die Vereinbarungskultur zu erleichtern, wurde ein Musterkontrakt mit standardisierten Inhalten sowie eine Checkliste erarbeitet, die an anderer Stelle[3] dargestellt sind.

3.3. Berichtswesen

Das Berichtswesen stellt die laufende Information über die Tätigkeit auf allen Stufen sicher, macht Abweichungen und getroffene Massnahmen transparent und liefert die für die Steuerung der Prozesse erforderlichen Daten. Das Berichtswesen ist mit Ausnahme der auf den Einzelfall zugeschnittenen "Bedarfsberichte" standardisiert und unterteilt sich in Zwischenberichte und Schlussberichte. Auf der tiefsten Ebene enthalten die Berichte detaillierte Angaben, auf höherer Ebene sind die Daten verdichtet und konsolidiert und - für jedermann - leicht verständlich dargestellt.

3.3.1. Berichtsebenen

Der Verwaltungsbericht ist der periodisch erstellte Bericht des Regierungsrates an den Grossen Rat bzw. zu Handen der Öffentlichkeit mit den konsolidierten Produktegruppen und Leistungs-, Qualitäts- und Kostendaten in einfacher Darstellung. Der Departementsbericht, der Bericht der Departemente an den Regierungsrat, enthält die konsolidierten Führungsdaten über die geplanten und die tatsächlich erbrachten Leistungen und den Ressourcenverbrauch der Leistungszentren. Der Kontraktbericht schliesslich ist der Bericht der Leistungszentren an die Departemente mit detaillierten Angaben über die erbrachten Leistungen und den Ressourcenverbrauch.

3.3.2. Berichtstypen

Der Schlussbericht ist der jährlich erstellte, standardisierte Rechenschaftsbericht auf jeder Berichtsebene. Er enthält alle für die Beurteilung der

---

[3] Schedler 1995, S. 140 und 269

Zielerreichung, der Auswirkungen und der Einwirkung in der Berichts- resp. Planungs- und Budgetperiode erforderlichen Angaben sowie die für das folgende Jahr vorgeschlagenen Massnahmen.

Zwischenberichte werden nach dem ersten und nach dem zweiten Trimester abgeliefert. Auch sie sind standardisiert und enthalten nur Daten zu Abweichungen bezüglich Produktion, Qualität, Quantität, Kosten und Personal. Die Zwischenberichte haben eine dreifache Perspektive: Sie betrachten die vorhergehende(n) Periode(n), stellen einen Soll-Ist-Vergleich an und liefern in einer "Hochrechnung" auf das laufende Jahr die Grundlagen für Korrekturmassnahmen. Aus dem 1. Zwischenbericht ergeben sich zudem die Vorgaben des Regierungsrates für die Planung, der 2. Zwischenbericht bildet die Basis für Planung, Kalkulation und Budget des Folgejahres.

Sogenannte "Bedarfsberichte" sind nicht standardisierte, auf jeder Berichtsebene und zu jeder Zeit auslösbare Berichte mit individuellem Inhalt; sei es zur Beantwortung parlamentarischer Vorstösse, in der Folge unvorhersehbarer Entwicklungen, Abweichungen, Korrekturen etc.

3.3.3. Inhalte der Standardberichte

Typ Ebene	Zwischenberichte	Schlussberichte
Verwaltungsbericht	• Nur die allerwichtigsten Angaben: Konsolidierte Daten aus Departementsberichten (nur Abweichungen) • Vergleich Vorjahr/laufendes Jahr • Massnahmen für das laufende Jahr • Abgeleitete Planungsvorgaben resp. Planungsbasis für das Folgejahr	• laufende Rechnung, Investitionsrechnung, Bilanz, Erfolgsrechnung • Mittelflussrechnung • konsolidierte und verdichtete Leistungsdaten pro Produktegruppe • Massnahmenplan für das Folgejahr • Qualitätssicherungsmassnahmen

Typ / Ebene	Zwischenberichte	Schlussberichte
Departementsbericht	• Konsolidierte Daten aus Kontraktberichten (immer nur Abweichungen) zu: Budget/Rechnung, Produktion, Kosten, Qualität und Personal • Massnahmen für die Folgeperiode • Auswirkungen auf das Folgebudget • Qualitätssicherungsmassnahmen	• laufende Rechnung, Investitionsrechnung, Bilanz, Erfolgsrechnung • Mittelflussrechnung • konsolidierte Leistungsdaten pro Leistungszentrum/Produktegruppe • Massnahmenplan für das Folgejahr • Qualitätssicherungsmassnahmen
Kontraktbericht	• Abweichungen aus Soll-Ist-Vergleich Budget/Rechnung (laufende Rechnung, Investitionsrechnung, Bilanz) • Abweichungen aus Soll-Ist-Vergleich der Produktions-, Kosten-, Qualitäts- und Personaldaten (auf der Basis der Leistungsindikatoren) • Massnahmen für die Folgeperiode • Auswirkungen auf das Folgebudget	• laufende Rechnung, Investitionsrechnung, Bilanz, Erfolgsrechnung • Mittelflussrechnung • Produktions-, Kosten-, Qualitätsdaten pro Produkt sowie Personaldaten (auf Basis der Leistungsindikatoren) • Massnahmenplan für das Folgejahr • Qualitätssicherungsmassnahmen (z.B. Ergebnisse von Kundenbefragungen)

Abb. 5: Standardberichte im Projekt WOV Luzern

3.4. Vereinbarungsprozess und Berichtswesen im zeitlichen Ablauf

Der Vereinbarungsprozess - und damit die Planung aller Ebenen - ist eng mit dem Berichtswesen verknüpft. Dieses liefert nicht nur die Informationen für die Korrekturmassnahmen in den laufenden Produktionsprozessen, sondern auch die Grundlagen für die mittel- und längerfristige Planung. Es ist deshalb sinnvoll, den Vereinbarungsprozess im Zusammenhang mit dem Zeitraster des Berichtswesens zu betrachten.

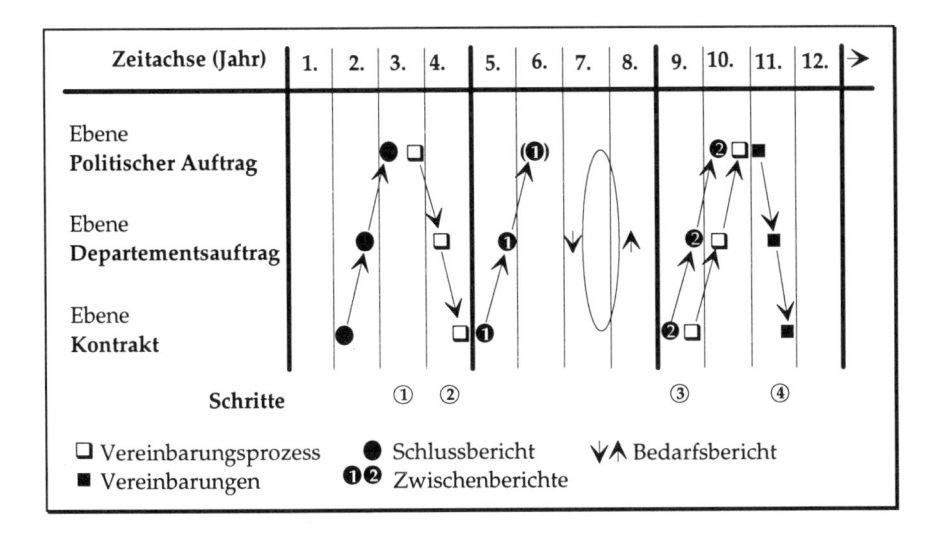

Abb. 6: Raster für Vereinbarungsprozess und Berichtswesen

① In den Schlussberichten jeder Ebene wird auf der Basis der Leistungsvereinbarung der Berichtsperiode und der Beurteilung der Zielerreichung ein Massnahmenplan vorgelegt. Daraus werden die generellen Zielvorgaben für die Planung des folgenden Jahres abgeleitet. Das Parlament nimmt also nicht nur vom Verwaltungsbericht des letzten Jahres Kenntnis, sondern setzt gleichzeitig die Marschrichtung für die Zukunft in Form eines generellen Auftrags fest.

② Dieser generelle Auftrag wird über die Departemente bis auf die Kontraktebene hinuntergebrochen und dient dort der Produkte- und Mittelplanung für das nächste Geschäftsjahr. Die Zwischenberichte liefern Korrekturimpulse und weitere Planungshilfen.

③ Zusammen mit dem zweiten Zwischenbericht gehen die ausgearbeiteten Vereinbarungen - konsolidiert im Vorschlag für den neuen Politischen Auftrag - zur Genehmigung ans Parlament, das darüber in Kenntnis der Zwischenabschlüsse nach zwei Dritteln des laufenden Jahres definitiv entscheidet.

④ Nach der Genehmigung des Politischen Auftrags durch das Parlament werden die Vereinbarungen der Departements- und der Kontraktebene bereinigt und definitiv abgeschlossen.

3.5. Ressourcenverantwortung

Ein Merkmal der Wirkungsorientierten Verwaltung ist die Übereinstimmung von Ausführungs- und Finanzkompetenzen und -verantwortung. Dazu gehört die Verantwortung für Sachmittel und deren Beschaffung genauso wie jene für das Personal und den Stellenplan. Hierin liegt ein grundlegender Unterschied zum heutigen System, in dem die höchste politische Ebene mit dem jährlichen Budget bis ins Detail vorgibt, wie die Finanzmittel eingesetzt werden sollen, und damit den Handlungsspielraum im operativen Bereich stark einschränkt.

Die heutige Art der detaillierten Budgetierung wird unter WOV von der eng an einen Leistungsauftrag (Leistungsvereinbarung) gebundenen Globalbudgetierung abgelöst. Dieses Globalbudget berücksichtigt sowohl die Kosten wie die Erträge eines Leistungszentrums (Dienststelle) und enthält letztlich für jedes Departement und jede Dienststelle, eventuell für jede Produktegruppe nur noch den entsprechenden Saldo.

Im Rahmen der Vorgaben können die Departemente und die Leistungszentren über ihre Mittel verfügen. Insbesondere sollen sie allfällig nicht aufgebrauchtes Betriebskapital auf ein nächstes Rechnungsjahr übertragen können. Die Ablieferung von nicht verbrauchtem Betriebskapital an die Staatskasse ist dabei ebenso zu regeln, wie die Sanktionen im Falle von Schlecht- oder Nichterfüllung von Vereinbarungen (siehe Kapitel 3.1.1.). In diesem System wird es in der Regel keine Nachtragskredite geben, es sei denn, das Parlament erweitere aus aktuellem Anlass den Politischen Auftrag und vergrössere das Globalbudget entsprechend, oder eine nicht vorhersehbare Entwicklung mache eine Änderung des Leistungsumfanges notwendig.

Kleinere Investitionen (bis zur Höhe von Fr. 100'000.--) sollen Departemente und Dienststellen aus dem Betriebskapital in eigener Kompetenz tätigen können. Im Gegenzug tragen die Leistungszentren und die Departemente die ganze Verantwortung für die Leistungserbringung und den Mitteleinsatz. Im Bereich der Investitionen werden die Kompetenzen von Parlament und Volk (Referendum) indessen nicht in Frage gestellt.

Die Führung eines Dienstleistungsunternehmens "Kantonale Verwaltung" mit konzernähnlicher Struktur nach den Grundsätzen der Wirkungsorientierten Verwaltung setzt schliesslich ein betriebswirtschaftliches Rechnungswesen auf allen Ebenen voraus. Im übrigen wird gegenüber dem Bund auch unter WOV parallel dazu weiterhin die Finanzstatistik gemäss Neuem Rechnungsmodell geführt werden müssen.

4. LEISTUNGS-, FINANZ- UND PERSONALCONTROLLING IM PROJEKT WOV

4.1. Controllingorganisation

Controlling im eigentlichen Sinn als Teil der Führungsaufgabe existiert im heutigen Verwaltungssystem nicht. Deshalb müssen die Strukturen dafür zuerst geschaffen werden.

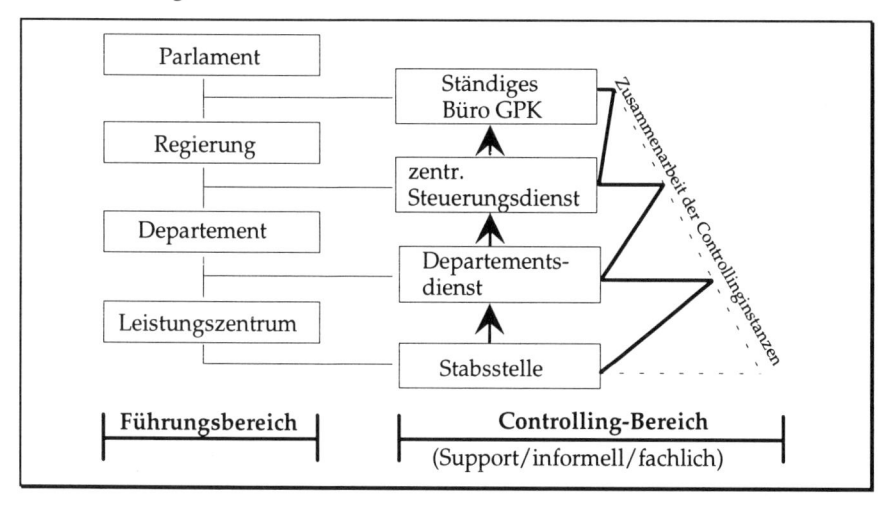

Abb. 7: Über alle Stufen reichende Controllingorganisation im Luzerner WOV-Modell.

Die Organisation des Controllings entspricht der jeweiligen Vereinbarungsebene und ist individuell festzulegen. Das Controlling wird in der Regel von Stabsstellen unterstützt. Auf Ebene der Dienststellen können die Controllingaufgaben von der Führung direkt oder von Stabsstellen übernommen werden, auf Departementsebene ist die Aufgabe dem Departementsdienst zuzuweisen. Auf Stufe Regierungsrat ist für die Konzernführung ein zentraler Steuerungsdienst einzurichten, der diese Funktion ausüben kann. Auf Ebene des Parlamentes schliesslich könnte durch die Einrichtung eines ständigen Büros der Geschäftsprüfungs- und der Finanzkommission die geeignete Struktur für das Controlling geschaffen werden.

Die Controller aller Ebenen bilden unter sich einen fachtechnisch informell zusammenarbeitenden Bereich. Dabei ist aber klar festzuhalten, dass die Einflussnahme der "Controller" auf die Prozesse im System (im Sinne des Regelkreises) ausschliesslich über die Führung (Linie) erfolgt.[4]

4.2. Verwaltungscontrolling

Das Controlling hat zum Ziel, die Instrumente Planung (Vereinbarungen), Kontrolle, Berichtswesen und Entscheidung übergreifend über alle Stufen der Verwaltungstätigkeit aufeinander abzustimmen. Verwaltungscontrolling ...

- gehört untrennbar zum Führungsauftrag
- findet auf allen Ebenen statt
- ist Grundhaltung jeder Mitarbeiterin und jedes Mitarbeiters der Verwaltung
- ist ein dauernder Prozess
- heisst: Ziele setzen, planen, steuern und kontrollieren
- ist nicht teilbar und umfasst immer
  - Leistungscontrolling
  - Finanzcontrolling
  - Personalcontrolling
- setzt die Einheitlichkeit dieser drei Bereiche voraus.

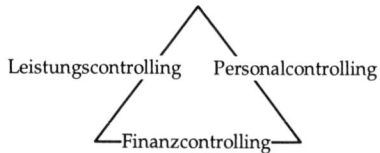

4.2.1. Leistungscontrolling

Das Leistungscontrolling beinhaltet:

- Angemessenheit der Ziele, der Programme und der Mittel
- Qualität und Quantität
- Wirtschaftlichkeit
- Effektivität und Wirksamkeit
- Kundennutzen und Kundenzufriedenheit

---

[4] vgl. auch die Darstellung bei Schedler 1995, S. 97

4.2.2. Finanzcontrolling

Das Finanzcontrolling umfasst:

- Steuerung der finanziellen und wirtschaftlichen Ziele auf allen Ebenen
- Erstellung der Grundlagen für die strategische und mittelfristige Planung und die Sicherstellung der Durchführung
- Evaluation von geplanten Lösungen und Massnahmen und deren Bewertung sowohl für Positionen der laufenden Rechnung wie auch für Investitionen
- Koordination verschiedener Teilpläne und die Abstimmung mit anderen Bereichen (Leistungs- und Personalcontrolling) und mit anderen Verwaltungseinheiten
- laufendes Vergleichen der effektiv erarbeiteten Ergebnisse mit den Planvorgaben und dauerndes Suchen nach Verbesserungsmöglichkeiten qualitativer und wirtschaftlicher Art.

4.2.3. Personalcontrolling

Personalcontrolling beinhaltet:

- Steuerung des qualitativen und quantitativen Leistungsvermögens auf der Grundlage motivierter, selbstverantwortlich handelnder Mitarbeiterinnen und Mitarbeiter
- Optimierung hinsichtlich Alters- und Geschlechtsstruktur, Laufbahnplanung, Aus- und Weiterbildung sowie Leistungsanreizen
- Regelungen betreffend Lohn- und übrigen Anstellungsbedingungen sowie die Qualifikation der Leistung.

4.3. *Kenngrössen*

Im Rahmen der Vereinbarungen werden Kenngrössen für das Controlling definiert. Es gibt interne Kenngrössen für die Leistungszentren und externe, welche im Rahmen des Berichtswesens angewendet werden. Jedes Leistungszentrum entwickelt seine eigenen Kenngrössen, d.h. möglichst wenige, aber qualitativ aussagekräftige und teilweise vergleichbare Indikatoren. Als Hilfe dient den Leistungszentren dabei die Darstellung "Controlling im Produktionsprozess" (Abb. 8) sowie die Checkliste für die Definition von Indikatoren (Abb. 9, S. 182).

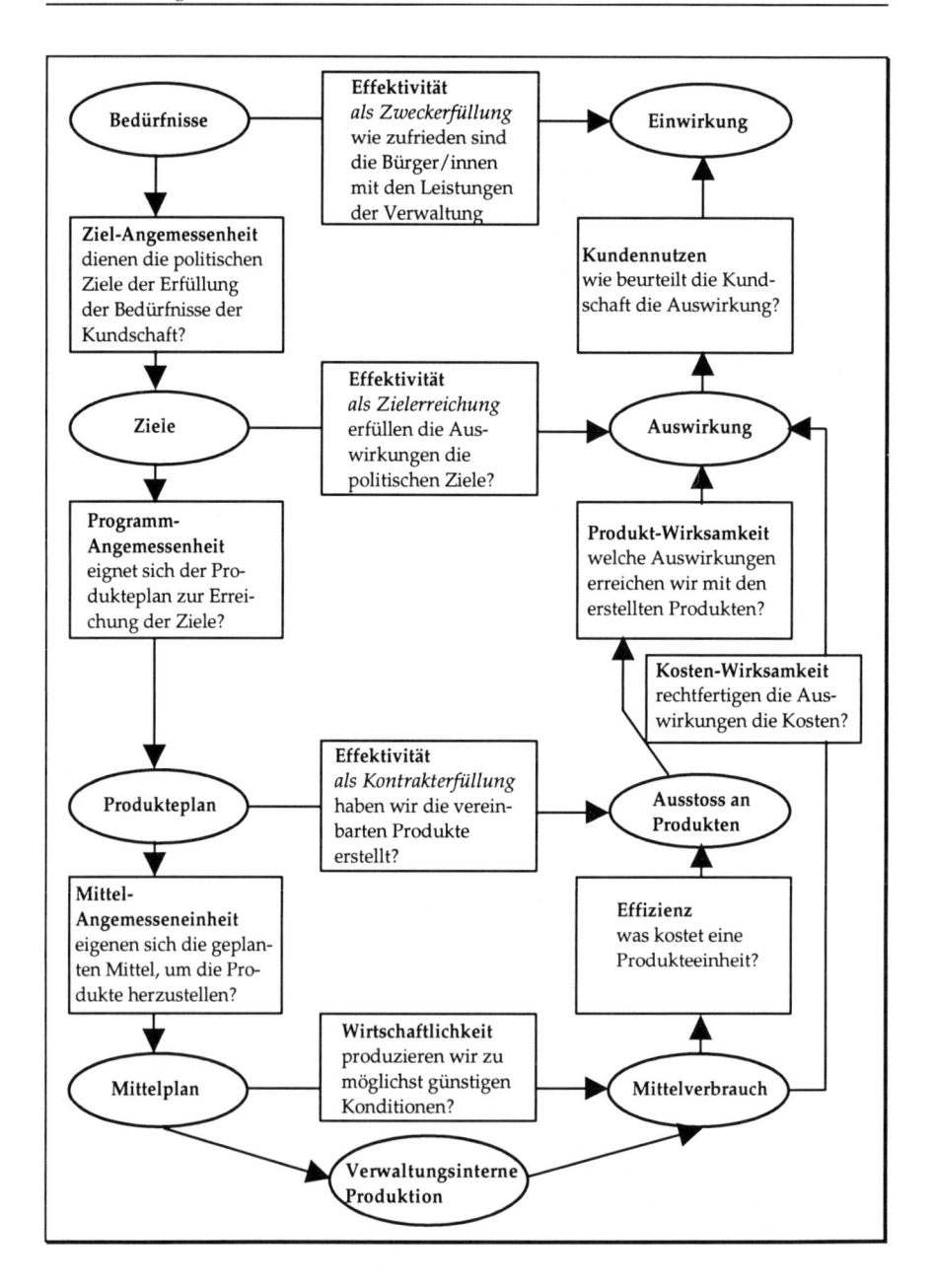

Abb. 8: Controlling im Produktionsprozess

Für den Finanzbereich wurde ein Kennzahlensystem für die Konzernebene und für die Leistungszentren entwickelt. Vergleichbare Instrumente für den Bereich des Personalcontrollings liegen erst in Entwürfen vor.

4.4. Qualitätsmanagement

Qualitätsmanagement ist in der Verwaltung des Kantons Luzern auch ausserhalb des Projektes WOV ein Thema. Qualitätsmanagement soll zum festen Bestandteil der Führungsaufgaben in der kantonalen Verwaltung werden.

In verschiedenen Dienststellen wird das Instrument der Qualitätszirkel bereits erfolgreich praktiziert, unter anderem im Amt für Umweltschutz, zumeist zur Optimierung von Prozessen und Abläufen. Qualitätszirkel sind ein Mittel der Qualitätsförderung.

Ein Bestandteil der Aufgaben, welche die WOV-Dienststellen derzeit zu erfüllen haben, ist die Erhebung der Kundenbedürfnisse und daraus abgeleitet die Definition der Produkte und Produktegruppen. Das Amt für Umweltschutz hat diese Definition beispielsweise zusammen mit Vertretern seiner Kunden vorgenommen. Ganz im Sinn der Qualitätsplanung wurde die Produktedefinition also auf die Bedürfnisse der Kunden ausgerichtet. Künftig sollen Qualitätsteams, in denen die Dienststelle, das zuständige Departement und die Kunden vertreten sind, an der laufenden Verbesserung der Produkte arbeiten.

4.5. Konzernvorgaben

Auch bei einer weitgehenden Dezentralisation der Kompetenzen und Verantwortungen wird es weiterhin zentrale Funktionen und Einrichtungen brauchen, die auf Ebene der "Konzernleitung", des Regierungsrates, zu regeln sind. Dies betrifft die Bereiche Finanzen, Organisation/Sachmittel und Personal und umfasst Dienstleistungen, die sinnvollerweise oder aus Gründen der Effizienz besser zentral erbracht werden, ebenso wie Standards und andere Vorschriften, die für das Funktionieren des Konzerns "Verwaltung" unabdingbar sind. Die Finanzbuchhaltung, das zentrale Controlling (Steuerungsdienst), die Tresorerie, Kreditorenbuchhaltung, interne Verrechnungen (Clearingstelle) sind Stichworte zum Finanzbereich, Lohnbuchhaltung, Standardangebote für die Aus- und Weiterbildung, Personalberatung usw. sind Beispiele aus dem Personalbereich, während im Bereich Organisation und Sachmittelbeschaffung beispielsweise an Informatik- und Kommunikationsstandards zu denken ist.

4.6. Revision

Die Finanzkontrolle ist die fachlich selbständige und unabhängige Revisionsstelle und oberstes Fachorgan der Finanzaufsicht. Sie dient dem Grossen Rat bei der Ausübung seiner verfassungsmässigen Finanzkompetenzen sowie seiner Oberaufsicht über die kantonale Verwaltung und Rechtspflege. Die Revisionsstelle steht im weiteren dem Regierungsrat und dem Finanzdepartement bei der Ausübung ihrer Aufsicht über die Verwaltung zur Verfügung. Sie nimmt dabei keine Controllingfunktionen wahr, prüft hingegen die Ausübung der Controllingfunktionen durch die zuständigen Instanzen. Revision und Controlling sollen unter WOV klar getrennt werden im Sinne der folgenden Darstellung ihrer Aufgaben:

Controlling	Revision
• operiert vornehmlich mit Zahlen, die als richtig angesehen werden • wertet die Zahlen entscheidungsgerecht aus • erstellt, betreibt und unterhält die für Führungsentscheide notwendigen Planungs-, Informations- und Kontrollkonzepte • erfasst und interpretiert Daten über den Erfolg der Führung in der Verwaltung • steht permanent in Kontakt zu den Verwaltungsstellen	• überprüft die formelle und materielle Richtigkeit (Ordnungsmässigkeit) der ausgewiesenen Zahlen • überprüft das "richtige" Funktionieren der Systeme, auch des Controlling • überprüft die Einhaltung von Führungs- und Wirksamkeitsrichtlinien • tritt periodisch in Kontakt zu den Verwaltungsstellen

Abb. 9: *Abgrenzung von Controlling und Revision*[5]

Das Projekt WOV sieht vor, dass die Finanzkontrolle als Revisionsstelle konkret die folgenden Prüfungen vornimmt:

- die Ordnungs- und Rechtmässigkeit der Buchführung, der Rechnungsablage, der Leistungsnachweise sowie der Geschäftsabwicklung
- die zeitgerechte, richtige und vollständige Wahrnehmung der Aufgaben durch die Controllinginstanzen
- die Gesamtheit der Sicherungsmittel (Internes Kontrollsystem IKS)
- die Sparsamkeit, Wirtschaftlichkeit und Wirksamkeit

---

[5] Schedler 1995, S. 179

- die Geschäftsführung (keine Zweckmässigkeitsprüfung)
- besondere Prüfungen im Auftrag der Finanzkommission des Grossen Rates oder des Regierungsrates.

5. EINGLIEDERUNG DES PROJEKTES WOV IN DIE BESTEHENDE ORGANISATION

5.1. Ein "Projekt des Kantons Luzern"

Das Projekt WOV ist von allem Anfang an als "Projekt des Kantons Luzern" definiert worden. Es geht also dabei nicht um ein mit früheren punktuellen Reformvorhaben vergleichbares Verwaltungsprojekt, etwa zur Effizienzsteigerung oder dergleichen, sondern um eine letztlich das gesamte System umfassende Umwälzung.

Die Projektleitung ist zwar dem Polizei- und Umweltschutzdepartement angegliedert. Diese Zuordnung ergab sich in erster Linie aus personellen Gründen und muss als zufällig erachtet werden. Bei der Zusammensetzung des leitenden Projektausschusses wurde eine breite Abstützung angestrebt. Zwei Regierungsräte und der Staatsschreiber als Bindeglied zwischen Regierung und Parlament verkörpern darin die politische Führungsebene, während alle Departemente im Ausschuss mit ihren Departementssekretären vertreten sind.

Bei der Auswahl jener Dienststellen, welche ab 1996 den WOV-Versuch mitmachen sollen, wurde einerseits auf eine grösstmögliche Vielfalt der Tätigkeiten und Aufgaben geachtet, andererseits wurde versucht, möglichst alle Departemente am Versuch zu beteiligen.

Das ganze WOV-Projekt baut auf der Philosophie der Organisationsentwicklung auf. Mit dem Projekt wurde ein Prozess in Gang gesetzt, der auf allen Ebenen gleichermassen ansetzt, bei den Strategien, den Strukturen, den Prozessen (Abläufen) und bei der Unternehmenskultur.

5.2. Besondere Probleme in der Versuchsphase

Der WOV-Versuch, welcher am 1.1.1996 starten soll, muss zwangsläufig in einzelnen Bereichen mit künstlich erzeugten Versuchsbedingungen auskommen. Am Versuch sind weit weniger als 10 Prozent aller Dienststellen der kantonalen Verwaltung beteiligt. Die übrige Verwaltung funktioniert unter den bisherigen Rahmenbedingungen weiter, kennt also weder Leistungsaufträge im Sinn der Wirkungsorientierten Verwaltung, noch Globalbudgets, kennt nur in einzelnen Bereichen interne Verrechnung von Leistungen und hat kein alle Kosten erfassendes betriebliches Rechnungswesen.

Die "WOV-Dienststellen" bilden aber nicht eine Welt für sich, sondern haben mit der übrigen Verwaltung wie bisher Kontakt, beziehen von anderen Leistungen, erbringen selbst Leistungen für andere Dienststellen. Der Wechsel zur Wirkungsorientierten Verwaltung bringt zwangsläufig Verschiebungen gegenüber den heutigen Budgets. Ein WOV-Budget ist wegen des Einbezugs der Vollkosten höher, als ein "konventionelles" Budget. Raummieten, Gebäudeunterhalt, Reinigung, Dienstleistungen im Informatik- oder im Personalbereich, Kosten für Personaladministration und Buchhaltung usw. sind heute in zentralen Budgetpositionen untergebracht und werden inskünftig grundsätzlich verrechnet und auf die Preise der Produkte geschlagen.

Insbesondere für den Start des Versuchs werden die Verrechnungsgrundlagen noch nicht alle vorliegen. Deshalb werden im 1. Versuchsjahr noch keine Verrechnungen vorgenommen, ab dem 2. Versuchsjahr sind diese aber vorgesehen. Im Verlauf des eingeleiteten Prozesses werden aber immer mehr der erforderlichen Grundlagen vorhanden und die Rahmenbedingungen geschaffen sein, um ein immer realitätsnaheres Bild zu zeichnen (Mieten, statistische Grundlagen, Informatik etc.). Zwangsläufig werden durch die Einführung interner Verrechnungen auch Dienststellen, die nicht am Versuch teilnehmen, in das Projekt WOV einbezogen.

LITERATUR

Mäder Hans/Schedler Kuno, Die Entwicklung des öffentlichen Rechnungswesens in der Schweiz vor dem Hintergrund der spezifischen nationalen Rahmenbedingungen, in: Lüder Klaus (Hrsg.), Öffentliches Rechnungswesen 2000, Berlin: Duncker & Humblot, 1994

Schedler Kuno, Ansätze einer wirkungsorientierten Verwaltungsführung, Von der Idee des New Public Management (NPM) zum konkreten Gestaltungsmodell, Fallbeispiel Schweiz, Bern/Stuttgart/Wien: Paul Haupt, 1995

ADMINISTRATION 2000:

START IN DIE REFORM ÜBER EINE LEISTUNGSANALYSE

Albert E. Hofmeister

Im Gegensatz zu verschiedenen anderen Staaten bildet die *leistungsorientierte Verwaltungsführung* in der Schweiz erst seit kurzer Zeit Gegenstand aktueller Diskussionen. Die *Gründe* für diesen Sachverhalt sind vielfältig. Im Vordergrund stehen:

1. eine vergleichsweise gute *wirtschaftliche Situation*. Der für grundlegende Reformen erforderliche "Leidensdruck" hat bisher kaum bestanden.
2. eine im Volk breit abgestützte *soziale Marktwirtschaft*, welche die Funktionen des Staates nicht grundsätzlich in Frage stellt.
3. relativ *flexible bürokratische Strukturen*.

Seit Beginn der *90er Jahre* hat sich diese Ausgangslage nun aber in wesentlichen Punkten verändert. Als Stichworte seien genannt:

- wachsende Staatsverschuldung,
- Arbeitslosigkeit,
- zunehmende Internationalisierung - bei gleichzeitigem Abseitsstehen der Schweiz.

Unbesehen dieser Entwicklungen sind weiterhin die Folgen einer weitverbreiteten Anspruchs- und Forderungsmentalität gegenüber einem weitgehend anonymen Staat zu erkennen, welche in klarem Widerspruch zu den verfügbaren Mitteln stehen.

In diesem Umfeld zeigen auch in der Schweiz immer mehr Gemeinwesen Interesse an der "Neuen Verwaltungsführung". Ein umfassender Ansatz wird im Kanton Wallis mit dem *Projekt "Administration 2000"* verfolgt. Dieses Projekt soll im folgenden dargestellt werden:

1. ALLGEMEINE RAHMENBEDINGUNGEN

Leider werden Reformbestrebungen in der öffentlichen Verwaltung von der Politik - und häufig auch von der Verwaltung selbst! - primär unter dem Blickwinkel einer *vergangenheitsorientierten Kritik* gewürdigt: Was wurde falsch gemacht? Warum hat man die aufgezeigten Schwachstellen nicht schon früher bereinigt?

Ein solches Verhalten ist destruktiv und verunmöglicht weitgehend nachhaltige Reformarbeit. Es gilt zu erkennen, dass die *"Spielregeln der Bürokratie"* nicht durch den einzelnen, sondern durch das System festgelegt werden. Ineffiziente Strukturen und Prozesse sind deshalb vielfach nicht auf individuelle Fehler, sondern eher auf systemkonformes Verhalten zurückzuführen. Für einen erfolgreichen Reformprozess muss deshalb die Optik aller Beteiligten geändert und konsequent auf die Zukunft ausgerichtet werden. Es geht nicht um vermeintliche Schuldzuweisungen und Vergangenheitsbewältigung, sondern darum, gemeinsam die Vision einer "besseren Verwaltung" zu realisieren. Es sind nicht die schwachen Verwaltungen, welche die Herausforderung einer Reform annehmen, sondern ganz im Gegenteil die leistungsstarken und innovativen. Diese Aussage gilt auch für die Walliser Verwaltung.

In diesem Zusammenhang darf darauf hingewiesen werden, dass die öffentlichen Verwaltungen der Schweiz einen Vergleich mit ausländischen Verwaltungen durchaus nicht scheuen müssen. Sie gelten *generell als leistungsfähig*:

- Die *Personalbestände* sind vergleichsmässig *niedrig*,
- die *wöchentlichen Arbeitszeiten* in der Regel höher als anderswo,
- die *dienstrechtlichen Vorschriften* relativ flexibel und
- Möglichkeiten für *leistungsabhängige Anreize* zumindest teilweise vorhanden.

Trotz dieser positiven Faktoren sehen sich auch unsere öffentlichen Verwaltungen heute grösseren Herausforderungen gegenübergestellt als je zuvor. Die *Funktionsfähigkeit der gesamtgesellschaftlichen Steuerungsmechanismen* scheint durch *verschiedene Systemversagen* beeinträchtigt und teilweise gefährdet zu sein.

Die Auswirkungen sind vielfältig und betreffen auch den *einzelnen Bürger*. Die Unzufriedenheit wächst, das *Vertrauen in den Staat* und seine Organe sinkt.

Man spricht von einer *Finanzkrise*, einer *Funktionskrise* und von einer *Vertrauenskrise*. Gerade weil die steuernden Kräfte des Marktes fehlen, wird die *Krise* im öffentlichen Bereich gleichsam zur *Voraussetzung für den Wandel*. Dieser Sachverhalt lässt sich durchaus empirisch belegen. Mehr noch: Vergleicht man auf internationaler Ebene die grossen Verwaltungsreformen, so lässt sich allgemein festhalten:

Je tiefer die Krise greift, desto grösser werden die Chancen für eine erfolgreiche und nachhaltig wirkende Reform. Der "Leidensdruck" wird zum Massstab für die Erfolgswahrscheinlichkeit eines Reformprozesses.

Reformprozesse werden dadurch in das ungünstige Umfeld eines *reaktiven Krisenmanagements* eingebettet. Wie im folgenden zu zeigen sein wird, ist beim Walliser Reformprojekt versucht worden, diese Schwachstelle durch Schaffung von neuen Führungsspielräumen zu umgehen.

Krisen haben deshalb durchaus auch ihre guten Seiten:

- Sie fördern das *Problembewusstsein*, welches seinerseits als eine wichtige Voraussetzungen für den Wandel bezeichnet werden kann.
- Sie führen auch häufig zu stärkerer faktischer *Zentralisierung von Entscheidungsprozessen* und dies auf Kosten des Einflusses institutioneller Subsysteme und
- Sie *diskreditieren* oft *egoistische Sonderinteressen*, welche einer ordentlichen Problemlösung im Wege stehen.

Krisen vermögen damit Schwachstellen des politischen Systems in wirkungsvoller Weise zu neutralisieren. Diesen *Tatsachen* muss man sich bewusst sein. Sie bedeuten letztlich, dass fehlende Krisensymptome durch Führungsstärke kompensiert werden müssen.

Man mag es bedauern - ändern wird man es kaum können: die öffentliche Verwaltung kennt die *Erneuerung aus einer Position der Stärke* nicht. Zu unterschiedlich sind Ordnungskriterien und Wertmassstäbe der Partner im politisch-administrativen System:

- für die *Legislative* zählen Mehrheitsfähigkeit, Konsens und Kompromiss;
- für die *Judikative* konzentriert sich alles auf das Kriterium der Rechtmässigkeit und
- für die *Exekutive* (einschliesslich die öffentliche *Verwaltung*) sollten Wirtschaftlichkeits- und Wirksamkeitsüberlegungen im Vordergrund stehen.

In dieser Ausgangslage sind Konflikte vorgezeichnet.
Als Fazit lässt sich festhalten: Wer sich nicht auf *Krisensymptome* abstützen kann, muss sich den *Einstieg* in eine grundlegende Verwaltungsreform *gründlich überlegen*!

2. AUSGANGSLAGE FÜR DEN KANTON WALLIS

Ein Blick auf einige wenige *Wirtschafts- und Finanzindikatoren* (Abb. 1) zeigt eindrücklich die *schwierige Situation* dieses Kantons. Krisensymptome sind somit vorhanden, auch wenn sie in ihrer Bedeutung - vor allem im Vergleich mit anderen Kantonen oder dem Ausland - durchaus relativiert werden können.

	VS	Mittel CH	Rang
Volkseinkommen 93	35'183	43'704	23
Steuerkraft 90/91	73,24	100	25
Steuerbelastung 93	119,6	100	21
Finanzkraftindex	30	100	26
Selbstfinanzierungsgrad 93	54,9%	21,3%	12
Nettoschuld 92	1'730.--	-	16
Arbeitslosenquote	7,5%	4,3%	25

Abb. 1: *Ausgewiesene Wirtschafts- und Finanzindikatoren des Kantons Wallis*

Als *Folge* dieser unbefriedigenden Situation sind in den letzten Jahre verschiedene *Sparmassnahmen* nach "traditionellem Muster" in die Wege geleitet worden. Als Beispiele seien erwähnt:

1. im *personellen Bereich*
   - die Personalplafonierung (ab 1991)
   - bzw. der Personalstopp (seit 1992),
2. im *finanziellen Bereich*
   - Verzicht auf den Teuerungsausgleich
   - Abbau gewisser Lohnkomponenten (Haushaltszulage)
   - nur teilweise Realisierung bzw. gestaffelte Einführung des 13. Monatslohnes
   - Streichen bzw. Kürzen von bestimmten Subventionen.

Insgesamt konnten damit *Einsparungen von 100 - 120 Mio. Fr.* erzielt werden.

All diese Massnahmen haben zweifellos einen *Beitrag* zur Entschärfung der Probleme geleistet, *lösen* konnten sie diese *jedoch nicht*. Es war somit unbestritten, dass weitere und schärfere Massnahmen ins Auge gefasst werden müssten.

In dieser Ausgangslage hat der *Staatsrat* bereits bei der Präsentation des Voranschlages für das Jahr 1994 angekündigt, eine *umfassende Verwaltungsreform* durchführen zu wollen.

3. ZIELE DES PROJEKTES

Reformprozesse müssen sich - im öffentlichen wie im privaten Bereich - auf *Visionen* ausrichten. Vermutlich braucht es heute diese Visionen mehr denn je, um aus den normativen *Verhaltensmustern traditioneller Verwaltungsführung* auszubrechen und den Anforderungen einer immer komplexeren und dynamischeren Umwelt gerecht werden zu können.

Für das Projekt "Administration 2000" beinhaltet diese *Vision*:

- die langfristigen *Sicherstellung* einer proaktiven politischen *Handlungsfähigkeit* durch eine in hohem Masse
- *leistungsfähige* und auf die *Bedürfnisse der Bürgerinnen und Bürger* ausgerichtete Verwaltung.

Diese Vision soll mittels folgender *Zielsetzung* erreicht werden:

1. Auf- und Ausbau einer *leistungs- und wirkungsorientierten Verwaltungsführung*,
2. konsequente Ausrichtung auf die *Verhaltensweisen erfolgreicher Organisationen*.

Im Vordergrund stehen dabei nicht die Instrumente einer neuen Verwaltungsführung, sondern die *kulturellen und qualitativen Aspekte*. Dazu zählen in erster Linie die *Zusammenarbeit zwischen Politik und Verwaltung* sowie die klare Umschreibung und Abgrenzung der *Zuständigkeiten von Legislative, Exekutive und Verwaltung*.

In diesem anspruchsvollen und zeitaufwendigen Prozess gibt es *keine Zuschauer* und schon gar keine "Richter" oder Besserwisser. Es gibt *nur Teil-*

nehmer und damit Betroffene und Beteiligte, die ihre Anstrengungen auf ein gemeinsames Ziel ausrichten. Mit dieser Forderung wird eine der wichtigsten Schwachstellen traditioneller Verwaltungsreformen überwunden: Rituale und Machtspiele zwischen Legislative und Exekutive haben nämlich in der Vergangenheit nur allzu oft eigentliche Reformbereitschaft schon im Keime erstickt und damit Voraussetzungen für Abwehrmassnahmen und Alibiprojekte geschaffen.

Die kulturelle Dimension hat einen zweiten wichtigen Aspekt: Die Überbewertung der Instrumente trübt den Blick für die eigentlichen Prioritäten eines Reformprozesses. Es besteht eine gewisse Gefahr, sich stärker auf die "machbaren" Aspekte des Reformprozesses zu konzentrieren. Dazu zählen die Instrumente, z.B. die Kostenrechnung, das Berichtswesen oder ein neues Personalstatut. Eine solche Tendenz ist gefährlich. Der *Übergang* von der Inputsteuerung zur Outputsteuerung wird *nie auf einen Administrativakt* reduziert werden können. Er betrifft die *ganze Organisation, jede Mitarbeiterin und jeden Mitarbeiter*. Der *kulturelle Wandel* und damit die *Verhaltensänderungen* müssen aktiv veranlasst und gefördert werden. Ausländische Erfahrungen zeigen deutlich, dass erfolgreiche Reformprojekte den kulturellen Aspekten eine zentrale Bedeutung beimessen. Demgegenüber zeigen sich Rückschläge dort, wo eine (zu) starke Konzentration auf Methoden und Instrumente (Managerialism) stattfindet.

Als weitere Zielsetzung wurde die konsequente Ausrichtung auf die *Verhaltensweisen erfolgreicher Organisationen*, die sog. 'well-performing organizations', erwähnt.

Diese Verhaltensweisen sind zwar allgemein bekannt. Die *Umsetzung* in bürokratischen Organisation erweist sich allerdings als *schwierig*. Sie umfasst:

- die *Förderung der Mitarbeiter*
- eine *partizipative Führung*
- *innovative Arbeitsverfahren*
- *starke Kundenorientierung*
- Kenntnis der eigenen *Schwächen* und Glaube an die eigenen *Stärken* und den *Erfolg*.

Zur Erreichung dieser Ziele bedarf es eines *Reformprogrammes*, welches sowohl die *Makroebene* (im Sinne der gesamtgesellschaftlichen Zusammenhänge und der Beziehungen zu den übrigen Makrosystemen) umfasst - man spricht von *Verwaltungspolitik* -, als auch die *Mikroebene* im Sinne des *Verwaltungsmanagements*.

4. PROJEKTPHILOSOPHIE

Das Walliser Reformprojekt basiert auf einem *ganzheitlichen Ansatz*. Ganzheitlich heisst in diesem Zusammenhang, dass

1. *alle Betroffenen* konsequent einbezogen und
2. *günstige Rahmenbedingungen* für den Reformprozess geschaffen werden.

Ausgangspunkt für die Definition der Teilprojekte bildet eine einfache und damit leicht nachvollziehbare Gliederung in vier *Problem- bzw. Projektbereiche* (Abb. 2):

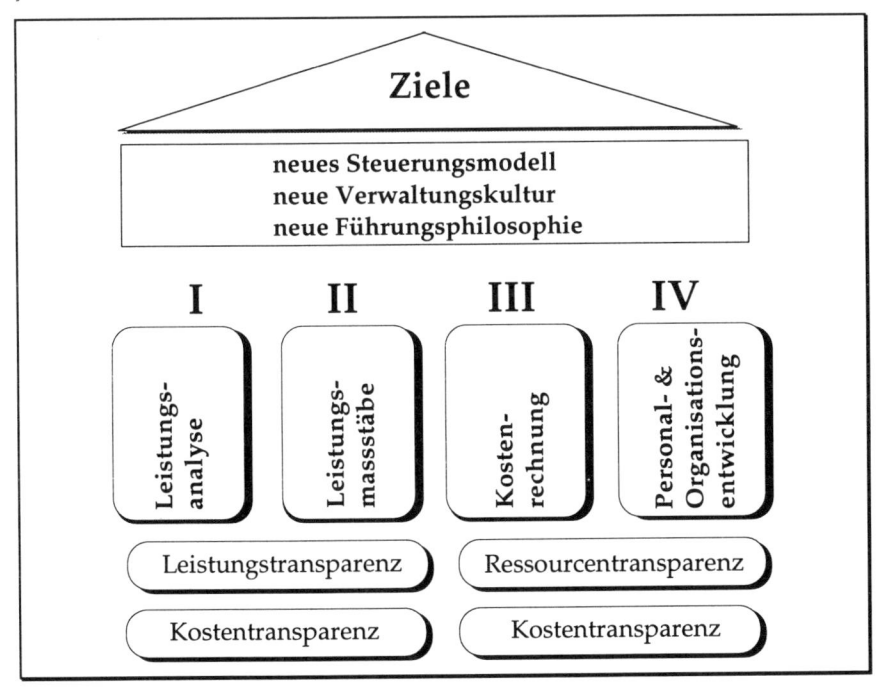

Abb. 2:   *Projektstruktur "A 2000"*

Teilprojekt 1: *Leistungsanalyse*
Teilprojekt 2: *Leistungsmassstäbe*
Teilprojekt 3: *Kostenrechnung*
Teilprojekt 4: *Personal / Organisation / Verwaltungskultur.*

Das *Teilprojekt 1* wird im Umfeld der *"traditionellen Verwaltungsführung"* realisiert, während die *Teilprojekte 2, 3 und 4* auf die *"neue Verwaltungsführung"* ausgerichtet sind.

Im Mittelpunkt steht dabei immer wieder die *Transparenz* (Abb. 3), als zwingende und wichtigste Voraussetzung für tragfähige und erfolgreiche Reformprozesse.

Ein erstes und *wichtigstes Anliegen* ist es:

- die *Schwachstellen der traditionellen Verwaltung* aufzuzeigen,
- *Notwendigkeit und Machbarkeit des Wandels* dazulegen,
- die *persönliche Bereitschaft* fördern, in diesen Prozess einzusteigen,
- *Transparenz im Leistungsbereich* sicherzustellen sowie
- das *leistungsorientierte Denken* in einer ersten Phase aufzubauen.

Das Walliser Modell untergliedert den Gesamtprozess klar in zwei Phasen, nämlich

1. die *Leistungsanalyse* (Teilprojekt 1) und
2. die eigentlichen *Reformprojekte* (Teilprojekte 2, 3 und 4).

Die Leistungsanalyse wird als *"Zwangsmassnahme"* obligatorisch für die ganze Verwaltung durchgeführt. Methodisch enthält die Leistungsanalyse alle wesentlichen Elemente einer *Gemeinkosten-Wertanalyse*. Sie kann mit der letzteren jedoch nicht gleichgesetzt werden, weil wichtige Anpassungen an die Bedürfnisse der neuen Verwaltungsführung einbezogen werden. Neben einem vollständigen *Inventar der Leistungen* resultieren ein *Inventar der Leistungsempfänger*, eine Übersicht über die *zeitlichen Aufwendungen* sowie die *direkten Kosten* sämtlicher Leistungen. Diese Angaben sind in der zweiten Projektphase eine wichtige Grundlage für die *Kostenrechnung*. Last but not least resultiert ebenfalls aus der Leistungsanalyse eine Auflistung vorhandener *Leistungsmassstäbe*. Alle diese Informationen bilden die Grundlage für die eigentlichen Reformprojekte.

Schliesslich sei noch auf einen weiteren entscheidenden Punkt hingewiesen, nämlich die *Selbstverantwortung der Linienvorgesetzten* für das in ihrem Bereich aufgezeigte Resultat. Es ist die Basis für ein weiteres entscheidendes Element der neuen Verwaltungsführung, nämlich die *dezentralen Organisationsformen* und die *Delegation von Aufgaben, Kompetenzen und Verantwortung*.

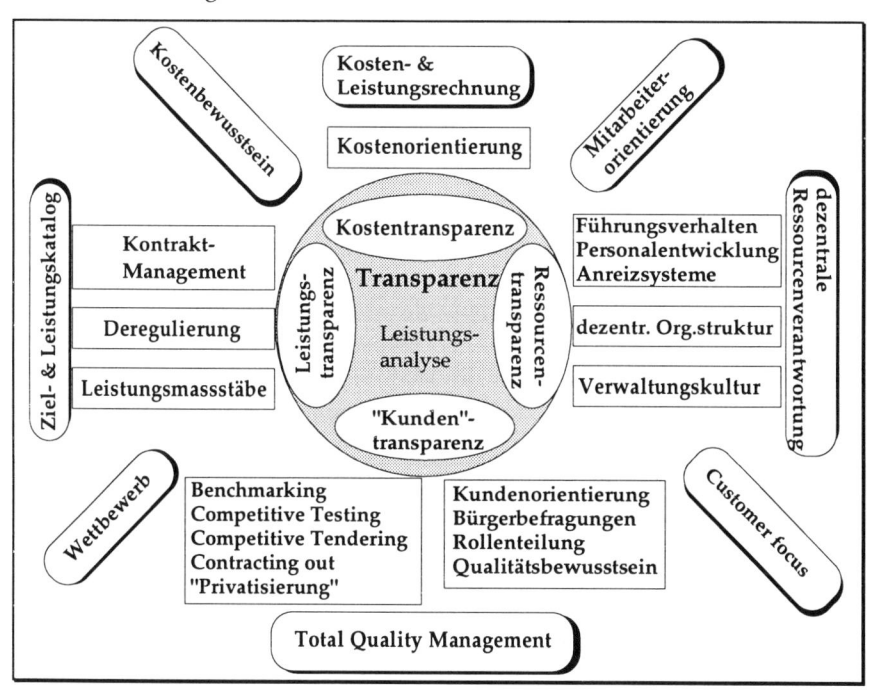

Abb. 3:   *Transparenz als Voraussetzung einer Reform*

Die Leistungsanalyse ist somit nicht Bestandteil der modernen Verwaltungsführung. Sie schafft jedoch wichtige Voraussetzungen für den Reformprozess. Dazu gehören:

1. die *politische Glaubwürdigkeit der Reform* und
2. die *Glaubwürdigkeit der Reform für Mitarbeiterinnen und Mitarbeiter*.

"Politische Glaubwürdigkeit" will heissen, dass die Reform *in einer ersten Phase nicht nur Kosten verursacht*, ohne unmittelbare Ergebnisse zu zeigen. Es gilt zu bedenken: Die Geschichte der Verwaltungsreformen ist eine lange und eher erfolglose Geschichte. Berechtigtem Misstrauen der Politiker gegenüber Verwaltungsreformen kann damit glaubwürdig, nämlich gleichsam durch den "Tatbeweis", begegnet werden. Hier greift wirksam die *Methodik der Gemeinkosten-Wertanalyse*, welche mit grosser Wahrscheinlichkeit ein *Rationalisierungspotential* in der Grössenordnung von *15 - 25%* aufzeigt. Die Erfahrung auch und vor allem in der privatwirtschaftlichen Praxis zeigt uns, dass Rationalisierungspotentiale in dieser Grössenordnung praktisch immer vorhanden sind und zwar weitgehend unabhängig von bereits durchgeführten "traditionellen" Sparmassnahmen. Dieses Potential bildet die *materielle Substanz für den Reformprozess*. Dieser *finanziert sich damit selbst* und zwar vorgängig, was auf politischer Ebene die Glaubwürdigkeit des Projektes stärkt und die Identifikation mit dem Projekt erleichtert.

Gleichzeitig wird der Regierung ein *Führungsspielraum* verschafft, wie er zuvor kaum je bestanden hat. Die Regierung wird in die Lage versetzt, den Reformprozess nicht nur unter reaktivem Krisenmanagement zu bewältigen, sondern diesen *proaktiv gestalten* zu können.

Im vorliegenden Falle hat sich die Walliser Regierung für ein sog. 'Drei-Säulen-Konzept' entschieden und dieses wie folgt alimentiert (Abb. 4):

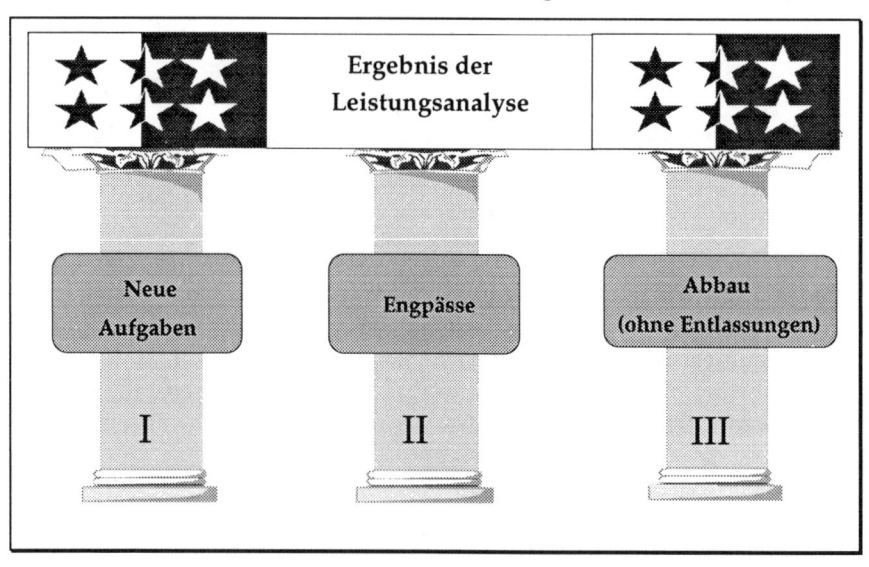

Abb. 4: Realisierungsphilosophie von "Administration 2000"

1. Säule: 48 Stellen (11%) *für neue Aufgaben*, welche bis anhin infolge fehlender Ressourcen zurückgestellt werden mussten.

2. Säule: 35 Stellen (8%) für die Linderung bestehender *Engpässe*, welche als Ergebnis der Leistungsanalyse objektiv aufgezeigt werden.

3. Säule: 228 Stellen (52%) als Abbaumassnahmen und damit direkte Einsparungen.

Über die Verwendung von weiteren 125 Stellen (= 29%) wird der Staatsrat zu einem späteren Zeitpunkt entscheiden. Massnahmen im Umfange von 36 Stellen schliesslich sind aus übergeordneten Überlegungen als nicht realisierbar qualifiziert worden.

Damit ist auch die Frage beantwortet, ob diese als Zwangsmassnahme durchgeführte Leistungsanalyse nicht gegen den "Geist der neuen Verwaltungsführung" verstösst. Sie tut es deshalb nicht, weil sie in der zweiteiligen Projektkonzeption gar nicht Bestandteil des neuen Verwaltungsmanagements ist, sondern diese Phase lediglich wirkungsvoll vorbereitet.

Erste Erfahrungen zeigen, dass mit der Leistungsanalyse eine weitere wichtige Auswirkung verbunden sein kann. Sie trägt nämlich dazu bei, den Mitarbeiterinnen und Mitarbeitern den *Willen der Exekutive* - und gegebenenfalls der Legislative - zur Reform *nachdrücklich zu demonstrieren*. Im Laufe der Jahre haben sich die Verwaltungen nämlich bemerkenswerte und nur schwer zu überwindende *Abwehr- und Immunisierungsstrategien* gegen die regelmässig wiederkehrenden "traditionellen Sparübungen" entwickelt. Dazu gehört, dass neuen Projekten zunächst mit Skepsis, einer abwartenden Haltung und Passivität begegnet wird. Dies sind schlechte Voraussetzungen für einen echten Reformprozess. Da sie jedoch auf Erfahrungswissen basieren, lassen sie sich kaum verbal mit logischen Argumenten entkräften.

In einer *zweiten Phase* wird systematisch die "neue Verwaltung" aufgebaut. Organisatorisch gliedert sich diese Phase in die Teilprojekte 2, 3 und 4 (s. oben) sowie die Pilotprojekte.

Die sollen im folgenden kurz dargestellt werden:

4.1. Teilprojekt 2: Leistungsmassstäbe

Ausgangspunkt bildet die Leistungsanalyse, die eine umfassende und flächendeckende Übersicht über die bestehenden Leistungsmassstäbe liefert. Im Teilprojekt 2 werden diese Angaben durch *SOLL-Werte* ergänzt, wobei konsequent auf die *Wirkungskette des Verwaltungshandelns* Bezug genommen wird:

Bedürfnisse → Ziele → Input → Prozess → Output → Outcome → Impact

Zielsetzung bildet der Aufbau von *Indikatorsystemen*, wobei im Sinne der Wirkungskette - soweit sinnvoll und möglich - Informationen über die verschiedenen Ebenen bereitgestellt werden sollen:

- die Wirkungsebene
- die Zielebene
- die Resultatebene und
- die Wirtschaftlichkeitsebene

4.2. Teilprojekt 3: Kostenrechnung

Auch für die Kostenrechnung fallen wesentliche Grundlagen bereits als "Nebenprodukt" der Leistungsanalyse an, nämlich die zeitlichen Aufwendungen und die direkten Kosten. Dem Teilprojekt 3 obliegen die Erarbeitung der *Grundlagen für die Kostenrechnung* sowie die *Fachunterstützung* für die Linienvorgesetzten. Im Vordergrund stehen folgende Aktivitäten:

1. Definition der Kostenarten (= Kontenplan) für die "Neue Verwaltungsführung", einschliesslich:
   - Definition der *kalkulatorischen Kosten*, Rückstellungen etc.
   - Festlegung von *Bewertungs- & Abschreibungsgrundsätzen*
   - Aufbau/Anpassung der *Material-* und der *Anlagenbuchhaltung*
   - Anpassung(en) der *Vermögensrechnung*
   - Konzept für die *interne Leistungsverrechnung*
   - *Informatikkonzept* für die Kostenrechnung;
2. Definition und Gliederung der *Kostenstellen*:
   a) Kostenstellen mit 'Aussenwirkung'
   b) allg. Kostenstellen (Leitung & Stabsfunktionen)
   c) Vorkostenstellen (Servicefunktionen);
3. Definition der *Kostenträger* (= Produkte);

4. Zuordnung der *Kostenarten zu den Kostenstellen* und der *Kostenarten zu den Kostenträgern*;
5. Erarbeitung der Grundlagen für ein *Finanzcontrolling*, ein *Finanzreporting* sowie *Evaluation von Finanzkennzahlen*;
6. *Fachliche Unterstützung* der übrigen (Teil-)Projekte sowie Definition der *Grundsätze für die Rechnungsführung* im System der neuen Verwaltungsführung.

4.3. Teilprojekt 4: Personal, Organisation, Verwaltungskultur

Hier werden im vorwiegend *qualitativen Bereich* die *Voraussetzungen* für den Übergang zur "Neuen Verwaltungsführung" geschaffen, insbesondere bezüglich

1. den personellen Aspekten:
   - *Führung*
   - *Aus- & Weiterbildung, Kaderförderung*
   - *Qualifikation*
   - *Leistungsanreize / Leistungsentlöhnung*
   - *Pflichtenhefte*
   - *individuelle und kollektive Arbeitsformen*
   - *Dienstrecht, etc.*

2. den organisatorischen Aspekten:
   - *Anpassung der organisatorischen Strukturen*
   - *Anpassung der Abläufe/Prozesse*
   - *Abgrenzung zwischen zentraler Steuerung und den dezentralen Einheiten*

3. den verwaltungskulturellen Aspekten:
   - *Prinzipien der "Neuen Verwaltungsführung"*
   - *"Menschenbild" und Führungsverständnis*
   - *Funktion der Verwaltung im gesamtgesellschaftlichen Prozess, etc.*

Wie bereits erwähnt, basiert dieser zweite Teil grundsätzlich auf Freiwilligkeit (Abb. 5):

```
┌─────────────────────────────────────────────────────────────────┐
│  traditionelle          moderne                                 │
│  Verwaltungsreform      Verwaltungsreform                       │
│                         ┌──────────┐                            │
│                         │ Pilot-   │                            │
│                         │ projekte │                            │
│                         └──────────┘                            │
│                         ┌──────────┐                            │
│                         │Leistungs-│                            │
│  ┌──────────┐           │massstäbe │          ┌────────┐        │
│  │Leistungs-│    +      └──────────┘    =     │ A 2000 │        │
│  │ analyse  │           ┌──────────┐          └────────┘        │
│  └──────────┘           │ Kosten-  │                            │
│                         │ rechnung │                            │
│                         └──────────┘                            │
│                         ┌──────────┐                            │
│                         │ Personal │                            │
│                         │Organisation│                          │
│                         └──────────┘                            │
│  Prinzip: Zwang         Prinzip: Freiwilligkeit                 │
└─────────────────────────────────────────────────────────────────┘
```

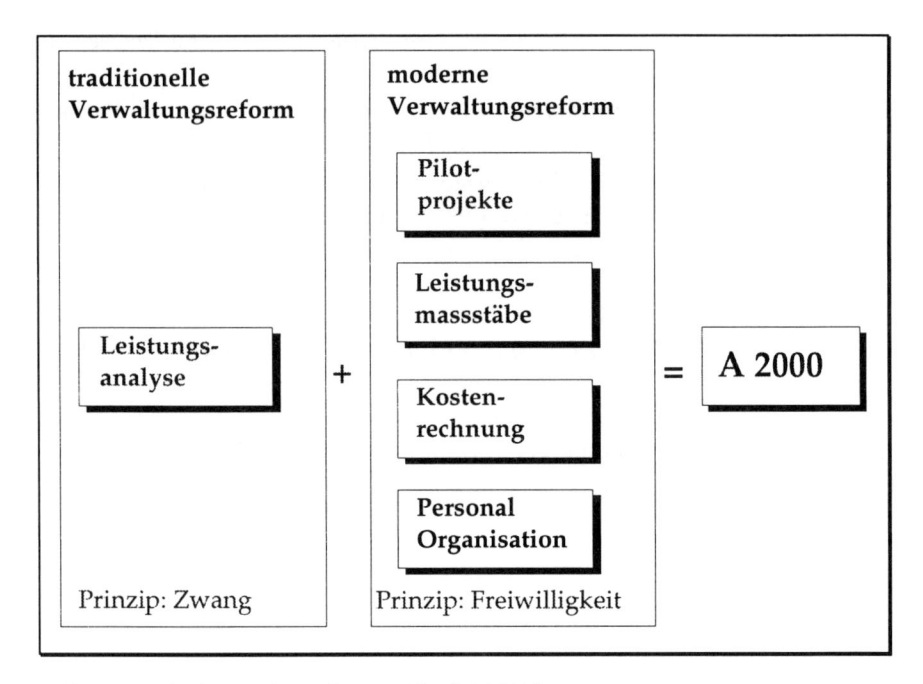

Abb. 5: Gliederung der Reformprojekte "A 2000"

Niemand soll gezwungen werden, nach den "Spielregeln der Neuen Verwaltungsführung" zu arbeiten. Diese Rahmenbedingung mag sehr grosszügig erscheinen - sie ist es wahrscheinlich nicht. Dies deshalb, weil es schwierig sein dürfte, jemanden - eine Organisation oder eine Person - zu einer in wesentlichen Teilen auf Motivation, Eigenverantwortlichkeit und Leistungsbereitschaft basierenden Verwaltungsführung zu zwingen. Für Zwangsmassnahmen bietet das System der Inputsteuerung bessere Voraussetzungen als dasjenige der Outputsteuerung.

Die Freiwilligkeit bedarf einer Einschränkung, weil auch die zweite Phase Elemente enthält, welche obligatorisch und flächendeckend Anwendung finden. Es wird unterschieden zwischen:

1. einer *Vorbereitungsphase* und
2. der *praktischen Realisierung* des Reformprozesses.

Die Vorbereitungsphase gilt für die gesamte Verwaltung. Sie umfasst im wesentlichen die folgenden Aktivitäten:

- Verdichten der Leistungen zu *Produkten* und Produktgruppen;

- Berechnung der (Voll-)*Kosten* für die Produkte/Produktgruppen;
- Entwicklung von *Leistungsmassstäben* sowie
- Evaluation von *Handlungsalternativen*.

Gleichzeitig werden *Pilotprojekte* gestartet, welche nach den Spielregeln der neuen Verwaltungsführung arbeiten und Erfahrungen sammeln. Die Pilotprojekte werden als *Lernprozesse* gestaltet. Die erste Phase umfasst 6 Pilotprojekte:

- Dienststelle für Bodenverbesserung (Volkswirtschaftsdepartement)
- Dienststelle für Gesundheitswesen (Departement für Gesundheitswesen)
- Anstalt für höhere Berufsbildung (Erziehungsdepartement)
- Dienststelle für Feuerwesen und Zivilschutzdienst (Justiz-, Polizei- und Militärdepartement)
- Dienststelle für Strassen- und Flussbau (Baudepartement)
- Hochbauamt (Baudepartement)

Es dürfen damit ausdrücklich auch Fehler gemacht werden, soweit diese Bestandteile des Lernprozesses bilden. Diese Feststellung ist wichtig, denn die traditionelle Verwaltung und die (traditionelle) Politik haben ein ausgesprochen gestörtes Verhältnis zu Fehlern. Die *Auswahl* der Pilotprojekte erfolgt dabei nach fachtechnischen und politischen Kriterien und soll - in der ersten Phase - vor allem einen maximalen Informationsgewinn sicherstellen.

Für die übrige Verwaltung werden zukünftig regelmässig sog. "Fenster" geöffnet, welche den Einstieg in die neue Verwaltungsführung ermöglichen. Bedingung für den Einstieg ist der erfolgreiche Abschluss der Vorbereitungsarbeiten.

Dem *Einbezug der Mitarbeiterinnen und Mitarbeiter* wird grösste Bedeutung beigemessen. Zu diesem Zweck werden *Qualitätszirkel* und Diskussionsgruppen aufgebaut und in der Basis verankert.

Wie bereits erwähnt, werden begleitend auch die *Judikative und die Legislative* in den Reformprozess eingebunden (Abb. 6). Auf die entsprechenden Projekte "Justiz 2000" und "Legislative 2000" kann hier nicht im Detail eingetreten werden.

```
                Legislative 2000    [L 2000]      [J 2000]   Justiz 2000
                              Politisches    Rechtliches
                              System         System
                                      PAS
                              Administratives
                              System
                                    [A 2000]
                           Administration 2000
```

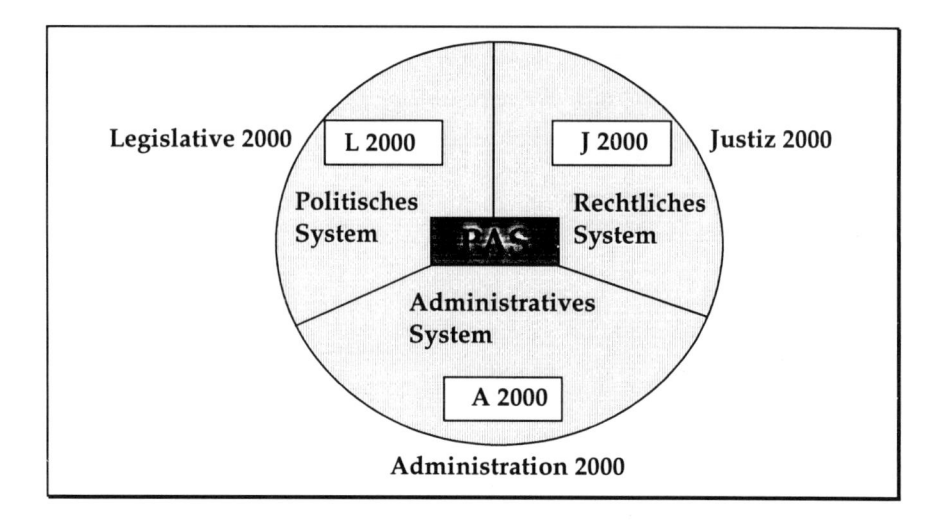

Abb. 6:   *Walliser Reformprojekt als Abbild des Politisch-Administrativen Systems*

Ebenfalls separat behandelt werden die Erziehung (Projekt "*Erziehung 2000*") und die subventionierten Institutionen (Projekt "*Institutionen 2000*").

Die Projekte "Erziehung 2000", "Justiz 2000" und "Institutionen 2000" haben einen gemeinsamen methodischen Ansatz, indem sie je aus zwei Teilprojekten bestehen, nämlich:

1. einer Leistungsanalyse und
2. einer Systemanalyse.

Die Leistungsanalyse schafft wiederum *Transparenz im Leistungsbereich*, während mit der sog. Systemanalyse die *Reformmöglichkeiten* festgelegt werden.

Allen Reformprojekten gemeinsam ist ein bewährtes Fundament, nämlich:

- Motivation durch *aktive Mitarbeit* der Betroffenen
- *gemeinsame Problemlösung*
- *intelligentes Lernen* und
- 'keep it simple', also *einfache Lösungsansätze*.

5. ERGEBNISSE DER LEISTUNGSANALYSE

Die Leistungsanalyse bildet in allen Walliser Projekten Ausgangspunkt für den Reformprozess, indem Transparenz hergestellt wird und wichtige Grundlagen für die outputorientierte Verwaltungsführung flächendeckend für die gesamte Organisation erarbeitet werden können. Gleichzeitig wird ein Einsparungspotential aufgezeigt, welches der Regierung ermöglicht, aus dem Teufelskreis des reaktiven Managements auszubrechen und den Reformprozess aktiv zu gestalten.

Es scheint deshalb angezeigt, kurz auf die konkreten Ergebnisse der bei der kantonalen Verwaltung im Wallis durchgeführten Leistungsanalyse einzutreten.

Im Zeitraum von April bis August 1994 sind insgesamt 2'619 Stellen untersucht worden. Resultiert haben mehr als dreitausend sehr konkrete und - unter Beachtung definierter Voraussetzungen, z.B. Anpassung von Weisungen, Einführung von Informatik etc. - direkt umsetzbare Massnahmen. Die Aufgliederung nach der für die Realisierung zuständigen Stelle (Abb. 7) zeigt deutlich, dass der überwiegende Teil der Massnahmen direkt durch die betroffenen Dienstchefs realisiert werden kann.

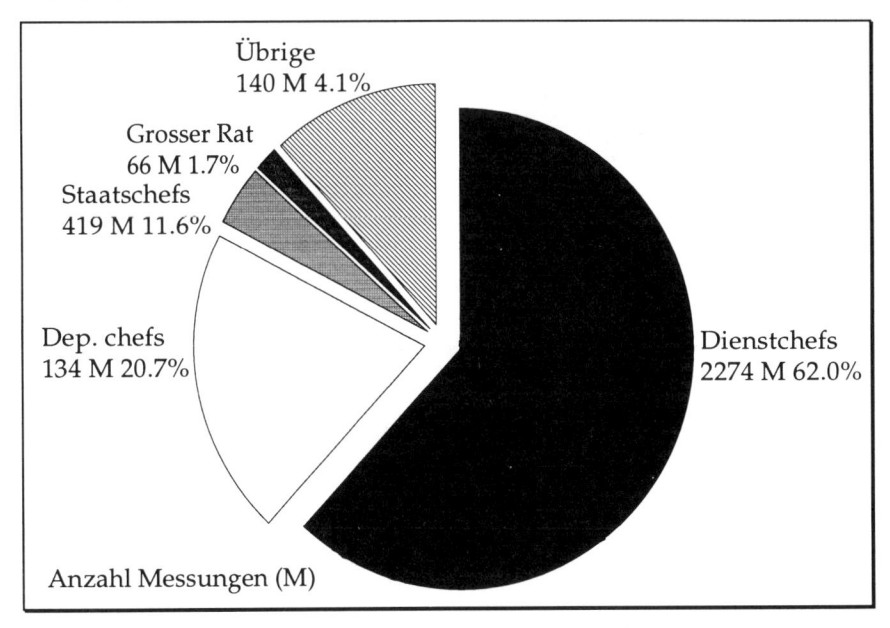

Abb. 7: Massnahmen der Leistungsanalyse nach Realisierungszuständigkeiten

Diese Relation ist für die hier durchgeführte Leistungsanalyse typisch. Sie ergibt sich wesentlich aus der Methodik, nämlich dem intensiven Dialog zwischen den sogenannten "Analyseteams" und den sogenannten "Leitern der Untersuchungseinheiten".

Die Gesamtheit dieser Massnahmen haben ein Einsparungspotential von rund 450 Stellen oder fast 18 Prozent des Untersuchungsumfanges ergeben.

Die Stärke der Leistungsanalyse gegenüber den klassischen Instrumenten (Plafonierung, lineare Kürzungen etc.) zeigt sich sehr deutlich in der Aufgliederung der Einsparungspotentiale nach Dienststellen bzw. Untersuchungseinheiten (Abb. 8 und 9).

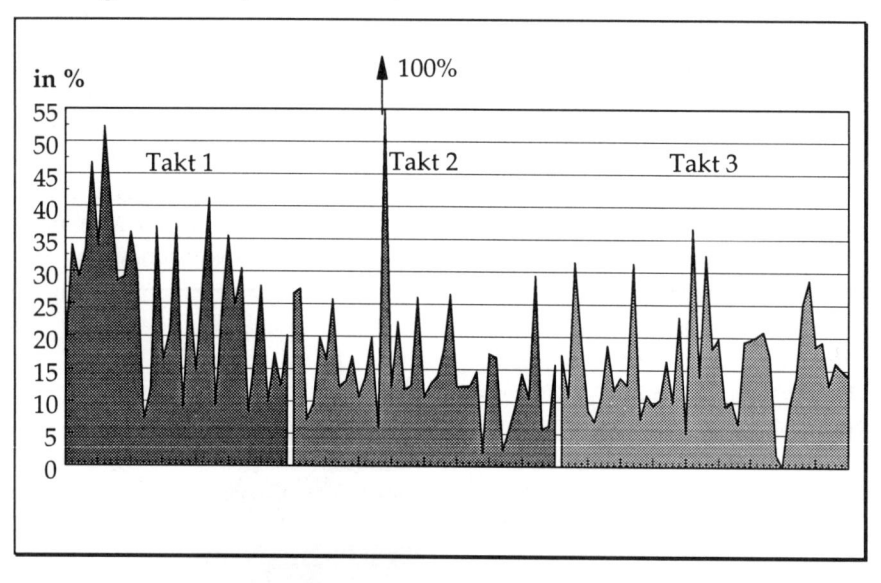

Abb. 8: *Ergebnisse der Leistungsanalyse in den drei Untersuchungsphasen*

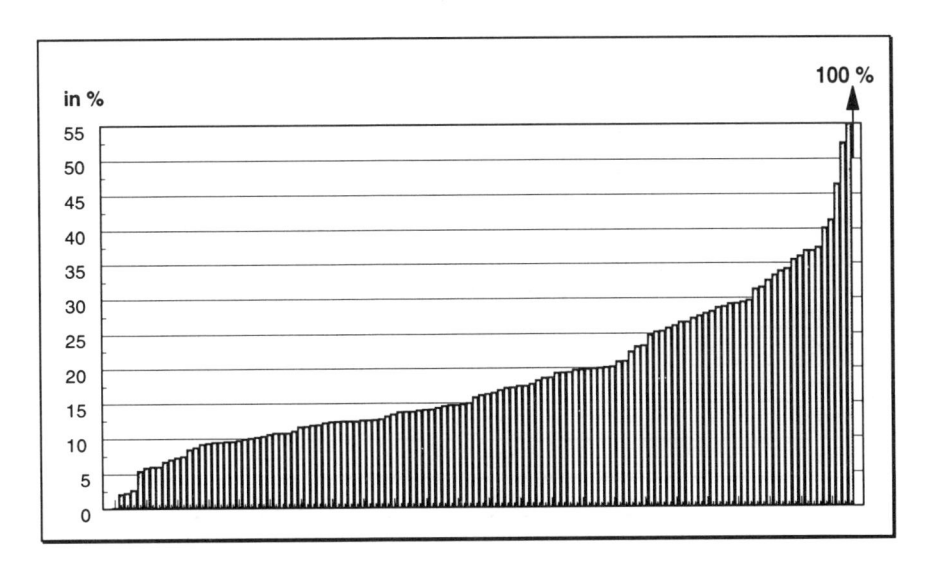

Abb. 9: Einzelergebnisse der Leistungsanalyse nach Grösse der Einsparung pro Untersuchungseinheit

Die Resultate variieren je nach effektiv vorhandenen Rationalisierungsmöglichkeiten von 0 bis 100%, wobei 100% den Extremfall der Aufhebung einer Dienststelle darstellt. Interessant ist auch die Aufgliederung der Massnahmen nach Art der Auflage, welche für die Realisierung erfüllt sein muss. Es zeigt sich folgendes Bild:

323 Massnahmen (5%) mit einem Potential von 23 Stellen können *ohne Bedingungen* realisiert werden.

Weitere 403 Massnahmen (25%) mit einem Einsparungspotential von 117 Stellen sind mit einem transparent aufgezeigten und als vertretbar und verantwortbar qualifizierten *Leistungsabbau* verbunden.

Die Realisierung der übrigen 2293 Massnahmen ist an die Erfüllung gewisser *Voraussetzungen* geknüpft:

- Änderung bestehender Rechtsgrundlagen (58 Massnahmen, 5 Stellen, 1,3%)
- Investitionen (vor allem Informatik): 98 Massnahmen, 13 Stellen, 3%
- Anpassungen der Organisation: 1097 Massnahmen, 114 Stellen, 24,5%
- Transfers: 51 Massnahmen, 20 Stellen, 4,5% sowie

- übrige Voraussetzungen oder Kombination von mehreren Voraussetzungen (989 Massnahmen, 158 Stellen, 36%).

Sehr interessant ist schliesslich die vergleichsweise kurze Zeitspanne, innerhalb welcher sich die Abbaumassnahmen realisieren lassen (Abb. 10).

Realisierungszeitpunkt	Anzahl Stellen	in % des Totals
sofort	120	53%
1995	37	16%
1996	40	18%
1997	28	12%
1998	03	1%
Total	228	100%

Abb. 10: Realisierungszeitpunkt der Abbaumassnahmen für das Projekt "A 2000"

Mehr als die Hälfte des Potentials konnte bereits während der Realisierungsgespräche oder unmittelbar im Anschluss daran umgesetzt werden. Nur drei Stellen oder rund ein Prozent des gesamten Rationalisierungspotentials lassen sich erst im letzten der vorgegebenen fünf Realisierungsjahre realisieren.

Vom Amt zum Unternehmen

Ein kultureller Veränderungsprozess am Beispiel der Bedag Informatik

Kurt Baumann

Seit dem 1. Februar 1990 ist die zentrale Informatikorganisation der Staatsverwaltung des Kantons Bern ein selbständiges Unternehmen: die Bedag Informatik. Mit dieser Ausgliederung, wie sie im Rahmen des New Public Management noch vielen anderen Verwaltungseinheiten bevorstehen wird, war ein tiefgreifender Kulturwandel verbunden: weg von der Verwaltung, hin zum Markt. Es galt (und gilt), mit Mitarbeitern einer Institution der kantonalen Verwaltung ein dynamisches, marktorientiertes Dienstleistungsunternehmen zu schaffen. Dieser Prozess, genauer die erste Phase dieses Prozesses (von 1990 bis 1993), soll im folgenden kurz nachgezeichnet und thematisiert werden - im besonderen unter dem Gesichtspunkt des damit innerhalb der Bedag Informatik verbundenen Kulturwandels.

1. Vorgeschichte

Dem Startschuss im Februar 1990 gingen mehrjährige Vorbereitungsarbeiten für die Gestaltung des Unternehmens Bedag Informatik voraus; begonnen hatten die Diskussionen bereits 1986. Wesentliche Gründe für die angestrebten Veränderungen waren:

- *Mangelnde Kostentransparenz.* Es bestanden nur ungenügende Kalkulationsgrundlagen. Die Kosten für Eigenleistungen, Beizug von externen Spezialisten und Investitionen konnten nicht zuverlässig ermittelt werden. Dazu kam ein staatliches Projekt-Bewilligungsverfahren, bei dem nur die pagatorischen Kosten ausgewiesen wurden. Die Informatik war so schlecht führbar.
- *Aufgaben-Ressourcen-Konflikt.* Es mussten verschiedene, politisch abgesegnete Informatikprojekte realisiert werden. Gleichzeitig bestanden im Rahmen einer restriktiven Stellenbewirtschaftung wenig Möglichkeiten, die notwendigen personellen Kapazitäten zu beschaffen. Eine saubere Auftragserfüllung konnte nicht gewährleistet werden.
- *Mangelnde Konkurrenzfähigkeit auf dem Personalmarkt.* Es erwies sich als immer schwieriger, qualifizierte Spezialisten zu konkurrenzfähigen

Bedingungen zu rekrutieren. Dies führte zu einem schleichenden Know-how-Verlust.

Bei der Diskussion über die zukünftige organisatorische Ausgestaltung wurden 1987 verschiedene grundsätzliche Varianten geprüft. Zu berücksichtigen war dabei neben einem in der Verwaltung eingegliederten Amt für Informatik auch die Zusammenlegung mit der Bernischen Datenverarbeitung AG BEDAG, die Rechenzentrumsleistungen für die Staatsverwaltung und weitere Partner erbrachte. Man entschloss sich, zur Beurteilung möglicher Organisationsmodelle die folgenden Hauptkriterien zu berücksichtigen:

- Sicherstellung der Aufgabenerfüllung des Staates in gewissen strategischen Bereichen (z.B. Steuerveranlagung und -bezug, Finanzsysteme, Grundstückdatenbanken, Personalinformationssystem), Gewährleistung der Kontinuität in den entsprechenden Informatikprojekten;
- Steigerung der Leistungsfähigkeit und Wirtschaftlichkeit der zukünftigen Organisation;
- Erhöhung der Flexibilität in allen Bereichen der Informatik, insbesondere aber bei den Entscheidungsprozessen;
- Schaffung eines klaren Kunden-/Lieferantenverhältnisses mit transparenten Kosten für den Staat;
- Einhaltung der Vorschriften über Datenschutz und -sicherheit.

Eine nutzwertanalytische Evaluation der verschiedenen Varianten führte zum internen Entscheid der Finanzdirektion, die Informatikorganisation aus der Verwaltung auszugliedern, und zwar in ein öffentlich-rechtliches Unternehmen. Der entsprechende Bericht, datierend von 1988, diente Regierung und Parlament zusammen mit einem Gesetzesentwurf als Beratungsgrundlage. Zwar waren die Begriffe "New Public Management" oder "Wirkungsorientierte Verwaltungsführung" zu jener Zeit noch nicht geläufig; aber wichtige damalige Fragestellungen haben in diesem Zusammenhang bis heute nichts an Aktualität eingebüsst, so zum Beispiel:

- Wie gross darf der Schritt für die aus der Verwaltung auszugliedernden Beamten in unternehmenskultureller Hinsicht sein?
- Wie können die vom Staat verlangten kontinuierlichen Dienstleistungen sichergestellt und gleichzeitig die notwendigen Prozesse in Richtung Markt nachhaltig gefördert werden?
- Wo und in welchem Ausmass ist eine echte Wettbewerbssituation möglich und notwendig?

- Was ist politisch machbar? Wie weit kann der Einfluss der politischen Behörden eingeschränkt werden?

Wahrscheinlich war es dem damaligen starken Erneuerungswillen im Staate Bern zu verdanken, dass eine moderne und auch vielbeachtete Lösung realisiert werden konnte. Der direkte Schritt zur privatwirtschaftlichen Aktiengesellschaft war zwar noch nicht realistisch. In Bezug auf den zu vollziehenden Unternehmensaufbau war man sich aber im Klaren darüber, dass diese erste Veränderung bereits eine gewaltige mittelfristige Herausforderung für Führung und Mitarbeiter darstellen würde. Weitere Ziele sollten schrittweise im Rahmen eines geordneten Prozesses angestrebt werden. Diese Auffassung wurde im übrigen durch eine umfassende Kulturuntersuchung und -analyse eines externen Beraters nachhaltig gestützt.

2. DAS MODELL BEDAG INFORMATIK

Am 1. Februar 1990 nahm die Bedag Informatik ihre Tätigkeit auf. Vorausgegangen war die Aufhebung des kantonalen Amtes und die Integration der Bernischen Datenverarbeitung AG BEDAG in das neue öffentlich-rechtliche Unternehmen (Anstaltsform). In der Verwaltung verblieb eine kleine Stabsstelle (bei der Finanzdirektion); sie war im wesentlichen verantwortlich für strategische Fragen und die Koordination der Informatikgesamtplanung der Staatsverwaltung. Das vorhandene Informatik-Know-how in den verschiedenen Fachdirektionen wurde aufrechterhalten.

Das Modell Bedag Informatik kann kurz wie folgt charakterisiert werden:

- Grundlage ist das Gesetz über die BEDAG Informatik vom 29. August 1989. Das Unternehmen gehört ausschliesslich dem Staate Bern.
- Die Firma ist ausgestattet mit einem Dotationskapital von 27.5 Mio. Franken als Eigenkapital- und Startbasis. Dieses ist angemessen zu verzinsen.
- Die Bedag Informatik verfügt über eigene Rechtspersönlichkeit und ist nach kaufmännischen Grundsätzen zu führen. Sie kann in jeder Beziehung wie ein Privatunternehmen handeln.
- Im Gesetz ist ein Leistungsauftrag stipuliert.
- Oberstes Organ des Unternehmens ist ein vom Regierungsrat gewählter Verwaltungsrat, bestehend aus 9 bis 13 Mitgliedern.

Um von Beginn weg eine Annäherung an den Markt einzuleiten, wurden ausserdem zusammen mit der Modellkonstruktion zwei Grundsatzentscheide gefällt: die Bedag Informatik verfügt über keine Staatsgarantie und bezahlt wie jedes andere Unternehmen Steuern.

Auch kompetenzmässig wurden klare Voraussetzungen geschaffen: Der Grosse Rat des Kantons Bern legt das Dotationskapital fest, genehmigt Jahresrechnung und -bericht und beschliesst über die Verwendung des Jahresgewinns. Der Regierungsrat wählt den Verwaltungsrat inklusive Präsidenten, genehmigt das Geschäftsreglement der Firma und bereitet alle Vorlagen an das Parlament vor.

Alle übrigen Kompetenzen wurden an den Verwaltungsrat und die Geschäftsleitung der Bedag Informatik delegiert, so zum Beispiel: die Festlegung der Unternehmensstrategie, die Organisation des Unternehmens, Planung und Budgetierung im finanziellen Bereich, personelle und infrastrukturmässige Ausstattung, das Eingehen von Beteiligungen, der Erwerb von Liegenschaften.

Diese klare Trennung von Aufgaben und Kompetenzen führte dazu, dass die staatlichen Stellen Art und Umfang des Informatikeinsatzes in der Verwaltung bestimmten. Die Bedag Informatik dagegen trat fortan als Leistungserbringerin auf, deren Dienstleistungen bedarfs- und preisgerecht sowie in der geforderten Qualität zu sein hatten. Damit wurden wesentliche Elemente des New Public Managements festgeschrieben:

- Die Unternehmensspitze erhielt den notwendigen Handlungs- und Entscheidspielraum.
- Es erfolgte eine grundsätzliche Trennung zwischen politischer und unternehmerischer Verantwortung.
- Die Ausrichtung auf den Markt - auch mit Bezug auf die Staatsverwaltung des Kantons Bern - wurde eingeleitet.

Die politisch Verantwortlichen verfolgten im wesentlichen zwei übergeordnete Zielsetzungen: einerseits mit einem attraktiven Unternehmen im High-Tech-Bereich Arbeitsplätze im Raum Bern zu schaffen, andererseits die traditionelle Rechtmässigkeitskontrolle durch eine solche über den Wirtschaftlichkeitsnachweis zu ersetzen. Die Überlegung war: Wenn es der Bedag Informatik gelingt, Aufträge im freien Markt zu erhalten, dann ist sie konkurrenzfähig und somit auch für die Staatsverwaltung ein interessanter Partner.

3. DIE ENTWICKLUNG DES UNTERNEHMENS 1990 - 1993

Der Beginn im Februar 1990 war kein Kaltstart. Vorausgegangen waren umfangreiche Vorbereitungsarbeiten. In knapp zwei Jahren wurden - parallel zum Gesetzgebungsverfahren - Grundlagen auf unternehmensstrategischer, organisatorischer und dienstleistungsbezogener Ebene erarbeitet. Man begann, im Rahmen von Arbeitsgruppen auch unternehmenskulturelle Fragen zu diskutieren und sanfte Veränderungen zu bewirken. Die Loslösung vom Staat wurde bei und mit den Führungsinstrumenten eingeleitet: Es galt, in den Bereichen Rechnungswesen, Controlling, Personalwesen, Marketing und Rechtsdienst eigene Lösungen zu entwickeln.

Die Bedag Informatik verstand sich von Anfang an als Dienstleistungsunternehmen, welches sich auf öffentliche Verwaltungen (Bund, Kantone, Gemeinden) sowie ausgewählte Unternehmen im staatsnahen Bereich konzentriert. Ein zielgerichtetes Dienstleistungsangebot sollte unter Ausnutzung möglicher Synergien in der ganzen Schweiz abgesetzt werden können. Die von der Unternehmensspitze vorgegebenen geschäftsstrategischen Zielsetzungen lauteten wie folgt:

- Halten der bestehenden "Auftragslage" bei den Kunden in der Staatsverwaltung des Kantons Bern.
- Verbreiterung der Kundenbasis: Mittelfristig sollten 50% des Umsatzes mit neuen Kunden ausserhalb der bernischen Staatsverwaltung ("dritte") in der ganzen Schweiz realisiert werden, um die Abhängigkeit vom Kanton deutlich zu verringern.
- Mittel- bis längerfristig: Privatisierung des Unternehmens.

Jahr	Umsatz (in Mio. Fr.)	Gewinn (in Mio. Fr.)	"Dritte" in % des Umsatzes	Mitarbeiter (1. Januar)
1990[1]	49,97	1,91	1	185
1991	60,91	1,71	5	256
1992	66,13	1,81	9	292
1993[2]	85,84	2,35	23	395

[1] 11 Monate; [2] Konsolidiert über die ganze Gruppe inkl. Tochtergesellschaften

Abb. 1: Quantitative Entwicklung der Bedag Informatik

Aus den Kennziffern 1990-1993 wird deutlich, dass eine Wachstumsstrategie verfolgt wurde. Die Entwicklung des Unternehmens in dieser ersten Phase war denn auch zumindest in umsatzmässiger und personeller Hinsicht eindrucksvoll. Diese nackten Zahlen allein bringen allerdings nicht zum Ausdruck, wie schwierig sich, gerade auch vor dem Hintergrund veränderter Rahmenbedingungen, die Erfüllung des Leistungsauftrages, die Loslösung vom Staat und die Verankerung im Markt gestalteten. Ein paar Hinweise:

In den beiden ersten Jahren 1990/1991 ging es nicht nur darum, das Know-how aller Mitarbeiterinnen und Mitarbeiter im Unternehmen zu halten. Vielmehr mussten rasch auch weitere personelle Kapazitäten aufgebaut werden, um dem Nachholbedarf an Informatikunterstützung für die Staatsverwaltung Rechnung tragen zu können. Der Leistungsauftrag wurde sehr ernst genommen. "Nicht abstürzen" und "Kundenorientierung über alles" lauteten die Devisen. Gleichzeitig musste das Dienstleistungsangebot ausgebaut werden. Denn es wäre unmöglich gewesen, mit den angestammten Tätigkeiten (Rechenzentrum, Individualsoftwareentwicklung) auf dem sich im Umbruch befindenden Markt Fuss zu fassen. Neu ins Bedag-Produktesortiment kamen vor allem Beratungsdienstleistungen auf strategisch-konzeptioneller Ebene, neue Techniken in der Software-Entwicklung auf dezentralen Plattformen und ein verbreitertes Schulungsangebot für Informatikanwender. Die Bedürfnisse des Hauptkunden konnten damit zwar weitgehend befriedigt werden; der Markterfolg hingegen war generell noch gering.

Nach einer ersten Anpassung der Unternehmensstrategie wuchs ab 1992 die Erkenntnis, dass die Bedag Informatik über eigene Softwareprodukte verfügen muss. Entwickelt wurden standardisierte Anwendungen, die in den öffentlichen Verwaltungen der Schweiz breit absetzbar sind. Mit gezielten Akquisitionen und verschiedenen Partnerschaften verstärkte man zudem die Marktpräsenz; bis Ende 1993 gelang es nicht zuletzt dadurch, den Anteil am Gesamtumsatz mit Kunden ausserhalb der Staatsverwaltung auf über 20% zu steigern.

Parallel zur kurz geschilderten Unternehmensentwicklung änderten sich die Rahmenbedingungen zum Teil drastisch:

- In konjunktureller Hinsicht stellte sich schon rasch eine Phase der generellen Rezession ein.
- Ebenso veränderte sich das finanzpolitische Umfeld bei den öffentlichen Haushalten. Die Finanzknappheit führte zu Budgetkürzungen, namentlich auch im Bereich der Informatikausgaben.

- Eine markante Veränderung war besonders im Kundenverhalten festzustellen. Man geriet vom Verkäufermarkt in einen Käufermarkt mit massivem Einfluss auf die Preispolitik der Anbieter.
- Die Konkurrenzsituation unter den Informatikanbietern verschärfte sich zunehmend; dies umsomehr, als nun auch bedeutende und finanziell enorm potente Hardwarehersteller immer mehr ins Software/Dienstleistungsgeschäft vorstiessen.
- Schliesslich bedingte der technische Übergang von proprietären zu offenen Systemen bedeutende Vorinvestitionen, die sich erst mittelfristig auswirken werden.

Selbstverständlich spielte und spielt sich Ähnliches in anderen Branchen im Zuge der Liberalisierung der Märkte ebenfalls ab. Die veränderten Rahmenbedingungen bildeten für den Aufbau des Unternehmens einerseits zwar ein erhebliches Erschwernis, gleichzeitig aber wurden damit auch wichtige Lerneffekte im Verhalten gegenüber den Kunden, Konkurrenten und Lieferanten ausgelöst. Zumindest trug der rapide Wandel des Umfelds dazu bei, dass die von der Unternehmensspitze eingeleiteten Veränderungsschritte in der Belegschaft auf Verständnis stiessen.

Welche Massnahmen aber hat die Bedag Informatik zur Förderung dieses kulturellen Reformprozesses in Richtung leistungsorientiertes und markttaugliches Unternehmen ergriffen? Und wie wirkten sie sich aus?

4. KULTURWANDEL IN DER BEDAG INFORMATIK

4.1. Die ersten Massnahmen

Das Amt für Informatik war zwar nicht ein typisches, aber doch stark ablauforientiertes Amt innerhalb der Finanzdirektion des Kantons Bern. Klar war von Anfang an, dass der notwendige Kulturwandel (vom Amt zu einem konkurrenzfähigen Unternehmen) ein langer und schwieriger Prozess sein würde. Dies vor allem auch deshalb, weil dieser kontrolliert ablaufen sollte und dabei die hauptsächlichsten Bedürfnisse des Staates nicht vernachlässigt werden durften. Kundennutzen und Qualität wurden gefordert; daneben wollte (und musste) man, abgestützt auf ein Leitbild (vgl. Abb. 2), auch in führungsmässiger Hinsicht Entscheidendes bewegen.

> Wir wollen ein führendes Informatik- Beratungs- und Dienstleistungsunternehmen mit einem Schwerpunkt im Bereich der öffentlichen Hand sein.
>
> Führend heisst:
>
> - Grosser Kundennutzen dank hoher Qualität, bedürfnisgerechten Gesamtlösungen und langfristigen Kundenbeziehungen.
> - In unseren Märkten wollen wir zu den bedeutensten Anbietern gehören.
> - Moderne Führungsmethoden, attraktive Anstellungsbedingungen sowie das Wissen und der Einsatz jedes Einzelnen sowie eine umfassende Zusammenarbeit sind der Schlüssel zum Erfolg.

Abb. 2: Leitbild der Bedag Informatik 1990

In diesem Zusammenhang wurden in einer ersten Phase gewichtige Änderungen vollzogen:

- *Obligationenrechtliche Anstellung des Personals.* In einer einmaligen Aktion wurden auf den Stichtag 1.2.1990 sämtliche Mitarbeiterinnen und Mitarbeiter des ehemaligen Amtes aus dem Beamtenstatus in ein obligationenrechtliches Arbeitsverhältnis überführt. Es gab zwar eine Gewährleistung des Besitzstandes in Bezug auf Besoldung, Sozialleistungen, Ferienanspruch und Anschluss an die bisherige Pensionskasse, nicht aber bezüglich Beschäftigung, Funktion und Titel. Dadurch wurde in allen Köpfen direkt spürbar ein wichtiger Schritt in Richtung Privatwirtschaft vollzogen. Als vorteilhaft erwies sich generell, dass die Mitarbeiter bis an die Basis in verschiedenen Arbeitsgruppen (Anstellungsbedingungen, Flexibilisierung, Kundenorientierung usw.) bereits in der Vorbereitungsphase an der Gestaltung des Modells mitarbeiten konnten.

- *Marktgerechtes Entlöhnungssystem.* Bestandteil der Loslösung von der Verwaltung waren überdies eigene Anstellungsbedingungen und ein wesentlich vereinfachtes Entlöhnungssystem. Mit Blick auf den Arbeitsmarkt - zu Beginn noch in der Hochkonjunktur - mussten einmalige Lohnanpassungen vor allem bei Kaderstellen und den begehrten Informatikspezialisten vorgenommen werden. Unter Beachtung der Besitzstandgarantie resultierte daraus eine Erhöhung der gesamten Lohnsumme von 5% gegenüber den Verwaltungslöhnen. Mit diesem Schritt ging es gleichzeitig darum, die interne Lohngerechtigkeit zu verbessern.

- *Leistungsorientierung.* Bei der Lohnfindung für das jeweils folgende Jahr wurde ausserdem fortan die erbrachte Leistung im Sinne des Management by Objectives mitberücksichtigt. Zielvereinbarungen,

Beurteilungen und Massnahmenplanung - vor allem im Bereich der Weiterbildung - erfolgten institutionalisiert in sogenannten "persönlichen Mitarbeitergesprächen". Die Zielvorgaben waren sowohl quantitativer Art (Umsatz, Ausbringmenge, Deckungsbeitrag) als auch von qualitativer Ausprägung (Qualität, Innovationsbeitrag, Weiterentwicklung der Mitarbeiter, Verhalten gegenüber den Kunden usw.). Auf die Ausrichtung automatischer Teuerungszulagen wurde ab dem zweiten Jahr verzichtet; stattdessen konnte die budgetierte Lohnsumme gezielt für individuelle Anpassungen eingesetzt werden. Für die Mitglieder des Kaders wurden ab 1991 die neu fixierten Ausgangslöhne mit Ausnahme von strukturellen Anpassungen eingefroren. Man führte aber ein Bonussystem ein zur Honorierung der Jahresleistung bzw. Zielerreichung. Diese konnte von Jahr zu Jahr variieren.

Die Leistungs- und Verhaltensbeurteilung war keineswegs perfekt. Sie löste aber bei allen Beteiligten einen Lernprozess aus und wurde entsprechend ständig verfeinert. Kostenbewusstsein und Leistungsbereitschaft im Unternehmen konnten ohne Zweifel mit diesen Massnahmen gesteigert werden. Natürlich war die starke Motivation der Mitarbeiter nicht allein darauf zurückzuführen. Andere Faktoren wie interessante Arbeit, attraktive Arbeitsplätze und ein gutes Klima in der Firma spielten sicherlich eine ebenso grosse Rolle.

- *Innovatives Arbeitszeitmodell.* Für das Personal (ohne Kaderangehörige) wurde ein flexibles Jahresarbeitszeitmodell eingeführt. Ausgehend von einer Normalarbeitszeit von 42 Wochenstunden und dem üblichen Ferienanspruch konnten (und können) die wöchentliche Arbeitszeit zwischen 38 und 45 Stunden, kombiniert mit Zusatzferien frei gewählt werden. Entsprechend wurde der Lohn in einem linearen Modell angepasst. Die Regelung galt jeweils in Absprache mit dem Vorgesetzten für ein Jahr. Die Möglichkeit zur Teilzeitarbeit ergänzte dieses Modell.

Ferien	Arbeitsstunden pro Woche						
	38	39	40	41	42	43	44	45
	Lohn in %						
Normaler Anspruch	90,8	93,1	95,4	97,7	100	102,3	104,6	106,9
+ 5 Ferientage	88,5	90,8	93,1	95,4	97,7	100	102,3	104,6
+ 10 Ferientage	86,2	88,5	90,8	93,1	95,4	97,7	100	102,3
+ 15 Ferientage	83,9	86,2	88,5	90,8	93,1	95,4	97,7	100

Abb. 3: Arbeitszeitmodell der Bedag Informatik

- *Vertrauenskultur:* "Es muss nicht alles geregelt werden, nur weil 5% der Mitarbeiter das ihnen entgegengebrachte Vertrauen missbrauchen könnten." Dieses Motto führte unmittelbar zu einem massiven Abbau der internen Regelungen. Auf allen Stufen des Unternehmens wurde angestrebt, mit Rahmenbestimmungen möglichst grosse Handlungsspielräume für alle zu schaffen. Hinzu kamen erweiterte Finanzkompetenzen. Grossen Wert legte man in der täglichen Führungsarbeit auf die geschäftsbereichsübergreifende Zusammenarbeit und den einheitlichen Marktauftritt. Dieser Prozess erforderte sehr viel Geduld und Überzeugungskraft. Stark gefördert wurde sodann das Delegationsprinzip. Die Vorgesetzten gingen davon aus, dass die Aufgaben kunden- und zeitgerecht sowie im Rahmen des vorgesehenen Aufwandes ausgeführt werden. Geführt wurde über Ziele, den Weg gab man gewöhnlich nicht vor. Bei auftretenden Problemen standen die Vorgesetzten als Coaches zur Verfügung. Damit entstand eine Lernkultur mit einer hohen Fehlertoleranz. Inakzeptabel war lediglich der Vertrauensmissbrauch bzw. die unvollständige oder unwahre Information im Rahmen des Reportings. Damit erhöhte sich zwar die Gefahr der Rückdelegation, die jedoch nach einiger Zeit abgeschwächt werden konnte.
- *Verbreiterte Organisation:* Kürzere Entscheidwege und mehr Marktnähe war das Ziel. Von drei Abteilungen im Amt für Informatik ging man deshalb in einem ersten Schritt auf sechs marktorientierte Geschäftsbereiche über. In diesen selbst wurde auf der nächsten und letzten Hierarchiestufe "Abteilung" eine weitere wesentliche Verflachung eingeleitet, indem diese Teams in der Regel nicht mehr als 6 bis 15 Mitarbeiter umfassten. Zuerst noch relativ starr und eher vergangenheitsorientiert, war die Organisation später ständig anzupassen. Die noch stärkere Ausrichtung auf den Markt und neue technische Zusammenhänge führten immer mehr zu Umgruppierungen und personellen Verschiebungen. Sodann wurde darauf geachtet, die zentralen Stäbe so klein wie möglich zu halten.
- *Permanente Aus- und Weiterbildung, Aufbau von Marketingfähigkeiten:* Für die Aus- und Weiterbildung wurden insgesamt 5% der Personalausgaben budgetiert. Eine andere Regel besagte, dass jeder Mitarbeiter jährlich zwischen 10 und 15 Tagen für seine persönliche und fachliche Entwicklung einzusetzen hat. Nebst speziellen Förderungsmassnahmen wurden diese Kennzahlen als ein Minimum für ein Dienstleistungsunternehmen betrachtet. Besonderen Wert legte man gleich zu Beginn auf die Schulung im Bereich des Marketings und des Kundenkontakts. Bei diesen Fähigkeiten bestand naturgemäss der grösste Nachholbedarf. Unterstützt durch externe Berater und mit der neu ge-

schaffenen Abteilung "Marketing und Information" wurde ein Prozess in Gang gesetzt, der bis heute noch nicht abgeschlossen ist. Die Erfahrung hat gezeigt, dass die Verankerung von marktbezogenem Gedankengut in einem stark technisch orientierten Unternehmen ein ausserordentlich schwieriges Unterfangen ist. Im nachhinein gesehen wäre es wahrscheinlich sinnvoller gewesen, parallel zum Aufbau dieser Fähigkeiten eine professionelle Verkaufsmannschaft "einzukaufen". Immerhin gelang es, mit einem speziellen Kundenbetreuungsmodell die vorwiegend guten Beziehungen zur Staatsverwaltung des Kantons Bern aufrechtzuerhalten und erste Markterfolge zu erzielen.

- *Finanzielle Führung nach privatwirtschaftlichen Grundsätzen:* War die Regelungsdichte in anderen Bereichen einerseits eher gering, so wurde von der Unternehmensspitze andererseits grosses Gewicht auf die finanzielle Steuerung der Firma gelegt. Rechnungswesen und operatives Controlling arbeiteten eng zusammen. Eingeführt wurde nebst der üblichen Finanzbuchhaltung eine Deckungsbeitragsrechnung nach dem Prinzip des Direct Costing. Sie diente gleichzeitig der Planung, Budgetierung und Kontrolle. Die Überwachung der finanziellen Situation mit Hilfe dieses Instruments erfolgte monatlich und wurde ergänzt durch eine Bilanz- und Erfolgsrechnung sowie eine Liquiditätsplanung. Sämtliche Kader und weitere Schlüsselpersonen durchliefen einen permanenten Lernprozess. Mindestens zu Beginn bedurfte es aber grosser Überzeugungskraft, um den mit der korrekten Anwendung eines solchen Systems deutlich höheren Aufwand plausibel zu machen. Erst mit der sukzessiven Delegation von mehr Ergebnisverantwortung auf die Geschäftsbereiche wurde der Nutzen für alle Beteiligten richtig klar.

4.2. *Verbesserungen und Weiterentwicklung*

Bei allen notwendigen Veränderungen versuchte man in der Bedag Informatik, möglichst pragmatisch vorzugehen. Das System der Leistungsbeurteilung wäre beispielsweise nie so rasch zum Tragen gekommen, wenn der Anspruch auf Perfektionismus bestanden hätte. Vielmehr ging es darum, auf einer soliden konzeptionellen Grundlage und mit etwas Mut die in einem ersten Konsens erarbeiteten Massnahmen unmittelbar umzusetzen. Aus diesem Grund verzichtete man auch darauf, die Einführung des neuen Systems als Pilotprojekt zu deklarieren. Hingegen war es eine Selbstverständlichkeit, die entsprechenden Erfahrungen laufend auszuwerten, um jederzeit Anpassungen vornehmen zu können. Damit gelang es, von der Verordnungsmentalität wegzukommen und eine Lernkultur zu schaffen, die Kritik und Verbesserungsvorschläge ohne formelle Verankerung ermöglicht (vgl. dazu auch Abb. 4).

> Unser Können, Wissen sowie der zielgerichtete Einsatz aller ist der Schlüssel zum Erfolg unseres Unternehmens. Wir alle wollen alles dafür tun, eine Umgebung zu schaffen, die diesen Einsatz optimal unterstützt.
>
> Wir vereinbaren fordernde Ziele. Auf dem Weg zur Zielerreichung wollen wir dem Einzelnen möglichst grosse Freiheit lassen. Entscheidungskompetenzen sollen auf die tiefstmögliche Ebene delegiert werden. Auf unnötige Kontrollen verzichten wir.
>
> Wir wollen keine perfekte Organisation. Vielmehr gestalten wir unsere Aufgabe in Zusammenarbeit mit Vorgesetzten, Kollegen und Unterstellten von Fall zu Fall, so dass sie der Aufgabenerfüllung und Zielerreichung förderlich ist. Von entscheidender Bedeutung ist die Markt- und Kundenorientierung.
>
> Wir zeigen Initiative und suchen neue Lösungen. Wir warten nicht auf Information, sondern holen sie uns nötigenfalls.
>
> Wir wissen, dass bei der Arbeit auch Fehler passieren können. Wir trachten nicht ängstlich danach, Fehler durch Reglemente oder andere Einschränkungen zu vermeiden, sondern sind bereit, vernünftige Risiken einzugehen und Neues zu versuchen.
>
> Wenn uns Dinge merkwürdig oder sinnlos erscheinen, so fragen wir nach den Gründen, so lange, bis wir die Dinge verstehen oder bis Änderungen stattgefunden haben.
>
> Wir wollen ein menschliches, motivierendes und leistungsorientiertes Umfeld schaffen. Wir sorgen täglich dafür, dass wir alle gerne zur Arbeit kommen und uns in unserem Team als Mitarbeitende der Bedag Informatik wohl fühlen.

Abb. 4: *Führungsgrundsätze (30.12.92)*

Die Weiterentwicklung des Unternehmens und die Förderung der Mitarbeiter wurde ausserdem durch folgende Massnahmen begünstigt:

- *Einführung der Profit-Center-Organisation.* Nach einjähriger Vorbereitung unter Einbezug der Kader wurde auf 1.1.1993 die Profit-Center-Organisation eingeführt. Mit diesem Schritt verfolgte man im wesentlichen die folgenden Ziele: Erreichen einer grösseren Flexibilität am Markt, Abbau von Koordinationsaufwand zwischen den Geschäftsbereichen, vermehrte Delegation von Ergebnisverantwortung, bessere

Transparenz im Unternehmen. Trotz einiger Anfangsängste trug diese tiefgreifende Veränderung schliesslich wesentlich zur Motivationssteigerung aller bei. Der Handlungsspielraum mit entsprechender Verantwortung konnte bis an die Basis nochmals erweitert werden. Es war auch ein erster Schritt, die Geschäftsbereiche als Unternehmen im Gesamtunternehmen handeln zu lassen. Allerdings mussten gleichzeitig Spielregeln definiert werden, die ein unkoordiniertes Vorgehen am Markt verhindern. Ausserdem sah man sich mit der Schwierigkeit konfrontiert, dass in den verschiedenen Geschäftsbereichen teilweise dieselben Kernkompetenzen aufgebaut wurden. In einer ersten Phase gingen damit wertvolle Synergien verloren, die es in einem schwierigen Prozess wieder herzustellen galt. Insgesamt aber hatte die Schaffung eines gewissen "Leidensdrucks" eine positive Wirkung in Richtung Marktorientierung erzeugt.

- *Akquisition und Integration markterprobter Tochtergesellschaften.* Ein weiterer wesentlicher Schritt war 1992 die strategiekonforme Akquisition bzw. Mehrheitsbeteiligung an drei im Markt verankerten Unternehmungen. Bereits bei der Auswahl achtete man darauf, dass diese Firmen finanziell gesund sind, über ein intaktes Management verfügen und kulturmässig kompatibel sind. Dadurch wurde die anschliessende Integration ins Stammhaus wesentlich erleichtert; trotzdem überraschte es, wie schnell und problemlos diese Eingliederung vollzogen werden konnte. Nebst einer Blutauffrischung von aussen erhielt das Unternehmen damit wichtige marktbezogene Impulse auf allen Zusammenarbeitsebenen, die sich positiv auf den angestrebten Kulturwandel auswirkten. Die Motivation zum Aufbau einer starken Verkaufsinfrastruktur in den Geschäftsbereichen des Stammhauses nahm entschieden zu.

- *Weitere Innovationen im Personalwesen.* Neben der generellen Systematisierung der Personalplanung sind vor allem drei Neuerungen zu erwähnen. Erstens wurden bei Anstellungen die Auswahlkriterien erweitert. Zu Beginn waren in erster Linie fachliche Leistungsausweise massgebend. Zunehmend begann man aber auch auf Ausprägungen wie Teamfähigkeit und Kommunikationsvermögen sowie Integrationswille zu achten, Kriterien also, die in einem Dienstleistungsunternehmen von immer entscheidenderer Bedeutung werden. Zur Stärkung der Nachwuchsförderung ergänzte man sodann die Verhaltens- und Leistungsbeurteilung durch eine freiwillige Potentialerfassung. In heiklen Fällen wurden hierzu regelmässig externe Spezialisten beigezogen. Und schliesslich führte man ein neues Kadermodell ein. Unabhängig von der Organisationsstufe wurden die Kader entsprechend der Bedeutung ihrer Aufgabe und dem Leistungsausweis in vier

Stufen eingeteilt. So konnten sowohl ein Geschäftsbereichs- wie auch ein Abteilungsleiter oder eine bestimmte Stabsfunktion auf Ebene Gesamtunternehmen der Kaderstufe 2 angehören. Die Flexibilisierung ging so weit, dass auch Mitarbeiter in fachlichen Schlüsselfunktionen ohne Führungsaufgabe bis in die Kaderstufe 3 aufsteigen konnten. Man ermöglichte also Fachkarrieren und leitete die Abkehr vom reinen Hierarchiedenken ein.

- *Einbau von Feedback-Systemen.* Die Informationssysteme wurden vorerst vor allem für wichtige Rückmeldungen im Bereich der finanziellen Führung institutionalisiert. Man wollte damit die überlebenswichtige Grundsicherheit erlangen, so zum Beispiel durch ein internes Reporting über verschiedene Kennzahlen. Ein nächster Schritt zielte in Richtung Markt: Man arbeitete mit einem gewichteten Offertsystem, mit monatlichen Projektstatusberichten und standardisierten Offertabsageanalysen. Ganz generell konnten damit wertvolle Informationen gewonnen werden. Der direkte Kundenkontakt allerdings blieb der wichtigste Aspekt; er war auch höher zu bewerten als beispielsweise die alljährlich erhobenen Daten der offiziellen Kundenbefragungen.

Ausserdem konnte sich die Bedag Informatik nach der internationalen Qualitätsnorm ISO 9001 zertifizieren lassen. Auch wenn gelegentlich Vorbehalte gegenüber dem einzusetzenden Aufwand angebracht wurden (und werden), eines ist gewiss: mit diesem System verfügt die Unternehmung seit Herbst 1993 über ein hervorragendes Feedback-System zur Steuerung der Qualität, und dies nicht zuletzt auch aus der Kundenoptik.

Zum selben Zeitpunkt führte man erstmals in der Bedag Informatik eine umfassende Mitarbeiterbefragung mittels Fragebogen durch. Sie brachte eine Reihe von wertvollen Hinweisen. Als eine wichtige Massnahme resultierte daraus die Einsetzung einer Personalvertretung mit genau definierten Mitsprachemöglichkeiten. Sie war gewissermassen das institutionalisierte Gremium einer Vertrauenskultur.

4.3. *Hemmende Faktoren beim Kulturwandel*

Es wäre zu schön, könnte sich ein Unternehmen gestützt auf das beschriebene Massnahmenbündel stromlinienförmig und widerspruchsfrei weiterentwickeln. Und es sei nicht verschwiegen, dass auch ohne äussere Einflüsse immer wieder Rückschläge in Kauf genommen werden mussten. Es gab daneben aber hemmende Faktoren, die nur bedingt beeinflussbar und dem "going market" nicht förderlich waren. Einige Beispiele:

- *Aufgestauter Bedarf an Informatikunterstützung in der Staatsverwaltung.* Von Nachteil war das Engagement der Bedag Informatik in der Fortführung von Grossprojekten der Staatsverwaltung zumindest umsatzmässig sicher nicht. Dennoch erwies sich als problematisch, dass die Kräfte insbesondere in den beiden ersten Jahren stark auf die Erfüllung der Bedürfnisse einiger weniger Kunden konzentriert werden mussten. Dadurch fehlten die Kapazitäten (und auch der Zwang?), sich allen übrigen potentiellen Kunden inner- und ausserhalb des Heimmarktes gleichbedeutend anzunehmen. Zwar stand die Bedag Informatik auch bei den strategischen Projekten der Kantonsverwaltung von Anfang an unter einem gewissen Wettbewerbsdruck. Dieser war für einen ersten Schub in Richtung Markt aber noch zu wenig ausgeprägt. Daraus ergab sich unter anderem die falsche Sicherheit wiederkehrender Einnahmen, was dem kulturellen Veränderungsprozess nicht unbedingt förderlich war. Dies wurde auch erkannt und führte später zu einer Überkompensierung durch eine allzu starke Fokussierung auf Kunden ausserhalb der Staatsverwaltung.
- *Unklarer Leistungsauftrag.* Das Unternehmen hat als übergeordnete Zielsetzung wirtschaftliche Informatik-Dienstleistungen zu erbringen. Im übrigen umfasst der gesetzliche Leistungsauftrag vier hauptsächliche Punkte:

Die Bedag Informatik

(1) betreibt ein oder mehrere Rechenzentren;

(2) sorgt für die Entwicklung und Betreuung der Informatikanwendungen und -systeme, die für die Staatsverwaltung von strategischer Bedeutung sind;

(3) entwickelt und betreut weitere Informatikanwendungen der Staatsverwaltung in Konkurrenz mit Dritten;

(4) erbringt Dienstleistungen für andere Kunden, sofern der Leistungsauftrag gegenüber dem Staat dies zulässt.

Bei den beiden letzten Punkten spielte der Wettbewerb von Anfang an voll, und es ergaben sich auch keine Unklarheiten. Ansonsten kam es aber recht häufig zu Missverständnissen und Interpretationsschwierigkeiten in Bezug auf den Leistungsauftrag. Dies galt besonders für die unter (2) genannten Dienstleistungen. Durch die rasante Entwicklung der Rahmenbedingungen im Informatikmarkt konnte und wollte sich die Verwaltung mit Ausnahme weniger Grossprojekte nicht mehr ausschliesslich an ihre "Tochtergesellschaft", Bedag Informatik, binden. Und ein durchdachtes Kontraktmanagement fehlte noch. Die Verankerung eines Leistungsauftrages auf Gesetzesstufe erweist sich

im nachhinein als fragwürdig; die Regelung auf vertraglicher Basis wäre aus heutiger Sicht vorzuziehen.
- *Imageprobleme.* Eine gewisse Vorzugsstellung bei wichtigen Anwendungen der Staatsverwaltung erschwerte teilweise die Tätigkeit der Bedag Informatik auf anderen Märkten. Das Unternehmen wurde stark mit dem Staat Bern identifiziert, wobei auch die Besitzverhältnisse eine wichtige Rolle spielten. Verschiedentlich hatten potentielle Kunden Befürchtungen, dass staatliche Stellen Einblick in ihre Daten und Anwendungen erhalten könnten. Sie sahen zumeist von einer Auftragserteilung ab oder liessen es bei Vorabklärungen bewenden.
- *Eigentümerstrategie.* Die politischen Instanzen waren der Bedag Informatik in dieser Phase grundsätzlich gut gesinnt. Eine Einflussnahme auf das operative Geschäft erfolgte nicht. Es erwies sich aber immer mehr als problematisch, dass eine eigentliche Eigentümerstrategie mit präzisen politischen Zielvorgaben fehlte. Eine solche hätte die Unternehmensentwicklung gezielter kanalisieren können. Die Diskussionen aber reduzierten sich im wesentlichen auf die Frage der Verzinsung des Dotationskapitals.

5. Einige Folgerungen

Insgesamt ist es in diesen ersten vier Jahren gelungen, ein funktionierendes Unternehmen nach privatwirtschaftlichen Grundsätzen aufzubauen. Dieser Prozess konnte weitgehend frei, ohne Beeinflussung von aussen, vollzogen werden. Wichtig in diesem Zusammenhang ist auch die Tatsache, dass die Ausgliederung der Informatikorganisation nur in geringem Ausmasse zu einem Aufbau paralleler Strukturen in der kantonalen Verwaltung geführt hat.

Der Auftrag des Kantons Bern im Leistungsbereich konnte insgesamt erfüllt und das Unternehmen bereits in beachtlichem Masse auf den Markt ausgerichtet werden. Trotzdem erwies sich die Entflechtung von der Staatsverwaltung, vor allem bedingt durch eine Reihe von Grossanwendungen, als nicht unproblematisch. In diesem Bereich war es schwierig, ein klares Kunden-/Lieferantenverhältnis zu finden. Die Erfüllung des Leistungsauftrages einerseits und die Notwendigkeit des "going market" andererseits führten nicht zuletzt auch zu widersprüchlichen Zielsetzungen innerhalb des Unternehmens - mit unerwünschten Auswirkungen auf den Prozess des kulturellen Wandels.

Obwohl neben den Umsatz- und Gewinnzahlen messbare Grössen fehlen, lässt sich feststellen, dass in der Zeitspanne 1990 - 1993 innerhalb der Bedag Informatik Vieles bewegt und erreicht werden konnte. Die Leistungsbereitschaft und das Qualitätsbewusstsein haben entscheidend zugenommen; ohne bedeutende Effizienzsteigerungen und Kundenorientierung hätte die Firma im dynamischen Umfeld des Informatikmarktes gewiss nicht überleben können. Somit konnte letztlich auch die Wirtschaftlichkeit der Leistungserbringung gegenüber der Situation vor 1990, auch zum Nutzen des Staates, wesentlich gesteigert werden.

Entscheidend waren in diesem Zusammenhang die permanente Personalförderung sowie die konsequente Weiterentwicklung der Organisation. Insbesondere die sukzessive Erweiterung der Ergebnisverantwortung hat auf allen Führungsebenen die für den Markt notwendigen Veränderungen im Denken und Handeln ausgelöst. Dieser Prozess des Kulturwandels braucht freilich, wenn auf eine "Bombenwurfstrategie" verzichtet wird, viel Zeit und bewusste Vorinvestitionen; er ist auch heute alles andere als abgeschlossen. Die Loslösung von traditionellen Verhaltensmustern und Werten und die Bewegung hin zur konsequenten Marktorientierung bleibt ein ebenso schwieriges wie faszinierendes Unterfangen. Es erfordert, sowohl von der politischen Führung wie auch vom Management des Unternehmens, eine gute Mischung zwischen strategischer Vision, operativer Umsetzungskraft, personalpolitischer Sensibilität und Mut zu einer gewissen Portion philosophischer Geduld.

DAS PROJEKT "NEUE STADTVERWALTUNG BERN":

VORGEHEN UND BEDEUTUNG DER "WEICHEN FAKTOREN"

Bruno Müller und Peter Tschanz

1. EINLEITUNG

Die Stadt Bern hat als erste Gemeinde in der Schweiz die Idee des New Public Managements (NPM) aufgegriffen. Die breit geführte Diskussion über neue Modelle der Verwaltungsführung auf allen kommunalen Ebenen ist in dieser Form bisher einmalig. Auf Antrag der Stadtregierung (Gemeinderat) erteilte die stadtbernische Legislative (Stadtrat) den Auftrag, in drei grossen Verwaltungsabteilungen Pilotprojekte durchzuführen. Dieser Entscheid basiert auf einem sehr hohen politischen Konsens. Wir sind überzeugt, dass nicht zuletzt die sorgfältige Pflege der sogenannt "weichen Faktoren" in der Entscheidvorbereitung zu diesem Resultat beigetragen hat.

> Die Stadt Bern zählt ca. 133'000 Einwohnerinnen und Einwohner. Sie ist Bundesstadt und Kantonshauptort zugleich und gilt deshalb als eigentliches Zentrum der öffentlichen Verwaltungen in der Schweiz. Als Kernstadt einer Agglomeration mit ca. 330'000 Einwohnerinnen und Einwohnern übernimmt die Stadt Bern wichtige regionale Aufgaben u.a. in den Bereichen Wirtschaft, Kultur und Bildung. Während die Regionsgemeinden im vergangenen Jahr zum grossen Teil ihre finanzielle Krise überwunden zu haben scheinen, schreibt die Stadt Bern immer noch rote Zahlen, was der unvollständigen Abgeltung der Zentrumslasten zugeschrieben wird. Die städtische Legislative (Stadtrat) besteht aus 80 nach dem Proporzverfahren gewählten Mitgliedern. Zur Zeit wird sie knapp von einer Rot-Grün-Mitte-Koalition dominiert. In dem vom Volk direkt gewählten, nach dem Präsidialsystem mit einem ebenfalls direkt gewählten Stadtpräsidenten aufgebauten Gemeinderat (Exekutive) sieben Mitgliedern, von denen die Mehrheit Frauen sind, widerspiegelt sich das gleiche Kräfteverhältnis. Die Verwaltung der Stadt Bern ist in sieben Direktionen (Präsidial-, Polizei-, Fürsorge- und Gesundheits-, Schul-, Planungs- und Bau-, Finanzdirektion sowie die Direktion Stadtbetriebe) aufgeteilt. Jede Gemeinderätin und jeder Gemeinderat amtet zugleich als Verwaltungsdirektorin oder Verwaltungsdirektor einer der erwähnten Direktionen. Der Stellenplan umfasst ca. 4'500 Vollstellen, die auf etwa 6'000 Mitarbeiter/innen verteilt sind. Der Haushalt beträgt ca. 1,2 Mia. Franken (Budget 1995) mit einem budgetierten Defizit von 44,2 Mio. Franken.

Abb. 1: Kurzprofil und Strukturdaten der Stadt Bern

2. DIE REFORM ALS PROZESS DER ORGANISATIONSENTWICKLUNG (OE)

In der Stadtverwaltung Bern gehören OE-Prozesse zur Verwaltungskultur. Insbesondere beim Projektmanagement wird sehr viel Wert auf das Prozessuale gelegt und in der internen Weiterbildung seit einigen Jahren entsprechend nachhaltig vermittelt. Das ist beim Projekt "Neue Stadtverwaltung Bern" nicht anders. Neu ist hingegen der "Projektperimeter": herkömmliche Reformprojekte finden fast ausnahmslos hinter den Kulissen der Verwaltung statt, ungestört durch die Öffentlichkeit oder gar durch die Politik. NPM ist indessen keine exklusive Angelegenheit der Verwaltung. Die wirkungsorientierte Verwaltungsführung umfasst das ganze politisch-administrative System, einschliesslich der Exekutive, der Legislative sowie - allerdings in kleinerem Masse - auch die Einwohnerinnen und Einwohner des entsprechenden Gemeinwesens. Der Stadtpräsident von Bern und politische Projektverantwortliche, Dr. Klaus Baumgartner, spricht deshalb auch lieber vom Beginn einer "Staats-" als von einer Verwaltungsreform. Entsprechend anspruchsvoller gestaltet sich die Projektführung.

Vor mehr als zehn Jahren zählte Trebesch[1] bereits 50 Definition der Organisationsentwicklung. In der Zwischenzeit dürften noch einige dazugekommen sein. Trotz dieses 'semantischen Chaos' kristallisieren sich zentrale Themen heraus, die nach Neuberger[2] wie folgt zusammengefasst werden können:

- *Person und Organisation*

    Organisationsentwicklung lässt sich in zwei Hauptrichtungen unterscheiden: Der rational-empirische Ansatz, bei dem technische, instrumentelle oder organisatorische Massnahmen im Vordergrund stehen. Peters und Waterman[3] sprechen in diesem Zusammenhang von den drei "harten S": Systeme, Strategien und Strukturen. Nicht als Widerspruch, sondern als Ergänzung dazu, gelten die normativen OE-Ansätze, die sich eher auf die drei "weichen S", style, staffing, skills (Führungsstil und Verwaltungsklima, Ausstattung mit Personal und dessen Pflege sowie Vermittlung der entsprechenden Fähigkeiten und Fertigkeiten) beziehen. Das Berner Projekt verfolgt gleichermassen beide Ansätze, wobei die harten und die weichen Faktoren sowohl in

---

[1] Trebesch, 1982
[2] Neuberger, 1991
[3] Peters/Waterman, 1984

bezug auf das Gesamtsystem als auch auf alle beteiligten Akteure (Politik und Verwaltung) relevant sind.

- *Effektivität und Humanität*

  Die Gilde der Organisationsentwickler postuliert die Aufhebung des (vermeintlichen) Widerspruchs zwischen den Zielen der Organisation und den persönlichen Zielen ihrer Mitarbeiterinnen und Mitarbeiter. Tatsächlich sehen auch wir nicht ein, weshalb ein politisch-administratives System weniger effizient oder wirkungsloser sein sollte, wenn die Mitglieder der Verwaltung motivierter und zufriedener sind, die gewählten Volksvertreterinnen und -vertreter weniger ohnmächtig der Verwaltung und den von ihr produzierten Sachzwängen gegenüber stehen sowie die Regierungsverantwortlichen sich ihrer Hauptaufgabe, nämlich dem längerfristigen Gestalten des Gemeinwesens, widmen können, statt ständig durch das operative Tagesgeschäft bestimmt zu sein.

- *Pragmatismus und Arbeits(platz)bezug*

  Das Verändern im Rahmen eines OE-Prozesses ist in hohem Masse pragmatisch, konkret und arbeits(platz)bezogen. Auch in unserem Projekt wollen wir nicht in erster Linie abstrakte Konzepte oder Modelle erarbeiten, die dann im besten Fall in der Schublade verschwinden. Die Veränderung muss an jedem Arbeitsplatz mitgetragen werden. Nur so kommt es zur holistischen Wirkung: eine effektive Organisation ist weit mehr als die blosse Summe der Einzelleistungen ihrer Mitglieder.

- *OE als Prozess*

  Die Umstellung einer grossen Verwaltung nach den Grundsätzen des NPM ist ein langfristiger Prozess, bei dem der Faktor Mensch und sein Verhalten von entscheidender Bedeutung ist. Der Berliner Verwaltungswissenschafter Christoph Reichard macht denn auch den Erfolg der Verwaltungsreform von der provokativen Frage abhängig, inwieweit es gelänge, die Beamtenseele umzupolen. Somit darf nicht nur das konkrete Ergebnis eines in Zukunft abgeschlossenen Prozesses im Zentrum stehen, sondern mindestens so stark das Lernen des Lernens. Nicht bloss im Hinblick auf das Beherrschen der neuen Instrumente und das Begreifen der neuen Rollen; auch die Ausbildung der Fähigkeit, auf künftige Herausforderungen in kompetenterer Weise zu reagieren bzw. typische Problemsituationen erst gar nicht entstehen zu lassen, gehört zu den wesentlichsten Zielsetzungen der OE.

- *Beteiligung der Betroffenen*
  OE-Prozesse sind per Definition "bottom-up"-Ansätze. Mit NPM ist die Einführung einer schlankeren Organisation eingeschlossen. Dies ist gleichbedeutend mit einer umfassenden, stufengerechten Delegation von Kompetenzen und der entsprechenden Verantwortung. Direktiv angeordnete "top-down"-Methoden bewirken bestenfalls Strukturreformen. Ob der neuen Struktur dann auch tatsächlich Leben eingehaucht werden kann, ist äusserst fragwürdig. Dank des grossen Engagements in der Verwaltung stand im Berner Projekt ein Vorgehen nach der Methode des Bombenwurfs[4] nie zur Diskussion.

3. Welches ist der "richtige" Einstieg?

Die Kommunale Gemeinschaftsstelle für Verwaltungsvereinfachung (KGSt) empfiehlt in ihrer viel beachteten Schrift "Wege zum Dienstleistungsunternehmen Kommunalverwaltung - Fallstudie Tilburg"[5] folgende Implementationsstrategie:

- *Herstellen des politischen Willens*
  Wie bereits erwähnt, macht die wirkungsorientierte Verwaltungsführung nicht in den Amtsstuben halt. Die konsequente Aufteilung der Kompetenzen nach dem Muster des Konzernmodells verlangt auch ein Umdenken im politischen Überbau des Gesamtsystems. Von der Politik wird erwartet, dass sie sich künftig um die strategisch-politische Dimension der Verwaltungsführung kümmert. Das Operative soll der Verwaltung überlassen sein. Ein Reformprozess von solcher Tragweite ist ohne Akzeptanz der Exekutive und der Legislative schlicht undenkbar.

- *Nicht auf Gesetzesänderungen warten*
  Die hochgehaltene Autonomie der Schweizer Kommunen als Recht zur lokalen Selbstgesetzgebung und Selbstverwaltung entspricht teilweise einem Mythos. Gerade im Bereich des Finanzhaushaltsrechts wirkt sich das übergeordnete Gesetz sehr einschränkend aus. Wollte man mit Reformschritten zuwarten, bis die rechtlichen Grundlagen entsprechend angepasst sind, würde der Reformwille bzw. die Reformfreude bald im Keime ersticken. Zum Glück haben dies auch die Behörden gemerkt. In vielen Kantonen - so auch in Bern - wurden

---

[4] vgl. Schedler 1995, S. 242 ff.
[5] Kommunale Gemeinschaftsstelle für Verwaltungsvereinfachung, 1992

Experimentierklauseln in die einschlägigen Rechtserlasse aufgenommen. Dies garantiert zwar nicht die definitive Einführung von neuen Verwaltungsmodellen, ermöglicht aber immerhin, rasch und ohne allzu bürokratische Bewilligungsprozesse Erfahrungen sammeln zu können.

- *Entscheid über Flächenansatz oder Pilotprojekte*
  Wenn die Rahmenbedingungen des übergeordneten Rechts fehlen, ist es müssig, über flächendeckende Reformen zu sprechen. Aber auch aus anderen Gründen ist das pragmatische Vorgehen in wenigen, aber für die Verwaltung repräsentativen Pilotabteilungen angezeigt: Wie Erfahrungen mit anderen grossen Reformprojekten gerade in der Stadt Bern gezeigt haben, besteht bei flächendeckenden Ansätzen eine akute Gefahr der Überforderung - und zwar sowohl in qualitativer wie auch in quantitativer Hinsicht. Mit NPM wird eine z.T. fundamentale Praxisänderung angestrebt. Auch wenn der gesamte Umstellungsprozess vordergründig in die Länge gezogen wird, macht eine vorgezogene Pilotphase durchaus Sinn. Die Einführung der wirkungsorientierten Verwaltungsführung gleicht am Anfang einem Suchprozess. Hypothesen werden aufgebaut, getestet, angepasst und mitunter verworfen. Ein solches Vorgehen ist nur in einem überschaubaren Rahmen möglich, zumal der normale Verwaltungsbetrieb möglichst störungsfrei weiterlaufen sollte.

- *Das Ganze als Lernprozess auffassen*
  Als entscheidender Faktor gilt, dass der Reformprozess als Lernprozess kommuniziert werden kann, als solcher auch akzeptiert und gesowie erlebt wird. Es fehlen die schweizerischen Beispiele. Für alle, die in die Reform einsteigen, gilt dasselbe: Auch wenn ausländische Erfahrungen gesammelt wurden, übertragen lassen sie sich nur sehr bedingt. Jede Verwaltung verfügt über eine eigene Kultur, die bei jeder Veränderung berücksichtigt werden muss. Fehler werden gemacht, das gehört zum Lernen. Dies wiederum bedingt, dass man den Mut aufbringt, Fehler zu riskieren.

Lernprozesse gehören indessen nicht zu den Stärken der öffentlichen Verwaltung. Insgesamt bewerten wir das vorherrschende Verwaltungssystem als lernfeindlich. Nach Edelmann[6] steht der Lernbegriff für den Erwerb von Dispositionen, d.h. von Verhaltens- und Handlungs*möglichkeiten*. Beim (instrumentellen) Lernen entscheiden somit die Konsequenzen, die dem Verhalten folgen, über dessen zukünftiges Auftreten. Es werden folgende Formen unterschieden:

---

[6] Edelmann, 1986

- *Die positive Verstärkung*
  Einem erwünschten Verhalten folgt ein positives (belohnendes) Ereignis, auch Verstärker genannt.
- *Die negative Verstärkung*
  Dem erwünschten Verhalten folgt die Wegnahme eines negativen Reizes.
- *Die Bestrafung*
  Auf ein unerwünschtes Verhalten folgt ein unangenehmer Reiz.

Häufig ist in der Verwaltung eine Lernform festzustellen, die im lerntheoretischen Sinn geradezu absurd ist und wohl auch deshalb keine Bezeichnung kennt: Beim Auftreten eines an sich gewünschten Verhaltens wird bestraft, während ein "geschäftsschädigendes" Verhalten nahezu keine negativen Konsequenzen nach sich zieht. Vergegenwärtigen wir uns dies am Beispiel des oft zitierten Phänomens des "Dezemberfiebers": Wer seine Kredite bis zum Jahresende nicht ausschöpft, wird mit Kürzungen im Folgejahr bestraft. Wie die panikartig ausgegebenen Mittel verwendet werden, ob sie überhaupt etwas bewirken oder bloss in den Sand gesetzt werden, wird nicht hinterfragt. Hauptsache, die Rechnung geht auf!

Sollen Lernprozesse eingeleitet werden, mit dem Ziel, verantwortungsvolle, erfolgsuchende Mitarbeiterinnen und Mitarbeiter der Verwaltung heranzubilden, gilt es vorab, alle systemimmanenten Lernbarrieren abzubauen. Wenn dies nicht gelingt, bleibt NPM Wunschdenken. Ein Beamter wird nicht als Misserfolgsvermeider geboren, sondern im Verwaltungsalltag dazu sozialisiert.

4. DER REFORMPROZESS

4.1. *Erste Phase: Idee, auslösendes Ereignis, Vorprojekt*

4.1.1. Der Leidensdruck wächst

Die öffentlichen Verwaltungen sind einem grossen Veränderungsdruck ausgesetzt. Aufgabenwandel, politischer Problemdruck, erhöhte Leistungserwartungen durch die Bürgerinnen und Bürger, sind nur einige Stichworte. Es wäre nun überhaupt kein Problem, diesen Veränderungsdruck mit dem bestehenden System aufzufangen. Vorausgesetzt natürlich, dass zusätzliche Ressourcen bereitgestellt würden. Diese Ressourcen haben wir jedoch nicht. Schon gar nicht zusätzliche; nicht heute, nicht morgen und auch nicht übermorgen. Im Gegenteil: Wir müssen uns damit abfinden, dass wir eine negative Einnahmenveränderung verdauen müssen. Als Folge der Krise sind in Bern die Steuereinnahmen gesunken. Und bis sich die Erholung der Wirtschaft auch auf die Steuereinnahmen auswirkt, wird es noch einige Zeit in Anspruch nehmen. Was haben wir also realistischerweise diesem Druck entgegenzusetzen? Leider ein System, das bekannterweise eklatante Schwachstellen aufweist: eine zentralistische, übertrieben hierarchische, hoch formalisierte und unflexible, bürokratische Organisation, mit offensichtlichen Defiziten im strategischen Steuerungsbereich und entsprechender Übersteuerung im Routinebereich. Wir behaupten, dass das Optimierungspotential mit den tradierten Sparmethoden ausgereizt ist. Denn was wurde nicht schon alles unternommen, um verlorengegangene Handlungsspielräume zurückzugewinnen? Die Palette in der Stadt Bern reicht von einem effizienzsteigernden Monsterprogramm (OPTA), über Aufgabenkritik, linearen Sparübungen bis hin zur Kapitulation in Form eines Verzichts auf die Übernahme von neuen Aufgaben. All diese Massnahmen mögen den Druck etwas gemildert haben. Aber die grundsätzliche Problematik wurde damit nicht gelöst. Viele Kaderangehörige und mit ihnen die Mitglieder der Stadtregierung kommen sich allmählich wie ständige Krisenmanager vor. Und wir wissen nur zu gut: ständiges Krisenmanagement hat eine zirkuläre und damit verschärfende Wirkung und führt zu dem, was die Politologen ungeschminkt als Staatsversagen bezeichnen. Damit versteht sich von selbst, dass die heutige Situation von niemandem als sehr motivierend empfunden wird.

4.1.2. Die erlösende Idee?

Anfangs der neunziger Jahre werden im deutschsprachigen Raum allmählich die neuen Verwaltungsmodelle bekannt. Es braucht dazu ein geschicktes Marketing aus Tilburg, bis auch in den Schweizer Medien und Fachzeitschriften diese Idee zag- und lückenhaft aufgegriffen wird. Auf Initiative einer kleinen Gruppe von Chefbeamtinnen und Chefbeamten der Stadtverwaltung, die sich näher mit der Materie auseinandersetzen will und findet, das Thema gehe eigentlich alle Kolleginnen und Kollegen etwas an, wird der damalige Conzern-Controller aus Tilburg, Jan Wolters, eingeladen, anfangs März 1993 dem interessierten Kader das Tilburger-Modell vorzustellen. Sowohl der Aufmarsch wie auch die positiven Reaktionen des anwesenden Kaders und der vollzähligen Stadtregierung sind eindrücklich. Dies bewegt den Gemeinderat noch in der gleichen Woche, den Beschluss zu fassen, eine verwaltungsinterne Arbeitsgruppe einzusetzen, mit dem Auftrag, die Informationen über neue Verwaltungsmodelle aufzuarbeiten und einen Vorschlag zum weiteren Vorgehen zu unterbreiten.

Bereits einen Monat später kann die Arbeitsgruppe ein Arbeitsprogramm zum Entscheid vorlegen, das auf der Einsicht beruht, dass ausländische Modelle nicht im Massstab 1:1 übernommen werden können, sondern auf die spezifischen Verhältnisse (z.B. im Bereich der direkten Demokratie) der Gemeinde und ihrer Verwaltungskultur massgeschneidert werden müssen. Damit wird gleich von Beginn weg signalisiert, dass die Einführung der wirkungsorientierten Verwaltungsführung ein mittel- bis längerfristiger Prozess ist und nicht als kurzfristige Haushaltsanierungsmassnahme aufgefasst werden darf. Dies mag für jene, die NPM als rasch wirkendes, schmerzstillendes Wundermittel gegen Haushaltdefizite ansehen, ein herber Dämpfer sein. Für die meisten Kolleginnen und Kollegen, die Dauer und Aufwand von Reformprozessen in der öffentlichen Verwaltung realistisch beurteilen, ist gerade die mittelfristig verheissungsvolle Perspektive Motivationsspritze genug, sich aktiv oder unterstützend an den anlaufenden Arbeiten zu beteiligen.

Die beschlossene Vorgehensstrategie basiert auf drei Ebenen, die in einer produktiven, wechselseitigen Beziehung zueinander stehen und deshalb während des ganzen Prozesses aufeinander abgestimmt werden müssen:

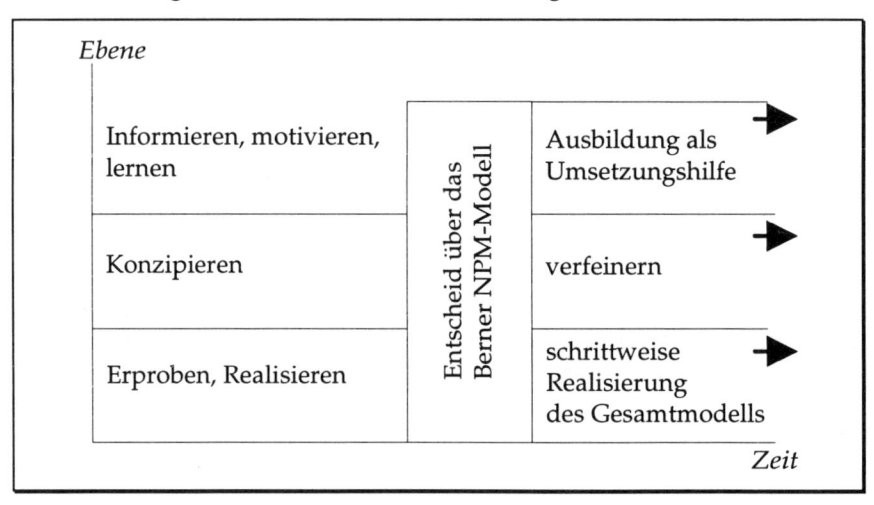

Ebene		
Informieren, motivieren, lernen	Entscheid über das Berner NPM-Modell	Ausbildung als Umsetzungshilfe ▶
Konzipieren		verfeinern ▶
Erproben, Realisieren		schrittweise Realisierung des Gesamtmodells ▶
		Zeit

Abb. 2: *Vorgehensstrategie*

- *Sich informieren, motivieren und lernen*
  Am Anfang eines jeglichen Prozesses muss Klarheit über Inhalt, Ziele und Vorgehen hergestellt werden. "Wir müssen schlauer werden", lautet unser Slogan. Was bedeutet NPM tatsächlich? Welches sind die wesentlichsten Elemente? Wie steht es um die rechtlichen und politischen Rahmenbedingungen? Wie sehen mögliche und sinnvolle Implementationsstrategien aus? Um den Reformprozess längerfristig aufrecht erhalten zu können, braucht es brauchbare Dokumentationen und die Planung geeigneter Ausbildungsmassnahmen, wie Referate und Seminare mit Fachkundigen. Ganz besondere Bedeutung erhält die Umschreibung der verschiedenen Personenkreise, die in diesen Informations-, Motivations- und Lernprozess eingebunden werden müssen.

- *Konzipieren*
  NPM kann als offener Baukasten interpretiert werden. Wir müssen also aus der Fülle der verschiedenen Elemente jene herausgreifen, prüfen, zurechtfeilen und kombinieren, die uns für ein "Berner Modell" geeignet, realisierbar und kompatibel scheinen. Es scheint uns wichtig, bereits sehr früh ein provisorisches Modell im Sinne einer Arbeitshypothese zu formulieren, um damit Transparenz über einen möglichen Endzustand herzustellen. Das soll und darf allerdings nicht heissen, dass man sich an diese Modellvorstellung verbissen klammert. Das Schlauerwerden ist zeitlich nicht begrenzt. Und wenn wir den Weg des "learning by doing" einschlagen, gehören Modellmodifikationen zu einer natürlichen Begleiterscheinung.

- *Erproben, Realisieren*
  Der Reformprozess in der Stadt Bern soll keine Trockenübung sein. Alle Elemente des Modells sollen deshalb so schnell wie möglich in der Praxis geprüft werden. Einzelne Bausteine, die unabhängig von den Rahmenbedingungen des übergeordneten Rechts eingeführt werden können und den Praxistest erfüllt haben, sollen auch laufend - im Idealfall gleich flächendeckend - realisiert werden. In unserem Projekt trifft dies bereits für das Controlling und die Kostenrechnung zu.

4.1.3. Wir beginnen nicht bei Null

Die schweizerische Verwaltungslandschaft ist nicht so rückständig, wie manche glaubhaft machen möchten. Gleich zu Beginn interessiert uns deshalb, von wo wir ausgehen müssen, welche Elemente des NPM-Baukastens in der Berner Verwaltung bekannt bzw. bereits praktiziert werden. Das Ergebnis einer kleinen Untersuchung ist auch für uns ein wenig überraschend und mit ein Grund, weshalb der Gemeinderat bei der Initiierung des Projekts nicht lange zu zögern braucht und später auch einen ehrgeizigen Terminplan vorgibt:

- Wir praktizieren - z.T. seit längerer Zeit - das *Outsourcing*, also die Vergabe von Verwaltungsaufgaben im Auftragsverhältnis an Dritte. Beispiele: Datenschutz, im Bereich der Kultur (Altstadtsommer), Energiegutachten im Baubewilligungsverfahren, Ölfeuerungskontrollen, Überwachung der "Blauen Zonen", schulärztliche Untersuchungen, Werbung der Städtischen Verkehrsbetriebe und Betrieb einer Tangentiallinie, regionale Zusammenarbeit etc.

- In der Stadt Bern wird in zunehmenden Masse über *Leistungsaufträge* gesteuert. Diese kommen v.a. in den intermediären Bereichen wie den Gemeinschaftszentren, einzelnen Kultur- und Bildungsinstitutionen zur Anwendung.

- Wir stellen einen Trend zur Bildung von selbständigen, relativ autonomen *Agenturen* fest. Realisiert sind und bewährt haben sich beispielsweise die Schlächterei AG, der Fonds für die Boden- und Wohnbaupolitik, die Personalvorsorgekasse. Intensiv daran gearbeitet wird - um nur einige zu nennen - bei der ARA[7] (Umwandlung in eine AG), bei Trägerschaften für stationäre und ambulante Einrichtungen im Fürsorgebereich und - im Zusammenhang mit einem neuen kantonalen Gesetz über den öffentlichen Verkehr - bei den Städtischen Verkehrsbetrieben.

- In allen städtischen Verwaltungsdirektionen sind *strategische Führungsmittel* bekannt: Jede Direktion verfügt über ein Leitbild. Auf der Stufe Gesamtführung werden durch den Gemeinderat Zielvorstellungen und verbindliche Legislaturrichtlinien erlassen. Für wichtige Bereiche bestehen Konzepte, oder es sind solche kurz vor Abschluss. Um auch hier die wichtigsten hervorzuheben: Stadtentwicklungskonzept mit den Komponenten Verkehr und Siedlung, Tourismuskonzept, Wirtschaftsleitbild, Strategiepapiere zur Drogenpolitik, Alterspolitik, SPITEX[8] etc.

- Seit einiger Zeit wird in der Stadtverwaltung schrittweise (und bottom-up) das *Controlling* eingeführt. Wir kennen in einigen Bereichen die *Kostenrechnung*, und bei wichtigen Projekten die *Massnahmen-Evaluation*, wobei gerade hier noch ein erhebliches Defizit besteht.

- Last but not least möchten wir auf zwei Sachen hinweisen, die sogar die ausländischen "Entwicklungshelfer" zuweilen beeindrucken: In

---

[7] Abwasserreinigungsanlage
[8] Externe Krankenpflege

der Stadt Bern verfügen wir über ein relativ modernes und flexibles *Personalrecht*. Weder kennen wir den Status eines Beamten auf Lebenszeit (wie in Deutschland oder auch in den Niederlanden), noch den klassischen Beamtenstatus überhaupt. Wiederum im Vergleich zum Ausland verfügen wir mit dem Neuen Rechnungsmodell über ein einigermassen modernes *Rechnungswesen,* das allerdings den Anforderungen der wirkungsorientierten Verwaltungsführung auf längere Sicht nicht gewachsen sein wird.

Die Aufzählung zeigt, dass die Verwaltung grundsätzlich die Zeichen der Zeit erkannt hat. Das Problem besteht allerdings darin, dass die guten Ansätze zu selten sind und dass vor allem die Integration in und die Abstimmung auf das ganze politische System noch sehr zu wünschen übrig lässt.

4.2. Zweite Phase: Entwurf einer Arbeitshypothese, Vorbereitung der Pilotprojekte

4.2.1. Neuer Projektauftrag - Bildung der Projektorganisation

Am 22. September 1993 beschliesst der Gemeinderat, unter dem Arbeitstitel "Neue Stadtverwaltung Bern" ein Projekt zu lancieren, "welches sich an den Grundsätzen des New Public Managements" orientiert. Als Projektleiter werden die beiden Autoren dieses Artikels mit der Aufgabe betraut, innerhalb von zwei Monaten einen definitiven Projektauftrag zu formulieren, eine geeignete Beratungsfirma vorzuschlagen und einen ersten Projektkredit zu beantragen.

Die Wahl der Beratungsfirma
Die Wahl der Beratungsfirma ist ein erster wichtiger Grundsatzentscheid für den weiteren Projektverlauf. Die Anforderungen sind derart komplex, dass kaum erwartet werden kann, dass eine einzelne Firma sämtliche Erwartungen erfüllen wird: vertiefte Kenntnis des NPM-Konzeptes und der wesentlichen ausländischen Erfahrungen, profunde Kenntnis der Funktionsweise des schweizerischen Staatswesens und ihrer Verwaltung, Beratungserfahrung, Akzeptanz bei unseren politischen Behörden.

Die Wahl eines ausländischen Beratungsinstitutes fällt wegen des zentralen Stellenwerts der schweizerischen Politik- und Verwaltungskultur ausser Betracht; aber in der Schweiz wurde noch nirgends der Versuch gemacht, ein integrales NPM-Modell einzuführen. Die Wahl fällt auf einen NPM-Experten aus dem Institut für Finanzwirtschaft und Finanzrecht der Hochschule St. Gallen (IFF-HSG), der sich intensiv mit der Theorie und der (ausländischen) Praxis des NPM auseinandergesetzt hat. Es ist ein bewusster Entscheid, einen jungen Wissenschafter einer gut eingeführten, renommierten Beratungsfirma vorzuziehen. Wer sich auf ein derartiges Experiment einlässt, kann sich nicht mit einer bekannten Firma absichern wollen. Dazu kommt, dass die verwaltungsspezifische Beratungserfahrung und der vertraute Umgang mit OE-Prozessen von den Projektleitern selbst eingebracht werden kann.

Im späteren Verlauf des Projekts wird das Beratungsteam erweitert, wobei grosser Wert darauf gelegt wird, dass alle zusätzlichen Berater der Leitung des IFF-HSG unterstellt sind. Dies um zu vermeiden, dass innerhalb des Gesamtprojekts widersprüchliche oder konkurrierende Beratungsphilosophien entstehen können.

Gemeinsam mit der Beratungsfirma wird das gewünschte Vorgehenskonzept für die zweite Phase bis zur Auswahl geeigneter Pilotprojekte entwickelt. Alle sieben Verwaltungsdirektionen werden gebeten, einen Vertreter für das zentrale Projektteam zu nennen. Dies geschieht mit der klaren Absicht, das Gesamtprojekt von allen Direktionen mittragen und mitsteuern zu lassen.

Die Projektorganisation
Mitte Dezember 1993 genehmigt der Gemeinderat die vorgeschlagene Projektorganisation, die einen Projektausschuss (bestehend aus drei Vertreter/innen der Exekutive, der Projektleitung und dem externen Berater) und ein zentrales Projektteam vorsieht, den Vertreter des IFF-HSG als externen Berater und einen ersten Projektkredit. Er erwartet innerhalb eines halben Jahres einen Bericht über die rechtlichen Möglichkeiten und einen konkreten Antrag für die Durchführung von NPM-Pilotprojekten. Die Projektleitung wird ausserdem beauftragt, die Mitglieder der städtischen Legislative über das geplante Projekt zu informieren.

Mit dem letzten Punkt bleibt die Exekutive hinter den Vorschlägen der Projektleitung, die schon zu Beginn des Projekts einen intensiveren Einbezug der Legislative (z.B. durch eine Vertretung im Projektausschuss) vorgeschlagen hatte. Auch die Idee, neben der formellen Projektorganisation das Projekt mittels eines "runden Tisches" von interessierten Kreisen (Parlamentsmitgliedern, Verbänden) begleiten zu lassen, wird vorerst zurückgewiesen; die Verantwortung für die Steuerung des Projektablaufs soll beim Gemeinderat bleiben, ausserdem besteht die Gefahr, dass die Auswahl bzw. Zusammensetzung einer informellen Begleitgruppe politische Widerstände und Unzufriedenheit provozieren wird.

4.2.2. Die Entstehung des "Berner Modells"

Das zentrale Projektteam entwickelt in der Folge unter Anleitung des IFF-HSG das "Berner Modell". Es besteht im wesentlichen aus einer leicht modifizierten Verwaltungsstruktur sowie dem Prozess der Leistungsvereinbarung und der Leistungs- und Wirkungskontrolle. Es entspricht in seinen Grundzügen dem Projekt des Kantons Luzern und soll an dieser Stelle nicht näher ausgeführt werden.[9] Das Berner Modell wird als Arbeitshypothese verstanden: so könnte in Zukunft die bernische Verwaltung gesteuert werden.

Die ersten Diskussionen im Projektteam verlaufen zum Teil etwas chaotisch. Obwohl ein zu diskutierendes Papier auf dem Tisch liegt, bringen die Beteiligten - durchaus lustvoll - ihre Erwartungen, Befürchtungen und Vorbehalte ein. Rücksichtsloses Unfreezing artikuliert sich vor allem in z.T. respektlosen Abschaffungsvorschlägen, besonders bezüglich der zentralen Ressourcenverwaltung. Neben dem brainstormartigen Ideenaustausch bringen die Fachberater eigene Ideen und Vorschläge ein, die sofort bezüglich Verwaltungstauglichkeit und Akzeptanz hinterfragt werden. Es ist ein offener Lernprozess, der geprägt wird von Experimentierlust und Lernfreude, ein Moment von "Reinventing Government". Der Sprung aus der zum Teil demoralisierenden Verwaltungsrealität in eine eigentliche Pionierrolle macht den meisten Beteiligten Spass, er wirkt befreiend und setzt Energien frei. Typische Bremser und Verhinderer sind im Projektteam zum Glück nicht präsent. Eigene Missstände werden offen ausgesprochen und eingestanden, denn - zumindest theoretisch - ist nun ein Ausweg in Sicht.

Es ist ein lebendiger, sprunghaft-diskontinuierlicher Prozess, der nur bedingt steuerbar ist. Die Projektleitung und die Berater versuchen es in der Polarität zwischen Form und Bewegung. Mit der Zeit gewinnt das Modell Konturen, zeichnet sich in wichtigen Fragen ein Konsens ab. Die Ergebnisse dieser Diskussionen werden in einer Broschüre festgehalten.[10]

4.2.3. Die Auswahl der Pilotprojekte

Die Pilotprojekte werden ausgeschrieben. Alle Abteilungen der Stadtverwaltung werden mündlich und schriftlich über das Projekt informiert und eingeladen, sich das Mitmachen zu überlegen und sich allenfalls als

---

[9] Vgl. Egli/Käch, in diesem Band, S. 165
[10] Neue Stadtverwaltung Bern, 1994

Pilotbetrieb zu melden. Die Kriterien für eine Teilnahme werden folgendermassen umschrieben:

- Die Verwaltungseinheit muss eine Mindestgrösse (mind. 30 Mitarbeiterinnen und Mitarbeiter) aufweisen, damit die wesentlichen Elemente der wirkungsorientierten Verwaltungsführung sinnvoll eingesetzt werden können. Zudem wird eine unternehmerisch denkende und aufgeschlossene Leitung vorausgesetzt.
- Die Pilotabteilungen sollten ihre Dienstleistungen klar als Produkt (oder Produktgruppen) definieren können und nicht zu sehr mit anderen Abteilungen oder Bereichen verflochten sein (keine Querschnittämter).
- Es sollten mehrere Direktionen (mit unterschiedlichen Verwaltungskulturen) in den Versuch einbezogen werden.
- Die Organisationseinheiten sollten auf städtischer Ebene über einen grossen Gestaltungsspielraum verfügen.
- Die Bereitschaft, die notwendigen personellen Ressourcen freizustellen, muss vorhanden sein. Mitarbeiter/innen sind in den Teilnahme-Entscheid einzubeziehen. Gegenüber der Projektleitung wird Offenheit und Transparenz verlangt.

Verschiedene interessierte Abteilungen melden sich in der Folge und erkundigen sich nach ihren Chancen. Über die Motive der Bewerber/innen lässt sich spekulieren: Begeisterung für eine (vielleicht allzu) plausible und einfache Lösungsidee; ein befreiender Sprung aus der Verwaltungsroutine; der Wunsch und Ehrgeiz, "bei den ersten" zu sein; ein Versuch, dank der Finanzknappheit verlorene Spielräume zurückzugewinnen. Eine Teilnahme an den Pilotversuchen wird in jedem Fall als Auszeichnung und nicht als Strafaktion verstanden und auch so "kommuniziert". Vielleicht spielt dennoch der "Amnestiegedanke" eine gewisse Rolle: NPM als institutionelle "Aufräumaktion" zu einem "schuldenfreien Neustart". Allen Bewerbungen gemeinsam ist aber die Bereitschaft, sich auf einen intensiven und arbeitsreichen Veränderungsprozess einzulassen.

Die Projektleitung berät, ermuntert, rät z.T. ab, sodass schliesslich vier Bewerbungen stehen bleiben, aus denen die Exekutive drei definitiv ausliest:

- Das Jugendamt,
  eine grössere Abteilung aus dem Sozial- und Fürsorgebereich mit verschiedenen, mehrheitlich klar messbaren Produkten und grossem Gestaltungsspielraum (besetzte Stellen: 255).

- Die Berufsfeuerwehr,
  mit einem klassischen, mit anderen Städten vergleichbaren Auftrag, sodass sich dieser Betrieb auch für Betriebsvergleiche (Benchmarking) eignet (besetzte Stellen: 80).
- Das Strasseninspektorat,
  mit einer breiten, von der ganzen Bevölkerung wahrnehmbaren und sowohl qualitativ als auch quantitativ leicht messbaren Dienstleistungspalette (besetzte Stellen: 426).

Die Pilotversuche sollen vorerst zwei Jahre dauern: im ersten Jahr soll der ganze Prozess der Leistungsvereinbarung (Produktebudget, Leistungsauftrag und Kontrakt) auf allen drei Ebenen (operativ: Abteilung/Direktion, strategisch: Direktion/Gesamtexekutive, normativ: Exekutive/Legislative) durchgespielt werden. Im zweiten Jahr sollen die Pilotabteilungen mit den erweiterten Befugnissen im Rahmen des Modells handeln und wirtschaften können und sich gleichzeitig ein Controlling samt Berichtswesen aufbauen.

Aufgrund dieser Erfahrungen sollen Exekutive und Legislative nach zwei Jahren über einen allfälligen Abbruch oder die Weiterführung der Pilotprojekte oder gar eine flächendeckende Einführung in der gesamten Verwaltung entscheiden können.

Hauptzweck der Pilotversuche ist die Erprobung der neuen Steuer- und Kontrollmechanismen. Grössere wirtschaftliche Veränderungen sind aufgrund der restriktiven Rahmenbedingungen (keine irreversiblen personellen Veränderungen, Investitionsentscheide auf dem traditionellen Weg) nicht zu erwarten.

Um ein Bild zu gebrauchen: ein mit einem neuen Navigationssystem ausgerüstetes Flugzeug dreht eine Flugplatzvolte und kehrt danach zum Ausgangspunkt zurück. Es handelt sich um einen kollektiven Lernprozess (organisationales Lernen) mit klar abgesteckten Rahmenbedingungen und Ausstiegsszenarien. Das mögliche negative Ergebnis der Versuche wird nicht verschwiegen. Dies nimmt den Beteiligten gewisse Ängste und erleichtert den Einstieg in den Veränderungsprozess.

Die Versuchsanlage und das "Berner Modell" werden an verschiedensten Informationsanlässen den Parlamentariern, gewerkschaftlichen Kreisen aber auch verwaltungsintern vorgestellt und diskutiert. Das Interesse ist sehr gross. Im Parlament bildet sich eine kleine interfraktionelle Gruppe (mit der die Projektleitung den informellen Kontakt und den Gedankenaustausch pflegt), die eine meinungsbildende Funktion übernimmt.

Nach ausführlicher Diskussion in den vorberatenden Kommissionen und in den Fraktionen stimmt das Stadtparlament den zweijährigen Pilotversuchen in den drei obengenannten Abteilungen im November 1994 praktisch einstimmig zu. Das Ergebnis dieser Abstimmung ist erfreulich und ermutigend; es ist keine Selbstverständlichkeit, dass ein Parlament - gestützt auf ein erst im Ausland erprobtes Modell - sich praktisch einhellig für ein Reformprojekt ausspricht. Die Zustimmung erfolgt allerdings zu einem Zeitpunkt, in dem sich mit dem relativ offenen Modell noch sehr unterschiedliche, z.T. auch widersprüchliche Erwartungen verbinden lassen.

4.3. Dritte Phase: Der Start der "Piloten"

4.3.1. Erarbeitung der Produktebudgets und der Kontrakte

Im November 1994 beginnt die Arbeit in den Pilotprojekten; es geht in erster Linie darum, bis Frühsommer 1995 zuhanden der Exekutive und der Legislative einen Vorschlag für ein Produktebudget auszuarbeiten. Die Zwischenschritte sind: Bestimmung der Produktegruppen, der Produkte und der Kunden, Festlegung der Leistungsindikatoren und -standards, Ausarbeitung des Kontraktes zwischen der Agentur und den Direktionen, Konzipierung und Aufbau der Kostenrechnung.

Die Aufgabe wird in zwei- bis dreitägigen Workshops in Angriff genommen. Anwesend sind jeweils die vollständigen Teilprojektteams, die Projektleitung und die externen Berater. Die Methodik ist relativ einfach: Instruktion des nächsten Arbeitsschrittes (Theorie, praktische Beispiele, Hilfsmittel) und eine anschliessende Umsetzung in den Teilprojektgruppen mit Unterstützung durch die Berater und Projektleiter.

Mit diesem Vorgehen wird sofort sichtbar, wo und wann Probleme, Schwierigkeiten und offene Fragen auftauchen. Beim Abschluss eines Workshops ist allen klar, worin der nächste Arbeitsschritt besteht, der in den nächsten Wochen durch die Projektteams abgeschlossen werden muss.

In dieser "Einzelarbeitsphase" haben die Teilprojektteams selbstverständlich die Möglichkeit, zusätzliche, individuelle Beratung durch das Beratungsteam anzufordern.

Dieses Vorgehen ist zeitaufwendig. Es ermöglicht aber von Beginn weg, einen breiten Kreis (oberes und mittleres Kader der beteiligten Abteilungen) integral in die Arbeit einzubeziehen und zu qualifizieren. Das mittlere Kader sollte dann aber in der Lage sein, ihre Produkte, Leistungsindikatoren und -standards relativ selbständig mit ihren Mitarbeiter/innen zu erarbeiten und diese stufengerecht in das Projekt miteinzubeziehen. In der Praxis funktioniert dies mehr oder weniger, es zeigt sich immer wieder, wie fremd der Verwaltung ein Denken in Output- und Leistungskategorien immer noch ist, und dass konzeptionelles Denken auch Vertreter/innen des oberen Kaders Schwierigkeiten bereitet.

Der Arbeitsstil ist geprägt durch den Verzicht auf Perfektionismus und Formalismus. Man ist sich bewusst, Neuland zu betreten und dass zwischen den beteiligten Abteilungen grosse Unterschiede bestehen. Es wird darauf verzichtet, alles über einen Leisten zu schlagen und zum vornherein zu reglementieren. Dies zeigt sich z.B. bei der Ausgestaltung der Kontrakte: es wird kein einheitlicher Musterkontrakt abgegeben, jede Agentur soll die wesentlichen Fragen (die durch ein Raster vorgegeben wurden) mit ihrer Direktion selbständig klären. Dies führt zu unterschiedlichen Standpunkten, ermöglicht die Herausbildung von Alternativen und provoziert lebhafte Diskussionen im Gesamtprojektteam (z.B. über die Verwendung der Gewinne, die Möglichkeit, auf privatrechtlicher Basis zusätzliches Personal einzustellen, die Führung und Unterstellung externer, subventionierter Betriebe).

Es konkretisiert sich so das Bekenntnis zu einem "learning by doing" - mit möglichst wenig Vorgaben aber mit intensivem Lernen - durch Versuch und Irrtum. Es ist nicht ausgeschlossen, dass in einem späteren Arbeitsschritt Angleichungen vorgenommen werden müssen. Es wird eine Grundsatzfrage für die Exekutive sein, wieviel Spielraum sie den verschiedenen Agenturen im Rahmen einer Konzernstruktur geben will, kann und muss.

4.3.2. Information nach innen und nach aussen

Die Information der Mitarbeiter/innen der Stadtverwaltung über das Projekt und seinen Fortschritt ist eine wichtige Aufgabe, die offenbar leicht Gefahr läuft, vorübergehend vernachlässigt zu werden. Dies aus zwei Gründen: in der Anfangsphase der Pilotprojekte konzentriert sich die Aufmerksamkeit auf die beteiligten Abteilungen und die ersten schwierigen Arbeitsschritte. Es braucht besondere Anstrengungen, damit die übrigen Gesamtprojektaufgaben (zu diesen gehört die Information) aufgrund der grossen Belastung der Hauptbeteiligten nicht vernachlässigt werden. Ferner häufen sich die externen Anfragen von anderen Kantonen und Gemeinden, die begierig sind, etwas über das Pionierprojekt aus Bern zu erfahren. Die Referate summieren sich, und plötzlich muss die Projektleitung selbstkritisch feststellen, dass sie ihre Informationstätigkeit nach aussen aktiver wahrnimmt als nach innen. Weil aber eine Verbreitung der Idee zur Ausweitung der NPM-Basis in der Schweiz zu einem Erfolgsfaktor für der Projekt werden könnte, ist es richtig, die interne Informationsaufgabe einer besonderen Person oder einer kleinen Arbeitsgruppe zu übertragen. Diese ist nun dabei, die Mitarbeiter/innen mit einem eigenen Bulletin und speziellen Anlässen zu informieren.

4.3.3. Einbezug der Mitarbeiter/innen

Eines der zentralen Projektziele besteht in der Steigerung der Motivation und Leistungsbereitschaft der Mitarbeiter/innen. Die zentrale Voraussetzung dafür ist die Veränderung der Rahmenbedingungen, um den Agenturen wirtschaftliches Handeln zu ermöglichen und dies auch zu belohnen. Damit ist aber noch nicht sichergestellt, dass die Mitarbeiter/innen auch tatsächlich in diesen Veränderungsprozess einbezogen werden.

Die unternehmerische Rolle darf nicht auf den oberen Kaderstufen hängenbleiben, indem sich einige Pioniere/Pionierinnen in patriarchaler (oder matriarchaler) Manier auf "ihre" unternehmerische Aufgabe stürzen. Allerdings ist es für die Projektleitung nicht einfach, diese NPM-gemässe Führungsentwicklung zu steuern und zu korrigieren. Sie muss die Idee eines kooperativen Vorgehens immer wieder in Erinnerung rufen und gelegentlich konkret ansprechen, wenn Indizien darauf hinweisen, dass es in einem Teilprojekt in die falsche Richtung läuft.

Der stufengerechte Einbezug der Mitarbeiter/innen lässt sich nicht einheitlich dekretieren, dazu sind in den konkreten Pilotprojekten die bildungsmässigen Voraussetzungen und die Strukturen zu unterschiedlich.

Die Projektleitung hat nicht zuletzt aus diesem Grund beschlossen, auf Stufe Projektausschuss zusammen mit interessierten Personalverbänden ein Konsultativorgan zu bilden, das sich insbesondere mit den verschiedenen ungelösten personalpolitischen und führungsmässigen Fragen befassen wird. Von dieser Seite sind auch Anregungen und Vorschläge zu erwarten, wie der Einbezug der Mitarbeiter/innen in diesen Umsteuerungsprozess sichergestellt werden kann.

LITERATUR

Edelmann W., Lernpsychologie, Eine Einführung 2. Aufl., München/Weinheim: Urban & Schwarzenberg, 1986

Kommunale Gemeinschaftsstelle für Verwaltungsvereinfachung, Wege zum Dienstleistungsunternehmen Kommunalverwaltung, Fallstudie Tilburg, Köln, KGSt-Bericht Nr. 19/1992

Neue Stadtverwaltung Bern, Mögliche Ausgestaltung eines modernen Verwaltungsmanagements in der Stadt Bern, Bern: Präsidialdirektion der Stadt Bern, 1994

Neuberger O., Personalentwicklung, Stuttgart: Enke, 1991

Peters T./Waterman T., Auf der Suche nach Spitzenleistungen, Landsberg: Moderne Industrie, 1984

Schedler K., Ansätze einer wirkungsorientierten Verwaltungsführung, Von der Idee des New Public Managements (NPM) zum konkreten Gestaltungsmodell, Fallbeispiel Schweiz, Bern/Stuttgart/Wien: Haupt, 1995

Trebesch K., 50 Definitionen der Organisationsentwicklung - und kein Ende, Organisationsentwicklung, Zeitschrift der Gesellschaft für Organisationsentwicklung e.V., 1. Jg., Heft 2, S. 37-62, 1982

AUF DEM WEG ZU EINER ERGEBNISORIENTIERTEN VERWALTUNGSFÜHRUNG:

VORGEHEN UND ERFAHRUNGEN IN DER STADT LUZERN

Esther Müller

1. VORBEREITUNGEN BEI VERWALTUNG, STADTRAT UND PARLAMENT

1.1. *Änderungen haben es schwer, denn: Das haben wir bisher immer so getan, es war bisher gut so, da könnte ja jeder kommen!*

Alle Neuerungen bedeuten implizit, dass das, was vorher war, nicht genügt. Die Ursachen dafür können vielfältig sein: neue Rahmenbedingungen, neue Erkenntnisse in der Wissenschaft, neue Verarbeitungsmöglichkeiten (z.B. Informatik) usw. In meiner bisherigen Tätigkeit konnte und musste ich feststellen, dass das Einführen von Neuerungen bei den Betroffenen stets zwei grundlegend verschiedene Probleme aufwirft: einerseits entsteht eine Angst vor dem Neuen ("werde ich den neuen Anforderungen gewachsen sein?"), und andererseits fühlen sich die Betroffenen angegriffen, weil vieles, was sie bisher gemacht haben, nun scheinbar falsch war.

Diese Ängste der Mitarbeiter können bei der Einführung von Neuerungen übergangen werden, indem man einfach befiehlt. Bei kleinen Veränderungen mag dies auch ein gangbarer Weg sein. Für Veränderungen, die nicht nur neue Instrumente beinhalten, sondern eine ganz neue Denkhaltung und Arbeitsweise zur Folge haben, kann der Weg meines Erachtens nur über die volle bewusste und verantwortliche Mitarbeit aller Betroffenen führen. Die Mitarbeiter der Verwaltung müssen wissen, welche Ziele und Konsequenzen die Einführung einer Betriebsrechnung hat, welche Informationen neu erarbeitet werden, wie diese gehandhabt werden sollen, wo die Unterschiede zum bisherigen Arbeiten liegen und wie ihre neue Rolle sein wird. Sie müssen die Umsetzung in eigener Verantwortung wollen, tragen und vollziehen. Kurz: Das Umfeld muss vorbereitet sein, denn mit neuen Instrumenten wie einer Betriebsrechnung allein gelingt es nicht, die Verwaltung ergebnisorientiert zu führen!

1.2. Ergebnisorientierte Verwaltungsführung ist eine Denkhaltung!

Ein ergebnisorientiertes Führen der Verwaltung bedeutet eine vollständige Kehrtwende der Arbeitsweise: von der Input zur Outcome-Steuerung, von der Frage: "Welche Mittel haben wir?" zur Frage: "Was erreichen wir?" Das Ziel der ergebnisorientierten Verwaltungsführung kann nur erreicht werden, wenn die Mitarbeiter dies wollen, wenn sie ihre Denkhaltung ändern.

Die Verantwortlichen in der Finanzdirektion der Stadt Luzern waren sich von Anfang an bewusst: nur mit einer echten Mitarbeit aller Betroffenen kann das Ziel erreicht werden. Darum wurden in der Stadt Luzern alle Ebenen der Behörden und die Mitarbeiter in der Verwaltung stets offen informiert. Zur Verbreitung dieser Informationen wurden alle Möglichkeiten, die sich boten, genutzt: an der Kadertagung, wo sich alle rund 100 Chefbeamten treffen, führte der Finanzdirektor selbst das Projekt 'Controlling' vor; in der Mitarbeiterzeitschrift 'Bostitsch' und in der stadteigenen Publikation 'Brennpunkt Luzern' wurden wiederholt Artikel plaziert. Es wurde eine Projektorganisation eingesetzt, in der rund 15 Chefbeamte vertreten waren: während den Jahren 1994 und 1995 kommen diese etwa 20 Mal zusammen. Ziel ist, den Boden für eine ergebnisorientierte Verwaltungsführung zu ebnen. Die zentralen Botschaften lauten immer: 'Controlling braucht jeden!' und 'Controlling ist eine Denkhaltung!' Nach einer Einarbeitungszeit von rund drei Monaten wurden erste Schritte hin zu mehr Management unternommen: Im Führungsprozess nach St. Galler Management Modell[1] wurde beim Schritt Zielsetzung/Entscheidung angesetzt. Stadtrat (Exekutive) und Verwaltung wurden dazu aufgefordert, vorgängig zur Budgetierung der Mittel 1995 für ihre Direktion/Abteilung zu bestimmen, welche Ziele/Ergebnisse mit den Mitteln erreicht werden sollten. Dabei wurde über das Aussergewöhnliche, die Schwerpunkte für das Budgetjahr berichtet.

1.3. Kleine Schritte verändern die Welt!

Dies war nur ein kleiner Schritt, aber er hatte grosse Folgen. In einigen Direktionen setzten sich die Direktionsvorsteher und ihre Chefbeamten zum ersten Mal überhaupt zusammen, um die Schwergewichte für das

---

[1] vgl. Ulrich/Krieg, 1974, S. 30

kommende Jahr festzulegen. Einige Vorgesetzte begannen zum ersten Mal zu planen, in die Zukunft zu überlegen und damit ihre Mitarbeiter zu führen. Eine weitere Überraschung erlebten die Teilnehmer der Direktionssekretärenkonferenz (DSK), an der die Ziele der Direktionen zusammengetragen wurden: nicht immer stimmten die Ziele der einzelnen Direktionen überein. Es gab sogar Zielantinomien, die der Stadtrat ausdiskutieren musste (noch bevor ein erster Entwurf für einen Bericht an das Parlament vorlag, noch bevor die ersten Arbeiten überhaupt in Angriff genommen wurden). Die Direktionssekretäre erkannten, dass hier ein wesentlicher Teil ihrer Aufgabe lag: beim Planen, Ziele setzen, kurz beim Führen. Die DSK wurde mit weiteren Kadermitarbeitern (den Hauptentscheidungsträgern des Verwaltungshandelns) erweitert und nennt sich seither Stabsgruppe: dieser Name wird der neuen Aufgabenstellung gerecht. Die Exekutivpolitiker mussten ebenfalls umdenken, indem sie über die Ziele einzelner Vorhaben bereits entscheiden mussten, bevor ihre Mitarbeiter lange Berichte geschrieben hatten.

Seit kurzem beschäftigt sich die Stabsgruppe nun mit dem Führungsschritt 'In-Gang-setzen'. Nach den Zielen werden nun die Massnahmen erarbeitet, die umgesetzt werden müssen, damit dann bei der Rechnung des Jahres 1995 über eine erfolgreiche Zielerreichung berichtet werden kann.

1.4. *Brücken hinter sich verbrennen!*

Damit die Ziele nicht einfach nur Papier blieben, mussten die Brücken hinter sich verbrannt werden. Luzern tat dies, indem bei der Budgetberatung in der Finanzkommission, im Parlament und auch bei der Budgetabstimmung des Volkes die Ziele ein hohes Gewicht bei Beratung und Berichterstattung erhielten. Die Verwaltung und auch die Stadträte hatten sich gegenüber dem Parlament und der Öffentlichkeit gebunden. Dabei wurde die Gelegenheit auch gleich gepackt, die Finanzkommission über die Stossrichtung des Projekts Controlling zu informieren und sie von der Wichtigkeit dieser Veränderungen zu überzeugen. Die Debatte zum Budget 1995 im Grossen Stadtrat war eine der kürzesten und interessantesten der letzten Jahre überhaupt: es wurde über die Ziele diskutiert, nicht über die Budgetposition 711.31189.

2. AUFBAU VON ENTSCHEIDUNGSGRUNDLAGEN UND DES BERICHTSWESENS

Nach diesen positiven Erfahrungen mit den Chefbeamten und den Behörden war das Terrain weitgehend vorbereitet für den nächsten Schritt. Dies zeigte sich z.B. daran, dass der Ruf nach mehr Führungsinformationen laut wurde. Das Entscheiden unter Unsicherheit ist bis jetzt in der Verwaltung praktisch nicht vorhanden: es werden lieber keine Entscheidungen getroffen, als Entscheide bei Unsicherheit. Nun mussten plötzlich Entscheidungen mit wenig oder keinen Führungsinformationen gefällt werden: eine Situation, die für die meisten Mitarbeiter und Politiker fast untragbar wurde. Der Aufbau eines geeigneten Berichtswesens mit den relevanten Führungsinformationen wurde nun von den Chefbeamten verlangt. Damit kam die Initiative für das Einführen einer Betriebsrechnung auch von der 'Benutzerseite' und nicht nur von der Finanzverwaltung her.

Eines zeigte sich rasch: Noch so viele Zahlen und Daten nützen den Entscheidungsträgern nichts, wenn sie nicht bei der Entscheidungsfassung angewendet werden können. Vielleicht ist es in allen Unternehmungen mit mehr als 1500 Mitarbeitern und einem Jahresumsatz von über 600 Millionen Franken (wie die Stadt Luzern es ist) ebenso: die allerwenigsten Informationen gelangen an den Ort, wo sie für die Unternehmensleitung notwendig wären. Wenn sie es trotzdem tun, dann oft in einer unverarbeitbaren Form. Ein Beispiel aus der Schuldirektion soll dies aufzeigen. Der Aufwand der gesamten Schuldirektion wird in der Rechnung Jahr für Jahr ausgewiesen. Mit geringem Aufwand lässt sich zeigen, dass der Aufwand zwischen 1970 und 1991 von 11,4 Mio. Franken auf 36,2 Mio. Franken anstieg. Die Anzahl der Schüler wird jeweils alle zwei Jahre im Geschäftsbericht (der im Juni des dritten Jahres erscheint) ausgewiesen: sie hat von 7'714 (1970) auf 3'510 (1991) abgenommen. Erst als man in einem polemisch geführten Abstimmungskampf um die Schliessung einer Schulklasse auf die Idee kam, die Anzahl der Schüler (Leistung) den Kosten gegenüber zu stellen, wurde klar, dass sich der Aufwand pro Schüler in diesen zwanzig Jahren versiebenfacht hat. Die Frage ist erlaubt, ob sich eine solche Entwicklung bei einem aussagekräftigen Berichtswesen ebenfalls so ergeben hätte!

2.1. Kostenrechnung, Leistungsrechnung und Indikatorenrechnung

Das Fazit: Eine ergebnisorientierte Verwaltungsführung setzt voraus, dass die Entscheidungsträger über die entscheidungsrelevanten Informationen verfügen. Dabei genügt eine Kostenrechnung alleine nicht. Für die Tätigkeiten der Verwaltung müssen neben der Kostenrechnung auch eine Leistungsrechnung und eine Indikatorenrechnung aufgebaut werden.[2] Erst die Verknüpfung dieser Daten zu einem aussagekräftigen Berichtswesen wird es den Verantwortlichen überhaupt erlauben, ergebnisorientiert zu handeln. In Luzern wird das Berichtswesen deshalb neu gestaltet. Aber auch hier gilt: Kleine Schritte machen, dafür mit grosser Wirkung. Ein erster kleiner Schritt wurde beschrieben: die Zielsetzungen der Direktionen hat das Berichtswesen bereits verändert: im Bericht zum Budget 1995 wurde dem reinen Zahlenteil ein Berichtsteil mit der Darstellung der Ziele für das Budgetjahr vorangestellt. Im Berichtsteil zur Rechnung 1995 wird dann an dieser Stelle über die Ergebnisse der eingeleiteten Massnahmen und die Zielerreichung Rechenschaft gegeben.

Der nächste Schritt wird nun sein, die erbrachten Leistungen ebenfalls in der Rechnung selbst (und nicht zwei Jahre später im Geschäftsbericht) darzustellen. Als erster Versuch dazu wurden in der Rechnung 1994 die Leistungen des Strasseninspektorats dargestellt. Hier konnte auch bereits die Verknüpfung zur Kostenrechnung vorgenommen werden, weil im Regiebetrieb 'Strasseninspektorat' bereits seit 1991 eine Kostenrechnung erstellt wird. Was hier noch fehlt, ist die Indikatorenrechnung. Diese sollte zum Beispiel die Frage beantworten, ob die Luzerner mit der Qualität der Strassen oder der Strassenreinigung zufrieden sind oder nicht.

2.1.1. Auszug aus der Rechnung 1994

Beispiel 1: *Strassenunterhalt baulich / betrieblich*

Beschreibung des Leistungsspektrums:
Die Leistungen des Strasseninspektorats beinhalten den Strassendienst auf sämtlichen Kantons- und Gemeindestrassen auf dem Stadtgebiet (teilweise auch Privatstrassen), Fuss- und Wanderwegen, Treppen und Treppenwegen inkl. Geländer, Plätzen und Trottoirs. Darin eingeschlossen sind auch der Unterhalt der öffentlichen Brunnen (zirka 90 Stück) und Velounterstände, der Unterhalt und die periodische Entleerung

---
[2] vgl. Schmidberger, 1993

sämtlicher Abfallkörbe (zirka 1500 Stück) sowie die Instandstellung des öffentl. Grundes nach verschiedenen Grossanlässen und allfälligen Unwettern. Diese Arbeiten werden mit einem eigenen Personalbestand von durchschnittlich 80 Personen vorgenommen.

Tiefbauamt / Strasseninspektorat	Kosten	Leistung
Kosten Strassenreinigung	4'734'259.00	
Kosten Winterdienst	478'226.00	
Kosten baul. Reparaturen	3'729'360.00	
Total	**8'941'845.00** *	
Bearbeitete Fläche		1'556'400 m^2
Einwohnerzahl		62'801
Kennzahlen		
Kosten pro m^2	5.75	
Kosten pro Einwohner	142.40	

* *Diese Kosten setzen sich aus analogen Positionsgruppen der beiden Leistungsausweise Regiebetriebe zusammen.*

Kommentar:
Der bisher bekannte Mittelwert vergleichbarer Schweizer Städte liegt in diesem Bereich bei zirka Fr. 5.25 pro m^2.
Mit den ausgewiesenen Fr. 5.75 pro m^2 weist die Stadt Luzern einen leicht höheren Einheitswert aus, was auf durchschnittlich umfangreichere Reinigungskosten zurückzuführen ist (Touristenstadt!).
Der Kostenverlauf des baulichen und betrieblichen Strassenunterhaltes (ohne Investitionskosten) wird ab Rechnung 1995 und folgende im Mehrjahresvergleich dargestellt.

Beispiel 2: *Entsorgungskosten in der Stadt Luzern*

Abfallmengen / Kosten 1994

Gesamtabfallmenge (inkl. Gewerbe, Spitalanlagen und Hotels)	35'934 Tonnen
Anteil häuslicher Kehricht	24'480 Tonnen
Anteil Wertstoffe	11'454 Tonnen
Anteil Wertstoffe in %	31,87%
Anzahl Wohnbevölkerung	62'801
Anzahl Arbeitsplätze	41'140
Kehrichtmenge pro Einwohner	389 kg
Entsorgungskosten pro Einwohner	Fr. 126.98

Auf dem Weg zu einer ergebnisorientierten Verwaltungsführung

	1990	1991	1992	1993	1994
Hauskehricht	161.53/t	168.66/t	175.34/t	210.65/t	234.--/t
Kompost. Abfälle	220.--/t	274.--/t	245.73/t	287.38/t	293.--/t
Altmetall	113.50/t	142.70/t	152.11/t	211.70/t	200.--/t
Altglas	106.10/t	132.--/t	98.35/t	98.11/t	88.--/t
Weissblechbüchsen	1'323.20/t	610.--/t	1'066.33/t	874.53/t	720.--/t
Batterien	1'156.40/t	1'831.75/t	2'171.21/t	1'237.87/t	1'385.--/t
Kühlgeräte	33.60/St.	30.20/St.	36.12/St.	24.10/St.	17.54/St.
Altpapier	80.60/t	119.--/t	174.06/t	124.16/t	150.--/t
Karton	--------	--------	mit Altpapier	340.59/t	275.--/t
Leuchtstoffröhren	1.25/St.	1.27/St.	1.71/St.	1.33/St.	1.51/St.
Elektronikschrott	254.80/t	263.--/t	1'823.80/t	4'004.81/t	2471.--/t
Altöl	385.40/t	572.60/t	940.14/t	624.38/t	483.--/t
Textilien	--------	--------	--------	--------	--------

Preise in Fr. pro Einheit, Tonne/Stück

Kommentar:
Die Gesamtabfallmenge in der Stadt Luzern nahm 1994 im Vergleich zum Vorjahr um 1,7% auf 35'934 Tonnen zu. Bei dieser Gesamtmenge ist der Kehrichtanteil von Gewerbe, Spitalanlagen und Hotels enthalten.
Der Anteil an separat gesammelten Wertstoffen konnte auf 31,87% ausgebaut werden. Dies entspricht dem schweizerischen Durchschnitt.
Die Entsorgungskosten für Karton sind wegen noch nicht ausgeführten Ausgleichszahlungen an die Schulen und Jugendorganisationen zu tief.

Langfristig sollen in der Stadt Luzern für alle Tätigkeiten die drei Elemente einer Betriebsrechnung (Kosten-, Leistungs- und Indikatorenrechnung) erarbeitet werden. Nur eines der drei Elemente allein ist nicht sinnvoll. Auch hier wählen wir ein schrittweises Vorgehen: dabei ist wichtig, dass vor allem die ersten Schritte viel Erfolg und konkrete Auswirkungen haben. Im Jahr 1995 werden im wesentlichen die Schuldirektion und die Abteilungen mit Regiebetrieben behandelt.

2.2. *Grundsätze einer Kosten- und Leistungs- und Indikatorenrechnung*

Über Grundsätze beim Aufbau einer Kostenrechnung wurden schon Bücher geschrieben. Alle Grundsätze einer Kostenrechnung in einem privatwirtschaftlichen Betrieb gelten meines Erachtens erstens auch bei der öffentlichen Hand, und zweitens auch bei der Leistungs- und Indikatorenrechnung.

2.2.1. Der Kontenplan widerspiegelt die Organisationsstruktur

Der Kontenplan muss mit der Organisationsstruktur übereinstimmen. Dieser Grundsatz gilt schon beim Neuen Rechnungsmodell (NRM). In Luzern wurde er allerdings hin und wieder verletzt. So konnte es geschehen, dass bei Reorganisationen nur die Organisationsstruktur, nicht aber die Konti angepasst wurden. Wo dies geschah, muss der Kontenplan neu angepasst werden. Für die Zukunft lehrte uns diese Überprüfung von Konti- und Organisationsstruktur, dass der Kontenplan Chefsache ist: es müssen Wege gefunden werden, dass solche Fehler nicht mehr vorkommen.

2.2.2. Zurechenbare Einzelkosten direkt auf den Kostenträger buchen

Die Kosten sollen, soweit sie direkt zurechenbar sind, auf den Kostenträger verbucht werden. Damit können Umbuchungen und vor allem Umlagen vermieden werden. Das ist auch bei der öffentlichen Hand möglich, ja muss sogar Voraussetzung sein. Luzern hat sich dazu entschlossen, die Betriebsbuchhaltung nicht nur statistisch zu führen, das heisst, mit Daten aus der Finanzbuchhaltung heraus in einem anderen Programm zeitliche und aufwandmässige Abgrenzungen vorzunehmen, sondern die Belege direkt bis in die Betriebsbuchhaltung hinein zu erfassen und zu verbuchen. Dies bedeutet, dass die Anzahl der Konti grösser sein wird als heute. Es lohnt sich aber aus unserer Sicht, diesen Zusatzaufwand bei der Kontenpflege zu leisten. Gegenüber dem heutigen System des NRM müssen für die Schuldirektion z.B. rund 15 neue Konti eröffnet und gepflegt werden.

2.2.3. Übereinstimmung von Kostenstelle und Verantwortungsbereich

Aufgabe, Verantwortung und Kompetenz müssen in einer Hand sein, damit ein unternehmerisches Handeln überhaupt möglich ist. Für die Betriebsrechnung heisst dies, dass die Kosten und Leistungen, die dem Verantwortlichen belastet werden, von diesem auch beeinflusst werden können. Damit dieser Grundsatz in Luzern eingehalten werden kann, wird eine Art stufenweise Kostenrechnung aufgebaut. Jedem Verantwortlichen werden diejenigen Kosten belastet, die er verursacht hat. Am Beispiel der

Primarschulen wird weiter unten aufgezeigt, was damit konkret gemeint ist.

Die Übereinstimmung von Verantwortungsbereich und angelasteten Kosten ist ausschlaggebend für eine erfolgreiche Einführung der neuen Denkhaltung 'ergebnisorientiert'. Ein Beispiel dafür: nachdem der Schulplaner sich mit unseren Überlegungen vertraut gemacht hatte, sagte er zu mir: "Bei einem solchen Regime werden die Rektorate ihren Lehrern sagen, wieviele Stunden des Theaterpädagogen sie beziehen dürfen und wieviele Abklärungen durch den Schulpsychologischen Dienst im Durchschnitt notwendig sind. Heute ist niemand für den Umfang dieser Leistungen verantwortlich!" Anders formuliert: dass Leistungen auch Kosten verursachen, ist heute noch längst nicht allen Nachfragern dieser Leistungen bewusst!

2.2.4. Keine konsolidierten Daten verbuchen

Auch bei der öffentlichen Verwaltung muss jederzeit eine höchstmögliche Flexibilität der Betriebsrechnung gewährleistet sein. Dies ist nur möglich, wenn die Einzelbelege verbucht werden. Als Ergänzung zur Verbuchung von Einzeldaten ist hingegen eine flexible Konsolidierung der Daten nach verschiedenen Kriterien vorzusehen.

2.2.5. Soviel wie nötig - so wenig wie möglich

Ich erlaube mir, einen letzten Grundsatz selbst zu definieren: So wenig Betriebsrechnung wie möglich, aber soviel wie nötig einführen. Anders ausgedrückt: in Luzern möchten wir keine Kosten-, Leistungs- und Indikatorenrechnung um der -rechnung willen. Auch hier wollen wir schrittweise vorgehen: wir möchten nicht von Anfang an eine flächendeckende Betriebsrechnung einführen. Vor allem die Verbindung von Kosten- und Leistungsrechnung werden wir schrittweise angehen. Wieder halten wir uns dabei an die 80-20-Regel: mit 20 Prozent Aufwand möchten wir 80 Prozent des Ziels erreichen, mit kleinen Schritten Grosses bewirken. Deshalb haben wir wie erwähnt als Pilotprojekte einerseits diejenigen (Regie-)Betriebe gewählt, die bereits über ein betriebliches Rechnungswesen verfügen, und andererseits die Schuldirektion, die rund 30 Prozent des Nettoaufwands verursacht.

3. DIE BETRIEBSRECHNUNG DER STADT LUZERN AM BEISPIEL DER SCHULDIREKTION

3.1. Vorgehen beim Aufbau der Betriebsrechnung für die Schuldirektion

Unser höchster Grundsatz war: vom Bestehenden ausgehen, so wenig wie möglich ändern. Zudem konnte es in einem ersten Schritt nur darum gehen, die heutige Situation abzubilden. Es wurden bewusst keine organisatorischen Veränderungen mit der Einführung der Betriebsrechnung verbunden. Dies nicht zuletzt, damit das Vorhaben nicht durch zusätzliche Widerstände gefährdet wurde. Einzelne Skeptiker konnten zudem mit dem erwähnten Beispiel des Aufwands pro Schüler von der Notwendigkeit des Instruments der Betriebsrechnung überzeugt werden.

Die wesentlichsten Teilschritte bestehen darin, die Kostenträger (hergestellten Produkte) und die Kostenstellen zu definieren. Schliesslich müssen - wo Umlagen vorgenommen werden sollen - die am wenigsten ungerechten Umlageschlüssel bestimmt werden.

3.2. Kostenstelle oder Kostenträger?

Das Problem der Kostenartenrechnung wurde durch das NRM gelöst: neben den üblichen Kostenarten Personalaufwand, Sachaufwand, Abschreibungen und Kapitalaufwand einerseits und Einnahmen aller Art andererseits wurden für die öffentliche Hand weitere Kostenarten definiert: Beiträge von und an Bund, Kanton, Gemeinden, Einlagen in Spezialfinanzierungen usw. Nicht gelöst und damit das eigentliche pièce de résistance beim Aufbau einer Betriebsrechnung für die öffentliche Hand ist die Definition der Kostenträger oder anders gesagt der Produkte, die die Verwaltung herstellt.

Weil der Kontenplan der Stadt Luzern bereits sehr detailliert ist, konnten wir vom Bestehenden ausgehen. Allerdings entspricht im heutigen Kontenplan nicht jede Primärkostenstelle (als Primärkostenstelle wird diejenige Kostenstelle bezeichnet, die bereits heute besteht) einfach einer effektiven Kostenstelle: bereits heute sind für einzelne Aufgabenstellungen (Kostenträger) eigene Konti eröffnet und in einer Primärkostenstelle zusammengefasst worden. Deshalb entspricht im Kontenrahmen der Schuldirektion jede Primärkostenstelle entweder einer echten Kostenstelle oder aber einem Kostenträger. Zur Definition der Kostenträger wurde die Frage gestellt: ist dies ein Produkt oder der Ort, wo ein Produkt hergestellt wird?

Am besten lässt sich dies am Kontenplan des Amtes für Sport und Freizeit zeigen:

Primärkostenstelle des NRM	Art des Kontos
317 Amt für Sport und Freizeit	Zusammenzug
3171 Verwaltung Amt für Sport und Freizeit	Kostenstelle
3172 Betrieb Sportplätze	Kostenträger
3173 Vereinsbetrieb Turnhallen	Kostenträger
3174 Kreativ- und Freizeitkurse	Kostenträger
3175 Jugendsport	Kostenträger
3176 Ferienpass	Kostenträger
3178 Beauftragte für Kinder- und Jugendarbeit	Kostenstelle
3179 Musik- und Atelierzentrum Sedel	Kostenträger

Abb. 3: Kontenplan des Amtes für Sport und Freizeit

Nach der Definition der Art des Kontos lässt sich für den Teilbereich 'Amt für Sport und Freizeit' der Schuldirektion der Betriebsabrechnungsbogen wie folgt darstellen (die Zahlen stammen aus der Rechnung 1994; siehe Abb. 4).

Damit ist das Element der Kostenrechnung für das Amt für Sport und Freizeit abgedeckt. Gegenwärtig wird die Leistungsrechnung dazu erarbeitet. Eine Verknüpfung beider Rechnungen wird dann Aussagen über die Höhe der Kosten pro Kurs oder pro Teilnehmer usw. ermöglichen.

Esther Müller

Produktegruppe Sport und Freizeit

		Kostenträger						
		Betrieb Sportplätze	Vereinsbetrieb Turnhallen	Kreativ- und Freizeitkurse	Jugendsport	Ferienpass	Musik- und Atelierzentrum Sedel	Total Produktegruppe
Leistungseinheit 1		Anz. Sportplätze	Anz. Hallen	Anz. Kurse				
Leistungseinheit 2		Anz. benutzte Stunden	Anz. Trainingsstunden	Anz. Benutzer			Anz. Benutzer	
Einzelkosten	Kostenart						Anz. Benutzer	
Personalaufwand	0.30	378'039.75	614'644.50	72'700.00				
Sachaufwand	0.31	74'332.05		28'734.25	38'060.55	75'416.25		
Interne Verrechnungen	0.39	877'041.45	128'800.00		152'025.30	46'420.55		
Mietzinseinnahmen	0.42	(167'693.10)	(375'951.35)		10'000.00	33'000.00	42'128.35	
Rückerstattungen	0.43	(11'830.15)		(28'380.00)			95'176.70	
Beitr. anderer Gemeinden	0.45				(26'145.00)	(35'498.00)	(8'496.00)	
Beitr. Kanton	0.46					(90'881.00)	(6'000.00)	
Entnahme aus Fonds	0.48					(27'400.00)	(49'871.00)	
Interne Verrechnungen	0.49		(13'000.00)		(173'940.85)			
Total Einzelkosten		1'149'890.00	354'493.15	73'054.25				1'577'437.40
Pro Einheit				(0.00)	1'057.80		72'938.05	

Abb. 4: Produktegruppe Sport und Freizeit

3.3. Stufenweise Betriebsrechnung nach Verantwortungsbereich

Bei der Produktegruppe 'Sport und Freizeit' war die Definition der Kostenstellen und der Produkte relativ einfach. Mehr Diskussionen und Überlegungen brauchte es im Bereich der eigentlichen Schulen, um sich hier nur schon auf die 'Produkte' zu einigen. Für die Stadt Luzern wurden als Kostenträger der (Primar-)schulen einerseits die Schüler und andererseits die Lehrerlektionen gewählt.

Damit die Schüler überhaupt zur Schule gehen können, müssen Lehrer da sein, es braucht Lehrbücher, Hefte, Bleistifte, Schulhäuser, Turnhallen, ein Rektorat, den Schulpsychologischen Dienst, einen Theaterpädagogen, die Verwaltung der Schuldirektion, einen Schuldirektor, die Liste liesse sich noch verlängern. Damit jeder Kostenverantwortliche genau diejenigen Daten erhält, die er verantwortet, wollen wir eine stufengerechte Kostenrechnung aufbauen. Für die Mittelschule N. ergibt sich daraus folgende Kostenrechnung:

Diplommittelschule N.		
Anzahl Schüler	xxx	
Anzahl Wochenlektionen	213	
	Konto	Betrag (R94)
Einzelkosten	398	
Personalaufwand	398.30	1'542'749
Sachaufwand	398.31	41'702
Übrige Aufwendungen	398.39	645'000
Erträge Schulgelder Schüler	398.43	-24'241
Rückerstattungen	398.43	-6'900
Beiträge anderer Gemeinden	398.46	-220'830
Beiträge Kanton	398.46	-446128
Bundesbeitrag	398.46	-285'327
Beiträge anderer Kantone	398.46	-230'014
Total 1. Stufe: Rektorat		*1'016'011*
Raum-/Infrastrukturkosten	399.4633	
Abschreibungen		71'277
Total 2. Stufe: Schulplaner		*71'277*

Zentrale Verwaltungskosten	3112	
Direktionssekretariat Umlage		15'387
Total 3. Stufe: Direktion		15'387
Total Mittelschule N.		1'102'674

Abb. 5: *Kostenrechnung Mittelschule N.*

Die erste Stufe liegt im Verantwortungsbereich des Rektors: er bestimmt die Höhe des Personalaufwands für Lehrer und Rektorat, den Sachaufwand, den Umfang der beanspruchten Dienste (Schulpsychologe, Beauftragte usw.), die Anzahl der Schulräume u.a.m.

Die zweite Stufe wird vom Schulplaner verantwortet: er verantwortet als Stabsmitarbeiter die Kosten für den baulichen Unterhalt der Schulhäuser, für Renovationen oder Sanierungen von Turnhallen und für die Kapitalkosten der Investitionen in Schulbauten. Damit verantwortet er zwar nicht die Anzahl der benutzten Räume (die der Rektor bei ihm bestellt), aber die durchschnittlichen Kosten pro Schulraum.

Die dritte Stufe enthält die Kosten des sogenannten Overheads (Direktionssekretariat, Schulpflege, Direktionsvorsteher usw.). Diese Kosten werden in der Schuldirektion verursacht und müssen auch dort verantwortet werden.

Dank diesem stufenweisen System können wir darauf verzichten, alle Gemeinkosten auf die einzelnen Kostenträger umzulegen. So werden z.B. die Aufwände der Kostenstelle 'Direktionssekretariat Schuldirektion' nur auf Gruppen von Kostenträgern ('Volksschulen', 'übrige Schulen' und 'Sport und Freizeit') umgelegt, nicht aber auf die Lehrerlektion der Primarschule oder der Oberstufe. Dadurch sind Aussagen über Kosten pro Schüler stufenweise möglich: Kosten pro Schüler für den Schulbetrieb im Verantwortungsbereich des Rektorats als erste Stufe; zusätzliche Kosten pro Schüler für die Gebäude im Verantwortungsbereich des Schulplaners als zweite Stufe; zusätzlich Kosten des Overheads der Schuldirektion inkl. Behörden als dritte Stufe.

Zwei Schritte sind in nächster Zeit noch geplant: Ein erster im Bereich der Anzahl der benutzten Schulzimmer. Hier werden wir in Zukunft mit Normkosten rechnen. Dabei wird dem Rektorat pro beanspruchtem Schulraum eine 'Miete' verrechnet, wobei die Miete nach Art des Raums differiert: ein Informatikraum ist teurer als ein normales Schulzimmer. Es werden auch Lehrerzimmer und sonstige Zimmer berechnet. Mit diesem Instrument wird die Wahl der Anzahl Schulräume gesteuert. Die Normkosten entsprechen den Durchschnittskosten der Schulräume über die ganze Stadt hinweg. Damit wird eine Schule in einem neuen Schulhaus gegenüber einer Schule in einem alten Schulhaus nicht benachteiligt.

Ein zweiter Schritt wird den Detaillierungsgrad noch verfeinern: Für unsere Informationsbedürfnisse geht diese Stufenrechnung noch zuwenig weit. Der Rektor müsste zum Beispiel wissen, in welchem Schulhaus wieviele Kosten anfallen. Deshalb werden wir aus jedem Schulhaus eine Kostenstelle machen und die zurechenbaren Kosten direkt pro Schulhaus verbuchen.

3.4. *Leistungsrechnung der Mittelschule N.*

Für die Ermittlung der erbrachten Leistungen müssen wir bei den eigentlichen Schulen von den gleichen Kostenträgern wie bei der Kostenrechnung ausgehen: den Schülern einerseits und den Lehrerlektionen andererseits. Die Anzahl der Schüler ist rasch erarbeitet: hier muss ein Stichtag festgelegt werden, und anschliessend werden die Köpfe gezählt. Bei der Erarbeitung der Anzahl Lehrerlektionen wäre ein gleiches Vorgehen grundsätzlich möglich: in einer Stichwoche könnte die Anzahl der erbrachten Lektionen pro Lehrer ermittelt werden. Der Nachteil dieser Methode ist, dass die erbrachte Leistung auf diese Art erst ermittelt werden kann, wenn keine Steuerung mehr möglich ist. Deshalb wählten wir einen anderen Weg. Das nachfolgende Beispiel zeigt eine zweijährige Diplommittelschule der Stadt Luzern auf. Die Zahlen gelten für das Schuljahr 1995/1996.

Grundlage für die Erarbeitung der Anzahl Lehrerlektionen war die Wochenstundentafel (WOST). Diese wird vom Erziehungsdepartement (Kanton) vorgeschrieben. Die Anzahl der Wochenstunden wird unterteilt nach Pflicht-, Wahlpflicht- und Freifächern. Pro Schuljahr werden die Wochenstunden mit der Anzahl der effektiven Abteilungen (Schulklassen) multipliziert. Dabei entspricht die Anzahl der effektiven Abteilungen nicht unbedingt der Anzahl der regulären Abteilungen: beim Turnunterricht zum Beispiel können aus zwei regulären Abteilungen durchaus drei effektive Abteilungen werden. Wenn bei Sprachen in Halbklassen unterrichtet wird, können zwei reguläre Abteilungen bis zu vier effektiven Abteilungen entsprechen. Die Addition dieser Lektionen ergibt schliesslich die Anzahl der Wochenlektionen aller Lehrer.

Diplommittelschule N.

	Sch.-J 1.	Abt. regulär 2		Sch.-J 2.	Abt. regulär 3		Sch.-J alle			Total Lektionen
	WOST Lekt.	Abt.effektiv	Zw.-Tot	WOST Lekt.	Abt.eff.	Zw.-Tot	WOST Lekt.	Abt.eff.	Zw.-Tot	
Pflichtfächer										
Deutsch	4	2	8	4	3	12			0	20
Französisch (2.Sj. 1 Lekt. in Halbkl.)	4	2	8	5	3.6	18			0	26
Englisch (2.Sj 1 Lekt. in Halbkl.)	4	2	8	4	3.75	15			0	23
Betr. Rechnungswesen	4	2	8	2	3	6			0	14
Rechts- Betr.-W- Lehre	2.5	2	5	2	3	6			0	11
Volkswirtschaft	0	2	0	3	3	9			0	9
Schreibtechn./Text-verarb.elementar	2	2	4	0	3	0			0	4
Textverarb./Korr./Bürotechnik	0	2	0	2	3	6			0	6
Informatik	2	2	4	2	3	6			0	10
Geschichte / Staatskunde	2	2	4	4	3	12			0	16
Mathematik	2	2	4	0	3	0			0	4
Geographie	2	2	4	4	3	12			0	16
Sport (1.Sj je 1 Abt.w,m; 2. SJ je 2 Abt.w,m mit Randst. offen f. alle)	3	2	6	3	4	12			0	18
										177

Auf dem Weg zu einer ergebnisorientierten Verwaltungsführung

	Lekt.	Abt.effektiv	Zw.-Tot	Lekt.	Abt.eff.	Zw.-Tot	Lekt.	Abt.eff.	Zw.-Tot
Wahlpflichtfächer									
Kunstbetrachtung oder (1. und 2. SJ total 2 Lekt. f.alle Kl.)	1		0			0	2	1	2
- Musik / Singen (1. und 2. SJ total 2 Lekt. f. alle Kl.)	1		0			0	2	1	2
Naturwissenschaften	2	2	4	0	0	0			4
									8
Freifächer									
Italienisch (oblig) (2. Sj; 1 Lekt. in Halbkl.)	3	2	6	4	3.75	15		0	21
Arbeitstechnik (oblog.) (jedes Sj1Lekt. alle 2 W.)	1	1	1	0		0		0	1
Franz. Korrespondenz (1.Sj 1 Kurs für beide 1. Klassen)	1	1	1	0		0		0	1
Spanisch (1 Kurs f. das 1. Sj; 2 Kurse f. das 2. Sj)	1	1	1	1	2	2	1		3
Fremdsprachen Förderkurs (1 Kurs f. alle Sj)	1		0	1		0	1	1	1
Fremdsprachen Stützkurs (1 Kurs f. das 1. Sj)	1	1	1	0		0		0	1
Total Lektionen Lehrerschaft								28	213

Abb. 6: *Leistungsrechnung Diplommittelschule N.*

Diese Leistungsrechnung wurde im Frühjahr 1995 für das Schuljahr 1995/96 bei allen Mittelschulen der Stadt errechnet. Dabei zeigte sich beim direkten Vergleich, dass vor allem beim Sprachunterricht in einer Schule bedeutend mehr effektive Lektionen geplant waren als bei allen anderen. Die Schuldirektion hat nun ganz im Sinne einer Globalsteuerung gehandelt, indem sie dem Rektor zwar nicht das Führen von Halbklassen beim Sprachunterricht verboten hat, hingegen aber die Anzahl der effektiven Lektionen der Lehrerschaft pro Woche limitierte. Der Rektor muss nun selbst entscheiden, wo er die überzähligen Lektionen einsparen will.

Die Verbindung der Kosten- und Leistungsrechnung ergibt sich schliesslich durch eine einfache Division der Kosten durch entweder die Anzahl der Schüler oder die Anzahl der Wochenlektionen der Lehrerschaft. Der Aufbau einer Indikatorenrechnung in der Schuldirektion wurde bisher noch nicht in Angriff genommen. Vor allem über die Art der Qualitätsmessung konnten wir uns bisher noch nicht auf einen gemeinsamen Nenner einigen. Eine gangbare Lösung aus unserer Sicht wurde von Stäger[3] aufgezeigt.

4. DAS ZIEL: ERGEBNISORIENTIERTE VERWALTUNGSFÜHRUNG

Kosten-, Leistungs- und Indikatorenrechnung können nur Instrument zur Erreichung eines höheren Ziels, nicht das Ziel selbst sein. Das eigentliche Ziel ist eine ergebnisorientierte (oder wirkungsorientierte) Verwaltungsführung. Welches sind die nächsten Schritte auf dem Weg der Stadt Luzern?

4.1. Globalbudgetierung

Die Budgetierung wird sich ändern: Anstelle der heutigen Budgetierung der Mittel aufgrund von Erfahrungszahlen werden die Mittel (Personal, Sachaufwand, Räumlichkeiten, Einnahmen usw.) anhand von Vorkalkulationen und damit von Plankosten pro Leistungseinheit und Planmenge budgetiert. Für den Bereich Schule werden also die Mittel pro Schüler oder pro Wochenlektion geplant und gesprochen. Für diese Art der Budgetierung wird das Instrument des Leistungsauftrags angewendet: In

---

[3] Stäger, 1994

einer Vereinbarung zwischen der Schuldirektion und der Schulverwaltung werden die zu erbringenden Leistungen und die dafür zur Verfügung stehenden Mittel definiert. Diese Vereinbarung wird vom Stadtrat und vom Parlament genehmigt werden müssen. Das Parlament wird dann (wie es dies ein erstes Mal bei den Zielen für 1995 getan hat) über die Leistungen diskutieren, nicht über die einzelnen Budgetpositionen.

4.2. Anreize für die Mitarbeiter

In Luzern stehen die monetären Anreize für die Mitarbeiter zu einer ergebnisorientierten Verwaltungsführung nicht im Vordergrund. Mittelfristig wird hier ein Ansatzpunkt sein: die automatischen Stufenanstiege beispielsweise oder der Beamtenstatus können nicht mehr sehr lange tabuisiert werden. Vorläufig sind die Anreize für die Mitarbeiter hingegen noch nicht-monetärer Art: mehr Handlungsspielraum, mehr Anerkennung, das Interesse von Parlament und Öffentlichkeit an ihrer neuen Art des Arbeitens, an ihrer neuen Denkhaltung.

5. MUT ZUM FORT-SCHRITT!

Anstelle eines Schlusswortes möchte ich in wenigen Sätzen anfügen, wo die neue Denkhaltung meines Erachtens am meisten einsetzen muss: beim Mut zum Fort-Schritt!

Die Aufgabenstellung der öffentlichen Verwaltung ändert sich genauso wie sich die Zeiten ändern. Bisher konnte die öffentliche Verwaltung diese Veränderungen durch eine Ausweitung ihrer Mittel auffangen. Das ist heute nicht mehr so. Für mich heisst das: gerade die öffentliche Hand muss sich laufend verändern, und dies nicht nur beim Rechnungs- und Berichtswesen. Der Umgang mit Veränderungen, der Mut zu Neuem war bisher ein Stiefkind, er muss zum Lieblingskind werden. Wie die Umgebung muss auch die Verwaltung leben und sich ändern, muss vom Gewohnten und Vertrauten fort-schreiten. Wer stehen bleibt, fällt zurück. Wenn alle Versuche zum Einführen einer ergebnisorientierten Verwaltungsführung diesen Mut der Mitarbeiter nicht wecken und unterstützen können, sind sie vergebliche Liebesmühe. Ergebnisorientierte Verwaltungsführung ist eine Denkhaltung und eine Handlungsweise!

Literaturverzeichnis

Schmidberger Jürgen, Controlling für öffentliche Verwaltungen. Funktionen - Aufgabenfelder - Instrumente Wiesbaden: Gabler 1993

Stäger Luca, La riforma dell'organizzazione scolastica della scuola media nel Canton Ticino, Diss. St. Gallen, 1994

Ulrich Hans/Krieg Walter, St. Galler Management-Modell, Bern, 1974

Probleme und Chancen des New Public Management (NPM) in kleineren und mittleren Gemeinden des Kantons Bern

Ulrich Seewer

1. New Public Management nur für grosse öffentliche Körperschaften?

Publikationen zum New Public Management (NPM) befassen sich hauptsächlich mit grossen öffentlich-rechtlichen Körperschaften. Dasselbe gilt für Erfahrungsberichte. Grosse Körperschaften verfügen über ausgebaute Verwaltungen. Fachliche und personelle Kapazitäten, die sich mit neuen Managementmodellen auseinandersetzen, sind vorhanden. Es ist wirtschaftlich interessant, diese Kapazitäten zur Verbesserung der Verwaltungstätigkeit einzusetzen, da sich Erfolge direkt mit namhaften Beträgen im Finanzhaushalt niederschlagen.

Wie steht's aber mit den kleineren und mittleren Gemeinden? Lohnt es sich nicht, neue Managementmodelle bei diesen Körperschaften einzuführen, weil der Nutzen zu gering ist? Sind kleinere und mittlere Gemeinden, die vorwiegend nebenamtlich geführt werden, überhaupt in der Lage, neue Führungsmodelle einzuführen und anzuwenden?

- Wie alle öffentlich-rechtlichen Körperschaften stehen die Gemeinden unter dem wirtschaftlichen Druck, gute Leistungen zu immer günstigeren Bedingungen anbieten zu können. Erhöhungen der Abgaben - Steuern, Gebühren und Beiträge - lassen sich nur noch durchsetzen, wenn die Bürger von der wirtschaftlichen Notwendigkeit überzeugt werden können.

- Ein wesentlicher Teil der öffentlichen Aufgaben wird durch die Gemeinden erfüllt. Beinahe ein Drittel aller Ausgaben der öffentlichen Haushalte der Schweiz tätigen die Gemeinden. Das Sparpotential einer einzelnen kleineren oder mittleren Gemeinde ist wohl gering, werden die absoluten Zahlen mit denjenigen der grossen Gemeinden verglichen. Bezogen auf die Haushaltsgrösse ist jedoch auch bei kleineren und mittleren Gemeinden ein Sparpotential vorhanden, das auszunützen sich lohnt.

Zum Beispiel der Kanton Bern: Er umfasst 401 politische Gemeinden. Darunter sind 13 Gemeinden mit weniger als 100 Einwohnerinnen und Einwohnern und 13 Gemeinden mit mehr als 10'000 Einwohnerinnen und Einwohnern. Die folgende Grafik zeigt das Verhältnis zwischen grösseren (mehr als 5'000 Einwohner) sowie kleineren und mittleren (weniger als 5'000 Einwohner) Gemeinden im Kanton Bern.

Gemeinden		*Einwohner*
■	Gemeinden mit weniger als 5'000 Einwohnern 370 Gemeinden mit 440'709 Einwohnern	□
□	Gemeinden mit mehr als 5'000 Einwohnern 31 Gemeinden mit 507'150 Einwohnern	□

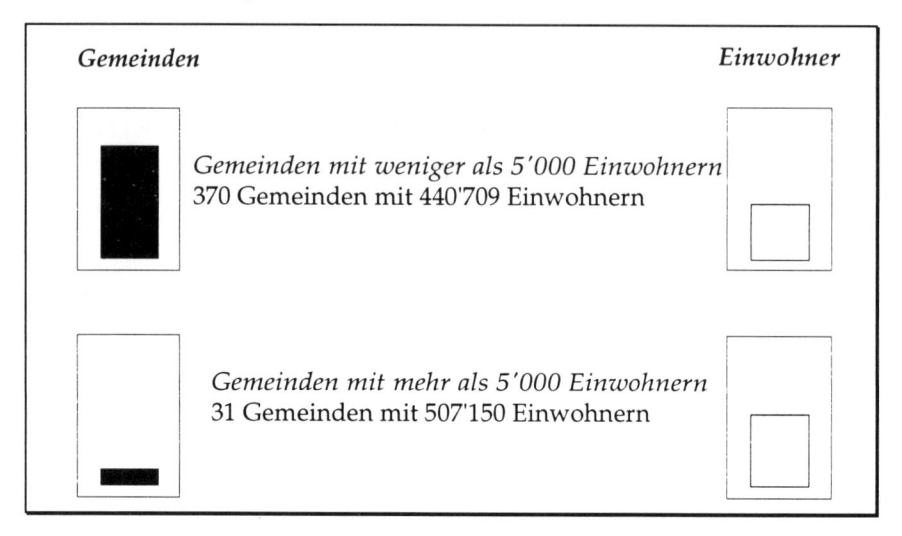

Abb. 1: Gemeindestrukturen im Kanton Bern

Rund die Hälfte aller Bewohnerinnen und Bewohner des Kantons Bern wohnt in einer Gemeinde, die mehr als 5'000 Einwohner umfasst. Die andere Hälfte wohnt in einer von 370 kleineren oder mittleren Gemeinden. Es ist wichtig, dass auch diese Hälfte vom Nutzen neuer Führungsmodelle profitieren kann.

- Bernische Gemeinden werden - wie alle öffentlich-rechtlichen Körperschaften - über den Einsatz von Ressourcen geführt, das heisst, der Input wird gesteuert. Welche Gemeindeaufgaben wie erfüllt werden sollen, wird über den personellen und finanziellen Mitteleinsatz bestimmt. Dadurch werden auch die finanziellen Folgen - Bestellung von Leistungen ⇔ Bezahlung durch Abgaben - nicht offen auf den Tisch gelegt. So entstehen Situationen, dass die Stimmberechtigten bestellen, aber lieber Aufwandüberschüsse der Laufenden Rechnung in Kauf nehmen, als die Steuern zu erhöhen. Wohl sind bei kleineren und mittleren Gemeinden die Bürgerinnen und Bürger näher am Geschehen und können in Einzelfällen direkt selbst beurteilen, wie die Gemeinde ihre Aufgaben erfüllt. Konkret messbare Daten, welche die Quantität und Qualität der Aufgabenerfüllung belegen und mit denen eine

Korrektur herbeigeführt werden könnte, fehlen weitgehend. Änderungen im Leistungsangebot werden somit meistens nur aus direkter Betroffenheit und ohne Kenntnis der Zusammenhänge punktuell verlangt, indem bei Gemeindeversammlungen Mängel vorgebracht werden, beziehungsweise Betroffene direkt bei den Behörden oder dem Personal Vorschläge unterbreiten.

Dass fachliche und insbesondere personelle Kapazitäten in kleineren und mittleren Gemeinden fehlen, im Alleingang neue Modelle anzuwenden, darf kein Grund zur Resignation sein. Schliessen sich einige Gemeinden zusammen, werden sie in der Lage sein, diese Aufgabe anzugehen.

Das Potential für neue Verwaltungsformen bei kleineren und mittleren Gemeinden ist vorhanden.

Es ist wichtig, dass auch kleinere und mittlere Gemeinden wirkungsorientiert geführt werden. Die kleineren und mittleren Gemeinden umfassen einen grossen Teil der Bevölkerung und prägen das Erscheinungsbild der öffentlichen Verwaltungen entscheidend.

2. DAS BERNER PILOTPROJEKT

Auf Initiative des Verbandes Bernischer Gemeinden und einzelner Gemeinden wurde 1994 ein Projekt gestartet, das neue Modelle der wirkungsorientierten Verwaltungsführung austesten soll. Am Pilotprojekt beteiligen sich sieben bernische Gemeinden aus verschiedenen Regionen, mit unterschiedlicher Struktur, Finanzkraft und Grösse. Die Gemeinde Worb verfügt über ein Gemeindeparlament, die anderen sechs Gemeinden sind zweistufig organisiert.

Am Projekt sind auch der Verband Bernischer Gemeinden und das kantonale Amt für Gemeinden und Raumordnung beteiligt. Die Leitung des Projekts wurde einem aussenstehenden Berater übertragen.

Mit dem Projekt sollen die folgenden Ziele erreicht werden:

- Gemeinsam werden Modelle, die eine wirkungsorientierte Verwaltungsführung fördern, praktisch erarbeitet und umgesetzt.
- Die Erfahrungen mit solchen Modellen sollen gesammelt und ausgewertet werden.

- Alle Gemeinden sollen mittelfristig von den Ergebnissen des Pilotprojektes Nutzen ziehen können.
- Es sind Grundlagen zu schaffen, die es ermöglichen, kantonale Erlasse auf deren Verträglichkeit mit wirkungsorientierter Verwaltungstätigkeit zu prüfen.

Gemeinde Region	Einwohnerzahl 1993	Steuerkraftindex 1993 100 = kant. Mittel	Gemeindetyp
	(Finanzverwaltung des Kantons Bern, 1995)		(Raumgliederung der Schweiz, Bundesamt für Statistik, 1994)
Aarberg Seeland	3'397	110.48	industriell-tertiäre Erwerbsbevölkerung
Dürrenroth Emmental	1'029	63.81	agrarische Erwerbsbevölkerung
Lengnau (BE) Seeland	4'615	103.71	periurbane Gemeinde nicht grosszentraler Region
Saanen Oberland	6'988	116.13	touristische Gemeinde
Sigriswil Oberland	4'327	90.41	agrar-tertiäre Erwerbsbevölkerung
Wohlen bei Bern Mittelland	9'002	116.91	periurbane Gemeinde grosszentraler Region
Worb Mittelland	11'298	89.62	suburbane Wohngemeinde grosszentraler Region

Abb. 2:   Sieben Berner Gemeinden sind am Pilotprojekt beteiligt

Koordiniert werden die Arbeiten der einzelnen Pilotgemeinden an jährlich zwei bis drei Workshops, an denen alle projektbeteiligten Gemeinden, der Verband Bernischer Gemeinden und das Amt für Gemeinden und Raumordnung unter der Leitung des Projektteams teilnehmen. An diesen Workshops werden die Erfahrungen ausgetauscht, Modelle entwickelt und das weitere Vorgehen festgelegt. In einer ersten Phase legten die Pilotgemeinden ihr "Managementmodell" fest, das heisst, die Organisation und die Zuständigkeiten wurden bezüglich einer wirkungsorientierten Verwaltung überprüft und neu strukturiert. Die Gemeinden bestimmen selber, welche Abteilungen in den Versuch einzubeziehen sind. Die Umstellung der gesamten Verwaltung bereits in der Projektphase erscheint nicht sinnvoll. Der Aufgabenbereich "Gemeindestrassen" wird von allen Pilotgemeinden in den Versuch aufgenommen. Anhand dieser Aufgabe soll die Vergleichbarkeit der Ergebnisse getestet werden. Für diesen Bereich werden einheitliche Produkte festgelegt und ein einheitliches Kostenrechnungsmodell ausgearbeitet. Produkte und Kosten sollen Vergleiche ermöglichen, die realistische Schlüsse bezüglich der wirtschaftlichen Aufgabenerfüllung zulassen (Benchmarking).

Damit auch die rechtlichen Voraussetzungen für diesen Versuch gegeben sind, hat der Regierungsrat des Kantons Bern seine Verordnung über den Finanzhaushalt der Gemeinden vom 3. Juli 1991 (VFHG, BSG 170.511.11) mit einem "Experimentierartikel" ergänzt. Mit Bewilligung der Justiz-, Gemeinde- und Kirchendirektion des Kantons Bern können Gemeinden von speziellen Vorschriften der VFHG abweichen. In erster Linie werden Abweichungen von den Voranschlagsprinzipien nötig werden, damit Produktebudgets beschlossen oder Kredite von einem Jahr aufs nächste übertragen werden können. Mit dieser Versuchsanordnung soll sichergestellt werden, dass einerseits die heute notwendigen Input-Steuerungsinstrumente nicht fallengelassen werden, ohne neue Output-Steuerungsinstrumente einzuführen. Andererseits muss gewährleistet werden, dass das Projekt rechtlich abgesichert ist und nicht bereits aufgrund formeller rechtlicher Mängel scheitert.

1996 beginnt der Versuchsbetrieb formell.

Mit dem Berner Projekt soll ausgetestet werden, wie Modelle zur wirkungsorientierten Verwaltungsführung in mittleren und kleineren Gemeinden eingesetzt werden können. Das Ergebnis sollen alle Gemeinden anwenden können. Die kantonalen Erlasse, welche die Gemeinden betreffen, sollen modellverträglich sein.

3. WIRKUNGSORIENTIERTE VERWALTUNGSFÜHRUNG IN KLEINEREN UND MITTLEREN GEMEINDEN[1]

3.1. *Wirkungsorientierte Verwaltungsführung als Modell*

Die Verwaltungen dürfen nicht mehr über die zur Verfügung stehenden Mittel gesteuert werden, sondern die Nachfrage nach Produkten und Leistungen sollen den Massstab für die Tätigkeiten der Verwaltung bilden. Die Bedürfnisse der Bürgerinnen und Bürger als Kundinnen und Kunden müssen im Vordergrund stehen. Diese grundsätzliche Umkehr in der Verwaltungsführung bedarf mehr als nur Gesetzesänderungen und die Einführung neuer Führungsinstrumente. Alle Personen, die sich für eine

---

[1] vgl. auch Arn et al., 1995

wirkungsorientierte Führung der Gemeinde einsetzen, also von den Stimmberechtigten an der Gemeindeversammlung bis zum Angestellten auf der Gemeindeverwaltung müssen sich mit dieser neuen Denkweise auseinandersetzen. Werden die Zuständigkeiten neu festgelegt, müssen sich die einzelnen Gemeindeorgane auch dann an die Zuständigkeitsordnung halten, wenn sie aus Betroffenheit gerne Details regeln möchten, für die untergeordnete Organe zuständig sind. Diese Anpassung der politischen Kultur dürfte vermutlich länger dauern als die Einführung neuer Instrumente. Deshalb muss so schnell als möglich damit begonnen werden, neue Modelle einzusetzen. Über Teilergebnisse ist die Öffentlichkeit laufend zu informieren. Positive Ergebnisse werden die eigenen Organe motivieren, weiterzufahren und die Verantwortlichen anderer Gemeinden überzeugen, gleichzuziehen.

Neue Instrumente müssen auf die Bedürfnisse kleinerer und mittlerer Gemeinden zugeschnitten sein. Nur wenn die Instrumente "miliztauglich" sind, werden sie auch angewendet. Die Instrumente müssen so eingesetzt werden, dass die Verantwortlichen aufgrund der Ergebnisse Führungsentscheide treffen können. Der Gefahr, dass der ganze Versuch in einem Papierkrieg untergeht, muss von Anfang an begegnet werden.

Aufgrund der ersten Erfahrungen mit dem bernischen Pilotprojekt sind nachstehend einige Gedanken zum neuen Modell für kleinere und mittlere Gemeinden dargestellt. Der Versuch soll zeigen, welche Instrumente angepasst werden müssen, welche Arbeitsabläufe und welche Zuständigkeiten zum richtigen Ziel führen.

> *Neue Führungsmodelle müssen von allen Beteiligten getragen werden. Für kleinere und mittlere Gemeinden sind konkrete Modelle und Instrumente zur Verfügung zu stellen, die auf deren Bedürfnisse zugeschnitten sind.*

3.2. *Neue Instrumente, unter besonderer Berücksichtigung kleinerer und mittlerer Gemeinden*

3.2.1. Die Organisationsstruktur

Aus naheliegenden Gründen verfügen kleinere und mittlere Gemeinden über weniger Hierarchiestufen als grosse Körperschaften. Die Aufgaben der einzelnen Organisationseinheiten sind aber auch bei kleineren und mittleren Gemeinden einer der drei folgenden Führungsebenen zuzuteilen:

Die normative Ebene	• bestimmt die grundsätzlichen politischen Ziele und
	• das Leistungsangebot.
Die strategische Ebene	• unterstützt die politischen Organe,
	• präzisiert das Leistungsangebot und
	• koordiniert und überwacht die Tätigkeiten der Verwaltung.
Die operative Ebene	• erbringt die bestellten Leistungen.

Abb. 3: Trennung in drei Ebenen

Das Organigramm einer kleineren oder mittleren Gemeinde könnte wie folgt aussehen:

```
                    Gemeindeversammlung
   normative                        ┌─────────────────┐
   Ebene                            │ Resultatprüfungs-│
                                    │ kommission      │
                                    └─────────────────┘
   strategische    Gemeinderat
   Ebene           Kollegialbehörde
                   jedes Mitglied steht einem Ressort vor
                                         ┌──────────────┐
                                         │ Zentraler    │
                                         │ Steuerungsdienst│
                                         └──────────────┘
                   Baukommission    Finanzkommission
                   Ressortvorsteher Ressortvorsteherin
                   Bau- und Planung Finanzen
                                                      ......usw.

   operative       Kaderstelle A    Kaderstelle B
   Ebene           (z.B. Bauver-    (z.B. Finanz-
                   walterin)        verwalter)
                                                      ......usw.

   Agenturen       Verwaltungs-     Andere
                   abteilung        Gemeinde
                   Gemeinde-        Private
                   verband
```

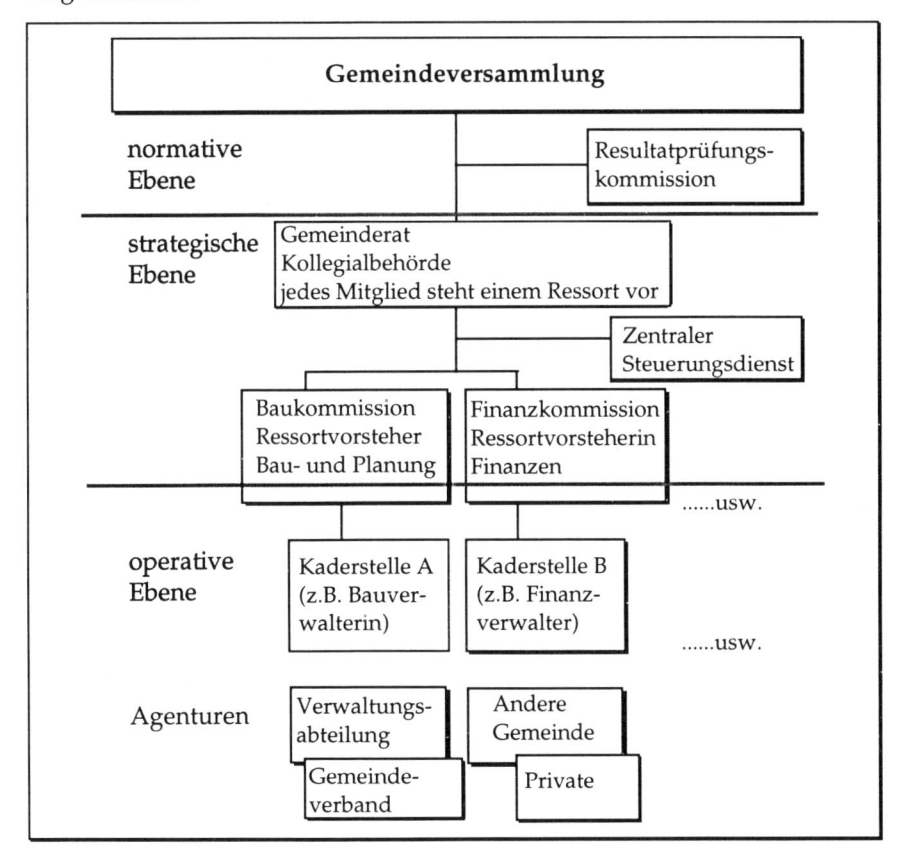

Abb. 4: Mögliches Organigramm einer kleineren oder mittleren Gemeinde

Die normative Ebene lässt sich auch bei kleineren und mittleren Gemeinden mit der Gemeindeversammlung klar abgrenzen.

Zur strategischen Ebene zählt der Gemeinderat als Kollegialbehörde. Jedes Gemeinderatsmitglied steht einem Ressort vor und präsidiert als Ressortvorsteherin oder als Ressortvorsteher eine oder mehrere Fachkommissionen. Die Tätigkeiten dieser Fachkommissionen dürften in der Praxis auf der Grenze zwischen der strategischen und der operativen Ebene liegen. Diese Fachkommissionen werden in kleineren und mittleren Gemeinden in den meisten Fällen strategische und operative Aufgaben erfüllen. Eine exakte Teilung in zwei Gremien dürfte sich in diesen Fällen mangels Aufträgen nicht lohnen. Je kleiner eine Gemeinde ist, desto offensichtlicher wird dieses Problem. Der zentrale Steuerungsdienst - der je nach Grösse der Gemeinde auch nebenamtlich geführt werden kann - stellt sicher, dass die Linienstellen die Controllingdaten systematisch und periodengerecht aufarbeiten. Der zentrale Steuerungsdienst trägt die Führungsinformationen aller Stellen zusammen und kommentiert diese zu Handen des Gemeinderates.

Die Verwaltungsstellen und die Agenturen erstellen die Produkte und erbringen Dienstleistungen.

3.2.2. Produktedefinition

Die Stimmberechtigten sollen die Produkte und Dienstleistungen, die sie beanspruchen wollen, bestellen. Wer bestellt, muss wissen, zu welchen Bedingungen welche Leistungen erbracht werden können. Die Bedingungen müssen in einer "Produktedefinition" umschrieben werden. Den Stimmberechtigten muss für jedes Produkt und jede Dienstleistung eine Produktedefinition unterbreitet werden. Dabei spielt der Detaillierungsgrad der Produkte und die Regelungsdichte innerhalb der Produktedefinition eine wichtige Rolle. In wieviele Produkte und Produktegruppen die Leistungen aufgeteilt werden, bestimmt jede Gemeinde selber. Dabei ist zu berücksichtigen, dass bei nur wenigen grossen Produktegruppen die Stimmberechtigten in Fragen der Quantität und Qualität der Leistungen nicht genügend differenzieren können. Werden zu viele kleine Produkte definiert, verlieren sich die Stimmberechtigten in Detailfragen.

Die Produktedefinition beinhaltet die folgenden Punkte:

- Verantwortliche Behörden und Stellen
  wer ist verantwortlich?
- Produkt und Produktegruppe sowie das Produktziel
  was wird produziert?
- Qualität und Quantität als Leistungsindikatoren
  welchen Anforderungen muss das Produkt gerecht werden?
- Produktepreis und Kostendeckung
  was kostet das Produkt?
- Leistungsempfänger
  wer nutzt das Produkt?

Bei kleineren und mittleren Gemeinden ist zu beachten, dass die Leistungsindikatoren nicht zu detailliert festgelegt werden und damit den operativen Stellen wiederum jeglicher Handlungsspielraum genommen wird. Gerade hier wird es sich zeigen, ob die Bereitschaft der politischen Organe vorhanden ist, operative Zuständigkeiten zu delegieren und die Entscheidungen dann auch zu akzeptieren.

Wichtig ist beim Beschluss über die Produktedefinition, dass die Stimmberechtigten objektiv über die wirtschaftlichen Folgen informiert werden. Ein mittelfristiger Finanzplan ist deshalb nach wie vor unabdingbar. Nur wenn die Bestellung von Leistungen in den Zusammenhang des gesamten Finanzhaushaltes gestellt wird, können die finanziellen Konsequenzen erfasst werden.

Mit der Produktedefinition bestimmen die Stimmberechtigten für jedes Produkt, welche Leistungen in welcher Qualität und Quantität zu welchen Bedingungen erbracht werden sollen.

3.2.3. Produktebudget

Die jährlichen finanziellen Folgen aller Produktedefinitionen werden im Produktebudget zusammengefasst und den Stimmberechtigten zum Beschluss unterbreitet. Das Produktebudget enthält nur noch die Nettoaufwendungen oder -erträge der einzelnen Produkte. Das Produktebudget gibt die Übersicht über die finanziellen Folgen aller Produktedefinitionen. Es zeigt auf, welche Einnahmen nötig sind, um die Ausgaben zu decken. Die Stimmberechtigten beschliessen deshalb mit dem Produktebudget die Höhe der Steueranlage. Dabei muss sichergestellt sein, das der Finanzhaushalt im Gleichgewicht ist.

Mit dem Beschluss über das Produktebudget können jedoch beschlossene Produktedefinitionen nicht abgeändert werden, das heisst, dass anlässlich der Budgetdiskussion Bestellungen nicht einfach rückgängig gemacht werden können. Kommen die Stimmberechtigten aufgrund dieser Übersicht zur Ansicht, dass zukünftig die Prioritäten anders zu setzen sind, können sie einzelne Produktedefinitionen wiedererwägen, die entsprechenden Leistungsindikatoren auf den nächstmöglichen Termin abändern oder möglicherweise gänzlich auf die Leistungen verzichten.

Im Produktebudget werden die Nettoaufwendungen und -erträge für alle Produkte dargestellt und bestimmt, wie diese Aufwendungen finanziert werden. Das Produktebudget stellt die finanziellen Folgen aller Produktedefinitionen dar und ist Grundlage für den Beschluss über die Anlage der Gemeindesteuern.

3.2.4. Leistungsauftrag, Leistungsvereinbarung und Kontrakt

Die durch die Stimmberechtigten beschlossenen Produktedefinitionen dienen dem Gemeinderat als Grundlage, die Leistungsaufträge auszuarbeiten. Mit diesen wird das dem Gemeinderat untergeordnete Organ (z.B. eine Kommission) angewiesen, entsprechend zu handeln. Dieses Organ schliesst mit der Verwaltung Leistungsvereinbarungen ab, welche wiederum den Leistungsauftrag genauer bestimmen. Die Verwaltung schliesslich vereinbart die Kontrakte mit den Agenturen. Der Versuch wird zeigen, in welchen Fällen dieses Verfahren vereinfacht werden kann.

Der Gemeinderat erläutert jede Produktedefinition in einem Leistungsauftrag an die ihm untergeordnete Stelle. Diese weisen die Verwaltungsstellen mittels Leistungsvereinbarung an, die entsprechenden Kontrakte mit den Leistungserbringern abzuschliessen.

3.2.5. Finanzbuchhaltung und Kostenrechnung

Die Finanzbuchhaltung wird nach dem Neuen Rechnungsmodell geführt. Für die Rechnungsführung gilt das Detailprinzip, also die Darstellung der Aufwendungen und Erträge gegliedert nach Funktionen und Arten. Nur der Voranschlag wird als Produktebudget, also netto, dargestellt. In der Finanzbuchhaltung werden alle Transaktionen vollständig in der Laufenden Rechnung, der Investitionsrechnung und der Bestandesrechnung erfasst. Die Finanzbuchhaltung gibt Auskunft über die Finanzlage der Gemeinde.

Zusätzlich wird neu auch bei kleineren und mittleren Gemeinden eine Kostenrechnung geführt, wenn die Produkte durch eigene Verwaltungseinheiten erstellt werden. Die Kostenrechnung weist die wahren Kosten der einzelnen Produkte auf. Nur wenn die genauen Kosten der einzelnen Produkte ermittelt werden, sind diese mit denjenigen anderer Agenturen vergleichbar. In der Anfangsphase des Projektes dürfte es genügen, eine gewöhnliche Betriebskostenrechnung mit Vorkosten- und Kostenstellen sowie Kostenträgern zu führen. Dabei sind Kostenträger und Produkte identisch. Die Ergebnisse der Kostenträger müssen sich mit den Daten anderer Gemeinden vergleichen lassen.

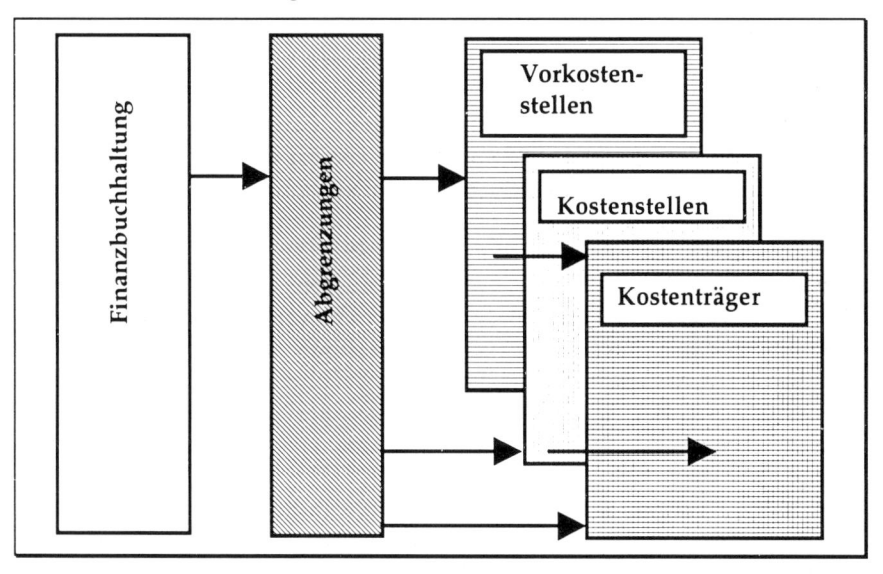

Abb. 5:   Schema der Betriebskostenrechnung

Die Kostenrechnung muss in zulässiger Weise vereinfacht werden. Zu komplizierte Systeme lassen sich kaum in rascher Zeit durchsetzen. Die zuständigen Stellen der Verwaltungen müssen sich das nötige Wissen zuerst aneignen. Mittelfristig dürften sich aber auch bei Gemeinden Elemente der Plankostenrechnung durchsetzen.

Die Finanzbuchhaltung zeigt die wirtschaftliche Situation der Gemeinde.
Die Kostenrechnung zeigt die wahren Kosten der einzelnen Produkte und lässt Vergleiche mit anderen Anbietern zu.
Diese Informationen können mit denjenigen anderer Gemeinden verglichen werden (Benchmarking).

3.2.6. Qualitätssicherung und Kontrolle

Auch für kleinere und mittlere Gemeinden ist die Kontrolle, ob die Leistungen bedingungsgemäss erfüllt werden, von besonderer Bedeutung. Dabei ist ein Controlling einzurichten, das es dem Gemeinderat, den Kommissionen und dem Personal erlaubt, sich laufend über den Stand der Aufgabenerfüllung zu informieren und nötigenfalls Abweichungen von den Vorgaben durch geeignete Massnahmen zu korrigieren. Zu den Controllinginstrumenten gehören Finanzbuchhaltung und Kostenrechnung. Über deren Ergebnisse müssen die vorgesetzten Stellen periodisch und stufengerecht informiert werden. Beispielsweise würde die Fachkommission monatlich über die Daten der Kostenrechnung und der Finanzbuchhaltung detailliert mit Hinweisen auf die Abweichungen vom Budget informiert. Der Gemeinderat würde noch vierteljährlich den Vergleich mit dem Produktebudget erhalten. Grosse Abweichungen gegenüber den Vorgaben in Budget und Leistungsauftrag müssen sofort den zuständigen Stellen gemeldet werden, zusammen mit einem Antrag, welche Massnahmen auszulösen sind, um Korrekturen einzuleiten.

Behördemitglieder und die Verwaltung müssen laufend überprüfen, ob die Agenturen die Leistungsstandards einhalten. Dies kann beispielsweise dadurch geschehen, dass in unregelmässigen Abständen anhand von spezifischen Checklisten Kontrollen durchgeführt und protokolliert werden. Die Ergebnisse sind zusammenzufassen und regelmässig den vorgesetzten Organen zur Kenntnis zu bringen.

Mindestens einmal jährlich sollen Kundenbefragungen durchgeführt werden, deren Ergebnisse ebenfalls dazu dienen sollen, die Leistungen zu optimieren. Bei kleineren und mittleren Gemeinden ist die Gemeindeversammlung ein wichtiges Forum, den Kontakt zwischen Legislative und Exekutive zu pflegen. Anregungen, Beanstandungen und Wünsche von Bürgerinnen und Bürgern sind, wie die Ergebnisse der Kundenbefragung, ernst zu nehmen.

Den Stimmberechtigten steht ein Organ zur Verfügung, welches für sie als "externe Kontrollstelle" die Ordnungsmässigkeit der Verwaltungstätigkeit überprüft. Die Pflichten der heutigen Rechnungsprüfungskommission würden in der Hinsicht erweitert, dass sie auch Prüfungen vornehmen muss, ob die Leistungsstandards eingehalten werden. Die Rechnungsprüfungskommission wird dadurch eine "Resultatprüfungskommission".

Die Steuerung der Gemeinde erfolgt nun über die Produkte und Dienstleistungen (Output). Die Prüfung, ob die Leistungen entsprechend den Vorgaben erbracht worden sind, ist von entscheidender Bedeutung. Werden Abweichungen festgestellt, müssen die zuständigen Organe sofort Korrekturen einleiten.

Die neuen Instrumente werden in folgendem Kreislauf dargestellt:

LEISTUNGS-BESTELLUNG	ORGAN	CONTROLLING
Produktedefinition Produktebudget	Gemeindeversammlung (Resultatprüfungskommission)	• Geschäftsbericht • Jahresrechnung • Revisionsbericht
⇩		⇧
Leistungsauftrag	Gemeinderat	• vierteljährlich, verdichtete Daten aus Finanzbuchhaltung • Bürgerbefragung • Berichte der Fachkommission bezüglich Qualitäts- und Quantitätsauswertungen (Leistungsbericht)
⇩		⇧
Leistungsvereinbarung	Fachkommission	• monatlich, detaillierte Daten aus Finanzbuchhaltung und Kostenrechnung • Qualitäts- und Quantitätsauswertungen
⇩		⇧
Kontrakt (Besteller)	Verwaltung	• Laufende Informationen aus Finanzbuchhaltung und Kostenrechnung
⇩		⇧
Kontrakt (Erbringer)	Agentur	• Leistung und Leistungsdaten

Abb. 6:   Kreislauf der neuen Steuerungsinstrumente

3.3. Die Agenturen

Die Agenturen stellen Produkte her und/oder erbringen Dienstleistungen zu Gunsten der Bürgerinnen und Bürger. Die Gemeinde bestellt diese Produkte und Dienstleistungen aufgrund der Produktedefinitionen und der Leistungsaufträge mittels Kontrakten. Kontrakte können mit gemeindeeigenen Abteilungen, anderen Gemeinden, Gemeindeverbänden und Privaten abgeschlossen werden. Die Frage, wer die Aufgabe am wirtschaftlichsten erfüllen kann, muss sich die Gemeinde vor dem Abschluss eines jeden Kontraktes stellen.

Werden die Zuständigkeiten klar geregelt, spielt die Rechtsform der Agentur nur noch eine untergeordnete Rolle.

Agenturen erbringen die von der Gemeinde bestellten Leistungen. Dabei soll der Kontrakt die Bedingungen klar umschreiben. Welche Rechtsform die Agenturen besitzen, wird bei der Bestellung von Leistungen eine untergeordnete Bedeutung haben.

3.3.1. Eigene Abteilungen

Bis heute wurden eigene Verwaltungsstellen und -abteilungen gebildet, wenn der Arbeitsanfall dies aus der Sicht der Gemeindeversammlung und des Gemeinderates rechtfertigte. Eine messbare Kontrolle der Qualität und der Quantität der Leistungen der Verwaltung fand nicht statt, die genauen Kosten waren nicht bekannt. Wohl kann davon ausgegangen werden, dass bei kleineren und mittleren Gemeinden die Nähe der Bürgerinnen und Bürger zur Verwaltung und deren Leistungen eine relativ objektive Beurteilung der Verwaltungstätigkeit zulässt. Zur konkreten Überprüfung der Qualität und Quantität fehlten aber bis heute klar die Instrumente. Neu müssen auch mit eigenen Verwaltungsstellen Kontrakte über die Leistungen abgeschlossen werden. Die eigenen Stellen sollen, soweit ein Markt besteht, mit Privaten konkurrieren. Besteht kein Markt, müssen die Leistungen durch ein Benchmarking mit den gleichen Leistungen anderer Gemeinden verglichen werden.

Gute Leistungen eigener Dienststellen müssen belohnt werden. Berücksichtigt wird dabei nur, was auch dank guter Leistungen zum Erfolg geführt hat. Erfolge, die nicht durch die Dienststelle beeinflußt werden konnten, dürfen nicht belohnt werden. Es ist daher wichtig, dass der Erfolg richtig gemessen wird. Konkrete Modelle zur Belohnung stehen noch nicht zur Verfügung. Es bieten sich aber verschiedene Lösungsansätze an.

Im Vordergrund stehen Modelle, die einen Teil des finanziellen Erfolges bei der Dienststelle belassen (als Spezialfinanzierungen) und diese ermächtigen, die Mittel für eigene Zwecke (z.B. Wunschbedarf) zu verwenden. In einer späteren Phase soll auch die direkte Beteiligung des Personals ermöglicht werden, was die heutige Personalgesetzgebung noch nicht zulässt.

Ein grosses Problem dürfte darin liegen, dass die Stimmberechtigten und allenfalls auch der Gemeinderat nach wie vor unter Missachtung der Zuständigkeitsordnung in operativen Belangen eigener Agenturen Einfluss nehmen wollen. Die heutige Praxis zeigt, dass das Bedürfnis, über die Zuständigkeitsgrenzen hinweg mitgestalten, umso grösser ist, je näher die operative Organisationseinheit bei der Verwaltung angesiedelt ist. Wird eine Aufgabe an eine aussenstehende Organisation übertragen, nimmt das Bedürfnis um Mitsprache in operativen Belangen stark ab. Das neue Modell soll diese Haltung insofern ändern, als alle Agenturen - eigene wie fremde - gleich behandelt werden.

Viele Produkte und Leistungen werden auch zukünftig von gemeindeeigenen Dienststellen erbracht. Es ist wichtig, dass diese weitgehend gleich behandelt werden wie Dritte. Nur so gelten bei der Beurteilung der Leistungen und Bedingungen gleich lange Spiesse.

3.3.2. Andere Gemeinden

Gerade kleinere und mittlere Gemeinden sind vielfach, aufgrund fehlender personeller und finanzieller Mittel oder mangels genügender Nachfrage, nicht in der Lage, bestimmte Aufgaben allein zu erfüllen. Diese Gemeinde sucht die Zusammenarbeit mit anderen Gemeinden. Eine Form dieser Zusammenarbeit beruht auf vertraglichen Vereinbarungen mit einer leistungserbringenden Gemeinde (Sitzgemeinde-Modell). Die Sitzgemeinde erfüllt die Aufgabe für sich selbst und bietet die Leistungen auch einer oder mehreren anderen Gemeinden an. Vielfach wird den leistungsbeziehenden Gemeinden ein Mitspracherecht eingeräumt, das diese berechtigt, Einsitz in der entsprechenden Fachkommission der Sitzgemeinde zu nehmen. Die anfallenden Kosten werden aufgrund eines vereinbarten Kostenteilers periodisch verteilt. Diese vertraglich vereinbarte Aufgabenerfüllung funktioniert in der Praxis gut und dürfte unter neuen Führungsmodellen eher noch vermehrt angewendet werden. Allerdings muss auch in diesen Fällen die Input-Orientierung durch eine Output-Steuerung ersetzt werden. Die Sitzgemeinde muss das Leistungsangebot mittels Produktedefinition bestimmen und die Leistungen den

Partnergemeinden zu realen wirtschaftlichen Bedingungen anbieten. Die Sitzgemeinde schliesst mit jeder interessierten Gemeinde einen Kontrakt ab. Diese Kontrakte müssen nicht unbedingt für alle Gemeinden gleich lauten. Jede Gemeinde bestellt die Leistungen, die sie wünscht. Probleme ergeben sich dann nur noch bei investitionsintensiven Aufgaben (z. B. Volksschulen). Muss die Sitzgemeinde investieren, wird sie dies nur tun, wenn sie mit den Partnergemeinden Verträge abschliessen kann, die der Nutzungsdauer der Investition entsprechen. In solchen Fällen dürfte auch ein Mitspracherecht der Vertragsgemeinden in der Fachkommission der Sitzgemeinden nach wie vor gerechtfertigt sein.

Diese Form der Zusammenarbeit wird bei neuen Modellen eine wichtige Rolle spielen. Die Gemeinden können sich auf ihre operativen Stärken konzentrieren und die Leistungen ihrer eigenen Agenturen an interessierte Nachbargemeinden weiterverkaufen. Dafür können sie Leistungen anderer Aufgabenbereiche bei ihren Nachbargemeinden einkaufen. Die Gemeinden können somit grössere operative Einheiten bilden, als dies für den Eigenverbrauch nötig wäre. Die Effizienz kann gesteigert werden, indem dank der grösseren Nachfrage die Kapazitäten erhöht werden können, was in der Regel eine rationellere Aufgabenerfüllung erlaubt. Selbstverständlich steigen bei grösseren operativen Einheiten auch die wirtschaftlichen Risiken. Deshalb ist dem Controlling unbedingt die nötige Bedeutung beizumessen.

Gemeinden können Produkte und Leistungen, die sie erstellen, anderen Gemeinden anbieten. Gerade kleinere und mittlere Gemeinden können von einer solchen "Arbeitsteilung" profitieren. Die Gemeinden schliessen Verträge untereinander ab und stellen so sicher, dass die Aufgaben bedingungsgemäss erfüllt und entschädigt werden.

3.3.3. Der Gemeindeverband

Eine andere Form der Zusammenarbeit unter Gemeinden steht mit dem Gemeindeverband zur Verfügung. Der Gemeindeverband spielt im Kanton Bern eine wichtige Rolle. Es gibt beinahe gleich viele Gemeindeverbände (361) wie politische Gemeinden (401). Gemeindeverbände sind eigenständige Körperschaften des öffentlichen Rechts. Die Gemeinden übertragen die entsprechenden Aufgaben gänzlich an den Gemeindeverband, indem sie dem Organisationsreglement des Verbandes zustimmen. Damit werden nicht nur die operativen Aufgaben, sondern auch die Zuständigkeiten auf normativer und strategischer Ebene an die Organe des Gemeindeverbandes delegiert. Gemeindeverbände sind im Hinblick auf die Einführung neuer Führungsmodelle gleich zu behandeln wie politische Gemeinden. Aufgaben sollten nur an Gemeindeverbände übertragen werden, wenn die Aufgabenerfüllung auch gemeinsame Entscheide auf normativer und strategischer Ebene bedingt. Dies ist in der Regel bei jenen Aufgaben der Fall, die grosse Investitionen erfordern und wenn viele Gemeinden zusammenarbeiten, z.B. bei Spitälern, Abwasserentsorgung, Kehrichtverwertung. In solchen Fällen muss die Organisation sicherstellen, dass auch im Gemeindeverband die Zuständigkeiten richtig zugewiesen werden. Die Verbandsgemeinden und die Delegiertenversammlung bilden die normative und der Vorstand die strategische Ebene. Die operativen Dienststellen des Gemeindeverbandes - der Spitalbetrieb, die Abwasserreinigungsanlage, die Kehrichtverbrennungsanlage - sind als Agenturen auszugestalten. Die Delegiertenversammlung beschliesst die Produktedefinition, der Vorstand den Leistungsauftrag und die Verwaltung schliesst mit der Agentur den Kontrakt ab. Die Aufwendungen des Gemeindeverbandes müssen die Verbandsgemeinden aufgrund des im Organisationsreglement beschlossenen Kostenteilers tragen. Der Kostenteiler sollte sich vermehrt nach dem Verursacherprinzip richten und auf einen regionalen Finanzausgleich verzichten.

Schliessen sich viele Gemeinden zusammen um langfristig eine Aufgabe zu erfüllen, die einheitliche Entscheidungen auf normativer und strategischer Ebene bedingen, stellt der Gemeindeverband eine mögliche Organisationsform dar. Der Gemeindeverband muss so organisiert sein, dass die Entscheide den richtigen Ebenen zugewiesen werden. Das operative Geschäft soll durch eine Agentur geführt werden.

3.3.4. Private

Selbstverständlich können auch Private Agentur einer Gemeinde sein. Die Vereinbarungen zwischen der Gemeinde und den Privaten werden ebenfalls in einem Kontrakt festgehalten. Die Gemeinde überwacht mittels Controllinginstrumenten laufend, ob die Leistungen bedingungsgemäss erfüllt werden. Die Vertragsdauer muss sich aus der Art der Aufgabe ergeben. Für reine Betriebsleistungen (z.B. Reinigung) sollen möglichst kurzfristige Kontrakte abgeschlossen werden. Sobald Private investieren müssen, wird sich die Vertragsdauer nach der Nutzungsdauer der Investition richten.

Dabei ist zu beachten, dass die normativen und strategischen Entscheidungen bei den entsprechenden Gemeindeorganen bleiben. Operative Entscheidungen dürfen mittels Kontrakte an Private übertragen werden.

Nur wenn diese Regel beachtet wird, ist diese Form der Privatisierung gerechtfertigt. Werden auch normative und strategische Entscheidungen an Private übertragen, geben die Gemeinden die Möglichkeiten, Einfluss auf die Aufgabenerfüllung zu nehmen, weitgehend aus der Hand.

Öffentliche Aufgaben können vertraglich auf Private übertragen werden. Normative und strategische Entscheidungen treffen aber nach wie vor die zuständigen Gemeindeorgane.

4. SCHLUSSBEMERKUNGEN

Auch kleinere und mittlere Gemeinden müssen sich mit Modellen, die eine wirkungsorientierte Verwaltung fördern, auseinandersetzen. Sie sind von den gleichen Problemen betroffen, die auch grosse Gemeinden beschäftigen. Gerade bei kleineren und mittleren Gemeinden sind jedoch die Verhältnisse überschaubar und die Organisation flexibler. Kleinere und mittlere Gemeinden können schneller auf neue Modelle und auf die Bedürfnisse der "Kunden" reagieren.

Die Führungsinstrumente sind bekannt, neue Formen der Zusammenarbeit sind rechtlich möglich. Es geht nun darum, dies in die Praxis umzusetzen. Die Berner Gemeinden, die am Pilotprojekt beteiligt sind, beginnen 1996 mit der praktischen Anwendung. Dann wird es sich zeigen, wo noch spezifische Anpassungen an die Bedürfnisse kleinerer und mittlerer Gemeinden nötig sind.

Der Elan und der Optimismus, mit dem die am Projekt Beteiligten das Vorhaben angehen, versprechen Erfolg.

LITERATUR

Arn Daniel/Seewer Ulrich/Studer Anna-Katharina/Studer Urs, Die Gemeinde, ein neuzeitliches Dienstleistungsunternehmen, Bern 1995

TEIL 3

NEW PUBLIC MANAGEMENT:

NORMEN UND INSTRUMENTE

ORGANISATIONSRECHT UND NEW PUBLIC MANAGEMENT

EIN BEITRAG AUS KOMMUNALER SICHT[1]

Daniel Arn

1. NEUE VERWALTUNGSMODELLE ALS INTERDISZIPLINÄRES PROBLEM

Die meisten Schlüsselpositionen in der Verwaltung grosser Körperschaften (Bund, Kantone, Städte) wurden seit jeher und werden immer noch von Juristinnen und Juristen besetzt. Gerade im Bereich der Rechtsetzung befassen sich die Juristen oft mit Sachfragen, von denen sie zumindest von der Ausbildung her nicht viel verstehen. Insbesondere die Bereiche Organisation und Rechnungswesen sind nicht die angestammten Gebiete der Juristen. Dass gerade die betriebswirtschaftlichen Aspekte im Bereich der öffentlichen Verwaltung bis vor kurzem eher ein Schattendasein fristeten, könnte unter anderem auch auf die fehlende diesbezügliche Ausbildung und Sensibilität der Juristen zurückzuführen sein.

Heute hat man erkannt, dass sich bei der Organisation des Staates der Blick auf die in der Betriebswirtschaft gewonnenen Erkenntnisse lohnt. New Public Management - Ideen und Projekte werden heute weitgehend von Nichtjuristen geprägt. Waren früher die Juristen umfassend am Werk, sind es heute primär Betriebswirte und Spezialisten des Rechnungswesens, welche die längstens nötige Veränderungsrunde einläuten. Wenn die Rolle der Juristen in der Verwaltung kritisch zu beurteilen ist, dürfen auf der anderen Seite auch die Organisationsberater nicht ungeschoren davonkommen. Zu oft wird nämlich vernachlässigt, dass es - auch bei NPM - um die Organisation des Staatswesens und damit um Staatsrecht geht, immerhin *auch* eine Disziplin der Rechtswissenschaften. Die laufende Diskussion neuer Verwaltungsmodelle kann nur dann fruchtbar zu Ende geführt werden, wenn die Probleme von verschiedener Seite angegangen werden. Einmal mehr: Interdisziplinäre Zusammenarbeit tut Not.

---

[1] Einige Gedanken entstammen meinem anlässlich der Arbeitstagung des Schweizerischen Städteverbandes am 23.8.94 gehaltenen Kurzreferat zum Thema: "Rechtliche Rahmenbedingungen für die Einführung von NPM".

2. DIE RECHTLICHEN RAHMENBEDINGUNGEN

2.1. Allgemeines

In meinem Beitrag geht es um Fragen der rechtlichen Umsetzung von NPM auf Stufe "Gemeinde". Der kommunale Gesetzgeber kann sich grundsätzlich nur im Rahmen der Vorschriften von Bund und Kanton organisieren. Bevor kommunale NPM-Ideen in der Gemeinde umgesetzt werden können, müssen wir die rechtlichen Vorschriften der übergeordneten Gemeinwesen näher betrachten. Die auftauchenden Probleme und vor allem deren Lösung können nicht einfach aus dem Ärmel geschüttelt werden. Einmal sind sie zu vielfältig und vielschichtig. Zudem sind die praktischen Erfahrungen mit NPM - zumindest was die staatsrechtlichen Fragen anbelangt - recht bescheiden.

Der rechtliche Rahmen, welcher bei der Umsetzung von NPM-Modellen zu beachten ist oder allenfalls verändert werden muss, ist ein dreidimensionaler: Einmal ist die Gemeinde an die bundesrechtlichen Vorschriften - zu denken vor allem an verfassungsrechtliche Grundsätze - gebunden. Dann kann sie neue Organisationsmodelle nur umsetzen, soweit dies mit dem kantonalen Recht - hier vor allem mit dem Finanzhaushaltsrecht - in Einklang steht. Schliesslich wird es darum gehen, auf kommunaler Ebene den rechtlichen Rahmen so zu gestalten, dass die Strukturen der Gemeinden den NPM-Anforderungen zu genügen vermögen. Diese drei Ebenen sollen nachfolgend mit einer summarischen Betrachtung gestreift werden.

2.2. Eidgenössisches Recht und NPM

Das Bundesrecht nennt die Gemeinden nur in Ausnahmefällen. Von der staatsrechtlichen Konzeption her kommuniziert der Bund grundsätzlich mit den Kantonen, welche ihre dezentrale Organisation selber bestimmen.[2] Es wäre indessen verfehlt, zu behaupten, bei dieser Ausgangslage sei es ausschliesslich an den Kantonen, zu bestimmen, in welchem rechtlichen Rahmen sich ihre Gemeinden bewegen können. Die verfassungsrechtlichen Grundsätze des Bundes gelten auch für die Gemeinden. Im Zusammenhang mit der Diskussion um NPM kommt dem *Legalitätsprinzip* und der damit verbundenen Delegationsproblematik zentrale Bedeutung zu.[3]

---

[2] Art. 5 f. BV; BGE 115 Ia 142 E. 3a; Thürer 1986, S. 203
[3] zum Thema statt vieler: Cottier 1983, S. 1 ff.

Das Legalitätsprinzip hat verschiedene Aspekte, die gerade in unserem Zusammenhang differenziert betrachtet werden müssen. Ich erlaube mir, kurz die verschiedenen Funktionen des Legalitätsprinzips in Erinnerung zu rufen:

- *Die Gewaltenteilungsfunktion:* Hier geht es um die Aufteilung der Zuständigkeiten zwischen Gesetzgeber und Exekutive (einschliesslich Verwaltung). Alles Grundlegende soll vom Gesetzgeber erlassen werden, und die Exekutive kümmert sich um die Detailregelung und um die Ausführung. Im weiteren genügt ein Parlamentserlass zur Erfüllung der legislativen Funktion, sei er nun dem fakultativen Referendar unterstellt oder nicht.
- *Die demokratische Funktion:* Damit soll die Partizipation der Stimmberechtigten sichergestellt werden. Unter diesem Aspekt wäre es deshalb beispielsweise wünschbar, dass Parlamentserlasse dem fakultativen Referendum unterstellt werden.
- *Die rechtsstaatliche Funktion:* Hier geht es um den Schutz der Rechtsunterworfenen, indem durch "Gesetz" die *Rechtsgleichheit* wie auch die *Voraussehbarkeit* gewährleistet werden. Im Gegensatz zu den beiden eben dargestellten Funktionen geht es hier nicht mehr um die Abgrenzung von legislativen und exekutiven Funktionen, sondern um das Verhältnis zwischen Individuum und Staat: Jede Normierung - auch ein Erlass der Exekutive - vermag diese Funktion zu erfüllen.

In Verkennung der verschiedenen Aspekte des Legalitätsprinzips haben gerade kantonale Aufsichtsbehörden von den ihnen unterstellten Gemeinden im Namen dieses Prinzips oft sehr detaillierte Regelungen durch den kommunalen *Gesetzgeber* verlangt. Dazu ein Beispiel aus dem Gebührenrecht:

In seiner gebührenrechtlichen Rechtsprechung zum Legalitätsprinzip verlangt das Bundesgericht, dass Abgabeobjekt, Abgabesubjekt und die Bemessungsgrundlage aus einem formellgesetzlichen Erlass (= Rechtssatz der Stimmberechtigten oder des Parlaments) hervorgehen müssen.[4] Das Bundesgericht spricht damit die Gewaltenteilungsfunktion und die demokratische Funktion des Legalitätsprinzips an. Im Bereich des "gewerblichen" Gebührenrechts (Wasser, Gas, Abwasser, Kehricht und dergleichen) hat der kommunale Gesetzgeber in Anwendung dieser Grundsätze die *Grundzüge* zu regeln, soweit nicht der Kanton bereits entsprechende Normen erlassen hat. Die kantonale Aufsichtsbehörde fordert nun aber

---

[4] Gygi 1986, S. 267 ff.; allgemein: Widmer 1988

zum Teil vom kommunalen Gesetzgeber (Legislative) darüber hinaus, er müsse *konkrete Gebührenansätze* festlegen. Damit spricht die kantonale Behörde die rechtsstaatliche Funktion - Garantie der Rechtsgleichheit und der Voraussehbarkeit - des Legalitätsprinzips an. Aus der rechtsstaatlichen Funktion des Legalitätsprinzips lassen sich nun aber gerade keine Argumente ableiten, die für eine Zuständigkeit der Legislative sprechen: Wie wir gesehen haben, reicht für Rechtssicherheit und Voraussehbarkeit jede Norm, ob sie von der Legislative oder von der Exekutive erlassen. Zweifellos müssen die Gebühren auch in NPM-Gemeinden zum voraus bestimmt werden können und für vergleichbare Fälle gleich hoch berechnet werden. Aus dem Legalitätsprinzip lässt sich eine Zuständigkeit des kommunalen Gesetzgebers wohl für Bemessungsgrundsätze (aus der Gewaltenteilungsfunktion), nicht aber für konkrete Gebührenansätze ableiten. In aller Regel geht es dabei nicht mehr um politisches Ermessen, sondern vielmehr um die rechtmässige Umsetzung der vom Gesetzgeber erlassenen Grundsätze. Im Lichte des Legalitätsprinzips genügt es ohne weiteres, dass eine exekutive Behörde die Gebühren im Rahmen der übergeordneten Vorschriften festsetzt. Legt der Gesetzgeber zu viele Details - hier die Gebührenansätze selbst fest, kann dies zu einer Überdeterminierung und zu Widersprüchen führen. Bestimmt beispielsweise der Gesetzgeber (meistens der kantonale), dass ein gewisser Bereich vollständig verursacherfinanziert werden muss, ist es unsinnig, wenn die Legislative auch noch über die Höhe der Gebühr (z.B. Fr. 1.80.-- pro m^3 Frischwasser sind genug!) entscheidet. Damit kann die vom Gesetz geforderte vollständige Finanzierung dieser Aufgabe durch Gebühren möglicherweise gar nicht eingehalten werden.[5]

Dieses Beispiel zeigt, dass das bundesrechtliche Legalitätsprinzip, richtig besehen, den exekutiven Behörden jenen Handlungsspielraum belässt, der gerade für NPM so wichtig ist. Mit diesen Überlegungen eng verknüpft ist die *Delegationsproblematik*: Ein wesentlicher Aspekt von NPM ist die strenge Trennung der normativen (Legislative) von der strategischen (Exekutive) und von der operationellen Ebene. Um diesen Grundsatz in der Praxis wirkungsvoll umsetzen zu können, bedarf es einer strikten Anwendung des Grundsatzes, wonach die Stimmberechtigten oder das Parlament *alles Grundlegende und Wesentliche*, aber eben *nur das* beschliessen sollen.[6] Um wirklich NPM betreiben zu können, müssen weitestgehende Befugnisse delegiert werden können. Die Entscheide über Grundlegendes (politische Ziele, Produktebudget), über Strategisches

---

[5] Arn 1992, S. 151 ff.
[6] Die in der Lehre entwickelten Kriterien zur Bemessung der Wichtigkeit sind im Anwendungsfall nur beschränkt praktikabel (Müller 1979, S. 111 ff., Cottier 1983, S. 168 f.)

(Leistungsauftrag) und Operationelles (Leistungserbringung durch Verwaltung und Agentur) werden in die Zuständigkeit verschiedener Entscheidungsträger fallen. Diese strikte Zuweisung von Zuständigkeiten wird von den - bezüglich der Anwendung des Legalitätsprinzips zum Teil sehr formaljuristisch argumentierenden - Gerichten und Aufsichtsbehörden zum Teil ein Umdenken verlangen.

2.3. Kantonales Recht und NPM

Wie weit kantonalrechtliche Vorschriften der Umsetzung der NPM-Idee entgegenstehen, kann hier nur ansatzweise erläutert werden, weil die Unterschiede in Anbetracht der Verschiedenartigkeit der kantonalrechtlichen Bestimmungen sehr gross sein dürften. Die meisten Probleme birgt in diesem Zusammenhang wohl das für die Gemeinden geltende *Finanzhaushaltsrecht*.

Globalbudgetierung und Contract-Management sind im Rahmen des geltenden Finanzhaushaltsrechts kaum denkbar. Die Kantone sollten deshalb das für die Gemeinden geltende Finanzhaushaltsrecht - mindestens versuchsweise - den neuen Bedürfnissen anpassen. So ist beispielsweise das voranschlagsrelevante buchhalterische Bruttoprinzip (das Verrechnungsverbot von Einnahmen und Ausgaben) oder auch das Prinzip der zeitlichen Bindung (im Haushaltsjahr nicht verwendete Voranschlagskredite verfallen) mit NPM-Modellen kaum in Einklang zu bringen. Der Kanton Bern, der sowohl eigene NPM-Projekte vorantreibt wie auch ein NPM-Pilotprojekt mit 7 Gemeinden unterstützt, hat innert kürzester Zeit die für die Gemeinden geltende Finanzhaushaltverordnung[7] um einen Art. 4a ergänzt (Randtitel: Ausnahmen von Bestimmungen dieser Verordnung), welcher wie folgt lautet:

1. *Die Justiz-, Gemeinde- und Kirchendirektion kann auf Gesuch einer Gemeinde Ausnahmen gewähren von*
   a. *den Grundsätzen des Rechnungswesens betreffend den Finanzplan und den Voranschlag (Art. 5 bis 16),*
   b. *den Vorschriften über die Spezialfinanzierung (Art. 58 bis 60),*
   c. *Artikel 90 betreffend Voranschlagskredit,*
   d. *den Artikeln 92 bis 94 (Nachkredite).*
2. *Ausnahmen dürfen nur bewilligt werden, wenn sie dazu dienen, neue Erkenntnisse in der Haushalts- und Verwaltungsführung zu bringen.*

---

7 VFHG vom 3.7.91, BSG 170.511.13, mit Änderung vom 14.12.94

3. *Auf die Erteilung einer Ausnahme besteht kein Rechtsanspruch.*
4. *Ausnahmebewilligungen sind auf höchstens fünf Jahre zu befristen. Auf Gesuch hin kann die Ausnahmebewilligung einmal für weitere fünf Jahre erstreckt werden.*
5. *Ausnahmebewilligungen können an Bedingungen geknüpft und mit Auflagen verbunden werden. Zulässig sind insbesondere Bestimmungen, wonach*
   a. ein wirksames Kontrollsystem (IKS) vorgeschrieben wird,
   b. die Vertretung des Kantons in den Projektgruppen gewährt wird,
   c. der Justiz-, Gemeinde- und Kirchendirektion periodisch Bericht zu erstatten ist,
   d. die Arbeiten von Fachpersonen betreut werden.

Aufgrund der im Rahmen des laufenden Pilotprojekts gemachten Erfahrungen wird die für die Gemeinden geltende Finanzhaushaltverordnung so anzupassen sein, dass mit der Zeit alle NPM-willigen Gemeinden mit den neuen Instrumenten arbeiten können.

Ebenfalls zu überprüfen sind kantonalrechtliche Vorschriften betreffend die *Schaffung von Stellen*. So sehen gewisse Gemeindegesetze vor, dass die Schaffung von Stellen ein unübertragbares Geschäft eines legislativen Organs ist. Derartige Vorschriften sind offensichtliches Zeugnis davon, dass beim Gemeinwesen primär über die - hier personellen - Ressourcen und nicht über den Output gesteuert wird. Bei NPM-Globalbudgets ist es Sache der vollziehenden "Agentur", welches Mass an eigenen personellen Ressourcen sie einsetzen will. Hier würden die obenerwähnten gesetzlichen Zuständigkeitsvorschriften ein wirkungsvolles Contract-Management wesentlich erschweren oder gar verunmöglichen.

An dieser Stelle gilt es die kantonalrechtlichen Bestimmung betreffend die *Gemeindebeamten* zu erwähnen. Mehrjährige Amtsdauern mögen nicht mehr so recht in das NPM-Bild passen, das personelle Flexibilität verlangt. Künftig sollte das Gemeindepersonal wohl von Vorteil öffentlichrechtlich angestellt werden. Diesem Bedürfnis entgegenstehende kantonale Vorschriften müssen geändert werden.

Weiter ist es unerlässlich, dass die Kantone zur Gewährleistung der Vergleichbarkeit kommunaler Leistungen (Benchmarking) Vorschriften zur Erfassung von spezifischen *Führungsdaten* erlassen. So macht es wenig Sinn, wenn jede Gemeinde ein eigenes Kostenrechnungssystem einführt. Es wäre sehr wünschbar, wenn sich alle Kantone auf ein einheitliches System einigen würden, weil der Vergleich kommunaler Leistungen auch kantonsübergreifend von Interesse ist. Was beim Neuen Rechnungsmodell möglich war, müsste eigentlich auch für Kostenrechnungen möglich sein.

2.4. Kommunales Recht und NPM

In der Gemeinde müssen die "gesetzlichen" Rahmenbedingungen - soweit vom übergeordneten Recht her möglich - geschaffen werden, damit NPM überhaupt umgesetzt werden kann. Ob und in welchem Umfang die Gemeinden in dieser Richtung tätig werden wollen, bleibt vorerst dem kommunalen Gesetzgeber überlassen.

Von zentraler Bedeutung ist die *kommunale Zuständigkeitsordnung*. Bei der zweistufigen Gemeindeorganisation geht es dabei nicht nur um eine Neugestaltung des Verhältnisses zwischen Exekutive und Legislative, sondern vielmehr um eine differenzierte Zuständigkeitszuweisung zwischen Gemeinderat, Kommissionen und Verwaltung (oder Dritten). Bei der dreistufigen Gemeindeorganisation muss neben der Neuregelung des Exekutivbereiches auch das Verhältnis zwischen Parlament und Gemeinde- resp. Stadtrat kritisch hinterfragt werden. Das Parlament muss - soweit politisch irgendwie möglich - auf den "normativen" Bereich verpflichtet und beschränkt werden, mit der Wirkung, dass der übrige Bereich den parlamentarischen Vorstössen entzogen wird, soweit diese über unverbindliche Anfragen hinausgehen.

Weiter muss die Gemeinde regeln, wer welchen *Steuerungs- und Kontrollauftrag* wahrzunehmen hat. NPM will ja bekanntlich mehr Markt spielen lassen. Im Bereich der Verwaltungstätigkeit ist indessen ein wirklicher Markt meistens nicht auszumachen, weil die Gemeinde in diesen Bereichen als Monopolanbieterin auftritt. Hier gilt es durch entsprechende Steuerungsnormen und Kontrollmechanismen den fehlenden Markt so gut als möglich zu ersetzen. Wer welche NPM-Funktionen ausüben soll, muss zumindest in der Grundzügen mittels kommunalem "Gesetz" bestimmt werden. Auch wenn die Zuständigkeitsordnung durch die Umsetzung von NPM - Modellen erheblich verändert werden wird, müssen die fundamentalen "Eckwerte" der Gemeindeorganisation generell-abstrakt verfasst werden. Voraussetzung einer erfolgreich funktionierenden Gemeindeorganisation ist selbstverständlich die Aufarbeitung der erforderlichen Führungsdaten (Controlling), was für ausgewählte Daten - im Interesse der Vergleichbarkeit - aber sinnvollerweise im Rahmen von kantonalen Vorgaben erfolgen sollte. Besondere Beachtung wird der Frage zu schenken sein, wie und in welchem Verfahren die Aufsichtsorgane der normativen (Parlamentsaufsicht) wie auch der strategischen Ebene auf das Handeln der operationellen Ebene (Agenturen) werden Einfluss nehmen können. Gelingt hier nicht eine schärfere Abgrenzung der verschiedenen Ebenen, ist gegenüber dem Ist-Zustand nicht viel gewonnen.

3. Die rechtliche Umsetzung von NPM

3.1. Es wird nicht einfach sein, betriebswirtschaftlich geläufige Begriffe rechtlich umzusetzen

Es versteht sich von selbst, dass auch ein neues Modell organisationsrechtlich umgesetzt und in Rechtssätze gegossen werden muss.[8] Auf Stufe Gemeinde wird die Frage, wie die einzelnen NPM-Instrumente mit rechtlichen Inhalten zu füllen sind, einige Probleme stellen und zu Diskussionen Anlass geben. Es wird grosser Anstrengungen bedürfen, die für NPM-Profis geläufigen und vor allem von der Betriebswirtschaft geprägten Begriffe der normativen, strategischen und operationellen Ebene in ein staatsrechtlich schlüssiges, rechtlich genügend präzises Modell umzusetzen. So wird sich beispielsweise die Frage stellen, ob auf normativer Ebene ausschliesslich generell-abstrakt normiert werden dürfe, oder ob bei der Ausgestaltung der Produkte(gruppen) auch individuelle oder konkrete Ansätze einfliessen können.

Im weiteren müssen zahlreiche Instrumente organisationsrechtlich verfasst werden, ohne dass auf entsprechende Erfahrungen abgestellt werden kann. Es stellt sich insbesondere für den Kanton als Gemeindegesetzgeber und Aufsichtsbehörde die Frage, ob und allenfalls wie detailliert er die "instrumentellen" Fragen des neuen Verwaltungsmodells vorzuschreiben hat. Der Kanton wird wohl nicht darum herumkommen, die mit NPM verbundenen weitgehenden Pauschalierungen und Verschiebungen der Zuständigkeiten mit einem zwingenden Auftrag zu mehr Information und Transparenz, zu mehr Führungsdaten und letzlich auch zu einer wirkungsvollen Kontrolle zu verbinden. Die laufenden Diskussionen um die Totalrevision des Gemeindegesetzes im Kanton Bern zeigen aber die Schwierigkeit, die NPM-Idee respektive die dazu nötigen Institute und Instrumente bereits so zu konkretisieren, dass sie generell-abstrakt verfasst und in der Praxis auch umgesetzt werden können. Es wird wohl erst nach Auswertung der mit den Pilotprojekten gemachten Erfahrungen möglich sein, das neue Modell rechtlich umzusetzen.

---

[8] Müller/Saladin 1979, S. 437, bezeichnen es als selbstverständliches rechtsstaatliches Erfordernis, dass "im Bereich des Organisationsrechts eine gesetzliche Grundlage überall dort erforderlich ist, wo rechtlich bindende Entscheide zustande kommen sollen, sei es im Bereich der Rechtsprechung, der Verwaltung, der Gesetzgebung oder bei Wahlen."

3.2. Die Organisationshoheit im Exekutivbereich muss beim Gemeinderat liegen

Die grundlegenden Fragen der Gemeindeorganisation muss der kommunale "Verfassungsgeber" (obligatorisches Referendum, Gemeindeordnung) entscheiden. Die Durchsicht der zur Zeit geltenden "Gemeindeverfassungen" zeigt, dass heute die Stimmberechtigten die Gemeinde oft bis ins Detail organisieren.[9] Davon ausgehend, dem Gemeinderat obliege grundsätzlich die Führungsverantwortung, erscheint diese Tatsache unter NPM-Gesichtspunkten eher befremdlich. Erfüllt der Gemeinderat seine Pflicht nicht, wird er sich immer darauf berufen können, er verfüge angesichts der von den Stimmberechtigten diktierten Organisation nicht über die optimalen Verwaltungsstrukturen. Diesem Übel kann abgeholfen werden, indem sich die Gemeindeordnung auf die Regelung der politischen Rechte und der Zuständigkeiten im "normativen" Bereich (Stimmberechtigte, Parlament) beschränkt und dem Gemeinderat alle übrigen Aufgaben generalklauselartig zuweist. Die Gemeindeordnung könnte bezüglich der Organisation des Exekutivbereichs etwa die folgende Delegationsbestimmung enthalten:

Der Gemeinderat erlässt ein Reglement mit folgendem Inhalt:

a. *Organisation des Gemeinderates (Ressorts)*
b. *Zuständigkeiten der Gemeinderatsmitglieder*
c. *Kommissionen (Mitgliederzahl, Organisation, Zuständigkeiten)*
d. *Verwaltungsorganisation (Unterstellungen)*
e. *Zuständigkeiten der in einem Dienstverhältnis stehenden Personen*
f. *etc.*

Es ist aus organisationsrechtlicher Sicht wohl unerlässlich, dass die Gemeindeorganisation auch im Exekutivbereich generell-abstrakt, d.h. in Reglementsform, verfasst wird. Indem die Zuständigkeit umfassend dem Gemeinderat übertragen wird, werden klare Verantwortlichkeiten geschaffen. Zudem kann der Gemeinderat die Organisationsvorschriften rasch und damit genügend flexibel geänderten Bedürfnissen anpassen.

---

[9] Z.B.: "Die Gesundheitskommission wählt einen Lebensmittelinspektor, welcher über einen guten Leumund und die nötige Ausbildung verfügen muss."

3.3. Experimentelle Rechtsetzung in der Gemeinde?

NPM wird nicht sofort flächendeckend über ganze Städte oder gar über alle Gemeinden eines Kantons praktiziert werden. Die laufenden Projekte haben in ihrer Art alle (auch) Versuchscharakter. Hier stellt sich immer das Problem, dass geltendes Recht - will man dem Versuch eine Chance geben - geändert werden muss. Im Interesse eines raschen Vorgehens erscheinen Ausnahme-Generalklauseln angezeigt, müssen indessen aus rechtsstaatlicher Sicht an ganz bestimmte, genau umschriebene Voraussetzungen geknüpft werden.[10] Bei eidgenössischen und kantonalen Erlassen sind Experimentierklauseln in der Regel wohl unerlässlich, weil eine fortwährende Anpassung des Rechts an den Stand der Modellversuche sehr aufwendig und kaum realisierbar wäre. In den Gemeinden, gerade in denjenigen mit einer zweistufigen Gemeindeorganisation ohne Parlament, ist die Anpassung des Organisationsrechts relativ einfach und rasch zu verwirklichen. Hier ist deshalb eine - wenn nötig periodische - Anpassung des geltenden Rechts einer Experimentierklausel vorzuziehen. Es ist ungewiss, wie die Stimmberechtigten in den Gemeinden auf einen Experimentierartikel reagieren werden. Es besteht die Gefahr, dass solche Blankettermächtigungen nicht hingenommen werden. Zudem erscheint beispielsweise die - wenn auch nur vorübergehende - Aufhebung einer in der Gemeindeordnung vorgesehenen Kommission (vielleicht verbunden mit dem Entzug des Wahlrechts deren Mitglieder durch die Stimmberechtigten) durch den Gemeinderat lediglich gestützt auf eine Experimentierklausel nicht nur aus politischer, sondern auch aus rechtlicher Sicht heikel.

4. INTERKOMMUNALE ZUSAMMENARBEIT UND NPM

4.1. Die rechtlichen Erscheinungsformen der interkommunalen Zusammenarbeit

Interkommunale Zusammenarbeit bezeichnet die gemeinsame Aufgabenerfüllung zweier oder mehrerer Gemeinden. Als Oberbegriff werden diese Zusammenarbeitsformen *Gemeindeverbindungen* genannt. Zur Verfügung stehen die folgenden Rechtsformen:

---

[10] Mastronardi 1991, S. 449

öffentlich-rechtliche	jur. Personen	Gemeindeverband öff.-rechtl. Stiftung
	ohne jur. Persönlichkeit	öff.-rechtl. Vertrag
privatrechtliche	jur. Personen	Verein Genossenschaft Aktiengesellschaft priv.-rechtl. Stiftung
	ohne jur. Persönlichkeit	priv.-rechtl. Vertrag einfache Gesellschaft

Abb. 1:   *Rechtsformen von Gemeindeverbindungen*

Heute ist unbestritten, dass interkommunale Zusammenarbeit in aller Regel zu kostengünstigeren und professionelleren Lösungen führt, als wenn jede Gemeinde für sich allein funktioniert. Mit primär betriebswirtschaftlichen Argumenten werden bestehende Zusammenarbeitsformen des öffentlichen Rechts, vor allem Gemeindeverbände, immer öfter in Rechtsformen des Privatrechts überführt, allen voran in die Form der Aktiengesellschaft. Es fällt auf, wie in der Praxis die Diskussion um die "richtige" Rechtsform oft sehr emotional und weitgehend geprägt von zum Teil wenig fundiertem Vorverständnis geführt wird. Die Rechtsform der Aktiengesellschaft wird oft mit Verweis auf deren marktwirtschaftliche Bewährung propagiert. Diesen Fragen gilt es - mit NPM-geschärftem Blick - etwas genauer nachzugehen.

4.2.   Kritik am Ist - Zustand

Das NPM-Modell geht davon aus, das erwünschte Produkt werde nicht vom Finanzierer/Besteller selber, sondern von einem *vertraglich* beauftragten Dritten erstellt. Das Rechtsverhältnis zwischen Besteller und Leistungserbringer ist vertragsrechtlicher Natur, im Modell "Contract-Management" genannt. Aufgrund der NPM-Terminologie können die Rechtsträger interkommunaler Aufgabenerfüllung ohne weiteres als *Agenturen* bezeichnet werden. Das Problem besteht nun aber darin, dass die Agentur nicht mit einer, sondern mit mehreren Gemeinden kommunizieren muss. Hier besteht der Entscheidungsprozess nicht nur in der Verdichtung der Bestellung von der normativen zur strategischen und schliesslich zur operationellen Ebene, sondern zusätzlich in der Entscheidfindung *mehrerer* Gemeinden mit je eigenen Entscheidungsprozessen. Dem Ruf nach gemeinsamer Entscheidfindung gehorchend wurde wohl der öffentlich-rechtliche Gemeindeverband erfunden, der sich in überschaubaren Verhältnissen und bei geringen "technischen" Anforderungen recht gut bewährt hat. Er unterscheidet sich von der NPM-Agentur insofern, als er nicht nur im operativen Bereich tätig ist; vielmehr koppeln die beteiligten Gemeinden in der Regel eine Aufgabe vollständig ab und übertragen sie dem Verband. Es entsteht eine neue "Einzweckgemeinde", die mit Ausnahmen - alle Entscheidungsebenen (normative, strategische und operationelle Ebene) umfasst. Der Gemeindeverband steht trotz eigener Rechtspersönlichkeit unter einem recht grossen Einfluss der beteiligten Gemeinden (womit nicht gesagt werden soll, dieser Einfluss habe positive Wirkungen auf wirtschaftliches Verhalten etc.) und ist der staatlichen Aufsicht weitgehend unterstellt. Dies kann zu erheblichen Schwerfälligkeiten führen.

Der Gemeindeverband ist indessen insofern mit den privatrechtlichen Rechtsträgern vergleichbar, als er ebenfalls in einem Monopolbereich tätig ist und wie die anderen Formen interkommunaler Zusammenarbeit über keine oder nur ungenügende Controllinginstrumente verfügt. Tatsache ist, dass weder der Gemeindeverband noch die anderen Rechtsformen in einem vertraglichen Verhältnis zu ihren Gemeinden stehen. Die Gemeinden geben sich dem Glauben und der organisationsrechtlichen Fiktion hin, die Geschicke der Gemeindeverbindung aufgrund ihres Statusverhältnisses (eine irgendwie geartete Mitsprache durch Delegierte etc.) lenken zu können. In Tat und Wahrheit funktionieren viele Gemeindeverbindungen mit einer beängstigenden Eigendynamik und ohne brauchbare Führungsinstrumente. Ein selektiver Markt, der möglicher Misswirtschaft über kurz oder lang abhelfen würde, fehlt. Die Gemeinden resp. die Steuer- und Gebührenpflichtigen bezahlen die ständig wachsenden Kosten in Form von Abgaben, die der Gemeindeverband hoheitlich festsetzen kann oder zumindest verursacht.

4.3. Nicht die Rechtsform des Aufgabenträgers ist entscheidend!

Wer die Aufgabe erfüllt, d.h., wer im operativen Bereich als Agentur tätig ist, spielt letztlich eine untergeordnete Rolle. Solange die Agentur ihren Auftrag im Rahmen der vertraglichen Bestimmungen bezüglich Qualität und Quantität - bei Einhaltung der vereinbarten Kosten - erfüllt, ist ihre Rechtsform unerheblich. Contract-Management, Benchmarking, wirkungsvolle Controllinginstrumente etc. gewährleisten weit eher wirtschaftliches Verhalten als beispielsweise die Umwandlung eines Gemeindeverbandes in eine Aktiengesellschaft, wenn gleichzeitig kein ordnender Markt vorhanden ist. Wenn das Speiserestaurant ein gutes Kosten/

Nutzenverhältnis ausweist, fragen wir nach dem Essen auch nicht danach, ob es sich um eine Einzelfirma, um eine Kollektiv- oder um eine Aktiengesellschaft handelt. Grenzen sind wohl dort zu ziehen, wo es um sensible Bereiche hoheitlicher Aufgabenerfüllung geht. So dürfte es kaum angehen, die Sicherheits- und Kriminalpolizei ohne weiteres einem privaten Aufgabenträger zu übertragen.[11]

Eine andere Frage ist die *gemeinsame Entscheidfindung* der Gemeinden. Hier geht es um verschiedene - zum Teil kontroverse - Anforderungen:[12]

- rasche Entscheidfindung
- demokratische Abstützung der wesentlichsten Entscheide
- Belohnung aktiver Gemeinden/Bestrafung von Trittbrettfahrern (Spillovers)
- Verhinderung der Dominanz einzelner Gemeinden/Minderheitenschutz
- angemessene Mitsprache im Verhältnis zur Kostenbeteiligung
- Verhinderung eigendynamischer Prozesse
- haftungsrechtliche Fragen
- usw.

Zusammenarbeitswillige Gemeinden tun gut daran, vor dem Entscheid betreffend die Rechtsform des *Entscheidungsträgers* (nicht des Aufgabenträgers, der Agentur!) die oben genannten Kriterien sorgfältig zu analysieren und den Entscheid nicht aufgrund eines irgendwie gearteten Vorverständnisses zu fällen. Um der jedem von der Gemeinde losgelösten Entscheidungsträger inhärenten Eigendynamik entgegenzuwirken empfiehlt es sich, mit speziellen Instrumenten die Kommunikation zwischen Gemeinde und Gemeindeverbindung ständig aufrechtzuerhalten.[13]

Wie problematisch die Entwicklung verläuft, möge das folgende Beispiel zeigen:

Im Bereich der Kehrichtentsorgung setzt sich - gerade im Kanton Bern - immer häufiger die Rechtsform der Aktiengesellschaft durch. Die AG ist

---

[11] dazu Degiacomi, 1989
[12] Arn/Friederich 1994, S. 79 ff.
[13] Arn 1994, S. 95 f. (etwas die Forderungen nach einer verbindlichen Finanzplanung der Gemeindeverbindung, nach der Entsendung von Gemeindevertretern mit kommunaler Gesamtoptik, nach der Möglichkeit, den Gemeindevertretern das Mandat zu binden und nach der Einführung von Behördenreferenden für bestimmte, wesentliche Entscheide).

in diesen Fällen nicht nur Agentur, sondern gleichzeitig auch Entscheidungsträger im normativen und strategischen Bereich. Weder im Verhältnis zwischen Gemeinden und AG noch innerhalb der AG werden die von NPM geforderten Instrumente angewandt (Contract-Management, Controlling, Bürgerbefragungen etc.). Das neue Aktienrecht geht zudem - bei funktionierendem Markt übrigens völlig zu Recht - davon aus, die strategische Ebene (Marktausrichtung, Budget usw.) sei abschliessend in die Hände des Verwaltungsrates zu legen. Bei der Entsorgungs-AG kann diese Entwicklung dazu führen, dass der Verwaltungsrat letztlich die zu erbringende Leistung in jeder Hinsicht selber definiert und gleichzeitig den dadurch entstehenden Aufwand nach einem bestimmten Kostenschlüssel auf die Aktionäre (hier auf die Gemeinden) verteilt oder gar die Abgaben (Gebühren) selber festlegt. Mittelfristig arbeiten solche Unternehmungen immer verlustfrei, weil Aufwandsteigerungen mit Ertragssteigerungen (= hoheitlich festgelegte Gebührenerhöhungen) ohne weiteres aufgefangen werden können. Den Canossagang vor die Stimmberechtigten zwecks Erhöhung der Abgaben muss der Verwaltungsrat indessen nicht antreten. Hier ist und bleibt der Gemeinderat zuständig. Bei dieser Entwicklung ist NPM-Denken gefragt!

LITERATURVERZEICHNIS

Arn Daniel, Die Zuständigkeitsordnung im bernischen Gemeinderecht, Diss. Bern 1992

Arn Daniel, Finanzautonomie von Gemeindeverbindungen?, in: Finanzföderalismus, Nr. 5 der Schriftenreihe ESG "Finanzen der öffentlichen Hand", Bern 1994

Arn Daniel/Friederich Ueli, Gemeindeverbindungen in der Agglomeration, Schweizerischer Nationalfonds, Zürich 1994

Cottier Thomas, Die Verfassung und das Erfordernis der gesetzlichen Grundlage, Diessenhofen 1986

Degiacomi Franz, Erfüllung kommunaler Aufgaben durch Private, Zürich 1989

Gygi Fritz, Verwaltungsrecht, Bern 1986

Mastronardi Philippe, Experimentelle Rechtsetzung im Bund, in: ZSR 110 (1991)

Müller Georg, Inhalt und Formen der Rechtsetzung als Problem der demokratischen Kompetenzverteilung, Basel/Stuttgart 1979

Müller Jörg Paul/Saladin Peter, Das Problem der Konsultativabstimmung im schweizerischen Recht, in: Berner Festgabe zum Schweizerischen Juristentag 1979, Bern/Stuttgart 1979

Thürer Daniel, Bund und Gemeinden, Berlin 1986

Widmer Lukas, Das Legalitätsprinzip im Abgaberecht, Zürich 1988

DIE GLEICHSTELLUNG DES BEAMTEN MIT DEM STAATSBÜRGER ALS PROBLEM DES RECHTSSCHUTZES?

Paul Richli

1. EINLEITUNG

Die Vertreter und Vertreterinnen des "New Public Management" (NPM)[1] rühren an das bisherige Verständnis der Öffentlichrechtlerinnen und -rechtler sowie der Beamtinnen und Beamten mit Bezug auf das öffentliche Dienstrecht. Nicht mehr Verfassungs- und Gesetzmässigkeit der Verwaltungstätigkeit und nicht mehr Treuepflicht der Bediensteten sind die dominierenden Stichworte, sondern Effizienz, Effektivität, Wirksamkeit und Wirtschaftlichkeit der Erledigung von Verwaltungsaufgaben sowie Flexibilität des öffentlichen Dienstrechts.[2] Ein Stein des Anstosses scheint auch im Gleichbehandlungsprinzip zu liegen, hinter dem man tendenziell eine Barriere gegen die Leistungsorientierung vermutet.[3] Und im Gespräch mit Exponenten des NPM wird der Jurist mit der Frage konfrontiert, weshalb denn eigentlich Arbeitnehmerinnen und Arbeitnehmer im öffentlichen Dienst aus rechtlicher Sicht gleichermassen pfleglich behandelt werden müssten wie Bürgerinnen und Bürger. Der Staat sollte seinen Bediensteten gegenüber freier schalten und walten können, weil diese ihre Stelle aus freien Stücken angetreten hätten. Bürger und Bürgerinnen hingegen seien dem Staat mehr oder weniger ausgeliefert und hätten darum einen legitimen Anspruch darauf, dass der Staat ihnen gegenüber auf Rechtsprinzipien verpflichtet werde.

Die Fragestellung ist neu und originell. Das zeigt sich spätestens, wenn man in der Literatur nach einer Antwort sucht. Mindestens in der schweizerischen Standardliteratur zum Staats- und Verwaltungsrecht hält man vergeblich Ausschau nach der gestellten Frage und einer Antwort darauf.[4] Es wird zwar durchaus unterschieden zwischen Bürgerinnen und Bürgern einerseits und öffentlichen Bediensteten andererseits. Doch gehört es anscheinend zu den Selbstverständlichkeiten, dass der Staat ungeachtet der ihm gegenüberstehenden Rechtssubjekte denselben staats- und verwaltungsrechtlichen Bindungen unterliegt.

---

[1] In der Folge wird die englische Bezeichnung verwendet, weil sie gebräuchlicher ist als die halb eingedeutschte Entsprechung "neues Verwaltungsmanagement".
[2] Buschor 1993, S. 9 f.; Schedler 1993, S. 41 ff.; ders. 1994, S. 192 f.; Metzen 1994, S. 88 ff.
[3] Schedler 1995, S. 291 f.
[4] Aubert 1990 und 1994; Gygi 1986; Häfelin/Haller 1993; Häfelin/Müller 1993; Hafner S. 192; Hänni 1993; Helbling 1993; Knapp 1992 und 1993; Leisner 1992; Siegenthaler 1990

Werden Staats- und Verwaltungsrechtler durch die mit dem NPM verbundenen Gedanken aus dem (selbst-)gerechten Schlaf geweckt, oder gibt es vielmehr Anlass, die Stimme gegen barbarisches Eindringen in heilige Hallen unverzichtbaren juristischen Denkens zu erheben? Die nachfolgenden Überlegungen sind darauf gerichtet, eine erste Antwort zu erteilen. Dabei wird der Begriff Rechtsschutz untechnisch verstanden, umfassend den eigentlichen Rechtsschutz durch Rechtsmittel und den Schutz durch Prinzipien des Staats- und Verwaltungsrechts, worunter hier vor allem das Legalitätsprinzip von Bedeutung ist. Die Fragestellung ist aber derart ungewohnt, dass es im Rahmen dieses Beitrags bei einer Skizze bleiben muss, die in Thesenform erstellt wird. Die endgültige Ausarbeitung einer Antwort bedarf weiterer schweisstreibender Bemühungen.

2. THESEN

2.1. *These 1: Der Irrtum vom Ausgeliefert-sein der Bürgerin und des Bürgers gegenüber dem Staat*

Wer von Seiten des NPM auf die Abhängigkeit des Bürgers und der Bürgerin gegenüber dem Staat aufmerksam macht und die bediensteten Personen in einer komfortableren Rechtslage sieht, weil sie freiwillig in eine Rechtsbeziehung zum Staat treten, sieht grundsätzlich einmal richtig. Allein es sieht nur ein Auge. Blickt man mit beiden Augen in die vielfältige Landschaft möglicher Rechtsbeziehungen zwischen Staat und Bürgern und Bürgerinnen, so zeigen sich erhebliche strukturelle Differenzen, welche die vermeintlichen Privilegien der öffentlichen Bediensteten dahinschmelzen lassen. Gewiss ist es so, dass Bürger und Bürgerin etwa Steuerrechtsverhältnisse nicht suchen, sondern diese erleiden, sieht man von Personen ab, die mit Altruismus und überdurchschnittlichem Gemeinsinn gesegnet sind. Verfassungs- und verwaltungsrechtliche Bindungen des Staates sind angesichts der vergleichsweise wehrlosen Situation der Bürgerinnen und Bürger unabdingbar und, soweit ersichtlich, auch von Vertretern des NPM keineswegs bestritten.

Der Staat tritt Bürgerinnen und Bürgern indessen keineswegs nur als Steuerstaat gegenüber. Er gebärdet sich auch und vor allem als Erbringer von Leistungen, die anzunehmen Bürgerinnen und Bürger keineswegs in Pflicht stehen. Zu denken ist an staatliche Finanzhilfen für unterschiedlichste und in erster Linie privaten Interessen dienende Aktivitäten, so etwa an Finanzhilfen für die Wohnbauförderung des Bundes, an kantonale Stipendien für Ausbildungen aller Art, weiter an kommunale Sozialfürsorge und, um ein letztes Beispiel zu erwähnen, an staatliche Finanzhilfen für die Anschaffung von Feuerlöschgeräten durch Hauseigentümerinnen und -eigentümer.

Die zweitgenannte Kategorie von Rechtssubjekten ist nicht mehr als stellensuchende Personen darauf angewiesen, ein Rechtsverhältnis mit dem Staat einzugehen. Dennoch hat der Staat nach ganz herrschender Lehre und Rechtsprechung auch ihnen gegenüber grundsätzlich dieselben Verfassungs- und Verwaltungsrechtsprinzipien einzuhalten wie gegenüber Personen, die zum Eingehen von Rechtsverhältnissen verpflichtet sind. Immerhin können sich je nach Rechtsprinzip Differenzierungen rechtfertigen, ja aufdrängen. So wird namentlich das Gesetzmässigkeitsprinzip im Steuerrecht mit grösserer Strenge als im Finanzhilferecht gehandhabt.[5]

Meines Erachtens sind vorderhand keine durchschlagenden Argumente dafür ersichtlich, im öffentlichen Dienstrecht völlig andere rechtliche Massstäbe anzulegen als im Leistungsrecht und auf rechtliche Bindungen des Dienstgebers zu verzichten. Dazu gehört auch, dass Rechtspositionen prinzipiell mit Rechtsmitteln geltend gemacht und durchgesetzt werden können. Unterschiede mögen sich bei den möglichen Argumenten zur Begründung von Rechtsmitteln (Rügegründen) sowie mit Bezug auf die anrufbaren Rechtsmittelinstanzen (Rechtsweg) ergeben.

Im übrigen wäre die Annahme verfehlt, dass heute jedwede Meinungsverschiedenheit in einem öffentlichen Dienstverhältnis Gegenstand eines Rechtsstreites werden könnte. Vielmehr haben die Juristen seit jeher Mittel und Wege gefunden, um die rechtsstreitfähigen Themen zu beschränken. Zu diesem Zweck wird zwischen Betriebsverhältnis und Grundverhältnis unterschieden. Rechte und Pflichten, über welche Rechtsstreite geführt werden können, ergeben sich lediglich aus dem Grundverhältnis, nicht aber auch aus dem Betriebsverhältnis.[6] Das Grundverhältnis wird durch das Dienstverhältnis als Rechtsverhältnis definiert, während das Betriebsverhältnis den organisatorisch-betrieblichen Bereich der Verwaltungstätigkeit betrifft. Organisatorische Anordnungen werden dementsprechend nicht in Verfügungsform, sondern in Form von Weisungen getroffen. Das bedeutet nach dem heutigen Rechtsschutzsystem, welches ganz und gar auf das Verfügungshandeln ausgerichtet ist, dass grundsätzlich kein Anfechtungsobjekt gegeben ist.[7] Die Zuweisung zum einen

---

[5] Häfelin/Müller 1993, Rz. 296 ff.
[6] Gygi 1986, S. 123
[7] Gygi 1986, S. 122 f.

oder anderen Bereich ist keineswegs stets offensichtlich. Entscheidend muss sein, ob die Bediensteten von Anordnungen letztlich in ihrer Rechtsstellung unmittelbar betroffen sind, sodass das Grundverhältnis angesprochen ist.[8]

Die Unterscheidung in Grund- und Betriebsverhältnis ist deswegen erforderlich, weil sich Bedienstete der öffentlichen Verwaltung in zwei Rechtssphären bewegen. Einerseits sind sie gewählt oder angestellt, um gewisse, mit dem Amt verbundene oder im Pflichtenheft enthaltene Arbeiten im Namen des Gemeinwesens auszuführen. Insofern erledigen sie Aufgaben des Gemeinwesens und nehmen nicht eigene Rechte oder Befugnisse wahr. Es gibt kein Recht auf Ausübung bestimmter Amtsfunktionen. Hingegen können Massnahmen organisatorischer Art auf das Grundverhältnis durchschlagen und die Rechtsstellung der Bediensteten Person unmittelbar betreffen, so etwa die Zuweisung einer nach den Wahl- oder Anstellungsbedingungen oder der Ausbildung nicht zumutbaren Aufgabe.[9]

Eindeutig zum Grundverhältnis gehören namentlich Fragen des Gehalts, der Dauer der Arbeitszeit und der Ferien, der individuelle Bezug von Ferien, der Leistungen im Falle von Krankheit und Unfall sowie Vorschriften über den Wohnsitz. Eindeutig zum Betriebsverhältnis zählen namentlich die Zuweisung von Arbeiten innerhalb des Pflichtenheftes, die Zuweisung eines Arbeitsplatzes oder Büros,[10] die Beschaffung und Zuordnung von Arbeitsinstrumenten (Computer, Schreibmaschinen etc.) sowie die Abgabe von Dienstkleidern. Demgegenüber gibt es Anordnungen des Dienstgebers, deren Zuordnung zum Betriebs- oder Grundverhältnis nicht evident ist, so beispielsweise die Anordnung von Betriebsferien, die Zuweisung einer neuen Aufgabe, welche im Pflichtenheft nicht vorgesehen ist und mit welcher die bedienstete Person nicht rechnen musste, die allgemeine Ausgestaltung der gleitenden Arbeitszeit oder die Motorisierung des Postzustelldienstes.[11]

Kein Rechtsschutz besteht im Hinblick auf die erstmalige Begründung eines öffentlichen Dienstverhältnisses im Bund. Auf kantonaler Ebene werden demgegenüber vereinzelt Beschwerden zugelassen.[12] Hier ver-

---

[8] Gygi 1986, S. 123
[9] Gygi 1986, S. 123
[10] Dabei wird unterstellt, Arbeitsplatz oder Büro würden den einschlägigen Vorschriften betr. Gesundheit etc. entsprechen. Andernfalls wäre das Rechtsverhältnis betroffen.
[11] Gygi 1986, S. 123
[12] Häfelin/Müller 1993, Rz. 1214a

mag der Ausschluss der Anfechtungsmöglichkeit aus heutiger Sicht nicht mehr zu befriedigen. Es ist geboten, den Rechtsschutz zur Sicherstellung eines fairen Verfahrens zu öffnen.[13]

2.2. These 2: Das Gleichbehandlungsgebot ist geschmeidiger als angenommen

Vertretern des NPM scheint sodann das Gleichbehandlungsgebot lästig zu werden. Oberstes Prinzip in der Lohnbestimmung sei die Gleichheit, so dass das ökonomische Kriterium der Leistung zu kurz komme.[14] Tatsächlich besteht kein Anlass, sich vom Gleichbehandlungsgebot im öffentlichen Dienstrecht allzusehr beeindrucken oder sogar ängstigen zu lassen. Das Gleichbehandlungsgebot ist ein formales Kriterium, das seine Konkretisierungsmassstäbe nicht in sich selber trägt, sondern auf sachgemässe Füllung aus dem gesellschaftlichen Kontext heraus angewiesen ist. Dieser Sachverhalt wird in der Rechtslehre und in der bundesgerichtlichen Rechtsprechung dadurch zum Ausdruck gebracht, dass in der Rechtsetzung keine Unterscheidungen getroffen werden dürfen, für die sich kein sachlicher, vernünftiger Grund anführen lässt.[15] In theoretischer und zum Atmen zu dünner Höhenluft ist davon die Rede, dass Gleiches nach Massgabe seiner Gleichheit gleich und Ungleiches nach Massgabe seiner Ungleichheit ungleich zu behandeln sei.[16] Nicht erst nach dem Vormarsch oder Einmarsch des NPM in die Gefilde staatlicher Aktivitäten können Leistungsunterschiede zu unterschiedlichen dienstrechtlichen Regelungen, namentlich differenzierten Gehältern führen, ohne dass das Gleichbehandlungsgebot beschädigt würde. Zu erwähnen ist Artikel 36 Absatz 2 des Beamtengesetzes,[17] wonach für die Gewinnung hochqualifizierter Persönlichkeiten Gehaltszuschläge bis zu 20 Prozent gewährt werden können. Das NPM will nun aber - mit guten Gründen - die Leistungsorientierung der Verwaltung intensivieren und generalisieren. Diesem Anliegen steht das Gleichbehandlungsgebot keineswegs feindlich gegenüber. Eine unterschiedliche Leistung ist ein zureichender sachlicher Grund für eine Gehaltsdifferenzierung. Ja, man kann sogar die These wagen, dass das Unterschlagen von Leistungsunterschieden von Bedien-

---

[13] Richli 1993, S. 683 f.; Jaag 1994, S. 467
[14] Schedler 1995, S. 291
[15] Entscheidungen des Schweizerischen Bundesgerichts, Amtliche Sammlung (BGE) 119 Ia 128
[16] Häfelin/Haller 1993, Rz. 1568
[17] Systematische Sammlung des Bundesrechts (SR) 172.221.10

steten bei der Gehaltsbemessung eine Gleichbehandlung von Ungleichem und damit eine Strapazierung des Gleichbehandlungsgebots bedeutet.

2.3. These 3: Der Rechtsschutz im privaten Arbeitsvertragsrecht ist nicht schlechter als im öffentlichen Dienstrecht

Bei Vertretern des NPM scheint der Eindruck verbreitet zu sein, Arbeitnehmerinnen und Arbeitnehmer im öffentlichen Dienst seien mit Bezug auf den Rechtsschutz gegenüber Arbeitnehmerinnen und Arbeitnehmern in der Privatwirtschaft privilegiert. Der Staat sollte insbesondere mit Bezug auf die Zuerkennung von Leistungslohnelementen freie Hand haben und sich diesbezüglich nicht in gerichtlichen Verfahren rechtfertigen müssen. Aus juristischer Sicht kann dieser Eindruck keineswegs bestätigt werden. Es ist eine Selbstverständlichkeit, dass das private Arbeitsvertragsrecht den Rechtsschutz im Falle von Streitigkeiten über die Erfüllung von arbeitsvertraglichen Abmachungen über die Lohngestaltung, eingeschlossen Leistungslohnelemente, vorsieht und zur Verfügung stellt.[18] Dabei wird freilich eingeräumt, die Durchsetzung von Leistungslohnkomponenten bereite etliche Schwierigkeiten.[19] Im übrigen bestehen bei Arbeitnehmerinnen und Arbeitnehmern in der Privatwirtschaft möglicherweise mehr Hemmungen, gegen den Arbeitgeber oder die Arbeitgeberin arbeitsvertragliche Rechte gerichtlich durchzusetzen, als dies bei öffentlichen Bediensteten zutrifft. So steht man jedenfalls auch unter dem Eindruck, dass die nach Artikel 4 Absatz 2 BV geltende Lohngleichheit für Frau und Mann im öffentlichen Dienst konsequenter thematisiert und eingeklagt wird als in der Privatwirtschaft.

2.4. These 4: Artikel 6 Ziffer 1 EMRK fordert den Zugang zum gerichtlichen Rechtsschutz gleichermassen für private wie öffentliche Dienstverhältnisse

Es ist über jeden Zweifel erhaben, dass Artikel 6 Ziffer 1 der Europäischen Menschenrechtskonvention (EMRK) die Mitgliedstaaten und damit auch die Schweiz dazu verpflichtet, bei Streitigkeiten über privatrechtliche Arbeitsverträge den Zugang zu einem Gericht zu öffnen.[20] Danach hat jedermann Anspruch darauf, dass seine Sache in billiger Weise

---

[18] Vischer 1994, S. 289 ff.
[19] Vischer 1994, S. 107
[20] Villiger 1993, S. 225 f., Rz. 377 ff.

öffentlich und innerhalb einer angemessenen Frist gehört wird, und zwar von einem unabhängigen und unparteiischen auf Gesetz beruhenden Gericht, das über zivilrechtliche Ansprüche und Verpflichtungen zu entscheiden hat. Die Rechtsprechungsorgane der EMRK, das heisst, die Europäische Menschenrechtskommission und der Europäische Gerichtshof für Menschenrechte, haben den Begriff der zivilrechtlichen Streitigkeiten zunehmend auf Rechtsgebiete ausgedehnt, welche nach hiesigem Verständnis zum Verwaltungsrecht und nicht zum Zivilrecht gehören. Es ist heute davon auszugehen, dass das Gerichtsgebot nach Artikel 6 Ziffer 1 EMRK insbesondere auch für vermögensrechtliche Streitigkeiten aus öffentlichen Dienstverhältnissen gilt.[21] Zum selben Ergebnis gelangt man im übrigen aufgrund von Artikel 14 des UN-Sozialpaktes.[22]

2.5. *These 5: Im Unterschied zum privaten Arbeitsvertragsrecht kann im öffentlichen Dienstrecht die gerichtliche Überprüfung von Ermessensentscheidungen beschränkt werden*

Klagt eine Arbeitnehmerin oder ein Arbeitnehmer wegen Missachtung von Rechten aus privatrechtlichen Arbeitsverträgen, so haben die gerichtlichen Instanzen volle Kognition. Das bedeutet, dass nicht nur Rechtsverletzungen gerügt werden können, sondern auch die Handhabung des Ermessens.[23] Das ist insbesondere im Hinblick auf Leistungslohnkomponenten von Belang. Anders verhält es sich im öffentlichen Dienstrecht. Verwaltungsgerichte sind prinzipiell auf die Überprüfung von Rechtsverletzungen beschränkt. Hingegen können sie die Unangemessenheit von Entscheidungen prinzipiell nicht überprüfen. Es kann einzig eine Ermessensüberschreitung oder ein Ermessensmissbrauch geltend gemacht werden.[24][25] Im weiteren kann gerügt werden, der Sachverhalt sei nicht richtig oder nicht vollständig festgestellt worden.[26] Unter diesen Umständen wird ein Beamter in einem gerichtlichen Verfahren gegen den Staat als Arbeitgeber nicht erfolgreich sein können, wenn er nur gerade

---

21 Kley-Struller 1993, S. 23 ff.; ders. 1994, S. 27 und 33; Poledna 1995, S. 60 f.
22 Nowak 1989, S. 256
23 Habscheid 1990, Rz. 708 e contrario
24 Kölz/Häner 1993, Rz. 470
25 Diese Regel findet sich für das Bundesgericht als Verwaltungsgericht in Art. 104 Bst. a des Bundesgesetzes über die Organisation der Bundesrechtspflege (OG), Systematische Sammlung des Bundesrechts (SR) 173.110. Die kantonalen Verwaltungsprozessgesetze enthalten für die kantonalen Verwaltungsgerichte vergleichbare Bestimmungen.
26 Vgl. Art. 104 Bst. b des Bundesgesetzes über die Organisation der Bundesrechtspflege (OG), Systematische Sammlung des Bundesrechts (SR) 173.110

geltend macht, seine Arbeitsleistung sei mindestens ebenso gut wie diejenige eines Kollegen, welchem ein Leistungselement zuerkannt worden sei. Er müsste vielmehr beispielsweise geltend machen können, die Verwehrung eines Leistungslohnelementes ihm gegenüber bedeute geradezu eine Diskriminierung. Er habe dieses Element nur nicht erhalten, weil er der falschen Partei oder der falschen verwaltungsinternen "Seilschaft" angehöre. Verallgemeinernd wird man sagen dürfen, dass der Rechtsschutz mit Bezug auf Leistungslohnelemente vor allem darauf ausgerichtet sein muss, die Fairness des Verfahrens zu überprüfen. So hat denn das Bundesgericht in einem Streitfall auch entschieden, der Sachverhalt sei nicht genügend abgeklärt worden.[27]

Für einen Juristen bereitet es Mühe einzusehen, weshalb ein in dieser Weise beschränkter Rechtsschutz, der nicht einmal das für private Arbeitsverhältnisse verankerte Schutzniveau erreicht, für eine leistungsorientierte Verwaltung nicht zumutbar sein sollte. Er verhindert keineswegs, dass sinnvolle und notwendige betriebliche Entscheidungen getroffen und dass in der Personalpolitik vermehrt leistungsbezogene Überlegungen angestellt werden können.

2.6. *These 6: Dem öffentlichen Dienstrecht droht die formellgesetzliche Untersteuerung*

Wirft man aus juristischer Sicht einen Blick auf die jüngste Entwicklung des öffentlichen Dienstrechts im Bund, so entdeckt man Erstaunliches. So liest man in Artikel 17 des ETH-Gesetzes,[28] dass der Bundesrat das Dienstrecht der Professoren, des Delegierten des ETH-Rates, der Schulpräsidenten und der Direktoren der Forschungsanstalten regle. Dieses müsse öffentlich-rechtliche und privatrechtliche Arbeitsverhältnisse ermöglichen. Auf eine ähnliche Bestimmung stösst man im Bundesgesetz über Statut und Aufgabe des eidgenössischen Instituts für geistiges Eigentum.[29] Laut dessen Artikel 8 erlässt der Bundesrat die Vorschriften über das Dienstverhältnis. Es handelt sich dabei um Blankodelegationen, welche jede Berücksichtigung der Anforderungen eines zeitgemäss verstandenen Legalitätsprinzips und des Gewaltenteilungs- oder Funktionsteilungsprinzips vermissen lassen. Man muss daher von einer eigentlichen gesetzgeberischen Fehlleistung sprechen. Die Blankodelegation im

---

[27] Entscheidungen des Schweizerischen Bundesgerichts, Amtliche Sammlung (BGE) 118 Ia 165
[28] Systematische Sammlung des Bundesrechts (SR) 414.110
[29] Referendumsvorlage abgedruckt im Bundesblatt (BBl) 1995 II 391 ff.

ETH-Gesetz fällt insofern noch besonders auf, als im nachfolgenden Artikel 18 geradezu eine Bagatelle normiert wird. Danach müssen alle Hochschulangehörigen, die wissenschaftlich mitgearbeitet haben, in Veröffentlichungen aufgeführt werden. Allerdings ist einzuräumen, dass diese beiden Vorschriften eine Vorläuferbestimmung im Beamtengesetz[30] haben, nämlich in Artikel 62. Danach erlässt der Bundesrat die Vorschriften über die Ordnung des Dienstverhältnisses der Arbeitskräfte des Bundes, die nicht als Beamte seiner Dienstgewalt unterstellt sind. Auch dabei handelt es sich um eine Blankodelegation für bundesrätliche Normgebung, welche in krassem Gegensatz zur relativen Ausführlichkeit der Regelung des Beamtenverhältnisses im Beamtengesetz steht.

Zieht man wiederum einen Vergleich zum privaten Arbeitsvertragsrecht, so zeigt sich, dass dort die formellgesetzliche Normlage weitaus besser ist als in den erwähnten Beispielen des ETH-Gesetzes und des Bundesgesetzes über Statut und Aufgaben des eidgenössischen Instituts für geistiges Eigentum. Das Obligationenrecht (OR)[31] regelt den Einzelarbeitsvertrag in den Artikeln 319 bis 343, wobei sich zahlreiche Einschubartikel finden. Dabei handelt es sich freilich zum Teil um nachgiebiges Recht, das durch arbeitsvertragliche Vereinbarungen abgeändert werden kann. Doch nennen die Artikel 361 und 362 OR eine ganze Reihe von Bestimmungen, welche überhaupt unabänderlich sind oder welche nicht zuungunsten, sondern nur zugunsten der Arbeitnehmenden abgeändert werden können. Im Vergleich dazu lassen das ETH-Gesetz und das Gesetz über das Institut für geistiges Eigentum mit Bezug auf das öffentliche Dienstrecht einen eigentlichen normativen Kahlschlag erkennen. Darüber kann man sich auch nicht mit dem Zuspruch hinwegtrösten, dass Gesetze allemal verfassungskonform zu interpretieren und daher die Verfassungs- und Verwaltungsrechtsgrundsätze so oder anders zu beachten seien.

2.7. *These 7: Die Verfassungs- und Verwaltungsrechtsgrundsätze errichten gegen die Implementation der Anliegen des NPM keine chinesische Mauer*

Das NPM thematisiert betriebswirtschaftliche Grundsätze für die Verwaltungstätigkeit. Es orientiert sich mit anderen Worten vorab an den Erkenntnissen der Betriebswirtschaftslehre, welche sich mit der Organisation und Funktion privatwirtschaftlicher Unternehmen beschäftigt.[32] Da-

---

[30] Systematische Sammlung des Bundesrechts (SR) 172.221.10
[31] Systematische Sammlung des Bundesrechts (SR) 220
[32] Grünenfelder 1995, S. 286 ff.; Metzen 1994, S. 56 ff.; Schedler 1994, S. 191 ff.

bei werden allerdings bedeutsame Unterschiede zwischen Privatwirtschaft und Staat anerkannt.[33] Für die privatwirtschaftlichen Unternehmen gilt das private Arbeitsvertragsrecht. Nach den vorstehenden Ausführungen kann das öffentliche Dienstrecht unter Aspekten der Verfassungs- und Verwaltungsrechtsgrundsätze durchaus so eingerichtet werden, dass es den Vergleich mit dem privaten Arbeitsvertragsrecht aushält. Was die normative Architektur betrifft, so zeichnen sich heute Tendenzen ab, weit hinter das im privaten Arbeitsvertragsrecht als selbstverständlich Geltende zurückzugehen und recht eigentlich in die Steinzeit des Legalitätsprinzips und der Gewaltenteilungslehre zurückzufallen. Gegen diesen Rückfall ist aus öffentlich-rechtlicher Sicht die Stimme mit aller Deutlichkeit zu erheben.

Im weiteren wäre es auch verfehlt, den Beamtenstatus schlicht und einfach abschaffen zu wollen, ohne die dahinterstehenden staats- und verwaltungsrechtlichen Anliegen im Lichte einer leistungsorientierten Verwaltungsorganisation und -tätigkeit zu reflektieren. Der Beamtenstatus will nämlich die Objektivität, Unabhängigkeit, Neutralität und Sachkompetenz der Bediensteten fördern und schützen und Druckversuchen vorbeugen.[34] Dieser Schutz sollte eigentlich gerade höchsten Bediensteten am ehesten zukommen, weil sie nach aussen in besonderer Weise exponiert sind.[35] Dies spricht nicht generell gegen die Aufhebung des Beamtenstatus und die Einstellung von öffentlichen Bediensteten auf bestimmte oder unbestimmte Zeit mit Kündigungsmöglichkeit. Die mit dem Beamtenstatus verfolgte Zielsetzung muss aber in angemessener Weise kompensiert werden. Andernfalls besteht das Risiko, dass Unabhängigkeit und Qualität der Verwaltung mittel- und längerfristig nachhaltigen Schaden nehmen. Diese Risiken ergäben sich nicht zuletzt wegen der Politikabhängigkeit der Verwaltungstätigkeit. Vertreter des NPM zielen zwar darauf ab, durch die Trennung von strategischer und operativer Ebene die Politikbindung zu lockern oder sogar zu beseitigen. Dazu würde gehören, dass die Spitzenmanager und -managerinnen der Verwaltung keiner politischen Partei mehr angehören dürften.[36] Die Verwirklichung dieser Anforderung ist aber nicht in Sicht. Es wäre auch keineswegs gewiss, dass der Staat als Dienstgeber die Zugehörigkeit zu politischen Parteien verbieten dürfte, weil das eine gravierende Beschränkung der auch für öffentliche Bedienstete geltenden Vereinsfreiheit mit sich brächte.

---

[33] Buschor 1993, S. 7; Hablützel 1991, S. 141 ff.
[34] Hafner 1992, S. 481 ff. und S. 499 ff.; Helbling 1993, S. 660 f.; Müller 1994
[35] Müller 1994
[36] Grünenfelder 1995, S. 288

Geringere Kompensationsbedürfnisse im Falle der Beseitigung des Beamtenstatus dürften auf unteren und teilweise auch auf mittleren Funktionsebenen bestehen, wo die Politikabhängigkeit bereits heute wesentlich kleiner ist. Am wenigsten ausgeprägt wird das Kompensationsbedürfnis in jenen Bereichen sein, wo der Staat in Konkurrenz zur Privatwirtschaft Leistungen erbringt oder wo er wirtschaftliche Tätigkeiten aufgrund von faktischen oder rechtlichen Monopolen entfaltet. Dort kann tendenziell eine Angleichung an das privatrechtliche Arbeitsvertragsrecht erwogen werden. Im einzelnen bedarf es für eine präzise Festlegung und Abgrenzung indessen noch vertiefender Überlegungen und Erörterungen.

So oder anders ist die Angleichung des öffentlichen an das private (und umgekehrt auch des privaten an das öffentliche) Dienstrecht seit Jahren im Gang.[37] Das "New Public Management" hat insofern also keine neue Welt aufgebrochen. Es hat aber - und dies ist verdienstvoll genug - neue Akzente gesetzt und die Fahrt des schon rollenden Zuges beschleunigt. Juristinnen und Juristen, dies sollten die vorangehenden Überlegungen gezeigt haben, sind durchaus in der Lage, bei dieser Fahrt mitzuhalten. Sie sind im übrigen nach wie vor unentbehrliche Gesprächspartner, sollen im Laufe von Jahrhunderten entfaltete und erkämpfte rechtliche Bindungen staatlichen Handelns nicht überstürzt der Sorge um mehr Effizienz und Effektivität der Verwaltung geopfert werden.

3. ZUSAMMENFASSUNG UND SCHLUSSFOLGERUNG

Nach den Vorstellungen des "New Public Management" hat sich die Verwaltungstätigkeit in erster Linie an Effizienz, Effektivität, Wirksamkeit und Wirtschaftlichkeit und nicht vorab an Verfassungs- und Gesetzmässigkeit zu orientieren. Diese Orientierung schlägt auf das Dienstrecht durch. Diesbezüglich lauten die Stichworte Leistungsorientierung und Flexibilität. Und es wird nach Möglichkeiten des Abbaus von Rechtsschutz Ausschau gehalten. Die Frage lautet, weshalb der Staat als Arbeitgeber den Bediensteten einen vergleichbaren Rechtsschutz biete, wie wenn er Bürgerinnen und Bürgern gegenübertritt.

Die vorläufige Analyse zeigt, dass es für eine prinzipielle Dissoziation des Rechtsschutzes weder Anlass noch Rechtfertigung gibt. Der Staat begegnet auch Bürgerinnen und Bürgern keineswegs immer regelnd, fordernd und gebietend, sondern oft auch gewährend, leistend, helfend.

---

[37] Hangartner 1979, S. 400 ff.

Viele Rechtsbeziehungen entstehen nicht durch Zwang, sondern - wie das Dienstverhältnis - auf freiwilliger Basis. So werden beispielsweise Finanzhilfen nur auf Gesuch hin gewährt.

Treten der Bürger und die Bürgerin freiwillig in den Staatsdienst ein, so können sie deswegen aus staats- und verwaltungsrechtlicher Sicht nicht prinzipiell pflegeleicht werden und zur freien Disposition des Staates stehen. Das bedeutet zunächst, dass das öffentliche Dienstrecht nicht dem formellgesetzlichen Kahlschlag preisgegeben werden darf. Entsprechenden Ansätzen im ETH-Gesetz, im Bundesgesetz über Statut und Aufgaben des Eidgenössischen Instituts für geistiges Eigentum sowie im Beamtengesetz ist eine deutliche Absage zu erteilen. Sodann müssen für dienstrechtliche Streitigkeiten Rechtsschutzmöglichkeiten bestehen. Und zwar muss - nicht zuletzt angesichts der Verpflichtungen aus der Europäischen Menschenrechtskonvention - der Zugang zu einer unabhängigen gerichtlichen Instanz möglich sein. Ein solcher Rechtsschutz führt nicht dazu, dass Gerichte über die in der Verwaltung vorgenommenen Leistungsbeurteilungen der Bediensteten entscheiden können. Bei diesen Beurteilungen geht es prinzipiell um Ermessensfragen, welche in der Verantwortung der Verwaltung bleiben müssen. Die gerichtliche Überprüfung kann und muss aber vor allem die Einhaltung der Verfahrensfairness betreffen (sorgfältige Durchführung der Beurteilungen, Gewährung des Rechts auf Anhörung). Faire Verfahren sind nach den Erkenntnissen der Sozialwissenschaften geeignet, die Beurteilungen als solche in materieller Hinsicht zu legitimieren.

Sollte von Seiten des "New Public Management" die Meinung bestehen, dass man sich Rechtsschutz im skizzierten Ausmass nicht leisten könne, so würden Positionen der demokratischen Legitimation des Dienstrechts und des Zugangs zu Gerichten geräumt, welche im privaten Arbeitsvertragsrecht selbstverständlich sind. So weit werden aber wohl die eifrigsten Befürworter des NPM nicht gehen wollen. Jedenfalls müssten sie diesen Gang ohne die Unterstützung seitens des Staats- und Verwaltungsrechts tun.

LITERATURVERZEICHNIS

Aubert Jean-François, Bundesstaatsrecht der Schweiz, 2 Bände, Basel/Frankfurt am Main: Helbing & Lichtenhahn, 1990 und 1995

Buschor Ernst, Wirkungsorientierte Verwaltungsführung, Wirtschaftliche Publikationen der Zürcher Handelskammer, Heft 52, Zürich: Zürcher Handelskammer, 1993

Grünenfelder Peter, Neue Rolle der Politik im New Public Management, in: Schweizer Arbeitgeber, S. 286-290, 1995

Gygi Fritz, Verwaltungsrecht, Bern: Stämpfli, 1986

Hablützel Peter, Plädoyer für eine sinnvolle Verwaltungspolitik, in: Anreizsysteme im öffentlichen Bereich, hrsg. von A. Hofmeister, Schriftenreihe der Schweizerischen Gesellschaft für Verwaltungswissenschaften, Band 16, Bern: Eidgenössische Drucksachen- und Materialzentrale, 1991

Habscheid Walter J., Schweizerisches Zivilprozess- und Gerichtsorganisationsrecht, 2. Aufl., Basel/Frankfurt am Main: Helbing & Lichtenhahn, 1990

Häfelin Ulrich/Haller Walter, Schweizerisches Bundesstaatsrecht, 3. Aufl., Zürich: Schulthess Polygraphischer Verlag, 1993

Häfelin Ulrich/Müller Georg, Grundriss des allgemeinen Verwaltungsrechts, 2. Aufl., Zürich: Schulthess Polygraphischer Verlag, 1993

Hafner Felix, Öffentlicher Dienst im Wandel, Stellung und Funktion des öffentlichen Dienstverhältnisses im demokratisch-pluralistischen Gemeinwesen, in: Schweizerisches Zentralblatt für Staats- und Verwaltungsrecht (ZBl), S. 481-503, 1992

Hangartner Yvo, Entwicklungstendenzen im öffentlichen Dienstverhältnis, in: Zeitschrift für Schweizerisches Recht (ZSR), S. 389-407, 1979

Hänni Peter, Rechte und Pflichten im öffentlichen Dienstrecht: eine Fallsammlung zur Gerichts- und Verwaltungspraxis in Bund und Kantonen, Freiburg: Universitätsverlag, 1993

Helbling Peter, Totalrevision des eidgenössischen Beamtengesetzes - eine rechtliche Auslegeordnung, in: Aktuelle Juristische Praxis (AJP), S. 647-665, 1993

Jaag Tobias, Das öffentlich-rechtliche Dienstverhältnis im Bund und im Kanton Zürich - ausgewählte Fragen, in: Schweizerisches Zentralblatt für Staats- und Verwaltungsrecht (ZBl), S. 434-473, 1994

Kley-Struller Andreas, Art. 6 EMRK als Rechtsschutzgarantie gegen die öffentliche Gewalt, Zürich: Schulthess Polygraphischer Verlag, 1993

Kley-Struller Andreas, Der Anspruch auf richterliche Beurteilung "zivilrechtlicher" Streitigkeiten im Bereich des Verwaltungsrechts sowie von Disziplinar- und Verwaltungsstrafen gemäss Artikel 6 EMRK, in: Aktuelle Juristische Praxis (AJP), S. 23-42, 1994

Knapp Blaise, Grundlagen des Verwaltungsrechts, 2 Bände, Basel/Frankfurt am Main: Helbing & Lichtenhahn, 1992 und 1993

Kölz Alfred/Häner Isabelle, Verwaltungsverfahren und Verwaltungsrechtspflege des Bundes, Zürich: Schulthess Polygraphischer Verlag, 1993

Leisner Walter, Arbeitsschutz im öffentlichen Dienst, München: Vahlen, 1992

Metzen Heinz, Schlankheitskur für den Staat: Lean Management in der öffentlichen Verwaltung, Frankfurt am Main/New York: Campus, 1994

Müller Georg, Keine Wahl von Beamten auf Amtsdauer mehr - Flexibilisierung oder Politisierung der Beamtenschaft? in: Neue Zürcher Zeitung vom 10. Juni 1994, Nr. 135, S. 15, 1994

Nowak Manfred, UNO-Pakt über bürgerliche und politische Rechte und Fakultativprotokoll: CCPR-Kommentar, Kehl am Rhein (etc.): Engel, 1989

Poledna Tomas, Disziplinarische und administrative Entlassung von Beamten - vom Sinn und Unsinn einer Unterscheidung, in: Schweizerisches Zentralblatt für Staats- und Verwaltungsrecht (ZBl), S. 49-65, 1995

Richli Paul, Grundrechtliche Aspekte der Tätigkeit von Lehrkräften, in: Aktuelle Juristische Praxis (AJP), S. 673-687, 1993

Schedler Kuno, Anreizsysteme in der öffentlichen Verwaltung, Bern/Stuttgart/Wien: Haupt, 1993

Schedler Kuno, Die Verwaltung auf der Suche nach Wirksamkeit, in: Verwaltung, Organisation, Personal (VOP), S. 191-196, 1994

Schedler Kuno, Der frustrierte Bürokrat - Bild der Vergangenheit, in: Schweizer Arbeitgeber, S. 291-294, 1995

Siegenthaler Hans, Öffentlicher Dienst: ausgewählte Fragen unter besonderer Berücksichtigung des Dienstverhältnisses der Lehrer, Bern, 1990

Villiger Mark, Handbuch der Europäischen Menschenrechtskonvention (EMRK), Zürich: Schulthess Polygraphischer Verlag, 1993

Vischer Frank, Der Arbeitsvertrag, in: Schweizerisches Privatrecht, Basel/Frankfurt am Main: Helbing und Lichtenhahn, 1994

Vom FDK-Rechnungsmodell zu einer Betriebsbuchhaltung für die Verwaltung

Kurt Stalder

1. Das neue Rechnungsmodell der Finanzdirektorenkonferenz

Das neue Rechnungsmodell der Finanzdirektorenkonferenz wurde während der siebziger Jahre entwickelt. Im Einsatz ist es seit Ende der siebziger Jahre, und zwar in den meisten Kantonen und Gemeinden sowie in einer statistischen Form im Bundeshaushalt.

Die Zielsetzungen des neuen Rechnungsmodells entstammen der damaligen Zeit. Sie war gekennzeichnet durch eine schlechte Transparenz im öffentlichen Rechnungswesen.

Bund, Kantone und Gemeinden wandten vor Einführung des neuen Rechnungsmodells unterschiedliche Rechnungslegungssysteme an. Der Bund besass eine reine Kassenrechnung, in welcher nur die liquiditätsmässig relevanten Rechnungsfälle erfasst waren.

Die Kantone wandten zum Teil das System des Bundes an, zum Teil ein System mit ordentlicher und ausserordentlicher Verwaltungsrechnung. Die ausserordentlichen Verwaltungsrechnungen beinhalteten ein Sammelsurium vom Finanzvorfällen, je nach der politischen Notwendigkeit. Die Finanzierung in diesen Rechnungen erfolgte mittels eigener Quellen oder über die Verschuldung.

Die Gemeinden schliesslich besassen ein Rechnungssystem, das sich an die privatwirtschaftliche Erfolgsrechnung anlehnte. Investitionen wurden wie in der Privatwirtschaft direkt in die Bilanz verbucht.

1.1. Die Hauptziele des neuen Rechnungsmodells

Ausgehend von den damaligen Umständen sind die Hauptziele des neuen Rechnungsmodells verständlich:

Erstes Ziel der Haushaltharmonisierung war eine bessere Vergleichbarkeit und Durchschaubarkeit der öffentlichen Haushalte.

Das zweite Ziel des neuen Rechnungsmodells war volkswirtschaftlicher Art. Durch eine nach volkswirtschaftlichen Kriterien vorgenommene Unterteilung des Haushaltes in eine Konsum- und in eine Investitionsrechnung wollte man volkswirtschaftlich wichtige Schlüsse ziehen, insbesondere über die konjunkturpolitische Rolle der öffentlichen Hand.

Ein drittes Hauptziel des neuen Rechnungsmodells war eine möglichst weitgehende Anlehnung an die privatwirtschaftliche Erfolgsrechnung. Die laufende Rechnung lehnt sich stark an die Erfolgsrechnung aus der privatwirtschaftlichen Finanzbuchhaltung an.

Ein weiteres Ziel war der Aufbau einer aussagekräftigen schweizerischen Finanzstatistik, was in der Zwischenzeit mit einigen qualitativen Abstrichen auch realisiert wurde.

Ein gewisses Nebenziel des neuen Rechnungsmodells stellte auch die Ermöglichung einer annäherungsweisen Kostenrechnung dar. Das neue Rechnungsmodell sieht interne Verrechnungen zwischen Dienststellen vor. Ferner kennt es Spezialfinanzierungen, die möglichst kostengerecht aufgezogen werden sollen. Ziel dieser Punkte war eine bessere Durchsetzung des Verursacherprinzips.

1.2. *Würdigung des neuen Rechnungsmodells*

Von den Zielsetzungen des neuen Rechnungsmodells her ist klar: das neue Rechnungsmodell ist kein Managementmodell für die öffentliche Verwaltung, sondern in erster Linie ein Kontenrahmen und damit eine technische Hilfe für die Haushaltsabwicklung.

Die mit dem neuen Rechnungsmodell gesetzten Ziele sind aus der damaligen Zeit zu betrachten. Die Ziele wurden mit gewissen Abstrichen erreicht.

Überschätzt im neuen Rechnungsmodell wurde die Wirkung, die allenfalls durch die interne Kostenweiterverrechnung und durch die Existenz von Spezialfinanzierungen hätten erreicht werden sollen. Von einer materiell richtigen Kostenrechnung im Sinne des privatwirtschaftlichen betrieblichen Rechnungswesens ist man damit in der öffentlichen Verwaltung noch weit entfernt.

Das neue Rechnungsmodell hat finanzpolitisch für sich alleine keine Einsparungen und keine Ergebnisverbesserungen in den öffentlichen Haushalten gebracht.

Mit dem neuen Rechnungsmodell lässt sich die Unternehmung Verwaltung nicht nach betriebswirtschaftlichen Erkenntnissen führen. Die Steuerung im neuen Rechnungsmodell ist inputorientiert, indem die Oberbehörden die Zurverfügungstellung der finanziellen, personellen und sachlichen Mittel im einzelnen steuern. Eine Messung des Outputs und der Auswirkungen dieses Outputs sind nur in Ansätzen vorhanden. Es existiert kein geordneter Regelkreis zwischen Input und Output. Eine Rückkoppelung erfolgt nur zufälligerweise.

2. NEUE HERAUSFORDERUNGEN AN DIE ÖFFENTLICHE VERWALTUNGSFÜHRUNG

Es hat sich gezeigt, dass das neue Rechnungsmodell auf die Finanzpolitik und die finanziellen Ergebnisse der öffentlichen Hand recht wenig Einfluss hatte. Dies war solange kein Problem, als es der öffentlichen Hand in der Schweiz gut ging und solange die Wirtschaft florierte, was einen ständigen Weiterausbau des öffentlichen Dienstleistungsangebotes ohne übermässige Erhöhung der Steuerbelastung ermöglichte.

Heute verzeichnet die öffentliche Hand allerdings noch nie dagewesene Defizite. Die internationale Konkurrenzfähigkeit der Schweiz hat abgenommen. Die Wirtschaft baut Arbeitsplätze ab oder verlegt sie ins Ausland. Die Arbeitslosigkeit hat zugenommen, die Sozialausgaben des Staates steigen. Der Druck auf die öffentliche Hand, sich wirtschaftlicher zu verhalten, hat zugenommen.

Bisher hat sich die öffentliche Verwaltung allerdings vorwiegend nach herkömmlichem Muster an die neue Ausgangslage angepasst. Die dem neuen Rechnungsmodell immanente inputorientierte Steuerung der öffentlichen Haushalte führt in diesen Defizitperioden zu einem Feilschen um die Inputs (Zuwachsprozente für verschiedene Ausgabenkategorien), zu Auseinandersetzungen über neue Steuern, damit die finanziellen Inputs gedeckt werden können.

Daneben setzt sich in vielen Verwaltungen aber immer mehr die Einsicht durch, dass herkömmliche Steuerungen (Inputsteuerungen) nur ein einseitiges Mittel sind. Bisher im Ausland erfolgreich durchgeführte grundlegende Umgestaltungen der Führung in der öffentlichen Verwaltung in der Form des New Public Managements (NPM) werden auf die Schweiz adaptiert. Bei diesen Modellen erfolgt die Haushaltsteuerung outputorientiert, d.h. es wird auf die Effektivität und Effizienz aus der Kundensicht abgestellt (wirkungsorientierte Verwaltungsführung).

3. DIE WIRKUNGSORIENTIERTE VERWALTUNGSFÜHRUNG

3.1. Allgemeine Charakteristik der wirkungsorientierten Verwaltungsführung

Die wirkungsorientierte Verwaltungsführung richtet die staatlichen Tätigkeiten nach den effektiven Bedürfnissen der Gesellschaft aus. Die öffentlichen Verwaltungen sind somit Dienstleistungsunternehmen, die sich in erster Linie an ihren Kundinnen und Kunden, also der Bevölkerung, den Gemeinden, anderen Kantonen, dem Bund, der Wirtschaft usw. orientieren müssen. Mit ihrem Angebot stehen öffentliche Verwaltungen mitunter in Konkurrenz zu anderen Anbietern auf dem Markt. Der Wettbewerb ist ein wesentlicher Bestandteil der Grundsätze einer wirkungsorientierten Verwaltungsführung.

Die Mechanismen, die für eine effiziente und effektive, den tatsächlichen Bedürfnissen angepasste Leistungserbringung sorgen, sind neu zu schaffen. Eine optimale Ausrichtung auf die tatsächlichen Bedürfnisse der Kunden lässt sich am besten dadurch erreichen, dass die Entscheidung, wie eine Leistung zu erbringen ist, möglichst nahe beim Leistungsempfänger erfolgt. Kompetenzen sind deshalb auf die Leistungserbringer zu verlagern.

Dies setzt eine neue Verwaltungsstruktur voraus. Damit die einzelnen Leistungszentren, also die Dienststellen und allenfalls externe Leistungserbringer, ihre Aufgaben in der erwähnten Art wahrnehmen können, muss die Verwaltung eine konzernähnliche dezentrale Führungs- und Organisationsstruktur erhalten.

3.2. Die neue Zuständigkeitsordnung

Das Parlament bildet die normative Ebene. Es bestimmt nur noch die allgemeinen Ziele der Politik und legt jene Leistungen fest, welche von der Verwaltung zu erbringen sind.

Im Gegensatz zu heute befasst es sich nicht mehr mit Details wie einzelnen Budgetrubriken, sondern mit übergeordneten politischen Zielsetzungen, die sich aus den Bedürfnissen der Kunden ergeben. Das Parlament verabschiedet Leitbilder pro Legislaturperiode, die Finanz- und Leistungspläne pro Jahr in der Form von politischen Aufträgen und Globalbudgets. Es verfügt über ein sinnvoll ausgebautes Verwaltungscontrolling (Finanz-, Personal- und Leistungscontrolling).

Die Exekutive, als Konzernleitung, fällt die strategischen Entscheide. Wie die Konzernleitung im privatwirtschaftlichen Bereich muss sich die Exekutive von Verwaltungsdetailaufgaben entlasten. Deshalb sind Aufgaben, Kompetenzen und Verantwortung möglichst weitgehend an die Dienststellen zu delegieren. Die strategische Führung erfolgt in der Form von Leistungsaufträgen, jährlichen Finanz- und Leistungsbudgets und durch ein Verwaltungscontrolling.

Departemente/Direktionen und Dienststellen bilden die in der Art der Aufgabenerfüllung weitgehend selbständige operative Ebene. Sie erhalten wesentlich mehr Handlungsspielraum. Auf dieser Ebene wird festgelegt, wie eine geforderte Leistung erbracht wird. Hier liegt die Verantwortung für die Aufgabenerfüllung und für den Einsatz der verfügbaren Ressourcen.

3.3. Controlling

Ein über alle Stufen reichendes Verwaltungscontrolling (es umfasst immer Leistungen, Finanzen und Personal) mit einem organisierten Berichtswesen schafft die Voraussetzungen für die Steuerung dieses Systems.

Im heutigen Modell erfolgt die Steuerung praktisch nur über die Mittel, die eingesetzt werden, also über die Finanzen. Die Leistungserfüllung wird hauptsächlich daran gemessen, ob die Budgetvorgaben und die Normen eingehalten wurden. Demgegenüber misst die outputorientierte Steuerung der wirkungsorientierten Verwaltung nach den tatsächlichen

Bedürfnissen der Kunden und ihren Erfolg an der Wirkung, die die Verwaltungstätigkeit bei diesen erzielt.

4. VERTRÄGLICHKEIT DES NEUEN RECHNUNGSMODELLS MIT DER WIRKUNGSORIENTIERTEN VERWALTUNGSFÜHRUNG

4.1. Allgemeines

Das neue Rechnungsmodell basiert auf inputorientierten Ansätzen und schlägt sich insbesondere in den für die Rechnungsführung geltenden Grundsätzen nieder (Haushalt- und Budgetprinzipien). Dem Mustergesetz der FDK, kantonalen Finanzhaushaltgesetzen und Gemeindefinanzhaushaltreglementen sind etwa folgende Prinzipien zu entnehmen:

- Jährlichkeit
- Vollständigkeit
- Klarheit
- Genauigkeit
- Spezifikation
- Sollverbuchung
- Bruttoprinzip
- Vorherigkeit
- Qualitative, quantitative und zeitliche Bindung der im Voranschlag eingestellten Beträge
- Artengliederung nach dem Kontenrahmen des neuen Rechnungsmodells der Finanzdirektorenkonferenz.

Mit diesen gesetzlichen Vorgaben ist eine wirkungsorientierte Verwaltungsführung nicht möglich.

4.2. Budgetierungs- und Zuständigkeitsunterschiede

Ein Merkmal der wirkungsorientierten Verwaltungsführung ist die Übereinstimmung von Ausführungs- und Finanzkompetenzen. Hierin liegt der grundlegende Unterschied zum heutigen System, in welchem die höchste politische Ebene mit dem jährlichen Budget bis ins Detail steuert, wie die Finanzmittel eingesetzt werden sollen, was den Handlungsspielraum im operativen Bereich auf ein Minimum reduziert.

In der wirkungsorientierten Verwaltung wird die heutige Art der Budgetierung von einer Globalsteuerung abgelöst. Diese ist mit den Leistungsaufträgen gekoppelt. Durch die Legislative wird nur noch der Saldo, der der Dienststelle zur Verfügung gestellt wird, verbindlich vorgegeben. Die finanzielle Führung der leistungserbringenden Dienststelle erfolgt im Detail nach einem betriebswirtschaftlichen Rechnungswesen, das auf die Kostenträger ausgerichtet ist.

Im Rahmen des Gesamt-Nettosaldos können die Leistungszentren über ihre Mittel verfügen. Allfällige Überschüsse sollen innerhalb der Vertragsperiode auf ein nächstes Rechnungsjahr übertragen werden. Die Verwendung der finanziellen Ressourcen im Vollzug muss den ständig wechselnden Bedürfnissen angepasst werden können.

4.3. Kontrolle/Controlling

Die Revision ändert sich gegenüber heute vollständig. Wohl wird nach wie vor eine Revision über die Ordnungs- und Rechtmässigkeit der Buchführung vorgenommen (bisherige Finanzkontrolle). Ergänzt wird diese Revision durch ein eigentliches Controlling. Dieses Verwaltungscontrolling umfasst Leistungscontrolling, Personalcontrolling und Finanzcontrolling. Das Controlling hat zum Ziel, die Steuerungsinstrumente der Planung (Vereinbarungen), die Kontrolle und das Berichtswesen übergreifend über alle Stufen der Verwaltungstätigkeit aufeinander abzustimmen. Das Controlling gehört untrennbar zum Führungsauftrag und ist ein dauernder Prozess. Controlling heisst: Ziele setzen, planen, steuern und kontrollieren. Das Controlling ist auf allen Stufen der staatlichen Organisation implementiert.

4.4. Wichtigste Unvereinbarkeiten

Aus dem vorhergehenden Vergleich der wichtigsten Rahmenbedingungen im neuen Rechnungsmodell und bei der wirkungsorientierten Verwaltungsführung ergibt sich, dass beide Systeme schlecht miteinander kompatibel sind. Es sind Abstimmungen notwendig, die vorläufig wie folgt auszugestalten sind.

Zur Aufrechterhaltung einer aussagefähigen Budget- und Rechnungsablage in volkswirtschaftlicher Hinsicht (volkswirtschaftliche Gesamtrechnung), für die Weiterführung der Finanzstatistik, für Zeitreihenvergleiche und für Vergleiche mit anderen Gebietskörperschaften ist es unvermeidlich, dass der Voranschlag und die Rechnung auch weiterhin vorläufig nach dem herkömmlichen Muster (NRM) geführt wird. Damit existieren nebeneinander zwei Buchhaltungsausweise: für übergeordnete Zielsetzungen der Kontenrahmen des neuen Rechnungsmodells, für die Steuerung in betriebswirtschaftlicher Hinsicht die Betriebsrechnung.

In rechtlicher Hinsicht bedingt die wirkungsorientierte Verwaltungsführung als Voraussetzung eine Anpassung folgender Haushaltsprinzipien des neuen Rechnungsmodells:

Prinzip der Jährlichkeit
Die Kontrakte mit den Leistungserstellern sind auf mehrere Jahre angelegt, im Normalfall auf den Zeitraum einer Legislaturperiode. Die Ressourcen, die für diesen Kontrakt zur Verfügung gestellt werden, müssen über die ganze Kontraktperiode kalkuliert werden.

Grundsatz der Spezifikation
Die Budgets werden in der wirkungsorientierten Verwaltung durch die Legislative nicht mehr detailliert verbindlich vorgegeben. Die finanziellen Ressourcen werden im einzelnen im Kontrakt umschrieben. Im Budget nach aussen erscheint im Bezugsjahr nur noch eine indikative Detaillierung. Massgebend für die Steuerung ist der Globalbetrag.

Qualitative Bindung der Voranschlagsbeträge
Dieser Grundsatz beinhaltet das Verbot der Kreditverschiebung. Im New Public Management gilt dies nicht. Der unternehmerische Handlungsspielraum macht notwendig, dass die Dienststellen nach wirkungsorientierter Verwaltung rasch auf ändernde Umstände reagieren können, was Umdispositionen im Mitteleinsatz notwendig macht. Die im Budget ausgewiesenen Einzelrubriken sind deshalb nur indikativ.

Grundsatz der quantitativen Bindung der Voranschlagsbeträge
Dieser Grundsatz besagt, dass die einzusetzenden Mittel auf die Kredithöhe beschränkt sind. Bei der wirkungsorientierten Verwaltung gilt dieser Grundsatz ebenfalls nicht. In den Detailrubriken besteht keine Nachtragskreditpflicht; einzelne Ausgabenpositionen können zu Lasten anderer überstiegen werden. Massgebend ist die Erbringung der Leistung

gemäss Kontrakt. Ein Nachtragskredit ist ausschliesslich bei Ausdehnung des Leistungsauftrags möglich.

Grundsatz der zeitlichen Bindung der Voranschlagsbeträge
Nach diesem Grundsatz verfallen die Voranschlagskredite nach Jahresende. Auch dieser Grundsatz gilt bei der wirkungsorientierten Verwaltung nicht. Über die gesamte Kontraktperiode müssen die zur Verfügung gestellten Mittel übertragen werden können, da unternehmerische Entscheide allenfalls zeitliche Umdispositionen bei der Leistungserbringung erfordern.

Kontenrahmen nach neuem Rechnungsmodell
Dienststellen mit wirkungsorientierter Verwaltung leiten ihre Unternehmung nach betriebswirtschaftlichen Kriterien. Sie müssen somit eine Kosten- und Betriebsrechnung führen. Diese ist auf die Kostenträger ausgerichtet. Gesteuert wird nach dieser Betriebsbuchhaltung und mit einem eingehenden Controlling.
Im Voranschlag und in der Rechnung des Gemeinwesens erscheint der Kontenrahmen aber weiterhin nach dem neuen Rechnungsmodell, wie ausgeführt aber lediglich in indikativer Form.
In einem Anhang zu Voranschlag und Rechnung sollte als Ergänzung dazu das betriebswirtschaftlich durchkalkulierte Kostenbudget/die Kostenrechnung der Dienststelle publiziert werden. Zusätzlich dazu wäre eine eingehende verbale Erläuterung und Umschreibung der Leistungserbringung anzuführen. Dies ermöglicht der Legislative die eigentliche Steuerung und Kontrolle der Leistungszentren.

5. TRANSFER VON DATEN DES RECHNUNGSWESENS ZWISCHEN FINANZBUCHHALTUNG UND BETRIEBSBUCHHALTUNG

Übergeordnete Zielsetzungen lassen es vorläufig nicht zu, den Kontenrahmen des neuen Rechnungsmodells für diejenigen Dienststellen, die nach wirkungsorientierter Verwaltungsführung arbeiten, fallenzulassen. Die Finanzbuchhaltungs-Daten aus dem neuen Rechnungsmodell müssen somit in die Betriebsbuchhaltung überführt werden, und allenfalls sind separate Finanz- und Betriebsbuchhaltungen in die zentrale Finanzbuchhaltung überzuführen. Es ist eine Schnittstelle zu definieren, die garantiert, dass möglichst weitgehend nur eine Einmalerfassung der Belege notwendig ist. Eine Nachbearbeitung der Finanzbuchhaltungs-Daten in der Betriebsbuchhaltung ist aber unvermeidbar.

Zur Vereinfachung ist folgendes vorzusehen:

- Eine Überführung von separaten Finanz- und Betriebsbuchhaltungen in den Kontenplan des neuen Rechnungsmodells ist schon heute gebräuchlich, z.B. in den Bereichen Forstwesen und Spitalwesen. Alle damit anstehenden Fragen sind bereits heute gelöst.
- Soweit möglich sollten bereits in der Finanzbuchhaltung und in anderen der Finanzbuchhaltung vorgelagerten Buchhaltungen (z.B. Lohnbuchhaltung) die Anliegen der Betriebsbuchhaltung berücksichtigt werden. Es sollte somit eine feinere Unterteilung der NRM-Konten in Unterkonten nach spezifischen Bedürfnissen erfolgen. Dies ist mit den im NRM möglichen zusätzlichen Laufnummern sichergestellt.
- Die in der Finanzbuchhaltung vorgenommenen Buchungen müssen den Dienststellen periodisch übermittelt werden, damit die Bearbeitung in der Betriebsbuchhaltung ermöglicht wird. Am rationellsten ist die Abgabe eines Datenträgers oder die Übernahme von Daten im online-Verfahren, die anschliessend dezentral in den NPM-Dienststellen weiterbearbeitet werden. Für Betriebsbuchhaltungen sind schon heute verschiedenste Standard-Software-Pakete auf dem Markt erhältlich. In einem einzelnen Gemeinwesen sollte wenn möglich allerdings nur ein Modell einer Betriebsbuchhaltung zur Anwendung gelangen.
- In der Betriebsbuchhaltung sind alle kalkulatorischen Kosten zu erfassen. Es besteht die Möglichkeit, einen Teil dieser Kosten über die Finanzbuchhaltung/NRM (Artengliederung 390/490) in die Kostenartenrechnung der Betriebsbuchhaltung einzuspeisen; dies betrifft vor allem die internen Leistungsbezüge bei anderen Dienststellen und die Weiterverrechnung bisher zentral anlastender Ausgaben wie Altinvestitionen der betreffenden Dienststelle (in der Form von Abschreibungen nach Wertverzehr und kalkulatorischem Zins).
  Andere Kosten sollten in der Betriebsrechnung nur kalkulatorisch erfasst werden, wie Gemeinkostenzuschläge für Legislative, Exekutive, zentrale Dienste. Alle diese Kosten über die Finanzbuchhaltung in die Kostenartenrechnung der Betriebsbuchhaltung einzuspeisen scheint zu aufwendig.
- Für die Betriebsbuchhaltungen sind durch eine zentrale Stelle die wichtigsten Verrechnungssätze einheitlich vorzugeben, insbesondere die kalkulatorischen Abschreibungen und Zinsen, die Gemeinkostenzuschläge, die Verrechnungssätze für Liegenschaftskosten, usw. Wie ausgeführt, ist dabei wegen der Verwaltungsökonomie einer kalkula-

torischen Lösung über Gemeinkostenzuschläge einer effektiven Verrechnung über die Artengliederung des neuen Rechnungsmodells vorzuziehen.

6. LÄNGERFRISTIGE ASPEKTE

Wenn in der Schweiz flächendeckend wirkungsorientierte Verwaltungsführung implementiert würde, müsste man sich überlegen, das neue Rechnungsmodell (NRM) abzulösen. Das neue Steuerungsmodell (NPM) könnte wiederum interkantonal harmonisiert werden. Gewisse grundlegende Bedürfnisse, wie die Finanzstatistik, müssten durch die Formulierung von Rahmenbedingungen gesichert werden.

Dafür ist es gegenwärtig allerdings zu früh. Für Versuchsperioden lässt sich ein Nebeneinander von NRM und NPM vertreten. Allerdings bringt dies gewisse Erschwernisse mit sich, wie unterschiedliches Recht für verschiedene Dienststellen der gleichen Verwaltung und zusätzlicher Aufwand.

Die jetzt in vielen öffentlichen Körperschaften laufenden NPM-Versuche werden wichtige Hinweise auf die Tauglichkeit dieses Systems im Praxiseinsatz geben. Erst eine mehrjährige Versuchsphase wird zeigen, ob eine flächendeckende Einführung möglich und sinnvoll ist. Somit wird erst in einigen Jahren zu entscheiden sein, inwieweit eine Koordination durch eine zentrale Organisation notwendig ist. Da gegenwärtig in Deutschland eine ähnliche Aufarbeitung dieses Themas im Gange ist, können allenfalls auch internationale Erfahrungen genutzt werden.

MODELL FÜR EINEN INTERNEN MARKT IN DER VERWALTUNG

Felix Wolffers

1. EINLEITUNG

Die heutige Verwaltungskultur fördert tendenziell das Geldausgeben, nicht aber das Sparen und schon gar nicht das Geldverdienen. Die Gründe hierfür sind vielfältig. Weil die Budgetierung regelmässig auf die einer Abteilung in den Vorjahren zugestandenen Ressourcen abstellt, liegt es nahe, diese Mittel möglichst vollständig auszuschöpfen. Bekannt ist in diesem Zusammenhang das Phänomen des "Dezemberfiebers", welches jeweils gegen das Jahresende hin Verwaltungsabteilungen mit noch nicht ausgeschöpften Budgetkrediten befällt. Die sparsame Beamtin und der sparsame Beamte haben in der verwaltungsprägenden Kultur des Ausschöpfens vorhandener Mittel einen schweren Stand. Das Bild der "good people trapped in bad systems" erweist sich allzuoft als zutreffend.

Mit New Public Management (NPM) soll u.a. mehr Outputorientierung, mehr Marktorientierung und mehr Wettbewerb in die Verwaltung gebracht werden. Weil staatliche Organisationen jedoch meist Güter und Dienstleistungen produzieren, welche gar nicht oder nur in einem sehr begrenzten Umfang marktfähig sind, kann das Problem der ungenügenden Marktorientierung der Verwaltung und des Marktversagens in vielen Bereichen der Verwaltungstätigkeit nicht ohne weiteres durch Anleihen bei der privaten Wirtschaft gelöst werden.

Um der Marktorientierung und dem unternehmerischen Verhalten von Regierung und Verwaltung zum Durchbruch zu verhelfen, empfiehlt die Theorie des New Public Management auf der Grundlage der Kostenrechnung und einer ausgebauten internen Verrechnung die Einführung zusätzlicher Wettbewerbselemente. Solche sind beispielsweise Betriebsvergleiche (benchmarking) sowie der Wettbewerb auf der Basis einer Ausschreibung (competitive tendering).

Das nachfolgend skizzierte Modell für einen verwaltungsinternen Dienstleistungs- und Gütermarkt weist Elemente des competitive tendering auf. Es geht aber über das Ziel des bestmöglichen Vertragsschlusses auf der Basis einer Ausschreibung hinaus ist zugleich ein neuartiges Anreizsystem für dynamische Verwaltungsangestellte und eine Möglichkeit, verschiedene finanzrechtliche Prinzipien, die einer wirkungsorientierten Verwaltungsführung entgegenstehen, zumindest teilweise zu überwinden. Das Modell eines Internen Marktes will darüber hinaus neue Experimentierfelder für *mehr Eigeninitiative und Intrapreneuring* eröffnen.

Das Modell für einen Internen Markt geht davon aus, dass in der Verwaltung sowohl quantitativ wie qualitativ Ressourcen vorhanden sind, die nicht optimal ausgeschöpft werden. Wichtige Gründe hierfür sind z.B., dass die personelle Dotierung der einzelnen Abteilungen oft auf Spitzenbelastungen ausgelegt ist, und dass die amtsübergreifende Zusammenarbeit noch zu wenig institutionalisiert und ausgebaut ist. Demzufolge liegen Synergiepotentiale teilweise brach.

Auffallend ist, dass Verwaltungen relativ viele Aufträge extern vergeben, obschon intern die Ressourcen zur Bewältigung der entsprechenden Aufgaben an sich oft vorhanden wären. Werden anspruchsvolle Aufgaben trotz Vorhandensein von Fachpersonal in der Verwaltung regelmässig extern vergeben, hat dies eine ganze Reihe negativer Folgen: Die Kosten steigen, und vor allem sinken die Kompetenz und die Motivation der Mitarbeiter. Mit dem Modell des Internen Marktes sollen deshalb auch die verwaltungsinterne Vergabe von Gutachten und anderen anspruchsvollen Aufgaben sowie das interdisziplinäre Arbeiten gefördert werden.

Zu beobachten sind - insbesondere in grösseren Verwaltungen - Doppelspurigkeiten bei der Infrastruktur: Teure Anlagen gibt es oft mehrfach, wobei die gemeinsame Benützung dieser Anlagen durch verschiedene Abteilungen eher selten ist. Die Auslastung von Geräten und Fahrzeugen ist demzufolge nicht immer optimal. Mit dem Internen Markt soll eine bessere Bewirtschaftung der vorhandenen personellen Ressourcen und der Verwaltungsinfrastruktur erreicht werden.

Der Interne Markt soll weitgehend dereguliert stattfinden. Vorgegeben werden lediglich einige Rahmenbedingungen und Spielregeln. Die Teilnahme am Internen Markt wird durch Anreize gefördert. Das Modell des Internen Markts verfolgt einerseits ein *Sparziel*, indem die vorhandenen Ressourcen besser eingesetzt und der verwaltungsexterne Konsum von Gütern und Dienstleistungen eingeschränkt werden sollen. Andererseits wird mit der Etablierung eines Internen Marktes eine *Verhaltensänderung* bei den Mitarbeiterinnen und Mitarbeitern der Verwaltung angestrebt: Sie sollen vermehrt kostenbewusst und unternehmerisch wirtschaften.

Das Modell des Internen Marktes ist neutral hinsichtlich der Frage, ob eine Dienstleistung durch die öffentliche Hand selbst oder durch einen privaten Auftragnehmer erbracht werden soll. Der Interne Markt spielt sich innerhalb der wie auch immer organisierten Verwaltung ab und hat zum Ziel, deren Kosten zu senken. Die Frage der Verselbständigung oder Privatisierung von Verwaltungsabteilungen hat kaum Berührungspunkte mit dem System des Internen Marktes.

2. Grundprinzipien des Internen Marktes

2.1. Handelbare Güter

Auf dem internen Markt bieten die verschiedenen Abteilungen der Verwaltung Güter und Dienstleistungen gegen Verrechnung an. Der Katalog von Leistungen und Sachgütern, die gehandelt werden können, ist grundsätzlich nicht begrenzt.

Die Teilnahme am internen Markt ist abzugrenzen von der schon bisher üblichen Verrechnung interner Dienstleistungen: Leistungen, die eine Abteilung zugunsten einer anderen Verwaltungsabteilung erbringt, werden idealerweise heute schon intern verrechnet, was jedoch mit dem hier skizzierten Internen Markt kaum etwas zu tun hat. Oft hat die bestellende Abteilung bezüglich des Vertragspartners für Geschäfte mit interner Verrechnung oder bezüglich der Vertragsbedingungen gar keine Wahlmöglichkeit, weil der Anbieter der verrechneten Leistung ein Monopol besitzt. Ein städtischer Kindergarten etwa, der vom städtischen Elektrizitätswerk Energie bezieht, muss diese Leistung intern bezahlen. Alternative Anbieter stehen dem Kindergarten nicht zur Verfügung.

Der Interne Markt bewegt sich ausserhalb der üblichen Dienstleistungsströme in der Verwaltung. Es ist geradezu seine Charakteristik, dass er neue Handelsbeziehungen zwischen den verschiedenen Verwaltungseinheiten schafft.

Benötigt das Personalamt beispielsweise ein juristisches Gutachten, kann dies ein Fall für den internen Markt sein. Wenn das Gutachten nicht durch den eigenen Rechtsdienst verfasst werden kann, besteht die Möglichkeit, das gewünschte Gutachten auf dem verwaltungsinternen Markt einzukaufen. Offen bleibt jedoch stets der Auftrag an einen privaten Gutachter, z.B. wenn auf dem internen Markt kein hinreichend qualifizierter oder disponibler Geschäftspartner gefunden wird.

2.2. Preisgestaltung

Die Preise auf dem Internen Markt können die Vertragsparteien grundsätzlich frei fixieren. Die tatsächlich anfallenden Personal- und Sachaufwendungen sind dabei nur eine Richtlinie für die Preisgestaltung. Wer eine Dienstleistung auf dem Internen Markt anbietet, hat in der Regel temporäre Überkapazitäten. Da hierfür ohnehin fixe Lohnkosten anfallen, ist der Abschluss eines Geschäfts auf dem Internen Markt auch dann noch lohnend, wenn der erzielte Ertrag nicht die vollen Kosten deckt.

Das Problem der Konkurrenzierung privater Betriebe durch Geschäfte auf dem Internen Markt besteht kaum. Es kann einer Verwaltungsabteilung, die punktuell über freie Kapazitäten verfügt, kaum ernsthaft verwehrt werden, diese Kapazitäten bestmöglichst auszunützen. Problematische Konkurrenzsituationen können sich allenfalls dann ergeben, wenn bestimmte Aufträge regelmässig auf dem Internen Markt vergeben werden und der verwaltungsinterne Geschäftspartner dank Quersubventionen stets einen Preis weit unterhalb des marktüblichen Niveaus offeriert.

2.3. Art der Bezahlung

Die auf dem Internen Markt gehandelten Güter und Dienstleistungen werden entweder gemäss herkömmlicher Methode *intern verrechnet* oder aber mit einer neu einzuführenden *verwaltungsinternen Währung* bezahlt.

Die verwaltungsinterne Währung ist ein Bonussystem. Wer eine Dienstleistung erbringt, lässt sich dafür den ausgehandelten Betrag gutschreiben. Der internen Währung kann ein beliebiger Name gegeben werden. Für das hier vorgestellte Modell wird der Name JOBS gewählt. Die JOBS haben die Form von Gutscheinen, die von einer zentralen Stelle ausgegeben werden.

2.4. Verpflichtung zum Bezug interner Güter

Mit der Einführung einer verwaltungsinternen Währung kann erreicht werden, dass Güter und Dienstleistungen in einem bestimmten, von der zuständigen Verwaltungsbehörde vorgegebenen Umfang intern bezogen werden *müssen*. Die Möglichkeit zum verwaltungsexternen Konsum entfällt in diesem Ausmass.

Die Behörde legt z.B. für verschiedene Aufwandarten fest, wie hoch der Anteil des internen Konsums minimal ist. Sie bestimmt beispielsweise, dass 10% aller Honorarkredite und aller Kredite für Aushilfspersonal intern verwendet werden müssen. Dieser Grundsatz wird umgesetzt, indem zum Jahresbeginn allen Abteilungen der gesamten Verwaltung 10% der entsprechenden Kredite in interner Währung (JOBS) ausbezahlt und auf den jeweiligen Konti belastet werden.

Die Abteilungen sind frei, was sie mit den erhaltenen JOBS anfangen wollen. Weil die JOBS vorhanden sind, besteht ein Anreiz, dieses Geld auf dem Internen Markt umzusetzen und Dienstleistungen oder Güter dafür zu kaufen. Dieser Anreiz kann dadurch verstärkt werden, dass JOBS-Guthaben nicht verzinst werden.

Es wird somit für einen Teil der Verwaltungsaktivitäten ein gegen aussen abgegrenzter geschlossener Wirtschaftskreislauf errichtet. Ein ähnliches System gibt es in der Privatwirtschaft zum Beispiel beim Wirtschaftskreislauf der WIR-Genossenschaft.[1]

Beispiel:
Die Steuerverwaltung benötigt sechs Aushilfen während vier Monaten. Sie kann diese Personen über Stelleninserate verwaltungsextern suchen. Sie kann aber auch einen Teil dieser Personen oder alle sechs auf dem Internen Markt finden und die Herkunftsabteilungen mit JOBS entschädigen. Die Entschädigung für die Aushilfen wird dabei unter den beteiligten Ämtern frei ausgehandelt.

---

[1] In der Wirtschaftsring-Genossenschaft WIR sind in der Schweiz ca. 60'000 Unternehmen zusammengeschlossen, die gesamthaft einen Umsatz von rund 2,5 Mia. Franken erzielen. WIR-Guthaben können nur im WIR-Teilnehmerkreis ausgegeben werden. Weil sich die beteiligten Unternehmen bei der Vergabe von Aufträgen und bei Einkäufen gegenseitig berücksichtigen, ist die WIR-Mitgliedschaft lohnend.

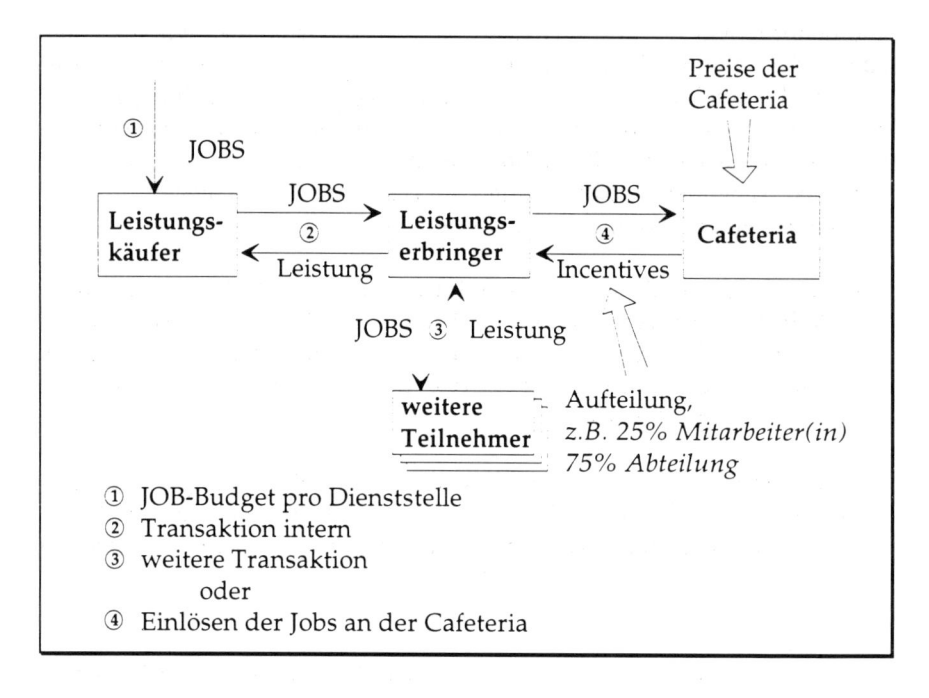

```
                                              Preise der
                                              Cafeteria
      ①                                         ↓ ↓
         JOBS
       ↓        JOBS                  JOBS
    ┌─────────┐  ──────→  ┌──────────┐  ──────→  ┌──────────┐
    │Leistungs-│    ②     │Leistungs-│    ④      │          │
    │käufer   │  ←──────  │erbringer │  ←──────  │ Cafeteria│
    └─────────┘ Leistung  └──────────┘ Incentives└──────────┘
                              ▲
                 JOBS  ③  Leistung
                              │
                              ▼
                       ┌──────────────┐ ─ Aufteilung,
                       │   weitere    │   z.B. 25% Mitarbeiter(in)
                       │ Teilnehmer   │   75% Abteilung
                       └──────────────┘

   ① JOB-Budget pro Dienststelle
   ② Transaktion intern
   ③ weitere Transaktion
        oder
   ④ Einlösen der Jobs an der Cafeteria
```

Abb. 1:   Das Modell des Internen Marktes

3. ANREIZE FÜR DIE TEILNAHME AM INTERNEN MARKT

Wer auf dem internen Markt eine Dienstleistung anbietet, nimmt einen Mehraufwand in Kauf oder verfügt temporär über weniger Ressourcen (weil z.B. eine Mitarbeiterin temporär für eine Aufgabe an eine andere Abteilung abgetreten wird).

Die Teilnahme am Internen Markt ist nur dann attraktiv, wenn sie auch Vorteile bringt - und zwar sowohl für die beteiligten Verwaltungseinheiten wie auch für die sich engagierenden Personen. Dies kann z.B. dadurch sichergestellt werden, dass der am Internen Markt erwirtschaftete Ertrag zu 25% dem Mitarbeiter für seinen Sondereinsatz und zu 75% der Abteilung, in welcher der Mitarbeiter angestellt ist, zugute kommt. Die Verteilung des auf dem internen Markt erwirtschafteten Ertrags zwischen der Abteilung und den beteiligten Personen kann beliebig ausgestaltet werden. Je grösser der Anteil der Mitarbeiter am Ertrag ist, desto grösser dürfte auch ihr individueller Anreiz für ein Engagement auf dem Internen Markt sein. Ist dagegen der Ertragsanteil der Abteilungen gering, werden diese versuchen, die Teilnahme ihrer Mitarbeiter am Internen Markt in engen Grenzen zuhalten. Notwendig ist somit eine ausgewogene Verteilung des Ertrags zwischen Personal und Abteilung.

Beispiel:
Die Sekretärin A. des Schulamtes arbeitet während zwei Monaten aushilfsweise bei der Steuerverwaltung. Diese bezahlt dafür insgesamt 8'000 JOBS. Davon erhält die Sekretärin A. 2000 und das Schulamt 6'000 JOBS, weil gemäss den Spielregeln des Internen Marktes 3/4 des Ertrags der Abteilung und nur 1/4 Frau A. zufliessen. Der eigentliche Lohn der Sekretärin A. wird auch während der Dauer des Einsatzes in der Steuerverwaltung dem Besoldungskredit des Schulamtes belastet und Frau A. in Franken normal ausbezahlt.

Als Anreizsystem für den Internen Markt drängt sich das in der Privatwirtschaft und teilweise auch in der Verwaltung bereits erprobte *Cafeteria-System*[2] auf. Dieses basiert im wesentlichen darauf, dass der Betrieb eine breite Palette von Belohnungen verschiedenster Art bereitstellt und es den Mitarbeiter(innen) überlässt, welche Prämie sie beziehen möchten.

Prämien, die in der Cafeteria erhältlich sind, können z.B. sein:

- neue Büromöbel
- zusätzliche EDV-Geräte
- Freitage
- Weiterbildung
- ein vom Arbeitgeber bezahlter Betriebsausflug für die ganze Abteilung
- usw.

Die Angebote in der Cafeteria haben einen festen Preis und stehen nur zur Verfügung, solange die Cafeteria nicht ausverkauft ist. Die Prämienangebote können frei gewählt und untereinander kombiniert werden. Sachwerte, die in der Cafeteria bezogen werden, bleiben im Eigentum der Verwaltung. Prämienberechtigt sind sowohl Einzelpersonen wie auch Abteilungen.

Für die Cafeteria-Prämien wird zum Jahresbeginn ein bestimmter Betrag zur Verfügung gestellt, welcher z.B. 50% der ausgegebenen Guthaben in

---

[2] Vgl. zur Funktionsweise des Cafeteria-Systems insbesondere Schedler, 1993, S. 161 ff.

JOBS entspricht. Mit der Dotierung der Cafeteria und dem Festlegen des Wechselkurses zwischen JOBS und Franken werden zugleich die minimalen, durch den Internen Markt hervorgerufenen Einsparungen für das laufende Jahr bestimmt (vgl. hierzu die nachfolgende Ziffer 6).

Die Cafeteria-Prämien können nur gegen JOBS erworben werden. Das in interner Währung erwirtschaftete Guthaben kann, muss aber nicht, an der Cafeteria umgesetzt werden. Die JOBS können genauso gut auch auf dem Internen Markt reinvestiert werden. Wie das System funktioniert, verdeutlicht das folgende

Beispiel:
Das Schulamt und die Sekretärin A. sind im Besitz eines Guthabens in JOBS. Die Sekretärin A. löst ihr Guthaben in der Cafeteria gegen einen neuen Schreibtisch ein. Das Schulamt verwendet 2000 JOBS für einen Betriebsausflug der ganzen Abteilung und behält den Rest von 4000 JOBS vorläufig als Betriebsreserve.

Der Anreiz zur Teilnahme am Internen Markt sollte genügend gross sein, damit das System tatsächlich funktioniert. Die Anreize dürfen jedoch nicht ein Ausmass erreichen, welches zu unerwünschten Nebeneffekten führt. Der Interne Markt darf insbesondere nicht zur Folge haben, dass zusätzliche Überstunden geleistet oder das Kerngeschäft einer Abteilung vernachlässigt werden.

4. MEHR UNTERNEHMERISCHER FREIRAUM UND HÖHERE PRODUKTIVITÄT

Temporäre Überkapazitäten beim Personal werden in der Verwaltung heute kaum offengelegt und verpuffen deshalb ungenutzt. Ähnlich verhält es sich mit personellen Ressourcen, welche bei Bereitschaftsdiensten (Feuerwehr, Polizei, Sanität usw.) zeitweise brachliegen. Auf dem Internen Markt könnten diese Kapazitäten ausgewiesen und gewinnbringend eingesetzt werden. Voraussetzung hierfür ist jedoch, dass die Teilnahme am Internen Markt ein *positives Image* hat.

Der Austausch von Gütern und Dienstleistungen auf dem Internen Markt ist nicht nur für temporär unausgelastete Abteilungen attraktiv, sondern auch für die Bewältigung von Spitzenbelastungen: Wer in Phasen unterdurchschnittlichen Arbeitsanfalls auf dem Internen Markt JOBS erwirtschaftet, hat für arbeitsintensive Zeiten "vorgearbeitet", weil die JOBS bei erhöhter Belastung gegen zusätzliche Ressourcen eingetauscht werden können. Belastungsspitzen können so unter Einsatz der internen Währung und ohne zusätzliche Personalkosten bewältigt werden.

Die Beteiligung am Internen Markt ist dann besonders zweckmässig, wenn Arbeiten durch andere Verwaltungsabteilungen (oder Einzelpersonen aus anderen Abteilungen) kostengünstiger erledigt werden können als durch die eigene Verwaltungseinheit. Die ämterübergreifende Zusammenarbeit führt somit zu einer erhöhten Produktivität der Verwaltung. Das System des Internen Markts gestattet es den Abteilungen und Einzelpersonen, Aufgaben, welche sie nur mit vergleichsweise grossem Aufwand erledigen können, anderswo günstiger einzukaufen. Die sich so entwickelnde Zusammenarbeit vermittelt den Beteiligten zudem neue Einsichten und Erfahrungen und enthält Elemente des Job-Rotation.

Der Ausbau und die Institutionalisierung der ämterübergreifenden Zusammenarbeit sind auch deshalb wichtig, weil damit das Verständnis für die Belange anderer Abteilungen und der gesamten Verwaltung wächst. Dies fördert die ganzheitliche Problemlösung und wirkt einem allzu engen Abteilungsdenken entgegen. Weil unter New Public Management-Bedingungen tendenziell die Optik auf den eigenen Bereich und dessen finanzielle Belange verengt wird, erscheint die Förderung einer ganzheitlichen Sichtweise durch verstärkte Zusammenarbeit zwischen den Abteilungen besonders wichtig.

5. ORGANISATION DES INTERNEN MARKTES

Wichtig ist, dass ein Interner Markt nicht zu einer zusätzlich aufgeblähten Verwaltung führt. Notwendig sind somit eine schlanke Organisation und wenig Normen. Das System des Internen Markts soll möglichst frei und unbürokratisch funktionieren können. Wichtig sind jedoch die folgenden drei Elemente zur Steuerung des Internen Marktes und zur Schaffung der notwendigen Markttransparenz: eine Clearingstelle, eine Aufsichtsbehörde und ein Anzeiger. Deren Funktionen werden im folgenden nur grob umrissen und angedeutet. Präzisere Vorstellungen müssten in einem Detailkonzept im konkreten Fall entwickelt werden.

Insgesamt ist davon auszugehen, dass die Etablierung eines Internen Marktes kaum zu zusätzlichem Personalaufwand führt. Der zusätzliche administrative Aufwand muss in jedem Fall deutlich geringer sein als die durch den Internen Markt bewirkten Einsparungen. Kann dies nicht sichergestellt werden, ist auf einen Internen Markt in der vorgeschlagenen Form zu verzichten.

5.1. Anzeiger

Voraussetzung für das Funktionieren des Internen Marktes ist eine gute Markttransparenz. Die Marktteilnehmer sollen über die angebotenen Güter und Dienstleistungen informiert sein. Umgekehrt ist es auch wichtig, dass die Abteilungen ihre eigenen Dienstleistungsangebote auf dem Internen Markt bekannt machen und Leistungen nachfragen können.

Notwendig ist somit ein Kommunikationsmedium. Zweckmässig dürfte ein interner Anzeiger sein, welcher regelmässig erscheint. Wer etwas anbieten oder haben möchte, hat die Möglichkeit, im *internen Anzeiger* ein Inserat zu publizieren. Der interne Anzeiger könnte z.B. monatlich erscheinen und an alle Abteilungen sowie an interessierte weitere Abonnenten verteilt werden. Denkbar ist auch ein elektronischer Anzeiger mit vernetzten Computern. Die Inserate im Anzeiger sollten gratis sein.

5.2. Aufsichtsbehörde

Der Interne Markt soll weitgehend dereguliert funktionieren. Einige Grundregeln sind dennoch durch eine zentrale Stelle festzulegen. Alle weiteren Entscheidungen treffen die Marktteilnehmer. Notwendig ist eine mit weitreichenden Kompetenzen ausgestattete Aufsichtsbehörde, welche beispielsweise die Spielregeln des Marktes nach Bedarf verfeinert und Verstösse gegen die Grundprinzipien des Internen Marktes ahnden kann. Die Aufsichtsbehörde ist auch zuständig für die Festlegung des Wechselkurses für die interne Währung. Die Aufsichtsbehörde sollte aus drei bis fünf Mitgliedern bestehen, wobei die politische Führungsebene in der Aufsichtsbehörde prominent vertreten sein sollte, damit diese das notwendige Gewicht erhält.

5.3. Clearingstelle

Die Clearingstelle für den Internen Markt ist zugleich Bank und Buchhaltung. Sie führt für alle Marktteilnehmer ein individuelles Konto und überwacht die Transaktionen auf dem Markt. Bei Verstössen gegen die Regeln des Internen Markts schaltet sie die Aufsichtsbehörde ein.

Wichtig ist, dass der Interne Markt mit einem Minimum an zusätzlichem Administrativaufwand auskommt. Die Clearingstelle ist deshalb idealerweise der in der Verwaltung regelmässig vorhanden Zentralbuchhaltung anzugliedern.

6. SPAREFFEKT DES INTERNEN MARKTES

6.1. Quantifizierbare Einsparungen

Die durch die Etablierung eines Internen Marktes erreichten Einsparungen lassen sich relativ einfach berechnen: Erste Richtgrösse für die Einsparungen ist die Summe aller Leistungen, die intern erbracht statt extern eingekauft werden. Wird zum Beispiel vorgegeben, dass 10% aller Honorarkredite intern zu verwenden sind, entsprechen die Einsparungen dem Gegenwert der intern vergebenen Aufträge. Davon sind jedoch die Kosten derjenigen Cafeteria-Leistungen, welche extern eingekauft werden müssen, in Abzug zu bringen.

Der Spareffekt ist beispielsweise dann gering, wenn alle JOBS an der Cafeteria gegen Büromöbel eingetauscht werden, weil die Möbel extern gegen Franken beschafft werden müssen.

Der Spareffekt ist dann gross, wenn die Abteilungen ihre gesamten JOBS gegen Dienstleistungen auf dem Internen Markt eintauschen. Werden die JOBS im Verlauf des Jahres mehrfach umgesetzt, führt dies über die steigende Umlaufgeschwindigkeit der internen Währung zu einem Multiplikatoreffekt und damit zu zusätzlichen Einsparungen.

Der Spareffekt kann vergrössert werden, wenn der *Wechselkurs* für Cafeteria-Leistungen entsprechend festgesetzt wird. Es kann beispielsweise festgelegt werden, dass 100 JOBS nur 50 Franken wert sind. Für einen in der Cafeteria bezogenen Computer, der 2000 Franken kostet, müssten somit 4000 JOBS bezahlt werden.

6.2. Nicht quantifizierbare Einsparungen

Zusätzlich zu den quantifizierbaren Einsparungen ergeben sich weitere Spareffekte, weil das System des Internen Marktes das *Kostenbewusstsein* der Mitarbeiterinnen und Mitarbeiter der Verwaltung schärft und sie im unternehmerischen Denken schult. Diese Erfahrungen bewirken eine Verhaltensänderung und wirken sich mittel- und längerfristig kostendämmend aus.

7. RECHTLICHE VORAUSSETZUNGEN

Der Interne Markt ist eine weitgehend unbürokratisch organisierte Tauschwirtschaft, welche neben der hochstrukturierten und im Detail durch Gesetze, Verordnungen und finanztechnische Regeln des Neuen Rechnungsmodells bestimmten traditionellen Verwaltungswirtschaft etabliert wird.

Ich gehe aufgrund einer summarischen Beurteilung der verschiedenen Aspekte davon aus, dass der Interne Markt weitgehend ohne Änderung des geltenden Rechts eingeführt werden kann. Die beamtenrechtlichen Voraussetzungen für die Ausrichtung von Prämien können in der Regel durch die Exekutive relativ einfach geschaffen bzw. geändert werden. Am ehesten ergeben sich Probleme mit dem Finanzhaushaltsrecht. Einige Grundprinzipien des in der Schweiz allgemein geltenden Haushaltsrechts werden mit dem Internen Markt zwar nicht aufgehoben, jedoch teilweise im Effekt aufgeweicht. Zu nennen sind etwa die folgenden:

- Die *Prinzipien der Jährlichkeit des Budgets und der zeitlichen Bindung* der Budgetbeträge bleiben grundsätzlich erhalten, weil die Budgetkredite jedes Jahr neu gesprochen werden und wie bisher am Ende des Budgetjahrs verfallen. Hingegen überdauern die in interner Währung erarbeiteten Guthaben das Budgetjahr, weil die JOBS am Ende des Jahres ihren Wert nicht verlieren. Dadurch können abweichend vom geltenden Haushaltsrecht, welches Kreditübertragungen kaum zulässt, problemlos Rückstellungen gebildet werden.
- Das *Prinzip der qualitativen Bindung* der Voranschlagsbeträge wird immer dann tangiert, wenn Transaktionen auf dem Internen Markt Kreditverschiebungen auslösen. Es ist beispielsweise denkbar, dass eine Abteilung einen Teil ihres Honorarkredits, der ihr zu Beginn des

Budgetjahrs in interner Währung zur Verfügung gestellt wird, auf dem Internen Markt zum Kauf von Büromöbeln einsetzt.

- Der *Grundsatz der quantitativen Bindung* der Voranschlagskredite besagt, dass die einzusetzenden Mittel auf die Kredithöhe beschränkt sind. Durch die Teilnahme am Internen Markt kann jedoch eine Abteilung zusätzliche Mittel erwirtschaften, die im Budget nicht enthalten sind, und entsprechend auch zusätzliche Ausgaben tätigen, ohne dass ein Nachkredit gesprochen werden muss.

Weil auf dem Internen Markt letztlich nur ein sehr geringer Teil des Budgetvolumens umgesetzt wird, sind die oben erwähnten potentiellen Reibungsflächen mit dem bestehenden Haushaltsrecht zu relativieren. Hinzu kommt, dass der informelle und in der Buchhaltung nicht ersichtliche Austausch von Gütern und Dienstleistungen in der Verwaltung bereits heute weit verbreitet ist. Die verwaltungsinterne "Schattenwirtschaft" besteht etwa darin, dass sich Abteilungen gegenseitig mit Budgetkrediten aushelfen, damit Nachkredite vermieden werden können. In der Praxis kommt es etwa vor, dass eine Abteilung die Kosten einer Anschaffung oder eines Auftrags für eine andere Abteilung übernimmt. Zum Verwaltungsalltag gehört auch, dass die Abteilungen einander personelle Ressourcen ohne entsprechende interne Verrechnung zur Verfügung stellen, um beispielsweise krankheitsbedingte Ausfälle zu kompensieren oder Spitzenbelastungen zu bewältigen.

Unter New Public Managementbedingungen werden die heutigen Grundprinzipien des schweizerischen Haushaltsrechts einen tiefgreifenden Wandel erfahren, weil sie einer wirkungsorientierten Verwaltungsführung teilweise diametral entgegenstehen.[3] Dies dürfte dazu führen, dass die geltenden finanzrechtlichen Grundsätze in der Praxis in den nächsten Jahren weniger strikte gehandhabt werden als bisher. Damit vergrössert sich der Raum für die Einführung eines Internen Marktes oder ähnlicher Instrumente.

8. IST DER INTERNE MARKT NPM-KOMPATIBEL?

Das Modell des Internen Marktes enthält wesentliche Elemente des New Public Management. Die einzelnen Abteilungen der Verwaltung erhalten mit dem Internen Markt *mehr unternehmerischen Spielraum*, was auch ein

---

[3] Vgl. hierzu etwa Stalder, 1995; ders. in diesem Band, S. 311

grundlegendes Ziel des New Public Management ist. Ein wesentlicher Unterschied besteht darin, dass NPM-Systeme Veränderungen der traditionellen Verwaltungsabläufe und der heutigen Kompetenzordnung voraussetzen, während das System des Internen Marktes auch in den bestehenden Strukturen der Verwaltung realisiert werden kann und die politischen und administrativen Entscheidmechanismen nicht tangiert.

Während das NPM einen vollständigen Bruch mit dem heutigen Budgetsystem vollzieht und zur Globalbudgetierung übergeht, verändert sich das bisherige Budgetsystem durch die Etablierung eines Internen Marktes kaum. Die teilweise Aufweichung der finanzrechtlichen Grundprinzipien durch den Internen Markt enthält lediglich ansatzweise Elemente der Globalbudgetierung.

Der Interne Markt kann als Vorstufe für die Einführung eines NPM-Systems angesehen werden. Der Interne Markt kann aber auch nach der flächendeckenden Einführung von NPM weiter bestehen und sogar ausgebaut werden, weil die Grundprinzipien des Internen Marktes auf der Linie der wirkungsorientierten Verwaltungsführung liegen.

9. PROBLEMFELDER UND SCHWACHSTELLEN

Die Einführung eines Internen Marktes erfordert wenig gesetzgeberischen Aufwand. Finanzielle Mittel sind hierfür ebenfalls kaum notwendig. Wesentliche Voraussetzung für die Einführung eines solchen Systems ist jedoch die Bereitschaft der Verwaltung und der politischen Behörden, ein solches Experiment zu wagen. Ob der Interne Markt erfolgreich sein kann, ist ungewiss, denn bis heute gibt es hierfür m.W. keine Vorbilder. Neben der grundsätzlichen Neuheit des Ansatzes gibt es eine Reihe von offenen Fragen, wobei auf folgende Punkte besonders hinzuweisen ist:

Wesentlich für das Funktionieren eines Internen Marktes ist, dass die Mitarbeiterinnen und Mitarbeiter der Verwaltung und insbesondere das Verwaltungskader ein solches Instrument akzeptieren und benutzen. Die traditionelle Verwaltungskultur, die den marktmässigen Austausch von internen Gütern und Dienstleistungen kaum kennt, steht der Idee des Internen Markts teilweise entgegen.

Der Interne Markt will dazu beitragen, dass die Verwaltung ihre Ressourcen optimaler einsetzen kann. Das System darf aber nicht dazu führen, dass vorhandene Überkapazitäten auf dem Internen Markt eingesetzt anstatt abgebaut werden.

Obschon insbesondere grössere Verwaltungen über eine grosse Zahl von gut qualifizierten Spezialisten verschiedenster Fachrichtungen verfügen, ist die Bereitschaft, Fachleute anderer Abteilungen für die Problemlösung beizuziehen, bislang relativ gering. Eher wird tendenziell versucht, das in der eigenen Verwaltungseinheit fehlende Know-How durch den Beizug verwaltungsexterner Fachleute zu beschaffen. Ob mit dem System des Internen Markts das verwaltungsintern vorhandene Potential besser genutzt werden kann, ist nicht sicher.

Die Anreizkomponente des Internen Marktes kann in Konkurrenz zu bereits bestehenden Anreizsystemen in der Verwaltung treten. Demzufolge sind vor der Einführung eines Internen Marktes entsprechende Abgrenzungen vorzunehmen und die Koordination der verschiedenen Systeme sicherzustellen.

Das Argument des durch den Internen Markt verursachten zusätzlichen Administrativaufwands ist im Lichte der zu erwartenden Einsparungen zu prüfen. Obschon der Interne Markt nicht zu grösseren Veränderungen in der *Verwaltungsstruktur* führt, bewirkt er doch eine wesentliche Veränderung der *Verwaltungskultur*. Die Einführung des Internen Marktes setzt deshalb eine zumindest verwaltungsintern breit abgestützte Diskussion und eine hinreichende Akzeptanz voraus.

LITERATUR

Schedler Kuno, Anreizsysteme in der öffentlichen Verwaltung, Bern/Stuttgart/Wien: Paul Haupt, 1993

Stalder Kurt, Neues Rechnungsmodell und New Public Management, Finanz- und steuerpolitische Mitteilungen Nr. 63/März 1995 der Koordinations- und Beratungsstelle der kantonalen Finanzdirektoren für Fragen der Finanz- und Steuerpolitik, 1995

NPM: Kundinnen- und Bürgerorientierung von Verwaltungen

Ruth Köppel

New-Public-Management fordert von Verwaltungen eine Orientierung an den Bürgerinnen und Kunden. Wie diese dabei vorgehen können, ist - theoretisch - bekannt, beschäftigt sich doch das Fachgebiet Marketing bereits seit Jahrzehnten mit diesem Thema: Marketing ist - in privaten Unternehmen - die Aufgabe, gewinnbringend und dauerhaft Bedürfnisse einer oder mehrerer Zielgruppen zu befriedigen oder deren Wünsche zu erfüllen. Nun weisen Verwaltungen *vier Besonderheiten* auf, die sich auf ein Verwaltungsmarketing auswirken:

1. *Bindung an das Allgemeinwohl:* Verwaltungen haben nicht die Möglichkeit, sich wie private Unternehmen auf gewinnbringende Zielgruppen und Produkte zu konzentrieren. Ihnen verbleiben oft gerade wirtschaftlich unergiebige Produkte und Kunden.
2. *Steuerfinanzierung:* Der Preis als wichtige Steuergrösse von Angebot und Nachfrage fällt in jenen Fällen weg, wo Finanzierer und Empfänger von Produkten nicht identisch sind. Dies ist zum Beispiel bei Fürsorgeleistungen und Hochschulausbildungen der Fall. Hier gilt im weiteren auch die in der Privatwirtschaft oft geltende Regel 'je mehr Kunden, desto besser' nicht, wenn hohe fallbezogene Kosten anfallen.
3. *Fehlender Wettbewerb:* Kund/innen von Verwaltungen haben häufig keine Wahlfreiheit. Gute als auch schlechte Leistungen wirken sich oft nicht auf die Höhe der Nachfrage aus. Durch diesen Mangel an Wettbewerb kann bei Verwaltungen der Anreiz und Druck zur Leistungsverbesserung fehlen.
4. *Leistungen mit Zwangskonsum:* Ein Teil der Leistungen von Verwaltungen werden nur aufgrund hoheitlicher Anordnung nachgefragt (zum Beispiel Militärdienst).

Dieser Artikel zeigt auf, wie eine Verwaltung trotz dieser Besonderheiten bürgerinnen- und kundenorientiert handeln kann und damit einer zentralen Forderung des NPM gerecht wird. Er stellt wesentliche Methoden des Verwaltungsmarketings vor. Unter 'Verwaltungsmarketing' verstehe ich die Aufgabe einer Verwaltung, im Rahmen ihrer Zielsetzung effizient und dauerhaft Bedürfnisse von oft vorgegebenen Ziel- und weiteren Anspruchsgruppen zu befriedigen resp. deren Wünsche zu erfüllen.

Folgende besondere Gegebenheiten in der Schweiz dürften auch ohne NPM zu einer gewissen Kundinnen- und Bürgernähe geführt haben:

1. Die Instrumente der direkten Demokratie zwingen einen Teil der öffentlichen Verwaltungen und Betriebe zu bürgerorientiertem Verhalten, wenn sie bei den sie betreffenden Vorlagen keine Abfuhr erleiden wollen.
2. Durch die föderalistischen Strukturen sind viele Verwaltungseinheiten im Vergleich zu zentralistisch organisierten Ländern nahe bei Kundinnen und Bürgern.

Der Weg zu kundenorientiertem Handeln kann in folgenden fünf Schritten begangen werden, die ich anschliessend vorstelle:

1. Anspruchsgruppen erkennen
2. Bedürfnisse und Verhaltensweisen der Anspruchsgruppen kennen lernen
3. Übergeordnete (Wirkungs-) Ziele formulieren
4. Produkte definieren und Produkt-/Marktstrategie aufzeigen
5. Kunden- (und bürgerinnen-) bezogene Ziele formulieren
6. Marketinginstrumente kundinnen- und bürgergerecht einsetzen.

1. ANSPRUCHSGRUPPEN ERKENNEN

Kunden- und bürgerinnenorientiert handeln bedeutet, das gesamte Leistungsangebot einer Verwaltung auf deren Bedürfnisse und Verhaltensweisen auszurichten. Nun gibt es in der Realität nicht *den* idealtypischen Kunden, *die* Normbürgerin und *eine* Situation, in der eine Person mit Verwaltungen zu tun hat, sondern es gibt viele verschiedene Menschen und Organisationen in unterschiedlichen Lebenssituationen, die verschiedene Beziehungen zu Verwaltungen haben können. Folgendes Beispiel einer Studentin illustriert die letzte Aussage.

Beispiel: Eine Studentin erlebt innerhalb von 3 Monaten folgende Situationen mit der Verwaltung ihrer Wohngemeinde:

- Sie erhält Stipendien aus einer von der Gemeinde verwalteten Stiftung. (Kundin)
- Sie muss die Steuererklärung ausfüllen. (Kundin?)

- Sie darf über den Kredit zum Bau eines Schulhauses abstimmen. (Bürgerin)
- Sie schreibt für die Lokalzeitung einen Artikel über die Gemeindeversammlung. (Bürgerin? Kundin?)
- Sie muss eine Busse für das Velofahren ohne Velonummer bezahlen. (Kundin?)
- Sie ist betroffen vom Verkehr, der bereits seit mehreren Monaten wegen Bauarbeiten vor ihrem Wohnhaus umgeleitet ist. (Bürgerin?)

Die Frage, in welcher dieser Situationen die Studentin Kundin resp. Bürgerin ist, kann nicht eindeutig beantwortet werden, weil diese beiden gewachsenen Begriffe nicht klar abgegrenzt sind. Deshalb ist es für die fundierte Analyse zweckmässig, eine differenziertere Einteilung zu verwenden. Abb. 1 zeigt die verschiedenen Typen verwaltungsinterner und -externer Anspruchsgruppen, mit denen es eine Agentur zu tun haben kann (unter *Agentur* verstehe ich eine dezentrale Verwaltungseinheit mit weitreichenden, operativen Kompetenzen). Jede dieser Anspruchsgruppen hat spezifische Bedürfnisse und Erwartungen gegenüber einer Agentur, die ich anschliessend kurz beschreibe.

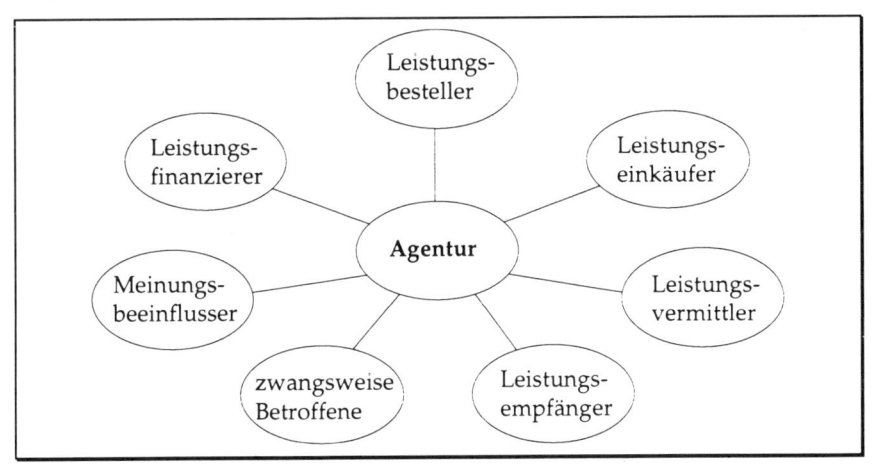

Abb. 1: Anspruchsgruppen von Agenturen

Arten von Anspruchsgruppen:

1. *Leistungsfinanzierer* sind oft Steuerzahler/innen, aber auch andere Gruppen, wie zum Beispiel im Spitalbereich Krankenkassen und Patient/innen. Die Bedürfnisse unterscheiden sich je nach Finanzierersegment.

2. *Leistungsbesteller* sind Parlamentarierinnen und Stimmbürger. Beim NPM beschliessen diese, ob und in welchem Ausmass eine Leistung angeboten werden soll, und sie geben die notwendigen finanziellen Mittel frei. Hierzu müssen sie vom Nutzen einer Leistung überzeugt sein. Dabei können die Antworten über folgende Fragen innerhalb dieser Anspruchsgruppe stark voneinander abweichen:
   - Welche Art und welches Ausmass von Nutzen soll welchen Gruppen gestiftet werden?
   - Welches sind die Teile des Leistungsangebotes, die einen Nutzen stiften?
   - Welches ist das Ausmass des Nutzens, der gestiftet wird?
3. *Leistungseinkäufer* sind Regierungsmitglieder bzw. deren Generalsekretariate. Sie vergeben intern einen Auftrag an die zuständige Stelle, um die gewünschte Leistung bereitzustellen. Gegenüber den Leistungsbestellern müssen sie die von ihnen sinnvoll erachteten Produktebudgets 'verkaufen'. Dazu sind (von den Agenturen) Argumente aufzubereiten, die die Motive der Mehrheit der Leistungsbesteller treffen.
4. *Leistungsvermittler* sind Organisationen, die Agenturen vor- oder nachgeschaltet sind. Sie übernehmen Sammel-, Verteil- oder Kommunikationsfunktionen. Beispiele für Leistungsvermittler, die einer Agentur *vorgeschaltet* sind, sind regionale Spitalverbände. Diese schliessen einen Gesamtkontrakt für die gesamte Spitalregion mit einem Leistungseinkäufer ab. Beispiele für *nachgeschaltete* Leistungsvermittler sind Branchenverbände, die einem Abfuhrwesen beim Entwickeln und Einführen eines neuen Konzeptes für Gewerbeabfall helfen.
5. *Leistungsempfänger* verwenden resp. konsumieren die Leistungen, die von Agenturen angeboten werden. Sie können interne oder externe Personen sein, wie beispielsweise Gäste eines Hallenbades, Firmen, die ihre Entwicklung unter Patentschutz stellen wollen oder Teilnehmer/innen von verwaltungsinternen Führungskursen. Wenn Leistungsempfänger ihre Bedürfnisse auch bei anderen Anbietern befriedigen können, müssen sich Agenturen zusätzlich gegenüber diesen *Konkurrenten* profilieren. Dies erreichen sie, indem sie sich mindestens in einem für wichtige Kundengruppen wesentlichen Merkmal markant unterscheiden.
6. *Zwangsweise Betroffene* können sich den Leistungen einer Agentur nicht entziehen. Sie müssen unter Umständen bei deren Erstellung mitarbeiten oder sind von deren Auswirkungen betroffen. Beispiele für zwangsweise Betroffene sind Häftlinge, steuerpflichtige Personen und lärmgeplagte Anwohner/innen eines Flughafens. Ziel des Verwal-

tungshandelns kann es hier sein, Akzeptanz zu schaffen. Dies kann durch Aufzeigen des Nutzens für die Allgemeinheit geschehen.

7. *Meinungsbeeinflusser* sind Personen, Parteien, Interessengruppen oder sonstige Organisationen, die einen grossen Einfluss auf die Meinungsbildung anderer Personen haben. Wichtige Vertreter dieser Gruppe sind Journalistinnen und Fachexperten.

Die Bedürfnisse der einzelnen Anspruchsgruppen sind unterschiedlich. Beim Entwerfen und 'Verkaufen' eines Leistungsangebotes geht es darum, möglichst allen Betroffenen und Interessierten entsprechende Vorteile aufzuzeigen.

Um zielgruppenorientiert handeln zu können, muss die Agentur zuerst die einzelnen Anspruchsgruppen und die Art von Beziehungen zu diesen und zwischen diesen kennenlernen. Dies ist die Voraussetzung, um im nächsten Schritt die Bedürfnisse und Verhaltensweisen der einzelnen Anspruchsgruppen zu untersuchen. Im folgenden stelle ich das Vorgehen am Beispiel von Kund/innen dar.

2. BEDÜRFNISSE UND VERHALTENSWEISEN DER ANSPRUCHSGRUPPEN KENNENLERNEN

Die Bedürfnisse, Verhaltensweisen und Wünsche innerhalb einer Anspruchsgruppe sind oft heterogen. Folgendes Beispiel von Schalterkund/innen einer Gemeindeverwaltung illustriert diese Aussage (siehe Abb. 2).

Unterschiede von Kund/innen	Konsequenzen für kundenorientiertes Verhalten
gut/*schlecht* deutschsprechende Personen	verwendeter Wortschatz, Sprechgeschwindigkeit, Verständlichkeit von Drucksachen
nah/*fern* der Gemeindeverwaltung arbeitende Personen	Öffnungszeiten Schalter, schriftliche und telefonische Abwicklung
Gespräche ohne/*mit* vertraulichem Charakter	Schalter mit Intimzonen
nebensächliche/*elementare* Betroffenheit von Personen	menschliche Begleitung über formale Abwicklung hinaus, Engagement für Anliegen, Hilfe zur Selbsthilfe

Unterschiede von Kund/innen	Konsequenzen für kundenorientiertes Verhalten
im Umgang mit Gesuchen einer bestimmten Art geübte/*ungeübte* Personen	didaktische Aufbereitung von Unterlagen, verständnisvolle Begleitung
Personen ohne/*mit* Begleitung von Kindern	Beschäftigungsecke für Kinder
Personen, die zu Fuss/mit Velo/öffentl. Verkehrsmitteln/Auto kommen	Auffindbarkeit, Erreichbarkeit, Abstellplätze
Personen, die Gemeindeverwaltung kennen/*nicht kennen*	allgemeine Anlaufstelle für Kurzauskünfte, Beschriftung
Personen, die mit Anliegen bereits einmal an die Verwaltung gelangt sind/*erstmals* an die Verwaltung gelangen	Ausführlichkeit der Instruktion
Personen, die gesund/ seh-/ hör-/schreib*behindert* sind	entsprechende Hilfsmittel bereitstellen
Personen, die lieber Zeit anstatt Geld/Geld anstatt Zeit aufwenden	Module mit unterschiedlichem Anteil an Eigenleistung, Gebührenstaffelung
...	

Abb. 2: Unterschiede innerhalb einer Anspruchsgruppe, aufgezeigt am Beispiel von Schalterkund/innen einer Gemeindeverwaltung

Obiges Beispiel zeigt, dass unterschiedliche Personen verschiedene Ansprüche an Verwaltungen und deren Leistungsangebot haben. Das Mittel des Verwaltungsmarketings, mit dieser Anspruchsvielfalt umzugehen, ist die (Kunden-)*Segmentierung*. Dabei werden Personen mit ähnlichen Bedürfnissen und Verhaltensweisen zusammengefasst, damit in einem späteren Schritt segmentweise ein adäquates Angebot (Marketingmix) entwickelt werden kann. Wie sich Marketingziele und Leistungsangebot von Segment zu Segment unterscheiden können, lässt die Segmentierung des Personenverkehrs der SBB erahnen (Abb. 3).

Für das Erforschen geeigneter Segmentierungskriterien bestehen sowohl wissenschaftlich fundierte Marktforschungsmethoden, wie zum Beispiel Umfragen mit anschliessender Faktoren- oder Clusteranalyse, als auch pragmatische Vorgehensweisen. Bei letzterer tragen beispielsweise kundennahe Mitarbeiter/innen einer Agentur in Workshops gemeinsam ihr Wissen zusammen. Dieses wird gezielt durch einzelne Abklärungen bei Kunden und Expertinnen vertieft und die Ergebnisse werden anschliessend strukturiert. Derartige Workshops haben den Vorteil, Mitarbeiter/innen einer Agentur für kundenorientiertes Verhalten zu sensibilisieren und damit einen Kulturwandel in Gang bringen.

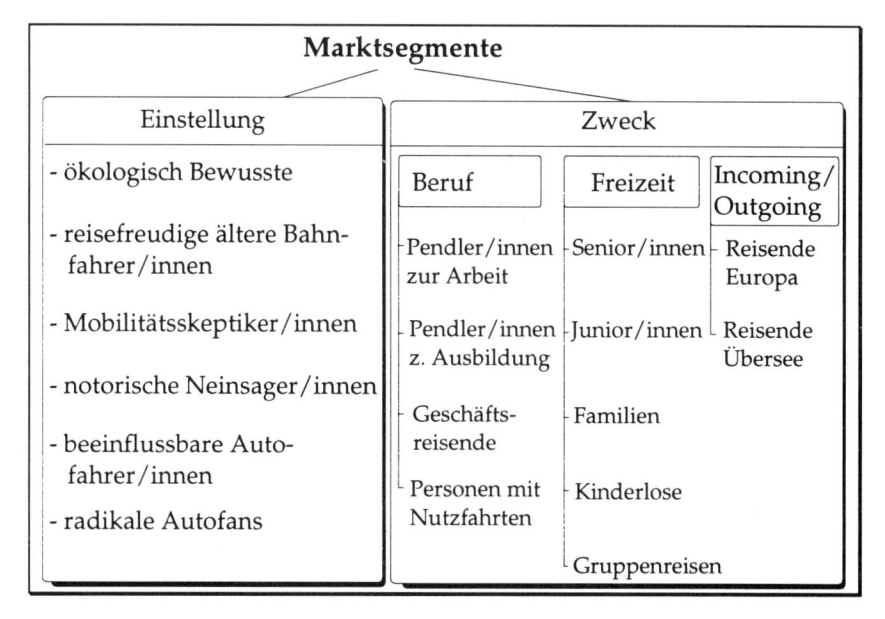

Marktsegmente			
Einstellung	Zweck		
	Beruf	Freizeit	Incoming/ Outgoing
- ökologisch Bewusste	Pendler/innen zur Arbeit	Senior/innen	Reisende Europa
- reisefreudige ältere Bahnfahrer/innen			
- Mobilitätsskeptiker/innen	Pendler/innen z. Ausbildung	Junior/innen	Reisende Übersee
- notorische Neinsager/innen			
- beeinflussbare Autofahrer/innen	Geschäftsreisende	Familien	
- radikale Autofans	Personen mit Nutzfahrten	Kinderlose	
		Gruppenreisen	

Abb. 3: Beispiel Marktsegmentierung 'Personenverkehr SBB'

Oft methodisch anspruchsvoller und aufwendiger, als *bestehende* Kunden zu segmentieren, ist es, einen Überblick über *potentielle* Kunden zu erhalten, d.h. über Personen, die eine für sie gedachte Leistung nicht beanspruchen. Ein Beispiel dafür sind bei der SBB Personen, die selten oder nie öffentliche Verkehrsmittel benützen (in Abb. 3: Mobilitätsskeptiker, notorische Neinsager, beeinflussbare Autofahrer und radikale Autofans).

Sind diese Segmente einmal gebildet, so ist es für Mitarbeiter/innen einer Agentur in vielen Fällen möglich, sich in die Lage von Menschen der einzelnen Segmente hineinzuversetzen. Beispiel: Wie würde ich mich fühlen, wenn ich arbeitslos geworden wäre? Welche Ängste und Hoffnungen hätte ich, wenn ich aufs Arbeitsamt ginge? Wie fände ich mich zurecht, wenn ich unser Gebäude zum ersten Mal suchen/betreten würde? Die auf diese Weise erarbeiteten Annahmen können durch Interviews mit Kund/innen, Kunden-Gesprächsrunden, Gesprächen mit Kenner/innen der entsprechenden Kundensegmente, schriftliche Umfragen usw. überprüft werden.

3. Übergeordnete (Wirkungs-)Ziele formulieren

Anstelle des (fehlenden) Marktes legen beim NPM die politischen Instanzen fest, welche Leistungen (Produkte und Produktgruppen) angeboten werden und zu welchen Kosten sie zu erstellen sind. Dieses Vorgehen nenne ich 'Output-orientiert'. Die letztlich angestrebte Wirkung wurde damit noch nicht festgelegt. Dafür müsste die politische Instanz auch über folgende Punkte entscheiden:

- Wirkungsziel (ist manchmal im Gesetz festgehalten, häufig aber ist nur eine Aufgabe festgelegt);
- Ausmass der Wirkung, das erreicht werden soll (ist in der Regel im Gesetz *nicht* festgehalten);
- Strategie, wie Wirkungsziel und -ausmass erreicht werden sollen.

In der Schweizer Realität ist es so, dass beim Verwaltungshandeln zwar häufig die Aufgabe klar ist, die übergeordneten Wirkungsziele aber oft im Dunkeln bleiben. Dieses ziellose Handeln von Verwaltungen führt dazu, dass viele öffentliche Mittel falsch eingesetzt werden. Dieser Mangel wird durch heutige Ansätze des NPM nicht zwingendermassen beseitigt.

4. Produkte definieren und Produkt-/Marktstrategie aufzeigen

Produkte sind Mittel, um Bedürfnisse von Kund/innen zu befriedigen und deren Wünsche zu erfüllen resp. andersartige Wirkungen zu erreichen (Beispiel: Artenvielfalt in einem Naturschutzgebiet erhöhen). Eine Definition der angebotenen Produkte sollte folgende Bedingungen erfüllen:

- Für Aussenstehende ist es einfach verständlich, welche Leistungen eine Agentur anbietet.
- Der Nutzen der Produkte ist einfach zu kommunizieren.
- Die Kosten des einzelnen Produktes können ermittelt werden.

Eine der Strategien, die festzulegen sind, ist die sogenannte *Produkt/ Marktstrategie*. Sie hilft, die beschränkt vorhandenen Ressourcen auf eine genügend kleine Zahl von Tätigkeitsfeldern zu beschränken, damit die Wirkungsschwelle überschritten wird, und jene Felder zu wählen, in denen die Mittel am wirksamsten eingesetzt sind.

Folgendes Beispiel zeigt ein Raster auf, mit dessen Hilfe ein städtisches Statistikamt mögliche Produkt-/Marktstrategien erarbeiten kann: Verschiedene statistische Ämter von Städten sind mit 2 bis 35 Ganztagesstellen personell unterschiedlich besetzt. Eine der Erklärungen dafür sind die unterschiedlichen Produkt-/Marktstrategien, die sie verfolgen. Abb. 4 stellt eine der Möglichkeiten dar.

Produktgruppen \ Kundengruppen	Öffentlichkeit	Stadtverwaltung Legislative	Interessengruppen	Parteien	Wirtschaft: Baubranche Detailhandel,...	Planungs-/ Beratungsbüros	Amt für Statistik	Bundes- und kantonales	Forschung	...
Daten periodisch erheben	X						X			
Daten interpretieren und zielgruppengerecht verbreiten	X	X	X	X			X	X		
Individualabfragen	X	X	X	X			X	X		
Ad-hoc-Untersuchung initiieren und durchführen	X							X		
Ad-hoc-Untersuchung: Beratung						X		X		
Ad-hoc-Untersuchung: Daten erheben								X		
Abstimmungen und Wahlen durchführen	X									
...										

Abb. 4: Mögliche Produkt-/Marktstrategie eines städtischen Statistikamtes
(Die Kreuze bezeichnen bearbeitete Tätigkeitsfelder)

Unter 'Tätigkeitsfelder' verstehe ich die einzelnen Felder, die durch je eine Kunden- und Produktgruppe gebildet werden.

Es gibt Tätigkeitsfelder, in denen eine Agentur *unternehmerischen Spielraum* hätte. Ein solcher besteht insbesondere bei hohem Kundennutzen, bestehender Infrastruktur und geringen fallbezogenen Kosten. Ermöglichen die politischen Instanzen hier einen unternehmerischen Spielraum, so hat die Agentur analog zum Unternehmen Entscheide zur Wachstums-, Positionierungs-, Marktbearbeitungsstrategie etc. zu fällen.

Die Theorie des NPM stellt die angebotenen Produkte ins Zentrum. Aus Marketingsicht ist aber das Festlegen der Zielgruppen ebenso wichtig, denn es gilt das Sprichwort: 'Allen Leuten recht getan ist eine Kunst, die niemand kann'. Oft gilt die 80-20er-Regel, die besagt, dass mit 20% des Aufwandes die Bedürfnisse von 80% der Kund/innen befriedigt werden können und für die restlichen 20% der Kund/innen ein Grossteil der Mittel (80%) aufgewendet werden müssen. Ein politisches System hat Mühe mit derartigen Grundsatzentscheidungen. Erstens ist der explizite Ausschluss bestimmter Gruppen einer Wiederwahl der Politiker/innen nicht förderlich, und zweitens widerspricht er der Forderung nach Gleichbehandlung. So bleibt diese strategische Entscheidung - oft im Widerspruch zum NPM-Ansatz - einer Agentur überlassen, die ihre Ressourcen oft auf eine beschränkte Zahl von Kundensegmenten konzentrieren muss.[1]

5. KUNDEN- (UND BÜRGERINNEN-) BEZOGENE ZIELE FORMULIEREN

Marketingziele sind vielfältig. Es gibt:

- kurz-, mittel-, langfristige Ziele
- über-, untergeordnete Ziele
- Wirkungs-, Effizienzziele
- für alle Kunden- und Produktgruppen oder nur für ein Tätigkeitsfeld gültige Ziele.

In den einzelnen Tätigkeitsfeldern geht es darum, ausgehend von der Ist-Situation und unter Berücksichtigung erwarteter Entwicklungen, Ziele zu formulieren. Dazu gehören u.a. die im NPM häufig erwähnten personenbezogenen Ziele, deren Erreichung mit *Kundenbefragungen* gemessen werden. Abb. 5 listet Beispiele von personenbezogenen Wirkungszielen auf. Beim Formulieren ist darauf zu achten, dass ein Ziel klar und spezifisch ist. Dies ist dann der Fall, wenn es bezüglich aller relevanten Kriterien festgelegt ist und nach Ablauf einer Periode gesagt werden kann, ob es erreicht wurde oder nicht. Beispiel für eine klare Zielformulierung: Das Schwimmbad X strebt an, dass in 3 Jahren 20% (heute 8%) der erwachsenen Neuzuzüger/innen innerhalb von 12 Monaten das Schwimmbad X mindestens 1 Mal besucht haben.

---

[1] siehe auch: Linden 1993, S. 50

Personenbezogene Wirkungsziele		Beispiele
Wissen	Bekanntheit	• ..% der Neuzuzüger/innen (weniger als 1 Jahr in der Gemeinde) haben vom Schwimmbad X gehört/gelesen.
	Kenntnisse	• ..% der Einwohner/innen kennen die für sie interessanten Anlässe (Mutter-Kind-Schwimmen, Samstag-Nacht-Schwimmbad-Disco, Senioren-Schwimmen).
Einstellung	Image	• - ..% der Einwohner/innen sind der Meinung, das Schwimmbad X ist ein Ort: • um nach dem Arbeiten gemütlich etwas zu essen • um mit netten Menschen ins Gespräch zu kommen
	Betroffenheit	• Die Schliessung des Schwimmbades X für 12 Monate würde ..% der Einwohner/innen stören oder stark stören.
	Bedeutung	• .. % der Einwohner/innen sind der Meinung, dass es wichtig ist, dass alle Kinder schwimmen lernen, und dass das Schwimmbad X dafür den Schulen die notwendige Infrastruktur bietet.
	Zufriedenheit	• .. % der Besucher/innen sind zufrieden mit • Wasserqualität • Sauberkeit der Anlagen • Komfort der Umkleideeinrichtungen • Öffnungszeiten • etc.
	Wertvorstellungen Akzeptanz	• .. % der Einwohner/innen sind der Meinung, dass der Betrieb von Schwimmbädern (nicht) Sache der öffentlichen Hand ist.
Aktualität		• ..% der Einwohner/innen kommt das Schwimmbad als Ort in den Sinn, wo man Sport treiben kann.
Verhalten		• Anzahl Quartierbewohner/innen, die in den letzten 12 Monaten das Schwimmbad X besucht haben steigt - 'wetterbereinigt' - um ..%. • Durchschnittliche Anzahl Besuche pro Einwohner/in steigt um .. %

Abb. 5: Beispiele von personenbezogenen Wirkungszielen (Schwimmbad X)

6. MARKETINGINSTRUMENTE KUNDINNEN- UND BÜRGERGERECHT EINSETZEN

Die meisten öffentlichen Verwaltungen bieten ihren Kund/innen Dienstleistungen an. Diese weisen folgende Eigenheiten auf:[2]

1. *Produktion und Verbrauch geschehen gleichzeitig.* Die leistungserbringende Mitarbeiterin oder der leistungserbringende Mitarbeiter ist dabei oft physisch anwesend. Die Beziehung zwischen dieser Person und den Kund/innen ist deshalb sehr wichtig. Durch unterschiedliche Personen oder Stimmungsschwankungen einer Person *kann die Qualität einer Dienstleistung variieren.* Soll diese konstant gut gehalten werden, so ist beim Einstellen von Mitarbeiter/innen auf entsprechende Fähigkeiten zu achten (freundlich, hilfreich etc.), Leistungsdifferenzen sind durch Ausbildung zu verringern, und periodisch ist der Qualitätsstandard der Dienstleistung zu messen. In Form von kundenbezogenen Grundsätzen *(Commitment)* kann veröffentlicht werden, welches Leistungsniveau Kund/innen erwarten dürfen und wohin sie sich mit Reklamationen und Vorschlägen wenden können.
2. *Dienstleistungen sind nicht lagerbar* und können nicht im voraus produziert werden. Da die Nachfrage oft schwankt, stellt sich die Frage, wie eine Übereinstimmung zwischen Nachfrage und Angebotskapazität erreicht werden kann. Lösungen sind beispielsweise:
   - Steuerung der Nachfrage:
     Hoch- und Niedrig-Preise/-Gebühren/-Tarife (Beispiel: Elektrizität)
     Nachfragelöcher füllen (Beispiel: verbilligte Zugbilletts von 9.00 bis 17.00 für Senior/innen)
     Angebote für wartende Kund/innen
     Reservationssysteme
   - Veränderung des Angebotes während Spitzenzeiten:
     Teilzeitangestellte oder teilweise Fremdvergabe
     Erfüllen nur der notwendigsten Aufgaben
     erhöhte Mitwirkung von Kund/innen
3. *Dienstleistungen sind unsichtbar.* Deshalb schliessen Kundinnen und Kunden oft aufgrund äusserer, sichtbarer Zeichen auf die Qualität der Leistungen. Will zum Beispiel eine Agentur den Eindruck vermitteln,

---

[2] vgl. Kotler 1988, S. 477 ff.

sie handle schnell und effizient, so kann sie dies durch folgende Zeichen visualisieren: Die Raumgestaltung ist klar und die Linien sind direkt. An den Schaltern gibt es keine langen Reihen. Das Personal macht einen geschäftigen Eindruck. Drucksachen sind klar gestaltet und der Text ist gut strukturiert, kurz und verständlich. Die angebotenen Leistungen sind klar umrissen und das Sortiment ist gut abgegrenzt.

Die obige Aufzählung der Eigenarten von Dienstleistungen erwähnt bereits verschiedene Marketinginstrumente, die eine Agentur einsetzen kann. Diese können vier verschiedenen Gruppen zugeordnet werden, die Abb. 6 darstellt. Die Kombination dieser Marketinginstrumente wird 'Marketingmix' genannt.

In einem ersten Schritt geht es darum, alle Marketinginstrumente aufzulisten, über die eine Agentur verfügt. Da sich die Bedürfnisse und Verhaltensweisen verschiedener Anspruchsgruppen und Segmente unterscheiden, ist anschliessend für jedes Segment ein geeigneter Mix festzulegen. Dabei ist zwischen gruppenspezifischer Vielfalt und kostengünstiger Einheitlichkeit zu optimieren.

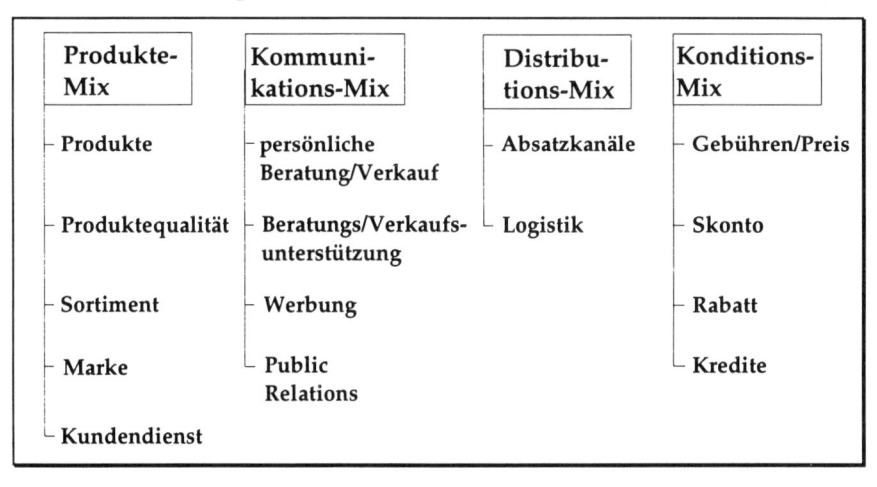

Produkte-Mix	Kommunikations-Mix	Distributions-Mix	Konditions-Mix
– Produkte	– persönliche Beratung/Verkauf	– Absatzkanäle	– Gebühren/Preis
– Produktequalität	– Beratungs/Verkaufsunterstützung	– Logistik	– Skonto
– Sortiment	– Werbung		– Rabatt
– Marke	– Public Relations		– Kredite
– Kundendienst			

Abb. 6: Auswahl von Marketinginstrumenten einer Verwaltung (Marketingmix)

Anschliessend mache ich einige Bemerkungen zu folgenden, für Agenturen oft wichtigen Marketinginstrumenten:

- Produkte/Produktequalität

- Sortiment
- Persönliche Beratung/Verkauf
- Werbung/PR
- Gebühren/Preis

Produkte/Produktequalität
Bei der Gestaltung von Produkten geht es darum, diese auf die Bedürfnisse der Zielgruppen abzustimmen. Abb. 7 zeigt ein fiktives Beispiel aus dem Statistikbereich, bei dem gleichzeitig sowohl Unter- als auch Überdeckungen einzelner Dimensionen vorkommen, die zur Befriedigung des Bedürfnisses wichtig sind.

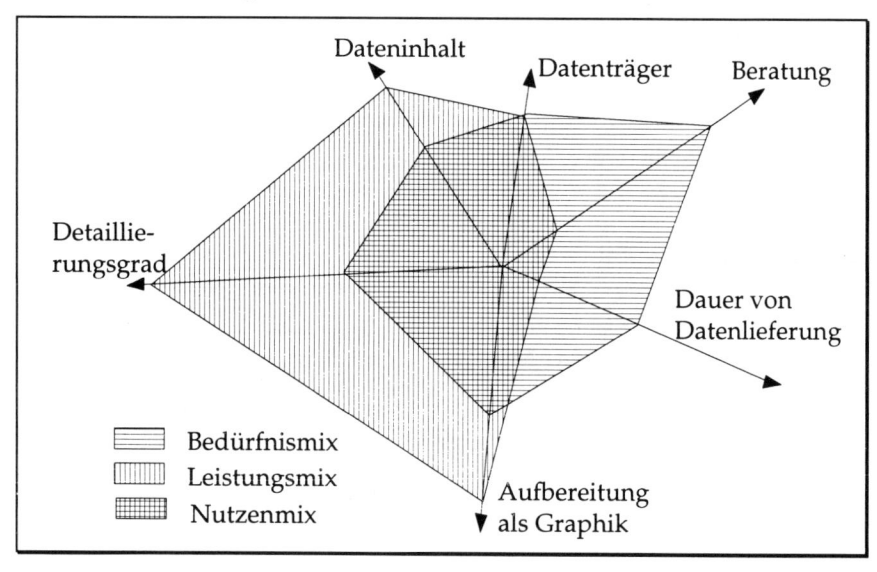

Abb. 7: Dimensionen des Produktes einer datenliefernden Agentur und Bedürfnisse einer Kundengruppe

Die Leistungsdimensionen sollen jene Merkmale angeben, die einer bestimmten Kundengruppe einen Nutzen stiften. Diese sind für die Qualität der Leistungen ausschlaggebend und werden zum Beispiel mit den Methoden des TQM (Total Quality Management) überwacht und durch eine Agentur laufend zu verbessern versucht.[3]

---

[3] siehe auch: Hyde 1992, S. 49 ff.

Sowohl die Zusammensetzung der Leistungsdimensionen als auch das gewünschte Leistungsniveau variiert von Kundengruppe zu Kundengruppe. Auch hier gilt oftmals die weiter vorne vorgestellte 80-20er-Regel. Diese bedeutet, dass es für eine Agentur ergiebig sein kann, seltene aber in ihrer Befriedigung arbeitsaufwendige Bedürfnisse oder Kunden zu ermitteln und dafür gesonderte Lösungen zu suchen.

Sortiment
Ein kundenorientiertes Sortiment zeichnet sich dadurch aus, dass den Kunden anstelle einzelner Produkte ganze Problemlösungen angeboten werden ('Alles aus einer Hand'). Dafür sind in vielen Fällen die Produkte verschiedener Agenturen zu einem Gesamtangebot zu kombinieren. Erwägt zum Beispiel ein ausländisches Unternehmen, sich im Kanton Zug niederzulassen, so erhält dieses alle notwendigen Auskünfte von einer Stelle, zum Beispiel bezüglich Bau- und Ausländerbewilligung sowie Steuersituation.

Persönliche Beratung/Verkauf
Wie oben erwähnt wurde, sind bei Dienstleistungen die leistungserbringenden Personen sehr wichtig. An eine Kundenberatung werden folgende Anforderungen gestellt:[4]

- *Kundenkompetenz:* Beratende Personen verstehen die Problemsituation der Kund/innen. Sie stützen sich auf vorhandene Kundeninformationen (zum Beispiel Einwohnerdatei). Bei einer Verkaufstätigkeit sind ihnen die für eine Agentur erfolgversprechenden Kund/innen bekannt und werden aktiv bearbeitet.
- *Angebotskompetenz:* Beratende Personen kennen das Leistungsangebot der eigenen Agentur und auch jener weiteren, die für ihre Kund/innen wichtig sind. Sie kennen alle im Angebot befindlichen Leistungen und wissen, wie sich dieses in absehbarer Zeit verändern wird. Sie sind über jene Leistungen im Bilde, die früher angeboten wurden, sofern dies für einige Kund/innen wichtig ist.
- *Beziehungskompetenz:* Beratende Personen können eine Beziehung zu den Kund/innen aufbauen, die es erlaubt, gemeinsam Lösungen zu erarbeiten. Sie nehmen die Kund/innen ernst, sind freundlich, hilfsbereit, vertrauenswürdig und zuverlässig.
- *Verfügbarkeit:* Kund/innen müssen - auch in Spitzenzeiten - nicht lange warten, bis sie die gewünschte Antwort resp. Problemlösung er-

---

[4] in Anlehnung an Belz 1991

halten. Die beratenden Stellen sind gut erreichbar (Öffnungszeiten, telefonische Auskünfte etc.). Die Zuständigkeiten sind klar und die entsprechenden Personen kompetent.

Werbung/PR
Viele der in Abb. 5 (Seite 349) aufgelisteten personenbezogenen Wirkungsziele können nur durch die Unterstützung von Kommunikationsinstrumenten erreicht werden. Von diesen ist die vorangehend beschriebene persönliche Beratung das kostspieligste. Mit Hilfe von Werbung und Public Relations (PR) ist i.d.R. ein Kundenkontakt sehr viel günstiger, und zum Erreichen gewisser Kommunikationsziele sind sie unersetzlich. Voraussetzung für einen wirkungsvollen Einsatz sind klar definierte und dem Medium angepasste Kommunikationsziele und -botschaften, gut definierte Zielgruppen und sowohl kreative Kampagnen als auch eine gewissenhafte Umsetzung.

Preis/Gebühren
Grundsätzlich lassen sich Leistungen einer Agentur und deren Verrechnung in die in Abb. 8 gezeigten Arten einteilen.

Leistung	Verrechnungsart	Leistungsfinanzierer
kommerzielle Leistung	Marktpreise	Kund/innen
hoheitliche Leistung	Gebühren	Kund/innen und öffentliche Hand (Subventionen)
gemeinwirtschaftliche Leistung	Abgeltungen	öffentliche Hand

Abb. 8: Leistungs- und Verrechnungsarten

Im Bereich *kommerzieller Leistungen* ist eine nach NPM-geführte Agentur in der Preisgestaltung im Rahmen der Preiselastizität der Nachfrage und dem Auftrag zur Kostendeckung resp. einem gewissen Kostendeckungsgrad frei. Recht anspruchsvoll ist dabei die Definition des Begriffs 'Kostendeckung', die u.a. die Aufteilung der Bereitschafts- und Einsatzkosten zwischen kommerziellen, hoheitlichen und gemeinwirtschaftlichen Leistungen beinhaltet.

Bei den *hoheitlichen Leistungen* ist eine Agentur oft ein Monopolanbieter. Als solcher tendiert sie ohne Gegenmassnahmen dazu, höhere Gebühren zu verlangen, als dies unter Konkurrenzbedingungen der Fall wäre. Dies ist besonders dann der Fall, wenn sie eine preisunelastische Nachfrage bedient. In diesem Fall sind die vorgesetzten Behörden und politischen

Instanzen gefordert, durch Benchmarking, Ausschreibung an Dritte etc. bei der periodischen Leistungsvereinbarung Druck zur effizienten Leistungserstellung und zur Kostentransparenz zu schaffen.

Im Bereich der *gemeinwirtschaftlichen Leistungen* erhält eine Agentur kostendeckende Abgeltungen, wobei auch hier die Art und das Ausmass der erstellten Leistungen sowie die Kosten zu deren Erbringung zu hinterfragen sind.

7. SCHLUSSFOLGERUNGEN

Öffentliche Verwaltungen können sich zur Ausrichtung auf Kundinnen und Bürger der Methoden und Vorgehensweisen des Marketing bedienen. Verwaltungsmarketing und NPM berücksichtigen dabei verwaltungsspezifische Besonderheiten wie Bindung an das Allgemeinwohl, Steuerfinanzierung, fehlender Wettbewerb, Leistungen mit Zwangskonsum.

Aus Marketingsicht sehe ich beim heute in der Schweiz diskutierten NPM-Ansatz folgende wichtigen Punkte, die noch zu diskutieren sind:

1. Übergeordnete Wirkungsziele können weiterhin fehlen oder ungenügend konkretisiert werden, da politische Instanzen weitgehend auf der Aufgaben- und Massnahmenebene (Angebot von Leistungen) diskutieren.
2. Nach dem NPM-Ansatz sind strategische Entscheide durch politische Instanzen zu fällen. Ein zentraler strategischer Entscheid ist die Produkt-/Marktstrategie. Der Markt, bei dem über die bedienten Zielgruppen entschieden wird, hat aber in der Diskussion kaum einen Stellenwert.
3. Kundenorientierung bedeutet u.a., Problemlösungen anstelle von Einzelleistungen anzubieten. Diese bestehen oft aus Produkten verschiedener Agenturen. Die dezentral handelnden Agenturen müssen deshalb kundengruppen- und aufgabenspezifisch koordiniert werden.

LITERATURVERZEICHNIS

Belz Christian, Suchfelder im Marketing, Schrift zum 50jährigen Jubiläum der GfM Schweizerischen Gesellschaft für Marketing, St. Gallen, S. 64, 1991

Hyde Albert C., Toward Quality Management, in: The Bureaucrat, S. 49-53, Winter 1991-92

Kotler Philip, Marketing Management, 6th Edition, Englewood Cliffs, 1988

Linden Russel, Meeting Which Customers' Needs?, in: The Public Manager, Volume 21, Number 4, S. 49-52, Winter 1992-93

DER LEISTUNGSAUFTRAG

EIN BEGRIFF MIT VIELEN INHALTEN

Willy Oggier

Ziel des hier vorliegenden Beitrages ist es, folgenden Fragestellungen vertieft nachzugehen:

- Wann sollten Leistungsaufträge in der öffentlichen Verwaltung zur Anwendung kommen?
- Was wird unter dem Begriff "Leistungsauftrag" verstanden?
- Welche Punkte sollten in einem Leistungsauftrag zwingend enthalten sein?
- Welche Formen nehmen Leistungsaufträge in der Schweiz zur Zeit an?

Die letztgenannte Forschungsfrage wird angesichts des knappen zur Verfügung stehenden Raums anhand von zwei Fallbeispielen aus dem AIDS-Bereich erörtert.

1. DIE ANWENDUNG VON LEISTUNGSAUFTRÄGEN IN DER ÖFFENTLICHEN VERWALTUNG

Leistungsaufträge sollten aus ökonomischer Sicht grundsätzlich in der öffentlichen Verwaltung immer dann zur Anwendung kommen, wenn mindestens ein Grund für staatliches Handeln in einem bestimmten Feld vorliegt. Überall dort, wo kein Grund für öffentliches Handeln vorliegt, stellt die Formulierung eines Leistungsauftrags weder ein effektives noch ein effizientes Steuerungsmittel dar. In diesem Fall sollte die vollständige Privatisierung der Produktion und der Finanzierung der entsprechenden Leistungen vorgenommen werden. Für öffentliches Handeln lassen sich folgende Gründe anführen: Marktversagen, Existenz meritorischer Güter, sozialpolitische Motive, konjunktur- und stabilitätspolitische Argumente.

1.1. *Marktversagen*

Als Gründe für das Marktversagen lassen sich folgende Einflüsse anführen: öffentliche Güter, externe Effekte, natürliche Monopole, Marktmacht.

Öffentliche Güter sind Güter, deren Konsum nicht rivalisiert. Die gleichen Nutzen stehen allen Individuen ohne gegenseitige Beeinträchtigung zur Verfügung. So profitieren etwa alle von der Landesverteidigung. Es können nur entweder sämtliche Personen geschützt werden oder - im Fall der Armeeabschaffung - gar niemand. Wegen dieser Tatsache wäre es ineffizient, den Ausschluss nicht-zahlender Dritter vorzunehmen. Dies gilt selbst dann, wenn dies ohne weiteres möglich wäre. Die Bereitstellung über den marktwirtschaftlichen Preismechanismus funktioniert nicht. Ein politischer Prozess der Budgetbestimmung wird erforderlich.[1]

Der öffentlichen Hand bleibt nichts anderes übrig, als das betreffende Gut oder die entsprechende Dienstleistung selbst herzustellen oder durch die Gewährung von Subventionen einen privaten Anbieter zu finden. In beiden Fällen vermindert sich der Anreiz zur effizienten Produktion, weil der Markt nicht als Steuerungsfaktor herangezogen werden kann. Die Art und die Grösse des optimalen Angebots lassen sich daher nur schwer bestimmen.

Externe Effekte können entweder positiver oder negativer Natur sein. Im Fall eines positiven externen Effekts bringt die Handlung eines Produzenten oder Konsumenten einen Nutzen für eine Drittperson. Da die nutzenstiftende Partei für ihr Tun nicht entschädigt wird, fällt das Niveau der wirtschaftlichen Tätigkeiten im allgemeinen zu tief aus. Im Fall eines negativen externen Effekts tritt für Dritte ein Schaden ein, für den der Verursacher nicht aufzukommen hat. Die entsprechende Tätigkeit wird stärker ausgedehnt als bei funktionierendem Wettbewerb, da nur ein Teil der Kosten vom Verursacher getragen werden muss. Externe Effekte führen zu suboptimaler Ressourcenallokation und somit zu Wohlfahrtsverlusten.

Eine Internalisierung externer Effekte kann in der Regel nicht durch Verhandlungen zwischen den beteiligten Individuen erzielt werden.[2] Es werden daher die Erhebung entsprechender Steuern im Fall negativer externer Effekte bzw. die Gewährung von Subventionen bei Existenz positiver externer Effekte notwendig. Da es für externe Effekte jedoch keine Märkte gibt, sind auch keine Marktpreise bekannt. Zur Festlegung der Steuer- bzw. Subventionshöhe muss auf Hilfsgrössen zurückgegriffen werden.

---

[1] Musgrave/Musgrave/Kulmer 1987, 60
[2] Horbach 1992, 27

Öffentlicher Handlungsbedarf besteht auch bei natürlichen Monopolen. Diese sind dann gegeben, wenn bei der Herstellung eines Produkts oder einer Dienstleistung dauerhaft sinkende Durchschnittskosten anfallen. In der Regel weisen natürliche Monopole sehr hohe Investitionskosten auf. So verursacht beispielsweise der Aufbau eines Telefonnetzes grosse Anfangskosten. Ist das Netz einmal vorhanden, sind für zusätzliche Anschlüsse jedoch nur noch relativ geringe Aufwendungen nötig. Die Monopolstellung eines unregulierten Unternehmens lässt Raum für verschiedene Arten von Ineffizienzen: eine ineffiziente Ressourcenallokation wegen zu hoher Preise und geringen Mengen, eine Diskriminierung bestimmter Nachfrager durch monopolistische Preisstrukturen, technische Ineffizienzen wegen des fehlenden Wettbewerbsdrucks, qualitative Ineffizienzen, welche durch nicht den Kundenpräferenzen entsprechende Produktionsentscheidungen verursacht werden.

Auch in diesem Fall besteht aus ökonomischer Sicht die Notwendigkeit öffentlichen Handelns. Dabei lassen sich grundsätzlich folgende Möglichkeiten unterscheiden:

- Der private natürliche Monopolist verkauft sein Produkt zum Grenzkostenpreis. Die öffentliche Hand deckt ihm die Verluste über eine Subvention.
- Der natürliche Monopolist finanziert sich über den von ihm freigewählten Preis. Er wird aber durch entsprechende Bestimmungen dazu gebracht, die maximale allokationseffiziente Menge anzubieten. Bei dieser Menge sind die Produktionskosten des natürlichen Monopolisten gedeckt. Es entsteht jedoch kein Monopolgewinn.
- Die öffentliche Hand kann die Produktion der natürliche Monopole verursachenden Güter und Dienstleistungen selbst übernehmen.

Marktversagen liegt auch bei Existenz von Marktmacht vor. Wenn in einem bestimmten Markt kein oder nur ungenügender Wettbewerb stattfindet, kommt es zur Bildung eines Monopols oder von Oligopolen. Der Monopolist oder die Oligopolisten bieten im Vergleich zur Situation bei vollkommener Konkurrenz eine geringere Menge eines bestimmten Gutes zu einem höheren Preis an. Dabei wird jene Menge angeboten, welche den Gewinn des Monopolisten bzw. der Oligopolisten maximiert. Marktmacht tritt insbesondere bei Existenz von Risiko- oder Unsicherheitssituationen auf. In der ökonomischen Theorie sind solche Marktmachtsituationen vor allem anhand von Versicherungsmärkten dargestellt worden.[3]

Beim Vorliegen von Marktmacht kann die öffentliche Hand wirtschaftspolitischen Handlungsbedarf geltend machen. So können etwa zur Beseitigung der Marktmachtsituationen auf Versicherungsmärkten eine obligatorische Versicherung und ein Wettbewerbsverbot unter den Versicherern um gute Risiken eingesetzt werden.

1.2. Meritorische Güter

Neben ökonomischen Begründungsversuchen gibt es auch solche ausserökonomischer Art, welche für öffentliches Handeln herangezogen werden können. Dazu gehört die Existenz meritorischer Güter. Meritorische Güter sind Güter, die unabhängig von den persönlichen Präferenzen allen Konsumenten zukommen sollten. Dabei wird der Umfang der meritorischen Güter durch die politischen Willensbildungsprozesse bestimmt. Bei normaler Produktion durch den Markt würde nicht jene Output-Menge zur Verfügung gestellt, welche gemäss staatlicher Zielsetzung wünschenswert wäre. Die öffentliche Hand wird daher aktiv. Als typische Beispiele meritorischer Güter gelten Aufwendungen für die Bildungs- und Gesundheitsbereiche. So besteht etwa im Gesundheitswesen die Gefahr, dass die Individuen den langfristigen Wert des Gutes Gesundheit zu wenig gewichten. Insbesondere Leute mit geringem Einkommen werden länger zuwarten, bis sie zum Arzt gehen, wenn sie die anfallenden Kosten vollumfänglich selbst decken müssten. Gehen sie dann schliesslich zum Arzt, so ist die Krankheit unter Umständen so weit fortgeschritten, dass daraus höhere Folgekosten entstehen.

Zur Umsetzung der meritorischen Zielsetzungen können zielgerichtete Subventionen gewährt, Marktzutrittsschranken errichtet, Substitute unterdrückt und Komplementärprodukte gefördert sowie Preisadministrationen eingeführt werden. Analog kann bei öffentlichen Eingriffen aus sozial-, konjunktur- und stabilitätspolitischen Gründen argumentiert werden.

---

[3] vgl. etwa Akerloff 1970

1.3. Öffentliche versus private Leistungserbringung

Liegt mindestens ein Grund für öffentliche Eingriffe vor, so bedeutet dies - wie unter Punkt 1.1. dargelegt worden ist - noch nicht notwendigerweise, dass die öffentliche Hand die entsprechenden Leistungen selbst herzustellen hat. Ausgehend vom Gedanken des Marktversagens lassen sich zwei Fälle unterscheiden:
- Liegt auf den Beschaffungsmärkten, wo der Staat die entsprechenden Güter und Dienstleistungen nachfragen muss, eine Situation des Marktversagens vor, sollte der Staat die betreffenden Güter selbst produzieren. In diesem Fall kann er die Kosten wenigstens unmittelbar direkt beeinflussen.
- Spielt der Wettbewerb auf den Beschaffungsmärkten, sollte der Staat die Produktion der betreffenden Leistungen den Privaten überlassen und diese entschädigen.

In beiden Fällen hat der Staat jedoch die Art und Weise sowie den Umfang der durch den politischen Entscheidungsprozess gewünschten Leistungen klar zu definieren. Dazu dient ihm die Formulierung eines Leistungsauftrags.

2. DER LEISTUNGSAUFTRAG

Der Begriff "Leistungsauftrag" wird in der Schweiz nicht einheitlich verwendet:

- Leistungsvereinbarungen zwischen der Gesamtregierung und den einzelnen Departementen werden beispielsweise im Rahmen des Projekts "Neue Stadtverwaltung Bern" als Leistungsaufträge bezeichnet.
- In der politischen Praxis wird vielfach von Leistungsaufträgen gesprochen, wenn einzelne Departemente bestimmte Leistungen bei öffentlichen oder privaten Dritten einkaufen. So verwenden etwa verschiedene kantonale Gesundheitsdepartemente im Rahmen der an diverse regionale AIDS-Hilfen ausgerichteten Subventionen den Begriff der Leistungsaufträge.[4] Auf Bundesebene spricht die Landesregierung beispielsweise in ihrer Botschaft vom 27. November 1985 vom "Leistungsauftrag 1987" an die Schweizerischen Bundesbahnen.

---

[4] Oggier/Güntert 1995, 59 ff.

Die Begriffsverwirrung nimmt noch weiter zu, wenn die minimalen Anforderungen an die Formulierung eines Leistungsauftrags näher analysiert werden. Diese verändern sich je nach dem zugrundegelegten Begriff, wie die Gegenüberstellung anhand des Stadtberner Beispiels in Abb. 1 zeigt.[5]

Definition 1: Leistungsauftrag = Departementsauftrag	*Definition 2:* Leistungsauftrag = Kontrakt
• Dauer des Auftrags	• Beschreibung der Kontraktparteien
• Leistungsangebot bzw. Produktepalette	• Bezeichnung der vertraglichen Dienstleistungen und Produkte
• Leistungsstandards bzw. -richtlinien	• Leistungsstandards
• Qualitätsstandards bzw. -richtlinien	• Qualitätsvorschriften
• Leistungszugang für Kundinnen und Kunden	• Leistungszugang für Kundinnen und Kunden
• Informationspflicht (v. a. Inhalte und Ablauf der Berichterstattung)	• allfällig ein Gebührendach bzw. Angaben über den Kostendeckungsgrad bei Verursacherfinanzierung
• Finanzierungsmodus (Globalsumme, Benützer- bzw. Kundenanteil)	• Informationsbereitstellung durch die Agentur in Form, Dichte und zeitlichem Rhythmus
• Kompetenzenaufteilung zwischen dem Steuerungsdienst und den Direktionen bzw. Direktionsdiensten	• Bestimmungen über Controlling und Prüfungsmöglichkeiten
	• Bestimmung über die Verwendung allfälliger Gewinne aus Effizienzsteigerungen der Agentur (im Fall einer Verwaltung)
	• Sanktionen bei Schlechterfüllung oder Nichterfüllung des Kontrakts
	• Globalsumme bzw. Kaufpreis, ev. abgestuft nach Erfüllungsgrad der Leistung
	• Zahlungsbedingungen
	• Dauer des Kontrakts
	• Beschreibung der delegierten Kompetenzen und der Aufgaben der Direktion gegenüber der Agentur
	• Umgangsform zwischen den Kontraktparteien (Konfliktlösungen, Gewinnverwendung, Bonus bzw. Malus, Kündigung des Kontrakts, usw.)

Abb. 1: Die minimalen Inhalte eines Leistungsauftrags

---

[5] Präsidialdirektion der Stadt Bern 1994

Unterschiede ergeben sich aber auch dann, wenn nur eine der beiden gebräuchlichen Definitionen herangezogen und die minimalen Anforderungen an die entsprechenden Leistungsaufträge näher analysiert werden. Für die diesbezüglich unter Punkt 3 anzustellenden Überlegungen wird von der in der politischen Praxis häufiger verwendeten, zweiten der beiden oben dargestellten Definitionen ausgegangen. Um das Ausmass der Begriffsverwirrung sichtbar zu machen, werden zwei kantonale "Leistungsaufträge" aus dem gleichen Politikbereich auf die minimalen Anforderungen hin überprüft.

3. UNTERSCHIEDE BEI DER FORMULIERUNG VON "LEISTUNGSAUFTRÄGEN" IM AIDS-BEREICH

Die Forschungsgruppe für Management im Gesundheitswesen an der Hochschule St. Gallen (FMiG) führt zur Zeit im Auftrag des Bundesamtes für Gesundheitswesen ein AIDS-Assessment für die Schweiz durch. In diesem Zusammenhang wurden auch die AIDS-Präventionsanstrengungen in sechs ostschweizerischen Kantonen und im Fürstentum Liechtenstein näher analysiert und Ansätze zu deren Effektivitäts- und Effizienzsteigerung aufgezeigt. Dabei wurde auch der "Leistungsauftrag" des Kantons St. Gallen mit der AIDS-Hilfe St. Gallen-Appenzell näher erörtert.[6] Dieser basiert auf einer am 1. Februar 1991 in Kraft getretenen Vereinbarung zwischen dem Gesundheitsdepartement des Kantons St. Gallen und der AIDS-Hilfe St. Gallen-Appenzell. Sie regelt die Übertragung öffentlicher Aufgaben im Bereich der AIDS-Prävention, die Zusammenarbeit zwischen den beiden Vertragsparteien, die finanzielle Unterstützung der AIDS-Hilfe St. Gallen-Appenzell sowie deren Aufsicht durch den Kanton St. Gallen.

Dieser "Leistungsauftrag" soll mit jenem "Leistungsauftrag" verglichen werden, den die Direktion des Gesundheitswesens des Kantons Zürichs mit dem Verein AIDS-Informationsstelle Winterthur vor kurzem abgeschlossen hat. Seit Mitte Juni 1992 betreibt der Verein AIDS-Informationsstelle Winterthur die AIDS-Infostelle Winterthur. Während der dreijährigen Versuchsphase deckte die Geschäftsstelle eine breite Aufgabenpalette im Bereich der AIDS-Prävention in der Stadt und Region Winterthur ab. Die Stelle steht der Bevölkerung für alle Fragen rund um die HIV-Infektion und AIDS offen. Mit dem Regierungsratsbeschluss Nr. 572-95 wird der Verein AIDS-Informationsstelle Winterthur seit 1995 für die AIDS-

---

[6] Oggier/Güntert 1995, 68 ff.

Präventionsmassnahmen in Winterthur und Umgebung finanziell unterstützt. Die Gesundheitsdirektion hat deren "Leistungsauftrag" festgelegt.

Minimale Anforderungen an einen Leistungsauftrag	Fallbeispiel AIDS-Hilfe St. Gallen-Appenzell	Fallbeispiel AIDS-Informationsstelle Winterthur
• Beschreibung der Kontraktparteien	+	+
• Bezeichnung der vertraglichen Dienstleistungen und Produkte	+	+
• Leistungsstandards		+
• Qualitätsvorschriften		
• Leistungszugang für Kundinnen und Kunden	+	+
• allfällig ein Gebührendach bzw. Angaben über den Kostendeckungsgrad bei Verursacherfinanzierung		+
• Informationsbereitstellung durch die Agentur in Form, Dichte und zeitlichem Rhythmus	+	+
• Bestimmungen über Controlling und Prüfungsmöglichkeiten	+	+
• Sanktionen bei Schlechterfüllung oder Nichterfüllung des Kontrakts		+
• Globalsumme bzw. Kaufpreis, ev. abgestuft nach Erfüllungsgrad der Leistung	+	+
• Zahlungsbedingungen		+
• Dauer des Kontrakts	+	+
• Beschreibung der delegierten Kompetenzen und der Aufgaben der Direktion gegenüber der Agentur	+	+
• Umgangsform zwischen den Kontraktparteien (Konfliktlösungen, Gewinnverwendung, Bonus bzw. Malus, Kündigung des Kontrakts, usw.)	+	+

Legende: + *mindestens teilweise erfüllt*

Abb. 2: *Die Erfüllung der minimalen Anforderungen an einen Leistungsauftrag bei zwei ausgewählten Fallbeispielen im AIDS-Bereich*

Der Vergleich der beiden "Leistungsaufträge" ist in Abb. 2 dargestellt. Er offenbart deren Unterschiede. Nennenswerte Differenzen ergeben sich insbesondere bei den Leistungsstandards, dem Kostendeckungsgrad, den Sanktionen bei Schlecht- oder Nichterfüllung des Kontrakts sowie bei den Zahlungsbedingungen. Dabei schneidet das Fallbeispiel der AIDS-Informationsstelle Winterthur im direkten Vergleich deutlich besser ab. So regelt dieser in der Form einer Verfügung ausgestaltete "Leistungsauftrag" beispielsweise das Gebührendach des Vereins AIDS-Informationsstelle Winterthur so, dass Leistungen aufgrund des vorliegenden Auftrags Ratsuchenden nicht verrechnet werden dürfen. Leistungen wie Kurse und Veranstaltungen, für die der Verein von den Veranstaltern Honorare verlangt, erbringt die AIDS-Informationsstelle Winterthur ausserhalb des vorliegenden Leistungsauftrags. Eine entsprechende Bestimmung fehlt beim "Leistungsauftrag" an die AIDS-Hilfe St. Gallen-Appenzell.

Die Verfügung der Direktion des Gesundheitswesens des Kantons Zürich ist vielfach konkreter und damit detaillierter. Die Vereinbarung zwischen der AIDS-Hilfe St. Gallen-Appenzell und dem Gesundheitsdepartement des Kantons St. Gallen umschreibt den sachlichen Tätigkeitsbereich in der AIDS-Prävention nur sehr summarisch. Das Zürcher Beispiel nimmt dagegen eine Unterteilung in Haupt- und Nebenleistungen vor. Auch in diesem Beispiel wäre eine weitere Konkretisierung jedoch wünschenswert.

Selbst im Fall der AIDS-Informationsstelle Winterthur sind jedoch nicht alle minimalen Anforderungen an einen Leistungsauftrag erfüllt. Von besonderer Bedeutung ist dabei das Fehlen von Qualitätsvorschriften. Mindestens in diesem Bereich sind bei beiden Fallbeispielen noch weitere Anstrengungen zu unternehmen.[7] Genau genommen dürfte somit zur Zeit in beiden Fällen nicht von einem Leistungsauftrag gesprochen werden, weil die minimalen Anforderungen nicht vollumfänglich erfüllt sind.

4. FAZIT

Die gemachten Ausführungen machen deutlich, dass selbst innerhalb eines einzigen Politikbereichs unterschiedliche Auffassungen über den Begriff "Leistungsauftrag" bestehen. Diese Unterschiede dürften noch grösser ausfallen, wenn das Betrachtungsspektrum erweitert und beispielsweise auch noch die "Leistungsaufträge" an diverse andere eidgenössische, kantonale oder kommunale Ämter analysiert werden. Zur Lösung dieses Begriffswirrwarrs wäre es wahrscheinlich hilfreich, auf die Verwendung dieses Begriffs mindestens vorläufig ganz zu verzichten und in Anlehnung an Schedler[8] bei Leistungsvereinbarungen zwischen

---

[7] Die AIDS-Hilfe St. Gallen-Appenzell und das Gesundheitsdepartement des Kantons St. Gallen sind denn auch momentan daran, ihre Vereinbarung zu überarbeiten.
[8] Schedler 1995, 134

der Gesamtregierung und den einzelnen Departementen von "Departementsaufträgen", beim Leistungseinkauf der Departemente bei öffentlichen oder privaten Dritten von "Kontrakten" zu sprechen.

LITERATURVERZEICHNIS

Horbach Jens, Neue Politische Ökonomie und Umweltpolitik, Frankfurt a. M./ New York: Campus, 1992

Musgrave Richard A./Musgrave Peggy B./Kullmer Lore, Die öffentlichen Finanzen in Theorie und Praxis Tübingen: J.C.B. Mohr (Paul Siebeck), 1987

Neue Stadtverwaltung Bern, Mögliche Ausgestaltung eines modernen Verwaltungsmanagements in der Stadt Bern, Bern: Präsidialdirektion der Stadt Bern, 1994

Oggier Willy/Güntert Bernhard J., Die AIDS-Präventionsanstrengungen in sechs ostschweizerischen Kantonen und im Fürstentum Liechtenstein, in: Oggier Willy/Güntert Bernhard J., AIDS und Ökonomie, Muri: Schriftenreihe der Schweizerischen Gesellschaft für Gesundheitspolitik, S. 59-77, 1995

Schedler Kuno, Ansätze einer wirkungsorientierten Verwaltungsführung, Bern/ Stuttgart/Wien: Paul Haupt, 1995

Akerloff G.A., The Market for "Lemons": Quality Uncertainty and the Market Mechanism, in: Quarterly Jorunal of Economics, Vol. 84, S. 488-500, 1970

WIRKUNGSORIENTIERTE VERWALTUNG, NPM UND EVALUATIONEN

Werner Bussmann

Seit einiger Zeit gehen in der öffentlichen Verwaltung der Schweiz neue Begriffe um: Wirkungsorientierte Verwaltung,[1] Management by Results und NPM (New Public Management).[2] Viele erhoffen sich von der Verwirklichung dieser Konzepte einen Innovationsschub für den Staat. Was aber ist darunter zu verstehen und an welche informatorischen Voraussetzungen ist ein erfolgreicher Einsatz dieser Modelle gebunden? Die "Wirksamkeit staatlichen Handelns" stand während sechs Jahren im Zentrum des Nationalen Forschungsprogramms 27 (NFP 27). Unter dem Stichwort "Evaluationen" gibt es zudem im angelsächsischen Sprachraum bereits seit mehr als 12 Jahren praxisorientierte Konzepte für eine wirkungsorientierte Verwaltungsführung.[3] Die im NFP 27 mit Evaluationen gemachten Erfahrungen können somit helfen, die Notwendigkeit und die Möglichkeiten einer wirkungsorientierten Verwaltung näher zu beleuchten.[4]

1. STATT INPUTDETAILS UND TÄTIGKEITSVORGABEN: GLOBALBUDGET UND ZIELE

Die neuen Konzepte nähren sich von einem Unbehagen an der heutigen Führung der Verwaltung. In Gesetzen, Verordnungen und vor allem in internen Weisungen werden deren Tätigkeiten einzeln aufgelistet. Zudem werden ihre personellen und finanziellen Inputs durch das Budget detailliert vorgegeben. Beides zusammen ergibt für die Verwaltung ein wahres Prokrustesbrett, das ihre Initiative und Anpassungsfähigkeit lähmt, machen verschiedene Kritiker[5] geltend. Deshalb wird angestrebt, die einzelnen Verwaltungseinheiten über Zielvorgaben und Globalbudgets (Verzicht auf Spezifikation der einzelnen Ausgabenposten) zu führen. Das neue Konzept gleicht der "Führung durch Zielvereinbarung" (MbO, Management by Objectives). Mehr als früher wird indessen das Schwergewicht auf die Wirkungserfassung gelegt, weshalb heute vor allem von wirkungs- oder ergebnisorientierter Verwaltung und auf eng-

---

1 Buschor 1993
2 vgl. Haldemann 1995
3 s. Wholey 1983
4 Bussmann 1995b
5 z.B. Delley 1995

lisch von Management by Results (MbR) gesprochen wird.[6] Zum Teil wird in der Schweiz auch das "New Public Management" (NPM) mit dem neuen Konzept gleichgesetzt. In mehreren ausländischen Staaten (Neuseeland, Australien, Grossbritannien) wurden und werden indessen mit dem NPM wesentlich radikalere Reformen angestrebt (v.a. Privatisierung und Dezentralisierung), als in der Schweiz vorgesehen ist. Wir verwenden in der Folge den Begriff der "ergebnisorientierten Verwaltung". Man könnte auch von "wirkungsorientierter Verwaltung" sprechen; wie noch zu zeigen ist, wird damit aber ein sehr hoher Anspruch aufgestellt.

2. WAS DIE VERWALTUNG LEISTET

Im Gegensatz zum Gewinn und Verlust (und sog. externen Kosten) der privaten Unternehmungen erwirtschaftet die öffentliche Verwaltung "Gemeinnutzen". Sie bietet Güter und Dienste an, für welche (noch) keine Märkte bestehen.

Ein Massstab für die Leistungen der Verwaltung ist der *Output*. Das sind die Güter und Dienstleistungen, welche der Staat "produziert": Baubewilligungen, Polizeibussen, Sozialhilfebeiträge usw. Der Output ist letztlich eine gedankliche Abstraktion, welche sich an der Schnittstelle Staat/Gesamtgesellschaft orientiert. Er ergibt sich aus der Addition der vielfältigen Tätigkeiten von Beamten an der "Front" (z.B. Lehrer, Polizisten, Sozialarbeiter) und in den unterstützenden Diensten (z.B. Personal und Administration, Finanzen, Aufsichtsbehörden). Der Slogan der "outputorientierten Verwaltung" lenkt die Aufmerksamkeit auf die Endprodukte der Verwaltung.

Freilich ist der Output nicht Selbstzweck. Sozialhilfebeiträge können für die einen Personen einen dauerhaften Charakter haben (Ziel: Sicherstellung des Existenzminimums), für andere sollen sie nur Überbrückungshilfe darstellen und eine berufliche oder familiäre Veränderung abfedern (Ziel: Reintegration). Staatliche Tätigkeiten legitimieren sich mehr und mehr durch die Ziele, die sie verfolgen und zu erreichen suchen. Entscheidend ist deshalb, was der Output in Gang setzt, die *Wirkungen* bzw. die *Wirksamkeit*.[7] Die Amerikaner verwenden dafür den plastischen Begriff "outcome" und meinen damit das, was aufgrund staatlicher Mass-

---

[6] Naschold 1995
[7] Zu den Begriffen Output, Wirksamkeit und Wirtschaftlichkeit vgl. Bussmann 1995a: S. 53/54 und S. 98/99.

nahmen "herauskommt". Und dann ist natürlich auch sehr bedeutsam, dass diese Wirkungen mit möglichst wenig finanziellen und personellen Mitteln erreicht werden, was mit dem Kriterium der *Wirtschaftlichkeit* oder *Effizienz* bezeichnet wird.

3. MANAGEMENT UND INFORMATION: DAS TANDEM DER ZUKUNFT

Die neue Ergebnisorientierung der Verwaltung - sei es auf Output, Wirksamkeit und/oder Wirtschaftlichkeit - erfordert Vorgaben. Zu erbringende Leistungen und zu erreichende Ziele müssen definiert werden. Die allgemeinen Ziele, beispielsweise für ein Departement, müssen auf die einzelnen Ämter und allenfalls deren wichtigste Dienststellen "heruntergebrochen", d.h. konkretisiert werden. Darin ist das Verwaltungsmanagement auf der ganzen Linie herausgefordert.

Festlegungen machen indessen nur Sinn, wenn ihre Erreichung festgestellt wird. Management und Informationen bilden deshalb das Tandem der Zukunft. Neue Managementkonzepte können nur insoweit erfolgreich eingeführt werden, als dafür passende Informationsinstrumente zur Verfügung stehen. Man sagt ja heute nicht zu Unrecht, dass Information und Wissen die wichtigste Ressource sind.

Man betrachtet heute die Informationsinstrumente wesentlich detaillierter als früher. Während in der Vergangenheit "Statistiken", "Studien", "Gutachten" als die hauptsächlichsten Informationsmittel betrachtet wurden, hat sich die Palette heute wesentlich verbreitert. Dabei möchte ich mich auf diejenigen Informationsmittel konzentrieren, die unter dem Stichwort "Erfolgskontrollen" zusammengefasst werden; im angelsächsischen Bereich ist dafür der Begriff "evaluation" gängig. Dass es daneben noch weitere, ebenso wichtige Informationsmittel gibt (wie die Budgetzahlen, die amtliche Statistik oder die angewandte wissenschaftliche Forschung), sei hier vorausgesetzt.

	Monitoring, Leistungsindikatoren	Controlling, Evaluationen des Vollzugs	Evaluationen der Wirkungen	prospektive Evaluationen
Ziel	Feinsteuerung des Vollzugs, ständige Beobachtung der Umwelt	Wirtschaftlichkeit der Abläufe, Kenntnis der Vollzugsabläufe	Kenntnis über die Wirkungen staatlicher Massnahmen	Abschätzung der mutmasslichen künftigen Wirkungen
Inhalt	ständige Daten über Vollzug und Wirkungsaspekte	dauernde Überwachung der Abläufe	vertiefte Kenntnisse über die Wirksamkeit und Wirtschaftlichkeit von Massnahmen	Szenarios, Modelle, Hypothesen über mögliche Wirkungen
Typische Form des Vergleichs	Quervergleiche, Zeitreihen	Soll - Ist	policy on - policy off	mögliche Massnahme 1 - mögliche Massnahme 2
zeitlicher Rahmen, Frequenz	begleitend, ständig	begleitend, periodisch	ex post, einmalig	ex ante, einmalig
Kosten	gering	mittel	hoch	mittel/hoch
Zwei Vorteile	• geringe Kosten • permanente Feedbacks	• rasche, Feedbacks • Verbesserungen der Abläufe	• fundierte Kenntnisse über Wirkungen • Verständnis der Wirkungszusammenhänge	• Fehlentscheide vermeiden • Schwierigkeiten antizipieren
Zwei Nachteile	• Bezug Massnahme - Wirkung oft ungesichert • falsche Verwendung	• Wirkungsaspekte meist vernachlässigt • schwierige Erfassung qualitativer Aspekte	• teuer • zeitlich aufwendig	• überraschungsreiche Zukunft • ungenügende Kenntnisse über Wirkungszusammenhänge

Abb. 1: Erfolgskontrollen/Evaluationen staatlichen Handelns[8]

Jedes Instrument der Erfolgskontrolle hat seine Stärken und Schwächen. Eine sorgfältige Beobachtung der Tätigkeit der Verwaltung bis zu ihrem *Output* erlauben das Monitoring, Leistungsindikatoren, das Controlling und Evaluationen des Vollzugs. Diese Instrumente ermöglichen beispielsweise, die Tätigkeit der Verwaltung im Zeitablauf zu verfolgen (*Monitoring*), mit Vorgaben zu vergleichen (*Controlling*), Quervergleiche vorzunehmen (*Benchmarking, Leistungsindikatoren*), die outputbezogene Wirtschaftlichkeit zu überprüfen (*Controlling*) sowie Erfolgsfaktoren bzw. Schwächen des Vollzugs (z.B. bezüglich Organisation und verwendeten Handlungsinstrumenten) zu identifizieren (*Evaluationen des Vollzugs*).

Allerdings sagen die erwähnten Instrumente noch recht wenig über die *Wirkungen* bzw. die *Wirksamkeit* der getroffenen Massnahmen aus, welche

---

[8] Bussmann 1995c

ja die eigentliche "raison d'être" staatlichen Handelns sind. Auch ein gutes Controlling städtischer Verkehrsbetriebe ist in der Regel nicht in der Lage, einen allfälligen Umsteigeeffekt von Tarifsenkungen nachzuweisen. Auf solche *Fragen* können in der Regel nur *Evaluationen der Wirkungen* (Wirkungsanalysen, Wirkungsstudien) eine einigermassen verlässliche Antwort geben. In ihrem Zentrum steht die Frage, ob und inwieweit staatliche Massnahmen in Wirtschaft und Gesellschaft etwas bewirken. Darauf gestützt kann auch abgeklärt werden, ob eine Massnahme gesamthaft *wirtschaftlich* ist oder ob ein Ziel (z.B. Umsteigeeffekt von 10 Prozent der Arbeitspendler) mit anderen Massnahmen (Fahrplanverbesserungen, Verbesserung der Zugssicherheit) als der getroffenen (Tarifverbilligungen) günstiger hätte erreicht werden können.

Die Überprüfung der Wirksamkeit einer Massnahme erfordert in der Regel wesentlich mehr als die Kontrolle der *Zielerreichung*. Aufgrund günstiger äusserer Umstände (z.B. Konjunkturlage) können die Ziele nämlich durchaus erreicht werden, ohne dass staatliche Massnahmen dazu wesentliches beitragen. Nötig sind Belege dafür, dass Ziele *aufgrund* bestimmter staatlicher Massnahmen erreicht worden sind. Allfällige andere Einflussfaktoren sind zu isolieren. Der Nachweis der *Wirksamkeit* baut somit auf *kausalorientierten* Überlegungen auf, während derjenige der Zielerreichung auf einem blossen normativen Vergleich von Zielen und Ist-Werten basiert.[9] Letztlich geht es darum, explizit (durch Längs- oder Querschnittvergleiche) oder implizit (durch hypothetische Gedankenkonstruktionen) den Zustand "mit Massnahme" mit demjenigen Zustand zu vergleichen, der "ohne Massnahme" bestehen würde. Die US-Amerikaner verwenden hierfür den Begriff "policy on/policy off".[10] "Wirkungsorientierte Verwaltung" ernst genommen bedeutet deshalb, dass plausible Belege dafür erbracht werden, dass die Ziele *aufgrund* staatlichen Handelns erreicht wurden und allfällige andere konkurrierende Faktoren ausser Betracht fallen.

Welche der Instrumente der Erfolgskontrolle verwendet werden, hängt von den Handlungsanforderungen ab. Alle Verwaltungen sind auf Monitoring, Controlling und Evaluationen des Vollzugs angewiesen. Wo administrative Tätigkeiten vergleichbar sind (v.a. zwischen Spitälern, Schulen, Verkehrsbetrieben; generell zwischen Gemeinden und Städten im In- und Ausland, teilweise zwischen Kantonen) sind Leistungsindikatoren und Benchmarking geeignet. Man kann diese Instrumente mit den Warnlampen eines Autos vergleichen, die der kontinuierlichen Kontrolle

---

[9] Rist 1989
[10] näheres dazu in Bussmann 1995a: S. 60-76

dienen. Evaluationen der Wirkungen gleichen demgegenüber einem vertieften Check-up um festzustellen, ob das Fahrzeug den Anforderungen des Strassenverkehrs überhaupt noch genügt und ob grössere Revisionen nötig sind.

4. ERGEBNISORIENTIERTE VERWALTUNG: MESSBARE LEISTUNG ZÄHLT

Die neueren Konzepte der ergebnisorientierten Verwaltung setzen an den Zielen des Verwaltungshandelns an. Diese können sich auf den Output oder die Wirkungen beziehen. Sie müssen klar sein, und die Zielerreichung muss an ihnen gemessen werden können. Zwischen der leitenden ("strategischen") Regierung/Verwaltung und der ausführenden ("operationellen") Verwaltung wird eine Zielvereinbarung bzw. ein "Vertrag" abgeschlossen.

An Mitteln erhält die ausführende Verwaltung ein Globalbudget, das sie nach eigenem Ermessen für diejenigen Ausgabenposten einsetzen kann, die die bestmögliche Zielerreichung versprechen. Die Zielfestlegung ermöglicht der Verwaltung somit grössere Freiheit bei der Aufgabenerfüllung und erlaubt ihr, die Tätigkeiten den sich verändernden Rahmenbedingungen anzupassen und den Mitteleinsatz zu optimieren.

Zielvorgaben und Globalbudget sind die beiden Kennzeichen des ergebnisorientierten Managements. Regelgebundenheit der Tätigkeit und detaillierte Budgetsteuerung sind demgegenüber die Charakteristiken der herkömmlichen Verwaltung. Niklas Luhmann hat ersteres bereits vor mehr als 20 Jahren als "finale Programmierung" und letzteres als "konditionale Programmierung" bezeichnet.[11]

Ergebnisorientierte Verwaltung erfordert völlig neue Kontrollen. Beim herkömmlichen Verwaltungsmanagement genügte es, die Regelkonformität der Tätigkeit und der Mittelverwendung zu überprüfen. Bei der ergebnisorientierten Verwaltung sind diese Kontrollen weniger bedeutsam. Sie werden aber nicht völlig unnötig, denn gerade bei grösseren Handlungsfreiräumen für die operativen Dienste (namentlich in finanziellen Angelegenheiten) kann die Versuchung wachsen, auf den eigenen Vorteil zu schauen (z.B. bei der Auftragsvergabe). Von zentraler Bedeutung ist indessen die Frage, ob die (quantitativen) Leistungsziele erreicht werden.

---

[11] Luhmann 1973, vgl. auch Freiburghaus 1991

Das ergebnisorientierte Management eignet sich nicht für alle Verwaltungszweige. Das Konzept trifft auf Anwendungsschwierigkeiten, wenn Dienststellen eine Vielzahl von Zielen verfolgen und viele unterschiedliche Leistungen erbringen. Dann ist der Aufwand sowohl für die Zielfestlegung wie auch für die Beschaffung von Informationen über die Zielerreichung (zu) hoch. Ergebnisorientierte Verwaltung kann vor allem für Dienststellen angebracht sein, die eine genügende Zahl von standardisierbaren Leistungen (wie Sozialberatungen, Baubewilligungen, Kurse) erbringen. Das Modell eignet sich am ehesten für Städte und Kantone.

5. FALLGRUBEN AUF DEM WEG ZUR ERGEBNISORIENTIERTEN VERWALTUNG

Auch dort, wo die Voraussetzung für die Einführung des ergebnisorientierten Management günstig sind, müssen einige Fallgruben umgangen werden. Dabei können wir wiederum an den Konzepten des Output und der Wirksamkeit anknüpfen.

(1) Die Anknüpfung der Erfolgskontrolle am Output bezieht sich auf die von der Verwaltung bereitgestellten Güter und vor allem Dienstleistungen. Diese werden allerdings oft nicht von der Verwaltung autonom "produziert", sondern gemeinsam mit den "Kunden". Eine Baubewilligung beispielsweise setzt voraus, das private Bauträger ein entsprechendes Gesuch stellen. Konjunkturelle und andere Gründe können ein Zu- oder Abnehmen der entsprechenden Gesuche zur Folge haben. Daraus ergibt sich als erstes Problem, dass der *Umfang des Outputs* nicht allein vom Einsatzwillen der Verwaltung, sondern von den wirtschaftlichen und gesellschaftlichen Rahmenbedingungen abhängt und sich als Erfolgsmassstab nur bedingt eignen kann. Die bisherige Geschichte der SBB-Leistungsaufträge zeigt deutlich die Schwierigkeiten bei der Leistungserbringung, wenn sich die Rahmenbedingungen ändern. In der Privatwirtschaft kann diesem Umstand z.T. dadurch Rechnung getragen werden, dass als Erfolgsmassstab nicht der Gewinn oder Verlust in absoluten Zahlen, sondern im Verhältnis zum Branchendurchschnitt genommen und dass insbesondere der Marktanteil berücksichtigt wird. Bei der staatlichen Verwaltung ist diese Bereinigung von äusseren Einflüssen sehr viel schwieriger.

(2) Ergebnisorientierte Verwaltung stellt klare und überprüfbare Ziele in den Vordergrund. Quantität zählt. Unter dem Bemühen um das Erreichen der quantitativen Vorgaben kann die *Qualität* leiden. Dagegen werden spezielle Anstrengungen unternommen: Es werden vor allem Kundenbefragungen durchgeführt oder Reklamationen systematisch

ausgewertet. Auch können politische Institutionen (Quartiergremien, Gemeindeversammlungen u.a.m.) in die Qualitätspflege eingezogen werden. Ob dies ausreicht, um die Qualität der Leistungen sicherzustellen, wird sich allerdings erst noch weisen müssen.

(3) Noch ungeklärt sind viele Fragen im Zusammenhang mit Anreizsystemen im Zusammenhang mit der ergebnisorientierten Verwaltung. In den USA und anderen Ländern gibt es Bestrebungen, das Erreichen der gesetzten Ziele bei der Budgetzuteilung positiv zu berücksichtigen (sog. "performance budgeting"). Während bei der herkömmlichen Verwaltungsführung in der Regel die Mittel erhöht werden, wenn Probleme nicht gelöst werden, was nicht unbedingt ausreichende Anreize schafft, Probleme zum Verschwinden zu bringen, werden beim "performance budgeting" die erfolgreichen Dienststellen mit zusätzlichen Mitteln belohnt. Dies mag logisch durchaus einleuchtend sein. Voraussetzung ist jedoch, dass die *Indikatoren* über alle Zweifel erhaben und *nicht manipulierbar* sind. Gewisse Erfahrungen aus den USA zeigen, dass gerade letzterer Voraussetzung nur ungenügende Beachtung geschenkt wurde. Im Rahmen der Arbeitslosenbekämpfung wurden beispielsweise Umschulungsprogramme finanziell gefördert, die sich durch einen grossen Eingliederungserfolg auszeichneten. Eine genauere Überprüfung ergab dann aber, dass besonders gewiefte Träger von Umschulungsprogrammen bei ihren Kursen nur Personen berücksichtigten, die auf dem Arbeitsmarkt ohnehin gute Beschäftigungschancen hatten, und die schwierigen "Fälle" gar nicht erst einbezogen. Vor der Einbettung des ergebnisorientierten Management in Anreizsysteme und insbesondere in den Budgetprozess ist es sicher angebracht, andernorts gemachte Erfahrungen auszuwerten und mögliche Missbrauchsgefahren sorgsam auszuloten.

(4) Ein weiteres Problem liegt darin, dass das Erreichen von Outputvorgaben noch lange nicht sicherstellt, dass aus dem Verwaltungshandeln die anvisierten Ziele resultieren. Das noch so effiziente Durchführen von Kursen für Arbeitslose kann nicht garantieren, dass diese tatsächlich besser in den Arbeitsprozess reintegriert werden. Leider zeigt die internationale Erfahrung mit ergebnisorientierter Verwaltung, dass die wirtschaftlich/gesellschaftliche Beobachtung und die staatliche Selbstreflexion nur ungenügend ausgebaut wurden.[12] Deshalb ist es wichtig, erhebliche Anstrengungen zu unternehmen, um bei der permanenten Datenerfassung und im Rahmen periodischer, vertiefter Studien die *Wirkungsaspekte* auszuleuchten. Die im NFP 27 durchgeführten grösseren und kleineren Evaluationen zeigen, dass mit

---

[12] Naschold 1995, S. 92

solchen Studien ein ganz erheblicher informatorischer "Mehrwert" geschaffen werden kann.

6. MAN KANN NICHT DEN FÜNFER UND DAS WEGGLI HABEN

Die ergebnisorientierte Verwaltung erscheint angesichts gewisser Auswüchse der herkömmlichen Verwaltungsführung (übertriebene Inputsteuerung durch Spezifität und Annuität der Budgetierung) für viele Dienststellen als durchaus attraktive Alternative. Freilich hat das Konzept nicht nur Vorteile, sondern auch problematische Seiten.

Die Abschätzung möglicher Nachteile und Nebenwirkungen der ergebnisorientierten Verwaltung wird dadurch erschwert, dass heute drei Modelle der Verwaltungssteuerung zur Verfügung stehen und zum Teil miteinander kombiniert werden können.

	Regelgebundene Verwaltung (konditionale Programmierung)	Professionell orientierte Verwaltung	Ergebnisorientierte Verwaltung (finale Programmierung)
Steuerungsinstrument	Wenn-dann-Vorschriften, Detailbudget	Professionelle Standards	Zielvorgaben, Globalbudget
Kontrollen	Rechtmässigkeit	Berufliche Qualität	Zielerreichung, Wirksamkeit, Wirtschaftlichkeit
Vermittlung der Arbeitsanforderungen	Berufliche Sozialisation, Kenntnis der Vorschriften	Berufliche Aus- und Weiterbildung	Zielvereinbarungen, Leistungskontrakte, Aus- und Weiterbildung
Sanktionen	Disziplinarverfahren	Verlust an beruflichem Ansehen, Ausschluss aus Standesorganisation	Budget- und Gehaltskürzungen?
Zwei Vorzüge	Berechenbarkeit, Unbestechlichkeit	Professionelle Ethik, Kontinuität	Flexibilität, Eigeninitiative
Zwei Nachteile	Mangel an Eigeninitiative, Sturheit	Standesdenken, Unbeweglichkeit	Fixierung auf Quantität, mangelnde Berechenbarkeit
Metapher	Beamter nach Max Weber	Lehrer	Der Beamte als Unternehmer[13]

Abb. 2: Drei Formen der Verwaltungssteuerung

---

[13] vgl. Osborne/Gabler 1992

Bei der herkömmlichen Verwaltungsführung steht vor allem deren *Regelgebundenheit* im Zentrum. Dies ist die Verwaltung, die bereits Max Weber eingehend beschrieben hat. Ihre Legitimität erhält sie durch Befolgung der in demokratischem Verfahren festgelegten Regeln. Ihre Vorzüge sind die Berechenbarkeit, die Unbestechlichkeit und der Sachverstand. Diese Steuerungsform deckt indessen bei weitem nicht die ganze Breite der Verwaltung ab. Vor allem auf kantonaler und kommunaler Ebene sind viele Beamte in Schulen, Universitäten, Spitälern, Heimen und Anstalten als Lehrer, Dozenten, Ärzte, Krankenschwestern, Heimerzieher, Sozialarbeiter u.a.m. tätig. Ihre Arbeit orientiert sich an *professionellen Standards*, welche durch Ausbildung, berufliche Weiterbildung und Sozialisation am Arbeitsplatz vermittelt werden. Die dritte, die *ergebnisorientierte Steuerungsform*, ist in zahlreichen Aufgabenbereichen (z.B. Umweltschutz) bereits in starken Ansätzen vorhanden. Z.T. kommen die drei Formen in Mischverhältnissen vor.

Das ergebnisorientierte Management weist den grossen Vorteil auf, die Eigeninitiative der Beamten besser zu nutzen und flexibel auf veränderte Vorgaben oder Rahmenbedingungen zu reagieren. Im Vergleich zur regelgebundenen Verwaltungssteuerung ist es für die Adressaten aber weniger berechenbar und möglicherweise weniger unbestechlich und neutral. Der grösste Gegensatz besteht wohl zur Verwaltungssteuerung durch professionelle Standards; diese stellt die Berufsethik sowie die Optimierung einer Vielzahl von zu berücksichtigenden Gesichtspunkten in den Vordergrund. Es ist deshalb nicht verwunderlich, dass Schulen, Heime oder das Gesundheitssystem mit Zielvorgaben und Erfolgskontrollen noch grosse Mühe haben. Es bedarf noch erheblicher Erfindungsgabe, solche Institutionen und Aufgabengebiete vermehrt auf Kriterien der Wirksamkeit und Wirtschaftlichkeit auszurichten, ohne den hohen Berufsethos der darin beschäftigten Personen zu zerstören.

7. Das Pferd nicht am Schwanz aufzäunen

Die Geschichte der Verwaltungsmodernisierung im In- und Ausland ist gepflastert mit Reformen, die überstürzt eingeführt wurden und deren Ergebnisse hinter den Erwartungen zurückgeblieben sind. Sehr oft wurden bei der Einführung neuer Verwaltungsmodelle deren informatorische Voraussetzungen nur ungenügend berücksichtigt. Die erforderlichen Informationen konnten anschliessend nicht, in nur ungenügender Qualität oder nur zu übermässigen Kosten beschafft werden. Freilich waren diese Reformansätze selten völlig nutzlos, haben sie doch den Weg zu pragmatischen Verbesserungen geebnet, die heute zur Verwaltungsroutine gehören (wie z.B. Mehrjahresplanung, Abschätzung der Folgekosten und -wirkungen).

Auch die Bemühungen zur Weiterentwicklung der ergebnisorientierten Verwaltung können von diesen Erfahrungen profitieren. Von zentraler Bedeutung ist, dass *nur Zielvorgaben und geeignete Vorkehren zur Bereitstellung von Informationen über die Zielerreichung echte Fortschritte bringen*. Die Integration des ergebnisorientierten Managements in die Verwaltungsorganisation muss mit dem *Aufbau geeigneter Informationssysteme Hand in Hand gehen*; ähnlich wie der Stickstoff für das Pflanzenwachstum ist das Vorhandensein geeigneter Informationsbausteine für das ergebnisorientierte Management der limitierende Faktor. Dabei geht es nicht darum, alles auf ein Informationsinstrument wie Monitoring, Controlling, Evaluation der Wirkungen oder prospektive Evaluation zu setzen, sondern diese Instrumente in geeigneter Weise zu kombinieren. Erst wenn das Potential der neuen Informationsinstrumente voll genutzt und deren Grenzen realistisch eingeschätzt werden, stehen die Bemühungen für eine ergebnisorientierte Verwaltung auf genügend sicherem Boden. Von "wirkungsorientierter Verwaltung" kann zudem erst gesprochen werden, wenn (v.a. durch Evaluationen der Wirkungen) ausreichende Beobachtungskapazitäten über die wirtschaftlichen und gesellschaftlichen Auswirkungen staatlichen Handelns aufgebaut worden sind.

LITERATUR

Buschor Ernst, Wirkungsorientierte Verwaltungsführung, Referat an der Generalversammlung der Zürcher Handelskammer vom 1. Juli 1993, Zürich: Verlag der Zürcher Handelskammer, 1993

Bussmann Werner, Evaluationen staatlicher Massnahmen erfolgreich begleiten und nutzen, Ein Leitfaden, Verlag Rüegger: Chur/Zürich, 1995a

Bussmann Werner, Evaluations and grassroots politics: The case of Switzerland, in Knowledge and Policy, 1995b (im Erscheinen)

Bussmann Werner, Instrumente der Erfolgskontrolle, in VOP, 1995/6, 1995c (im Erscheinen)

Delley Jean-Daniel, Quand l'esprit d'entreprise vient à l'Etat: Pour une réforme du service public, Lausanne: Domaine Public, 1994

Freiburghaus Dieter, Finalprogramme und Politikevaluation, in Bussmann Werner (Hrsg.), Evaluationen: Wozu und für wen? Bern: Nationales Forschungsprogramm 27, S. 35-45, 1991

Haldemann Theo, New Public Management: Ein neues Konzept für die Verwaltungsführung des Bundes? Bern: Eidgenössisches Personalamt, 1995

Luhmann Niklas, Zweckbegriff und Systemrationalität, Frankfurt a.M.: Suhrkamp, 1973

Naschold Frieder, Ergebnissteuerung, Wettbewerb, Qualitätspolitik: Entwicklungspfade des öffentlichen Sektors in Europa, Berlin: Ed. Sigma, 1995

Osborne David/Gaebler Ted, Reinventing Government: How the Entrepreneurial Spirit is Transforming the Public Sector, Reading MA: Addison-Wesley, 1992

Rist Ray C., Management Accountability: The Signals sent by Auditing and Evaluation, In Journal of Public Policy, 9, 3, S. 355-369, 1989

Wholey Joseph S., Evaluation and Effective Public Management, Boston: Little Brown, 1983

NEW PUBLIC MANAGEMENT: WAS UNS FEHLT, SIND DIE MANAGER

PLÄDOYER FÜR EINE MANAGEMENTORIENTIERTE AUSBILDUNG IN DER ÖFFENTLICHEN VERWALTUNG

Robert Hasenböhler

Heute wird überall die neue Verwaltungsführung propagiert. Es macht den Anschein, als ob das neue Management der öffentlichen Hand von Modellen, Methoden und Mitteln abhängig wäre. Die betriebswirtschaftliche Praxis lehrt etwas anderes: Neues Management muss von Menschen eingeführt und von Menschen in der täglichen Praxis verwirklicht werden. Dazu brauchen die Führungskräfte aller Stufen und aller Altersgruppen eine entsprechende Ausbildung. Kernstück dieser Ausbildung ist die Vermittlung betriebswirtschaftlicher Inhalte. Es wird allerdings nicht genügen, die bewährten betriebswirtschaftlichen Lehrmeinungen unverändert von der Privatwirtschaft in die Verwaltung zu übertragen. Leider sind die entsprechenden Anpassungen und Weiterentwicklungen noch nicht in genügendem Mass vorgenommen worden. In vielen Bereichen gilt es, die Inhalte einer Managementlehre der öffentlichen Hand noch zu schaffen. Weiter brauchen die neuen Manager der Verwaltung eine Ausbildung in Unternehmens- und Organisationsentwicklung. Sie werden Veränderungsprozesse durchstehen müssen. Keine leichte Aufgabe. Die Führungskräfte der Verwaltung werden schon heute ausgebildet. Aber Methodik und Didaktik sind weitgehend traditionell geblieben. Der Artikel zeigt Wege auf, wie ganze Organisationseinheiten mit dem verantwortlichen Management zusammen entwickelt und zum New Public Management geführt werden können.

Man sollte allerdings die Möglichkeiten der Ausbildung nicht überschätzen. Letztlich wird man Managerin oder Manager in einem lange dauernden Prozess. Die Selektion, die Betreuung der Führungskräfte im Laufe ihrer Karriere und die dauernde Möglichkeit zur Anwendung von gelerntem Stoff sind wichtige Voraussetzungen, damit die Verwaltung zu mehr Managern und zu mehr Management kommt.

1. DIE MODELLANSÄTZE DES NEW PUBLIC MANAGEMENTS UND DIE DARAUS RESULTIERENDEN AUSBILDUNGSZIELE

Unter dem Stichwort New Public Management wird eine ganze Palette von Ansatzpunkten offeriert, die sich an jener Entwicklung orientiert, die in den letzten 20 Jahren von der Betriebswirtschaft vollzogen wurde. Zur Klärung der Ausbildungsanforderungen kann man die heute diskutierten Modelle auf zwei elementare Ansätze reduzieren:

- Neue Führungsmodelle und -instrumente zur Dezentralisierung und zur Verschlankung des öffentlichen Sektors
- Überführung von staatlichen Institutionen in marktwirtschaftliche Funktionsprinzipien (effizienz- und wettbewerbsorientierte, organisatorische Ausgliederung).

Die beiden elementaren Ansätze lassen sich weiter verfeinern. Letztlich schliessen sie alle jene Entwicklungen mit ein, die in den letzten Jahrzehnten im betriebswirtschaftlichen Lehrgebäude vorgenommen wurden. Es ist nicht zu übersehen, dass die organisatorische Ausgliederung einer bis anhin unter staatlichem Normrahmen funktionierenden Institution auch jene Instrumente und Abläufe erfordert, die der erste Modellansatz benützt. Erst ein dezentralisiertes, verschlanktes staatliches Unternehmen wird die Voraussetzung erfüllen, um marktwirtschaftlich organisiert zu werden und dabei auch Erfolg zu haben.

1.1. Die beiden Modellansätze der neuen Verwaltungsführung

Die nachfolgende Darstellung will zeigen, was bereits unterstrichen wurde: Ohne neue Führungsmodelle und -instrumente sind die Voraussetzungen für eine erfolgreiche organisatorische Ausgliederung nicht gegeben. Somit beginnt jede Reform mit der Einführung bekannter betriebswirtschaftlicher Führungsinstrumente wie

- Rechnungswesen und Controlling
- Markt- und Umweltbezug (Marketing)
- Strategisches Management.

Daraus resultiert eine Dezentralisierung der Führungskompetenz und Verantwortung.

```
┌─────────────────────────────────────────────────────────────┐
│                          organisatorische Ausgliederung     │
│                          - Verantwortung für               │
│                            das eigene Überleben            │
│                          - Wettbewerbstauglichkeit         │
│   Neue Führungsmodelle-  - Marktbezug                      │
│   und -instrumente                                         │
│   - Verschlankung und              ▲                       │
│     Re-Engineering                 │                       │
│   - Dezentralisierung der Kom-     │                       │
│     petenz und Verantwortung    Der Privatisierungsansatz  │
│   - Betriebswirtschaftliches    nimmt Elemente der neuen   │
│     Führungsinstrumentarium     Führungsmodelle auf und    │
│   - Outputorientierung          ergänzt sie.               │
└─────────────────────────────────────────────────────────────┘
```

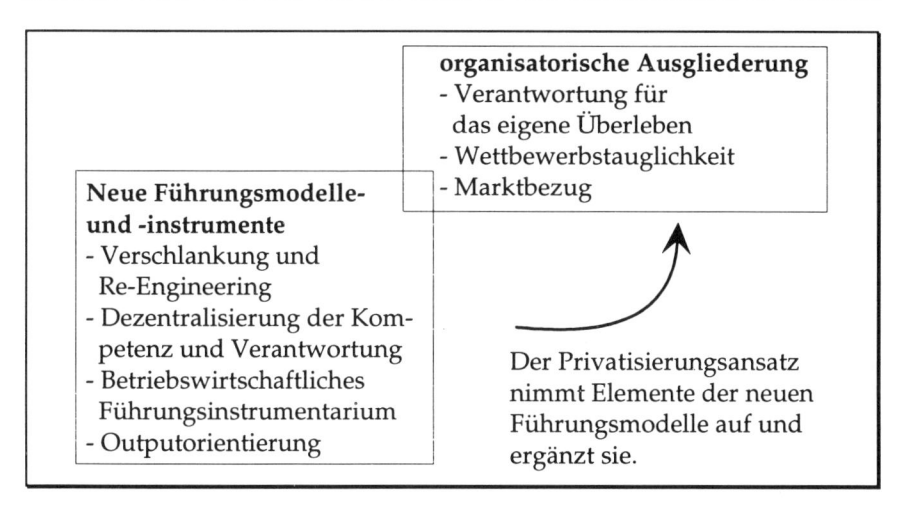

Abb. 1: Die beiden Modellansätze und ihre Verbindung

Mit dem Schlagwort "Lean Business Administration" wird die Idee der "schlanken Unternehmensführung" und des "Business Re-Engineering" in den Bereich der öffentlichen Verwaltung übertragen. Die Auswüchse und Wucherungen im Verwaltungssektor sollen dabei zurückgestutzt werden. Die neue Knappheit der Mittel und die Ineffizienz im Mitteleinsatz müssen dazu führen, dass alle geleisteten Aktivitäten kritisch überprüft werden. Nötigenfalls sind alte, aber nicht mehr prioritäre Aufgaben zugunsten von neuen Angeboten aufzugeben. Es wird dabei erwartet, dass der Trend der steigenden Staatsausgaben gebrochen und die Mittelverwendung auf den Mittelzufluss hin abgestimmt wird. Die dabei notwendigen Eingriffe sind auch politisch bedeutungsvoll. Sowohl ausserhalb als auch innerhalb der Organisation gibt es Betroffene und Opfer dieser Restrukturierungsmassnahmen. Somit ist das Management des Wandlungsprozesses immer ein Thema.

Der Ausgliederungsansatz geht davon aus, die dafür geeigneten Institutionen aus den Rahmenbedingungen staatlicher Wirtschaft herauszuholen. Die Kontrolle des Managementerfolgs geschieht nach marktwirtschaftlichen Gesichtspunkten. Letztlich entscheidet der Markt über die Existenzberechtigung der Organisation. Dieser umfassende Ansatz verlangt eine ganz andere Auffassung von Management als die, unter denen die entsprechende Organisation bis anhin agierte. Wer Organisationen der öffentlichen Hand in diese neuen marktwirtschaftlichen Rahmenbedingungen führt, übernimmt eine hochkomplexe Aufgabe mit grossen Risiken. Dies sowohl für sich selbst, als auch für die betroffene Organisation.

Vorgehens-modelle	Neue Führungsmodelle und Instrumente zur Dezentralisierung und Verschlankung des öffentlichen Sektors	Überführung von staatlichen Organisationen in die marktwirtschaftliche Führung
Anforderungen an das Management	• Fähigkeit zur Einführung und zur Nutzung neuer Managementinstrumente im Umfeld der öffentlichen Verwaltung; Übernahme der Führungsverantwortung- und kompetenzen • Fähigkeit zur Restrukturierung und Reorganisation der staatlichen Investitionen, Effektivitätssteigerung und Effizienzverbesserung (Outputoptimierung)	• Fähigkeit zur vollverantwortlichen Führung einer Institution im freien Markt • Fähigkeit zur Sicherung der strategischen, langfristigen Überlebensfähigkeiten des Unternehmens; Aufbau von strategischen Erfolgspositionen

Angestrebte Ziele einer Managerausbildung	Nach der Ausbildung ist das Management in der Lage:
	• neue Führungsmittel gemäss der Führungsaufgabe auszuwählen und einzuführen
	• neue Führungsmittel zu nutzen
	• die organisatorische Situation kritisch zu bewerten
	• die Funktionstüchtigkeit der Institution zu verbessern
	  · Qualitätssteigerung
	  · Effizienz der Ablauforganisation
	  · Abbau von Überorganisation und Blindleistungen
	  · Konzentration auf Kernleistungen
	• (personalpolitische) Konsequenzen von Reorganisationen aufzufangen
		Nach der Ausbildung, die auf eine übliche NPM-Ausbildung aufbaut, sind die Teilnehmerinnen und Teilnehmer besser in der Lage:
		• ein Unternehmen nach marktwirtschaftlichen Gesichtspunkten zu führen
		• die Verantwortung für den Unternehmenserfolg vollumfänglich zu übernehmen
		• die Marktposition soweit auszubauen, damit die Überlebensfähigkeit der Institution gesichert ist
		• Kulturen soweit zu verändern, dass neue Werte bei allen Führungskräften und Mitarbeiterinnen und Mitarbeitern entstehen, die die Überlebenskraft stützen.

Angestrebte Ziele für das Prozessmanagement	Das Management ist generell in der Lage • Veränderungsprozesse in eigener Verantwortung zu planen und zu realisieren • in diesen Prozessen eine aktive Rolle zu übernehmen • die Mitarbeiterinnen und Mitarbeiter seiner Organisationseinheit im Prozess zu führen	

Abb. 2: Generelle Ausbildungsziele bei den beiden Grundmodellen der Verwaltungsreform

Der letzte Teil der Zielsetzungen bezieht sich auf die Rolle der Managerinnen und Manager im Veränderungsprozess. Man hat im strategischen Management die grosse Verantwortung des Managements für den Prozessablauf hervorgehoben. Die Veränderer erhielten attraktive Etiketten wie "Change Master", "Intrapreneur" oder "Entrepreneur". Auch wenn je nach Autor oder Autorin das Gewicht auf unterschiedlichem Verhalten liegt, so haben diese Führungskräfte doch eines gemeinsam: Sie verbinden betriebswirtschaftliches Wissen mit entsprechender Erfahrung. Und Sie betreiben den notwendigen Wechsel der Organisation als Menschen mit persönlicher Überzeugungskraft. Die (Verwaltungs-)Führung der modernen Art ist somit ein durch Manager geleiteter Veränderungsprozess, der dann zu mehr Effizienz und Effektivität führt, wenn er breit abgestützt ist. Verantwortlich für die Prozesssteuerung ist der New Public Manager.

2. DIE INHALTE EINER AUSBILDUNG ZUM NEW PUBLIC MANAGER

Die beiden Modellansätze "neue Führung und Dezentralisierung" sowie "Ausgliederung" sind ausbildungsmässig miteinander verbunden. Die generelle Ausbildung zur Managerin und zum Manager der öffentlichen Verwaltung, wie wir sie nachstehend beschreiben, bildet auch für die organisatorische Ausgliederung eine gute Grundlage. Im Falle der Ausgliederung kommen allerdings weitere Anforderungen auf jene Führungskräfte zu, die den Transformationsprozess realisieren müssen. Es stellt sich die Frage, ob die öffentliche Hand spezielle Ausbildungsgänge für solche Manager anbieten soll. Eigentlich nicht. Denn jenes privatwirtschaftliche Wissen, das sie benötigen, können sie bei Bedarf im breiten privaten Weiterbildungsmarkt erwerben. Bezüglich der Probleme des Kulturwandels und der Begleitung des Umwandlungsprozesses zur marktwirtschaftlich geführten Organisation gelten für beide Modellvarianten die gleichen Vorschläge für Organisationsentwicklung und Prozessmanagement.

2.1. *Die inhaltliche Ausrichtung der Ausbildung für New Public Manager*

Es wäre falsch, die New Public Manager nur mit kognitiven, faktenorientierten Lehrinhalten auf ihre neue Aufgabe vorzubereiten. Sie brauchen auch die Kompetenz, einen Umwandlungsprozess zu managen. Wir reden deshalb von einem "harten" und einem "weichen" Kompetenzbereich, über den sie verfügen müssen.

```
        "harter" Bereich              "weicher" Bereich

  Betriebswirtschaftliche         Kenntnisse im Gebiet
  Grundkenntnisse im              der Organisations-
  strategischen und opera-        soziologie und in
  tiven Anwendungsgebiet          Unternehmenskultur

           Ziel: Neugestaltung des Managements
                  öffentlicher Organisationen
```

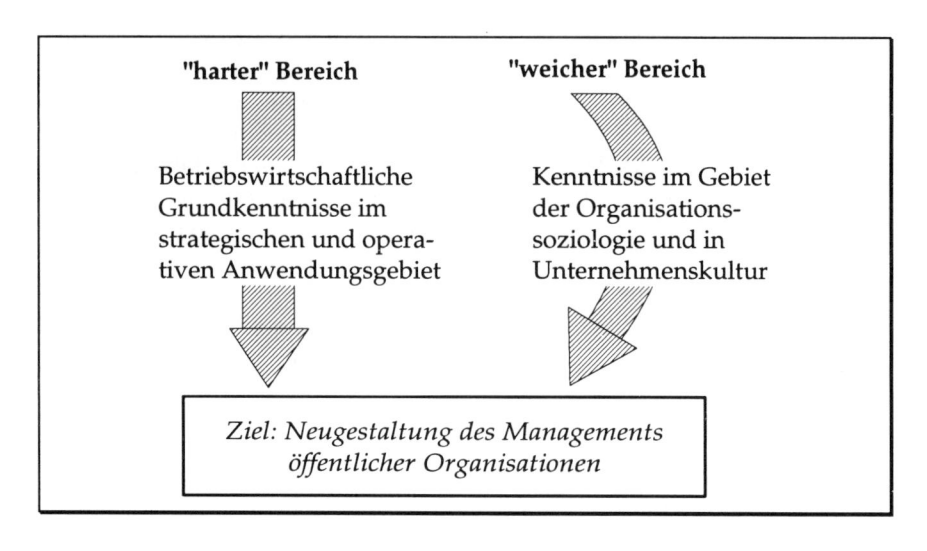

Abb. 3: Die inhaltliche Ausrichtung der Ausbildung für New Public Manager

Unter dem Stichwort "harter" Bereich wird das anzubieten sein, was die neue Betriebswirtschaft für die Führung bereitgestellt hat. Als "weichen" Bereich könnten wir den mensch- und mitarbeiterbezogenen Führungsansatz bezeichnen. Im allgemeinen geht man davon aus, dass die Ausbildungsinhalte durch eine direkte Übertragung aus der marktwirtschaftlichen auf die staatliche Anwendung zu schaffen sei. Eine solche direkte Übertragung ist meines Erachtens ungenügend. Es braucht eine Übertragung und Ergänzung, um der besonderen Situation des Verwaltungsmanagements gerecht zu werden.

Die nachstehende Listung der Inhalte zeigt, welches Wissen und welche weiteren Ausbildungsinhalte im Detail anzubieten sind. Selbstverständlich ist dieses Curriculum als Diskussionsgrundlage zu verstehen.

Vorschläge für mögliche Inhalte im sogenannten "harten" Bereich mit langfristiger Orientierung:
- *Umweltentwicklung:* Situation der öffentlichen Hand im Kontext mit anderen Sektoren der Volkswirtschaft; Ressourcenknappheit als generelles Phänomen.
- *Vision und Strategie:* Strategisches Denken als langfristig orientierte Anpassung an Umweltveränderungen; Aktualisierung der Leistungen der öffentlichen Hand; Formulierung von Leitbildern (Strategien).

- *Ressourcenmanagement:* Allokation der Mittel gemäss Wichtigkeit, Verbesserung der Ressourcen durch Wissen und Zusammenarbeit (Organisation).
- *Reorganisation und Re-Engineering:* Neugestaltung von Abläufen zur Verbesserung des Outputs, ständige Veränderung von Organisationsstrukturen, Bildung von aufgabenbezogenen Organisationsstrukturen.
- *Controlling:* Steuerung einer Organisationseinheit im Sinne einer optimalen Ziel-Mittel-Ausrichtung; Verbesserung der Resultatorientierung.
- *Marketing als Kunden- und Bürgerorientierung:* Erforschung der Bedürfnisse, Entwicklung von neuen Leistungen und Abprüfen der Leistungsqualität aus der Sicht der Leistungsempfänger, Propagierung dieser Leistungen.

Vorschläge für mögliche Inhalte in "harten" Bereichen mit eher kurzfristig-operativer Orientierung:
- *Nutzung der üblichen Führungsinstrumente* und Führungsmittel wie Management durch Zielvereinbarung, Delegation, Kontrolle.
- *Costing* und Arbeit mit Kennziffern.
- *Finanzmanagement* mit Budget, Mittelbereitstellung und Mittelverwaltung.
- *operative Organisationsgestaltung* mit kurzfristiger Strukturanpassung, Projektmanagement.
- *Einsatz von EDV-Mitteln* zur Verbesserung der einzelnen Aufgaben und Abläufe.

Im Bereich der "harten" betriebswirtschaftlichen Kenntnisse ist der Ausbildungsbedarf bedeutend. Hier sind Ausbildungslücken vorhanden, die der privatwirtschaftliche Sektor in den letzten beiden Jahrzehnten mit Nachdruck bearbeitet hat. Zudem sind viele Instrumente für die Anwendung im öffentlichen Sektor neu zu gestalten.

Im "weichen" Bereich geht es um jene Inhalte, die sich auf den Menschen als Träger von Leistungen und Veränderungen beziehen. Die Organisation wird dabei stark als wertgesteuerte, soziale Institution verstanden. Aufgrund unserer Erfahrungen mit staatlichen Institutionen gehen wir davon aus, dass hier eine grössere Aufnahmebereitschaft und eine bereits besser vorgefertigte Basis besteht. Folgende Inhalte scheinen uns interessant:

Bereich "weiche" Faktoren

Fähigkeiten:
- Öffnung der Organisation (Kulturgestaltung)
- Flexibilisierung der Organisation
- Erhöhung der Eigenverantwortung und Selbststeuerung des Teams

Fähigkeiten:
- Beeinflussung der Ressourcenqualität
- Mitarbeiterauswahl
- Mitarbeiter-Beurteilung und entwicklung
- Vorbild-Wirkung
- Kommunikation im Team
- Instruktion und Schulung

Bereich "harte" Faktoren

Fähigkeiten:
- Strategisches Denken, Formulieren von Leitbildern, Visionen
- Ressourcenmanagement
- Neugestaltung und Umgestaltung von Organisationen
- Controlling; Betriebswirtschaftliche Steuerung einer Organisationseinheit
- Marketing

Fähigkeiten:
- Einsatz und Nutzung von Führungsmitteln (Costing/Kennziffern/MbO etc.)
- Finanzmanagement (Investionsrechnung, Budget)
- Einsatz neuer Produktionsmittel (EDV)

Fähigkeit zur persönlichen Eigenentwicklung und zur Organisationsentwicklung

langfristige bis mittelfristige Orientierung

kurzfristige Orientierung

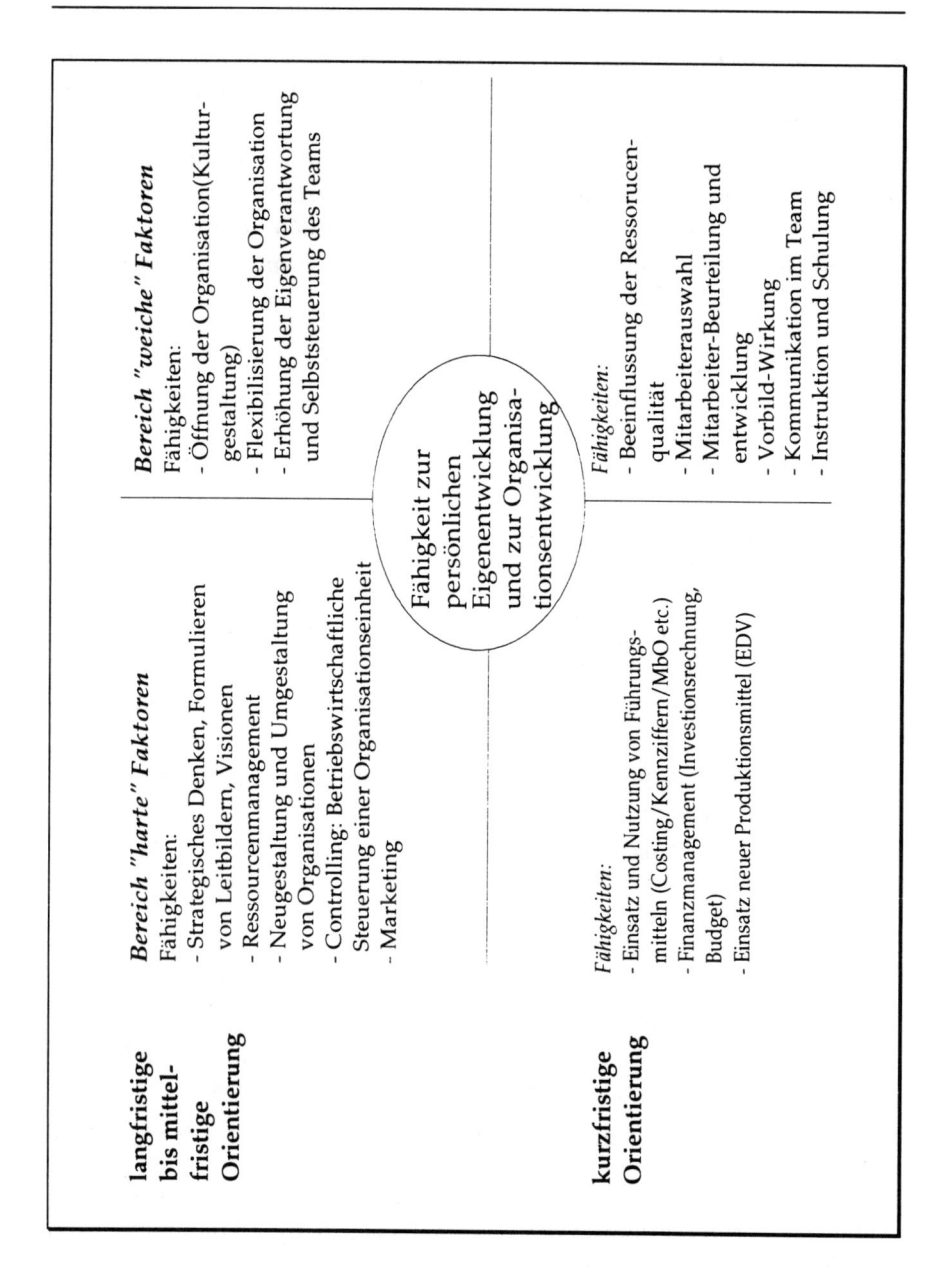

Abb. 4: New Public Manager - Benötigte Kompetenz zur Neugestaltung der Verwaltung

Vorschläge für Inhalte mit eher langfristiger Auswirkung:
- *Kulturgestaltung und Öffnung der Organisationskultur:* Werte als Steuergrösse für Institutionen, Beeinflussbarkeit dieser Werte durch das Management.
- *Flexibilisierung von Organisationen von innen heraus:* Change Management und Rolle der Vorgesetzten in diesen Veränderungsprozessen; Ausrichtung der Organisation auf neue Aufgaben, Unternehmensentwicklung als ständiger Prozess.
- *Entwicklung von Teams:* Zusammenarbeit und Ausgestaltung von Rollen in den Teams; Konfliktlösung.
- *Erhöhung der Eigenverantwortung und Selbstkontrolle der Mitarbeiterschaft:* Abbau von Hierarchie und Kontrolle, Gestaltung von Selbststeuerungsprozessen im eigenen Kompetenzbereich.
- *Akzeptanz neuer Arbeitsmittel:* Aufbau einer Kultur, die sich neuer Hilfsmittel zur Verbesserung der Effizienz bedient (Datenverarbeitung, Telekommunikation, etc.)

Vorschläge für Inhalte mit kurzfristig-operativer Ausrichtung im sogenannt "weichen" Bereich:
- *Beeinflussung der Ressourcenqualität:* Ausgestaltung des Personalmanagements; Personalauswahl, -qualifikation und Weiterentwicklung.
- *Entwicklungsbegleitung und Coaching:* Förderung der Mitarbeiterschaft, Ausbau der Managementfähigkeiten der Organisationseinheit.
- *Nutzung der Vorbildwirkung* zur Beeinflussung der Wertstruktur; exemplarisches Vorleben bestimmter Wertmuster; Demonstration der Wirksamkeit geänderter Verhaltensweisen.
- *Kommunikation im Team:* Ausbildung zur Vermittlung von Kenntnissen und Verhaltensweisen; Laufende Rückmeldung über den erreichten Entwicklungsstand im Teamverhalten.
- *Instruktion und Schulung:* Direkte Vermittlung von operativem Wissen und von Fähigkeiten, die zur Erfüllung der Instruktionsaufgabe benötigt werden.

Selbst wenn man von einer bereits gut vorgebildeten Persönlichkeit in der öffentlichen Verwaltung ausgeht, ergibt sich insgesamt ein grosser Ausbildungsbedarf. In diesem Punkt sind sich alle Autoren des New Public Managements einig: Ein erfolgreiches New Public Management bedarf einer sicheren Wissensbasis, die über Ausbildung zu vermitteln ist, um die Manager der öffentlichen Hand für ein neues Management vorzubereiten.

Damit die Inhaltsvermittlung ihren angestrebten Effekt erreichen kann, benötigt der Manager oder die Managerin ebenfalls Hintergrundwissen über Selbstentwicklung und Selbstqualifikation sowie über Organisations- und Unternehmensentwicklung.

3. METHODIK DER AUSBILDUNG FÜR NEW PUBLIC MANAGER

Die im öffentlichen Sektor übliche, traditionelle Ausbildung muss durch neue, transferstarke Methoden ergänzt werden. Damit ist bereits gesagt, dass eine breite methodische Palette zum Einsatz gelangen muss, um Veränderungen im Management und im Umfeld der Manager zu erreichen.

```
Traditionelle                        Organisations-
Ausbildung                           entwicklung,
                                     Unternehmens-
· Kurse                              entwicklung
· Lehrgänge
· Diplomlehrgänge    Ausbildungs-    · längere oder kurzfristige
                     objekt:           Einwirkung auf die ganze
                                       Organisationseinheit
                     New Public
                     Manager und
Persönliche          sein Umfeld     Selbstentwicklung
Begleitung
                                     · Selbststudium
· Coaching-Konzept                   · Lernprozesse im
· Mentor-Konzept                       eigenen Umfeld
```

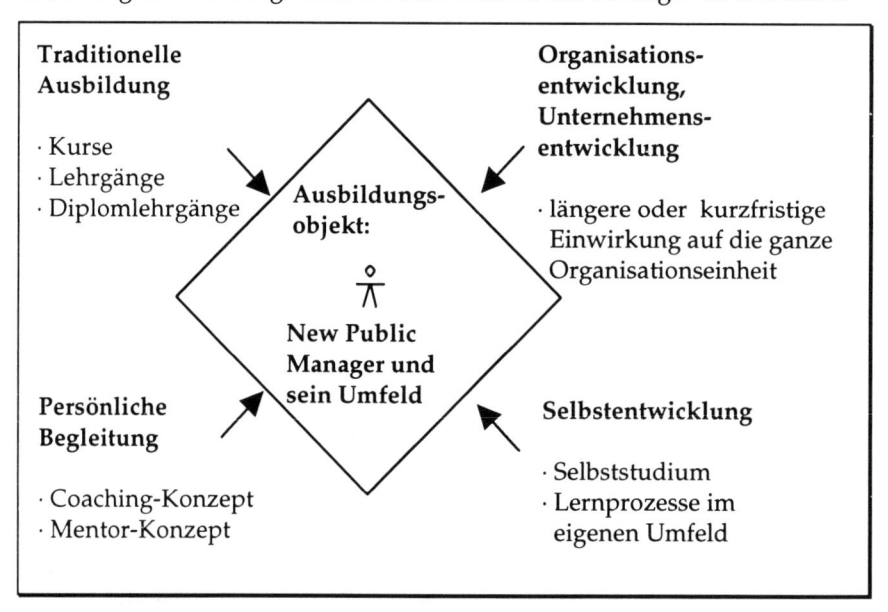

Abb. 5:   *Die Methodenpalette für die Ausbildung des neuen Managers und seines Umfelds*

Selbstverständlich wird es einen grossen Bedarf an traditioneller Ausbildung geben. In der Tendenz halten wir dafür, dass die traditionellen Ausbildungsgänge eher von längerer Dauer, aber mit Unterbrüchen durchsetzt sein sollten. So wird es möglich, Gelerntes in die Praxis zu überführen und dort den Erfolg zu testen. Dabei ist es von Vorteil, wenn ganze Organisationseinheiten den Schulungsprozess durchlaufen. Die einzelne Führungsperson ist so in ihren Umsetzungsbemühungen nicht isoliert. Zur Zeit bietet in der deutschen Schweiz weder eine Universität noch eine Höhere Wirtschafts- und Verwaltungsschule (HWV) einen Diplom- oder Nachdiplom-Lehrgang für das Management im öffentlichen Sektor an. Das ist sehr bedauerlich und sollte rasch korrigiert werden. Relativ lange Diplomlehrgänge haben den Vorteil, dass sie eine tiefe Auseinandersetzung mit der Materie verlangen. Die verschiedenen, geforderten Arbeiten unterstützen den Transfer, insbesondere die (Diplom)Arbeiten mit praxisnaher Zielsetzung. Die in diesen Lehrgängen abgegebenen Diplome weisen die Teilnehmer anschliessend als Experten ihrer Studienrichtung aus.

Die persönliche Begleitung ist eine Methode, um individuelle Managementprobleme einer Lösung zuzuführen. Im Zentrum eines gecoachten Prozesses steht ein auf die Bedürfnisse des Managers zugeschnittenes Ausbildungsprogramm. Aus der Palette der vorhandenen Ausbildungsmöglichkeiten wird zusammengestellt, was schwerpunktartig benötigt wird. Coach und auszubildende Person engagieren sich für die Umsetzung. Die Aufgabe des Coaches ist es dabei, Lücken zu füllen und problembezogene Individualisierungen vorzunehmen. Diese aufwendige und damit auch teure Ausbildungsmethode eignet sich vorab für ältere, erfahrene Personen und Spitzenmanager im öffentlichen Sektor.

Das Mentor-Konzept ist ebenfalls eine transferorientierte Methode. Der Mentor, in der Regel ein übergeordneter, direkter Vorgesetzter, bahnt durch seinen Beistand neuen Managementansätzen einen Weg zur Überführung in die Praxis. Zudem bringt er dank seiner Erfahrung die Möglichkeit ein, Machbarkeitsüberlegungen sorgfältig und distanziert durchzuführen.[1]

Die Methoden der Organisationsentwicklung will nicht nur Individuen, sondern ganze betroffene Organisationseinheiten in einen Veränderungsprozess bringen. Hinter diesem Ansatz steht die Erkenntnis, dass neue Führungsansätze oft durch die betroffene Organisation als ganzes abgelehnt werden. Organisationen fühlen sich durch das Neue in ihrer Innenstruktur, in ihrem Machtgefüge und in ihrer Ordnung bedroht. Sie blockieren die Entwicklung. Es ist anzunehmen, dass solche Reaktionen bei Veränderungsprozessen im öffentlichen Sektor häufig auftreten. OE-Aktivitäten müssen deshalb bei der Ausbildung von New Public Managern als flankierende Massnahme immer ins Auge gefasst werden.

---

[1] Dubs 1994, S. 28 f.

Weil die traditionelle Organisationsentwicklung sehr aufwendig ist, macht Glasl den Vorschlag, eine Kurzintervention mit der Bezeichnung "Unternehmensentwicklung" zu realisieren. Die Unternehmensentwicklung[2] zeichnet sich aus durch:

- stärker betriebsbezogene, betriebswirtschaftliche Thematik
- kürzere Dauer
- häufigen, punktuellen Einsatz
- breite Interventionsmethodik
- direkte Einbindung des Managements (als Veränderungsagenten).

Wir glauben, dass diese Methode im Umkreis des New Public Managers sehr häufig anzuwenden ist.

Selbststudium und Selbstentwicklung als Methode erlaubt ein Vorgehen, das voll auf die Bedürfnisse des Managers und seiner Führungssituation eingeht. Dabei stehen einerseits traditionelle Inhaltslieferanten wie Bücher und Lehrgangsunterlagen zur Verfügung. Neue, computerunterstützte Hilfsmittel, kombiniert mit weiteren Medien, erhöhen die Anpassungsfähigkeit des Lernstoffes und bieten interaktive Möglichkeiten. Solche Lehrgänge, auf die Thematik des New Public Managements zugeschnitten, würden zudem erlauben, beliebig viele Personen mit einem entsprechenden (Grund-)Wissen zu versorgen. Man darf allerdings nicht übersehen, dass diese Lehrformen immer wieder durch Feedback angereichert werden müssen. Es braucht also Arbeitsgruppen, Rücksprache- und Diskussionsmöglichkeiten. Wo dies fehlt, erlahmt der Wille zur Selbstqualifikation.

4. NEW PUBLIC MANAGER: EIN GANZHEITLICHER LERNPROZESS

Wenn die Ausbildung zum New Public Manager nachhaltig sein und in der Praxis Veränderungen bewirken soll, so muss auch der Lernprozess für Manager und Managerinnen breit abgestützt werden. Breit abgestützt heisst hier: Die Organisation als ganzes muss den New Public Manager einbinden und ihn in seinem Lernprozess begleiten. Man weiss heute sehr genau, dass sehr oft die Organisation gute persönliche Ansätze und ehrgeizige Vorhaben abschleift. Die Organisation entwickelt dabei eine

---

[2] Glasl 1993, S. 26

ganze Palette von mehr oder weniger einfallsreichen Entwicklungs- und Transferblockaden. Man wird wohl davon ausgehen müssen, dass auch im Fall des New Public Managements der deklamierte Änderungseifer sehr oft nicht mit der gelebten Veränderungsrealität übereinstimmt. Dies haben die verschiedenen Reformschübe im öffentlichen Sektor drastisch gezeigt, die dem New Public Management vorangegangen sind.

Wir halten also fest: Der New Public Manager entsteht im Zusammenwirken der Organisationskräfte. Klassische Schulung, so nötig sie in diesen Fällen sein wird, kann allein den New Public Manager nicht (er-)schaffen. Nachstehend eine Darstellung, die die Bedeutung des Lernumfeldes für den Lernerfolg darstellt.

Umgebende Grosskultur/ Verwaltung:	Engere Organisationsumgebung	Interaktionssystem
· neue Wertstrukturen · Strategien und Visionen · Projekte und Ziele · Vorbildwirkung des obersten Managements · Erfolge	· Subkultur · Prozess des Wandels OE/UE · konkrete Ziele und Projekte · Belohnungssystem	Vorgesetzter Charakteristik der neuen Managerin/des neuen Managers Team der MitarbeiterInnen

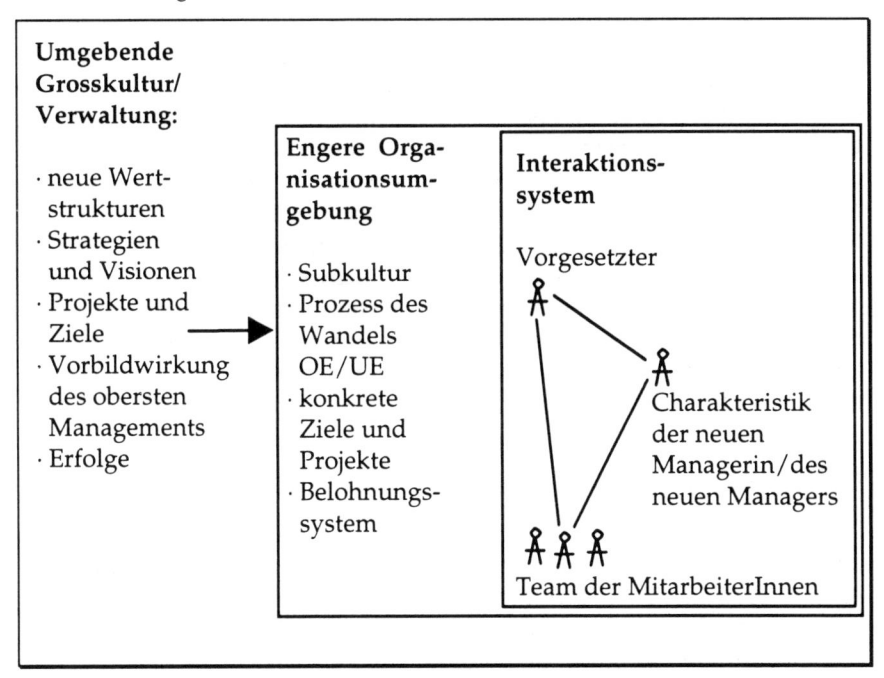

Abb. 6: Der New Public Manager in einem veränderungsaktiven Lernumfeld

Umgebende Grosskultur der Gesamtverwaltung

Aus der Praxis heraus müssen wir feststellen, dass isolierte Projekte eine harte Existenz haben. Metzen sagt dazu: "So haben Qualitätszirkel in der Reformkommune Offenbach erst einmal mühsam verdeckte Machtkämpfe offengelegt, sowie die Starrheit des Gesamtsystems gegenüber Verbes-

391

serungsvorschlägen offenbart".[3] Man sollte diese Widerstände nicht gering schätzen. Eine nicht reformwillige Oberkultur wird alles unternehmen, um zu beweisen, dass New Public Management hier und jetzt nicht anwendungsfähig ist. Von grösster Bedeutung für ein Projekt ist die Sprache der obersten politischen Instanzen. Die gewählten Spitzen einer Organisation werden in ihren Äusserungen scharf beobachtet und selbst Nuancen in der Aussage oder in der Vorbildfunktion als Votum für oder gegen die Veränderungsprojekte ausgelegt.

Eigene Organisationsumgebung

Die Verwaltung verfügt über eine reiche Palette an Subkulturen. Einige davon sind einer Reform günstiger, andere einer Reform eher ungünstiger gesinnt. In der Regel sind stark (juristisch) formalisierte und alte Kulturen einer Reform gegenüber wenig offen. Junge und/oder bereits betriebswirtschaftlich sensibilisierte Kulturen zeigen sich Reformprojekten gegenüber offener. Selbstverständlich unterstützt ein Druck über Ziele und Projekte den Änderungsvorgang und damit die Herausbildung eines Managements. Prozesse des Wandels, wie sie heute unter dem Stichwort Unternehmensentwicklung angeboten werden, beschleunigen den Prozess. Nicht zu vernachlässigen sind Belohnungsvorgänge als Verstärker des Lernprozesses. Es wäre allerdings falsch, wirksame Belohnung nur in der Form von Geld zu sehen. Subtilere Formen wie Anerkennung und Lob, Vorstellung als Modell für andere Bereiche, mögliche Beförderung etc. beschleunigen den Lernprozess.

Interaktionssystem Vorgesetzte - Manager - Mitarbeiterteam

Die Interaktion zwischen Vorgesetzten, Managerinnen und Managern und dem Team bildet jenes emotionale Klima, das den Prozess der Persönlichkeitsbildung fördernd oder hemmend begleitet. Vorab sind die Vorgesetzten in den Entwicklungs- und Veränderungsprozess einzubinden. Sie erhalten im Idealfall die Rolle eines Coaches oder Mentors. Wie Dubs und Allemann belegen, kommt diese Aufgabe beiden Instanzen, also sowohl dem Coach und Mentor, als auch dem begleiteten Manager zugute.[4]

Das Team, in dem die Managerin oder der Manager arbeitet, hat die Funktion eines Resonanzbodens. Kommen die Ideen an, so wird sich ein Verhaltensmuster verstärken. Werden die Ideen abgeblockt oder lächer-

---

[3] Metzen 1994, S. 225
[4] Dubs 1994, S. 28 f.

lich gemacht, so entsteht bei der Managerin oder dem Manager Unsicherheit. Der soziale Lernprozess bricht ab. Entsprechend kommt es auch nicht zur Anwendung von neuem Wissen und neuen Arbeitsformen. Es entsteht kein Erfahrungslernen.

Aus dieser Komplexität folgt, dass der Lernprozess nicht nur von der vorgesetzten Stelle zu tragen ist. Auch für die Unterstellten muss der Schulungs- und Entwicklungsprozess ihrer vorgesetzten Stelle transparent und nachvollziehbar erfolgen. Können die Unterstellten am Prozess nicht teilhaben, bekämpfen sie das Neue. Somit ist klar, dass die Einbindung der Mitarbeiterschaft in den Entwicklungsprozess von grosser Wichtigkeit ist.

Die Charakteristik der auszubildenden Persönlichkeit

In seinem Modell für eine erfolgreiche Ausbildung hebt Dubs auch die Charakteristik der auszubildenden Persönlichkeit heraus.[5] Er nennt dabei:

- *Bedürfnisse/Ängste*

Sie spielen vor allem im oben dargestellten Interaktionsprozess im Rahmen der sozialen Gruppen eine Rolle. Weil das New Public Management risikoreich ist, besteht für viele Managerinnen und Manager die Angst, an der neuen betriebswirtschaftlichen Aufgabe zu scheitern.

- *Wissen und Können*

Gemäss meinen Beobachtungen kommt der Vorausbildung und der Vorerfahrung des Managers eine wichtige Rolle zu. Wer bis anhin mit betriebswirtschaftlichen Inhalten nicht in Berührung kam oder sie - was oft vorkommt - bis heute abgelehnt hat, wird einen schweren Start haben. Die öffentliche Hand war bis heute für Unternehmerpersönlichkeiten nicht attraktiv. Man wird damit wohl kaum ein hohes Vorwissen oder eine entsprechende Vorerfahrung vorfinden.

- *Motivation*

Bei der Suche nach neuen Managern wird man auch der Frage nachgehen müssen, was Menschen bis heute motivierte, eine Anstellung in der Verwaltung zu suchen. Man wird dabei wohl die Suche nach Sicherheit, Kontinuität und Menschenorientierung finden. Viele Menschen mit Führungsfähigkeiten wählten einen Platz in der Verwaltung, um dem Druck

---

[5] Dubs 1994, S. 24 f.

auszuweichen, dem der Manager in den übrigen Bereichen ausgesetzt ist. Nun droht die Drucksituation auch auf den öffentlichen Sektor überzugehen. Wie weit werden diese Persönlichkeiten die neue Situation akzeptieren?

- *Einstellungen und Erwartungen*
Wir haben bereits darauf verwiesen, dass eine gewisse Grundhaltung die Teilnehmerinnen und Teilnehmer an Qualifikationsprozessen leitet. Aus dem privatwirtschaftlichen Bereich wissen wir, dass viele und vor allem höhere Manager eine Weiterqualifikation zwar für Unterstellte fordern, sich selbst aber davon ausnehmen. Leider zeigen die Erfahrungen, dass diese Haltung auch im öffentlichen Bereich sein Pendant hat. Es ist zu hoffen, dass der bestehende Druck die Haltung und Einstellung der Managerinnen und Manager aller Stufen der Verwaltung neu ausrichtet.

- *Selbstbeurteilung und Lernfähigkeit*
Bis heute bestand in der Verwaltung nur in Krisenfällen die Notwendigkeit, sich kritisch zu beurteilen oder beurteilen zu lassen. In der Hierarchie geht man gerne davon aus, dass ständiges Lernen eine Angelegenheit der tieferen Chargen ist. Diese Haltung wird allerdings mehr und mehr obsolet. Der oft verkümmerte Lernwille muss auch bei den Spitzenkräften der Verwaltung aktiviert werden.

5. ZUM ABSCHLUSS:

5.1. *Ausbildung allein schafft keine New Public Manager, aber sie ist wichtig*

Bis anhin konnte man, etwas salopp gesagt, Führungskraft in der öffentlichen Verwaltung werden, ohne je dafür ausgebildet zu sein. Wichtig war, dass man gewählt wurde. Mit zunehmender Professionalisierung stellt sich selbstverständlich auch die Frage der adäquaten Qualifikation. Selbstverständlich kann und soll sie sowohl über einen entsprechenden Ausbildungsweg erfolgen, als auch über eine entsprechende Praxis. Wir haben in den vorangehenden Kapiteln über Ziele, Inhalte und Prozesse gesprochen. Die Frage ist nicht beantwortet, wo die künftigen Managerinnen und Manager ihre Ausbildung erhalten.

5.2. Ein professionalisierender Lehrgang für Verwaltungsführung tut not

Zwar gibt es Institute und Lehrgänge, die Aspekte des Verwaltungsmanagements bearbeiten. Es gibt auch einige Projekte, Fachhochschulen und Hochschulen mit Kursen und Nachdiplomlehrgängen für Verwaltungsmanagement anzureichern. Bis heute ist den Plänen kein entsprechender Entscheid gefolgt. Woran mag das liegen? Von den zuständigen Stellen wird die Befürchtung geäussert, dass diese Kurse und Lehrgänge nicht genügend Frequenz erhielten. Es gäbe ja keine Verpflichtung zum Besuch, noch sei eine solche Schulung Wahlvoraussetzung. Diese Argumentation geht von einer falschen Optik aus. Man kann nicht etwas zu einer Wahlvoraussetzung machen, was noch nicht existiert. Wenn dereinst ein solches Angebot offeriert wird und die Qualifikation sich als hilfreich erweist, werden den Pionieren jene breite Masse von Führungskräften folgen, die die Verwaltung braucht. Wenn das Arbeitsverhältnis nicht mehr mit einem automatisierten Wiederwahlverfahren begründet wird, so ist auch Qualifikation ein Thema.

Dass das Verwaltungsmanagement auch eine geistige Heimat braucht, ist unbestritten. Nach wie vor ist die Überführung privatwirtschaftlichen Managementwissens in den öffentlichen Sektor nur ungenügend bewerkstelligt. Hier braucht es eine Palette von Fachleuten aus dem strategischen Management, dem Marketing, dem Rechnungs- und Personalwesen, die die Adaption vornehmen. Deshalb brauchen wir die entsprechenden Lehrstühle in den Bildungsinstitutionen.

5.3. Es braucht ebenfalls eine begleitete Praxis

Es wäre falsch, alle Hoffnung auf Fortschritt nur auf die Ausbildung zu legen. Wenn wir die Privatwirtschaft beobachten, wie sie sich ihre Führungskräfte schafft, so erkennt man, dass Managerkarrieren über viele Stufen ablaufen. Immer wieder sind selektive Prozesse dazwischengeschaltet. Weil die Privatwirtschaft weiss, wie wichtig die Selektion der geeigneten Frauen und Männer ist, werden zunehmend zu den gängigen Verfahren Assessments eingesetzt. Durch eine simultane Begutachtung der Kandidatinnen und Kandidaten und durch den Beizug mehrerer Bewerter soll erreicht werden, dass die am besten geeigneten Persönlichkeiten die nächsten Karriereschritte machen.

Auch das wird nicht genügen. Kein Verfahren kann sicherstellen, dass für alle denkbaren und möglichen Problemstellungen die richtigen Führungskräfte vorbereitet werden. Weil die persönlichen Grenzen immer wieder aufscheinen, verändert sich auch der in den Unternehmen praktizierte Führungsstil. Er wird zunehmend situativer. Die Teilnahme aller Betroffenen an Entscheidungen und an Umsetzungsprozessen soll sicherstellen, dass die Probleme in einem turbulenten Umfeld rascher überdacht und die Entscheide ohne Zeitverzug umgesetzt werden. Gesucht sind eigentlich nicht mehr nur fähige Managerinnen und Manager. Wir brauchen heute Führungsteams, die für ihr Schicksal und jenes der Organisation geradestehen.

Die Situation ist im staatlichen Kontext nicht anders. Man braucht viele fähige Führungskräfte. Die Aufgaben, die sich beispielsweise bei einer organisatorische Ausgliederung stellen, sind hochkomplex. Ausbildung kann Wissen zur Problemlösung bereitstellen. Es braucht dazu aber auch ein grosses Mass an Erfahrung und es braucht Persönlichkeiten. Frauen und Männer also, die mit diesen neuen Situationen umgehen können. Und es braucht gewachsene Teams, die sich dieser Aufgabe stellen.

LITERATUR

Aktionshandbuch, OE-Prozesse initiieren und gestalten, Management Center, Vorarlberg, 1988

Bösenberg D./Metzen H., Lean Management - Vorsprung durch schlanke Konzepte, Moderne Industrie, 3. Auflage, Landsberg, 1993

Caiden Gerald, Administrative Reform Comes of Age, Walter de Gruyter, Berlin/New York, 1991

Dubs Rolf, Entwicklungstendenzen in der Personalausbildung, in: BFO-Forum Bern, Februar 1980

Dubs Rolf, Management-Ausbildung: Ein altes Thema erneut betrachtet, in: Hasenböhler R./Kiechl R./Thommen J.P., Zukunftsorientierte Managementausbildung, Zürich: Versus, 1994

Dumont du Voitel Roland, Lean Organisations - für Verwaltung ein Leitbild/ Privatisierung - eine der möglichen Antworten, Nettetal: Zuendel, 1994

Glasl F., "Die OE ist tot!" - Es lebe die UE! in: Agogik, Bern, Nr. 1, März 1993

Hablützel Peter, New Public Management - Ein Verwaltungsreformkonzept für die Schweiz, Referat gehalten an der Arbeitstagung des Schweiz. Städteverbandes, Bern, August 1994

Hartkemeyer Johannes F., Ein Gespräch von G. Jan Wolters mit Johannes F. Hartkemeyer: Die öffentliche Verwaltung - ein "System organisierter Unverantwortlichkeit" oder ein Dienstleistungsunternehmen? in: Organisationsentwicklung, 13. Jahrgang, Nr. 3, S. 46 ff., Zürich, 1994

Hasenböhler Robert, Praxis des betrieblichen Ausbildungswesens, Vorlesungsskriptum, unveröffentlicht, Bern/Olten, 1993

Hasenböhler Robert, New Public Management - Es wird langsam Zeit, Vortrag zu einer Veranstaltung der Kantonalen Verwaltung, Bern, März 1994 (unveröffentlicht)

Hasenböhler R./Hahnloser G., Veränderung der Unternehmenskultur bei Von Roll, in: Rühli E./Keller A. (Hrsg.): Kulturmanagement in schweizerischen Industrieunternehmungen, Bern/Stuttgart 1991

Hasenböhler R./Kiechl R./Thommen J.P. (Hrsg.), Zukunftsorientierte Management-Ausbildung, Zürich: Versus, 1994

Kanton Bern, Projekt Neue Verwaltungsführung (NEF) - 2000 - Basisbericht des Gesamtprojektausschusses, Bern, 15.12.1994

Kemm R., OE-wohin? Krise oder Chance, in: Agogik, Bern, Nr. 1, März 1993

Malik F., Management-Wissen, die vernachlässigte Schlüsselressource (Teil 1 und 2), in: St. Galler Management Letter, August 1992/Oktober 1992

Metzen H., Schlankheitskultur für den Staat - Lean Management in der öffentlichen Verwaltung, Frankfurt/New York: Campus, 1994

Moss Kanter, The Change Masters, New York: Simon and Schuster, 1983

Probst Gilbert/Büchel Bettina, Organisationales Lernen - Wettbewerbsvorteil der Zukunft, Wiesbaden: Gabler, 1994

Rühli E. (Hrsg.), Strategisches Management in schweizerischen Industrieunternehmungen, 2. Auflage, Bern: Haupt, 1991

Rühli E./Keller A. (Hrsg.), Kulturmanagement in schweizerischen Industrieunternehmungen, Bern: Haupt, 1991

Rühli E./Sauter-Sachs S. (Hrsg), Strukturmanagement in schweizerischen Industrieunternehmungen, Bern: Haupt, 1992

Sattelberger Thomas, Die lernende Organisation - Konzepte für eine neue Qualität der Unternehmensentwicklung, Wiesbaden: Gabler, 1991

Schedler Kuno, Die Verwaltung auf der Suche nach Wirksamkeit, in: Verwaltungsführung/Organisation/Personalwesen, Nr. 3, Baden-Baden, März 1994

Schwaninger Markus, Management-Systeme, Frankfurt/New York: Campus Verlag, 1994

Senge P., The Fifth Discipline, The Art and Practice of the Learning Organisation, Doubleday Currency, New York 1990

Steger Ulrich (Hrsg.), Lean Administration - Die Krise der öffentlichen Verwaltung als Chance, Frankfurt/New York: Campus Verlag, 1994

Stiefel R./Mühlhoff W. R., Chefs müssen Mitarbeiter wieder trainieren, Zürich, 1983

Stonich P.J., Implementing Strategy, Cambridge, 1982

Thommen J. P., Managementorientierte Betriebswirtschaftslehre, Treuhand Kammer, 4. Auflage, Zürich, 1993

Wicki M., Betriebliche Weiterbildung in Klein- und Mittelbetrieben des Kantons Solothurn, Koordinationsstelle für Weiterbildung, Bern, 1993

Wildermann H., Lean-Management: Strategien zur Realisation schlanker Strukturen in der Produktion, München, 1992 (unveröffentlicht)

Willcocks Leslie/Harrow Jenny (Hrsg.), Rediscovering Public Services Management, London: Mc Grow-Hill Book Company, 1992

Willcocks Leslie/Harrow Jenny, Management, innovation and organizational learning. In: Willcocks/Harrow (Hrsg.). Rediscovering Public Services Management, London: Mc Grow-Hill Book Company, 1992

Wüthrich H.A., Neuland des strategischen Denkens, in: Die Unternehmung, Nr. 3/44. Jahrgang, Bern, 1990

TEIL 4

NEW PUBLIC MANAGEMENT:

POLITISCHE UND KULTURELLE HERAUSFORDERUNG

NEW PUBLIC MANAGEMENT AUS SICHT DER POLITIK

Iwan Rickenbacher

"New Public Management", "Total Quality Management", "Business Re-Engineering": Die staatliche Tätigkeit scheint wirklich auf eine neue Basis gestellt zu werden, wenigstens konzeptionell und was die Reform der Verwaltungsführung betrifft. Während der "Selbstversuch" einer wirksamen Regierungs- und Parlamentsreform nicht vom Fleck zu kommen scheint, wird der Verwaltung offensichtlich Lern- und Innovationsfähigkeit zugemutet. Dass die Verwaltung im Zuge einer tiefgreifenden Reform wirksamer, damit aber auch einflussreicher werden könnte, weckt offensichtlich zur Zeit keine oder nicht erhebliche Widerstände. Die Gründe liegen im aktuellen politischen Umfeld begründet.

1. DER AUSGANGSPUNKT DER AKTUELLEN REFORMDISKUSSION

An Anlässen würde es nicht fehlen, eine umfassende Staatsreform durchzuführen. Die Entsolidarisierung vieler Bürgerinnen und Bürger von ihrem Staat könnte Ausgangspunkt für mehr Bürgerorientierung sein. Die im internationalen Wettbewerb unangemessene Dauer staatlicher Entscheide könnte auch durch eine bessere Trennung der strategischen und der operativen Funktionen korrigiert werden. Die letztlich Glaubwürdigkeit kostende Verflechtung von Leistungsanbietern und Leistungserbringern könnte wirklich zum Nutzen aller Beteiligten behoben werden.

Ausgangspunkt der aktuellen Reformdiskussion ist aber in erster Linie der Kostensenkungsdruck und das Erreichen der politischen Schmerzgrenze mit herkömmlichen Sparprogrammen, linearen Budgetkürzungen und zeitlicher Erstreckung von Investitionsvorhaben.

New Public Management als neues Verwaltungsmanagement erschöpft sich aber nicht nur in Lean Management. Sehr bald werden Politikerinnen und Politiker feststellen, dass die Ausrichtung der Verwaltungstätigkeit auf beabsichtigte Wirkungen nicht mit einer regelgeleiteten Regierungskultur vereinbar ist. Wenn New Public Management greifen will, müssen Parlamente und Regierungen ihre Funktionen neu definieren und dann ebenso lange erproben, wie sie ihre bisherigen Funktionen perfektioniert haben. Die meisten Politikerinnen und Politiker ahnen noch nicht, was sie erwartet. Dies ist für New Public Management Chance und Risiko zugleich.

2. POLITISCHE KRÄFTEVERHÄLTNISSE

Eine Abschätzung der Erfolgsaussichten von New Public Management muss die politischen Kräfteverhältnisse einbeziehen, die zwischen den politischen Entscheidungsträgern bestehen. Es gibt viele Anzeichen dafür, dass in den letzten Jahren der Einfluss der Administration und der Exekutive gegenüber der Legislative zugenommen hat. Indizien für den Bedeutungszuwachs der Exekutive sind u.a. die häufige und erfolgreiche Anwendung dringlicher Bundesbeschlüsse durch den Bundesrat, d.h. der Erlass von Beschlüssen, die erst nach dem Inkrafttreten durch den Souverän bestätigt werden können, die recht hohe Erfolgsquote bundesrätlicher Vorlagen in Volksabstimmungen, aber auch die zunehmende Leadership-Funktion von Exekutivmitgliedern in Abstimmungsphasen vor wichtigen Volksentscheiden. Die Bedeutung der Exekutive wird aber nicht nur im Rahmen innenpolitischer Auseinandersetzungen öffentlich wahrgenommen. Die steigende Frequenz internationaler Verpflichtungen trägt zu einer hohen medialen Präsenz der Exekutive bei. Diese mediale Präsenz wird zudem durch die Tendenz begünstigt, politische Ereignisse wenn immer möglich zu personifizieren.

Die Personifizierung öffentlich interessierender oder per se interessanter Vorkommnisse kommt auch der öffentlichen Verwaltung zugute, deren Spitzenvertreter immer wieder Gelegenheit erhalten, ihre Sachkompetenz persönlich zur Geltung zu bringen oder zumindest in Form von Hintergrundinformationen wirksam zur Verfügung zu stellen. Der Konkurrenzdruck unter den Medien stärkt die Position der Informationsträger, die interessante News verwalten.

Mittels guter Orchestrierung politischer Öffentlichkeitsarbeit zwischen Departementsvorsteher, Spitzenbeamten des Departements und Schlüsselmedien kann erheblicher Einfluss auf die öffentliche Meinung ausgeübt werden. Dieser Einfluss wird kontinuierlich und über lange Zeitperioden wahrgenommen. Nur so kann sich eine Auffassung als öffentliche Meinung durchsetzen. Öffentliche Meinung ist dann der Tragboden für Volksentscheidungen in wichtigen politischen Sachfragen.

In diesem Kräftespiel ist das Eidgenössische Parlament im Nachteil, möglicherweise stärker denn je. Es liegt in der Natur des parlamentarischen Systems, dass National- und Ständerat nicht mit einer Stimme auftreten können. Die Konkurrenzsituation verhindert, dass die Eidgenössischen Räte als Institution öffentlich wahrgenommen werden. Im schweizerischen politischen System treten nicht einmal die Fraktionen in allen wichtigen Fragen geschlossen auf. Dieser Tatbestand begünstigt eigenwillige, mediengewandte Parlamentarierinnen und Parlamentarier, die auch im offenen Konflikt zur Mehrheitsauffassung ihrer Fraktion bestimmte Positionen vertreten. Folgerichtig ist, dass institutionelle Versuche, die Rolle des Parlaments zu verstärken, zum Beispiel durch die Bezahlung parlamentarischer Hilfskräfte, vom Volk als Versuch gewertet werden, die persönliche Situation einzelner Parlamentarier zu verbessern. Das Parlament insgesamt befindet sich in einer recht schwierigen Situation. Es müsste sich als Institution besser profilieren können, um die Zustimmung des Volkes für instrumentelle Verbesserungen der Parlamentsarbeit zu erhalten. Um sich besser profilieren zu können, müsste es aber bereits über geeignete Instrumente verfügen. Die Aussichten für eine wesentliche Stärkung des Parlaments sind nicht allzu gut, auch weil viele Parlamentarier selbst nicht interessiert sind, die Autorität der Eidgenössischen Räte und damit die Glaubwürdigkeit parlamentarischer Entscheide zu verstärken. Parlamentarier ausserhalb der Regierungsparteien oder Parlamentarier, die innerhalb ihrer eigenen Fraktion randständige Positionen einnehmen, ziehen es vor, mittels ihrer Referendumsfähigkeit Politik zu beeinflussen. Die Schwäche des Parlaments kommt nämlich auch all jenen Gruppierungen zugute, die in der Lage sind, parlamentarische Entscheide über das Referendum in die Volksabstimmung zu zwingen. Ein nicht allzu starkes und in der öffentlichen Meinung nicht sonderlich glaubwürdiges Parlament ist anfälliger für Sonderinteressen referendumsstarker Interessengruppen.

Diese Interessenlage referendumsstarker Organisationen müsste eigentlich den Interessen der Mehrheit der Stimmbürgerinnen und Stimmbürger, die ihre Partikularbedürfnisse nicht so durchsetzen können, widersprechen. Der Widerspruch wird aber durch ein spezifisches schweizerisches Demokratieverständnis aufgehoben, das auf der Meinung beruht, dass politisch Bedeutsames letztlich in der Volksabstimmung zwischen Regierung und Volk direkt ausgetragen wird - und politisch bedeutsam ist selbst auf Bundesebene praktisch alles, von wichtigen Weichenstellungen bei der Sicherung der Sozialwerke bis hin zur Aufhebung einer längst unnötigen Brotgetreideverbilligung, von der entscheidenden Frage der aussenpolitischen Orientierung der Schweiz bis zur Einführung der Sommerzeit, die bekanntlich vom Volk abgelehnt, ein Jahr später durch Parlamentsbeschluss trotzdem eingeführt wurde und ohne zweites Referendum Gültigkeit erlangte.

Auf diesem skizzierten Hintergrund ist zu beurteilen, welche Auswirkungen die konsequente Einführung von Instrumenten, die unter dem Begriff New Public Management beschrieben werden, zeitigen werden.

3. EINE NEUE POLITISCHE KULTUR?

Die Schlüsselaufgabe bei der Verwirklichung von New Public Management ist die Entflechtung von strategischen Entscheidungen und operativen Tätigkeiten. Diese Entflechtung schafft die Voraussetzungen für die Einführung von Markt- und Wettbewerbselementen in der öffentlichen Verwaltung. Diese Entflechtung kann theoretisch zu Lösungen führen, bei der alle Parteien gewinnen. Volk und Parlament bleibt es vorbehalten, die grundlegenden Ziele, Strategien und Ausrichtungen der Politik zu bestimmen, Regierung und Administration nehmen wie in einem Unternehmen die Geschäftsleitung wahr, d.h. sorgen für die effiziente Interpretation und Umsetzung der parlamentarischen Grundsatzentscheide.

Was vielen Parlamentariern und Parlamentarierinnen aus der Organisation wirtschaftlicher Organisationen vertraut ist, scheint ihnen im politischen Handlungsraum nicht wünschenswert zu sein. Strategische Ausrichtungen, wie zum Beispiel die Leitplanken zur Definition des Verhältnisses der Schweiz zu Europa und zur Welt, werden vom Bundesrat erarbeitet und vom Parlament nur gerade und ohne weitere Verpflichtung zur Kenntnis genommen. Selbst die Schwerpunkte des Regierungsprogramms für die neue Legislaturperiode bleiben Absichtserklärungen des Bundesrates als Kollegialbehörde und werden von den Regierungsparteien sehr freizügig unterstützt oder abgelehnt.

Im Gegensatz dazu kann die Frage, ob der 1. August als zusätzlicher Feiertag durch die Arbeitgeber zu entschädigen sei, wichtige parlamentarische Kommissionen zu engagierten Debatten verleiten.

Eine Analyse der parlamentarischen Vorstösse während der Sessionen der Eidgenössischen Räte offenbart ein gleiches Bild. Grundsatzfragen, wie etwa die Frage des Beitritts der Schweiz zur UNO, erscheinen wie erratische Blöcke neben den handfesten Anliegen, die situativ oder aus der besonderen Bindung eines Parlamentariers heraus motiviert sind, von der Frage, warum in einem bestimmten Bundesbetrieb Stellen abgebaut werden sollen, bis zum Anliegen, Temporeduktionen auf bestimmten Autobahnabschnitten zu verändern.

Die Differenzierung zwischen "Politikformulierung", d.h. der Festlegung der politischen Grundsätzen und "Politikimplementation", d.h. der wirksamen Umsetzung politischer Grundsätze, kommt auf dem Hintergrund der heutigen politischen Praxis einer institutionellen Revolution gleich. Der Bedarf nach einer Entflechtung der politischen Kompetenzen ist ohne Zweifel erkannt. Unter dem Stichwort der "Verwesentlichung" der Volksrechte etwa werden durchaus Überlegungen angestellt, die in Richtung New Public Management gehen. Die Lösung des Problems wird zur Zeit in einer Revision der Bundesverfassung gesucht. Die Ansiedlung der Grundsatzfragen auf höchster Verfassungsstufe deutet an, dass eine Veränderung der politischen Kultur gefragt ist, wenn New Public Management nicht der geistige Überbau einer höchst bescheidenen Verwaltungsreform bleiben will.

4. BEDINGUNGEN FÜR EINEN POLITISCHEN KULTURWANDEL

Die aktuellen Voraussetzungen für eine grundsätzliche Neuausrichtung der politischen Entscheidfindung sind sehr gegensätzlich. Das Bewusstsein, dass die Grenzen staatlicher Leistungen erreicht und vielerorts überschritten sind, ist wachsend. Die hohen Defizite der öffentlichen Hand wirken sich ob kurz oder lang in Steuererhöhungen aus, wenn nicht andere Massnahmen greifen. Die zum Teil desolate Situation der öffentlichen Finanzen wird aber selten mit systembedingten Mechanismen und Kompetenzordnungen in Verbindung gebracht. Das Problem wird personifiziert, parteipolitisch akzentuiert, mit der Regierungsbeteiligung bestimmter Parteien in Verbindung gebracht. Als Lösungen werden neue Machtverhältnisse angepriesen, neue Politikerinnen und Politiker auch, wo es an parteipolitischen Alternativen fehlt.

Diese Art der Schuldzuweisung und der Lösungsversprechungen trägt umso mehr, als sich etablierte Parteien und ihre Fraktionen zur Zeit nicht höchster Wertung durch die Bürgerinnen und Bürger erfreuen. Dies zeigt sich u.a. in sehr schwachen Beteiligungen bei Veranstaltungen politischer Parteien und bei Wahlen.

Im Gegensatz zur Wahlbeteiligung begeben sich Bürgerinnen und Bürger bei Sachvorlagen häufiger und regelmässiger an die Urnen. Neben der persönlichen Betroffenheit bei konkreten Sachvorlagen dürfte zur hohen Stimmbeteiligung auch die Auffassung beitragen, dass in einer schwierigen politischen Zeit Parlament und Regierung besonders zu kontrollieren seien.

Auf diesem Hintergrund ist es sehr schwierig, im Rahmen einer vom Volk zu bestimmenden Verfassungsreform Kompetenzverschiebungen zwischen Volk, Parlament und Regierung vornehmen zu wollen. Ohne eine Stärkung des Vertrauens in Regierung und Parlament bleiben weitreichende institutionelle Veränderungen nur schwer realisierbar. Dieses Vertrauen ist unter den gegebenen institutionellen Bedingungen herzustellen, zum Beispiel über eine gegenseitige Verpflichtung der an der Regierung beteiligten Parteien auf ein politisches Legislaturprogramm, über die Wahrnehmung und die Darstellung der Führerschaft in wichtigen und vom Volk sensibel wahrgenommenen politischen Sachfragen. Letztlich geht es darum, dass Regierung und Parlament durch die Vorwegnahme von Elementen einer neuen politischen Kultur des New Public Managements den Tatbeweis für das bessere Funktionieren eines künftigen Systems erbringen. Dies ist auf Grund der verfassungsmässigen Gegebenheiten nur punktuell und exemplarisch möglich, aber für die Gewinnung des Vertrauens im Volk unabdingbar.

5. Reformen à deux Vitesses ?

Es ist anzunehmen, dass der Weg zu New Public Management "à deux vitesses" erfolgen wird. Da die finanziellen Auswirkungen der strukturellen Mängel des politischen Systems nicht wie bisher durch eine neue Hochkonjunktur und daraus resultierende Steuereinnahmen korrigiert werden können, besteht bezüglich einer "schlanken" Verwaltung Handlungsbedarf. New Public Management hat in der Tat hohe Verwirklichungschancen, auch darum, weil nicht einfach staatliche Leistungen abgebaut werden, sondern weil effizientere Lösungen für manifeste Bedürfnisse gesucht und gefunden werden können.

Eine effiziente und leistungsorientierte Administration wird an Kompetenz und an Ansehen zulegen, sobald die ersten Erfolge aufgewiesen werden können. Dazu trägt auch die Bürgernähe einer wettbewerbsorientierten und qualitätsbewussten Verwaltung bei. Wenn der Regelkreis zwischen Verwaltung und Bürgern im Rahmen von "quality circles" kurzgeschlossen wird, indem Optimierungsvorschläge in gemischten Arbeitsgruppen eingebracht werden können, entwickeln sich neue Identifikationsmuster. "Benchmarking" wird zum neuen Wettbewerb politisch interessierter und im System "Total Quality Management" eingebundener Bürgerinnen und Bürger, die gemeinsam mit der Administration die Leistungen anderer, bisher erfolgreicherer Verwaltungen zu erreichen oder zu übertrumpfen trachten.

Der politische Zustand einer engagierten Identifikation der Bürgerinnen und Bürger für ihre dienstleistende Verwaltung, wie für einen bevorzugten Markenartikel, wird sich so schnell und vollständig nicht einstellen. Gewiss ist nur, dass die punktuelle und erfolgreiche Kurzschliessung zwischen Bürgerbedürfnissen und Verwaltungsangeboten die Reputation anderer Akteure im politischen System nicht erhöhen wird. Insbesondere dann, wenn es nicht gelingt, die Reform der Parlamente, ihrer Arbeitsweise und der öffentlichen Darstellung ihrer Tätigkeit rascher zu entwickeln, wenn es bei Reformen à deux vitesses bleibt, einer raschen Verwaltungsreform und einer schleppenden Parlaments- und Regierungsreform, wird sich die Verdrossenheit vieler Bürgerinnen und Bürger gegenüber traditionellen politischen Formen verstärken. Die Exekutive ist in einer vergleichsweise guten Ausgangslage, denn sie hat Spielräume, um im Rahmen von New Public Management zusammen mit der Verwaltung Reformen einzuleiten und mit einer sich wandelnden öffentlichen Meinung auch institutionelle Veränderungen durchzusetzen.

Schwieriger wird die Ausgangslage für die Parlamente, die Fraktionen und die sie tragenden politischen Parteien. Sie bieten sich als mögliche Sündenböcke für alle möglichen Unzulänglichkeiten an. Die Vielfalt an neuen Bürgerbewegungen, die lokal und regional auch auf Wahlen Einfluss zu nehmen versuchen, die raschen Erfolge politischer Bewegungen, die in bisherige politische "Landschaften" einbrechen, zeigen an, dass die Sündenbock-Rolle bereits zugewiesen ist. New Public Management kann diese Tendenzen verstärken, insbesondere dann, wenn den traditionellen politischen Parteien die unangenehme Aufgabe bleibt, aus Staatsraison und ausserhalb des unmittelbaren Erfahrungsraumes der Bürgerinnen und Bürger Sachfragen vertreten zu müssen, welche a priori unangenehm und unpopulär sind, die Frage der europäischen Integration etwa, oder der Entwicklungspolitik, der Asylpolitik auch.

In dieser Situation sind sehr unterschiedliche Reaktionen denkbar, von der Beschleunigung der Parlamentsreform, der Neuorientierung der Parteienlandschaft bis zu verzögernden Massnahmen, welche den unternehmerischen Spielraum der kundenorientierten Verwaltung wieder zurücknehmen.

6. FLANKIERENDE MASSNAHMEN

Falsch wäre es anzunehmen, retardierende Momente kämen nur von Parteien und Parlamentsfraktionen her. Das traditionelle, regelgeleitete Regierungs- und Verwaltungssystem hat eine Vielzahl von Beziehungsnetzen, von Gewohnheiten, von Privilegien auch herausgebildet, die bei einer grundlegenden Reform verlustig gingen. Auch innerhalb der Verwaltung, die letztlich zu den Gewinnern einer Systemreform gehören würde, sind Widerstände zu erwarten; nicht jede Verwaltungsstelle würde im Wettbewerb bestehen, nicht jede Leistung eine rigorose Qualitätskontrolle überleben, nicht jedes Angebot seine effektiven Kosten rechtfertigen.

Die Bürgerinnen und Bürger müssten als Kundinnen und Kunden lernen, dass ihre individuellen Bedürfnisse ihren Preis haben, sobald die persönlichen Wünsche die marktüblichen Konfigurationen überschreiten. Private Anbieter, die praktisch als private Monopolisten auftreten, könnten sich einer neuen Konkurrenzierung durch staatliche Leistungserbringer ausgesetzt sehen. Ein ganzes System von privaten Zulieferern und Abnehmern, die mehr oder weniger unter dem Schutz protektionistischer Verträge oder Submissionsbestimmungen mit der Verwaltung in Beziehung stehen, sähen sich neuen Marktbedingungen ausgesetzt. Nicht zu vergessen ist, dass weite Bereiche des privaten Binnenmarktes wettbewerbshemmend reguliert sind und dass viele Antibürokratie-Reflexe von tieferliegenden Problemen des schweizerischen Binnenmarktes abgelenkt haben. Es braucht ohne Zweifel seine Zeit, bis sich die Erkenntnis durchsetzt, dass ein überforderter Staat auf Dauer keine Privilegien zu schützen weiss.

Aber das Warten auf Einsicht durch Zeitgewinn genügt nicht. Es ist darüber nachzudenken, auf welche Weise der Übergang zur Philosophie von New Public Management beschleunigt werden kann, zur Philosophie und nicht bereits zu einem bestimmten System, weil erst in der praktischen Umsetzung des Ansatzes zentrale und erhaltenswerte Elemente des heutigen Systems thematisiert und integriert werden können.

Voraussetzung für die Implementierung von Methoden des New Public Managements ist eine bessere Transparenz der heutigen Verwaltungstätigkeit über die Grenzen der jeweiligen Körperschaften hinaus. Dazu würde das im Kanton Bern seit anfangs 1995 eingeführte Prinzip der Öffentlichkeit der Verwaltungsführung beitragen. Zur Transparenz beitragen würden auch systematischere Erhebungen über Aufwand und Ertrag staatlicher Leistungen im Rahmen eines konsequenten Benchmarking. Zu oft werden Vergleiche durch unterschiedliche Datenerhebungen und Datendarstellungen von Gemeinde zu Gemeinde, von Kanton zu Kanton erschwert oder gar verunmöglicht. Ohne Information, ohne Transparenz der Bedingungen, unter denen Dienstleistungen und Produkte entstehen und angeboten werden, ist kein Wettbewerb möglich. Es erstaunt immer wieder festzustellen, wie trotz modernster Informationsmittel Vergleiche an der Gemeinde- oder Kantonsgrenze abbrechen, kantonale Parlamente im Umkreis von wenigen Kilometern zur gleichen Zeit die gleichen Expertisen unter vergleichbaren Zuständen herstellen lassen und interpretieren, ohne voneinander Kenntnis zu nehmen. Wahrgenommen wird in der Regel nur das Aussergewöhnliche und daher meist Nichtvergleichbare. Unser System des Föderalismus ist in weiten Teilen zu einem Netzwerk von Protektionismus und Eigenbrötelei verkommen.

Voraussetzung für eine erfolgreiche Implementation von Elementen des New Public Managements ist eine begleitende und geführte Kommunikation verwaltungsintern und in der interessierten Öffentlichkeit durch jene Instanzen, die in ihrem Kompetenzbereich den Weg der Kundennähe und der Effizienz konsequent beschreiten wollen. Die möglichen Konfliktlinien sind voraussehbar und somit auch thematisierbar. Es sind dies u.a. die Konflikte zwischen Kundennähe und Effizienz in einem föderalistischen System, deren kleinste unterste Körperschaften von ihren personellen und materiellen Ressourcen her den Erfordernissen der modernen Gesellschaft nicht mehr gewachsen sind, aber trotzdem eine wichtige Rolle bei der Identifikation der Bürger mit dem Staat spielen.

Es sind dies die Bedürfnisse der Mitarbeiterinnen und Mitarbeiter gegenüber ihrem Arbeitgeber Staat, geregelt in Form von Arbeitsverträgen, in Form eines ganzen Systems sozialer Leistungen, die bei einem Übergang in ein anderes System in Frage gestellt werden können.

Es sind dies auch die Unterschiede staatlicher Leistungen gegenüber privatwirtschaftlichen Leistungen. Über Normen und übergreifende Regeln zur Immissionsbegrenzung individuellen und kollektiven Handelns überschreitet der Staat die Funktion eines Leistungsanbieters unter anderen. Dies führt zu Abgrenzungsproblemen zwischen Leistungen, die dem freien Wettbewerb auszusetzen sind und Leistungen, die im Sinne des Gemeinwohls legitimiertem staatlichem Handeln vorzubehalten, zu monopolisieren sind.

Diese und andere Konfliktlinien und die Tatsache, dass mit New Public Management als Philosophie Neuland beschritten wird, würden nach einer eigentlichen Versuchsphase, nach versuchsweiser Gesetzgebung rufen, nach unabhängiger Begleitung eingeleiteter Versuche und nach öffentlicher Berichterstattung über Verlauf, Chancen und Risiken von Projekten. Der Gedanke, dass staatliche Instanzen weitreichende und neuartige Prozesse einleiten könnten, ohne die Garantie für das Ergebnis gleich mitzuliefern, ist allerdings vielen Bürgerinnen und Bürgern relativ fremd. Die öffentliche Diskussion um die Realisierung der Alpentransversalen zeigt die Schwierigkeiten im politischen System auf, Prozesse einzuleiten statt Produkte anzubieten. Daraus den Schluss zu ziehen, New Public Management als voraussagbares Produkt anzupreisen und Abweichungen von vorausgesagten Ergebnissen mit dem Hinweis auf veränderte Rahmenbedingungen abzutun, wäre aber verhängnisvoll.

Der Übergang zu New Public Management setzt voraus, dass Bürgerinnen und Bürger bereit sind, erkannte Mängel des Systems, die nicht durch Optimierungsprozesse allein zu beheben sind, innovativ und damit auch mit dem Risiko des Scheiterns anzugehen. Dies war bisher auf dem Hintergrund der Erfolgsgeschichte unseres Landes und der meisten seiner Bürgerinnen und Bürger nicht ohne weiteres zu erwarten. Es gibt Anzeichen, dass der soziale Wandel, wirtschaftliche Strukturbereinigungen, der verstärkte internationale Wettbewerb dazu beitragen, in einem Teil der Bevölkerung die Erneuerungsbereitschaft zu verstärken. Der Ansatz einer effizienten, bürgernahen Verwaltung mit unmittelbaren Folgen für die einzelnen Bürgerinnen und Bürger könnte durchaus Erfolge zeitigen.

"AUSWIRKUNGEN" DES NEW PUBLIC MANAGEMENTS AUF DEN FÖDERALISMUS

Ulrich Klöti

1. FRAGESTELLUNG

Die Ideen einer wirkungsorientierten Verwaltungsführung beginnen sich auch in der Schweiz durchzusetzen. Sie stossen dabei - wie alles Neue - auf traditionelle prägende Werte und Normen des schweizerischen politischen Systems.[1] Eine dieser tragenden staatspolitischen Institutionen unseres Landes ist der Föderalismus.[2] Es geht deshalb im folgenden darum, das Verhältnis zwischen Föderalismus und NPM auszuloten.

Eine derartige Analyse stösst in der Schweiz in Neuland vor. Weder die staatsrechtliche noch die betriebswissenschaftliche Literatur bietet ausreichende Anhaltspunkte. Dies liegt wohl daran, dass die Länder, in denen NPM schon erprobt worden ist, keine föderalistischen Strukturen kennen, die sich mit jenen der Schweiz vergleichen liessen. Dort, wo auf mehreren autonomen Ebenen Politik vollzogen wird (z.B. Australien, USA, Deutschland), ist NPM in jenen Bereichen eingesetzt worden, in denen Politikformulierung und Implementation eindeutig der gleichen Ebene zugeordnet sind. Damit stellten sich in anderen Ländern die Probleme des Verhältnisses von NPM und Föderalismus nicht oder wenigstens nicht in der gleichen Weise wie in der Schweiz.

Die Analyse der Wechselwirkungen von NPM und Föderalismus kann auf zwei Ebenen erfolgen. Einmal sind auf einer theoretischen Ebene die Prinzipien des NPM mit den Grundideen des Föderalismus zu konfrontieren. Dann geht es darum, auf einer empirischen Ebene die praktischen Schwierigkeiten zu ermitteln, die sich bei einer Verwirklichung von NPM im föderalistischen Netz des schweizerischen politischen Systems ergeben können.

---

[1] vgl. Handbuch 1, 1983
[2] vgl. Handbuch 3, 1986

2. "PHILOSOPHIE" DES NPM UND FÖDERALISMUS-THEORIE

Auf einer obersten Ebene der Grundsätze sind kaum Widersprüche zwischen den Theorien des Föderalismus[3] und jenen des NPM auszumachen. Das gilt einmal für die Organisationsstrukturen. "Wirkungsorientierte Verwaltung" strebt eine dezentrale Organisation mit Holdingstrukturen an. Dies lässt sich durchaus mit der föderalistischen Idee der *dezentralisierten Entscheidfindung* in Einklang bringen. Es mag zwar für die Vordenker des politischen Föderalismus eine Abwertung ihres Gedankengutes bedeuten, wenn die Eidgenossenschaft mit einer Holdinggesellschaft verglichen wird. Das ändert indessen nichts daran, dass sich die beiden Strukturen durchaus ähnlich sind.

Innerhalb dieser Organisationsformen lässt sich auch ein zweites zentrales Entscheidungsprinzip beider Denkrichtungen verwirklichen. Im NPM wird eine Trennung von politischen Strategieentscheiden und operativer Managementverantwortung angestrebt. Nur die wichtigsten Probleme sollen auf der obersten Ebene der Hierarchie angegangen werden. Operative Detailfragen sind dagegen auf einer unteren Ebene zu regeln. Diese Grundidee entspricht ziemlich genau dem *Subsidiaritätsprinzip* der Föderalismuslehre. Diese verlangt - in umgekehrter Formulierung - dass möglichst viele Entscheidungen auf unterer Ebene gefällt und nur die allernotwendigsten Befugnisse auf höhere Ebenen verschoben werden. Damit entsprechen sich die Subsidiarität im Föderalismus und die Auslagerung operativer Entscheide auf unteren Ebenen der Hierarchie im NPM fast spiegelbildlich.

Mit dezentralen Holdingstrukturen und der Trennung von Politik und Verwaltung will NPM eine grössere *Kundennähe* erreichen. Die Leistungen des Staates sollen besser an die Bedürfnisse der Menschen angepasst werden, für die sie letztlich erstellt werden. Diese Zielvorgabe entspricht fast wörtlich den föderalistischen Idealvorstellungen einer grösseren Bürgernähe des Staates. Hier sollen mit struktureller und prozeduraler Dezentralisierung Politik und Staat näher an die Bürgerinnen und Bürger herangetragen werden. Was näher beim Volk entschieden wird, entspricht definitionsgemäss auch besser seinen Wünschen. Da die genannte Bürgerschaft des föderalistischen Staates und die Kundschaft des nach NPM-Grundsätzen verwalteten Staates letztlich aus den gleichen Menschen besteht, ist auch leicht einzusehen, dass sich die beiden Grund-

---

[3] Deuerlein 1972; Elazar 1974

ideen des Föderalismus und des NPM nicht nur ergänzen, sondern wechselseitig verstärken.

Kundschaft und Bürgerschaft sind gleichzeitig auch aus jenen Individuen zusammengesetzt, die dem Staat die Steuern entrichten. Steuerzahler sind interessiert an einer *effizienten Staatstätigkeit*.[4] Sie wollen möglichst wenig Aufwand leisten, um vom Staat doch eine gute Leistung zu erhalten. Genau dies entspricht einem der zentralen Ziele von NPM. Über eine vermehrte Marktorientierung und mit Hilfe eines gesteigerten Kostenbewusstseins soll die Effizienz der Verwaltung erhöht werden. Die Konvergenz der Zielsetzungen von NPM und Föderalismus lässt sich somit auch am Kriterium der Effizienz staatlichen Handelns belegen. Es darf hier beigefügt werden, dass beide Theorien auch in der Praxis bestätigt worden sind. Föderalistische Systeme haben sich als kostengünstigere Alternative zum Zentralismus erwiesen. NPM hat dort, wo es eingeführt wurde, zu Kostensenkungen geführt.

Schliesslich ist auf der Ebene der Prinzipien festzuhalten, dass Föderalismus die *Einführung von NPM erleichtert*. Föderalismus begünstigt tendenziell Experimente und Neuerungen. Es ist leichter und mit geringeren Risiken verbunden, wenn NPM auf einer unteren Ebene in einer kleineren Einheit - etwa in einer mittleren Gemeinde oder einer kleineren Stadt - erprobt wird, als wenn erste Erfahrungen in zentralen Bereichen des Nationalstaates gesammelt werden. Bei den meistgenannten Vorbildern für die Schweiz handelt es sich denn auch um mittelgrosse Städte wie Tilburg oder Offenburg. Am weitesten sind die Versuche in unserem Land auch auf den unteren Ebenen des Föderalismus (Städte Bern, Winterthur, Kantone Bern, Luzern) gediehen, während auf Bundesebene erst die Voraussetzungen für sektorale Versuche geschaffen werden.

Zusammenfassend lässt sich somit festhalten, dass in der Theorie und auf der Ebene der Grundprinzipien keine Inkompatibilität zwischen Föderalismus und NPM besteht. Organisationsstrukturen, Entscheidungsverfahren, die Ziele der Kunden- und Bürgernähe sowie die Effizienz lassen sich gut miteinander verbinden. Föderalismus erleichtert die Einführung von NPM. NPM und Föderalismus scheinen sich zu ergänzen und in Teilen zu verstärken.

---

[4] Frey 1977

3. NPM IN DER FÖDERALISTISCHEN PRAXIS

3.1. Voraussetzungen der Analyse

Wie viele andere Programme der Verwaltungsreform in verschiedenen Staaten erweisen sich auch die Innovationen nach dem Modell der "wirkungsorientierten Verwaltungsführung" auf den ersten Blick als kohärent und in ihrer Philosophie leicht in die Strukturen eines bestehenden politischen Systems integrierbar. Die Probleme der Anwendung und Durchsetzung treten erst bei näherem Hinsehen an den Tag. Auf diese möglichen Schwierigkeiten der Implementation von Prinzipien des NPM im Rahmen des politischen Systems der Schweiz wollen wir im folgenden näher eingehen. Diese leicht spekulative ex ante Evaluation von NPM im Lichte der Bedingungen des schweizerischen Föderalismus geht von *drei Voraussetzungen* aus.

- Erstens legen wir unseren Überlegungen ein *Maximalprogramm* von NPM zugrunde, wie es sich in den zehn Postulaten nach Osborne/Gaebler[5] oder nach Buschor[6] für die Schweiz äussert. Sollte sich erweisen, dass nicht alle Elemente von NPM gleich leicht in das schweizerische Föderalismus-Modell integrierbar sind, so heisst dies nicht, dass damit NPM generell mit dem empirischen Föderalismus dieses Landes unverträglich ist.
- Zweitens gehen wir in dieser Analyse nicht von einem Idealbild des Föderalismus aus, sondern von den *empirischen Gegebenheiten*. Das heisst, dass im Falle von Unvereinbarkeiten von NPM und konkretem Föderalismus die Probleme durchaus nicht unbedingt beim Verwaltungsmanagement zu liegen brauchen. Vielmehr ist es auch denkbar, dass der Vergleich von NPM und Föderalismus auf Schwächen und Mängel der föderalistischen Organisation hinweist. Nicht nur der Verwaltung sind neue Strukturen und Verfahren zu verpassen, auch der aktuelle Föderalismus dürfte reformbedürftig sein.
- Drittens liegt den folgenden Darlegungen die Annahme zugrunde, dass sich im Föderalismus die Erfordernisse von NPM *je nach Politikbereich* und je nach eingesetztem *staatlichem Instrument* in unterschiedlicher Weise niederschlagen. Es ist im Rahmen dieses kurzen Beitrags nicht möglich, auf alle Politikbereiche von der Aussen- und Sicherheitspolitik über die verschiedenen klassischen Tätigkeiten und

---

[5] Osborne/Gaebler 1992
[6] Buschor 1993

hoheitlichen Regelungsbereiche des Staates bis hin zu den neueren Steuerungsabsichten im Bereich des Verkehrs, der Energie, der Raumplanung, der Umwelt und der Medien differenziert einzugehen. Es ist auch ausgeschlossen, alle Instrumentarien wie die traditionellen Gebote und Verbote, die neueren positiven und negativen Anreize, die horizontalen und vertikalen Transferzahlungen, die neuesten Überzeugungsstrategien und die verschiedenen Formen der Bereitstellung von Infrastruktur, Gütern und Dienstleistungen durch den Staat zu erörtern. Schliesslich fehlt der Raum, um die verschiedenen in der Policy-Analyse üblichen Politiktypen wie die der distributiven, der redistributiven und der (sozial-)regulativen Politik auf ihre Kompatibilität mit den Föderalismusstrukturen zu überprüfen. Das ist deshalb bedauerlich, weil sich nach den neueren Ergebnissen der Policy-Analyse[7] je nach Politikbereich, Instrument und Politiktyp unterschiedliche Politikarenen, verschiedene Netzwerke und wechselnde Koalitionen ergeben. Es versteht sich von selbst, dass in diesen Konstellationen auch die Gemeinden, die Kantone und die Bundesstellen je eine besondere Stellung einnehmen. Aus diesem Grunde sind verallgemeinernde Aussagen über den empirischen Föderalismus und seine Offenheit für NPM nur schwer möglich. Eine Prüfung der Vereinbarkeit der beiden Prinzipien der Organisation von Politik und Verwaltung muss letztlich im Einzelfall erfolgen.

Um dennoch etwas Allgemeines aussagen zu können, konzentrieren wir uns im folgenden auf Programme, die eine *Leistung des Staates* im weitesten Sinne beinhalten und die prinzipiell nach den Grundsätzen einer *finalen Gesetzgebung* ausgestaltet werden können. Auf regulative Konditionalprogramme (Erbrecht, Familienrecht, Strafrecht, Obligationenrecht usw.) gehen wir nicht ein. Wir verhehlen auch nicht, dass wir in diesen Bereichen für NPM keine Anwendungsmöglichkeiten sehen.

3.2. *Differenzierung nach Aufgabenteilungsmodellen*

Das Verhältnis von NPM zu Föderalismus gestaltet sich je nach Verteilung der Aufgaben und Kompetenzen in einem Politikbereich unterschiedlich. Wir können grundsätzlich drei Typen von Kompetenzverteilungen[8] unterscheiden:

---

[7] vgl. Windhoff-Héritier 1987; Schubert 1991
[8] Bothe 1977

- Das erste Modell entspricht einer völligen *Zentralisierung* der Aufgaben. Der Bund ist in seinen Bereichen (z.B. Landesverteidigung, zum grossen Teil Landwirtschaft) sowohl für die Politikformulierung wie für den Vollzug allein zuständig und trägt auch die Kosten. Hier sehen wir keine föderalistischen Hindernisse für das NPM. Auf diesen Fall gehen wir deshalb nicht weiter ein.
- Ähnliches ist zum Modell der vollumfänglichen *Dezentralisierung* zu sagen. Die Kantone kennen allerdings kaum Aufgaben, in denen sie unbeeinflusst vom Bund Politik formulieren und in denen sie den Vollzug nicht teilweise an die Gemeinden weiterleiten.[9] Am reinsten entflochtene kantonale Aufgaben sind möglicherweise die Hochschulen, wobei hier bereits der Bund zur Finanzierung beiträgt und horizontale Verflechtungen zwischen den Kantonen nötig geworden sind. Reine Gemeindeaufgaben werden ebenfalls zusehends seltener. Am ehesten als entflochten dezentralisiert können noch Versorgungs- und Entsorgungsaufgaben bezeichnet werden. Eine horizontale Zusammenarbeit ist indessen auch hier für mittlere und kleine Gemeinden unabdingbar. Bei der selten gewordenen reinen Dezentralisierung ergeben sich ebenfalls nur wenige Probleme mit dem NPM.

  Die einzige Schwierigkeit könnte insofern entstehen, als kleine Gemeinden und Kantone nicht in der Lage sein dürften, allein die im NPM notwendigen Kontrollorgane und Stäbe einzurichten.[10] Das Problem dürfte sich freilich in kleinen Milizorganisationen entweder erübrigen oder mit einer Auslagerung der entsprechenden Aufgaben an Treuhandfirmen oder über eine Zusammenarbeit mit anderen Gemeinwesen gelöst werden können. Sonst können wir uns darauf verlassen, dass im Rahmen einer völlig entflochtenen Dezentralisierung der Einführung von NPM keine nennenswerten Hindernisse entgegenstehen. Dies gilt, wenn jeder Gliedstaat (z.B. Spitäler) oder jede Gemeinde (z.B. Einwohnerkontrolle) für sich eine Aufgabe löst. Kommt es freilich zu horizontalen (z.B. Conférence Universitaire Romande, Kehrichtverwertungsverband) oder zu vertikalen (z.B. Volksschulen) Verflechtungen oder entstehen gar vertikal und horizontal verflochtene Verbundlösungen (etwa der Zürcher Verkehrsverbund), so entstehen für das NPM ähnliche Probleme, wie wir sie im dritten Modell erörtern werden.
- Dieses dritte Modell entspricht dem der *Verflechtung*.[11] Hier sind verschiedene Untermodelle denkbar. Traditionelle ältere Formen sind die

---

[9] vgl. Klöti/Nüssli 1986
[10] Geser 1987
[11] zur Theorie vgl. Scharpf/Reissert/Schnabel 1976

des kooperativen Föderalismus, bei dem verschiedene Kantone zusammen ein Problem lösen, und die des Konkordats, das für mehrere oder alle Kantone eine Frage regelt. Auf der untersten Ebene der Gemeinden ist an die horizontale Zusammenarbeit in Zweckverbänden zu erinnern. Im Vordergrund des Interesses aus Bundessicht steht indessen die vertikale Verflechtung im Rahmen des Vollzugsföderalismus. Dabei formuliert der Bund die Policies, den Kantonen obliegt (ev. zusammen mit den Gemeinden) der Vollzug. Dabei bleibt den Kantonen nach geltender Vorstellung ein beträchtlicher Handlungsspielraum, selbst dann, wenn der Bund in beträchtlichem Masse zur Finanzierung dieser Programme beiträgt. An diesem Modell des Vollzugsföderalismus werden wir uns primär orientieren, wenn wir im folgenden die wesentlichen Elemente des NPM mit den empirischen Gegebenheiten des schweizerischen Föderalismus vergleichen.

3.3. *NPM und Vollzugsföderalismus*

In diesem Abschnitt sollen sieben Grundsätze des NPM auf ihre Kompatibilität mit den verflochtenen Strukturen und Prozessen des schweizerischen Vollzugsföderalismus[12] überprüft werden. Dabei geht es nicht mehr um die Managementphilosophie, die im Abschnitt 2 zur Sprache kam. Vielmehr stehen die Instrumente, mit denen NPM verwirklicht werden soll, im Mittelpunkt des Interesses.

1) Der erste Grundsatz von NPM verlangt eine klare Trennung von *politischen Zielsetzungen und operativer Verantwortung*. Dieses Prinzip ist im verflochtenen Föderalismus nur äusserst schwer umzusetzen.

Die erste Schwierigkeit besteht darin, die strategisch-politischen Elemente von den operativ-managementmässigen im konkreten Einzelfall abzugrenzen. Dieses Problem stellt sich zwar für jede Anwendung von NPM. Es erhält aber im Vollzugsföderalismus eine besondere Dimension, weil die nationale, die kantonale und die kommunale Optik nicht die gleichen Fragen den politischen Zielsetzungen bzw. den operativen Managemententscheidungen zuordnet. Was für den Bund eindeutig zum Operativen gehört (z.B. die Umstellung einer nicht rentierenden Bahnlinie auf Busbetrieb) ist für den betroffenen Kanton eine hochpolitische Frage. Was der Kanton seinerseits als reines Managementproblem einstufen mag (etwa die Schliessung einer

---

[12] vgl. Bussmann 1980 und Klöti/Haldemann/Schenkel 1993

Geburtsabteilung in einem Bezirksspital) kann in den betroffenen Gemeinden grosse politische Wellen werfen.

Damit hängt das zweite, vor allem staatspolitische Problem eng zusammen. Die Föderalismustheorie sieht vor, dass die jeweils untere Ebene über ein Mitspracherecht bei den Entscheidungen der oberen Ebene verfügt. Mit dem Erfordernis des Ständemehrs für Verfassungsfragen, dem Zweikammernsystem, dem Vernehmlassungsverfahren und den Einflussmöglichkeiten der Direktorenkonferenzen ist diese Mitsprache der Kantone auf Bundesebene institutionalisiert. Den Gemeinden stehen im Kanton zwar nicht die gleichen Möglichkeiten zur Verfügung und auf Bundesebene fehlt ihnen ein Mitspracherecht. Dennoch können die Vertreter der jeweils unteren Ebenen im jetzigen System immer ihnen wichtig erscheinende Fragen politisieren. Wenn derartige Fragen von der oberen Ebene als dem operativen Managementbereich zugehörig deklariert werden, so ist eine politische Mitsprache durch Gewählte nur mehr schwer möglich.

Ein Ausweg bestünde allenfalls darin, im Management die wesentlichen regionalen Interessen zu repräsentieren. Dies würde allerdings anderen Grundsätzen des NPM widersprechen. Dieses soll eben gerade nicht "politische" Entscheidungen ins Management einfliessen lassen.

Eine andere Lösung wäre in einem verwaltungsratsähnlichen Leitungsorgan zu suchen, das aus gewählten Vertretungen des Volks der verschiedenen beteiligten territorialen Einheiten zusammengesetzt ist. Jede Produzentin von Gütern - also etwa eine Kehrichtverbrennungsanlage, eine überregionale Hochschule oder ein Verkehrsverbund - erhielte ein solches Gremium, das die beteiligten Gemeinden, Kantone und den Bund vertritt. Dabei entstehen freilich zwei Probleme: erstens können häufig nicht alle beteiligten Gemeinden oder Kantone mit je mindestens einer Person im Leitungsorgan vertreten sein, weil dieses zu gross würde. Zweitens rekrutieren sich die Mitglieder des Verwaltungsrats aus Exekutiven und Verwaltungen; Parlamente und das Volk bleiben ausgeschlossen. Ein Demokratiedefizit ist die zwingende Folge.

2) Ein zweiter Grundsatz des NPM ruft nach einer *Dezentralisierung der Organisation*. Dies bietet an sich keine grossen Probleme. Die Kantone können mit ihren je verschiedenen 26 Organisationsformen die von der oberen Ebene geforderten Leistungen erstellen und dabei in gegenseitiger Konkurrenz unter Beweis stellen, wer das beste und kostengünstigste Angebot offeriert.

Wenn es allerdings nicht um ein Angebot von Gütern und Dienstleistungen, sondern um zu erbringende Steuerungsleistungen geht, dann besteht die Gefahr, dass dieser Wettbewerb zwischen den Organisationen in die falsche Richtung spielt. Die Kantone könnten sich eine minimalistische Option zu eigen machen und allen Ehrgeiz daran setzen, möglichst wenig von dem zu realisieren, was verlangt wird. So können sie z.B. Tempolimiten zwar markieren, ihre Polizeiorganisation aber so einrichten, dass sicher keine Kontrollen der Einhaltung möglich sind.

Es ist einzuräumen, dass dieses Problem auch ohne NPM entstehen kann. Es wird allerdings insofern verschärft, als die Frage aus der Politik ausgegrenzt und dem operativen Management überlassen wird.

3) Der dritte Grundsatz will eine *schlanke Verwaltung* und flache Hierarchien. Dies ist an sich unproblematisch, haben doch alle Gemeinwesen in den Zeiten einer Finanzkrise ein Interesse an einer effizienten Verwaltung, die keine grösseren unnötigen Kosten verursacht. Es stellt sich höchstens die Frage, ob die im verflochtenen Föderalismus unter NPM erforderlichen gemeinsamen Planungs-, Kontroll- und Koordinationsorgane nicht die mit der schlanken Verwaltung erzielten Effizienzgewinne wieder wettmachen.

4) NPM setzt in einem vierten Grundsatz ein *neues Personalmanagement* voraus. Es sollen neue Führungskonzepte und besondere Anreizsysteme entwickelt werden. Auch dieser Grundsatz lässt sich an sich in einem verflochtenen Föderalismus durchaus umsetzen. Wünschbar wäre zudem eine gewisse Harmonisierung und Flexibilisierung des Personalrechts in den Kantonen und Gemeinden, damit aufgrund einer höheren Transparenz der Wettbewerb um die besten Manager auf dem Arbeitsmarkt zum Tragen käme. Die Wünschbarkeit dieser Entwicklung spricht allerdings in keiner Weise gegen die Einführung von NPM im Vollzugsföderalismus. Im Gegenteil: hier könnte NPM eine Innovation beschleunigen, die generell in Verwaltungen - ob föderalistisch oder nicht - Einzug halten wird.

5) Zur Förderung des Kostenbewusstseins werden in einem fünften Grundsatz eine einheitliche Kostenrechnung und ein ständiges *Controlling* gefordert. Selbstverständlich steht der Vollzugsföderalismus dem Kostendenken nicht prinzipiell im Wege. Dennoch entstehen hier zwei Schwierigkeiten, die jedenfalls im jetzigen Zeitpunkt nicht restlos gelöst sind. Einmal braucht es als Grundlage für die vergleichende Kostenbeurteilung ein einheitliches Rechnungsmodell. Diese Voraussetzung ist für die meisten Kantone und für viele Gemeinden erfüllt, nicht aber für den Bund. Ein Kostenvergleich über die Kantone

und die Gemeinden hinweg ist damit erschwert. Eine weiterführende Leistungs- und Wirkungsrechnung fehlt fast vollständig.[13]

Eine zweite Schwierigkeit entsteht dadurch, dass im Vollzugsföderalismus in vielen Fällen Subventionsanreize des Bundes vorliegen, die genau in die falsche Richtung weisen: "Je höher die Kosten, desto höher die Subvention" lautet die Devise. Dies ist selbstverständlich nicht ein Problem des NPM, sondern eines der Ausgestaltung der föderalistischen Finanzstrukturen. Lösungsansätze hat hier eine Gruppe von Ökonomen in einer Expertise[14] bereitgestellt.

6) Ein sechster Grundsatz stellt die *Leistungs- und Wirkungsorientierung* der Verwaltung in den Mittelpunkt. Wenn politische Leistungsaufträge vom Bund an die Kantone, von den Kantonen an Gemeinden, allenfalls auch von Bund, Kantonen und Gemeinden gemeinsam an Dritte erteilt werden, muss über die Einhaltung der Leistungsvorgaben entschieden werden können. Dies setzt konsensfähige Indikatoren voraus, welche die Leistungen (output) und die Wirkungen (outcome) der Programme und ihrer Implementation messen. Solche Indikatoren sind im verflochtenen Föderalismus aus zwei Gründen nicht leicht zu entwickeln.

Erstens dürfte bereits die betriebswirtschaftliche Determinierung von derartigen Messgrössen nicht ganz problemlos sein, vor allem wenn es darum geht, nicht nur die Quantität der Leistungen (z.B. Anzahl Hochschuldiplome, Anteile des in Kläranlagen gereinigten Wassers, Kubikmeter eingesammelten Abfalls, geleistete Personenkilometer von Verkehrsbetrieben), sondern auch ihre Qualität (z.B. berufliche oder akademische Qualifikation der an Hochschulen Diplomierten, "Natürlichkeit" der Flussläufe, Umweltbelastung der Kehrichtverwertung, Zufriedenheit mit dem Komfort des Verkehrsangebots) in Rechnung zu stellen. Die Gefahr, dass quantitative Elemente wegen ihrer leichteren Messbarkeit stärker gewichtet werden als qualitative, ist nicht von der Hand zu weisen. Ganz abgesehen davon, dass erwünschte und unerwünschte Nebenwirkungen kaum je ins Kalkül der Leistungs- und Wirkungsbewertung eingehen dürften.

Zweitens ist das föderalismusspezifische Problem der Suche nach einem Konsens über die zu wählenden Indikatoren zu lösen. Hier dürfte sich in vielen Fällen das ganze Spektrum der im Föderalismus höchst unterschiedlichen Werthaltungen und der objektiv unterschiedlichen Situationen und Bedürfnisse eröffnen. Sollte es trotzdem gelingen, auf politischer Ebene einen Konsens über die Indikatoren zu

---

[13] Haldemann, 1995, S. 43
[14] Finanzausgleich 1994; siehe auch den Beitrag Frey in diesem Band, S. 425

finden oder eine Mehrheitsentscheidung darüber herbeizuführen, so kann mit einiger Wahrscheinlichkeit davon ausgegangen werden, dass sich bei der Durchführung der Messungen und Rechnungen die unterschiedlichen Vorstellungen der politischen Einheiten der jeweils unteren Ebenen wieder bemerkbar machen werden. Möglicherweise können Kantone gemeinsame Messgrössen gegenüber den Gemeinden durchsetzen. Der Bund kann dies gegenüber den Kantonen im schweizerischen Föderalismusverständnis in keiner Weise.

7) Der siebente Grundsatz von NPM verlangt *Kunden- und Marktorientierung*. Die Qualität der Leistungen soll dauernd überprüft und auf einem hohen Stand gehalten werden. Diese Perspektive widerspricht dem verflochtenen Föderalismus nicht. Sie lässt sich durchaus in die Tat umsetzen. Es ist höchstens an das Problem zu erinnern, dass in den verschiedenen territorialen Einheiten die Kundinnen und Kunden unterschiedliche Qualitäten verlangen. In Fällen, bei denen die angebotenen Güter und Dienstleistungen den regional differenzierten Wünschen angepasst werden können, ist das Problem durchaus lösbar und die Kundenorientierung trägt gerade zur Berücksichtigung dieser Wünsche bei. Bei nicht teilbaren Gütern (Luftqualität), wenn Externalitäten entstehen, muss entschieden werden, an welchem "Kunden" man sich orientieren will, etwa jenem, der das Bedürfnis hat, zu jeder Zeit einen gut funktionierenden Flughafen in seiner Nähe zu benützen, oder dem anderen, der ein Bedürfnis nach Ruhe und hoher Umweltqualität hat.

4. BILANZ

Zusammengefasst lässt sich festhalten, dass sich auf einer theoretischen Ebene die Philosophien des Föderalismus und des NPM nicht widersprechen, sondern eher ergänzen. Auf der praktischen Ebene kann NPM ohne Schwierigkeiten bei jenen politischen Programmen eingesetzt werden, bei denen Politikformulierung und Vollzug beim gleichen Gemeinwesen, also beim Bund, bei einem Kanton oder bei einer Gemeinde, konzentriert sind. Probleme können indessen bei verflochtenen Politikprogrammen auftreten.

Da nun aber der Vollzugsföderalismus das am häufigsten angewendete Modell der schweizerischen bundesstaatlichen Organisation darstellt, sind bei der Einführung von NPM in vielen Bereichen noch wichtige Probleme zu lösen. Insbesondere ist die Frage zu beantworten, wer befugt ist, politische Kursänderungen vorzunehmen, wenn das Management seine Ziele in der Sicht eines Teils der Beteiligten nicht erreicht. Überlässt man die Kontrolle der jeweiligen höheren Ebene, so führt NPM indirekt zur Zentralisierung. Werden neue Steuerungsgremien eingerichtet, an denen alle beteiligten Gemeinwesen partizipieren, so entstehen schwerfällige Gebilde, die nicht handlungs- und entscheidungsfähig sind. Damit besteht die Gefahr, dass auch die politischen Entscheidungen vom Management getroffen werden. Dies verfälscht nicht nur das NPM-Modell, sondern hat auch demokratietheoretisch bedenkliche Konsequenzen.

Insgesamt sind somit Föderalismus und NPM durchaus verträgliche Konzepte. Für die Feinausgestaltung der Strukturen und der Prozessorganisation im verflochtenen Föderalismus sind allerdings noch auf den einzelnen Politikbereich abgestimmte Formen zu entwickeln und zu erproben, die den Gefahren der Zentralisierung und der Entdemokratisierung Rechnung tragen.

LITERATUR

Bothe Michael, Die Kompetenzstruktur des Bundesstaates in rechtsvergleichender Sicht, Berlin: Springer, 1977

Buschor Ernst, Wirkungsorientierte Verwaltungsführung, in: Wirtschaftliche Publikationen der Zürcher Handelskammer, No. 52, 1993

Bussmann Werner, Mythos und Wirklichkeit der Zusammenarbeit im Bundesstaat, Bern: Haupt, 1986

Deuerlein Ernst, Föderalismus, Die historischen und philosophischen Grundlagen des föderativen Prinzips, München: List, 1972

Elazar Daniel J., Federalism, in: The New Encyclopedia Britannica, Chicago, 1974

Frey René L., Zwischen Föderalismus und Zentralismus, Ein volkswirtschaftliches Konzept des schweizerischen Bundesstaates, Bern: Lang, 1977

Frey René L. et al., Der Finanzausgleich zwischen Bund und Kantonen: Expertise zu den Finanzhilfen und Abgeltungen des Bundes an die Kantone im Auftrag der Eidg. Finanzverwaltung und der Konferenz der kantonalen Finanzdirektoren, Bern/Luzern: EFD und FDK, 1994

Geser Hans, Kommunales Regieren und Verwalten, Grüsch: Rüegger, 1987

Haldemann Theo, New Public Management: Ein neues Konzept für die Verwaltungsführung des Bundes?, Schriftenreihe des Eidg. Personalamtes, Band 1, 1995

Handbuch Politisches System der Schweiz,
Band 1, Grundlagen, 1983
Band 2, Strukturen und Prozesse, 1984
Band 3, Föderalismus, 1986, Bern: Francke

Klöti Ulrich/Nüssli Kurt, Constitutional Reform in Switzerland: Task-Distribution, Political Ideals, and Financial Interests, in: Burgess Michael, Federalism and Federation in Western Europe, London: Crom Helm, 1986

Klöti Ulrich/Haldemann Theo/Schenkel Walter, Die Stadt im Bundesstaat - Alleingang oder Zusammenarbeit?, Chur/Zürich: Rüegger, 1993

Osborne David/Gaebler Ted, Reinventing Government, Reading MA: Addison-Wesley, 1992

Scharpf Fritz W./Reissert Bernd/Schnabel Fritz, Politikverflechtung: Theorie und Empirie des kooperativen Föderalismus in der Bundesrepublik, Kronberg Ts.: Skriptor, 1976

Schubert Klaus, Politikfeldanalyse: Eine Einführung, Opladen: Leske + Budrich, 1991

Windhoff-Héritier Adrienne, Policy-Analyse, Frankfurt: Campus, 1987

NEW PUBLIC MANAGEMENT UND FINANZAUSGLEICH

René L. Frey[1]

1. EINLEITUNG

Zwei Bereiche der schweizerischen Staatstätigkeit, die während Jahrzehnten als weitgehend starr gegolten haben, befinden sich zurzeit in Bewegung: die öffentliche Verwaltung und der Finanzausgleich. Im folgenden wird gezeigt, dass beide Reformen durch die gleichen Faktoren ausgelöst worden sind, auf einer ähnlichen Grundlage beruhen und eine ähnliche Stossrichtung haben.

Der Hauptgrund, warum gerade heute die öffentliche Verwaltung und der Finanzausgleich reformiert werden, liegt in der Globalisierung der Wirtschaft, der wichtigsten Veränderung der Rahmenbedingungen in der ersten Hälfte der neunziger Jahre. Mit EG 92 wurde der einheitliche europäische Binnenmarkt geschaffen. Die Uruguay-Runde bedeutet für die Wirtschaft einen weiteren Internationalisierungsschub. Die einzelnen Unternehmungen spüren diese Veränderungen als Intensivierung des Wettbewerbs. Sie haben grundsätzlich drei Möglichkeiten, auf den erhöhten Wettbewerbsdruck zu reagieren:

1. Interne Rationalisierung, das heisst Produkt- und Prozessinnovationen,
2. Abwanderung, das heisst Suche geeigneterer neuer Standorte ("exit" gemäss Hirschman)[2] oder
3. Druck auf den Staat im Hinblick auf Verbesserungen der Standortbedingungen ("voice").

Immer ausgeprägter wird aus dem Wettbewerb zwischen Firmen ein Wettbewerb zwischen Wirtschaftsstandorten, damit ein Wettbewerb zwischen Gemeinwesen.

Die einzelnen Gemeinden, Kantone und Länder können in diesem Wettbewerb nur mithalten, wenn es ihnen gelingt, das Nutzen-Kosten-Verhältnis ihrer jeweiligen Aktivitäten zu verbessern. Das heisst: Neuabgrenzung und Effizienzsteigerung des öffentlichen Sektors, wie dies sowohl

---

[1] Ich danke Philipp J. Kuttler, Finanzdirektion des Kantons Aargau, für wertvolle Anregungen
[2] Hirschman 1970

das New Public Management als auch die Reform des schweizerischen Finanzausgleichs anstreben. Es geht darum, die Kompetenzen so zuzuteilen, dass die knappen Ressourcen optimal genutzt und die Bedürfnisse der Bevölkerung und der Unternehmungen kostenminimal befriedigt werden. Das New Public Management versucht dies durch die "richtige" Grenzziehung zwischen Staat und Privatwirtschaft zu verwirklichen, die Finanzausgleichsreform durch die "richtige" Grenzziehung zwischen Bund, Kantonen und Gemeinden.

In diesem Beitrag wird zunächst in Abschnitt 2 die gemeinsam von der Eidgenössischen Finanzverwaltung und der Konferenz der kantonalen Finanzdirektoren anvisierte Reform des Finanzausgleichs zwischen Bund und Kantonen, gestützt auf eine entsprechende Expertise,[3] dargestellt. In Abschnitt 3 werden der neue Finanzausgleich und das New Public Management systematisch verglichen. Abschnitt 4 enthält einige Schlussfolgerungen.

2. REFORMBEDÜRFTIGKEIT UND REFORMANSÄTZE DES SCHWEIZERISCHEN FINANZAUSGLEICHS

2.1. Das heutige Finanzausgleichsystem Bund-Kantone

Die Transfers der Kantone an den Bund betrugen 1990 1,1 Milliarden Franken; sie umfassen vor allem die Kantonsbeiträge an die Sozialwerke des Bundes. Die Transfers des Bundes an die Kantone beliefen sich auf 8 Milliarden und enthalten Finanzhilfen, Abgeltungen sowie Kantonsanteile an Bundeseinnahmen. Die Bundestransfers übersteigen demnach die Kantonsbeiträge um beinahe das Achtfache. Die Bedeutung der Transfers nahm in den letzten Jahren real deutlich zu. Die Transfers des Bundes an die Kantone stiegen pro Kopf von 883 Franken 1985 auf 1034 Franken 1990 (zu Preisen von 1985).

Die Finanztransfers lassen sich gemäss Abbildung 1 folgendermassen typisieren: Grundsätzlich ist zwischen "frei verfügbaren Beiträgen", zweckgebundenen "Globalsubventionen" und "spezifischen Subventionen" zu unterscheiden. Die Kantonsanteile an Bundeseinnahmen (2,3 Mrd.) sind "frei verfügbare Beiträge", die Finanzhilfen sowie die Abgeltungen (5,7 Mrd.) "spezifische Subventionen". Über 70 Prozent der ge-

---

[3] Frey u.a. 1994

samten Bundestransfers sind demnach zweckgebunden. Die spezifischen Subventionen ihrerseits lassen sich in "Pauschalsubventionen" und "kostenbezogene Subventionen" aufteilen. Pauschalsubventionen orientieren sich an standardisierten Ausgaben, die kostenbezogenen Subventionen an den effektiven Kosten.

Die Transferbeträge des Bundes hängen in den meisten Fällen von der Finanzkraft der Kantone ab. Die Einteilung der Kantone in finanzstarke, mittelstarke und finanzschwache richtet sich nach dem Index der Finanzkraft (vgl. Abb. 2). Seit 1959 wurde seine Berechnungsmethode sechsmal modifiziert. Gegenwärtig besteht der Index der Finanzkraft aus vier Indikatoren: dem Volkseinkommen pro Kopf, der Steuerkraft, der Steuerbelastung und dem Anteil Berggebiet.

```
                          Finanztransfers
            ┌──────────────────┼──────────────────┐
    Frei verfügbare      Global-           Spezifische
    Beiträge*            subventionen       Subventionen**
                                       ┌──────────┴──────────┐
                                  Pauschal-            Kostenbezogene
                                  subventionen          Subventionen

    *  Kantonsanteile an Bundeseinnahmen
    ** Finanzhilfen und Abgeltungen
```

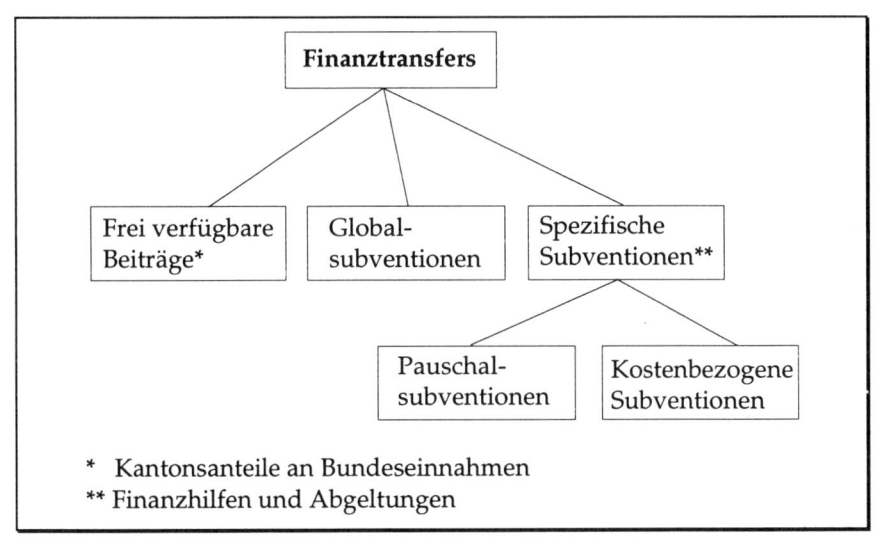

Abb. 1:   *Vertikale Finanztransfers*

Im Jahr 1990 erhielten die finanzschwachen Kantone durchschnittlich rund dreimal höhere Transferbeträge pro Kopf als die finanzstarken Kantone. Allerdings beziehen gewisse Kantone trotz stärkerer Finanzkraft vom Bund höhere Pro-Kopf-Transfers als andere.

2.2. Mängel des heutigen Finanzausgleichsystems

Die Hauptmängel des heutigen Transfersystems lassen sich in drei Punkten zusammenfassen:[4]

- *Vermischung von Effizienz- und Umverteilungszielen:* Die einzelnen Finanzhilfen und Abgeltungen haben heute sowohl eine Anreizfunktion (optimale Versorgung mit öffentlichen Gütern) als auch eine Umverteilungsfunktion (Ausgleich der Finanzkraft). Die Abstufung nach der Finanzkraft der Kantone hat zur Folge, dass die Steuerungsaufgabe der Bundessubventionen beeinträchtigt wird und zur Erreichung bestimmter Lenkungsziele unnötig viele finanzielle Mittel eingesetzt werden müssen.

Finanzstarke Kantone (4)	Zug	Basel-Stadt	Zürich	Genève
Mittelstarke Kantone (16)	Basel-Landschaft Aargau Nidwalden Vaud	Schaffhausen St. Gallen Solothurn Thurgau	Schwyz Glarus Bern Ticino	Luzern Graubünden Appenzell A. Rh. Fribourg
Finanzschwache Kantone (6)	Appenzell I. Rh. Obwalden	Neuchâtel Uri	Jura Valais	

Abb. 2: Finanzkraft der Kantone, 1994/95

- *Zu zentralistische Ordnung:* Transferzahler ist vielfach der Bund, obwohl die Kantone durch horizontale Transferzahlungen die optimale Versorgung regionaler Räume effizienter sicherstellen könnten. Das weitgehende Fehlen des horizontalen (interkantonalen) Lastenausgleichs hat zur Folge, dass Steuerzahler aus Kantonen zur Mitfinanzierung von kantonalen und regionalen Leistungen herangezogen werden, von denen sie wenig Nutzen haben.
- *Unzweckmässige Ausgestaltung von Transfers:* Zu erwähnen sind namentlich: fehlende oder unklare Ziele, zu hohe Beitragssätze, zu detaillierte Subventionsregelungen und -vorschriften (hohe Regelungsdichte), zu viele Kleinsubventionen, zu komplizierte Verfahren, unzureichende Prüfung der Auswirkungen von Finanzhilfen und Abgeltungen, weitgehend fehlende Erfolgskontrolle.

Fazit: Das schweizerische Transfersystem ist reformbedürftig.

---

[4] vgl. Frey u.a. 1994

2.3. Föderalismus und Finanzausgleich

Eine stabile Gesellschaft verlangt eine möglichst gute Einbindung der Bürger in die politischen Entscheidungsprozesse. Die Dezentralisierung von Entscheidungskompetenzen bildet hierfür eine wichtige Grundlage. Je kleiner und überschaubarer die Gruppen sind, die Entscheidungen fällen, desto grösser ist ihr Einfluss auf die Politik und damit ihre Motivation, sich am Entscheidungsprozess zu beteiligen.

Neben solchen staatspolitischen Erwägungen rechtfertigen aber auch ökonomische Überlegungen dezentrale Strukturen: Durch Dezentralisation lassen sich Effizienzgewinne realisieren, weil die staatlichen Leistungen den regional unterschiedlichen Wünschen der Bewohner und Unternehmungen besser gerecht werden können als in zentralistisch organisierten Staaten. Derartige Effizienzvorteile sind angesichts der zunehmenden Globalisierung der Märkte für die schweizerische Volkswirtschaft wichtig.

In einem föderativen System stehen die Gebietskörperschaften untereinander in einem Wettbewerb, was sie laufend zu Effizienzsteigerungen im Angebot öffentlicher Leistungen zwingt. Es besteht eine Analogie zur Marktwirtschaft. Während auf privaten Gütermärkten die Konsumenten denjenigen Anbietern den Vorzug geben, welche die von ihnen nachgefragten Produkte zum günstigsten Preis anbieten, können die Bürger und Unternehmungen im Föderativstaat denjenigen Wohnort beziehungsweise Standort wählen, welcher die von ihnen gewünschten öffentlichen Leistungen zu einem günstigen "Steuerpreis" bereitstellt. Allerdings sind es nicht private Unternehmen, sondern öffentliche Haushalte, welche im Wettbewerb um Steuerzahler und Arbeitsplätze effiziente Leistungen erbringen.[5]

Die beschriebenen Effizienzvorteile stellen sich nur ein, wenn die Gebietskörperschaften über eine entsprechende Entscheidungsautonomie verfügen. Ohne die Freiheit, eigenständig über Staatsausgaben und Steuerbelastung entscheiden zu können, kommt kein föderativer Wettbewerb zustande.

Die Dezentralisation von öffentlichen Aufgaben hat auch Grenzen. Für die Zentralisation von Aufgabenkompetenzen sprechen folgende Punkte:

---

[5] zum Finanzföderalismus vgl. z.B. Oates 1972

- *Spillovers:* Spillovers treten auf, wenn sich in räumlicher Hinsicht der Kreis der Nutzniesser nicht mit jenem der Kostenträger deckt.[6] Von den Leistungen der Hochschulkantone beispielsweise profitieren Studierende aus anderen Kantonen. Solche Spillovers haben Wohlfahrtsverluste zur Folge, dies weil die Hochschulkantone ohne ausreichende Abgeltungen wenig Anreize haben, die Interessen der anderen Kantone zu berücksichtigen, aber auch weil die Nichthochschulkantone keine Möglichkeit haben, ihre Interessen hinsichtlich Hochschulausbildung zu berücksichtigen.
- *Skalenerträge*, d.h. sinkende Durchschnittskosten von Infrastruktureinrichtungen: Flughäfen zum Beispiel lassen sich nur dann kostengünstig bauen und betreiben, wenn sie eine gewisse Mindestgrösse aufweisen. Ähnliches gilt für nationale Verkehrsnetze sowie für die Geldpolitik. Die Zuweisung der entsprechenden Kompetenzen an die Kantone (oder Gemeinden) wäre entweder technisch nicht möglich oder würde die Steuerzahler unnötig belasten. Durch Zentralisierung lassen sich Grössenvorteile nutzen.
- *Sozialer, sektoraler und regionaler Ausgleich:* Der Wettbewerb unter den Gliedstaaten führt wie in der Marktwirtschaft zu Einkommensdisparitäten. Zu grosse regionale Disparitäten werden politisch nicht akzeptiert und müssen von der übergeordneten Gebietskörperschaft, dem Bund, korrigiert werden.

Der *Föderalismus* ist eine staatliche Organisation, in welcher

- der Bürger gleichzeitig mehreren staatlichen Gebietskörperschaften angehört,
- jede staatliche Ebene nach dem Subsidiaritätsprinzip autonom über gewisse Aufgabenbereiche entscheiden kann,
- gewisse Aufgaben dezentral, andere zentral wahrgenommen werden,
- die übergeordnete Ebene dafür sorgt, dass die Gliedstaaten untereinander verbunden bleiben und
- die Gliedstaaten bei der Willensbildung auf der übergeordneten Ebene beteiligt sind.

Im föderalistischen Staat kommen dem Finanzausgleich wichtige Aufgaben zu. Erstens müssen die unterschiedlichen öffentlichen Aufgaben wie Kulturpolitik, Bildungspolitik oder Verteidigungspolitik sowie die Besteuerungskompetenzen den einzelnen staatlichen Ebenen zugeteilt werden. Zweitens sorgt der Finanzausgleich für die Feinabstimmung der

---

[6] fehlende fiskalische Äquivalenz, vgl. Olson 1969

finanziellen Mittel zwischen Bund und Kantonen, damit der föderative Wettbewerb funktionieren kann.

Die Feinabstimmung der finanziellen Mittel enthält die folgenden drei Elemente:

- Der Bund kann gewisse Steuern effizienter erheben als die Gliedstaaten. Es ist daher sinnvoll, dass er gewisse Steuern selbst erhebt, einen Teil seiner Einnahmen an die Kantone transferiert und dabei einen *Ausgleich zwischen finanzstarken und finanzschwachen Kantonen* vornimmt. Das entsprechende Instrument sind die *freien* (d.h. nicht zweckgebundenen) *Kantonsanteile*.
- Bei kantonalen Leistungen, von denen auch Bewohner und Unternehmungen anderer Kantone einen Nutzen haben (d.h. bei kantonalen Leistungen mit *Spillovers*), müssen Finanzhilfen bezahlt werden, damit die Anbieter Anreize erhalten, neben den Interessen der eigenen Bewohner und Unternehmungen auch jene anderer Kantone zu berücksichtigen. Bei Leistungen mit regional begrenzten Spillovers drängt sich der *horizontale Lastenausgleich* auf.
- *Abgeltungen* schliesslich sind Zahlungen, die der Bund ausrichtet, sofern die Kantone Aufgaben im Auftrag des Bundes erfüllen. Vielfach lohnt es sich nämlich für den Bund nicht, einen eigenen dezentralen Verwaltungsapparat aufzuziehen. Es ist wirtschaftlich oft zweckmässiger, wenn er die Kantone mit dem Vollzug seiner Aufgaben beauftragt und sie dafür entschädigt.

2.4. Reformansätze

Entsprechend den diagnostizierten Mängeln des schweizerischen Transfersystems ergeben sich drei Ansätze für Reformen:

- *Entkoppelung der Finanzhilfen und Abgeltungen vom Index der Finanzkraft und Ausbau der finanzkraftabhängigen Kantonsanteile an Bundeseinnahmen*: Die Sätze der Finanzhilfen und Abgeltungen sollten nicht nach der Finanzkraft abgestuft werden. Es geht bei solchen Anreizsubventionen ja darum, bestimmte Verhaltensänderungen seitens der Empfänger auszulösen. Das bedeutet nicht, dass für alle Kantone die gleichen Subventionssätze anzuwenden sind, nur sollten sich diese nach anderen Kriterien als der Finanzkraft richten. Um die "Lebensfähigkeit" der finanzschwächeren Kantone zu gewährleisten, sollten die Finanzkraftunterschiede durch den Ausbau der Kantonsanteile an

Bundeseinnahmen und die gezielte Ausrichtung am (zu revidierenden) Index der Finanzkraft verringert werden. Wie die Kantone die zusätzlichen Finanzmittel nutzen, muss ihnen überlassen bleiben.

- *Ausbau des horizontalen (interregionalen oder regionalen) Lastenausgleichs:* Diese Reform verstärkt das Subsidiaritätsprinzip und verhindert das in den letzten Jahrzehnten häufig zu beobachtende "Abschieben" von öffentlichen Aufgaben an den Bund, nicht weil der Bund dafür die zweckmässigere Ebene wäre, sondern weil ein Teil der Kantone wegen ihrer Kleinheit oder unzweckmässigen Abgrenzung überfordert ist, öffentliche Aufgaben wirtschaftlich zu erfüllen. Durch den Ausbau des horizontalen Lastenausgleichs werden Anreize geschaffen für optimale Funktionalregionen (Zweckverbände u.dgl.), welche die kostengünstige Versorgung der Bevölkerung eines Gebietes mit bestimmten öffentlichen Leistungen ermöglichen. Aufgabe des Bundes ist es, Regeln aufzustellen zugunsten von Kantonen, die öffentliche Leistungen für Bewohner anderer Kantone erbringen.

Verbesserungen in der Ausgestaltung der Finanzhilfen und Abgeltungen lassen sich erzielen, indem

- anstelle der heutigen kostenbezogenen Finanzhilfen vermehrt *aufgabenbezogene Globalsubventionen oder ziel- beziehungsweise kriterienbezogene Pauschalsubventionen* ausgerichtet werden,
- die grosse Zahl kleiner Subventionen durch eine *kleinere Zahl von grösseren Subventionen* ersetzt werden,
- (hoheitliche) Subventionen, namentlich Abgeltungen, vermehrt durch *Verträge* ersetzt werden,
- den Subventionsempfängern *klare Ziele vorgegeben,* der Wust an Detailregelungen abgebaut und die Verfahren vereinfacht werden,
- Subventionen *zeitlich beschränkt* werden,
- bei den Finanzhilfen *keine zu hohen Subventionssätze* zugelassen werden,
- stärkeres Gewicht auf die *systematische Erfolgskontrolle* als auf die nachträgliche bürokratische Vollzugskontrolle gelegt wird.

2.5. Funktionsfähige Gebietskörperschaften

Die föderative Dezentralisation führt nur dann zu den erwarteten Ergebnissen, wenn die Gebietskörperschaften in der Lage sind, die ihnen zugewiesenen Kompetenzen tatsächlich auch wahrzunehmen und die

Versorgung der Bevölkerung und Unternehmungen kostenminimal vorzunehmen. Dies ist nicht immer der Fall. Gewisse Gebietskörperschaften sind zu klein, andere zu gross, wiederum andere geographisch ungünstig abgegrenzt.

Am ehesten markieren die durch die täglichen Pendlerbewegungen bestimmten Arbeitsmarktregionen den Wirkungsbereich von öffentlichen Leistungen. Nun sind aber Pendlerregionen von höchst unterschiedlicher Grösse. In kleinen Regionen kann bei vielen öffentlichen Aufgaben die optimale Betriebsgrösse nicht erreicht werden. Die Einwohner der betreffenden Gemeinden und Kantone müssen gewisse Leistungen von anderen Gebietskörperschaften beziehen. Oder aber, solche Aufgaben werden nach oben "abgeschoben", von den Gemeinden an den Kanton oder von den Kantonen an den Bund - selbst wenn es sich um lokale beziehungsweise regionale öffentliche Güter, das heisst Güter mit einem geographisch beschränkten Wirkungskreis, handelt. Die Wohlfahrtsverluste bleiben dann wegen Unter- oder wegen Überzentralisierung bestehen.

Für die kostengünstige Versorgung der Bevölkerung mit öffentlichen Leistungen sollten sich Funktionalregionen unterschiedlicher Grösse bilden können (z.B. für öffentlichen Verkehr, Kehrichtentsorgung, Spitzenmedizin oder Hochschulen). Da sich im Zeitablauf die technischen und nachfrageseitigen Bestimmungsfaktoren der regionalen öffentlichen Aufgaben verändern, müssen diese Funktionalregionen *flexibel* sein, also den Beitritt, Austritt und Übertritt einzelner Gemeinden, Bezirke oder Kantone erlauben. Man spricht in diesem Zusammenhang von der "géométrie variable". Ausserdem sollen sich die Zweckverbände überlappen. Auf diese Weise kommt ein *Wettbewerb zwischen Funktionalregionen*, die gleichartige Leistungen anbieten, zustande.[7] Dieser Wettbewerb verstärkt den Druck zur möglichst kostengünstigen Erbringung öffentlicher Aufgaben. Und er gibt der Bevölkerung und den Unternehmungen vermehrte Möglichkeiten, ihre lokal und regional unterschiedlichen Präferenzen zur Geltung zu bringen.

3. VERGLEICH ZWISCHEN NEUEM FINANZAUSGLEICH UND NEW PUBLIC MANAGEMENT

Wie eingangs erwähnt worden ist, beruhen die schweizerische Finanzausgleichsreform (im folgenden als Neuer Finanzausgleich NFA bezeich-

---

[7] vgl. B.S. Frey/Eichenberger 1995

net) und das New Public Management (NPM) auf einer weitgehend ähnlichen Grundidee. Diese wird im folgenden herausgeschält. Die Strukturierung erfolgt anhand einer für die Charakterisierung des NPM verschiedentlich verwendeten Liste:[8]

- *Kundenorientierung:* Entsprechend der Grundidee des Total Quality Management sollen die Bedürfnisse der Einwohner und der Unternehmung möglichst gut befriedigt werden. Am besten gelingt dies, wenn für sie die Möglichkeit besteht, direkt auf die anzubietenden Güter Einfluss zu nehmen. Vorbild ist das Marktsystem; hier spricht man von Konsumentensouveränität. Das NPM gibt der Volkssouveränität mehr Entfaltungsmöglichkeiten, der NFA der Souveränität der Gebietskörperschaften - hier verstanden als Autonomie innerhalb des wettbewerbsorientierten föderativen Rahmens.

- *Wirkungs- und Output- statt Inputsteuerung, Effizienz- statt Ausgabenmaximierung:* Beim bisherigen Verwaltungs- und Finanzausgleichsystem haben die Empfänger geringe Anreize zu wirtschaftlichem Verhalten, weil sich die Zahlungen nach den Inputs (Kosten) statt nach dem angestrebten Output (und Wirkung) richten. Bürokratische Ausgabenmaximierung verhindert die Nutzenmaximierung. Sowohl beim NPM als auch beim NFA erhalten die Empfänger von Geldzahlungen des Staates beziehungsweise des Bundes Anreize, mit den finanziellen Mitteln haushälterisch umzugehen.

- *Trennung von strategischen und operativen Kompetenzen:* Im Falle des NPM erfolgt die Kundenausrichtung über die Beschränkung des Parlamentes auf die normative Festlegung der öffentlichen Aufgaben ohne gleichzeitige Entscheidung operativer Details. Die operativen Aufgaben werden den einzelnen Verwaltungsabteilungen oder Privaten übertragen. Im NFA beschränkt sich der Bund (der Kanton) darauf, die Versorgungsziele bei überregionalen (überlokalen) öffentlichen Aufgaben zu definieren und die Kantone (Gemeinden) pauschal mit den erforderlichen finanziellen Mitteln zu versorgen, ohne gleichzeitig den Gebietskörperschaften Vorschriften über die Art und Weise zu machen, wie die Leistungen erbracht werden sollen. Durch Trennung von Allokation und Verteilung werden die Gebietskörperschaften veranlasst, stärker auf die Wünsche der Bevölkerung und der Unternehmungen einzugehen. Abweichungen werden hier durch "exit" sanktioniert.

- *Dezentrale Strukturen und Kontraktmanagement:* Beim NPM wird die zentrale Steuerung seitens der Regierung durch dezentrale und eigen-

---

[8] vgl. z.B. Buschor 1995, Schedler 1994

verantwortliche Bereiche ersetzt, die sich im Rahmen von *Leistungsverträgen* selbst steuern. Das Kontraktmanagement tritt an die Stelle hierarchischer Befehle. Ganz ähnlich kann auch der NFA interpretiert werden. Der Bund (Kanton) ist nicht mehr primär vorgesetzte Instanz - selbst dort nicht, wo die Kantone (Gemeinden) im Auftrag der übergeordneten Instanz Vollzugsaufgaben wahrnehmen -, sondern Partner, der durch Leistungsverträge und das Setzen richtiger Anreize dafür sorgt, dass bei der Aufgabenerfüllung durch die Gebietskörperschaften übergeordnete Interessen berücksichtigt werden. Die Bezeichnung "Leistungsvertrag" statt dem bisherigen "Leistungsauftrag" soll deutlich machen, dass es nicht um Subordination, sondern um Gleichrangigkeit geht.

- *Wettbewerb über interne Märkte, Auswärtsvergabe oder Privatisierung:* Die systematische Trennung von Angebot und Produktion erlaubt es beim NPM, durch Schaffung von Wettbewerbsbedingungen Anreize für die wirtschaftliche Aufgabenerfüllung zu schaffen. Zugleich wird durch die Auswärtsvergabe (Outsourcing) die Voraussetzung für optimale Betriebsgrössen geschaffen. Der NFA leistet einen Beitrag, damit die Gliedstaaten als Anbieter öffentlicher Güter (soweit sie diese Aufgabe nicht Privaten übertragen) durch Schaffung von Funktionalregionen optimale Betriebsgrössen realisieren können. Obwohl Ansätze zu grösseren Wirtschaftsregionen erkennbar sind (z.B. Wirtschaftsraum Mittelland, Regio Basiliensis, Regio Genevensis, Regio Insubrica) dürften umfassende Gebietsreformen in der Schweiz noch während längerer Zeit politisch kaum eine Chance haben. Wenn der Bund vermehrt Global- oder Pauschalsubventionen ausrichtet, erhalten die Kantone stärkere Anreize, bei der Aufgabenerfüllung mit anderen Kantonen zusammenzuarbeiten, als bei der heutigen Lösung, in welcher der Bund den Kantonen Kosten vergütet und bei hohen Subventionssätzen ein ausgabenmaximierendes Verhalten auslöst. Auch der Ausbau des horizontalen Lastenausgleichs, wie er im Rahmen des NFA vorgesehen ist, ist eine wichtige Voraussetzung für die Schaffung von Funktionalregionen. Er sorgt dafür, dass der räumliche Kreis der Nutzniesser mit jenem der Kosten- und Entscheidungsträger gut zur Deckung gebracht wird. Wer in räumlicher Hinsicht von öffentlichen Leistungen profitiert, soll auch zahlen; und wer zahlt, soll auch entscheiden können.

- *Effizienz statt Rechtmässigkeit:* Die Leiter und Mitarbeiter staatlicher Verwaltungen orientieren sich heute primär an der Rechtmässigkeit. Sie wollen sich nicht dem Vorwurf aussetzen, Vorschriften zu verletzen; denn hier setzen die Sanktionen an. Ob ihre Tätigkeit effektiv und effizient ist, ist von untergeordneter Bedeutung. Das NPM schafft

Abhilfe, indem kundenorientiertes und kostenminimierendes Verhalten honoriert wird. Beim NFA besteht insofern eine Parallele, als heute Abrechnungen von Bundesbeiträgen primär die ordnungsgemässe, nicht aber die wirtschaftliche Verwendung der Mittel nachzuweisen haben. Bei Pauschal- und Globalsubventionen entfallen detaillierte Abrechnung. Die Empfänger verwenden im eigenen Interesse die finanziellen Mittel so, dass der Nutzen für sie maximal ausfällt.

- *Systematisches Controlling:* Voraussetzung für ein erfolgreiches NPM ist ein systematisches Controlling, bei dem in regelmässigen Abständen die einzelnen Verwaltungsabteilungen hinsichtlich Zielerfüllung überprüft und daraus Anhaltspunkte für künftige Leistungsverträge gewonnen werden. Etwas Ähnliches ist auch beim NFA nötig. Da der Bund, von Ausnahmen abgesehen, keinen dezentralen Vollzugsapparat hat, greift er auf die kantonalen Verwaltungen zurück, diese wiederum auf die kommunalen Verwaltungen. Dies setzt nicht nur klare Zielvorgaben, sondern auch die Kontrolle der Aufgabenerfüllung voraus. Allerdings ist festzustellen, dass bis anhin kaum Bestrebungen erkennbar sind, die Steuerung der Kantone (als Agencies) durch den Bund (als Verantwortlichem für nationale öffentliche Aufgaben) auf der Basis eines modernen Controlling-Konzepts vorzunehmen.

4. ZUSAMMENFASSUNG UND FOLGERUNGEN FÜR DIE UMSETZUNG

Der Beitrag hat gezeigt, dass die in Vorbereitung befindliche schweizerische Finanzausgleichsreform zahlreiche Parallelen zum New Public Management aufweist. Es sind die gleichen Gründe, die zu beiden Reformvorhaben geführt haben: die Notwendigkeit, zur Sicherung der Wettbewerbsfähigkeit der Unternehmungen und des Wirtschaftsstandorts öffentliche Aufgaben effektiver und effizienter zu erfüllen. Auch die Grundelemente sind in mehrfacher Hinsicht ähnlich: Kundenorientierung, Output- statt Inputorientierung, Trennung von strategischen und operativen Entscheidungen, Wettbewerb durch Outsourcing, Kontraktmanagement, Effizienz statt Rechtmässigkeit usw. Selbst die Hauptprobleme der praktischen Verwirklichung der beiden Reformprojekte weisen eine deutliche Verwandtschaft auf: Das NPM und der NFA stehen und fallen mit der Erfassbarkeit der öffentlichen Leistungen und mit der Implementation eines umfassenden Controllings.

Die Tatsache, dass beide Reformkonzepte auf der gleichen "Grundphilosophie" beruhen und dem heutigen Zeitgeist entsprechen, dürfte zur Folge haben, dass sie sich gegenseitig stärken. Erfolge des NPM werden die Realisierungschance des NFA erhöhen - und umgekehrt. Voraussetzung ist allerdings, dass der Defizitdruck und der Wettbewerbsdruck bestehen bleiben. Lassen diese Zwänge nach, so wird die Politik wieder rasch in ihren alten Trott verfallen.

LITERATUR

Buschor Ernst, Wirkungsorientierte Verwaltungsführung, Zürich: Zürcher Handelskammer, Wirtschaftliche Publikationen Heft 52, 1993

Buschor Ernst, Das Konzept des New Public Management, in: Schweizer Arbeitgeber Nr. 6, 1995

Buschor Ernst/Schedler Kuno, Perspectives on Performance Measurement and Public Sector Accounting, Bern: Haupt, 1993

Frey Bruno S./Eichenberger Reiner, "Competition Among Jurisdictions: The Idea of FOCJ [Functional Overlapping Competing Jurisdictions], erscheint in der Schriftenreihe der Walter Eucken-Stiftung, 1995

Frey René L./Spillmann Andreas/Dafflon Bernard/Jeanrenaud Claude/Meier Alfred, Der Finanzausgleich zwischen Bund und Kantonen, Expertise zu den Finanzhilfen und Abgeltungen des Bundes an die Kantone im Auftrag der Eidg. Finanzverwaltung und der Konferenz der kantonalen Finanzdirektoren, Bern, 1994

Hirschman Albert O., Exit, Voice, and Loyalty, Responses to Decline in Firms, Organizations, and States, Cambridge/Mass.: Harvard University Press, 1970. Dt. Abwanderung und Widerspruch, Reaktionen auf Leistungsabfall bei Unternehmungen, Organisationen und Staaten, Tübingen: Mohr 1974,

Oates Mancur, Fiscal Federalism, New York: Harcourt, 1972

Olson Mancur, The Principle of Fiscal Equivalence: The Division of Responsibilities Among Different Levels of Government, in: American Economic Review, Vol. 59, 1969

Osborne David/Gaebler Ted, Reinventing Government, How the Entrepreneurial Spirit is Transforming the Public Sector, Reading: Addison-Wesley, 1992

Schedler Kuno, Die Verwaltung auf der Suche nach Wirksamkeit, in: VOP Fachzeitung für öffentliche Verwaltung 1994/3, 1994

NEW PUBLIC MANAGEMENT UND NEUE STAATLICHE HANDLUNGSFORMEN

Jean-Daniel Delley[1]

1. EINLEITUNG

Die Ideen des New Public Management (NPM) haben einen stark beachteten Einzug auf dem helvetischen Markt der Reformen gehalten. Artikel, Kolloquien und Konferenzen lösen sich in einem ununterbrochenen Rhythmus ab, und konkrete Anwendungen wurden von verschiedenen öffentlichen Körperschaften ausgeführt (Stadt Bern, Kanton Luzern) oder ins Auge gefasst (Stadt und Kanton Zürich).

Handelt es sich hierbei um eine Modeerscheinung, wie sie im Bereich der Unternehmensführung häufig anzutreffen ist, oder um eine mit Sachkenntnis inszenierte Promotionskampagne? Oder muss man darin eine Arglistigkeit der Neoliberalen sehen, die ihren Willen, den Staat zu schwächen und dem privaten Sektor die rentablen öffentlichen Dienste zurückzuerstatten, ins Gewand des modischen Managers kleiden? Dieser Verdacht ist gerechtfertigt, wenn man sich auf das englische Experiment bezieht, das Frau Thatcher anlaufen liess und das unter der derzeitigen konservativen Regierung fortgesetzt wird, er ist aber auch angebracht, wenn man sich auf die Abbauwelle der öffentlichen Leistungen, die heute die Vereinigten Staaten überflutet, beruft.

Prosaischer: Handelt es sich um sehr pragmatische Rezepte, die aufgrund der Haushaltsengpässe der öffentlichen Körperschaften und der Ablehnung der Steuerzahler, die Steuerbelastung weiter ansteigen zu lassen, entstanden sind? Um Rezepte, die in aller Eile mit einem theoretischen Glanz verschönert wurden?

Es ist schwierig, auf diese Fragen eine definitive Antwort zu geben. Jede von ihnen enthält möglicherweise einen Teil der Wahrheit. Eine Antwort ist auch deshalb nicht einfach, weil die politischen Kategorien durch die konkreten Erfahrungen mit NPM ernstlich verwischt wurden. Von den Vereinigten Staaten bis nach Saint-Denis, dem roten Vorort von Paris, und bei der Durchquerung der Schweiz sieht man Exekutiven sich an

---

[1] Übersetzung: Lic. phil. Andreas Tobler und Prof. Dr. Wolf Linder

diese Reformen heranwagen, die auf dem gesamten politischen Spektrum von links bis rechts angesiedelt sind.[2]

Jenseits der konjunkturellen Erklärungsgründe für die Attraktivität der NPM-Prinzipien und ihrer mehr oder weniger treuen Anwendung stellt sich eine grundsätzlichere Frage: Gibt es eine Veränderung der Rolle des Staates und seiner Beziehungen zur Gesellschaft, die die neuen Handlungsweisen und die radikalen Änderungen im Betrieb des administrativen Apparats rechtfertigen? Und inwiefern antwortet das, was man als NPM bezeichnet, auf diese Veränderung? Auf diese zwei Fragen wollen wir zu antworten versuchen.

2. DIE VERÄNDERUNGEN DER ROLLE DES STAATES

Bevor man untersucht, ob NPM eine adäquate Antwort auf den Wandel der Rolle und der Aufgaben des zeitgenössischen Staates darstellt, muss man kurz die Etappen dieser Veränderungen beschreiben.

Die nachstehende Beschreibung ist summarisch. Sie beschränkt sich darauf, Typen zu bestimmen, die in reiner Form sicherlich nie existiert haben und die sich je nach Land historisch in verschiedenen Ausprägungen und zu unterschiedlichen Zeitpunkten konkretisiert haben. Ausserdem sind diese Typen nicht durch die Elimination des alten zugunsten des neuen Typs aufeinander gefolgt, sondern haben sich vielmehr durch Ergänzungen herausgebildet: Der liberale Staat hat nicht eines schönen Tages dem Interventionsstaat seinen Platz überlassen, sondern hat sich unter dem Druck der gesellschaftlichen Forderungen fortschreitend verwandelt und schliesslich, trotz Bewahrung einiger seiner Elemente, die Hauptzüge des liberalen Typs verloren.

Zu jeder Etappe werden wir kurz zwei Interventionsfelder erwähnen - den Kampf gegen den Alkoholismus und die Luftreinhaltung (in Kästchen) -, um die sukzessiven Veränderungen der Rolle des Staates und seiner Beziehungen zur Gesellschaft zu veranschaulichen.

---

[2] vgl. die Darstellung der Situation in der Schweiz bei Haldemann/Schedler in diesem Band, S. 99

2.1. Der liberale Staat

Die modernen Gesellschaften brechen mit der königlichen Gewalt und dem göttlichen Recht, indem sie sich zur Durchführung ihrer Geschäfte auf die Mechanismen des Vertrags und des Marktes berufen. Um das gute Funktionieren dieser Mechanismen sicherzustellen, wird dem Staat eine Ordnungsfunktion übertragen; er bestimmt die Spielregeln, in deren Rahmen die freien und gleichgestellten Individuen ihre Aktivitäten entfalten können in der Absicht, den eigenen Nutzen zu maximieren, und er wacht über die Einhaltung dieser Regeln.

Darüber hinaus, und in Übereinstimmung mit dem Subsidiaritätsprinzip, wird der liberale Staat nur dann tätig, wenn es der bürgerlichen Gesellschaft nicht gelingt, ihre Probleme selber zu lösen.

> *Der Kampf gegen den Alkoholismus*
> In sozialen Bereichen überlässt der Staat der bürgerlichen Gesellschaft die Aufgabe, Solidarität zu erzeugen und zu organisieren. Im Falle des Kampfes gegen den Alkoholismus beobachtet man die Existenz eines Netzes von Privatpersonen, das sich um dieses Problem kümmert und eine aktive Rolle in der Definition einer öffentlichen Politik spielt. Der von diesen Akteuren unter Druck gesetzte Staat beschränkt sich auf die Präzisierung der Spielregeln, indem er die Kontrolle über die Produktion und den Verkauf der Spirituosen verstärkt und den Ertrag des Alkoholzehntels verteilt.[3]

> *Luftreinhaltung*
> Im Rahmen des liberalen Staates wird das Problem der Luftverschmutzung hauptsächlich auf dem Umweg über das Eigentumsrecht, d.h. das Privatrecht, erörtert. Das Eigentumsrecht erlaubt dem Eigentümer, sich gegen übermässige Emissionen aus der Nachbarschaft zu wehren, die den freien Gebrauch seines Gutes beeinträchtigen würden. Umgekehrt jedoch erlaubt dieses Gesetz auch die Freisetzung verschmutzender Emissionen, soweit sie die benachbarten Eigentümer nicht in widerrechtlicher Art belästigen. Die Tatsache, dass die Luftqualität nicht als kollektives Gut wahrgenommen wird, folgt ebenfalls aus einigen Verhaltensregeln des Polizeirechts, welches sich auf das Ziel beschränkt, die öffentliche Ordnung zu schützen.[4]

---

[3] Bütschi/Cattacin 1994
[4] Delley 1992

2.2. Der Interventionsstaat

Der Interventionsstaat, den man ebenfalls als Sozial- oder Vorsorgestaat bezeichnet, tritt nicht unvermittelt in Erscheinung. Er entwickelt sich zuerst aus der Wahrnehmung der Ungleichheiten und Ungerechtigkeiten, die der Markt und das freie Spiel der Kräfte nicht zu eliminieren vermögen, und aus den politischen Forderungen, diese zu mildern.

Zur Ordnungsfunktion, die den liberalen Staat charakterisiert, kommen die Funktionen der Umverteilung des Reichtums und der Bereitstellung jener Güter und Dienste hinzu, welche die Ungleichheiten kompensieren sollen.

Die ökonomische Krise der Zwischenkriegszeit und der Zweite Weltkrieg geben dem Interventionsstaat einen entscheidenden Impuls. Dieser beschränkt sich nicht mehr darauf, soziale Korrekturen durchzuführen; er wird ein dominanter Faktor im Entwicklungsprozess der Gesellschaft. Ihm vor allem obliegt es, die Schlüsselfunktionen des ökonomischen Wachstums sicherzustellen: namentlich den Aufbau von öffentlichen Einrichtungen und Infrastrukturen sowie die Ausbildung und Forschung. Ihm fällt ferner die Aufgabe zu, die bedeutenden ökonomischen Gleichgewichte (Geld, Beschäftigung, Preise) stabil zu halten und als Schiedsrichter in der Raumplanung über die Aneignung des beschränkten und von allen Seiten begehrten Bodens zu entscheiden. Diese Epoche gehört den öffentlichen Politiken, den Gesamtkonzeptionen und der Planung. Der Staat setzt sich für ehrgeizige Ziele ein, die die Veränderung der Gesellschaft anstreben, und beteiligt sich aktiv an deren Realisierung.

> *Der Kampf gegen den Alkoholismus*
> Die Entfaltung des Vorsorgestaates äussert sich im staatlichen Vorrang bei der Produktion und der Organisation der Solidarität. Der Staat greift nicht mehr in seiner subsidiären Eigenschaft ein, sondern nimmt die Lenkung der Sozialpolitik selber in die Hand und bestimmt ihren Kurs. Im Kampf gegen den Alkoholismus verweist der Staat die privaten Akteure in den Hintergrund, wo sie nun - in einem medizinischen und professionalisierten Rahmen - ihre Tätigkeit an die durch den Staat definierten Verwaltungsmodelle anpassen.[5]

---

[5] Bütschi/Cattacin 1994

> *Luftreinhaltung*
> Die Abwicklung der Konflikte auf der Basis des Privatrechts und die punktuell angewandten Massnahmen der Polizei erlauben es nicht, auf die Verschlimmerung der Luftverschmutzung zu antworten, die durch die wirtschaftliche Entwicklung und die Explosion des Automobilverkehrs hervorgerufen wurde. Der Staat stellt eine umfassende Umweltpolitik auf, in der die Luftreinhaltung ein Aspekt unter anderen ist. Er setzt Standards für die Luftqualität fest und trifft eine Reihe von Massnahmen, um diese Ziele zu erreichen. Aber das erlassene Gesetz stellt nicht einen Rahmen oder eine Spielregel dar, deren alleinige Respektierung die Realisierung der angestrebten Ziele gewährleisten würde. Das Recht wird zu einem Aktionsinstrument, das aufgrund der erreichten Resultate ständigen Anpassungen unterliegt. Wenn also die Immissionswerte (die Indikatoren der angestrebten Luftqualität) nicht eingehalten werden, führt dies zu einer Verschärfung der Vorschriften und zur Durchsetzung von neuen Massnahmen.[6]

2.3. Die Krise des Vorsorgestaates

Die ökonomischen Schwierigkeiten seit Beginn der 70er Jahre haben sicherlich dazu beigetragen, die Grenzen des Vorsorgestaates aufzudecken. Sichtbarmachung beinhaltet indessen keine Erklärung. Gewiss bringt die Wirtschaftskrise die öffentlichen Finanzen in Schwierigkeiten und bremst das kontinuierliche Wachstum der Staatsausgaben, das der Interventionismus als Antwort auf die ungelösten Probleme der Gesellschaft gesehen hatte. Aber die Infragestellung des Vorsorgestaates resultiert nicht allein und nicht zuerst aus einer finanziellen Sackgasse.

Generell beobachtet man eine Ernüchterung hinsichtlich der Staatstätigkeit, eine Vertrauenskrise, die aus der Kluft entsteht zwischen den ehrgeizigen Zielen einerseits und den durch interventionistische Massnahmen erreichten Resultate andererseits. In den Bereichen des Sozialen und der Gesundheit erwächst der Argwohn daraus, dass das Wohlbefinden nicht proportional mit der Erhöhung der öffentlichen Ausgaben anwächst. Im wirtschaftlichen Gebiet scheint die Staatstätigkeit mehr lähmend als stimulierend zu wirken - falls sie nicht schlicht kontraproduktiv ist.

---

[6] Delley 1992

Die Analytiker der sogenannten "Krise des Vorsorgestaates"[7] stimmen darin überein, diese Krise der wachsenden Komplexität der Gesellschaft anzurechnen, die den Staat in eine prekäre Situation bringt. Politische Steuerung wird unmöglich ohne eine enge Zusammenarbeit mit den gesellschaftlichen Akteuren. Zugleich aber hat die gesteigerte Komplexität eine Autonomisierung der bedeutenden gesellschaftlichen Subsysteme (Wirtschaft, Wissenschaft, Erziehung, Gesundheit...) zur Folge, deren Eigenlogik des Funktionierens die Staatsführung massiv erschwert.

Das Modell des Vorsorgestaates hat solange gut funktioniert, als es sich darum handelte, auf einer homogenen Grundlage Leistungen in einer Gesellschaft zu erbringen, die ebenfalls relativ stabil und homogen war. Das Modell begann heisszulaufen, als es sich mit einer sich immer rascher entwickelnden Gesellschaft konfrontiert sah, die sich soziologisch zersplitterte und in der Folge immer differenziertere Forderungen an den Staat stellte.

Der Staat hat Mühe, auf diese Entwicklung zu reagieren. Seine Verwaltung ist hierarchisch organisiert und dem Prinzip der Legalität unterworfen - die öffentliche Tätigkeit muss sich stets auf eine gesetzliche Grundlage stützen. Es fehlt ihr daher an Geschmeidigkeit, um auf die Diversifizierung und Wandlung der Forderungen der Gesellschaft zu antworten. Sie führt ihre Tätigkeit nicht nach dem Prinzip optimaler Wirksamkeit aus, sondern im Einklang mit den Gesetzesregeln und unter Beachtung detaillierter Kompetenzvorschriften. Hinsichtlich der Finanzen ist sie vollständig an ein detailliertes Budget gebunden, das in Anspruch nimmt, ein Jahr im voraus die genaue Zuteilung der verfügbaren Ressourcen zu bestimmen.

Diese Rahmenbedingungen der Verwaltungstätigkeit sind den Ambitionen des Interventionsstaates nicht angepasst. Weder die gesetzlichen Instrumente noch die Organisation des staatlichen Apparats entsprechen den Bedürfnissen einer zweckbestimmten Steuerung der Gesellschaft. Aber die Ziele des Interventionsstaates, die Rolle, die ihm bei der Bewahrung der bedeutenden Gleichgewichte der Gesellschaft anvertraut ist, sind zu seiner Legitimationsgrundlage geworden: Die Behörden sind in ihrer Tätigkeit nicht länger durch ihr Ansehen aus dem Verfahren der demokratischen Wahl legitimiert, sondern sie ziehen ihre Legitimation vor allem aus den Ergebnissen, die sie vorweisen können. Entsprechen diese nicht den Erwartungen, so schwindet die Legitimation der Behör-

---

[7] vgl. insbesondere Ewald 1986; Habermas 1981; Morand 1991; Rosanvallon 1981; Willke 1992

den, und der Interventionsstaat sieht sich einer Vertrauenskrise gegenüber.

> *Der Kampf gegen den Alkoholismus*
> Die vorherrschende Rolle des Staates und die Para-Verstaatlichung des Kampfes gegen den Alkoholismus führen zu standardisierten Modellen der Vorbeugung und der Kostenübernahme, denen es nicht gelingt, in wirksamer Weise auf die Verschiedenartigkeit und die Komplexität der Alkoholismusprobleme zu antworten. Der Autonomieverlust der Privatorganisationen - sie spielen nur noch eine komplementäre Rolle zu jener des Staates - erschweren den Kontakt mit den Personen, auf die die Massnahmen des Kampfes gegen den Alkoholismus abzielen.[8]

> *Luftreinhaltung*
> Man beobachtet, dass die Einhaltung der Vorschriften durch die verschiedenen Verschmutzer keine hinreichende Bedingung für den Erfolg der Luftreinhaltepolitik darstellt. Der konventionelle Vorschriftenvollzug stösst an Grenzen wegen der Komplexität des Luftverschmutzungsproblems und wegen der unterschiedlichen Verhaltenslogik der Verschmutzer. Das Verhältnis zwischen Kosten und Ertrag - die Effizienz der verordneten Massnahmen also - ist weit davon entfernt, optimal zu sein: Die Sanierung gewisser Emittenten erfordert eine relativ hohe Investition für eine geringe Reduktion der Verschmutzung; umgekehrt könnten andere Emittenten leicht und zu minimalsten Kosten ihre Emissionen beträchtlich unter die vorgeschriebenen Werte reduzieren, tun dies aber mangels eines Anreizes nicht.[9]

2.4. Der propulsive Staat

Der liberale Staat übt eine ergänzende Funktion in einer Gesellschaft aus, die im wesentlichen durch Selbstregulierung funktioniert. Vom Interventionsstaat hat man dagegen sagen können, dass er die Gesellschaft kolonialisiere,[10] weil er die Probleme der Gesellschaft unmittelbar übernimmt und dabei sowohl die Ziele als auch die Mittel bestimmt.

---

[8] Bütschi/Cattacin 1994
[9] Delley 1994a
[10] Habermas 1981

Als Reaktion auf diese wachsende Einwirkung des Staates auf die Gesellschaft und auf den relativen Misserfolg des Interventionsstaates hat sich ein "neo-liberal" genannter Diskurs entwickelt, der für einen bescheideneren Staat und einen vermehrten Rückgriff auf die Marktmechanismen als regulierendes Prinzip der Gesellschaft plädiert. Handelt es sich dabei um eine Rückkehr zum Modell des liberalen Staates? Wenn man nur den Diskurs in Betracht zieht, könnte man dies annehmen. Die Realität, selbst wenn sie von einem Staat zum anderen variiert, ist hingegen komplexer.

In der Tat, hinter der Deregulierung und dem Rückzug des Staates - manchmal effektiv, viel öfter aber angekündigt - kann man eine Neuanpassung der öffentlichen Tätigkeit und der Beziehungen zwischen Staat und Gesellschaft beobachten. Das Subsidiaritätsprinzip gewinnt an Bedeutung - jedoch mit einem neuen Sinn. Im Gegensatz zum liberalen Staat, der nur bei offenkundigem Versagen der Gesellschaft eingreift, und im Gegensatz zum Interventionsstaat, der seine Lösungen direkt ausdenkt und praktisch durchführt, setzt der Anreizstaat, den man auch als propulsiven oder reflexiven Staat bezeichnet, auf eine enge Kooperation mit der zivilen Gesellschaft und den Einbezug ihrer organisatorischen Mittel, um kollektive Ziele zu realisieren. Diese Zusammenarbeit führt zu Aktionsprogrammen, die sich die Verhaltenslogik der Privaten zu eigen machen und diese im Dienste des öffentlichen Interesses nutzen. Die Kooperation konkretisiert sich auch im vermehrten Rückgriff auf private Akteure für den Politikvollzug. Für den Anreizstaat bezieht sich die Subsidiarität also auf die Mittel zur Realisierung der Ziele, die er zuvor selber definiert hat.

> *Der Kampf gegen den Alkoholismus*
> "Im Fall des Alkoholismus hat diese Reaktivierung der Subsidiarität, (...), eine Wiedereinsetzung der Strategien der privaten Akteure in der Erarbeitung der durch Sparanstrengungen gekennzeichneten öffentlichen Politiken bewirkt. Auf verschiedenen Ebenen beobachtet man, dass der Staat politische Aufgaben Privaten überträgt, seien dies Koordinationsaufgaben (...) oder spezifische Aufgaben (...). Die Sparanstrengungen korrespondieren ferner mit einer Rationalisierung des Aufgabenbereichs. Eine Hauptstrategie der Rationalisierung liegt darin, das Problem des Alkoholismus in die umfassenderen Programme der Gesundheitsprävention einzubeziehen und Subventionen aufgrund präziser Kriterien zu verteilen".[11]

---

[11] Bütschi/Cattacin 1994, S. 243

> *Lufreinhaltung*
> In diesem Bereich steckt man noch in der Versuchsphase. Die Leitvorstellung besteht darin, den Kampf gegen die Luftverschmutzung durch Anreize zu verstärken, die eine optimale Verteilung der Investitionen gewährleisten: Eine Unternehmung, die ihre Emissionen unter die erlaubten Grenzwerte zu reduzieren vermag, erhält als Gegenleistung Emissionsgutschriften, die sie gegen Entgelt anderen Unternehmungen abtreten kann. An diesen Gutschriften sind jene Betriebe interessiert, für die die Einhaltung dieser Grenzwerte eine hohe Investition darstellt. Eine weiterführende Idee liegt darin, für alle Unternehmungen einer bestimmten Region eine Gesamtmenge von Emissionen zu bestimmen; die betroffenen Unternehmen können dann selber entscheiden, wie sie diese Gesamtmenge unter sich aufteilen wollen, was eine effiziente Lösung erwarten lässt.[12]

3. NEW PUBLIC MANAGEMENT

Das Auftauchen von neuen Handlungsformen, die den propulsiven (Anreiz-, reflexiven) Staat charakterisieren, lässt sich nicht allein mit den Finanznöten der öffentlichen Körperschaften erklären. Sicherlich haben diese Schwierigkeiten das Nachdenken über das staatliche Handeln und die Inangriffnahme von Reformen stimuliert. Die neuen Handlungsformen finden ihre Hauptbegründung aber in der Wahrnehmung der Grenzen des mit der wachsenden Komplexität der Gesellschaft konfrontierten Vorsorgestaates. Tatsache ist, dass diese Gesellschaft nicht mehr von einem zentralen Steuermann geleitet werden kann, der mit seiner Lenkungsmacht den gesellschaftlichen Subsystemen Verhaltensregeln vorschreibt, die zugleich den öffentlichen Nutzen und die Befriedigung der Bedürfnisse der Gesellschaft garantieren.[13]

Der Staat, der seinen Misserfolg bei der Umwandlung der Gesellschaft und der Realisierung grosser kollektiver Endzwecke anerkennt, muss sich deswegen allerdings nicht gänzlich zurückziehen und die Regulierung öffentlicher Angelegenheiten einzig den gesellschaftlichen Akteuren sowie den Marktmechanismen überlassen. Ein solches Szenario würde die Wiedererstarkung des liberalen Staates bedeuten. Das Szenario, das sich zurzeit abzuspielen scheint, ist anderer Natur: Es handelt sich nicht um

---

[12] Delley 1994a
[13] Willke 1991

einen kleinlauten Rückzug und ein Desinteresse der Politik an gewissen gesellschaftlichen Problemen, sondern um eine Neuorientierung der Strategie des staatlichen Handelns. Diese Strategie beruht auf der Kooperation mit der bürgerlichen Gesellschaft und auf der Dynamik der gesellschaftlichen Akteure, deren Autonomie voll und ganz anerkannt wird. Sie erfordert radikale Umgestaltungen in der internen Organisation des Staates und in den Beziehungen, die er mit der Gesellschaft unterhält. In diesem Sinn interpretieren wir das gegenwärtig bekundete Interesse an den Prinzipien des New Public Management (NPM).

3.1. Die Verstärkung der Steuerungskapazität

In der Erfüllung seiner Aufgaben - Regulierung und Erbringung öffentlicher Leistungen - gibt der Anreizstaat darauf acht, die angestrebten Ziele nie aus den Augen zu verlieren und seine Aktivität permanent anzupassen. Wenn er Aufgaben überträgt - sei es dem Verbandsbereich oder dem Wettbewerb der Privaten -, tut er dies in der Erwartung einer effizienteren und wirkungsvolleren Durchführung. Dieser Transfer ist nicht ein Verzicht, sondern eine Delegierung im Rahmen einer "programmatischen Vision",[14] welche die Behörden selber definiert haben, und unter Bedingungen, die eine Kontrolle der erreichten Resultate sicherstellen. Mit diesen Argumenten wird das NPM von seinen Anhängern angepriesen.

Nach der Formulierung von Osborne und Gaebler bedeutet dies, dass die Staatsgewalt sich weniger mit Rudern als mit Steuern beschäftigt. Das heisst, dass sie die gemeinschaftlichen Prioritäten fixiert, die verschiedenen Handlungsmöglichkeiten evaluiert, finanzielle Ressourcen freigibt und Aufträge formuliert, in denen sie die Einzelheiten der Realisierung nicht mehr festlegt. Die Probleme identifizieren und definieren, Ziele formulieren, Mandate zuteilen, die erreichten Resultate evaluieren und das Steuer gegebenenfalls korrigieren - dies ist die prioritäre Funktion des Staates, seine strategische Funktion.

Die Akzentuierung der strategischen Rolle bedeutet - auch etymologisch - eine Rehabilitierung des Politischen, eine Wiederbelebung der Funktion des "Gouvernements". Befreit von der täglichen Geschäftsführung und den damit verbundenen kleinlichen Kontrollen, sind Exekutive und Legislative nun für ihre Steuerungsaufgabe verfügbar. Das Paradoxon ist nur scheinbar: Indem weniger getan wird, indem auf die anhaltende Ge-

---

[14] Bütschi/Cattacin 1994

schäftigkeit des Interventionsstaats verzichtet wird, und indem die Priorität den Anreiz- und Koordinationsfunktionen eingeräumt wird, geben sich der Anreizstaat und seine Verwaltung die Mittel für eine umfassendere, stabilere Politik und für einen besseren Impakt für die Zukunft der Gesellschaft.

3.2. Das Erfordernis der Autonomie

Die Verstärkung der strategischen Rolle des Staates und seiner Behörden geht einher mit einer hohen Autonomie jener operationellen Verwaltungsdienste, die den Auftrag haben, die Vorgaben im Sinne der Nutzer oder Adressaten einer Politik zu konkretisieren. Die Zuweisung der Verantwortlichkeiten auf jene Ebene, wo sich die eigentliche Umsetzung abspielt, ist ein Erfordernis, das sich aus der realen Komplexität der Aufgaben ergibt. Diese Nähe stellt sicher, dass die eingesetzten Mittel adäquat sind für bestimmte Bedürfnisse, und sie erleichtert das Funktionieren der Kontroll- und Anpassungsmechanismen.

Daher muss die Verwaltung im Rahmen eines Mandates, das ihr anvertraut ist, über eine ausreichende Freiheit in der Zuweisung der Mittel verfügen; diesem Erfordernis entspricht das Instrument des Globalbudgets. Im Rahmen des Möglichen werden die Nutzniesser folglich finanzielle Mittel und Informationen erhalten, um eine Leistung ihrer Wahl zu erwerben, und sie werden nicht direkt zur Übernahme einer standardisierten Leistung gedrängt.

Weil der Anreizstaat nicht vorgibt, als einziger und a priori über das Wissen des sozialen Handelns zu verfügen, ist er auch ein Experimentierstaat. Die Autonomie der Verwaltung und der sozialen Akteure schafft sowohl die Bedingungen dieses Experimentierens wie auch die Möglichkeiten des Irrtums. Im Gegensatz zum Szenario des Vorsorgestaates führt der Irrtum jedoch nicht zu einer Verstärkung der staatlichen Einwirkung auf die Gesellschaft: Er ist eine Gelegenheit für Lernprozesse und für die Verbesserung der Regulationsmechanismen.

4. FAZIT

Um es nochmals zu betonen: Der propulsive Staat hat den Interventionsstaat nicht ersetzt und wird ihn auch nicht ersetzen - nicht stärker jedenfalls, als letzterer den liberalen Staat aus dem Feld geschlagen hat. Diese verschiedenen Formen sind allesamt vorhanden, aber mit sich im Laufe der Zeit verändernder Gewichtung. Heute scheinen die Grenzen des Interventionsstaates und die Finanznot der öffentlichen Hand jenen neuen Handlungsmodalitäten den Weg zu bahnen, die das charakterisieren, was wir als propulsiven Staat (Anreiz-, reflexiven Staat) bezeichnet haben.

Diese Handlungsmodalitäten bedingen eine tiefgreifende Reform der Tätigkeit der staatlichen Verwaltung, damit diese ihre Steuerungsaufgabe in einem Kooperationsverhältnis mit einer komplexen und heterogenen Gesellschaft weiterhin ausüben kann. In dem Mass, wie das NPM die Rehabilitierung dieser Steuerungsfunktion unterstützt und die Autonomie der am Vollzug öffentlicher Aufgaben beteiligten Akteure aufwertet, korrespondiert es mit der Entwicklung des öffentlichen Dienstes in Richtung Anreizstaat.

Misstrauen wir aber verführerischen Formeln und modischem Gehabe: Wenn NPM nur darin besteht, die neoliberale Forderung der Schwächung des Staates neu zu bemänteln, entspricht es in keiner Weise den Bedürfnissen moderner Gesellschaften. Es wird nur dazu beitragen, den sozialen Zerfall und die soziale Ausgrenzung zu beschleunigen, indem es die Kosten der Sanierung der öffentlichen Haushalte und der Verbesserung der wirtschaftlichen Rahmenbedingungen auf die gesellschaftliche Gruppe der Bedürftigsten und Ärmsten abwälzt.

Die Erfahrungen und die Situation unseres Landes verlangen Besonnenheit und kritischen Verstand. Von NPM erwarten wir nicht allein und nicht primär Einsparungen. Mehr noch als ein besseres Qualitäts-/Preisverhältnis der vorgeschlagenen Leistungen und eine bessere Übereinstimmung des Angebotes an öffentlichen Gütern mit der gesellschaftlichen Nachfrage bringt NPM den Bürger als Kunden und Klienten des Staates zur Geltung, der - im Gegensatz zum verwalteten Staatsbürger - die Freiheit der Wahl erhält. NPM stärkt die zivile Gesellschaft und ihre Initiativen. Es respektiert die gesellschaftliche Vielfalt und widersetzt sich einer reduktionistischen Behandlung der Probleme. Und nicht zuletzt sorgt es auch für bessere und attraktivere Arbeitsbedingungen für die öffentlichen Bediensteten.[15] Anhand dieser Kriterien werden die Ergebnisse des NPM zu beurteilen sein.

---

[15] Delley 1994b

Literaturverzeichnis

Bütschi D./Cattacin S., Le modèle suisse du bien-être, Lausanne: Réalités sociales, 1994

Delley J.-D., La protection de l'air Objectifs, moyens, pratiques, in: Droit de l'environnement: mise en oeuvre et coordination, 1992

Delley J.-D., Impact et limites des mesures de protection de l'air, Genève: Centre d'étude, de technique et d'évaluation législative (CETEL), 1994a

Delley J.-D., Quand l'esprit d'entreprise vient à l'Etat, Lausanne: Editions Domaine Public, 1994b

Donzelot J., L'Etat animateur, Paris: Editions Esprit, 1994

Ewald F., L'Etat-providence, Paris: Grasset, 1986

Habermas J., Theorie des kommunikativen Handelns, Frankfurt a. M.: Suhrkamp, 1981

Morand C.-A. (ed.), L'Etat propulsif, Paris: Publisud, 1991

Osborne D./Gaebler T., Reinventing Government, New York: Plume Book, 1993

Rosanvallon P., La crise de l'Etat-providence, Paris: Seuil, 1981

Willke H., Ironie des Staates, Frankfurt a. M.: Suhrkamp, 1992

> These complicated and boring procedures and organizational arrangements ... are legitimately ... part of government (but) can be altered to improve efficiency without changing the governments' "basic character"   Downs/Larkey[1]

NEW PUBLIC MANAGEMENT: VORPROGRAMMIERTE ENTTÄUSCHUNGEN ODER POLITISCHE FLURSCHÄDEN

EINE KRITIK AUS DER SICHT DER POLITIKANALYSE

Peter Knoepfel

1. EINLEITUNG

Im vorliegenden Aufsatz begründen wir die Behauptung, dass das New Public Management infolge mangelnder Reflexion und Analyse der politisch-administrativen und strukturellen Ursachen der kritisierten Befunde ein reduktionistisches und daher ohne Korrekturen in der Praxis fast zwangsläufig defizitäres Führungskonzept darstellt. Diese Behauptung ist weder neu noch originell. Die meisten der hier vorgetragenen Argumente finden sich, in detaillierterer Form und bestens dokumentiert bereits in einem kürzlich erschienenen Aufsatz von Hans Brinckmann, der diese Thematik anhand der internationalen und der deutschen Debatte seit Jahren eingehend studiert hat.[2] Ausserdem gehe ich davon aus, dass die wichtigsten Postulate des NPM den Leserinnen und Lesern aus den vorangegangenen Beiträgen bekannt sind. Ich stütze mich dabei im wesentlichen ab auf den 1991 erschienenen Artikel von Christopher Hood, der den Titel trug: "A Public Management for all Seasons".[3] Das einzig Neue am vorliegenden Beitrag liegt in der Konfrontation des NPM mit der *klassischen Politikanalyse*[4] bzw. mit einer institutionell und strukturell erweiterten Politikanalyse im Sinne neuerer Ansätze.[5]

---

[1] Downs/Larkey 1986, S. 240
[2] Brinckmann 1994, S. 167-242. Weitere Quellen für den kritischen Diskurs: Naschold 1994; Naschold/Pröhl 1994; Picot/Wolff 1994; Naschold 1994a
[3] Hood 1991, S. 3-19
[4] Nach den Konzepten von Pressmann und Wildavski 1973; Mayntz 1980 und 1983; Windhoff-Héritier 1987; Meny/Thönig 1989; Müller 1990
[5] Vgl. dazu die Aufsatzsammlung von Héritier 1993

Die Behauptung wird begründet anhand von sieben m. E. zentralen Postulaten des NPM. Zu zeigen ist, dass diese aus der Sicht der klassischen Politikanalyse deshalb nur mit erheblich grösserem Reformaufwand eingelöst werden können, als dies das NPM annimmt. Denn man kann zeigen, dass die Ursachen für die angeblichen Dysfunktionen bereits aus der (ihrerseits recht reduktionistischen) Perspektive der klassischen Politikanalyse weit tiefer liegen, als dies die Vertreter des NPM gemeinhin annehmen. In einem zweiten Schritt werden die selben Postulate - etwas kursorischer - auch unter dem Gesichtswinkel einer neueren strukturell und institutionell erweiterten und m. E. realitätsnäheren Sicht der Politikanalyse überprüft. Hier fällt die Bilanz des NPM nochmals deutlich zurück.

Den gewählten Ansatz haben mir die Herausgeber dieses Bandes nahegelegt. Er ist insofern interessant, als die Politikanalyse durchaus geeignet ist, Impulse für Verwaltungsreformen zu geben, die - oberflächlich gesehen - recht ähnlich aussehen wie die Empfehlungen des NPM. Der Beitrag wird aber zeigen, dass dieser Schein trügt: Die Politikanalyse war und ist ein erklärender Ansatz, der sich durch eine hohe Komplexität auszeichnet. Sie lässt daher keine einfachen Schlussfolgerungen zu. In ihrer institutionell und strukturell erweiterten Version erlaubt sie dank ihrem der Komplexität der heutigen Verwaltung und Gesellschaft angemesseneren Instrumentarium die Defizite des NPM auch auf einer abstrakteren Ebene aufzuzeigen. In diesem Sinne lässt sich zeigen, dass das NPM entweder zu unerfüllbaren Erwartungen oder aber zu unabschätzbaren Schäden an grundlegenden Prinzipien des institutionellen Gefüges unserer schweizerischen rechtsstaatlichen Demokratie führen dürfte.

2. DAS NPM IM LICHTE DER KLASSISCHEN POLITIKANALYSE

Die ursprünglich in den USA entwickelte und seit Mitte der siebziger Jahre zunehmend auch in den europäischen Ländern praktizierte Politikanalyse will verstehen und erklären, wie politisch-administrative Handlungsprogramme entstehen und in meist mehrphasigen Entscheidungsprozessen umgesetzt werden. Ihr Ausgangspunkt liegt in sich verändernden Problemwirklichkeiten (Outcomes). Anhand empirischen Materials versucht sie in mehreren Schritten, diese Outcomes zunächst durch beobachtbare Veränderungen der Verhaltensweisen identifizierbarer Zielgruppen einer oder mehrerer öffentlichen Politiken (Impacts) und daraufhin anhand genau dokumentierter Politikprodukte (Outputs) zu erklären.

Schliesslich wird der politische Entscheidungsprozess vom Ergebnis her gewissermassen rückwärts abgerollt. Die empirische Frage lautet, inwiefern räumlich, zeitlich und sozial in bestimmter Weise verteilte und in der Zeitachse variierende Outputprofile durch ebenfalls variierende Verwaltungsprogramme, durch Veränderungen in der Akteurskonstellation (Behördenarrangements), durch veränderte Machtpotentiale seitens der Zielgruppen untereinander oder durch variierende Kräfteverhältnisse zwischen Zielgruppen und Politikbetroffenen erklärt werden können. Schliesslich arbeitete schon die klassische Politikanalyse mit Erklärungsdimensionen, die "ausserhalb" des analysierten Politikgenerierungs- oder -umsetzungsprozesses anzusiedeln sind, den Politikprozess aber insofern nachhaltig beeinflussen, als sie die Position einzelner institutioneller Akteure des Behördenarrangements oder wichtiger gesellschaftlicher Akteure nachhaltig stärken oder schwächen können. Es sind dies die sog. situativen (in der Zeitachse oft rasch wechselnden) bzw. strukturellen (auch über längere Zeiträume gleichbleibenden) Variablen.[6]

Der (meist diachron oder synchron vergleichende) Ansatz der klassischen Politikanalyse ist auf die Identifikation von public policies ("öffentliche Politiken") angewiesen. Die genaue Abgrenzung des einschlägigen Ensembles programmatischer und - sequentiell hintereinander oder (inkrementell) parallel geschalteter - Planungs- und Einzelfallentscheidungen ist eine Funktion der Fragestellung des Forschers. Insofern sind öffentliche Politiken jedenfalls teilweise auch heute noch[7] ein Konstrukt des Analytikers. Dasselbe gilt für die Abgrenzung ihrer Politikräume, in denen gesellschaftliche und institutionelle Akteure mit- oder gegeneinander um die Lösung kollektiver Probleme ringen und sich zu diesem Zweck inhaltliche und prozedurale Spielregeln (Verwaltungsprogramme) zurechtlegen, um schliesslich fallweise Einzelentscheidungen (Outputs) zu produzieren. Auch die Behördenarrangements (Ensemble der institutionellen Akteure), das zu lösende "Problem" und der als Verwaltungsprogramm bezeichnete Ausschnitt aus Gesetzen, Verordnungen und Richtlinien sind (jedenfalls im europäischen Kontext)[8] oft analytische Konstrukte.

---

[6] Vgl. zusammenfassend und mit entsprechenden Literaturstellen dokumentiert: Knoepfel, en collaboration avec Larrue et Kissling-Näf 1995
[7] Obwohl sich die institutionellen Akteure zunehmend selbst als Akteure bestimmter öffentlicher Politiken verstehen.
[8] Die US-Politiken lassen sich diesbezüglich schon aus ihrer Entstehungsgeschichte und aus ihrem institutionellen Unterbau stärker voneinander isolieren und haben daher in der Wirklichkeit oft reale Entsprechungen.

Diese Rekonstruktion identifizierbarer und "nach aussen hin" klar abgrenzbarer Einzelpolitiken hat die klassische Politikanalyse mit dem NPM ebenso gemeinsam wie ihr Ansatz am Politikoutput. Genau darin liegt, wie zu zeigen sein wird, eine ihrer grössten Schwächen. Sie suggeriert u. a. eine inzwischen durch empirische Befunde weitgehend widerlegte, beträchtliche Handlungsfreiheit des Policy Designers und der am Behördenarrangement beteiligten institutionellen Akteure und eine Identifizierbarkeit des angeblich von allen Akteuren gleichermassen definierten Politikproblems. Anhand von sieben zentralen Postulaten des NPM zeigen wir im folgenden, dass das NPM indessen trotz dieser verblüffenden Ähnlichkeiten mit der skizzierten klassischen Politikanalyse auch in bezug auf diese Schwäche gegenüber dieser letzteren immer noch erheblich abfällt. Denn die Politikanalyse versucht auch in ihrer klassischen Form zu erklären, warum staatliche Akteure vielfach in der Politikgenerierung und - vor allem - in der Politikumsetzung nicht so handeln können, wie sie dies eigentlich wollten. Sie interessiert sich für die Gründe der beschränkten Handlungsfähigkeit (vornehmlich) politisch-administrativer Entscheidungsträger, die sie vor allem auf der Ebene der politikbeteiligten Akteure der öffentlichen Verwaltung und ihres Verhältnisses zu den Zielgruppen der analysierten Einzelpolitiken verortet.

Das NPM nimmt selbst diese politikspezifischen Ursachen beschränkter Handlungsspielräume der Akteure öffentlicher Verwaltungen nicht zur Kenntnis:

- Das NPM fordert eine *Konzentration der politischen Steuerung und Kontrolle öffentlicher Politiken auf den Politikoutput; Input- und Prozesssteuerung seien zu reduzieren*. Eines der wichtigsten Ergebnisse der Politikanalyse ist das Aufdecken der zentralen Rolle der Prozesse und der Merkmale der Behördenarrangements öffentlicher Politiken für die Qualität ihrer Outputs. Politikvollzug ist danach kein technischer, sondern ein genuin politischer Prozess, in den politische Wertungen einfliessen, die sich unmittelbar in den Outputprofilen niederschlagen.[9] Vor diesem Befund ist das Postulat eines Rückzugs der Politik von der Outputfront schlichterdings naiv. Wird es realisiert, so wird der gerade bei unscharfen politischen Verwaltungsprogrammen immer vorhandene politische Bewertungsprozess ganz einfach mit technizistischen Managementformeln kaschiert.

---

[9] Ein gutes Beispiel hat Terribilini 1995, für Verkehrsberuhigungsmassnahmen vorgelegt. Weiteres Beispiel: Knoepfel/Imhof/Zimmermann 1995, S. 40 ff.

Die gesellschaftlichen und administrativen Akteure sind und bleiben aber gewitzter als die Protagonisten des NPM. Sie werden sich ihre Möglichkeiten politischen Drucks auf diese Prozesse im Wissen um ihren politischen Gehalt nicht per Dekret nehmen lassen. An die Stelle des - legitimen - politischen Prozesses des Interessenausgleichs, für den Politiker geradezustehen haben, würden nach dem Konzept des NPM angeblich politik- und wertfreie Managerentscheidungen treten. Der Manager wird zum Politiker; er wird sich zunächst mit politischen Beratern umgeben, und sich schliesslich als Politmanager definieren, der sich seiner Macht wohl bewusst ist, seiner politischen Verantwortung indessen jederzeit qua Schleudersitz entziehen kann.

- Das NPM fordert imperativ *klare Indikatoren zur Messung des Erfolgs bzw. Misserfolgs öffentlicher Politiken auf der Ebene der Outputs, teilweise sogar der Impacts oder Outcomes*. Zu Recht geht diese Forderung davon aus, dass solche Indikatoren heute in vielen Bereichen nicht bestehen. Auch die Einzelpolitiken isoliert betrachtende klassische Politikanalyse hat klar belegt, dass das Fehlen solcher Indikatoren System hat. Nicht von ungefähr sagte ein volkstümlicher Regierungsrat einmal, das Schönste an der Macht sei die Willkür. In der Tat gibt es in der politikanalytisch aufgearbeiteten Empirie vergleichsweise wenig Fälle, in denen handlungsanleitende Vorgaben für Outputprofile, für messbare Verhaltensänderungsziele oder gar für anzustrebende Problemlösungsqualitäten ausgewiesen würden.[10] Diese Unschärfen in den Verwaltungsprogrammen lassen sich u.a. denn auch mit den Interessen der Akteure begründen, ihre politische Kontrolle über den Umsetzungsprozess nicht zu verlieren. Präzision hiesse schlicht Machtverzicht. Zielvorgaben sind politische Kompromisse, die auch deshalb meist bewusst vage formuliert werden, weil man diskriminierende Entscheidungen scheut. Durch präzise Zielformulierungen würden oft einzelne Akteure oder gar ganze Akteursgruppen vom späteren Politikumsetzungsprozess ausgeschlossen. Solche Ausschlusswirkungen tragen für die Akteure das Risiko, dereinst selbst ausgeschlossen zu werden.

Aus der Sicht der Politikanalyse ist es daher ausgesprochen naiv, anzunehmen, es liessen sich aus den Politikern erheblich mehr messbare Indikatoren für den Erfolg bzw. Misserfolg öffentlicher Politiken "herausquetschen" als bisher. Erfahrungsgemäss wäre das "Mehr" nur auf der Ebene politisch unbedeutender Aspekte der betroffenen Outputs etc. zu erzielen. Genau darin liegt denn auch eine Art *Self fulfilling prophecy* des NPM: Die Vergabe von Budgetpunkten ist machbar für

---

[10] Vgl. Beispiele bei Knoepfel, en collaboration avec Larrue et Kissling-Näf 1995, S. 141

vergleichsweise unwichtige, aber messbare Endprodukte von Policyprozessen, nicht aber für politisch wesentlich bedeutsamere Planungsentscheidungen, für Outputensembles oder gar für die - notwendige - Grundlagenarbeit zur Konzipierung der erwünschten Leistungsprofile. Die Gefahr ist daher gross, dass man die Verwaltung mit dem Punktesystem in die Wüste der Produktion des Unwesentlichen schickt, und das Komplexe, nicht Messbare und daher nur schwer "Bepunktbare" vernachlässigt. Solche "Effizienzsteigerung" kann in der Politikumsetzung zur wirkungslosen Produktion von Dossiers um der Dossiers willen führen.

- Das New Public Management fordert eine *Abkehr von der Konditionalzugunsten einer Finalsteuerung*. In der Tat weist auch die empirische Politikanalyse darauf hin, dass in den achtziger Jahren zunehmend finale Elemente in die Verwaltungsprogramme öffentlicher Politiken eingefügt wurden. Sie attestiert diesen finalen Elementen einen Beitrag zur rationelleren und problemgerechteren *Politikumsetzung*.[11] Sie belegt indessen auch, dass die Konditionalsteuerung trotz alledem nicht einfach verschwindet. Diesen Umstand erklären die Forscher einerseits mit der bereits angesprochenen, systemlogischen Skepsis gegenüber messbaren Outcome-Indikatoren.[12] Angeführt wird ausserdem das Bestreben sowohl der institutionellen als auch der gesellschaftlichen Akteure nach *Vorhersehbarkeit* der Folgen einer öffentlichen Politik.[13] Dies entspricht dem Anliegen der Akteure öffentlicher Politiken, Erwartungshaltungen zu stabilisieren. Diesem Bestreben kommt die - festgestellte - Tendenz zu einer zunehmenden Finalisierung öffentlicher Politiken insofern entgegen, als dadurch klare Interventionsschwellen festgelegt werden; Erwartungshaltungen werden aber auch dadurch stabilisiert, dass gleichzeitig durch vergleichsweise einfache "Wenn-dann-Formeln" vorhersehbare Interventionsbedingungen für den Einzelfall formuliert werden. Schon aus der Sicht der klassischen Politikanalyse ist daher das Postulat nach einer Finalisierung öffentlicher Politiken bei einer gleichzeitigen "Entkonditionalisierung" kaum realistisch.

---

[11] Morand 1991; Morand 1992, S. 167 ff.
[12] Die finalen Elemente von Verwaltungsprogrammen einer öffentlichen Politik beziehen sich, entgegen landläufiger Meinung, nicht auf die Outputs und auch nicht auf die Impacts einer öffentlichen Politik, sondern auf deren Outcomes. Das Ziel der öffentlichen Politik ist es nicht, Geldleistungen zu zahlen, Ge- und Verbote (Outputs) aufzuerlegen, oder das Verhalten der Zielgruppen an und für sich zu ändern (Impacts), sondern auf dem Wege über Outputs bei den Zielgruppen solche Verhaltensänderungen zu erwirken, die zur Lösung des anstehenden gesellschaftlichen Problems (Outcomes) beitragen sollen.
[13] Knoepfel, in Zusammenarbeit mit Imhof 1991, S. 107-148

- Das NPM fordert die *Schaffung unabhängiger staatlicher Agenturen* (nach dem Vorbild der amerikanischen Independent Agencies) mit eigener Budgethoheit, klarem Leistungsauftrag und Mehrjahresbudget. Die angeblich monolithische Struktur des Staates gehöre der Vergangenheit an und jede Policy müsste, um wirksam zu sein, über eine höhere Autonomie verfügen, als dies gegenwärtig der Fall sei. Dieses Postulat wird durch empirische Befunde der klassischen Politikanalyse bestätigt. Sie weisen in der Tat eine *Tendenz* zur Auflösung des als *Fiktion entlarvten einheitlichen Staates aus*. Das Postulat des NPM stösst damit offene Türen ein, weil die postulierte Autonomisierung empirisch ohnehin stattfindet. Die Politikanalyse erklärt indessen diese zentrifugale Dynamik nicht aus dem formalrechtlichen Status der für die Formulierung bzw. Umsetzung der betroffenen Politiken zuständigen Behördenarrangements. Ihre m.E. einleuchtendere Erklärung liegt vielmehr darin, dass sich - nicht zuletzt wegen tieferliegenden systemischen Mechanismen - seit den siebziger Jahren gegeneinander abgeschottete Politikräume gebildet haben, deren Akteursgemeinschaften sich aus gesellschaftlich zunehmend segmentierten Subsystemen rekrutierten.[14] Aus dieser Sicht ist die Agenturbildung nichts anderes als eine Abbildung der realen Welt einer zunehmend in Subsysteme zerfallenden postindustriellen Gesellschaft. ("Jede Einzelpolitik für sich, Gott für alle.") Der Glaube des NPM, die Auflösung der monolithischen Struktur des Staates liesse sich durch eine bewusste Intervention auf das rechtliche Ausmass der Autonomie einer Behörde steuern, muss bereits aus der Sicht der klassischen Politikanalyse als allzu reduktionistisch bezeichnet werden.

- Das NPM fordert den *Abbau des bürokratisch-militärischen Führungsstils* und dessen Ersatz durch privatwirtschaftlich inspirierte Managementmethoden. Übereinstimmend damit legt die Politikanalyse anhand empirischer Befunde nahe, dass sich in der Tat viele Probleme dann besser lösen lassen, wenn sie in einer besonderen, unbürokratischen "*Projektorganisation*" bearbeitet werden.[15] Aber bezeichnenderweise stellt die "Projektorganisation" immer eine Ausnahmeorganisation dar. Sie löst auch die - heute sicherlich abgeflachten und "modernisierten" - bürokratischen Organisationen nie vollumfänglich ab. Betroffen sind Grossprojekte, politisch umstrittene Geschäfte oder jene Dossiers, die in der "normalen" Verwaltung aus anderen Gründen Schiffbruch erleiden würden. Die klassische Politikanalyse weist eine erstaunliche Resistenz bürokratischer Verwaltungsstrukturen aus, die sie - ver-

---

[14] Luhmann 1973; Luhmann 1988
[15] Cf. Kissling-Näf 1995 (im Erscheinen)

mutlich etwas kurzschlüssig - mit dem Bedürfnis nach einer gewissen Zentralität der Behördenarrangements begründet. Diese ihrerseits wird funktionell damit erklärt, dass die von diesen Behördenarrangements produzierten Outputs eine minimale Kohärenz aufweisen müssten, um von den Zielgruppen akzeptiert zu werden. "Bürokratie", wie wir sie in der ordentlichen Verwaltung heute immer noch in erstaunlichem Ausmass vorfinden, entspricht aus dieser Sicht dem Bedürfnis nach Kohärenz.

- Das NPM fordert eine stärkere Kundennähe und einen "kundenorientierteren" Verwaltungsaufbau. Übereinstimmend zeigt die klassische Politikanalyse, dass manche Umsetzungshemmnisse darin begründet sind, dass die traditionellerweise nach Gesetzgebungen aufgebauten Verwaltungen der Konstitution von wirksameren, stärker nach Zielgruppen aufgebauten Behördenarrangements abträglich sind.[16] In dieser fehlenden Zielgruppenorientierung verortet sie einen wesentlichen Grund für die Produktion wirkungsloser Outputs. Erklärt wird dieser Sachverhalt mit dem Eigeninteresse institutioneller Akteure, ihr Territorium zu verteidigen. Dies ist offensichtlich leichter, wenn jeder "sein" Gesetz und nicht "seine Kunden" verwaltet.

  Die Sicherheit im Kontakt mit den Kunden ist nach diesem - wohl recht realitätsnahen - Erklärungsansatz besser gewahrt, wenn die Kundengruppen und die entsprechenden Probleme "zerhackt" werden. Dadurch kann sich jeder Akteur des Behördenarrangements selbst bestätigen, sein Gewicht bzw. seine Macht im Sinne eines Tauschmittels täglich in das Arrangement einbringen und damit zu dessen Verstetigung beitragen.[17] Danach trägt die "bürokratische" Logik zum Kitt des Arrangements bei; sie lässt sich nur in Ausnahmefällen durch die Logik der Entrepreneurship ersetzen. Wenn diese Befunde zutreffen, sind auch dem Postulat des NPM nach verstärkter Kundenorientierung des Aufbaus öffentlicher Verwaltungen Grenzen gesetzt.

- Das NPM beklagt die *mangelnde Wahlfreiheit* der Bürgerinnen und Bürger in Bezug auf staatlich angebotene Leistungen, die für die mangelnde Konkurrenz verantwortlich sei. Auch dieser empirisch vermutlich bestätigbare Befund findet in der klassischem Politikanalyse eine Erklärung. Die freie Wahl von Politikprodukten durch Bürger-Kunden müsste bei Produktanbietern und -nachfragern zu einer destabilisierenden Marktdynamik führen, die jedenfalls kurzfristig weder der Vorhersehbarkeit der Problemlösung noch den Eigeninter-

---

[16] Baitsch 1993, S. 94 f.; Knoepfel/Baitsch/Eberle 1995
[17] Knoepfel/Zimmermann 1987, S. 158 f.

essen der beteiligten Akteure dienlich wäre. Kartellistische Strukturen stabilisieren demgegenüber Erwartungshaltungen und Loyalitätsbeziehungen, die auf dem politischen Markt wichtiger sind als im - verschwindenden - Kleinhandel oder gar in anonymen Einkaufszentren. Und Politikprodukte sind nicht zur Lösung individueller Probleme (Bedürfnisbefriedigung), sondern zur Lösung kollektiver Probleme bestimmt. Ihr Zweck ist nicht die Konsumation als solche, sondern die durch die Konsumation vom Gesetzgeber angestrebte Problemlösung. Auch die Persistenz mangelnder Wahlfreiheit hätte danach ihre Policy-Funktionalität, die in stabilen Erwartungshaltungen, in politischen Loyalitätsbeziehungen und in der Problemlösung begründet läge. Die Einführung von Wahlfreiheit müsste aus der Policy-Perspektive ausserdem in all jenen Politiken zu Leistungsabfällen führen, deren Outputprofile durch das Solidaritätsprinzip geprägt sind. Wahlfreiheit würde hier nicht zu einer Steigerung, sondern zu einem Verlust der Wirksamkeit führen.

3. DAS NPM IM LICHTE EINER AUF STRUKTURELLE UND INSTITUTIONELLE FAKTOREN AUSGEWEITETEN POLITIKANALYSE

Seit Anfang der neunziger Jahre hat die Politikanalyse eine erfreuliche Entwicklung genommen, deren Befunde allerdings das NPM in einem noch fragwürdigeren Lichte erscheinen lassen. Diese neuere Entwicklung hat ihre Ursache im übergreifenden Trend in Richtung Neoinstitutionalismus. Sie stellt insbesondere die von der klassischen Politikanalyse nach amerikanischem Vorbild postulierte Isolierbarkeit von Einzelpolitiken für die europäischen Verhältnisse in Frage. Diese neuere Entwicklung hat insofern unmittelbare Auswirkungen auf die Beurteilung des NPM, als sie plausibel nahelegt, dass wir den Handlungsspielraum der Politikakteure immer noch überschätzt haben, weil wir sowohl den institutionellen als auch den damit verbundenen normativen Faktor unterbelichteten.[18] Wir müssen heute erkennen, dass wir, ähnlich der zu Beginn der siebziger Jahre geführten Debatte,[19] die "policy-externen" Handlungsrestriktionen unterschätzt haben.

---

[18] Beiträge von Héritier, S. 9-38 und S. 432-450; Mayntz, S. 39-56; Majone, S. 97-115; Sabatier, S.116-148; Braun, S. 199-224, in: Héritier 1993
[19] Binnenstrukturelle versus externe Restriktionen des Staates, vgl. dazu immer noch Mayntz/Scharpf 1973; Offe 1973; Grottian 1974; Grottian/Murswieck 1974; Knoepfel 1977, S. 162 ff.

Seit Beginn der neunziger Jahre wurde diese Isolierbarkeit von Einzelpolitiken gleich in mehrfacher Hinsicht in Frage gestellt: Zum einen erkannte auch die empirische Forschung, dass das Herauslösen einzelner Policies insbesondere auf der Ebene der Behördenarrangements[20] dem institutionellen Faktor zu wenig Rechnung trug. Denn die staatlichen Akteure der vertikal und horizontal aufgefächerten Behördenarrangements werden in ihren Optionen nicht nur durch ihre Zugehörigkeit zu den politikspezifischen Arrangements selbst, sondern auch wegen ihrer Einbettung in mehr oder weniger hierarchische, administrative und politische Institutionen beschränkt. Daraus entsteht eine erheblich stärkere Einbindung öffentlicher Politiken in policyfremde gouvernementale und politische Steuerungslogiken, die in die Policies aus ihrer Sicht "irrationale" Elemente aus dem politischen Raum einschleusen können.[21]

Entgegen der Auffassung der klassischen Politikanalyse ist politische Steuerung infolge der Einbindung der Behördenarrangements in das Gefüge der politischen und administrativen Grossinstitutionen präsenter als ursprünglich angenommen. Dieser institutionelle Faktor lässt sich in etwas anderer Form auch an der lokalen oder regionalen Politikumsetzungsfront feststellen. Denn hier sind in Wirklichkeit nicht Einzelpolitiken, sondern mehr oder weniger eng gewobene "Politikteppiche"[22] zu beobachten, über die politische Machtverhältnisse flächendeckend von einer Policy zur anderen transportiert werden. Politikumsetzung hat hier nur eine Chance, wenn sich neue Politiken in diese "Politikteppiche" und die dahinterstehenden lokalen und regionalen Machtverhältnisse einfügen lassen.

Der institutionelle Faktor äussert sich aber auch in einer m. E. früher ebenfalls unterschätzten realen Gestaltungskraft normativer Prinzipien des rechtsstaatlichen, demokratischen Sozialstaates. Erstaunlicherweise finden sich deren empirische Spuren in vielen Einzelpolitiken auch dann, wenn sie aus dem Gesichtswinkel eines effizienten und eines wirksamen Managements der betroffenen Politik kontraproduktiv sind. Das gilt namentlich für das Rechtsstaatsprinzip (insbesondere: Erfordernis der gesetzlichen Grundlage, Gleichbehandlungsgrundsatz, rechtliches Gehör) und für das Demokratieprinzip (namentlich: Input-, Prozess- und teilweise auch Outputsteuerung durch demokratisch legitimierte Staatsorgane). Unabhängig vom politischen Stellenwert, den der Beobachter

---

[20] Aber auch auf der Ebene der Verwaltungsprogramme.
[21] Knoepfel, en collaboration avec Larrue et Kissling-Näf 1995, S. 89 ff.
[22] Knoepfel/Kissling-Näf 1993, S. 276

diesen Prinzipien beimisst, ist deren Tragweite in der schweizerischen Verwaltungskultur real immer noch bedeutsam.

Vor dem Hintergrund dieser neueren Politikanalyse erscheinen die aus der Sicht der klassischen Politikanalyse ausgewiesenen Mängel des NPM noch schwerwiegender:

- Wer sich innerhalb einer Einzelpolitik den *Abbau der Input- oder der Prozesssteuerung* vornimmt, muss sich bewusst sein, dass er sich damit gleichzeitig mit den in der empirischen Praxis täglich aktualisierten normativen Grundprinzipien von Demokratie und Rechtsstaat einlässt. Inputsteuerung verschafft empirisch den meisten Einzelpolitiken immer noch ihre demokratische Legitimation. Die Teilhabe der Zielgruppen und Betroffenen an der Prozesssteuerung ist Ausdruck der schon in der Habeas-Corpus- Akte von 1679 festgeschriebenen rechtsstaatlichen Maxime der Anhörung der Betroffenen vor Erlass einer Verwaltungsanordnung. Entgegen landläufiger Auffassung ist diese Maxime langfristig eine grundlegende Wirksamkeitsvoraussetzung jeder Einzelpolitik.[23]

- Wer eine Einzelpolitik auf die Formulierung *messbarer Zielindikatoren* verpflichten will, wird bald einmal mit der real wirksamen, generellen Maxime der Souveränität des Parlaments und der Regierungen in Kollision treten. Die Bestimmung über den Konkretisierungsgrad von Zielvorgaben gilt in der empirischen Realität als ein wesentliches Attribut demokratisch legitimierter politischer Macht, die deren Inhaber nur unter extremen Bedingungen abzutreten bereit sein werden.

- Bei aller funktionellen Richtigkeit des Postulats nach einer *stärkeren Finalisierung* von Verwaltungsprogrammen öffentlicher Politiken wird ein systematischer Abbau der Konditionalsteuerung unweigerlich in Kollision treten mit dem wegen der rechtlichen Kontrolle der Verwaltung empirisch präsenten rechtsstaatlichen Prinzip. Danach können öffentliche Politiken den Zielgruppen Rechte und Pflichten nur dann übertragen, wenn dafür eine gesetzliche Grundlage besteht. Dieses Prinzip hemmt in der Tat den managerialen Drive wirkungsorientierter Politiken. Wer sich anlässlich der Jubiläumsfeierlichkeiten zum Ende des Zweiten Weltkrieges die Bilder der "wirksamen" Diktatur vor Augen hält, wird zugeben müssen, dass in dieser hemmenden Funktion seit jeher die wichtigste Raison d'être des Rechtsstaatsprinzips liegt.

---

[23] Auch eine Bahn 2000 "verhält" nicht, wenn sie nicht über einen minimalen Konsens der Betroffenen verfügt.

- Die institutionell und strukturell erweiterte Politikanalyse lässt auch die Chancen der vom NPM propagierten *Agenturbildung* in einem neuen Licht erscheinen. Der von der klassischen Politikanalyse festgestellten Tendenz zur Auflösung der "Einheitlichkeit der Staatsgewalt" dürften aus dieser neueren Sicht jedenfalls in kontinentaleuropäischen Staaten engere Grenzen erwachsen, als dies ursprünglich angenommen wurde. Zwar dürfte die vom NPM geforderte Steuerung über Leistungsaufträge und Globalbudgets problemlos über die Bühne gehen. Aber einer im übrigen auf Outputvorgaben beschränkten Kontrolle solcher Agenturen dürften je nach ihrer Nähe zum - fluktuierenden - "Kernbereich" staatlicher Aufgaben wiederum ähnliche Schranken erwachsen, wie wir sie bereits für den Abbau der Input- und Prozesssteuerung diagnostiziert haben. Im Gegensatz zur Privatwirtschaft wird auch hier eine ausschliessliche Legitimierung durch die Qualität der Leistung für die Kunden (etwa im Sinne des "panem et circenses") längerfristig nicht ausreichen. Politische Entscheidungen über die Definition der Kundengruppen, über deren Mitwirkung an der Leistungsproduktion und über die dabei zwangsläufig notwendigen Selektivitätsmuster lassen sich nicht vermeiden.

  Wegen des generell ansteigenden Koordinationsbedarfes werden auch punktuelle Interventionen der politisch legitimierten Organe in den operativen Bereich der Leistungserbringung kaum per Dekret zu unterbinden sein. Wenn sich unter den - massgeblichen - Klienten Unmut über die Leistungsqualität verbreitet, wird auch eine formal vergleichsweise unabhängige Agentur zur politischen Verantwortlichkeit im operativen Bereich gezogen. Die - vom NPM postulierte - Abgrenzung zwischen dem strategischen und dem operativen Bereich unterliegt ohnehin oft recht kurzfristigen politischen Konjunkturen. Die Möglichkeit einer Autonomisierung wesentlicher Verwaltungsfunktionen mittels formalrechtlich wasserdicht vor dem Zugriff der Politik abgeschirmten Agenturen dürfte sich daher in vielen Fällen als Illusion erweisen.

- Einem Abbau überflüssiger hierarchischer Ebenen und einer in der Tat notwendigen, *stärker am Produkt orientierten Umstrukturierung* öffentlicher Verwaltungen dürften auch aus der Sicht der neueren Politikanalyse kaum ernsthafte Hindernisse erwachsen. Solche Grenzen bestehen indessen im Bezug auf die Projektorganisation. Sie kommen etwa dort zum Tragen, wo es gilt, in Projektorganisationen erarbeitete Konsenslösungen in ordentliche Politikumsetzungsmassnahmen "umzugiessen".[24] Der Grund für diese Schwierigkeiten liegt

---

24 Renn/Webler 1995, S. 191-235; Weidner 1995, S. 105-124

in einer zeitweisen Überbewertung der Legitimation durch Leistung ("allseits akzeptabler Kompromiss") gegenüber der empirisch sehr bedeutsamen Legitimation durch Verfahren (Zusammensetzung und Funktionsweise der Mitglieder der Projektorganisation) bzw. durch die politisch verantwortliche und demokratisch legitimierte Verwaltungsspitze. Eine aus der Sicht einer Einzelpolicy "gute" Lösung muss nicht mit der "politisch richtigen" Lösung übereinstimmen. Politisch allzu schwach abgestützte Projektorganisationen mögen über noch so gute Manager verfügen; sie laufen gleichwohl Gefahr, wie Nussschale rund um den politisch legitimierten Ozeandampfer der allgemeinen Verwaltung hin- und hergeworfen zu werden, wenn politischer Sturmwind aufkommt. Diesem Sturm ist ein bürokratisch entschlackter Dampfer besser gewachsen als gut gemanagte Projektorganisationen, sofern im gegebenen Zeitpunkt nicht alle potentiellen Steuermänner deshalb nicht verfügbar sind, weil sie gerade in Projektorganisationen beschäftigt sind.

- Auch der *"Kundennähe"* erwachsen aus real wirksamen und empirisch beobachtbaren Institutionen unserer Staatsverwaltungen engere Grenzen, als dies selbst die Befunde der klassischen Politikanalyse oder gar die Postulate des NPM nahelegen. Dies liegt nicht allein an einer immer noch verbreiteten Berührungsangst von Beamtinnen und Beamten gegenüber Zielgruppen, Nutzniessern oder Benachteiligten behördlicher Dienstleistungen. Wiewohl es keine Regel gibt, die solche Ängstlichkeit verböte, so gibt es sehr wohl institutionelle Mechanismen, die sie begünstigen. Der vom NPM immer wieder angeprangerte Hang zum Perfektionismus und das bedauerte Verbot, insbesondere im Kontakt mit den Kunden als Beamtin und Beamter "Fehler zu begehen", lassen sich nicht einfach wegmanagen. Bekanntlich ist die Kehrseite der Medaille der Kundenfreundlichkeit die Korruption. Und welcher Kunde möchte nicht wichtiger sein als andere? Die real wirksame Institution des Rechtsstaates setzt einer für das gute Funktionieren einer Einzelpolitik möglicherweise notwendigen Privilegierung einzelner Kundengruppen enge Grenzen. Risikoreiches und daher angeblich innovatives Verhalten eines Beamten ist nicht dasselbe wie jenes eines Managers. Mögliche Fehler bewirken nicht einfach, dass der Unternehmer auf seiner Ware sitzenbleibt. Sie können vielmehr zu gravierenden Verletzungen von Rechtspositionen derjenigen führen, die nicht über den Status des - privilegierten - Kunden verfügen. Jeder Vertreter des NPM wird mir zustimmen, dass der Warencharakter von Rechtspositionen ins Gruselkabinett der - richtigen - Analyse des jungen Karl Marx der Verhältnisse des 19. Jahrhunderts zu verweisen ist, und mit dem heutigen Verfassungsverständnis kaum vereinbar ist.

- Aus der Sicht einer Einzelpolitik mag auch die Wahlfreiheit der Zielgruppen oder der Politikbegünstigten zwischen zwei oder mehreren Output-Angeboten ein probates Mittel zur Wirksamkeitssteigerung sein. Dies gilt etwa bei Umweltpolitiken[25] oder im Sozial- und Gesundheitswesen. Aber der Staat ist kein Einkaufsladen, in dem sich jeder nach seinem Gusto bedienen kann. Das NPM postuliert mitunter gar, Politikoutputs seien als Angebote auf Dienstleistungsmärkten anzusehen, auf denen Konkurrenz sicherzustellen und auch konkurrierende private Anbieter zuzulassen seien. Nur so könne der Bürger-Kunde das ihm passende Leistungsangebot selbst bestimmen. Allerdings ist man sich meist schnell darüber einig, dass sich dieses Konzept nur für einen äusserst kleinen Ausschnitt öffentlicher Politiken eignet, bei denen weder hoheitliche noch lebensnotwendige Politikprodukte angeboten werden. Glücklicherweise sind jedenfalls für diesen letzteren empirisch reale, institutionelle Mechanismen beobachtbar, die eine demokratisch gleichheitliche Produkteverteilung im Sinne des Sozialstaatsprinzips sicherstellen wollen.

4. EINE ERNÜCHTERNDE BILANZ

Die im Rahmen dieses Aufsatzes zwangsläufig kursorische Überprüfung von sieben auf den ersten Blick recht plausiblen Postulaten des NPM im Lichte der klassischen und der institutionell und strukturell erweiterten Politikanalyse führt zu einer ernüchternden Bilanz: Vermutlich kommt es nach Einführung dieser Postulate zu unerfüllten Hoffnungen und Rückschlägen. Denn die angeprangerten Missstände haben bereits aus der allzu isolierten Perspektive der betroffenen Einzelpolitiken tieferliegende Ursachen, die sich nicht durch einfache Rezepte wegzaubern lassen. Begibt man sich an die systematische Beseitigung dieser Ursachen auf der Ebene der Einzelpolitik, so stösst man rasch an die Grenzen institutioneller Faktoren. Diese erweisen sich bei näherem Hinsehen als Gestaltungsgrundsätze, die diesen Politiken im polyphonen Konzert vielfach widersprüchlichen staatlichen Handelns auf einer tieferliegenderen Ebene eben doch grössere Ähnlichkeiten verleihen, als dies das NPM und die klassische Politikanalyse für wahr haben wollen. Einbrüche an der Front einer einen Politik können rasch umschlagen auf andere Politiken und an der realen, empirisch nachweisbaren Wirksamkeit dieser institutionellen Faktoren zerschellen. Man wird dabei recht bald mit der politischen Frage konfrontiert, inwieweit im Interesse einer Wirksamkeitssteigerung ein-

---

[25] Beispiel: Verordnung über Verpackungen vom 22. August 1990 (VGV, SR. 814.017)

zelner (weniger) öffentlicher Politiken aktiv die Beseitigung der Grundsätze des rechtsstaatlichen demokratischen Sozialstaats betrieben werden soll.

Meines Erachtens müsste heute die Debatte zum New Public Management auf dieser Ebene geführt werden. Meine Antwort auf die gestellte Frage ist klar: Wenn diese Prinzipien im kurzfristigen Interesse einer Effizienz-, aber auch einer Wirksamkeitssteigerung einzelner öffentlicher Politiken aus den Angeln gehoben werden, so werden bald weitere, und schliesslich alle öffentlichen Politiken selbst im Strudel der Diktatur von Indikatoren, Managern und Policy-Aposteln untergehen. Die seriöse, ursachenorientierte Politikanalyse ist insbesondere in ihrer strukturell und institutionell erweiterten Form weit besser geeignet, zu der - notwendigen - Dynamisierung unserer schweizerischen öffentlichen Verwaltungen beizutragen. Sie erlaubt es, zunächst zu verstehen, dann ansatzweise zu erklären und schliesslich auf angemessener Komplexitätsebene auch Vorschläge für Reformen auszuarbeiten, ohne dabei auf die Wunderrezepte des reduktionistischen New Public Managements zurückzugreifen.

Persönlich teile ich viele der in diesem Buch vorgetragenen Reformvorschläge. In konkreten politikanalytischen Projekten und Reorganisationsarbeiten habe ich sie selbst aktiv betrieben und unterstütze sie auch heute noch. Sie lassen sich aber auch ohne Rückgriff auf den Modetrend des NPM begründen und konkret umsetzen. Bedient man sich indessen des nachweislich dem Reaganismus und dem Thatcherismus oder privatwirtschaftlichen Managementkonzepten verpflichteten Geistes des NPM,[26] ist man vor den in diesem Beitrag beschriebenen Gefahren nicht gefeit.

---

[26] Brinckmann 1994, S. 230 ff.

LITERATUR

Baitsch Christof, Was bewegt Organisationen? Selbstorganisation aus psychologischer Perspektive, Frankfurt/New York: Campus, 1993

Braun Dietmar, Zur Steuerbarkeit funktionaler Teilsysteme: Akteurtheoretische Sichtweisen funktionaler Differenzierung moderner Gesellschaften, in: A. Héritier (Hrsg.), Policy-Analyse, Kritik und Neuorientierung, Politische Vierteljahresschrift (PVS), Sonderheft 24/1993, Opladen: Westdeutscher Verlag, S. 199-224, 1993

Brinckmann Hans, Strategien für eine effektivere und effizientere Verwaltung, in: F. Naschold/M. Pröhl (Hrsg.), Produktivität öffentlicher Dienstleistungen, Dokumentation eines wissenschaftlichen Diskurses zum Produktivitätsbegriff, Gütersloh: Verlag Bertelsmann Stiftung, 167-242, 1994

Downs George W./Larkey Patrick D., The search for government efficiency, From hubris to hopelessness, Philadelphia: Temple University Press, 1986

Grottian Peter, Strukturprobleme staatlicher Planung, Hamburg, 1974

Grottian Peter/Murswieck A., Zur theoretischen und empirischen Bestimmung von politisch-administrativen Handlungsspielräumen, in: dies. (Hrsg.), Handlungsspielräume der Staatsadministration, Hamburg, S. 15-36, 1974

Héritier Adrienne (Hrsg.), Policy-Analyse, Kritik und Neuorientierung, Sonderheft 24/1993 der Politischen Vierteljahresschrift (PVS), Opladen: Westdeutscher Verlag, 1993

Héritier Adrienne, Policy-Analyse, Elemente der Kritik und Perspektiven der Neuorientierung, in: dies. (Hrsg.), Policy-Analyse, Kritik und Neuorientierung, Sonderheft 24/1993 der Politischen Vierteljahresschrift (PVS), Opladen: Westdeutscher Verlag, S. 9-38, 1993

Héritier Adrienne, Policy-Netzwerkanalyse als Untersuchungsinstrument im europäischen Kontext: Folgerungen aus einer empirischen Studie regulativer Politik, in: dies. (Hrsg.), Policy-Analyse, Kritik und Neuorientierung, Sonderheft 24/1993 der Politischen Vierteljahresschrift (PVS), Opladen: Westdeutscher Verlag, S. 432-450, 1993

Hood Christopher, A Public Management for all Seasons, in: Public Administration, S. 3-19, 1991

Kissling-Näf Ingrid, Lernprozesse und Umweltverträglichkeitsprüfung, Staatliche Steuerung über Verfahren und Netzwerkbildung, Diss., St. Gallen, 1995 (im Erscheinen)

Knoepfel Peter, Demokratisierung der Raumplanung: Grundsätzliche Aspekte und Modell für die Organisation der kommunalen Nutzungsplanung unter besonderer Berücksichtigung der schweizerischen Verhältnisse, Berlin: Duncker & Humblot, 1977

Knoepfel Peter, in Zusammenarbeit mit Rita Imhof, Ökologische Vernetzung versus rechtsstaatliche Handlungsmaximen, Möglichkeiten zur Überwindung eines gespannten Grundverhältnisses, in: Jahresschrift für Rechtspolitologie, Pfaffenweiler: Centaurus Verlagsgesellschaft, S. 107-148, 1991 (=Cahier de l'IDHEAP Nr. 67).

Knoepfel Peter/Baitsch Christof/Eberle Armin, Überprüfung der Aufbauorganisation des Amtes für Umweltschutz des Kantons St. Gallen, Schlussbericht, i. A. des Baudepartementes des Kantons St. Gallen, Chavannes-près-Renens (IDHEAP), 1995

Knoepfel Peter/Imhof Rita/Zimmermann Willi, Luftreinhaltepolitik im Labor der Städte, Der Massnahmenplan - Wirkungen eines neuen Instruments der Bundespolitik im Verkehr, Basel: Helbing & Lichtenhahn (Reihe Ökologie & Gesellschaft, Bd. 9), 1995

Knoepfel Peter/Kissling-Näf Ingrid, Transformation öffentlicher Politiken durch Verräumlichung Betrachtungen zum gewählten Verhältnis zwischen Raum und Politik, in: Politische Vierteljahresschrift, Sonderheft 24/1993, Opladen: Westdeutscher Verlag, S. 267-288, 1993

Knoepfel Peter, en collaboration avec Corinne Larrue et Ingrid Kissling-Näf, Notes de cours, IDHEAP, Chavannes-près-Renens, 1995

Knoepfel Peter/Zimmermann Willi, Ökologisierung von Landwirtschaft, Fünf Geschichten und eine Analyse, Aarau/Frankfurt am Main/Salzburg: Sauerländer, 1987

Luhmann Niklas, Zweckbegriff und Systemrationalität, Über die Funktion von Zwecken in sozialen Systemen, Frankfurt a. M.: Suhrkamp, 1973

Luhmann Niklas, Soziale Systeme, Grundriss einer allgemeinen Theorie, Frankfurt a. M.: Suhrkamp, 1988

Majone Giandomenico, Wann ist Policy-Deliberation wichtig?, in: A. Héritier (Hrsg.), Policy-Analyse, Kritik und Neuorientierung, Politische Vierteljahresschrift (PVS), Sonderheft 24/1993, Opladen: Westdeutscher Verlag, S. 97-115, 1993

Mayntz Renate (Hrsg.), Implementation politischer Programme, empirischer Forschungsberichte, Köngistein/Ts: Athenäum, 1980

Mayntz Renate (Hrsg.), Implementation politischer Programme II, Ansätze zur Theoriebildung, Opladen: Westdeutscher Verlag, 1983

Mayntz Renate, Policy-Netzwerke und die Logik von Verhandlungssystemen, in: A. Héritier (Hrsg.), PolicyAnalyse, Kritik und Neuorientierung, Politische Vierteljahresschrift (PVS), Sonderheft 24/1993, Opladen: Westdeutscher Verlag, S. 39-56, 1993

Mayntz Renate/Scharpf Fritz, Voraussetzungen und Einschränkungen aktiver Politik, in: dies. (Hrsg.), Planungsorganisation, München, S. 115-145, 1973

Meny Yves/Thönig Jean-Claude, Politiques publiques, Paris: PUF, coll. Thémis, 1989

Morand Charles-Albert (éd.), La contractualisation de la formation et de la mise en oeuvre du droit, in: Ch.-A. Morand, L'Etat propulsif, Paris: Publisud, 1991

Morand Charles-Albert, La coordination matérielle des décisions: espoir ultime de systématisation du droit des politiques publiques, in: Ch.-A. Morand (éd.), Droit de l'environnement: mise en oeuvre et coordination, Basel: Helbing & Lichtenhahn, 1992

Müller Pierre, Les politiques publiques, Paris: PUF, coll. Que sais-je, no 2534, 1990

Naschold Frieder, Modernisierung des Staates, zur Ordnungs- und Innovationspolitik des öffentlichen Sektors, Nr. 1 der Schriftenreihe Modernisierung des öffentlichen Sektors, Band 1, Berlin: Sigma, 1994

Naschold Frieder, Produktivität öffentlicher Dienstleistungen, in: F. Naschold/M. Pröhl (Hrsg.), Produktivität öffentlicher Dienstleistungen, Dokumentation eines wissenschaftlichen Diskurses zum Produktivitätsbegriff, Gütersloh (Verlag Bertelsmann-Stiftung), S. 363-414, 1994 (zit. 1994a)

Naschold Frieder/Pröhl Marga (Hrsg.), Produktivität öffentlicher Dienstleistungen, Dokumentation eines wissenschaftlichen Diskurses zum Produktivitätsbegriff, Gütersloh: Verlag Bertelsmann-Stiftung, 1994

Offe Claus, "Krisen des Krisenmanagements": Elemente einer politischen Krisentheorie, in: M. Jänicke (Hrsg.), Herrschaft und Krise, Opladen, S. 197-223, 1973

Picot Arnold/Wolff Birgitta, Zur ökonomischen Organisation öffentlicher Leistungen: "Lean Management" im öffentlichen Sektor?, in: F.. Naschold/M. Pröhl (Hrsg.), Produktivität öffentlicher Dienstleistungen, Dokumentation eines wissenschaftlichen Diskurses zum Produktivitätsbegriff, Gütersloh: Verlag Bertelsmann-Stiftung, S. 51-120, 1994

Pressmann JeffreyL./Wildavski Aaron, Implementation, Berkeley: University Press, 1973

Renn Ortwin/Webler Thomas, Der kooperative Diskurs: Theorie und praktische Erfahrungen mit einem Deponieprojekt im Kanton Aargau, in: P. Knoepfel (Hrsg., im Auftrag der SAGUF), Die Lösung von Umweltkonflikten durch Verhandlung/La solution de conflits environnementaux par la négociation, Basel: Helbing & Lichtenhahn (Reihe Ökologie & Gesellschaft, Bd 10), S. 191-235, 1995

Sabatier Paul A., Advocacy-Koalitionen, Policy-Wandel und Policy-Lernen: Eine Alternative zur Phasenheuristik, in: A. Héritier (Hrsg.), Policy-Analyse, Kritik und Neuorientierung, Politische Vierteljahresschrift (PVS), Sonderheft 24/1993, Opladen: Westdeutscher Verlag, S. 116-148, 1993

Terribilini Serge, De la distributivité des politiques régulatrices: Discriminations socio-spatiales en matière de modération du trafic, Constats et causes, Chavannesprès-Renens, Cahier de l'IDHEAP, 1995 (en préparation)

Weidner Helmut, Innovative Konfliktregelung in der Umweltpolitik durch Mediation. Anregungen aus dem Ausland für die Bundesrepublik Deutschland, in: P. Knoepfel (Hrsg., im Auftrag der SAGUF), Die Lösung von Umweltkonflikten durch Verhandlung/La solution de conflits environnementaux par la négociation, Basel: Helbing & Lichtenhahn (Reihe Ökologie & Gesellschaft, Bd 10), S. 105-124, 1995

Windhoff-Héritier Adrienne, Policy Analyse, Eine Einführung, Frankfurt/New York: Campus, 1987

Auswirkungen des New Public Management auf die Beschäftigten

Hans-Jakob Mosimann

1. Trendiger Zeitgeist oder echter Reformwille?

Eine wirkungsorientierte Verwaltung, inspiriert von den Grundsätzen des New Public Management, ist zweifellos das aktuellste Postulat in der Diskussion um Stellenwert und Funktionsweise der öffentlichen Dienste. Dementsprechend gross ist denn auch der Stellenwert der Thematik für Personalverbände und Gewerkschaften, im speziellen den Verband des Personals öffentlicher Dienste (VPOD) als professionellste und gewichtigste Organisation der Beschäftigten im öffentlichen Dienst. Der VPOD hat zur Problematik "Verwaltungsreform" an seinem Kongress von Ende Juni 1995 ein Positionspapier vorgelegt und ist daran, eine Kontaktgruppe derjenigen Mitglieder aufzubauen, die in entsprechende Projekte involviert sind.

Als zentral für die gewerkschaftliche Einschätzung des New Public Management, dies vorweg, hat sich die Frage herausgestellt, wes Geistes Kind ein konkretes Projekt ist. Handelt es sich um eine neu gewandete Wiederaufnahme alter "Weniger-Staat"-Postulate, um eine Spielart ordoliberaler Privatisierungsaxiome, um falsch etikettierte simple Haushaltsanierungsbemühungen? Oder geht es darum, dass die öffentliche Hand optimale Dienstleistungen erbringt und dabei so lernfähig und zeitgemäss strukturiert ist und handelt, dass die auch in guten Zeiten nicht unbegrenzten Ressourcen möglichst wirkungsvoll eingesetzt werden?

Die Antwort ist nicht einfach und sie ist vor allem nicht pauschal möglich. Es gibt nämlich auf der Motivationsseite beides, den reinen Sparreflex wie den Wunsch nach einer modernen öffentlichen Hand. An konkreten Erfahrungen sodann fehlt es in der Schweiz noch weitgehend: NPM-Projekte sind an einigen Orten in Vorbereitung oder in einer Anfangsphase (Luzern, Bern, Winterthur, Stadt Zürich), aber noch nirgends soweit entwickelt, dass daraus Schlüsse zu ziehen wären. In dieser Situation empfiehlt sich ein Blick auf andere und anderswo gemachte Erfahrungen, kombiniert mit der Entwicklung von aus gewerkschaftlicher Sicht erforderlichen Rahmenbedingungen. Dies ist Gegenstand der folgenden Abschnitte.

2. WELCHE ERFAHRUNGEN GIBT ES BEREITS?

Eine der interessantesten Vergleichsobjekte punkto bereits gemachter Erfahrungen ist Australien, weil es sich um eine föderalistisch gegliederte Verwaltung handelt, die - teils von sozialdemokratischen Regierungen - unter explizitem Einbezug der Gewerkschaften reformiert wurde.[1] Die Analyse bisheriger Reformversuche zeigt, so Andrea Shaw, zwei Zielrichtungen, die sich konkurrenzieren. Es handelt sich dabei einerseits um das Bedürfnis nach mehr Effizienz, andererseits um den Anspruch auf Demokratisierung. Dieser Konkurrenz ist Rechnung zu tragen, denn "unless this clash is foreseen, something will give",[2] und zwar erfahrungsgemäss die Demokratisierung. Shaw plädiert für die Entwicklung einer dritten Dimension, welche die beiden Ziele miteinander kombiniert, für einen ganzheitlichen Ansatz im Bereich flacherer Hierarchien, von "participative work and job redesign".[3]

Für die Gewerkschaft legen die australischen Erfahrungen nahe, die divergierenden Ziele klar zu benennen und sich um beide Aspekte, Demokratisierung und Effizienz, kompetent zu kümmern. Eine zweite Schlussfolgerung Shaws geht dahin, dass Gewerkschaften ihre Beteiligung an Reformprojekten unter Kontrolle halten müssen, denn in "some cases, involvement became an end in itself",[4] während die gewerkschaftlichen Zielvorstellungen unklar blieben.

Der Verweis auf gewerkschaftliche Zielvorstellungen führt zur Frage, ob und wieweit es nicht fraglos die Aufgabe der Gewerkschaft ist, Fehlentwicklungen zu verhindern, zu bremsen, Nein zu sagen. Die deutsche OeTV-Vorsitzende Monika Wulf-Mathies sieht eine solche gewerkschaftliche Position als direkte Folge von schon gemachten schlechten Erfahrungen. Überall dort, wo sogenannte Reformprojekte blossem Spardenken entsprangen und in entsprechend einseitig verordneten Kürzungen und Leistungsvorgaben resultierten, musste die Reaktion der Gewerkschaft abwehrend und besitzstandswahrend ausfallen. Voraussetzungen erfolgreicher Modernisierungsprozesse sind "geändertes Führungsverhalten, ... grössere Bereitschaft zu Partizipation, Verantwortungsübertragung und inhaltliche Arbeitsanreicherung".[5]

---

[1] Shaw 1994
[2] Shaw 1994, S. 334
[3] Shaw 1994, S. 335
[4] Shaw 1994, S. 336
[5] Wulf-Mathies 1994, S. 347

Dies bestätigt einen schon älteren, einheimischen Befund. Armin Jans und Robert Meili haben konventionelle Projekte zur Rationalisierung öffentlicher Verwaltungen analysiert und eine Reihe von erfolgsnotwendigen Bedingungen isoliert, so die volle Unterstützung durch die politische Führung, angepasstes und schrittweises Vorgehen, und kurze Analyse- und Implementationsfristen[6] - der letzte Punkt dürfte nur für reine Rationalisierungsvorhaben zutreffen. Schliesslich postulieren die Autoren auch, "dem Personal Mitwirkungsmöglichkeiten einzuräumen. Insbesondere muss es und seine Interessenvertreter (Gewerkschaften, Personalverbände) frühzeitig, offen und vollständig informiert werden. Entlassungen sind zu vermeiden, bei eventuellen Versetzungen sind die Betroffenen frühzeitig einzubeziehen."[7]

3. NEU GLEICH BESSER? KRITISCHE ANMERKUNGEN

New Public Management erhebt den Anspruch, mit einer neuen Sichtweise an die Probleme heranzugehen, output- und kundenorientiert, unter Nutzung von reichlich vorhandenem privatwirtschaftlichem Managementwissen. Doch allzu schematisch und euphorisch sollte die Übertragung vom (nicht per se erfolgreichen) privaten Sektor auf die öffentliche Leistungserbringung nicht vonstatten gehen.

Wichtige konzeptionelle Einwände hat Peter Knoepfel[8] sinngemäss wie folgt geltend gemacht: Input, Output und Verfahrensregeln bilden im demokratischen Staat ein Ensemble, die Beschränkung auf den Output gefährdet die demokratische Einbettung. Es gibt strukturelle Unterschiede zum Privatsektor - wer genau ist zum Beispiel inwiefern Kundschaft für welches "Produkt"? Nicht immer sind die messbaren Produkte die gesellschaftlich adäquaten Problemlösungen. Ohne Einbezug der Frage der Effektivität staatlichen Handelns reduzieren sich Reformen auf demotivierende und letztlich wenig einträgliche Effizienzübungen. Auf sich allein gestellt, muss das Management im öffentlichen Dienst die umwelt- und gesellschaftsbezogenen Entscheidungen fällen, die jenseits betriebswirtschaftlicher Probleme anstehen - es wird politisch.

---

[6] Jans/Meili 1988, S. 102
[7] Jans/Meili 1998, S. 102
[8] Knoepfel 1994

Bemerkenswerte Hinweise zu den zu beachtenden Grenzen stammen ferner von Naschold.[9] Auch er warnt, dass öffentliche Dienstleistungen oft der Quantifizierung und Messbarkeit weniger zugänglich sind als viele kommerzielle Produkte. Ebenso weist er darauf hin, dass aufgrund der Besonderheit öffentlicher Leistungen weit weniger blosse Verbraucherinnen und Verbraucher vorhanden sind, sondern Elemente von Zwang, von sozialem Ausgleich und rechtsgleicher Verteilung hineinspielen. Dazu gesellt sich "die Gefahr, dass die kulturellen Werte nicht-kommerzieller öffentlicher Orientierung untergraben werden, ohne dass sie durch die kommerzielle Kultur substituiert werden könnten".[10]

In struktureller Hinsicht ist, so Naschold, zu beachten, dass eine zu hohe Fragmentierung zu Verlusten an Lern- und Innovationskapazität führen kann. Ferner kann der Einsatz vertraglicher Vorgaben bezüglich Leistung und Rahmenbedingungen aufwendig sein, weil das Ausarbeiten, Umsetzen und Kontrollieren der Vorgaben hohe Transaktionskosten verursachen. Gerade wenn mehr Flexibilität erreicht werden soll, sind häufige Anpassungen unvermeidlich. Erfahrungen in Grossbritannien zeigen, dass diese Transaktionskosten die erhofften Produktivitätsgewinne oft aufwiegen.[11]

4. NICHT OHNE KLARE LEITLINIEN

Aus dem bisher Angeführten liesse sich der Schluss ziehen, dass auf seiten des Personals und der Gewerkschaft Skepsis und Ablehnung überwiegen. Die vermutete Skepsis würde ich bestätigen, von kategorischer Ablehnung kann allerdings - in der Deutschschweiz - nicht die Rede sein. Die vielfältigen und meines Erachtens berechtigten Fragezeichen und Einwände sollen vielmehr das Fundament bilden, auf welchem sich eine kritische Kooperation aufbauen lässt.

Ich habe einleitend darauf hingewiesen, dass das handlungsleitende Interesse von zentraler Bedeutung ist. Projekten, die von einer ideologisch motivierten und rein betriebswirtschaftlicher Festlegung des staatlichen Aufgabenspektrums und seiner Erledigung ausgehen, wird gewerkschaftsseits harter Widerstand erwachsen. Hingegen dürften Projekte auf Interesse stossen, welche das Ziel verfolgen, staatliche Ressourcen mög-

---

[9] Naschold 1994, S. 389 ff.
[10] Naschold 1994, S. 391
[11] Naschold 1994, 389

lichst wirkungsvoll einzusetzen und die zu diesem Zweck diejenigen Organisationsstrukturen und Verfahrensregeln suchen, welche das Potential der öffentlichen Dienste zur qualitativ hochstehenden Leistungserbringung optimal nutzen.

Voraussetzung dafür ist, dass man sich zu Projektbeginn auf die folgenden Leitlinien verständigt:

- Eine erste Leitlinie jeder Reform ist das Primat der politischen Steuerung. Die öffentliche Hand ist eine demokratisch verfasste Gemeinschaft. Sie muss ihren Mitgliedern und Repräsentantinnen und Repräsentanten die Möglichkeit zur demokratischen Einflussnahme gewährleisten. Das schliesst Änderungen in der Art der Steuerung nicht aus. Eine Voraussetzung demokratischer Einflussnahme ist übrigens die Transparenz, sowohl bezüglich aufgewendeter Mittel als auch bezüglich erbrachter Leistungen und erzielter Wirkungen. Diesbezüglich haben NPM-Konzepte, zumindest von ihrem Anspruch her, sogar ein zusätzliches Argument auf ihrer Seite.
- Eine weitere Leitlinie ist eine optimale Qualität der erbrachten Dienstleistungen. Das bedeutet, dass die verwendeten Mittel ihren Zweck bestmöglichst erfüllen (Effektivität), dass das Verhältnis von Mitteleinsatz und Ergebnis stimmt (Effizienz) und dass soziale, ökologische und allfällige weitere politische Kriterien erfüllt sind (Qualität). In diesen Rahmen gehört auch die Wirtschaftlichkeit im Mitteleinsatz. Sie ermöglicht es, in demokratischen Steuerungsverfahren die vorhandenen Ressourcen optimal denjenigen Zwecken zu zuweisen, die politisch als erwünscht betrachtet werden.
- Eine unerlässliche Voraussetzung für Leistungsqualität und Wirtschaftlichkeit - und damit eine weitere Leitlinie jeder Reform - ist die Zufriedenheit des Personals. Nur qualifiziertes und motiviertes Personal ist in der Lage, die gestellten Anforderungen zu erfüllen. Daraus ergeben sich auch Konsequenzen, auf die noch einzugehen ist.
- Die Aufgaben der öffentlichen Verwaltung befinden sich in stetem Wandel. Daraus ergibt sich als letzte Leitlinie das Postulat der Flexibilität und Entwicklungsfähigkeit von Strukturen und Instrumenten.

5. NICHT ZU UNTERSCHÄTZEN: NEUE FRAGESTELLUNGEN

Die vom NPM propagierte Output- statt Input-Orientierung impliziert, dass nicht ausschliesslich die verwendbaren Mittel vorgegeben werden, sondern die zu erbringende Leistung, quantitativ ("Output") oder qualitativ ("Outcome"). Es ist also zu definieren, welche Leistungen - welche Produkte - in welcher Qualität erwartet werden.

Damit stellt sich gebieterisch die Frage der Messbarkeit der Leistungen, der Definition von Produkt und Qualität. An dieser Stelle versagt die einfache Gleichsetzung von Bürgerin und Kundin, weil die Produkte der öffentlichen Hand nicht bloss nach der Marktlogik zu bewerten sind. Insbesondere kommt als Qualitätsmerkmal zu Preis und Menge das Postulat hinzu, dass die öffentliche Leistung bedarfsgerecht erbracht wird, Kosten und Nutzen sozial gerecht verteilt sind und Bürgerinnen und Bürger gleichbehandelt werden. Über diese Kriterien müssen sich in einem ersten Schritt Parlament und Regierung verständigen, anschliessend auch verwaltungsintern die bestellende und die ausführende Instanz.

Daraus folgt, dass Leistungsabsprachen eine anspruchsvolle Sache sind, die anfänglich einen grossen Aufwand erfordern und permanent zu überprüfen und anzupassen sind. Sie dürfen nicht als etwas Statisches begriffen und sie können nicht bloss einseitig diktiert werden. Sie benötigen ausreichende Diskussionsbereitschaft, und sie benötigen Zeit.

6. VORHANDENES POTENTIAL NUTZEN

Ideen der Dezentralisierung und der Ergebnisverantwortung dürfen sich nicht auf Änderungen der Struktur beschränken. Ihre Umsetzung auf die Stufe der einzelnen Mitarbeiterinnen und Mitarbeiter ist unerlässlich. Die für die Sachbearbeitung Verantwortlichen stehen am nächsten an den Problemen. Oft verfügen sie deshalb über Kenntnisse, Kompetenzen und Ideen, die bisher brachgelegen sind. Wenn es gelingt, diese fruchtbar zu machen, ist viel gewonnen.

Es geht also darum, auf allen Stufen das vorhandene Potential zu entwickeln und zu nutzen. Das geht nicht ohne systematische Weiterbildung. Der Spielraum dafür besteht: In Deutschland investieren die privaten Unternehmen rund zwei Prozent der Personalkosten in die Weiterbildung, die öffentliche Hand nicht einmal ein Prozent.

Potential nutzen heisst auch, die Mitspracherechte des Personals zu erweitern. Damit verbunden ist, intern, ein Abbau von Hierarchien möglich. Mit mehr Kompetenz(en) an der Basis dürfte auch da und dort eine Reduktion der Stäbe machbar sein.

7. ENTWICKLUNG UND KEIN KRAFTAKT

Die Reform einer grossen Organisation, nicht nur der öffentlichen Verwaltung, ist eine komplexe Angelegenheit. Sie gelingt nur, wenn sie sorgfältig vorbereitet und schrittweise umgesetzt wird. Nebst der Konzentration auf wenige, zentrale strategische Leitlinien sind die beiden folgenden Elemente ausschlaggebend:

Prozessorientierung:
Verwaltungsreform ist ein langwieriges Unterfangen, das allen Beteiligten eine Entwicklung abverlangt. Entsprechend ist es organisatorisch abzufedern, durch realistische Terminierung und durch den Aufbau einer begleitenden Projektorganisation. Sinnvoll ist deshalb auch ein Fortschreiten vom Kleinen zum Grossen: In Pilotprojekten gesammelte Erfahrungen können wertvolle Hinweise für nachfolgende Gesamtprojekte liefern. Wichtig ist auch, dass bei den begleitenden und beratenden Fachleuten nicht nur ökonomische, sondern auch arbeitspsychologische Kompetenz vorhanden ist.

Breite Abstützung und gewerkschaftliche Mitsprache:
Verwaltungsreform gelingt nur mit breiter Abstützung. Dazu gehört einerseits, dass das Personal inklusive Kader ein Projekt überzeugt mitträgt, und andererseits die garantierte Mitsprache aller Betroffenen. In Australien hat sich dabei das Ein-Kanal-Prinzip bewährt: Die Anliegen des Personals werden von der Gewerkschaft gesammelt und gebündelt vertreten.[12] Dazu gehört eine kompetente Vertretung der Gewerkschaft in der Projektleitung und den anderen steuernden Stellen, wobei sie permanent darauf achten wird, eine gewisse kritische Distanz zum Projekt nicht zu verlieren.

Der unerlässliche Einbezug der Gewerkschaft betrifft sämtliche Reorganisationsphasen, also:

- Festlegen der Projektorganisation
- Vorbereitung des Mandats und Auswahl einer allfälligen Beratungsfirma
- Festlegen der Projektziele
- Durchführung von Analysen über den Ist-Zustand
- Schlussfolgerungen und Veränderungsvorschläge

---

[12] Shaw 1994, S. 307

- Umsetzung der Reformideen
- Evaluation

Eine wirkungsvolle Interessenvertretung in der geforderten Intensität stellt hohe Ansprüche an die in die Projektgremien delegierten Personen. Mit gezielten Schulungsmassnahmen sind deshalb die Gewerkschaftsvertreterinnen und -vertreter für ihre Aufgaben zu qualifizieren. Selbstverständlich muss es ihnen unbenommen sein, ergänzend oder stellvertretend auch professionelle Gewerkschaftskräfte beizuziehen oder zu delegieren.

8. ARBEITSPLÄTZE KREATIV SICHERN

Unter Umständen zeitigt ein - im übrigen gelungenes - Reformprojekt für die Beschäftigten nicht nur erfreuliche Folgen wie mehr Arbeitsplatzqualität oder mehr Mitbestimmung. Es kann sein, dass wegen besserer Arbeitsorganisation Arbeitsplätze überflüssig werden. Dieser Fall sollte frühzeitig bedacht und mit kreativen Lösungsideen aufgefangen werden, welche bereits in den Startbedingungen eines Projekts festgehalten werden:

- Es ist nicht das Ziel, alle bestehenden Stellen am selben Ort und im gleichen Umfang beizubehalten. Einerseits sind Produktivitätsgewinne in Verkürzungen der Erwerbsarbeitszeit umzumünzen. Andererseits ergeben effizienzbedingte Entlastungen bei einer Aufgabe auch wieder - politisch zu nutzenden - Spielraum zur Erfüllung anderer, bisher vernachlässigter Aufgaben.
- Für die konkret betroffenen Personen muss es Sicherheiten geben. Diese sind zu Beginn eines Reformprojekts zu verankern. Im Einzelfall kann die Sicherheit in der Garantie der Weiterbeschäftigung an einem gleichwertigen Arbeitsplatz bestehen, unter Umständen auch aus entsprechenden Sozialplanansprüchen.
- Eine Aufgabe der öffentlichen Hand als soziale Arbeitgeberin ist auch die Beschäftigung begrenzt erwerbsfähiger Personen. Damit diese Aufgabe nicht von der betriebswirtschaftlichen Rentabilitätslogik überrollt wird, sind Sozialstellen-Etats zu schaffen und sinnvoll einzusetzen.

9. REFORMWILLE - ABER NICHT ZUM NULLTARIF

Zusammengefasst komme ich zum Schluss, dass beim Personal und seiner Gewerkschaft Reformwille und ein entsprechendes Potential vorhanden sind. Es liegt an den übrigen Beteiligten, darauf einzugehen. Das beginnt bei der Motivation allfälliger Reformprojekte - kein säuerlicher Weniger-Staat-Wein in neuen NPM-Schläuchen. Sodann geht es im Sinne einer Binnenmodernisierung der öffentlichen Dienste um einen längerfristig angelegten Prozess mit Projektcharakter, der von klaren Leitlinien inspiriert, sorgfältig begleitet und breit abgestützt ist. Dazu gehört die Einsicht, dass bereits heute im öffentlichen Dienst ein oft brachliegendes Potential vorhanden ist, der Wille zum systematischen Einbezug von Personal und Gewerkschaft sowie die Bereitschaft, allfällige nachteilige Folgen geeignet aufzufangen.

Im Sinne eines Ausgangspunkts sind die Konzepte des New Public Managements und der wirkungsorientierten Verwaltungsführung gewiss nützlich. Zu berücksichtigen sind jedoch auf jeden Fall auch kritisch die bereits gemachten Erfahrungen mit Verwaltungsreformen, namentlich in Australien, Neuseeland, USA, Kanada, Grossbritannien und Schweden. Dies ist nur möglich, wenn das Ganze als Lernprozess begriffen wird. Lernprozesse aber und die daran beteiligten Menschen brauchen Zeit. Dafür plädiere ich abschliessend, auch aufgrund der bis jetzt vorliegenden Rückmeldungen von VPOD-Vertreterinnen und -Vertretern in konkreten Projekten: Wer Reformen und den dahinterstehenden Ideen eine faire Chance geben will, muss ihnen die nötige Zeit dafür einräumen. Wettbewerb in Ehren, aber ein Wettlauf von selbsternannten Pionierkantonen und -städten um die ersten Vorzeige-Ergebnisse in Sachen NPM wäre verhängnisvoll. Als "Wundermittel", wie Knoepfel[13] rhetorisch fragt, wird NPM wohl kaum jemand betrachten. Aber: Auch gewöhnliche Medizin will kundig appliziert sein - nach ganzheitlicher Diagnose in verträglicher Dosierung.

---

[13] Knoepfel 1994

LITERATUR

Jans Armin/Meili Robert, Rationalisierung der öffentlichen Verwaltung in der Schweiz, Verlag Neue Zürcher Zeitung, Zürich, 1988

Knoepfel Peter, Le "New Public Management", est-ce la panacée?, 1994, in: "die stadt - les villes" 6/94, 13 f

Naschold Frieder, Produktivität öffentlicher Dienstleistungen in: Naschold/ Pröhl, 1994

Naschold Frieder/Pröhl Marga (Hrsg.), Produktivität öffentlicher Dienstleistungen, Gütersloh: Verlag Bertelsmann-Stiftung 1994

Shaw Andrea, When the Immovable Object Meets the Irresistible Force - Reconciling Democracy und Efficiency in Public Sector Reform in Australia, in: Naschold/Pröhl, 1994

Wulf-Mathies Monika, Einige Anmerkungen zur Debatte über Produktivität im öffentlichen Sektor aus gewerkschaftlicher Sicht, in: Naschold/Pröhl, 1994

Die Verwaltung als Agentur des Wandels bei der Entwicklung neuer öffentlicher Leistungen

Elisabeth Michael-Alder

New Public Management meint neues professionelles Alltagshandeln von Personen in öffentlichem Anstellungsverhältnis. Die Formel NPM will neue Realitäten schaffen, was Wandel in Strukturen, Kultur, Verhalten und Haltungen sowohl voraussetzt wie erzeugt. Die Wissenschaft bietet dafür Konzepte an, die politischen Gremien müssen den ·Rahmen schaffen, den eigentlichen Lern- und Veränderungsprozess können nur die Betroffenen - als Change Agents - selbst vollziehen.

Ausgangspunkt meiner Überlegungen sind konkrete Erfahrungen, speziell die Wahrnehmung (das Realitätskonstrukt) von Beamten. Ich wähle zur Skizzierung möglicher Reformstrategien und kritischer Punkte eine induktive Darstellungsweise, weil dieses Beschreiben den faktischen Abläufen besser entspricht als analytische Konzepte. Die hier folgenden Erkenntnisse sind aus verschiedenen praktischen (vor allem englischen) Projekten herausdestilliert.

1. Guter Wille und gescheite Ideen

Im Kreis sitzen die Chefbeamten einer grossen kommunalen Bauverwaltung in der Schweiz. Sie sind beseelt vom Wunsch nach öffentlicher Anerkennung und möchten den üblen Ruf loswerden, teure Bauverhinderer zu sein. Sie haben diesen Workshop arrangiert, um über mögliche und attraktive Zukünfte nachzudenken. Wenn sie ihr "Unternehmen" neu gründen und gestalten könnten: Wie sähe es aus? Was möchten sie in sechs Jahren in der Zeitung über ihre "Firma" lesen?

In kleinen Gruppen entwickeln sie anschauliche Szenarien. Das Stadtplanungsamt präsentiert sich beispielsweise als *"Public Space Team"* und ist mit ganzheitlicher Perspektive verantwortlich für die Gestaltung des öffentlichen Raums. Ausgehend von der aktuellen Problemlage der Stadt sieht es seine Hauptaufgaben in der Schaffung neuer Arbeitsplätze, was eine aktive Standortpolitik voraussetzt. Gleichzeitig wird die Mobilitätsthematik bearbeitet, das Zusammenspiel zwischen öffentlichem und privatem Verkehr mit verschiedenen Vehikeln sowie die Optimierung der

Infrastruktur unter Wahrung optimaler Wahlmöglichkeiten für die Einwohnerschaft. Selbstverständlich werden in diesen komplexen Themenfeldern Lösungen herauskristallisiert, die unter der Regie von NPM-Bauverantwortlichen eine Vielzahl von Akteuren vernetzen; sowohl andere Ämter wie private Interessenvertreter, aber auch politisch übergeordnete Instanzen und Machtträger mit kantonalem und nationalem Aktionsradius. Im Zuge der De-Industrialisierung wurde und wird Bausubstanz zur Umnutzung frei. Auch für den Umgang mit dieser Thematik (und etlichen anderen) entwickeln die Workshopteilnehmer überzeugende Vorstellungen. Weitere Detailschilderungen würden hier den Rahmen sprengen.

Die Männerrunde produziert Zukunftsvisionen von hoher Qualität und ist sich - was nur sie selbst überrascht - über weite Strecken einig. Während der nächsten Workshopsequenz geht es um die Definition konkreter Schritte auf dem Weg in die bessere Zukunft. Jetzt gerät die Diskussion ins Stocken; der Energiepegel sinkt; Frustration findet sprachlichen Ausdruck. Ärger, Ohnmachtgefühle und Selbstmitleid färben die Klagen über allzu enge Handlungsspielräume (nicht bloss aufgrund finanzieller Engpässe) und das inkompetente, zufällige, opportunistische Funktionieren der Politik. Wobei mit "Politik" sowohl Exekutive wie Parlament gemeint sind.

Die Szene ist echt und durchaus typisch. Nicht bloss für eine Bauverwaltung. Veränderungsideen sind vorhanden, gerade auch bei engagierten Fachleuten im staatlichen Anstellungsverhältnis. Wie können diese ganz konkret unternehmerisches Verhalten entwickeln? Basis meiner Antworten ist die Überzeugung, dass die Transformation hin zu wirkungsorientiertem Denken und Tun vor allem von den Betroffenen in der Verwaltung selbst zu bewirken ist. Sie sind die Agenten des Wandels. Packt die Wissenschaft jetzt einfach eine neue Serie von Konzepten auf die ohnehin (von oben) übernormierte Arbeitssituation von Beamten und Beamtinnen, wird New Public Management bloss zur Fassadenrenovation führen und die Rolle von öffentlich Angestellten als Vollziehende vorgegebener (neuer) Normen nicht substantiell reformieren. Grösstenteils würde NPM dann vermutlich beschränkt bleiben auf Felder (vor allem im kommunalen Bereich), die bereits relativ unabhängig von der Kernverwaltung gewisse Dienstleistungen produzieren und schon heute privatwirtschaftlich oder im Auftragsverhältnis (mit oder ohne staatliche Sockelfinanzierung) funktionieren könnten.

2. ZWISCHEN SACHLICHEM ENGAGEMENT UND POLITISCHER OPPORTUNITÄT

Wie schildern engagierte Beamte ihr Handlungsfeld und wie nehmen sie ihre eigene Rolle darin wahr?

- Ein föderalistisch/mehrstufiges System von allgemeinen und konkreten Normen und Regeln (Verfassung, Gesetze, Verordnungen, Ausführungsbestimmungen) setzt klare und sehr oft enge Grenzlinien für praktische Problemlösungen. Verwaltungshandeln bezieht seine Qualitätskriterien vorwiegend aus den übergeordneten Werten Regelkonformität, Gleichbehandlung und Standardisierung. Entscheidend ist Fehlervermeidung.
- Den organisatorischen Rahmen bildet eine hierarchische, zentralisierte Linienstruktur mit hoch respektierten Dienstwegen und Abteilungsgrenzen sowie genau spezifizierten, unpersönlich definierten Berufsrollen. Die beamtenrechtlich fixierten Karrieremuster belohnen formale Bildung, Anciennität und Konformität. In höheren Chargen spielt überdies die situativ richtige Parteizugehörigkeit eine wichtige Rolle.
Kurzfristig schwer veränderbare Besoldungsverordnungen setzen einer - grundsätzlich denkbaren - Strategie von Wandel via neue Belohnungssysteme erstickend enge Grenzen.
- Das Instrumentarium staatlichen Handelns ist begrenzt, uniform (Gleichbehandlung!) und präskriptiv. Tradition, Berechenbarkeit, Effizienz (nicht Effektivität), professionelle (Input-)Standards und Konfliktvermeidung steuern die Leistung. Die Kapazität, akute und aktuelle Probleme kreativ, alternativ oder experimentell anzugehen, ist weder vorgesehen noch gefragt. Der Zusammenhang zwischen verfügbaren Ressourcen und praktischer Arbeit ist lose, weil die Mittelallokation ausserhalb der Verwaltung passiert und im Binnenbereich Leistungsrechnungen fehlen.
- Die Eigeninitiative der Verwaltenden ist an einem kleinen Ort angesiedelt, auch weil ihre Kräfte neben dem Routinevollzug gebunden sind durch hektisch (und oft fürs Publikum jenseits der Fensterbalken) produzierte Aufträge (auch Rechtsfertigungs- und Kontrollaufgaben) von Parlament, Stimmbürgern und Regierung. Ständig gilt es zu reagieren.
Dabei werden die Vorgaben heutzutage zunehmend konkreter; sinnfällige Details sind leichter wahrzunehmen und zu kommunizieren als grundsätzliche, abstrakte Überlegungen.

- Beamte unterstehen der Führung durch Laien in Parlament und Exekutive. Meist sind auch ihre obersten (politisch gewählten) Chefs nicht vom Fach und überdies bleiben diese ihren Sesseln weniger lang treu als die Stützen der Verwaltung. Kein Wunder, sehen diese sich oft als sozusagen alleinige Sachwalter im immer unberechenbaren Wechselspiel des politischen Windes. Niemand ausser ihnen konzentriert sich (gemäss ihrer Wahrnehmung) auf die sachlich beste Lösung. Als Fachleute mit solidem Know-How navigieren sie ihre politischen Vorgesetzten durch die Klippen parlamentarischer und öffentlicher Debatten.

- Sie definieren sich auch als Anwälte des Allgemeinwohls gegenüber den kurzsichtigen und kurzfristigen Interessenvertretern. Oft nehmen sie Rekurs auf höhere Werte bei ihren Vorschlägen (Zukunftssicherung, Sozial- und Umweltverträglichkeit, Sicherung traditionellen Erbes usw.) und geraten damit rasch einmal in eine erzieherische Rolle gegenüber ihren 'Kunden'. Die Bevölkerung soll einen gesunden Lebensstil praktizieren, nur ästhetisch befriedigende, den Nachbarn gefällige Häuser bauen, Frauen und Männer gleichwertig behandeln, sich mit öffentlichen Verkehrsmitteln fortbewegen, gewaltfrei und solidarisch zusammenleben, nur mit ehrlichen Mitteln wirtschaften und und und.

3. VERSCHIEBUNG VON MACHT UND EINFLUSS

Staat und Verwaltung haben den Auftrag, ein Minimum an Gemeinschaftlichkeit, Zusammenhalt und Zuverlässigkeit - gerade im allmächtigen Trend zur Individualisierung - zu gewährleisten. Sie tun das beispielsweise mit Mitteln der Bildung, Polizei, Militär, Kulturpflege, Risikobewältigung im Falle von Krankheit, Alter, sozialer Not, durch gesetzgeberische Kanalisierung des Umgangs zwischen Individuen und Organisationen usw. Häufiger als uns lieb ist, kommt dabei Zwang ins Spiel. Der Staat produziert oft - vor allem auf nationaler Ebene - Normen, nicht einfach Dienstleistungen wie Banken oder Handelshäuser. Und er transferiert Geldmittel, schafft Ausgleich und praktiziert Umverteilung, die dem gesellschaftlichen Frieden dient.

Konsequenz daraus ist, dass naive Denkmodelle von Markt und Kundenorientierung beim New Public Management bloss ausnahmsweise funktionieren. Der Staat offeriert nicht bloss Brötchen, die eben im Gestell liegenbleiben, wenn die Essenden den Geschmack nicht mögen. Auch clevere Veränderungen der Rezeptur, Vermehrung der Sorten und munterer konsumierende Abnehmer lösen längst nicht alle Probleme.

Überdies ist die Kundschaft des Staates nicht durchwegs so hübsch segmentierbar wie im Güter- und Dienstleistungsmarkt.

Die Bürgerschaft als souveräne Auftraggeberin und zugleich Abnehmerin zerfällt in verschiedene Interessengruppen, die sich nicht selten mit ihren Argumenten überhaupt nicht treffen, ja nicht einmal auf der selben Ebene bewegen. Kommt erschwerend dazu, dass sich auch in der schweizerischen direkten Demokratie heutzutage viele Interessen wichtiger 'Stakeholders' (Anteilseigner) nicht mehr über den politischen Prozess artikulieren. Parteien und Verbände sind nicht mehr imstande, wichtige Bedürfnisse und Wünsche zuverlässig in die Gremien hinein zu vermitteln.

Wenn zentrales Ziel der Verwaltungsreform das wirkungsorientierte Denken und Handeln ist, setzt das *Parlamente* voraus, die fähig und willens sind, über erwünschte Wirkungen zu debattieren und im voraus Messkriterien für die Resultate festzulegen. Zunächst bedeutet das Verzicht auf das, was Volksvertreter am liebsten tun: detaillierte Lösungen vorschreiben. NPM kommt für sie einem Rückzug aus den Gefilden des Operativen gleich, wo sich die MilizpolitikerInnen (speziell auf kantonaler und kommunaler Ebene) besonders gern bewegen. Nicht zu unterschätzen ist auch der Anspruch an die abstrakt/intellektuelle Kompetenz der Gremien, welche zukunftsgerichtete Outcome-Definitionen vorzunehmen haben. Sie sollten zur Gruppe gehören, die der amerikanische Arbeitsminister Richard Reich 'symbolische Analysten' nennt und fähig sein, mit Ideen, Werten, Konzepten und Modellen zu jonglieren.

Diese Aussagen gelten auch für *Regierungsleute*. Machterhaltung oder -zugewinn für ihre nominierende Partei, eigene Wiederwahlchancen und gutes Funktionieren im Regierungsgremium sind bloss ein Teil der erwarteten Leistung. Im ausgebauten System des NPM ist zusätzlich der Nachweis einer erfolgreichen öffentlichen Managementtätigkeit gefragt, werden doch die Resultate der von Exekutivmitgliedern geführten 'Unternehmungen' gemessen und evaluiert. Davon sind positive Rückwirkungen auf den Auswahlprozess von Kandidaten und Kandidatinnen zu erwarten.

Es ist kaum anzunehmen, dass künftige Aspiranten auf öffentliche Führungspositionen unter derart veränderten Bedingungen fraglos das etablierte Personal und die bestehenden Anstellungsverträge übernehmen können. Der Beamtenstatus und die lebenslange Anstellungsperspektive beim Staat werden auch aus diesem Blickwinkel fraglich. Unverzichtbares neues Personalmanagement verändert Abhängigkeiten und Einfluss.

Wenn öffentliche Ämter, Dienststellen und Betriebe ihre Tätigkeit aufgrund von Leistungsvereinbarungen mit der Exekutive und Globalbudgets gestalten, sind auch die *Volksrechte* neu zu definieren. Ein weiterer Aspekt des Themas Machtverschiebung. Soll NPM konsequent gelten, stossen Initiative und Referendum an die Grenzen des neu gewonnenen Raums der Verwaltung für autonome Arbeits- und Leistungsgestaltung. Über den Preis des Trambillets beispielsweise wird dann nicht mehr an der Urne abgestimmt. Als Kompensation gewinnen dafür die Nutzenden (als Kunden) auf neue Art direkt Einfluss auf die Angebote.

Startpunkt und zugleich Resultat einer neuen Verwaltung ist also die Ausscheidung und Abgrenzung von Einflussbereichen. Deshalb macht es viel Sinn, dass nirgendwo bisher die Kernverwaltung, Polizei oder die Armee in Pilotprojekte für NPM einbezogen wurden. Günstiger sind die Voraussetzungen im kommunalen Raum und dort, wo Aufgaben an ohnehin relativ unabhängige Institutionen delegiert sind. Das Patentwesen, Spitäler, Heime, Bibliotheken, Verkehrsbetriebe, Wohnsiedlungen, die Motorfahrzeugkontrolle, das Vermessungswesen usw. können mit Globalbudgets und bereits bestehenden normativen Vorgaben sozusagen reibungslos unter ein NPM-Dach gestellt werden und sich dann sukzessive binnenstrukturell transformieren.

Öffentliche Aufgaben lassen sich nicht bloss über ökonomische Kennziffern steuern. Die Frage der Wertschöpfung setzt eine fundierte Besinnung und Neubestimmung des *Werte-Schaffens* für Öffentlichkeit und Gemeinschaft voraus, die uns (z.B. auf der Ebene einer Bundesverfassungsdiskussion) sehr schwerfällt. In globaler Weise kann sie kaum geführt werden; in segmentierter Form ist sie unerlässlich, soll NPM nicht auf den Austausch weniger Bauelemente und neuen Fassadenanstrich begrenzt bleiben. Globalbudgets für Spitäler sind ein Fortschritt, aber eigentlich nur eine Garantie für optimale qualitative Wertschöpfung, wenn zugleich ein Konsens über Gesundheitsversorgungssysteme hergestellt wird.

Wesentlich für gutes Management öffentlicher Leistungen ist bi-fokales Denken und Handeln mit sowohl kurz- wie mittelfristiger Perspektive. Private Unternehmen können Konkurs gehen, nicht so der Staat, der sich deshalb in anderen Zeithorizonten bewegen und Verantwortung für die Aufgabenbewältigung anders definieren muss. Erforderlich ist deshalb solide, permanente Selbstreflexion, etwa in Form von *qualitativem Controlling*. Gemeint ist die Überprüfung von Prozessen und Resultaten auf inhaltlicher Ebene und der Vergleich des jeweils erreichten Ist-Zustands mit Sollwerten und Zukunftstrends. Nicht nur die ausgeglichene Buchhaltung, auch die Verkehrsversorgungsqualität durch den kommunalen Busbetrieb und die Auswirkungen auf das Einwohnerverhalten gilt es zu erfassen. Durch kritische Selbstevaluation im Lauf der Zeit und unter sich ändernden Rahmenbedingungen sichert sich die Verwaltung die Rolle als Change Agent und, sie vermittelt sich laufend neue Lernimpulse.

Selbstverständlich lassen sich all diese Machtumschichtungen und neuen Vorgehensweisen realisieren. Sie sind erwünscht und machen den öffentlichen Dienst deutlich attraktiver. Aber in kurzer Zeit, mit Dekreten von oben und bloss 'technisch' und konfliktfrei ist eine substantielle Reform nicht zu haben. Politik und öffentliche Aufgaben sind radikal zu hinterfragen und umzuformen. Für die Verwaltenden selbst wächst einerseits der autonome Handlungsspielraum gegenüber vorgesetzten Instanzen. Art und Einsatz von Ressourcen (z.B. Personal) zur Zielerreichung gehören im NPM zur Verantwortung der bereichsspezifischen Führung. Und das Angebot (Art der Dienstleistungen, Umfang der Palette, Entwicklung neuer 'Produkte') wird stetig experimentell weiterentwickelt und vervielfältigt. Nicht nur, aber auch aufgrund von Volksinitiativen. Diese Stufe eines neuen Kooperationsgeflechts ist nur zu erreichen, wenn sich auch Regierungen und Parlamente als *lernende Organisationen*[1] verhalten und in den kommenden Jahren sukzessive ein neues Selbstverständnis und neue Kompetenz entwickeln. Impulse dazu sind von der Verwaltung als Agentur des Wandels zu erwarten.

Andererseits steigt im Konzept des NPM die Zahl der *"Stakeholders"* und Kriterienlieferanten für Erfolg der Verwaltung gegenüber dem traditionellen Zustand. Nicht nur Geschäftsprüfungskommissionen bewerten die Leistung, sondern neu auch die verschiedenen Gruppen von Nutzenden, Zuliefernden und die Mitarbeitenden selbst. Über die neuen diskursiven Verfahren zur Realisierung dieser Ansprüche ist noch zu reden.

4. VERHEISSUNGSVOLLE ANSÄTZE

Wie gesagt: Delegierte Aufgaben lassen sich am leichtesten neu organisieren. Deutlich zeigt sich das bei der englischen Verwaltungsreform, wo

---

[1] Burgoyne/Pedler/Boydell 1994

auf lokaler Ebene wenig politische Mitbestimmung herrscht, und die Behördentätigkeit sich weitgehend auf den Vollzug von Vorgaben aus London konzentriert.[2]

Die Beobachtung aktueller Prozesse in der Privatwirtschaft hilft, relevante Mechanismen des Wandels besser zu verstehen und auf den öffentlichen Bereich zu übertragen. Viele Firmen haben in den letzten Jahren 'Outsourcing' praktiziert. Putzdienst, Hauswartung, Kantine, EDV-Infrastruktur, Schulung usw. kauft man neu von aussen ein oder die traditionell zuständigen Teams wurden als unternehmerisch unabhängige, aber vertraglich gebundene Einheiten in die ökonomische Selbständigkeit entlassen. Ganze (auch komplexe) Bauteile für die eigene Produktion werden neu auswärts beschafft. Die reduzierte eigene Fertigungstiefe mindert das Risiko und verschlankt die organisatorische Gestalt. Auch für den Staat gilt wohl in der Zukunft, dass Arbeit organisieren einfacher ist als Arbeit geben und Leute langfristig sinnvoll zu beschäftigen.

Beim Wandel in Richtung NPM gibt es durchaus Ereignisse, an die sich strategisch anknüpfen lässt. Es lohnt sich, aus der Geschichte zu lernen, weil Erfahrungen stets die beste Ressource für Schritte in die Zukunft darstellen. Die Bürgerinitiativen der siebziger Jahre haben verschiedentlich herkömmlich angebotene Profi-Lösungen in Frage gestellt und *Selbstverwaltung* reklamiert. Ich denke beispielsweise an

- Quartierplanung und -gestaltung
- Behindertenpolitik und -einrichtungen
- Schulen, wo aktive Eltern die politisch erkorenen Schulpflegen bedrängen.

Gelegentlich, aber nicht systematisch, hat der Staat in verschiedenen Bereichen neue Trägerschaften gebildet (sich selbst daran beteiligt), sie mit dem nötigen Wissen ausgestattet und ihnen Geldmittel zur Verfügung gestellt. Aus solchen Projekten entwickelten sich massgeschneiderte Lösungen mit entsprechend höherer Akzeptanz durch Nutzende, und oft kosteten sie auch weniger als die Produkte der perfektionistischen Bürokratie. Aus solchen gelungenen Vorhaben lassen sich Handlungsanweisungen für künftige herausdestillieren. Das Zürcher Sozialamt beispielsweise ist dabei, eine Reihe von Aufgaben an private Vereine zu übertragen und die Gründung solcher Trägerschaften anzuregen. Allerdings ist nicht zu übersehen, dass solche Projekte praktisch von der an öffentlichen

---

[2] AMED 1990, S. 1

Angelegenheiten interessierten, artikulationsfähigen gesellschaftlichen Mittelschicht getragen werden. Die Qualitätskriterien, die von dieser Gruppe ans "Outcome" gestellt werden, genügen auf längere Sicht nicht, um das Funktionieren der staatlichen Gemeinschaft im ganzen zu sichern.

5. NEUES VERHALTEN, VERÄNDERTE VERHÄLTNISSE

Es wäre falsch und verkürzt, die herrschende Begeisterung für NPM nur an Kostenminderungsabsichten festzumachen. Auslöser ist - neben finanziellen Engpässen - auch die Tatsache, dass die Bevölkerung teilweise andere als die gebotenen Dienstleistungen fordert. Und dass laufend neue Aufgaben (z.B. Arbeitsplatzverluste, Gewalt im öffentlichen Raum, Anpassung an die Internationalisierung der Wirtschaft usw.) zu bewältigen sind.

Neue Technologien und Erkenntnisse über Organisations- und Prozessgestaltung stellen die Effektivität bürokratischer Strukturen und tayloristischer Arbeitsteilung grundsätzlich in Frage.[3] Das fortgeschrittene Managementwissen ist auch im öffentlichen Bereich gestaltend umzusetzen.

Überdies hat die Arbeitswelt noch nie so hochqualifizierte Fachleute beschäftigt wie heute. Die berufsaktiven Generationen können und wollen mehr Freiheit und Verantwortung übernehmen und leisten mehr und Besseres, wenn sie nicht in eng definierte Pflichtenhefte eingeklemmt und von detaillierten Weisungen abhängig sind. NPM ist auch eine Antwort auf die gesellschaftlichen und individuellen Veränderungen der letzten zwanzig Jahre. Es ist in der Lage, mit dem Selbstbewusstsein und der Motivation jüngerer Generationen produktiv umzugehen. Und die Vorbereitung auf den wahrscheinlich weiterhin turbulenten Wandel der kommenden Jahre an die Hand zu nehmen, der kontinuierliches Lernen unterschiedlicher Reichweiten impliziert. (siehe Abb. 1)

---

[3] Pinchot 1994 und Michel-Alder 1995

> **Individuen - Gruppen - Organisationen**
>
> 1. Regeln und Konzepte werden korrekt und zuverlässig erlernt und eingehalten.
> 2. An Regeln und Abläufen werden kleine Korrekturen im Sinne von Optimierung vorgenommen.
> 3. Regeln und Abläufe werden von den Beteiligten (samt Begründungen) verstanden. Sie können gegenüber Dritten argumentativ vertreten werden.
> 4. Die Beteiligten denken über ihre Erfahrungen nach, bewerten sie und bilden sich eine persönliche Meinung über die geltende Ordnung.
> 5. Die beteiligten Personen denken systematisch über ihr Tun nach und entwickeln Änderungsvorschläge. Sie führen strukturierte Experimente durch und entwickeln Pilotprojekte mit neuen Vorgehensweisen.
> 6. Die gegebenen Ziele werden hinterfragt, auch im Licht übergreifender Zusammenhänge und Zukunftsperspektiven; Denken und Handeln überspielen organisatorische Grenzen und schaffen im Hinblick auf neue Produkte oder Dienstleistungen innovative Vernetzungen.
> 7. In neuen Kooperationsmustern erfahren die Beteiligten Gemeinschaft und Sinndimensionen.
>
> 1-3 ist Nachvollzug (mit der Gefahr von Stagnation und Abhängigkeit).
> 4-5 bedeutet Verbesserung im Sinne von 'Lernen erster Ordnung'.
> 6-7 ist Innovation als Resultat von 'Lernen zweiter Ordnung' (mit viel Wandel und dem Risiko eines Identitätsverlustes).

Abb. 1:   Lernen in sieben Reichweiten

Fürs Auslösen von Wandel hin zu NPM braucht es - selbst wenn der herkömmliche Aufgabenrahmen zunächst nicht hinterfragt wird und bloss Optimierung auf dem Programm steht - eine neue Vereinbarung zwischen Exekutive und Schlüsselpersonen der Verwaltung. Nur ein partizipativer Prozess, der Impulse von oben nach unten und von unten nach oben solide verwebt, hat Aussicht zu gelingen. Noch fehlt das Gewebe zuverlässiger Kanäle für Informationsaustausch und Einflussnahme.

Das Konzept der Verwaltung als Change Agency weist denjenigen die Hauptverantwortung zu, die tatsächlich im Alltag neues Denken und Handeln zeigen müssen. Verhalten hat mit den Verhältnissen zu tun, beide entwickeln sich synchron und verschränkt. Rahmenbedingungen, Kultur und organisatorischer Kontext müssen von den Verwaltungsmitarbeitenden neu, bezogen auf das als wesentlich definierte Outcome (Wirkung), geformt werden.

Auf fünf Ebenen haben öffentlich Angestellte Veränderungen zu vollziehen:

- Arbeitsorganisation und -prozesse
- Haltung und Verhalten
- Fähigkeiten, Fertigkeiten, Kompetenz
- Werte und 'Glaubenssätze'
- Identität, Rollendefinition

Dieser Wandel ist am ehesten auf dem Weg der *Selbstentwicklung* und des strategischen Lernens[4] denkbar. Dazu müssen die reformwilligen Politiker und Politikerinnen die notwendigen Ressourcen zur Verfügung stellen.

6. SZENARIO FÜR DEN ERNSTFALL: ZWEI AKTE MIT OUVERTÜRE

6.1. Vorspiel

Nichts läuft ohne einen auslösenden Impuls - am häufigsten kommt er aus dem Kreis der politischen Exekutive. Oder wie in England von politischen (zentralen) Oberbehörden. Meist wird mit guten Gründen ein inkrementales Vorgehen mit Pilotprojekten gewählt. Mit dem Grundsatzentscheid verbunden ist meist die Bereitstellung eines Projektkredites (z.B. für externe Begleitung), die temporäre Ausserkraftsetzung einiger Regeln, um überhaupt ein Handlungsfeld zu öffnen sowie Beschlüsse über die Projektorganisation. Anspruchsvoll ist dabei die Doppelgleisigkeit und die hohe Belastung der Beteiligten: Einerseits gilt es, den etablierten Routinebetrieb aufrechtzuerhalten, andererseits ist parallel dazu eine neue Praxis zu entwickeln.

Die englischen Erfahrungen[5] lehren, dass Projektgruppen am erfolgreichsten sind, die quer durch die Hierarchie Organisationsmitglieder zusam-

---

[4] Cunningham 1994
[5] AMED, 1990

menführen, die das tägliche 'Geschäft' tatsächlich kennen. Expertenlösungen und Masterpläne überzeugen zwar auf dem Papier, stranden aber meist beim Transfer in Alltagshandeln.[6] Man kann neue Häuser auch mit gutem Willen nicht vom Giebel her bauen.

6.2. Akt 1

Der Ernstfall beginnt mit der Neudefinition der Leistungsansprüche. Neue Zukunfts-Leitsterne werden am Firmament fixiert, und - ganz im Sinn des eingangs skizzierten Beispiels einer Bauverwaltung - es wird das 'Unternehmen' neu erfunden. Sind Perspektiven und Leitwerte einmal formuliert, werden die Definitionen pragmatischer: Was muss, darf, kann und will das betroffene Amt in den nächsten Jahren? Was sicher nicht? Die Umschreibung der angestrebten Wirkung darf keinesfalls nur von innen heraus geschehen. Sonst dominieren professionelle Konzepte und Standards, die oft von Aussenstehenden und Nutzenden kaum wahrgenommen oder nicht geschätzt werden (was beispielsweise in der Medizin immer wieder vorkommt). Bei der Verlagerung von professionellen auf *nutzerdefinierte Qualitätskriterien* ist die Bestimmung der Stakeholders kruzial. Es sind dies

- direkte Klienten
- Verbände und Parteien, die diese vertreten
- Parlamentsmitglieder
- breite Öffentlichkeit (z.B. repräsentiert in Medien)
- interne Experten
- externe Experten, Wissenschaft
- Führungskräfte der Verwaltung; auch politische Spitze
- Zulieferer.

Die Liste könnte weiter ausdifferenziert werden, doch schon in der jetzigen Form ist offensichtlich, dass in der Steuerung der neuen Verwaltungsarbeit ein Engpass liegt, der nur mit einigem Aufwand an Phantasie und Organisation zu überwinden ist. Und von den Verwaltungsleuten wird gerade auch mit dem implizierten Zwang zu Grenzziehungen gegenüber inflationären Ansprüchen hohe Konflikt- und Diskussionskompetenz verlangt.

---

[6] Doppler/Lauterburg 1994

Ein Vorbild lässt sich in Schottland orten, wo im Bereich der Gesundheitsversorgung drei Instrumente zur Steuerung der öffentlichen Leistungen entwickelt wurden, die verschiedene Stakeholders miteinander vernetzen. Es gibt

- Local Forums (mit organisierten Gruppen)
- Citizen's Panels (mit Einzelpersonen und Experten)
- Research Surveys (systematische Erhebungen schlecht artikulierter Bedürfnisse),

deren Resultate Eckwerte fürs Controlling der Wirkung liefern. Erklärend sei beigefügt, dass die Surveys hohen Ansprüchen genügen müssen, sollen sie doch speziell auch die Gesichtspunkte der unorganisierten und marginalisierten Bevölkerungsgruppen erfassen, die sonst im System des NPM definitiv zu kurz kommen.

6.3. Akt 2

Sind die Outcome-Vorstellungen fürs erste geklärt und soweit konkretisiert, dass sie als Leitplanken für Handeln taugen, gilt es die *operationelle Kompetenz* sicherzustellen. (Um allfälligen Missverständnissen vorzubeugen hier der Hinweis, dass im Lauf des Prozesses selbstverständlich diese Outcome-Definitionen immer wieder hinterfragt und revidiert werden. Die Entwicklung verläuft rekursiv, nicht linear; ganz speziell, weil alle Beteiligten sich die Kompetenz zu neuem Tun erst im praktischen Vollzug schrittweise zuverlässiger aneignen.)

Im Kern geht es um Antworten auf die Fragen: *Wie* tun wir nun das, was wir mit den politischen Behörden und den Nutzniessern vereinbart haben? Wie organisieren wir sinnvolle Abläufe? Wieviel kosten welche Arbeiten tatsächlich? Wieviel dürfen sie kosten? *Wer* übernimmt welche Verantwortung? Wie stellen wir sicher, dass wir uns laufend verbessern? *Welche* Ressourcen brauchen wir? Welche Unterstützung bietet uns welche Art von Weiterbildung?[7] Die Fülle der Fragen weist auf den unerlässlichen Zeitbedarf hin. Auch das Vorbild Tilburg mit sehr günstigen Voraussetzungen benötigte vier Jahre, bis die neue Praxis etabliert war.

Nützlich sind nicht wissenschaftliche Planungen (sie setzen Detailkenntnisse voraus, die in der spezifischen Situation nicht greifbar sind), son-

---

7 AMED 1990

dern solide vorbereitete und im Umfeld (bei den Beteiligten) verankerte Prozessszenarien, die strategisches Lernen herausfordern und stimulieren. Praktisch unter der Hand wird dadurch Zuständigkeit dezentralisiert und 'unternehmerische' Verantwortung von ganz oben in die Hände von Teams und Personen gelegt, die sich näher bei den Nutzenden bewegen. Dadurch - in der Antizipation der Zukunft - wird der Veränderungsprozess strukturell kongruent mit dem angestrebten späteren Normalalltag.

Jeder Veränderungsprozess löst *Unsicherheit* und Widerstand aus. Am wirkungsvollsten begegnen die Verantwortlichen solchen Gefühlen und Haltungen, indem sie die Betroffenen zur Mitgestaltung einladen, sie von Objekten zu Subjekten der Entwicklung machen. Marvin Weisbord[8] fordert, das ganze System einzubeziehen. Selbstverständlich nicht nur, um Ängste zu bannen, sondern um die vorhandene Kompetenz faktisch zu nutzen und die Implementation mit der Planung von Anfang an zu verknüpfen. Das stellt beträchtliche und neue Ansprüche an die Schlüsselpersonen (meist Vorgesetzte), die bisher kaum 'Leadership' praktizieren mussten, sondern über Sachkompetenz (unterstützt durch Regeln und Zuständigkeitsabgrenzungen) führten.

7. FÜHRUNG IN DER AGENTUR DES WANDELS

Die Rolle der Vorgesetzten im Transformationsprozess und später im NPM erfährt eine substantielle Neudefinition vom reaktiven Fachbeamten zum gestaltenden 'Leader'. Das geschieht auf dem Weg der Selbstentwicklung. Wer aktiv im Pilotprojekt den Veränderungsprozess mitgestaltet, wächst zuverlässig in die neue Aufgabe hinein. Englische Erfahrungen zeigen, dass sich rund zehn Prozent der Kaderleute mit der neuen Struktur nicht anfreunden können oder wollen und sich anderswo um einen Arbeitsplatz bewerben.

Voraussetzung fürs Meistern der neuen Rolle sind - wie fast immer - *Interesse und Motivation*. Eine proaktive Haltung gegenüber Neuem, Begeisterung fürs Experiment und die Bereitschaft, sich mit anderen Personen auch konfliktuös auseinanderzusetzen braucht's im Gepäck der Schlüsselpersonen, die sich auf die Reise ins NPM-Neuland machen.

Ich habe mich ausführlich mit dem neuen Zusammenspiel zwischen Verwaltung und Politik/Parlament auseinandergesetzt.

---

[8] Weisbord 1991

Zum Binnenbereich genügen deshalb knappe Hinweise, weil sich im Sinne des fraktalen Unternehmens[9] innerhalb einzelner Verwaltungsbereiche dieselben Mechanismen abspielen wie zwischen politischen Instanzen und öffentlichen Dienstleistenden. NPM-Leaders erfahren also beide Seiten der Medaille: Sie gestalten *Vereinbarungskultur* nach aussen und nach innen, sind sowohl in der abhängigeren wie in der stärkeren Position. Teilautonome Teams vereinbaren mit ihren Vorgesetzten Resultate sowie verfügbare Ressourcen und sind für das Erreichen des Outcome verantwortlich. Die Hierarchien werden also flacher, im Sinne föderalistischer Subsidiarität dezentralisieren sich die Strukturen. Die ganzheitlichere Aufgabenwahrnehmung bringt viel grenzüberschreitende Kooperation mit sich, was alte Linienorganisationen verflüssigt und interdisziplinäre Projektgruppen gedeihen lässt.

Die neue Führung ist eine *befähigende und ermächtigende*. Die alte Pyramide mit dem Chef an der Spitze ist gekippt: der Leader/die Leaderin wirken im Rücken der Mitarbeitenden und unterstützen diese nach Kräften; sehen Potentiale und nicht Defizite. Sie formulieren keine Vorgaben, sondern wirken als Partner beim Festlegen anspruchsvoller Ziele und bei der Suche nach optimalem Vorgehen. Ihre Stärke muss auf der Orientierungs- und der Organisationsebene liegen.[10] Die Wahrnehmung der grossen Zusammenhänge sowohl geografisch (europäisch und darüber hinaus) wie im mittelfristigen Zeithorizont setzt sich in regelmässige, fordernde Debatten um Leitgedanken, Werte und Standards um. Ebenso die Verpflichtung gegenüber Gemeinschaft und Gesellschaft als Richtschnur öffentlichen Wirkens.

Organisierendes Können zeigt sich im Moderieren von Prozessen, die zu ressourcenschonenden, integrierenden Arbeitsabläufen mit gut überbrückten Schnittstellen führen und hohe Qualitätsleistungen ermöglichen. Es gilt, Handlungsregeln zu etablieren und für Verbindlichkeit zu sorgen. Sensibilität und Kompetenz für organisatorisch/strukturellen Wandel sind insofern Kernkompetenzen, als künftig laufend auf dieser Ebene Leadership gefragt sein wird.

Schlüsselpersonen für den Wandel und die neue Praxis brauchen Kompetenz für die Wahrnehmung der *Verantwortung im Ressourcenbereich*. Gemeint sind

- Personen (Rekrutierung, Einsatz, Förderung, Laufbahnen, Belohnung)

---

[9] Wheatley 1992
[10] Metzen 1993

- Geld, Budget
- Infrastruktur, Vermögen
- Wissen, Können, Information.

Sicherzustellen ist bei den Leaders hohe *soziale Kompetenz*, die Freude an der direkten Auseinandersetzung mit unterschiedlichen Menschen und die Fähigkeit, Vertrauen zu schenken, was viel mit Selbstvertrauen zu tun hat. *Feedback* von oben nach unten und horizontal nach rechts und links stützt gute Kooperation ebenso wie direkte Kritik und ersetzt alte obrigkeitliche Kontrollmechanismen. Im Fall von Attacken auf Einzelne oder ganze Gruppen tritt der Leader schützend und klärend auf und unterstützt die 'Selbstheilung'. Gelegentlich wird er auch um Sanktionen nicht herumkommen. Gut funktioniert das, wenn im voraus schon die Bedingungen dazu gemeinsam ausgehandelt wurden.

Künftig wird im öffentlichen Sektor viel mehr mit Alternativen experimentiert als bisher. Das ist mit Risiko verbunden und bedingt innere Stabilität in Phasen äusserer Unsicherheit. Erneut ist der Begriff Selbstsicherheit hier am Platz. Das mit dem Start von NPM-Projekten verknüpfte *Management Developement* hat primär die Stärkung des Selbstvertrauens von Leaders, Transformatoren und Multiplikatoren zum Ziel. Weiterbildung muss sich also mit den konkreten Persönlichkeiten ebenso auseinandersetzen wie mit Techniken, Werkzeugen und Organisationswissen. Wesentlich - im Sinne der Antizipation künftiger Praxis - scheint mir dabei das Realisieren selbstgesteuerter, strategischer Lernkonzepte (anstelle präskriptiver Lehrgänge). Jedes Individuum sollte in drei Schritten seinen Lernweg definieren:

1. Wer bin ich heute und wo stehe ich?
2. Wo (und wie) will ich mich in ein, zwei, fünf Jahren bewegen?
3. Wie kann ich dorthin gelangen? Welche Schritte sind zu vollziehen? Welche Ressourcen sind dafür erforderlich? Wie organisiere ich sie mir/uns?

Kollektive Formen, Teamlernen und individuelles Coaching bieten geeignete Rahmenbedingungen für Selbstentwicklung.

Den besten Effekt zeitigen Lernveranstaltungen im Kreis der Personen, die im Alltag zusammenarbeiten. In dieser Konstellation fallen Planung neuen Denkens und Handelns mit veränderter Alltagspraxis am ehesten zusammen.

8. VERÄNDERTE KULTUR: VON APOLL ZU ATHENA UND DIONYSOS

Im NPM-System arbeiten nicht Beamte, sondern Mitglieder einer öffentlichen Organisation, die gemeinsam wichtige gesellschaftliche Aufgaben betreuen. Sie gewinnen durch den Reformprozess an Prestige. Dies, die neuen Arbeitsformen und Verantwortlichkeiten, der kommunikative Austausch mit der Einwohnerschaft sowie intern usw. bewirken einen Kulturwandel.

Charles Handy[11] unterscheidet vier Kultur-Grundtypen. Die klassische Bürokratie schreibt er Apollon zu. Sie ist geprägt durch klar umschriebene und wechselseitig voneinander abgegrenzte *(unpersönlich definierte) Rollen* in einem hierarchischen Gefüge. Gesteuert wird das Organisationsgeschehen mittels Regeln, Vollzugsvorschriften, Kompetenzordnungen und Dienstwegen, nicht durch den überragenden Einfluss eines Individuums (wie in der hier nicht skizzierten Zeus-Kultur).

In der leistungslustigen Athena-Kultur sind die Ziele hoch gesteckt und fachliches Können sehr gefragt. Der Raum für *individuelle Talente und engagierte Teams* ist gross, vorausgesetzt ihre Vorstellungen decken sich mit den Visionen und Werten der Organisationseinheit. Der entschiedene Wille zu guten Resultaten setzt soviel interne Kritik frei, dass externe Kontrollen fast wegfallen können. Das Klima ist stimulierend, der Arbeitsalltag anspruchsvoll. Individuelle Unterschiede und Vielfalt werden als Reichtum fürs Ganze erfahren; das Management versucht, jede Person gemäss ihrer Stärken zu plazieren und zu fördern.

Hauptcharakteristikum der Dionysos-Kultur sind *unterstützende Beziehungen* und Zusammenhalt. Jedes Individuum findet Raum und Respekt. Wechselseitige Verantwortung füreinander ist sozusagen der Nährboden für Arbeitsengagement, Teamgeist und gutes Outcome. Weil im Bereich personengebundener Dienstleistungen das Binnenklima sich unmittelbar im Umgang mit Kunden spiegelt, ist diese Kultur speziell in Sozial- und Gesundheitspflege bedeutsam.

Veränderungen in der Organisationskultur sind nicht schnell und linkshändig zu bewerkstelligen, weil nicht nur eingefleischtes Verhalten, sondern Haltungen, Werte und Identitäten tangiert sind. Strukturelle Veränderungen eignen sich als Anlass für bewussten Kulturwandel aber

---

[11] Handy 1985

bestens. Gelingen kann die Ablösung z.B. von Apoll durch Athene und Dionysos bloss, wenn einerseits die Betroffenen aktiv mitwirken und andererseits die Führungsspitze sehr bewusst Zeichen setzt und sich engagiert. Die Kulturtragenden müssen einen Konsens vereinbaren, sowohl über das Ziel der Reise und über konkrete Schritte (nach dem Prinzip der Selbstentwicklung von Teams und Einzelnen) als auch über Belohnungen für gezeigtes neues Verhalten.

Das Arbeiten unter Bedingungen des NPM wird für die Beteiligten zweifellos interessanter. Die Anforderungen werden weiter steigen. Vorzügliche Leistungen sind auf Dauer nur zu gewährleisten, wenn die Arbeitskräfte sozial und emotional "gut genährt" sind. Dafür zu sorgen, ist Aufgabe des Kulturmanagements.

LITERATUR

AMED, Association for Management Education and Development, Hrsg., MEAD Special Issue Winter 1990: Change in the Public Sector - The New Reality, Julia Davies and Mark Sheldrake as Guest Editors, Lancaster 1990

Burgoyne John/Pedler Mike/Boydell Tom, Towards the Learning Company, Concepts and Practices, Maidenhead U.K., 1994

Cunningham Jan, The Wisdom of Strategic Learning, The Self Managed Learning Solution, Maidenhead U.K., 1994

Doppler Klaus/Lauterburg Christoph, Change Management, Den Unternehmenswandel gestalten, Frankfurt a.M., 1994

Farnham David/Horton Sylvia (Ed.), Managing the New Public Services, Houndsmills and London, 1993

Handy Charles, The Gods of Management, The Changing Work of Organisations, London, 1985

Metzen Heinz, Lean Management, in: Managerie, 2. Jahrbuch für Systemisches Denken und Handeln im Management, Heidelberg, 1993

Michel-Alder Elisabeth, Bürokratie am (weiblichen) Pranger, in: DISP 120, Hrsg. ORL-Institut ETH, Zürich, 1995

Pinchot Gifford & Elizabeth, The End of Bureaucracy & the Rise of the Intelligent Organization, San Francisco, 1994

Weisbord Marvin, Productive Workplaces, Organizing and Managing for Dignity, Meaning, and Community, San Francisco/Oxford, 1991

Wheatley Margaret J., Leadership and the New Science, Learning about Organization from an Orderly Universe, San Francisco, 1992

Wichtige Informationen verdanke ich überdies verschiedenen Mitgliedern des in England verankerten internationalen "Learning Company Project", mit denen ich seit Jahren zusammenarbeite.

NEW PUBLIC MANAGEMENT ALS MODERNISIERUNGSCHANCE

THESEN ZUR ENTBÜROKRATISIERUNGSDISKUSSION

Peter Hablützel

1. PARADIGMAWECHSEL IN DER STAATSDISKUSSION

New Public Management (NPM) stellt für Politik und Verwaltung eine grosse Chance dar. NPM ist zwar nicht das Patentrezept zur politischen Lösung gesellschaftlicher Probleme. Aber NPM signalisiert für die Staatsdiskussion einen Paradigmawechsel von historischer Bedeutung. Ökonomisches Denken hält Einzug in die staatspolitische Debatte und attackiert den jahrzehntelangen Primat juristischer Betrachtungsweise. Und das ist gut so. Denn nur eine Änderung des vorherrschenden Denkmodells, der grundlegenden Konstruktionsprinzipien und der institutionell gelebten Kultur kann den öffentlichen Sektor aus seiner bürokratischen Verkrustung zu effizienterem und effektiverem Verhalten führen und ihm damit neue gesellschaftliche Relevanz verleihen.

NPM verpflichtet Politik und Verwaltung zu mehr Wirtschaftlichkeit. Er leitet dadurch eine längst fällige Modernisierung der Staatsfunktion ein. Tendenziell sinkender Grenznutzen öffentlicher Dienstleistungsproduktion bei steigendem Staatsanteil an knappen gesellschaftlichen Ressourcen ruft nach einer stärkeren Berücksichtigung ökonomischer Prinzipien im politischen System. Die Thematisierung von Knappheitsphänomenen - wenig Geld, kaum Zeit, kein Konsens etc. - relativiert die Allmachtsphantasien der juristischen Staatslehre zugunsten profaner Machbarkeits- und Optimierungsfragen. So zerren mangelnde Ressourcen den öffentlichen Sektor vom Sockel erhabener Hoheitlichkeit und liefern ihn dem kritischen Blick der Betriebswirtschaft aus. Doch effizientes Verwaltungsmanagement, nach dem nun alle schreien, setzt eine unternehmerisch agierende Politik voraus. Sie sollte nicht nur komplizierte juristische Regelwerke produzieren, sondern ehrgeizige, aber realisierbare Ziele mit klaren Prioritäten setzen. Weniger kontrollorientiere Reglementierung ist angesagt, dafür mehr zielorientiertes Controlling.

Das Wichtigste am NPM-Modell ist, dass es auf dieser strategischen Ebene eine Grundsatzdiskussion provoziert und auf den entscheidenden Punkt bringt: die Diskussion um die gesellschaftliche Wirksamkeit staatlichen Handelns und um die Lernfähigkeit des politischen Systems an der sensiblen Schnittstelle von demokratischer Willensbildung und administrativem Vollzug. Und im Zentrum dieser Diskussion steht die Forderung nach einer Entbürokratisierung der Staatsfunktion. Nachdem die ideologische Fixierung der 80er Jahre auf die Dichotomie "Verstaatlichung oder Privatisierung" eher etwas überwunden scheint, rücken differenziertere Konzepte von Politik und Markt in den Vordergrund. Mischformen auf einem Kontinuum von klassischer Hoheitlichkeit bis hin zu unternehmerischer Gewinnorientierung werden in die pragmatische Betrachtung der Staatsfunktion miteinbezogen und Modernisierungsstrategien der Privatwirtschaft auf ihre Brauchbarkeit im öffentlichen Bereich getestet. Jedenfalls stehen die Chancen heute nicht schlecht, dass die ökonomisch notwendige Entbürokratisierungsdiskussion weniger ideologisch abläuft. Sie sollte nicht formal, sondern funktional, systemischer und damit hoffentlich auch wirksamer als in den 70er und 80er Jahren geführt werden.

2. WACHSTUMSGRENZEN DER STAATSFUNKTION

Die Entbürokratisierungsdiskussion ist nicht nur ökonomisch, sondern auch staatspolitisch relevant. Denn zur Legitimation staatlichen Handelns reicht die Legalität allein nicht mehr aus. Bei wachsender Staatsfunktion wird auch die Produktivität im Sinne einer effizienten Zielerreichung des öffentlichen Sektors zum Politikum.

Die ausdifferenzierte, dynamische Gesellschaft generiert laufend mehr, komplexere und schwierigere Probleme, die von den einzelnen Subsystemen nicht adäquat gelöst werden können. Als politische Aufgaben belasten sie bald den Staat und überfordern ihn letztlich mit dem Ergebnis, dass die staatliche Problemlösung selbst zu einem gravierenden politischen Problem geworden ist. Obwohl die Effektivität der traditionellen Instrumente Recht und Finanzen bei Übernutzung sinkt, wird immer noch kräftig in den quantitativen Ausbau der juristischen Regelwerke und der staatlichen Geldströme investiert. Das erinnert an Mark Twains Ruderer, die ihre Anstrengungen verdoppelten, als sie das Ziel aus den Augen verloren. Dabei wäre gerade in bewegten Gewässern kluges Steuern wichtiger als nervöses Rudern.

Die Folgen dieser Aufblähung rechtlicher und finanzieller Aktivismen sind bekannt: Finanz- und Verschuldungskrise, Vollzugsdefizite, Akzeptanzprobleme und Politikverdrossenheit markieren einen gefährlichen

Teufelskreis an der gesellschaftlichen Aussenfront des politischen Systems. Während Bürger und Wirtschaft als Steuerzahler und "Rechtsunterworfene" ihren Verpflichtungen gegenüber dem Staat zunehmend kritisch bis ausweichend begegnen, steigern sie gleichzeitig ihre Ansprüche als Kunden seiner Dienstleistungen, deren Qualität an den Standards flexibler, absatzorientierter Qualitätsproduktion der Marktwirtschaft gemessen wird. In seinem Innern treibt das politische System die Spezialisierung und institutionelle Differenzierung voran, um seiner Rolle als Infrastruktur- und Reparaturequipe der rasanten gesellschaftlichen Entwicklung gerecht zu werden. Aber es schwinden Übersicht und Orientierung, und die Koordinationsleistung lässt nach trotz Aufblähung der Stäbe. Und vor allem sinken Zuversicht und Motivation, der veränderten Situation mit innovativen Rezepten erfolgreich zu begegnen.

So perfektioniert der öffentliche Sektor seine überkommenen bürokratischen Verfahren, während die Privatwirtschaft, die ihr Führungswissen einst von Staat und Militär bezogen hat, sich viel offener verhält. Auf die Internationalisierung der Märkte und die Segmentierung der Kundenwünsche reagiert sie mit einer veritablen Managementrevolution. Lean Production und Business Process Re-Engineering erlauben die Konzentration aufs Kerngeschäft und damit eine Optimierung entlang der ganzen Wertschöpfungskette. Dank Dezentralisierung, flacher Hierarchie und qualitätsorientierter Teamarbeit werden viele Unternehmungen besser, rascher und flexibler. Sie steigern ihre Effizienz in einem Ausmass, wie es die normgeleitete Standardproduktion des Staates mit ihrer konditionalen Programmierung nie gestatten würde.

Damit zeichnen sich vor dem Hintergrund verschärften internationalen Wettbewerbs gefährliche Spannungen im Verhältnis von öffentlichem und privatem Sektor ab. Nicht nur dass der Staat zum retardierenden Element der gesellschaftlichen Dynamik zu werden droht (das könnte ja - zumindest gegenüber pathologischen Entwicklungen - auch eine politische Zielsetzung sein). Er verliert infolge suboptimaler Ressourcenallokation zunehmend auch sein Vermögen, gesellschaftliche Prozesse wirksam zu steuern und für die Allgemeinheit verbindliche Entscheidungen herzustellen. Das politische System tendiert immer mehr zur Selbstreferenz: Es befasst sich vor allem mit sich selbst, da es zur Lösung gesellschaftlicher Probleme kaum mehr gewillt und fähig ist.

3. ÜBERBORDENDES LEGALITÄTSPRINZIP

Die Gefahr retardierender Selbstreferenz verdanken wir der Legalität als verabsolutiertem Konstruktionsprinzip staatlichen Agierens. Die wachsende Diskrepanz zwischen öffentlichem und privatem Sektor gründet nicht zuletzt auf einer unterschiedlichen Rechtsverfassung. Für die Privatunternehmung gilt die Grundmaxime des zivilen Rechts: "Was nicht verboten ist, ist erlaubt." Das schafft Freiräume. Das gibt die Möglichkeit, Ziele zu definieren und die vorhandenen Mittel danach auszurichten. Für den Staat und seine Verwaltung gilt hingegen das öffentliche Recht. Hier lautet die Maxime: "Was nicht vorgeschrieben ist, ist verboten."

Ohne Rechtsgrundlage läuft beim Staat also gar nichts. Daraus ergibt sich als typisches Verhalten der Verwaltung der Vollzug von Vorschriften. Während in Privatunternehmungen finales Denken und Handeln gefragt ist, dominiert in der Verwaltung die Konditionalprogrammierung. Anstelle von "Wozu-Womit-Überlegungen" gelten hier "Wenn-Dann-Regeln", wie sie dem traditionellen juristischen Denken eigen sind. Die starke Verrechtlichung ist denn auch das Spezifikum der verwaltungstypischen Ausprägung von Bürokratie. Hoheitliches Denken und die herkömmliche Souveränitätsvorstellung, die den Staat allen gesellschaftlichen Kräften hierarchisch überordnet, gelten selbst dort, wo der Staat als Marktteilnehmer auftritt. Warum basieren z.B. Anstellungsverhältnisse in der Verwaltung auf einseitiger, dafür aber beschwerdefähiger Verfügung statt auf partnerschaftlichem Arbeitsvertrag? Das damit hoheitlich begründete "besondere Gewaltverhältnis" ruft natürlich sofort nach ausgebautem Rechtsschutz der Betroffenen, was detaillierte Regelungen erheischt und den Handlungsspielraum massiv beschränkt. Der Staat gebärdet sich deshalb als Wettbewerber auf den modernen Faktormärkten wie ein feudales Relikt, dem man eine rechtliche Kandare verpaßt hat - übermächtig zwar, aber unbeweglich und hilflos wie ein Dinosaurier.

Das Legalitätsprinzip diente als Denkmodell für den Nachtwächterstaat des 19. Jahrhunderts. Wir verdanken ihm die bürgerliche Disziplinierung der absolutistischen Exekutivgewalt. Es ist auch heute noch angebracht, wo es den Rechtsschutz vor Willkür der Eingriffsverwaltung gewährleistet. Als Konstruktionsprinzip für die Leistungsverwaltung taugt das Legalitätsprinzip allerdings wenig, und es stellt sich die Frage, ob seine Handhabung des Legalitätsprinzips im gesamten öffentlichen Bereich überall gleich strikt erfolgen muss - unabhängig davon, ob es um die Freiheitsrechte des Bürgers und der Bürgerin oder um die Produktion von Dienstleistungen und Gütern geht. Wenn wir wie bisher versuchen, den ganzen öffentlichen Sektor über immer engere Normen und Kontrollmechanismen statt über priorisierte Ziele zu steuern, wird das Ergebnis ein restlos überforderter, unwirtschaftlicher und sich selbst blockierender Staat sein.

Das scheint jedoch gewisse Verwaltungsjuristen wenig zu kümmern. Diese Schriftgelehrten der Bürokratie möchten das Legalitätsprinzip noch weiter auf die Spitze treiben. Den Eindruck erhält man jedenfalls bei der Lektüre von Art. 141 des Entwurfs für eine neue Bundesverfassung. Steht da doch in der Tat die neue Bestimmung, bei der Delegation von Rechtsetzungsbefugnissen müssten die Grundzüge der Regelung schon auf Gesetzesstufe festgelegt werden. Traut man also Exekutive und Verwaltung nur noch ein Verbesserungslernen innerhalb vorgeschriebener Regeln, nicht mehr ein Veränderungslernen im Hinblick auf gesetzte Ziele zu? Bei gleichzeitiger Verstärkung der Justiziabilität - ein Herzenswunsch der Schriftgelehrten - kann diese Einschränkung der Delegation nur auf Kosten von Wirtschaftlichkeit und Handlungsfähigkeit des Staates gehen. Aber soweit haben wir die Bürokratie schon verinnerlicht, dass Behörden eine Begrenzung ihrer Gestaltungsfreiheit selber beantragen. In der Privatwirtschaft gilt solches Verhalten als Indiz für die innere Kündigung...

4. Bürokratie und Verwaltungskultur

Das Legalitätsprinzip stand am Ursprung moderner Staatlichkeit, wie sie Max Weber mit seinem Idealtypus der Bürokratie als reinster Form rationaler Herrschaft treffend charakterisiert hat. Ohne staatliche Bürokratie wäre die Ablösung der Feudalherrschaft durch den liberalen Verfassungsstaat nicht möglich gewesen. Mit ihren Prinzipien der hochgradigen Regelbindung, klarer Zuständigkeiten, strikter Hierarchie und exakt dokumentierender Schriftlichkeit liess sich die Rechtssphäre des Bürgers gegen willkürliche Eingriffe des Staates schützen. Der Grundsatz der Gesetzmässigkeit sollte die rationale Berechenbarkeit staatlichen Handelns garantieren.

Dass sich Bürokratie auch als Instrument für andere Rationalitäten oder Irrationalitäten bis hin zur kafkaesken Pervertierung nutzen lässt, hat die tragische Geschichte des 20. Jahrhunderts in der Folge genügend bewiesen. Was uns heute am Bürokratiemodell leiden lässt, ist sein immenses Beharrungsvermögen und seine Lernpathologie. Tayloristische Arbeitsteilung und hierarchische Koordination, dargestellt im Organigramm mit seinen hübschen Kästchen, verleihen dem auf Formalstrukturen reduzierten Konstruktionsplan zwar Ästhetik und Charme des Maschinenmodells. Doch dessen Faszination verblasst angesichts der Umweltdynamik und des Wertewandels, in denen sich die Verwaltung mit ihren wachsenden Aufgaben behaupten sollte.

Das Übergewicht formaler Strukturen und der Überhang an rechtlichen Normen haben eine entsprechend rigide, im Grunde innovationsfeindliche Kultur hervorgebracht. Sie äussert sich unter anderem durch autoritäres Verhalten, sei es nun aktiv-autoritär nach unten oder passiv-autoritär nach oben, ein ausgeprägtes Ressortdenken und die Respektierung der "Amtsautorität". In diesem System erscheint der Opportunismus, vielleicht gewürzt mit einer Prise Schlaumeiertum, als rationalste individuelle Verhaltensweise. Typisch für die Verwaltungskultur ist sodann die Absicherungsmentalität. Jeden Schritt, den man unternehmen sollte, versucht man rechtlich abzusichern oder auf die nächsthöhere Hierarchiestufe zu delegieren. Am besten fährt in der Verwaltung, wer persönlich zurechenbare Misserfolge verhindert. Den Erfolg zu suchen, kann hingegen eher riskant sein. Das hängt damit zusammen, dass in der Verwaltung eine Null-Fehler-Toleranz vorherrscht und die Einsicht weitgehend fehlt, dass Fehler nur schlecht sind, wenn man daraus nichts lernt.

In augenfälligem Kontrast zur Minimierung beruflicher und fachlicher Risiken steht die Maximierung der materiellen Ansprüche. Ohne Rücksicht auf Prioritäten und Kapazitäten des Gesamtunternehmens versucht man alles, um für die eigene Organisationseinheit zusätzliche Personal- und Finanzmittel herauszuschinden und für sich selbst jede denkbare Zulage oder Entschädigung anheischig zu machen. Vieles spricht dafür, dass die materiellen Erwartungen an das System Kompensationsforderungen für erlittene Frustrationen sind. Diese resultieren unter anderem daraus, dass man als Beamter eigentlich eine hohe Verantwortung trägt, gleichzeitig aber nicht über die Gestaltungs- und Entscheidungsmöglichkeiten verfügt, um diese auch richtig wahrzunehmen.

Wer sich in der Verwaltungslandschaft auf ethnologische Erkundung begibt, bemerkt bald die schizoiden Züge dieser Kultur. Staatsdiener leben in einer ausgeprägt dualen Welt und müssen sich bei Strafe des Misserfolgs auf zwei Ebenen geschickt zu bewegen verstehen, wenn sie Sach- und Berufsziele erreichen wollen. Da gibt es nicht nur die von aussen sichtbare formelle Welt mit ihren offiziellen Strukturen und Normen, mit ihrer Schriftlichkeit und Gleichbehandlung ohne Ansehen der Person, mit ihrer rationalen Ausrichtung auf Aufgabe, Amt und Pflichtenheft sowie genau berechenbaren Gehaltsansprüchen. Da gibt es auch - als Antithese zu bürokratischer Anonymität und Kälte - eine ebenso ausgeprägte informelle Gegen-Welt mit starken Sympathien und Antipathien, mit persönlichen Seilschaften und Beziehungsnetzen, mit Gerüchtebörsen und inoffiziellen Machtspielchen bis hin zur Sabotage.

Man kriegt manchmal den Eindruck, die Verwaltungsmenschen zahlten der Organisation mit Allzumenschlichem heim, was ihnen diese unpersönliche Maschine an Unmenschlichem antut. Umgekehrt bedienen sich viele virtuos der Instrumente dieser formellen Welt, jedenfalls wenn es darum geht, politische Innovationen abzuwehren und Bewegung zu verhindern. Das führt zu einem gewaltigen Ressourcenverschleiss schon in der täglichen Arbeit und verleiht der Bürokratie ein ungeheures Beharrungsvermögen, da jede Änderung parallel auf beiden Ebenen mühsam erkämpft werden muss. Am enormen Energieaufwand, der dafür nötig ist, sind schon einige Reformprogramme gescheitert, haben schon manche ihre Gesundheit ruiniert.

Die kulturelle Selbstblockierung steht im Verbund mit der normativen Fremdblockierung durch die Politik. Ihr als Dienstherrn der Verwaltung ist es bisher kaum gelungen, die bürokratische Verkrustung aufzubrechen. Ganz im Gegenteil. Solange sie ihre Steuerungsversuche ausschliesslich in Form von Regelungen und Detailvorgaben appliziert und die Inputkontrollen stets noch perfekter ausgestaltet, verstärkt sie automatisch die bürokratischen Absicherungs- und Abschottungstendenzen. Die logische Folge dieser systemischen Verstrickung sind gravierende Lernpathologien an der Schnittstelle von Politik und Verwaltung. Hier wird vorzugsweise ein Dialog unter Autisten geführt. Davon zeugen zum Beispiel die jährlich über 1000 parlamentarischen Vorstösse auf Bundesebene, aber auch ihre defensive oder vorsichtig-dilatorische Beantwortung.

5. NPM ALS DEBLOCKIERUNGSSTRATEGIE

New Public Management ist die grosse Chance, den Teufelskreis gegenseitigen Misstrauens und bürokratischer Reglementierungswut zu durchbrechen. Sein Instrumentarium zwingt Politik und Verwaltung, sich von der Fixierung auf die Input-Steuerung zu lösen und über die Output-Orientierung eine neue Perspektive der Zusammenarbeit zu finden.

Damit wird das politische System wiederum lernfähiger und zugleich handlungsfähiger gegenüber seiner gesellschaftlichen Umwelt.

Im Zentrum dieser neuen Ausrichtung steht eine rationale Diskussion der Staatsfunktion anhand operationalisierbarer Ziele. So kann wirtschaftliches Denken und modernes Management im öffentlichen Sektor überhaupt erst Einzug halten. Je mehr die Politik Klarheit auf der strategischen Zielebene schafft, desto wirksamer und effizienter können die knappen Mittel eingesetzt werden und desto leichter fällt die organisatorische Optimierung des Produktionsprozesses. Je deutlicher die Politik das 'Was' entschieden hat, desto betriebswirtschaftlicher kann das 'Wie' an die Hand genommen werden.

NPM zwingt zur Definierung des gesellschaftlichen Bedarfs an politischer Lenkung und verpflichtet die Politik auf die Rolle des Bestellers der dafür nötigen öffentlichen Steuerungsmassnahmen und Dienstleistungen. Welche öffentlichen Leistungen sollen überhaupt erbracht werden? Durch den Staat selbst, durch ausgelagerte Verwaltungseinheiten oder durch Private? Unter Monopolverhältnissen oder im Wettbewerb? Welche Managementinstrumente sind nötig zur Steuerung der externen Leistungserbringer, und wie kann die eigene Organisation ergebnisorientiert geführt werden? NPM schafft den Rahmen zur Beantwortung dieser Fragen und bringt durch klare Rollenteilung und Kontrakte mehr Transparenz und Glaubwürdigkeit in den politischen Entscheidungsprozess. Es erlaubt zudem eine stärkere Ausrichtung auf die Bedürfnisse der Kunden, Voraussetzung um für staatliches Handeln auf dem Markt gesellschaftlicher Akzeptanz die nötige Legitimation zu finden.

Damit soll nicht einem platten Konsumerismus gehuldigt werden, der im Bürger bloss noch den Konsumenten öffentlicher Leistungen sieht. Auch mit NPM bleibt der Staat ein System mit partiellem Zwangscharakter, welches das Bild des Bürgers als Kunden in einem leicht schiefen Licht erscheinen lässt. Und es kann auch mit NPM nicht das Ziel öffentlicher Politik sein, staatliche Leistungen (Outputs) nur zur individuellen Bedürfnisbefriedigung der Empfänger zu produzieren. Vielmehr geht es darum, mit Regelungen und Information, mit Sanktionen und Anreizen das Verhalten der Zielgruppen so zu beeinflussen (Impacts), dass Lösungen kollektiver Probleme zustande kommen (Outcomes). Allerdings erhebt NPM den Anspruch, dass auch in dieser politischen "Wertschöpfungskette" das Verhältnis von Aufwand und Ertrag optimiert werden muss. Die klare Bezeichnung der bestellten Produkte ist dabei Voraussetzung nicht nur für eine effiziente Leistungserbringung, sondern auch für die Evaluation ihrer gesellschaftlichen Wirksamkeit.

Dieser Optimierungsanspruch ist nicht einfach einzulösen. Auch mit NPM bleibt der Staat ein System voller Widersprüche, in dem Zieldefinition und Rollenklärung nicht immer eindeutig möglich sind. Ferner wird NPM darauf zu achten haben, dass es den Teufel der bürokratischen Input-Steuerung nicht mit dem Beelzebub rein quantitativer Indikatoren nach dem Vorbild der tayloristisch-fordistischen Massenproduktion auszutreiben versucht. Wenn reine Zahlengläubigkeit die Fixierung auf rechtliche Normen ablöst, kann sich keine innovative und unternehmerische Kultur entfalten. Der Beamte bliebe Erfüllungsgehilfe beim Vollzug starrer Planvorgaben. Neue Managementinstrumente wie Kostenrechnung und Leistungsmessung genügen deshalb nicht. Nur in Kombination mit einer qualitativen Personal- und Organisationsentwicklung kann NPM jene kulturelle Deblockierung einleiten, die für eine echte Modernisierung des politischen Systems unabdingbar ist.

AUTORENVERZEICHNIS

Daniel Arn, Dr.iur., Mitinhaber Advokaturbüro Arn & Friederich, Geschäftsführer des Verbandes Bernischer Gemeinden und des Schweizerischen Verbandes der Bürgergemeinden und Korporationen;

Studium in Bern, Staatsexamen als Fürsprecher, 1985-1989 jur. Adjunkt bei der Gemeindedirektion des Kantons Bern, massgebliche Mitarbeit an Gesetz und Verordnung über den Finanzhaushalt der Gemeinden, 1992 Promotion zum Dr.iur.

Kurt Baumann, Dr.oec. HSG, seit 1. Oktober 1995 im Rang eines stv. Direktors als Consultant für öffentliche Verwaltungen bei der ATAG ERNST & YOUNG CONSULTING AG tätig;

Kurt Baumann arbeitete nach seiner Tätigkeit als Assistent für allgemeine Betriebswirtschaftslehre an der Hochschule St. Gallen längere Zeit in der öffentlichen Verwaltung: vorerst bei der Eidg. Finanzkontrolle und ab 1979 bei der Finanzdirektion des Kantons Bern, ab 1987 als Leiter des Direktionssekretariats. Vom Verwaltungsrat der Bedag Informatik wurde er anfangs 1990 als stv. Direktor an die Spitze dieses Unternehmens gewählt.

Werner Bussmann, Dr., Programmleiter des Nationalen Forschungsprogramms «Wirksamkeit staatlicher Massnahmen» und Mitarbeiter des Bundesamts für Justiz;

Seine Schwerpunkte sind Föderalismusfragen, Evaluationen und organisationales Lernen. Zu seinen jüngsten Veröffentlichungen zählen *Evaluationen staatlicher Massnahmen erfolgreich begleiten und nutzen* und *Lernen in Verwaltungen und Policy-Netzwerken*.

Jean-Daniel Delley, Doktor der Politikwissenschaft, Forschungs- und Lehrbeauftragter an der Rechtswissenschaftlichen Fakultät der Universität Genf;

Studium der Philosophie und der Internationalen Beziehungen, Doktorat in Politischen Wissenschaften, Publikationen in den Bereichen der direkten Demokratie (L'initiative populaire en Suisse, 1978) und der Implementation und des Vollzugs der Gesetzgebung (Le droit en action, 1982/L'Etat face au défi énergétique, 1986).

Hans-Peter Egli, stellvertretender Projektleiter im Luzerner WOV-Projekt;

Betriebswirtschafter von Haus aus, ständig sich weiterbildend, Organisator, geschickter Moderator, in der Verwaltung genauso wie in der Privatwirtschaft bewanderter Informatikfachmann mit Wissenslücken am eigenen PC, chaotisch-kreativ, doch zielstrebig, hartnäckig und erfolgreich, manchmal etwas sprunghaft im Denken, doch genau und überzeugend.

René L. Frey, Prof. Dr., ordentlicher Professor für Nationalökonomie an der Universität Basel, Vorsteher des Wirtschaftswissenschaftlichen Zentrums WWZ;

Spezialgebiete in Lehre, Forschung und Beratung: allgemeine und schweizerische Wirtschaftspolitik, Finanzwissenschaft sowie Regional-, Stadt-, Verkehrs- und Umweltökonomie; Mitglied von Kommissionen des Bundes, von Kantonen und Gemeinden sowie internationaler Organisationen, u.a. Mitglied der Expertengruppe «Der Finanzausgleich zwischen Bund und Kantonen».

Raimund E. Germann, Prof. Dr., unterrichtet Verwaltungswissenschaft am Institut de hautes études en administration publique (IDHEAP), Lausanne;

Studium der Rechts- und Politikwissenschaft in Fribourg, Freiburg (BRD), Tunis und Madison/ Wisconsin (USA), Forschungs- und Lehrbeauftragter an den Universitäten Genf, Zürich, St. Gallen und Fribourg, 1978-1982 Leiter des Nationalen Forschungsprogrammes «Entscheidungsprozesse in der schweizerischen Demokratie», 1975-1980 Redaktor des Schweiz. Jahrbuchs für Politische Wissenschaft, 1982-1993 Direktor des IDHEAP.

Peter Hablützel, Dr. phil., Direktor des Eidgenössischen Personalamtes, Bern;

Studium der Geschichte und Politikwissenschaft sowie des Staatsrechts an den Universitäten Zürich und Mainz, Assistent an den Universitäten Zürich und Bern, Lehraufträge, persönlicher Berater des Chefs Eidgenössisches Finanzdepartement, Projektleiter Reorganisation Berner Staatsverwaltung.

Theo Haldemann, lic.oec.publ., wissenschaftlicher Mitarbeiter am Institut für Finanzwirtschaft und Finanzrecht an der Hochschule St. Gallen;

Studium der Volkswirtschaft in Wien und Zürich mit Schwerpunkten in den Fächern Finanzwissenschaft, Politische Wissenschaft sowie Wirtschafts- und Sozialgeschichte, Universitäts- und Nationalfondsassistent am Institut für Politikwissenschaft der Universität Zürich.

Hasenböhler Robert, lic.rer.pol./Diplompädagoge, selbständiger Berater und Organisationsbegleiter mit betriebswirtschaftlicher Ausrichtung, Lehrtätigkeit an Fachhochschulen des In- und Auslands;

Seminarabschluss, Studium der Volks- und Betriebswirtschaft in Bern, Zusatzstudium in Erwachsenenbildung und Lehrplanung, Tätigkeit in einer Unternehmensberatungsfirma, nach Übertritt ins EMD mit der Realisation gewisser Postulate des sogenannten Berichts Oswald beauftragt, Übertritt in den Dienst des Kantons Bern, Tätigkeit als Personalchef-Assistent und Ausbildungsverantwortlicher in einem Schweizer Grosskonzern.

Albert E. Hofmeister, Dr.oec. HSG, Chef des Inspektorates des Eidg. Militärdepartements;

Studium an der Hochschule St. Gallen, Dozent für Verwaltungswissenschaften an der Eidg. Technischen Hochschule in Zürich und an der Hochschule St. Gallen, 1979-1991 Chef der Sektion Organisation im Generalsekretariat des Eidg. Militärdepartement, 1983-1992 Generalsekretär der Schweizerischen Gesellschaft für Verwaltungswissenschaften (SGVW) und heute Ehrenmitglied der SGVW.

Dieter Jegge, lic.rer.pol., Führungs- und Organisationsberater im Eidg. Personalamt, Bern;

Studium der Betriebswirtschaft in Bern, Assistent am NPI-Institut für Organisationsentwicklung, anschliessend «internal change agent» bei Shell Nederland, Den Haag, ab 1975 wissenschaftlicher Adjunkt im Bundesamt für Organisation, 1990 Übertritt ins Eidg. Personalamt.

Urs Käch, Mitbetreiber der Geschäftsstelle des Luzerner WOV-Projektes;

Historiker mit kurzer betriebswirtschaftlicher Vorgeschichte und langer zeitungsjournalistischer Vergangenheit, Informationsbeauftragter und Mädchen für (fast) alles in der Verwaltung des Kantons Luzern, dort zeitweise als Informatikverantwortlicher missbraucht, langjähriger Kollege, Übersetzer und Partner von Hans-Peter Egli.

Ulrich Klöti, Prof. Dr., Leiter des Instituts für Politikwissenschaft der Universität Zürich;

Studium zum lic.rer.pol an der Universität Bern, 1972 Dr.rer.pol, postgraduate Studien in Princeton und Ann Arbor, Assistent und Oberassistent am Forschungszentrum für schweizerische Politik in Bern, 1973-1980 Direktionssekretär des Bundeskanzlers, ab 1980 Professor für Politikwissenschaft an der Universität Zürich.

Peter Knoepfel, Dr. iur., Professor für Politikanalyse und Umweltpolitik am Institut de hautes études en administration publique (IDHEAP), seit 1982 Direktor des IDHEAP;

Bis 1982 Projektleiter am Wissenschaftszentrum Berlin (WZB) und Gastprofessor an der Gesamthochschule Kassel. Mitglied nationaler und internationaler wissenschaftlicher Gremien, Mitglied des Grossen Gemeinderates von Crissier (VD).

Ruth Köppel, Dr.oec. HSG, seit 1993 Beraterin bei der Stiftung für Forschung und Beratung am betriebswissenschaftlichen Institut der ETH Zürich;

Berufslehre, Matura auf dem 2. Bildungsweg, Betriebswirtschaftsstudium an der Universität Zürich, Abschluss als lic.oec.publ., Dissertation an der Hochschule St. Gallen.

Arthur Liener, Dr. phil. nat., Generalstabschef, der Schweizer Armee;

Studien in Physik, Chemie, Mineralogie und Betriebswirtschaftslehre an der Universität Bern, Naval Postgraduate School Monterey (USA), 1966 Kommandant einer schweren Stellungsraum-Batterie, 1975 Kommandant einer Haubitzabteilung, 1985 Kommandant eines Versorgungsregimentes, 1987 Kommandant einer Kampfbrigade, 1991 Direktor des Bundesamtes und Waffenchef der Genie- und Festungstruppen, 1993 Generalstabschef.

Elisabeth Michel-Alder, leitet seit 1987 ihre eigene Firma (EMA Human Potential Development);

Lehrerinnendiplom, Studium der Sozialwissenschaften in England, Studium der Geschichte, Pädagogik und Kunst in Zürich und Deutschland. 1978-1987 Redaktorin beim Tages-Anzeiger-Magazin, Bildungsforscherin und Organisatorin bei der Schweizerischen Kommission für Studienreform.

Hans-Jakob Mosimann, seit 1986 Verbandssekretär beim VPOD, seit 1994 stellvertretender geschäftsleitender Sekretär VPOD;
Studium in Zürich (Dr. iur.) und am Virgina Polytechnical Institute (M. A. Political Science), Assistenz am Institut für Politikwissenschaft der Universität Zürich, Redaktor der Zeitschrift «plädoyer».

Bruno Müller, Dr.rer.pol., Co-Projektleiter «Neue Stadtverwaltung Bern»;
Studium der Wirtschaftswissenschaften an der Universität Bern, Wissenschaftlicher Assistent am Betriebswirtschaftlichen Institut der Universität Bern, 1979-1988 Ausbildner und Organisationsberater bei der Schweiz. Unfallversicherungsanstalt Luzern, SUVA, ab 1989 Bereichsleiter Ausbildung und Organisationsberatung bei der Stadtverwaltung Bern.

Esther Müller, Dr. oec., Betriebswirtschaftliche Mitarbeiterin der Finanzverwaltung der Stadt Luzern;
Studium der Volkswirtschaftslehre an der Hochschule St. Gallen; wissenschaftliche Assistentin bei Prof. Dr. Bernd Schips am Forschungsinstitut für empirische Wirtschaftsforschung der Hochschule St. Gallen (FEW-HSG), Doktorat im Oktober 1993.

Willy Oggier, lic. oec. HSG, Projektleiter Forschungsgruppe für Management im Gesundheitswesen an der Hochschule St. Gallen, Leiter der Regionalsektion Ostschweiz der Schweizerischen Gesellschaft für Gesundheitspolitik (SGGP);

Studium der allgemeinen Volkswirtschaftslehre an der HSG, Mitherausgeber der Bücher «Eine neue Steuerordnung für die Schweiz» (1980) und «AIDS und Ökonomie» (1995).

Christoph Reichard, Prof. Dr., Professor für Public Management an der Fachhochschule für Technik und Wirtschaft (FHTW) Berlin;

Industriekaufmann, BWL-Studium an der FU Berlin, Assistent an der Universität Freiburg i. Br.; Promotion über Verwaltungsmanagement, Hauptarbeitsgebiete: 'Public Management', öffentliche Personalpolitik, Verwaltungstransformation in Osteuropa, Institution Building in Entwicklungsverwaltungen.

Paul Richli, Prof. Dr.iur, Ordinarius für öffentliches Recht an der Universität Basel und Dozent an der Hochschule St. Gallen;

Kaufmännische Lehre, Wirtschaftsmaturität, Studien der Rechte, Ökonomie, Soziologie und Philosophie an der Universität Bern, Abschluss zum lic. iur, privat- und wirtschaftsrechtliche Assistenz bei Prof. W.R. Schluep, 1974 Promotion zum Dr.iur., 1984 Habilitation.

Iwan Rickenbacher, Dr., Direktor PR-Agentur Dr. Dieter Jäggi Partner Bern AG, Partner und Mitglied der Unternehmensleitung Jäggi Communications, Lehrbeauftragter für Politische Kommunikation Universität Bern;

Abschluss des Lehrerseminars als Primarlehrer, Doktorat in Erziehungswissenschaften an der Universität Fribourg, Lehrbeauftragter und Oberassistent des Pädagogischen Instituts der Universität Fribourg.

Kuno Schedler, Dr. oec., Vizedirektor des Instituts für Finanzwirtschaft und Finanzrecht (IFF-HSG) und Lehrbeauftragter für Verwaltungswissenschaften an der Hochschule St. Gallen.

Studium in Bankbetriebslehre an der Hochschule St. Gallen, 1987 Lizenziat, 3,5 Jahre Bank- und Beratungspraxis, 1991 Assistent am IFF-HSG (Prof. Dr. E. Buschor), 1993 Promotion.

Karl Schwaar, Dr. phil., Stabschef im Eidg. Personalamt, Bern;

Studium der Geschichte und des Staatsrechts in Bern, Tätigkeit als Journalist, seit 1990 im Eidg. Personalamt.

Ulrich Seewer, Inspektor der Gemeindedirektion des Kantons Bern (Finanzberatung und -aufsicht) seit 1994 Vorsteher Kreis Bern-Mittelland des Amtes für Gemeinden und Raumordnung des Kantons Bern;

Kaufmännische Lehre, Betriebsökonom HWV Bern, Abschluss 1975.

Kurt Stalder, lic.oec. HSG, seit 1983 Vorsteher der Finanzverwaltung des Kantons Luzern und seit 1991 Geschäftsführer der Schweiz. Finanzdirektorenkonferenz;

Studium der Wirtschaftswissenschaften an der Hochschule St. Gallen, Assistententätigkeit am Institut für Finanzwirtschaft und Finanzrecht an der HSG, wissenschaftlicher Mitarbeiter bei den Finanzdepartementen der Kantone St. Gallen und Luzern.

Peter Tschanz, Direktionsadjunkt der Präsidialdirektion der Stadt Bern; Co-Projektleiter «Neue Stadtverwaltung Bern»;

Kaufmännische Berufslehre, eidg. Maturität, Studien in Arbeits- und Organisationspsychologie und Betriebswirtschaft an den Universitäten Bern und Edinburgh/GB, wissenschaftlicher Mitarbeiter am Psychologischen Institut der Universität Bern, 1986 bis 1993 Direktionsadjunkt der Schuldirektion Bern; Leiter diverser OE-Projekte, verschiedene freiberufliche Beratermandate.

Felix Wolffers, Dr.iur., Fürsprecher, Direktionsadjunkt der Finanzdirektion der Stadt Bern, Leiter des NPM-Pilotprojekts 'Strasseninspektorat in der Stadtverwaltung Bern;

1986-1993 Leiter der Stabsabteilung der Fürsorgedirektion der Stadt Biel. Verschiedene wissenschaftliche Publikationen, insbesondere zu Fragen der sozialen Sicherung.

Dr. Kuno Schedler

Ansätze einer wirkungsorientierten Verwaltungsführung

Von der Idee des New Public Managements (NPM) zum konkreten Gestaltungsmodell: Fallbeispiel Schweiz

X + 295 Seiten, 74 Abbildungen
gebunden Fr. 68.– / DM 76.– / öS 593.–
ISBN 3-258-05151-8

Die «Tillburg-Welle» hat auch die Schweiz erfasst. Allerdings wurde bis anhin nur wenig über die ersten Versuche geschrieben. Die Pioniere des New Public Managements in der Schweiz waren auf ausländische Vorlagen angewiesen. Im Bund, in den Kantonen Bern, Luzern, Zürich, Wallis und Solothurn sowie in den Städten Bern, Luzern und Winterthur hat man sich entschlossen, mit den neuen Konzepten zu experimentieren. Eine umfassende Darstellung einer möglichen Umsetzung in der Schweiz fehlt jedoch weitgehend.

Diese Lücke wird durch dieses Buch geschlossen. Die Erfahrungen aus den Pilotprojekten werden hier weiterhelfen. Das Buch ist eine wertvolle Hilfe für den Einstieg in die Welt des New Public Managements, für die ersten Schritte und insbesondere für die breitere wissenschaftliche Diskussion in der Schweiz.